ollection
Premier
Cycle

L'homme en développement

JACQUELINE BIDEAUD
Professeur émérite à l'Université Charles-de-Gaulle - Lille III

OLIVIER HOUDÉ
Professeur à l'Université René-Descartes - Paris V (Sorbonne),
Membre de l'Institut universitaire de France

JEAN-LOUIS PEDINIELLI
Professeur à l'Université de Provence

8e édition

*Presses
Universitaires
de France*

puf

ISBN 2 13 045602 2
ISSN 1158-6028

Dépôt légal — 1re édition : 1993, juin
8e édition : 2001, septembre

Sommaire

Avant-propos

L'objectif de l'ouvrage est d'exposer des connaissances et de donner matière à réflexion sur le développement de l'homme. Ce domaine de la psychologie a connu son heure de gloire avec la psychologie génétique de Jean Piaget et de l'Ecole de Genève dans les années 1960-1970. Bien à tort, il semble avoir ensuite perdu de son prestige au bénéfice de programmes de recherche où le système humain est étudié dans son état initial, le bébé, ou final, l'homme « achevé » — voire son modèle artificiel : l'ordinateur. Cela s'est traduit dans les faits par un engouement extraordinaire pour la « bébologie » et, conjointement, pour une psychologie cognitive de l'adulte directement centrée sur l'intelligence artificielle. Loin de nous l'idée de récuser ou de minimiser la légitimité et l'intérêt de ces programmes ; ils ont débouché sur des résultats fascinants et des concepts nouveaux pour l'étude du développement. La question est de savoir si la focalisation sur l'état initial et sur l'état final ou stable n'esquive pas un problème scientifique essentiel : expliquer le devenir humain, ses mécanismes et ses jalons. Certes le bébé naît « humain », comme le remarquent Melher et Dupoux (1990), et c'est l'évidence si l'on se réfère à l'espèce. Mais il le devient plus encore en réalisant l'enfant, l'adolescent, puis l'adulte qu'il porte en puissance. Entre l'état initial du bébé et l'état stable de l'adulte, il existe un système complexe d'états stables et instables intermédiaires qui ne sont pas sans importance à court et à long terme, qu'il s'agisse de la cognition, de l'affectivité ou de la socialisation. En outre l'état dit « stable » de l'adulte l'est-il vraiment ? Ne s'agit-il pas d'une illusion, d'une idéalisation, d'un artefact ? De la fécondation à la mort, l'homme est en perpétuel état de transformation, il évolue, involue, compense, et c'est ce que nous décrit aujourd'hui la psychologie du développement « vie entière » (en anglais,* life span developmental psychology*). De surcroît, le postulat de stabilité efface l'évolution épistémique qui seule explique, à travers l'histoire, le progrès des connaissances sous l'impulsion des scientifiques et des inventeurs de tous bords.*

L'enjeu de l'ouvrage est de rétablir l'homme dans son devenir, objet de la psychologie du développement. Raviver l'intérêt pour le développement est d'ailleurs un parti pris qui s'inscrit dans le droit fil des préoccupations politi-

* Melher, J. et Dupoux, E. *Naître humain,* Paris, Odile Jacob, 1990.

ques et éthiques actuelles. En effet, l'intégration constructive et non mutilante de l'homme, à toutes les étapes de son existence, dans la société moderne, est à l'ordre du jour et l'on ne peut que s'en féliciter. De plus un intérêt nouveau pour le développement peut être discerné du côté des technosciences, en intelligence artificielle et plus largement en sciences cognitives, avec l'accent mis, depuis peu, sur la dimension évolutive des systèmes de traitement de l'information. Il est reconnu aujourd'hui qu'un système artificiel ne peut être taxé d'intelligence qu'à condition qu'il apprenne, qu'il « se développe ».

Si la problématique abordée apparaît donc d'actualité, cet ouvrage n'est cependant pas le premier à proposer une synthèse des acquis de la psychologie du développement. Il en existe d'autres, excellents. L'apport spécifique de ce manuel réside dans le souci de présenter, avec un certain recul, la dynamique de la recherche sur le développement qui apparaît dans la succession, la confrontation et les ajustements des différentes écoles. Il réside aussi dans le refus de limiter le développement à la seule enfance, en embrassant l'empan du devenir de l'homme, de la vie fœtale à la mort.

Il est évident que *L'homme en développement* ne prétend en aucune façon épuiser le champ des données actuelles sur le sujet. L'objectif est de fournir des connaissances de base solides et un point de vue « panoramique » sur les évolutions récentes et sur les perspectives ouvertes. La visée générale est culturelle au sens où la psychologie du développement, comme toute psychologie, a une histoire qui s'imbrique dans celle des autres disciplines.

L'ouvrage s'adresse aux étudiants du premier cycle mais aussi à un large public d'enseignants, de la maternelle à l'université, de chercheurs, de psychologues praticiens, de rééducateurs et, en dehors de la discipline, à tous ceux qui se préoccupent de l'homme et de son devenir.

La référence aux autres ouvrages de la collection sera faite en recourant aux sigles suivants : HM pour *Histoire et méthodes*, HP pour *L'homme psychopathologique*, HS pour *L'homme en société*, HC pour *L'homme cognitif* et HB pour *L'homme biologique*.

Conformément aux directives données par les responsables de cette série d'ouvrages, on ne trouvera pas à la fin de ce volume une bibliographie classique. Elle est remplacée, pour chacun des chapitres, par une liste de lectures conseillées auxquelles s'ajoutent quelques références expérimentales non citées dans le texte.

Nous remercions vivement Bruno Vilette pour son aide efficace à la réalisation matérielle de l'ouvrage et pour ses avis judicieux.

Introduction. Regards sur l'homme en développement

L'homme en développement. L'intitulé est certes prometteur mais sans doute quelque peu ambitieux étant donné l'étendue du champ d'investigation qu'il suggère et l'ambiguïté véhiculée par la très grande généralité du concept de développement. D'où la nécessité, dans cette introduction, de préciser tout d'abord ce que recouvre exactement le titre de l'ouvrage.

Les dictionnaires définissent le développement comme l'ensemble des transformations qui affectent les organismes vivants ou les institutions sociales, produits de l'activité humaine. On conçoit aisément que soient impliquées ici les notions de continuité, de finalité et d'évolution. Ce qu'on entend par développement renvoie alors le plus souvent 1 / à l'ensemble des étapes temporellement fléchées qui conduisent un organisme vivant, ou une organisation sociale, d'un état primitif élémentaire à un état plus élaboré et plus complexe, provisoire ou définitif; 2 / aux mécanismes et processus qui assurent ou permettent le passage d'une étape à une autre. Cette conception large peut s'appliquer, s'agissant de l'homme, à la phylogenèse, c'est-à-dire aux processus d'évolution et d'acquisition propres à l'espèce, la visée jouxtant ici celle de l'anthropologie qui replace l'étude de l'homme dans celle de la série animale, et plus particulièrement celle de la paléontologie, de l'Australopithèque à l'homme du Neandertal et à l'*Homo sapiens* moderne *(Homo sapiens sapiens)*. Aux frontières de l'an 2000, elle s'applique aussi à l'homme actuel, à son devenir dans une planète où se côtoient le monde moderne mécanisé et technocratique et le

Tiers Monde dit pudiquement *en voie de développement.* Mais elle renvoie surtout à l'ontogenèse définie, en biologie et en éthologie, comme l'ensemble des processus de développement et d'acquisition propres à l'individu, depuis l'œuf fécondé jusqu'à la réalisation de son phénotype (ensemble des traits associés à l'information génétique portée par un organisme à l'état adulte). C'est à cette assignation que l'ouvrage se réfère principalement, avec la précision que son empan ne « colle » pas à celui de l'ontogenèse. L'embryogenèse n'y sera abordée que succinctement et en relation avec le développement postnatal : elle est exposée plus précisément dans un autre livre de la collection intitulé *L'homme biologique (HB)*. Par ailleurs, l'ontogenèse est dépassée du côté de l'adulte qui n'est pas ici considéré comme un terme. L'ouvrage *L'homme en développement* traite du développement du sujet humain, c'est-à-dire des transformations qui l'affectent, de la naissance à la vieillesse comprise, et cela dans certains domaines de la cognition, de l'affectivité et de la socialisation.

Le développement ainsi spécifié et circonscrit n'est plus un concept aussi général. Il renvoie à des observations, des faits expérimentaux, des hypothèses, des interprétations, des théories, des modèles, des méthodes. C'est un objet de connaissance et, comme tel, il a une histoire propre au sein de l'histoire de la psychologie, histoire qui n'est pas sans avoir laissé des traces sur les théories et les recherches actuelles. C'est pourquoi, après avoir précisé l'objectif de cet ouvrage et avant d'en présenter le plan et la démarche interne, il est nécessaire de rappeler l'origine et les étapes historiques de la psychologie du développement. Et tout d'abord l'origine, qui procède de l'évolution des *regards* posés sur l'enfance au cours de l'histoire.

Enfance et développement

Que l'enfance ait été un lieu privilégié pour l'étude du développement de l'homme n'a rien qui puisse surprendre. Cette période de la vie, proportionnellement plus longue chez l'homme que dans les autres espèces animales, est le siège de transformations physiques et psychologiques rapides, très apparentes et donc observables. Que l'enfance puis l'adolescence soient des passages obligés vers l'état adulte est moins une constatation qu'une évidence aveuglante. Mais cette évidence a conduit pendant longtemps les institutions familiales et plus largement sociales à ne considérer dans l'enfance que sa finalité, c'est-à-dire son intégration plus ou moins rapide dans le tissu social, et son évolution plus ou moins dirigée vers un état achevé qui corresponde aux critères d'une époque. Il a fallu bien des changements institutionnels et individuels pour que la spécificité de l'enfant, à tous les âges, soit reconnue conjointement à sa finalité. C'est dire déjà ici que l'enfance s'inscrit profondément dans les variations historiques du contexte social. C'est le changement des regards posés sur l'enfance par la société et ses institutions familiales, juridiques, religieuses et philosophiques qui est à l'origine de la considération du développement de l'enfant, puis, plus tard, du développement de l'adulte, en tant qu'objets de connaissance. Mais cette considération a nécessité tout autant l'évolution des sciences du vivant et l'avènement de la psychologie expérimentale.

L'enfant dans la société au cours de l'histoire

Nous ne soulignerons que quelques jalons dans cette histoire. L'objectif est de montrer, et cela pour tous les temps, l'interrelation étroite et quasi inextricable entre une psychologie du développement, toujours pour le moins implicite, et l'environnement social et scientifique d'une époque. La complexité de cette interrelation a été abordée par de nombreux auteurs historiens et psychologues. Nous ne mentionnerons ici que l'ouvrage fameux de P. Ariès : *L'enfant et la vie familiale sous l'Ancien Régime* (1966-1973), la remarquable revue de questions sur ce sujet de J. Ajuriaguerra (1979) et le non moins remarquable raccourci d'un chapitre de A. Danset (1983).

L'enfant dans l'Antiquité grecque et romaine

L'Antiquité est loin d'avoir été tendre avec l'enfant. L'étude de R. Etienne (1973) sur *La conscience médicale antique et la vie des enfants* est révélatrice à cet égard. La médecine enfantine de la Grèce antique fait peu de cas du nouveau-né. Hippocrate pose comme tout à fait naturelle la question de savoir quels nouveau-nés il convient de conserver et d'élever. On connaît aussi les mœurs rigoureuses de Sparte en vertu desquelles tout nouveau-né ou jeune enfant mal formé ou trop faible était supprimé. Il ne s'agissait pas là d'un « usage » lié à une contrainte démographique ou à la famine, comme cela a été le cas naguère pour les petites filles de la Chine, mais d'une éthique qui magnifiait la force et l'intégrité du corps au service de la gloire et de la défense de la cité. Certes les enfants viables font l'objet de soins attentifs mais ils n'ont aucune spécificité. Ce sont des adultes en miniature, en germe, que l'éducation fera fructifier. La dignité de l'enfant ne tient pas à sa personne même : elle procède de celle du père. L'enfant appartient à son père qui ne lui appartient pas car, écrit Aristote dans l'*Ethique à Nicomaque* (livre VIII, chap. XIV), « [...] ce qui provient d'un être appartient en propre à cet être (comme une dent, un cheveu, etc., à son possesseur) au lieu que l'être d'où procède n'appartient nullement *à cette chose* » (souligné par nous). L'enfant naît avec des dispositions naturelles *à l'état de puissance* que des exercices appropriés doivent développer. Il est un candidat citoyen et la législation prescrit les règles de son éducation civique.

On retrouve dans la société romaine la même désinvolture à l'égard du nouveau-né et le même souci d'éducation civique. Sénèque pense qu'il est raisonnable de noyer les enfants débiles et faibles et Tacite souligne l'excentricité des Juifs qui ne veulent supprimer aucun nourrisson. A Rome, le pouvoir du père de famille est absolu et notamment sur les enfants. Certes, les enfants mâles, à moins d'être mal formés ou trop chétifs, doivent être conservés en raison des gros besoins militaires de la Rome conquérante. Mais il n'en est pas de même pour les filles. Les juristes relèvent comme d'un usage tout à fait courant « la disparition forcée des cadettes ». Ce n'est qu'au IVe siècle de notre ère, vers l'an 390 après J.-C., qu'un arrêté légal retire au père le droit de vie et de mort sur ses enfants. Les auteurs s'accordent pour voir ici un effet de la diffusion de l'Evangile des premiers chrétiens. On conçoit aisément que dans ces sociétés antiques, fondées sur des vertus civiques et guerrières poussées à l'outrance, l'enfance n'ait rien de spécifique et ne soit acceptée et utilisée qu'au bénéfice de la puissance et de la gloire de la cité. Certes l'amour parental et l'amour filial existent, mais sur la toile de fond des nécessités sociales.

L'enfant, du Moyen Age aux Temps Modernes

Au Moyen Age, du IVe au XVe siècle environ, le trait principal semble bien être le raccourcissement drastique de l'enfance. Dès le sevrage l'enfant est mêlé à la vie de l'adulte où il « apprend sur le tas ». L'âge est d'ailleurs peu mentionné. Les écoles, écrit Ariès (1973, p. 189) « [...] mélangent les âges de 6 à 20 ans », écoles très peu fréquentées car, au XIVe siècle, 10 à 15 % seulement de la population lit et écrit. Hors de l'école, le mélange des âges est quotidien, dans les travaux des champs, l'apprentissage des métiers, la vie familiale.

Cette quasi-disparition de l'enfance s'explique par la précarité des conditions d'existence et surtout par la brièveté de la vie. Si les documents précis font défaut à cet égard, il est cependant certain que l'espérance de vie à la naissance était des plus faibles puisqu'en 1740-1749 elle n'est encore que de 23 ans 8 mois pour l'homme et de 25 ans 7 mois pour la femme. Cette brièveté a pour causes l'effrayante mortalité infantile qui sévira jusqu'aux portes du XXe siècle, les maladies endémiques (la lèpre, la variole) et les grandes épidémies de peste. Les enfants qui résistent et survivent sont intégrés très tôt dans une société qui a besoin d'eux et où ils assurent précocement les charges et les devoirs de l'adulte.

La petite enfance trouve déjà ses défenseurs au début du XVe siècle. Le chancelier J. Gerson (1362-1428) dans son traité *De parvulis ad christum trahendis* plaide pour la douceur à l'égard des jeunes enfants. Et Christine de Pisan (1363-1431), femme de lettres qui, devenue veuve, écrivit pour élever ses enfants, réclame pour tous de tendres soins. C'est cependant à la fin du

XVe siècle et surtout aux XVIe et XVIIe siècles que l'enfance réapparaît sous l'influence des moralistes et des humanistes et avec le rétablissement d'une scolarité qui lui est propre. Les réseaux des écoles paroissiales se densifient. Le curé, ou un maître, enseigne les rudiments de la lecture et de l'écriture associés aux préceptes moraux et religieux. Des mécènes fondent des collèges dans les villes universitaires; les couvents et les ordres mendiants délivrent des enseignements. Le but de l'éducation renforcée par le fouet est de fournir de bons chrétiens : l'enfance renaît ! Certes, tous les enfants ne fréquentent pas l'école, mais les moralistes se soucient de l'enseignement délivré. L'humaniste hollandais Erasme (1469-1536) expose dans plusieurs traités des principes modernes d'éducation et particulièrement dans le *De pueris statim ac liberater instituandis (De l'éducation libérale des enfants)* qui concerne les enfants de 3 à 6 ans et le *De ratione studii* ou programme des études destiné aux enfants de 10 à 14 ans. Il s'y manifeste des idées réellement modernes fondées sur une psychologie, avant l'heure, de l'enfant et de son développement. Erasme réclame une instruction pour les filles, s'intéresse à l'apprenti lecteur en préconisant, sous forme de dialogues, des exercices à sa portée; il insiste sur l'intérêt du jeu et surtout de l'esprit de jeu dans les compétitions intellectuelles et sait que, stimulé par la curiosité et l'imagination, un enfant retiendra mieux une règle ou un précepte. Il sait surtout que la compétence et l'enthousiasme du maître sont nécessaires à l'établissement d'une communication chaleureuse sans laquelle, écrit-il, il n'est pas de véritable éducation. Il fait preuve aussi, et c'est tout de même une nouveauté chez les moralistes, d'un souci touchant pour la petite enfance : soins d'hygiène, exigence de tendresse, refus des châtiments corporels, conseils de civilité (comment rire, se moucher, etc.). Ainsi l'enfance est rétablie et soigneusement considérée comme une étape importante vers l'âge de raison. Car ce qui passionne Erasme par-dessus tout, c'est le passage de la naissance physiologique à la naissance rationnelle, la véritable naissance. L'homme en puissance dans l'enfant devient progressivement identique à son essence. « [...] On ne naît pas homme, on le devient », écrit-il dans le *De pueris*. Et ce devenir n'est pas le seul fruit de la maturation physiologique et psychique, il est surtout celui de l'art pédagogique.

Certes, Erasme n'est pas le seul humaniste et moraliste de l'époque qui se soit préoccupé d'éducation. Vives en Espagne, Colet à Oxford, Whimpheling à Strasbourg, Melanchthon à Wittenberg ont été d'éminents pédagogues et peut-être plus réalistes. Mais il est de ceux qui ont manifesté le plus de respect et d'amitié à l'enfant et qui ont exigé ces vertus de la part des maîtres. Fasciné par la progression vers la raison, qui doit être stimulée précocement puisqu'il recommande de meubler au plus vite le cerveau vide de l'*infans,* celui qui ne parle pas, il peut être regardé comme un précurseur d'une psychologie du développement.

On retrouve, un siècle plus tard, chez Montaigne (1533-1592), le souci d'une pédagogie libérale, le refus des châtiments corporels, du gavage (une tête bien faite plutôt qu'une tête bien pleine), l'exigence de relations affectueuses entre parents et enfants. Montaigne réclame un enseignement varié qui allie les tâches scolaires aux jeux et aux exercices physiques. « [...] Ce n'est pas une âme, ce n'est pas un corps qu'on dresse, c'est un homme » *(Essais)*. Il y a certes là l'amorce d'une pédagogie et peut-être d'une psychologie de la pensée. Mais la visée reste fixée sur l'émergence, dans l'enfant, de l'homme en voie de développement. La perspective s'accentue encore au XVIIIe siècle. Dans son *Essai sur l'entendement humain* publié en 1690, le philosophe anglais Locke compare l'esprit de l'enfant à une table rase, la *tabula rasa,* sur laquelle agit, travaille, l'expérience de la réalité perçue par les sens. Si la philosophie de Locke annonce celle du XVIIIe siècle, le Siècle des Lumières, qui unit la raison à l'action dans le monde (voir à cet égard le premier volume HM de la collection), sa *tabula rasa* renforce bien les conceptions éducatives du XVIIe siècle. Celles-ci sont fortement dirigées par les institutions religieuses. La différence est cependant importante : la page n'est pas toute blanche, elle est « peccamineuse » au sens où le baptême ne semble pas avoir purifié l'âme du péché originel. Le cardinal de Bérulle (1575-1629), fondateur des Oratoriens, s'étend longuement dans son *Opuscule de piété* sur la fragilité de l'enfance qui est « [...] dépendance jusqu'à l'indigence et indigence jusqu'à l'impuissance. Quelle impuissance de ne pouvoir ni se secourir soi-même, ni rechercher secours en autrui ». Le constat ne l'attendrit pas puisqu'il voit dans l'enfance « [...] l'état le plus abject de la connaissance humaine, après la mort ». Cette interprétation à la fois effrayante et curieuse est partagée par le célèbre prédicateur et évêque Bossuet (1627-1704), spécialiste des oraisons funèbres (on se rappelle le fameux « Madame se meurt, Madame est morte » de l'oraison funèbre d'Henriette d'Angleterre, belle-sœur de Louis XIV), qui écrit sans sourciller : « [...] l'enfance est la vie d'une bête ».

Ces positions lapidaires et comminatoires sont heureusement contemporaines d'autres plus saines. Fénelon (1651-1715), dans son *Traité sur l'éducation des filles* (1689), se rapproche d'Erasme : exigence d'une instruction pour les filles, recours au jeu, à l'émulation et aux récompenses, intérêt porté aux questions des enfants qui doivent toujours recevoir une réponse car leur cerveau « [...] est comme une bougie allumée dans un lieu exposé au vent ; sa lumière vacille toujours ». D'où la nécessité de fortifier ce cerveau par une éducation attentive. En fait, la perspective dominante reste toujours la même : ou l'enfant est considéré, pour le mieux, comme une table rase, un vase à remplir, ou bien la page n'est pas vierge : il y a déjà gauchissement, vacillement et donc nécessité de redressement, voire de dressage.

L'enfant au Siècle des Lumières

C'est seulement au XVIIIe siècle que le regard posé sur l'enfance devient réellement nouveau avec le philosophe J.-J. Rousseau (1712-1778). Dans son traité sur l'éducation, l'*Emile*, publié en 1762, le philosophe s'oppose ouvertement aux positions rigoureuses de son temps. Si l'homme est mauvais, ce n'est pas en raison du péché originel, mais parce que la société le corrompt. Comment alors guérir une société si profondément atteinte qu'elle en vient à aimer son mal et à répugner à le corriger ? Il faut commencer par la base, c'est-à-dire par l'éducation des enfants. L'enfant est un homme à l'état de nature et *cette nature est excellente.* Il faut « élever l'homme » à partir de l'enfant en prenant comme base « la nature de l'enfant » *qui est bonne.* L'éducation consistera à conserver cette bonne nature. Il ne s'agit plus de remplir un vase vide, ni de dresser ou redresser : il s'agit de *préserver.*

Rousseau réclame des conditions de vie naturelle dès la naissance. Il s'élève contre l'emmaillotement du nourrisson et préconise l'allaitement maternel. Dès que possible l'enfant doit être remis entre les mains d'un précepteur qui l'élèvera à la campagne, en veillant à ce qu'on ne lui donne pas de mauvaises habitudes. Pas de morale, pas de devoirs écrits, peu ou pas de lectures mais des causeries, des expériences *préparées,* des *leçons de choses.* Emile apprendra l'idée de propriété en conversant avec le jardinier. S'il casse la vitre de sa chambre dans un accès de colère, pas de réprimandes : il aura froid la nuit et saura qu'il a commis une sottise (et s'il casse les carreaux de la chambre du maître ?). On doit laisser agir la nature ; le rôle du précepteur est de faire naître et d'entretenir les occasions d'interaction avec le monde physique. C'est d'ailleurs du spectacle des lois de la nature et de sa beauté que l'éducateur tire tout son enseignement : astronomie, physique, morale, religion. L'acceptation de la dépendance nécessaire à l'égard du monde physique entraînera d'elle-même une adaptation saine aux contraintes sociales. Emile abordera la société vers l'âge de 16 ans, armé d'une conscience pure qui le préservera de la contagion. Plus tard, il rencontrera Sophie, une jeune fille élevée dans les mêmes conditions, qu'il aimera et épousera. Et le précepteur restera dans la maison pour faire l'éducation des enfants...

Cette analyse plus que schématique suffit cependant à montrer le faible et le fort du système. L'utopie se manifeste dans la confiance absolue accordée à la bienveillance de la nature et à l'instinct opposé à l'intelligence. Mais si certains développements de l'*Emile* font sourire, il n'en reste pas moins que l'enfance prend, avec Rousseau, une réalité propre, avec des valeurs différentes de celles de l'état adulte, et des valeurs sûres. Et c'est dans la mesure où l'enfant s'épanouit dans sa spécificité, à chaque étape de son développement, qu'il prépare un adulte *bon* et socialement bénéfique. On assiste là, du point de vue des regards posés sur l'enfance et l'éducation, à *une véritable révolution copernicienne.*

Les préceptes de Rousseau ont modifié certains usages et comportements dans une frange éclairée de la société du XVIIIe siècle. L'attachement maternel devient à la mode et, au sein des familles aisées, l'enfant est choyé et préservé. Dans les classes plus défavorisées la mise en nourrice et l'abandon des enfants sont toujours choses courantes. Rousseau lui-même, en contradiction effarante avec ses écrits, placera successivement ses cinq enfants à l'Assistance publique. Le nombre des abandons croît dans les grandes villes : il est de 7 000 à Paris en 1770. Pour y remédier, saint Vincent de Paul avait déjà créé au siècle précédent, en 1640, l'Œuvre des enfants trouvés. Cet abandon, très paradoxalement, témoigne d'une certaine considération de l'enfance, en démontrant la répugnance à l'infanticide qui, en dépit de peines sévères, était encore courant aux XVe et XVIe siècles. Quant à la mise en nourrice, elle est quasi de règle dans les grandes villes où elle atteint toutes les couches de la population. Ses causes sont diverses : refus d'allaiter pour des raisons esthétiques ou de commodité chez les mères des classes privilégiées qui n'ont pas été touchées par les préceptes de Rousseau ; travail des femmes dans les classes populaires — et aussi, sans doute, désir légitime de faire bénéficier l'enfant du « bon air » à la périphérie des villes. Quoi qu'il en soit, le bilan de la mise en nourrice est si lourd — 20 à 35 % des enfants meurent, en raison d'une hygiène déplorable, avant d'avoir revécu chez leurs parents — que le roi Louis XV crée en 1769 un Bureau général des nourrices, seul agréé à fournir les personnes « compétentes ». Si l'on sait qu'en 1780, à Paris, 19 000 nourrissons, sur 21 000 naissances, sont mis en nourrice, le fait est d'importance. Il témoigne d'une attention « institutionnelle » à la petite enfance. La mise en nourrice continuera longtemps. Mais à la fin du XIXe siècle et au début du XXe ce sont les nourrices qui se déplacent et non les bébés. Les jeunes femmes de la campagne sèvrent leurs enfants dès la naissance, les laissent à la garde des aïeules et « montent à Paris » nourrir de leur lait les enfants de la bourgeoisie, et cela à chaque naissance. L'argent ainsi gagné sert en général à construire ou à faire construire la maison du ménage : c'est « la maison de lait », terme encore bien connu en Bourgogne, entre les deux guerres mondiales.

L'enfant aux XIXe et XXe siècles

Il n'y a plus de nourrices à gages, tout au moins dans nos pays occidentaux. Le XIXe siècle a récolté les fruits des avancées précédentes et des idées de Rousseau. L'enfant, paradis perdu de l'adulte, est chéri, choyé, admiré dans la frange favorisée de la société. Plus bas dans l'échelle sociale, c'est encore le travail des enfants, ouvriers dès 7 ans dans les usines, les manufactures, aux champs. Les lois de Jules Ferry, en 1881-1882, établissent heureusement l'enfance dans une scolarité obligatoire et normée qui, dans une large mesure, la protège.

Le XXe siècle, qui voit émerger la psychologie scientifique, est considéré comme le siècle de l'enfant. La « Déclaration des droits de l'enfant » adoptée en 1959 par l'ONU institutionnalise sa protection au niveau international. En dépit cependant des intentions et des valeurs proclamées, l'enfance est encore bafouée dans nos nations modernes : enfants martyrisés, viols, incestes, etc. Et dans trop de pays « en voie de développement » le travail forcé et la prostitution enfantine perdurent. On touche du doigt ici les liens étroits entre les conditions économiques et le statut de l'enfance. Les ombres et les lumières coïncident toujours. Il est cependant impossible d'oublier ce que l'évolution des regards posés sur l'enfance doit aux grandes voix des humanistes, moralistes, philosophes, qui se sont fait entendre et qui ont influencé les individus et les institutions.

Un contexte scientifique fondateur

Si une psychologie naturelle, implicite, de l'enfant a vu le jour progressivement parallèlement à l'évolution de son statut dans la société, ce sont cependant deux événements contemporains qui, au XIXe siècle, ont précipité l'intérêt pour le développement : l'apparition des théories de l'évolution des êtres vivants et l'avènement de la psychologie scientifique.

Les théories de l'évolution

La question de l'évolution des êtres vivants jusqu'à l'homme avait déjà préoccupé le XVIIIe siècle. Les thèses retenues faisaient place à la génération spontanée et à l'indépendance des espèces. A la fin du XVIIIe siècle, le naturaliste français J.-B. Lamarck

(1744-1829) propose, le premier, une théorie de l'évolution fondée sur un changement continu des êtres vivants. Ce changement a sa source dans les effets directs du milieu sur un organisme en activité. On peut voir dans Lamarck le premier « fonctionnaliste ». Les nouvelles habitudes liées à des activités spécifiques d'un individu modifient ses organes (les jambes arquées chez le cavalier, la dissymétrie des bras chez l'archer), modifications transmises à la descendance en raison, pour Lamarck, de l'hérédité des caractères acquis. En l'absence des théories génétiques qui verront le jour plus tard, c'était la seule explication plausible de la transmission des caractères modifiés par variation lente et cumulative.

L'intérêt théorique pour l'évolution des espèces était lancé. Mais c'est C. Darwin (1809-1882) qui va donner corps au concept d'évolution avec un apport de faits d'observation et d'argumentations théoriques remarquables. Engagé en 1831 comme naturaliste à bord d'un bateau scientifique, le *Beagle,* il va, pendant un périple de cinq années autour du monde, collectionner une quantité importante de spécimens fossiles, de plantes et d'animaux, qu'il utilisera pour étayer l'histoire des espèces vivantes. Darwin voit la cause de l'évolution dans l'extrême variabilité des espèces en fonction de la diversité géographique de leur milieu de vie. Pour une même espèce, les différences entre deux groupes sont d'autant plus importantes que ceux-ci sont géographiquement plus éloignés. D'où l'hypothèse d'une souche commune à toutes les espèces, la diversification ultérieure étant le produit d'une succession de petites modifications accidentelles soumises à un mécanisme de sélection naturelle qui ne retient que les formes les mieux adaptées au milieu (contrairement à Lamark, l'action du milieu survient en un second temps et dans une fonction de sélection). En fait, Darwin reprend les idées de Malthus selon lesquelles le taux élevé des populations animales comparé aux ressources disponibles entraîne de fait la sélection draconienne et la reproduction des seuls individus les plus favorisés. La sélection trie : seuls subsistent les organismes adaptés, d'où une modification brusque et continue de la population qui tend a être constituée des individus les mieux armés.

Après vingt ans de réflexion, Darwin publie ses ouvrages

majeurs : *De l'origine des espèces par voie de sélection naturelle* (1859), *De la variation des animaux et des plantes dans l'action de la domestication* (1868), *La descendance de l'homme et la sélection naturelle* (1871), *L'expression des émotions chez l'homme et les animaux* (1877). Ce dernier ouvrage développe le point de vue selon lequel qui ne croit pas à l'évolution naturelle et progressive des facultés humaines ferait bien d'étudier leur développement chez les jeunes enfants. Les carnets sur lesquels Darwin a observé les expressions du visage de son fils Doddy abondent de notations qu'il utilise comme arguments. Il explique par exemple le lien entre les larmes et le désespoir par la répétition au cours « d'un nombre incalculable de générations » de l'association entre la fermeture des yeux au moment du cri et la production des larmes. Il se réfère aussi aux comportements de son fils pour expliquer que la reconnaissance précoce des expressions du visage est instructive et tire son origine du monde animal. Il pense également, à partir de ses observations, que le langage a évolué progressivement et naturellement depuis un stade animal jusqu'à son apparition, en tant que langage articulé, chez l'homme.

D'importants progrès dans la génétique vont, avec les travaux de G. Mendel, H. de Vries et T. H. Morgan, apporter une confirmation à la théorie de Darwin concernant la transmission héréditaire des caractères et la grande variabilité des espèces. Certes, l'identité des mécanismes pour expliquer les transformations au niveau des espèces, comme au niveau des ordres et des embranchements, a été contestée par les tenants d'une finalité dont l'explication échappe à la science ou par ceux qui mettent en avant un second mécanisme de sélection s'exerçant à un certain niveau de transformation. Il n'en reste pas moins que les ouvrages de Darwin ont été déterminants. Sa théorie explicative de l'évolution des espèces continue de « marquer » la démarche scientifique (on la retrouve, par exemple, dans le darwinisme neuronal des modélisations neurobiologiques). Elle a surtout suscité l'intérêt pour le développement, l'évolution temporelle, en tant qu'objet d'étude. Les observations de Doddy utilisées au bénéfice de la théorie de Darwin ont été le point de départ d'une étude de l'enfant en tant qu'entité spécifique dans son développement.

L'avènement de la psychologie expérimentale

Si les interrogations concernant les faits psychiques n'ont pas attendu le XIXe siècle pour se faire jour, il n'en reste pas moins que c'est à la charnière des XIXe et XXe siècles que la psychologie, bien après la physique et la chimie, et après la biologie, s'est constituée en discipline scientifique en se détachant de la philosophie. Le but était d'appliquer à l'étude du psychisme humain les méthodes des sciences exactes. Il s'agissait d'échapper à l'introspection, seul moyen utilisé jusqu'alors, mais par trop subjectif parce que voué à l'inobservable et surtout, pour certains, au non quantifiable. Ici encore, ce sont des voix individuelles qui ont donné l'impulsion en polarisant des aspirations générales.

Un précurseur d'une méthodologie précise peut être trouvé, au XVIIIe siècle, chez le philosophe français Maine de Biran (1766-1824) qui propose une étude de la sensation fondée à la fois sur l'introspection et sur une méthode expérimentale. Mais, en France, c'est du philosophe Théodule Ribot (1839-1916) que part l'impulsion pour la promotion d'une psychologie scientifique, discipline à part entière. Dans son ouvrage *La psychologie anglaise contemporaine* (1870), il pose les conditions d'une psychologie vraiment scientifique, détachée de la philosophie et précisément de la métaphysique qu'elle véhicule. La psychologie devra se borner à étudier les phénomènes, leurs lois et leurs causes immédiates et cela à l'aide de méthodes « à la fois subjectives et objectives ». L'étude des pathologies mentales lui apparaît comme une véritable « méthode expérimentale » dans la mesure où, se référer à des maladies permet d'atteindre des mécanismes, des processus de causes à effets que l'on ne peut atteindre autrement. D'où ses ouvrages *Les maladies de la mémoire* (1881), *Les maladies de la volonté* (1883), *Les maladies de l'attention* (1888), parmi d'autres. En 1888 est créée, pour Ribot, la première chaire de psychologie au Collège de France. Son élève Pierre Janet (1859-1947), philosophe, puis médecin psychiatre, titulaire en 1902 de la chaire de psychologie pathologique du Collège de France, instaure une méthode « clinique », investigation en profondeur de la personnalité au moyen d'observations des conduites d'un sujet en situation et d'entretiens répétés. Il s'agit bien là d'une méthode.

Le même chemin vers une psychologie scientifique se fraie en Allemagne. Wilhem Wundt (1832-1920) fonde à Leipzig, aux alentours de 1876-1877, le premier (ou l'un des premiers) laboratoire de psychologie. Comme Maine de Biran, Wundt associait introspection et méthodologie à la différence cependant qu'il a « institutionnalisé » la méthode. On doit citer aussi, dans le droit-fil de ce renouveau, les travaux de G. T. Fechner (1801-1887) sur la sensation (retour à Maine de Biran ?). Son ouvrage princeps *Eléments de psychophysique* (1860) introduit avec force une psychologie du comportement qui rompt nettement avec l'introspection. La révolution réside dans l'élaboration d'une méthode rigoureuse de l'étude de la sensation qui fait appel à la mesure et à la formalisation mathématique. Fechner, philosophe, mathématicien et physicien, fonde la psychologie scientifique en la définissant comme science du comportement.

Quel que soit le promoteur, la psychologie se spécifie et se démarque. Le terme « expérimental », qui n'est pas innocent à cet égard, qualifie pour la première fois la discipline au second congrès international de psychologie qui se tient en 1892 à Londres et qui est intitulé « Congrès international de psychologie expérimentale ». Mais il faudra encore quelques tribulations pour que l'appellation relève d'un consensus général (voir *HM*).

On a vu évoluer le regard posé par la société religieuse, civile et scientifique, particulièrement le corps des philosophes humanistes et moralistes, sur l'enfant. Les travaux de Lamarck puis de Darwin mettent en exergue les concepts d'évolution et de développement. La psychologie scientifique apporte la rigueur et la méthode. Le terrain est préparé pour une psychologie spécifique du développement.

La psychologie du développement de l'enfant

Darwin, on l'a vu plus haut, a utilisé les observations effectuées sur son fils pour étayer sa théorie de l'évolution des espèces animales jusqu'à l'homme (la naissance de son fils est postérieure à ses premières élaborations théoriques). L'élan était donné pour envisager l'enfant et son développement comme source d'information sur l'homme « achevé ». On retrouve ici, à un autre niveau, la considération téléologique, c'est-à-dire orientée vers une finalité, de l'enfance. Sous cette impulsion fleurissent les monographies, enregistrement des faits et gestes des enfants. A la fin du XIXe siècle, l'historien H. Taine consigne ses observations de l'acquisition du langage de sa fille; le physiologiste allemand W. Preyer décrit soigneusement, pendant les trois premières années, le développement de son fils. Mais le coup de départ est donné par l'Américain Stanley Hall (1846-1924) qui fut le premier étudiant étranger, « stagiaire » à Leipzig, au laboratoire de Wundt. De retour aux Etats-Unis, armé d'une méthode par questionnaire, il s'attaque à l'exploration du contenu de l'esprit de l'enfant : *the contents of children's minds.* Les questions très pragmatiques étaient du type : « Avez-vous déjà vu une vache? », « Où sont vos genoux? », etc. Si la méthode n'est pas des plus rigoureuses, elle est le manifeste de la première approche scientifique du développement de l'enfant. Marqué par la psychologie expérimentale, Hall l'est aussi par les théories de l'évolution. Outre son effort méthodologique des plus louables, il reprend à son compte, en la spécifiant, une théorie curieuse du biologiste allemand E. Haeckel (1834-1919), apôtre doctrinaire de Darwin, selon laquelle l'ontogenèse récapitulerait la phylogenèse, chaque étape du développement de l'enfance à l'adolescence correspondant à une étape de l'évolution des espèces. La vie foetale rappelle la période aquatique, lorsque nous étions des poissons, puis des sauriens; la période postnatale et ses réflexes archaïques récapitule la phase du singe; l'enfance jusqu'à 7-8 ans est la préhistoire de l'homme comme la préhistoire est l'enfance de l'humanité; l'âge de raison rappelle les débuts de la civilisation; l'adolescence et la jeunesse correspondent à la civilisation du XVIIIe siècle et ainsi de suite. Si Hall avait connu la fissure de l'atome, il aurait sans aucun doute fait correspondre la sénescence et la mort à l'explosion atomique finale que certains craignent!

Un autre mérite de Hall est d'avoir dirigé le doctorat d'Arnold Gesell (1880-1961). Après sa thèse de philosophie, Gesell engage des études de médecine, s'intéresse à la psychologie et fonde à l'Université de Yale une clinique du développement de l'enfant. Refusant de séparer la croissance organique du développement psychique, il écrit en 1945 *L'embryologie du comportement* où l'on retrouve la trace des théories de l'évolution. S'intéressant au comportement, synthèse de l'organique et du psychique, Gesell est le promoteur de l'observation filmée qui, paradoxalement, préserve le dynamisme du mouvement et de la conduite en fixant le changement. A partir de ces observations, Gesell construit son fameux inventaire du développement, applicable aux jeunes enfants de 4 semaines à 5 ans, et dont les principales épreuves ont été reprises en France, pour les mêmes âges, dans l'échelle élaborée par O. Brunet et J. Lézine.

L'intérêt pour le développement de l'enfant se manifeste encore aux Etats-Unis avec James M. Baldwin (1861-1934). Tout comme Hall, Baldwin est élève de Wundt auprès duquel il passe une année à Leipzig. Comme Hall aussi, il est imprégné du darwinisme dont il adapte le principe de sélection en notion de « sélection organique » qui rend compte de l'épigenèse. On doit à Baldwin des observations méthodiques du nouveau-né et l'invention du terme « réaction circulaire » qui dénote les activités du bébé dont la répétition est engendrée par les effets qu'elles produisent. On lui doit aussi les premières études systématiques des différences individuelles dont l'objectif est la compréhension des mécanismes d'ajustement de l'individu à son milieu. Jean Piaget, Henri Wallon, et bien d'autres encore, feront référence à ses travaux.

Cette double influence des théories de l'évolution et de l'introduction d'une méthodologie se retrouve, à des degrés divers, chez les pionniers européens de la psychologie de l'enfant. Alfred Binet (1857-1911) introduit aussi des questionnaires, mais plus systématisés que ceux de Hall, qui deviendront les fameux tests d'intelligence. C'est à l'aspect « mesure scientifique quantitative » que Binet fut le plus sensible. Il faut noter que c'est la pression du contexte scolaire de l'époque qui le conduisit à ces investigations précises de l'intelligence enfantine : l'objectif était de séparer les écoliers normaux des « anormaux » pour mieux orienter l'enseignement devenu, grâce à Jules Ferry, obligatoire pour tous. L'influence évolutionniste se retrouve fortement chez Jean Piaget (1896-1980) qui ancre l'intelligence dans ses fondements biologiques, en suggérant une synthèse entre le lamarckisme et le darwinisme, et chez Henri Wallon (1879-

1962) qui allie le darwinisme à la philosophie marxiste. L'un et l'autre associent à l'observation systématique les méthodes longitudinale et transversale propres à l'étude du développement, Piaget y ajoutant une interrogation « clinique » originale. La méthodologie expérimentale stricte est l'apanage des béhavioristes dont le chef de file est John Watson (1878-1958) et qui, aux Etats-Unis et en Europe, consacrent à l'enfant certaines de leurs études en réfutant avec acharnement, là comme ailleurs, *l'inobservable.*

Parallèlement au courant « expérimental », Sigmund Freud (1856-1939), qu'il est difficile de considérer comme un psychologue de l'enfant, formule cependant la première théorie systématique du développement de la personnalité. On trouve peu de mentions explicites des théories de l'évolution dans les écrits de Freud bien qu'il soit évident qu'il les ait connues et intégrées. Elles flottaient dans l'air du temps et le terme d'*inconscient* revient à maintes reprises sous la plume de Darwin. L'historien J. Sulloway avance même, dans son ouvrage *Freud biologiste de l'esprit,* publié en 1981, que la plupart des idées clés de Freud sont issues des publications darwiniennes et postdarwiniennes. Quoi qu'il en soit, les stades de Freud témoignent d'une *évolution.* La recherche d'une explication du fonctionnement pathologique de l'adulte le conduit à déceler l'origine des troubles dans l'histoire de l'enfance. C'est de là que procède son intérêt pour le développement.

Binet, Piaget, Wallon, Freud sont des pionniers. Il y en a eu d'autres, tels Gesell et Baldwin déjà cités. Mais deux d'entre eux, Piaget et Freud, ont occupé la scène, dès les premières décennies du XXe siècle et l'occupent toujours. Nous retrouverons dans le corps du livre leurs travaux, les connaissances qu'ils ont apportées, les critiques qu'ils ont suscitées, et les nouveaux courants de recherche qui confortent leurs perspectives ou s'y opposent. Quelle que soit cependant l'évolution nécessaire et souhaitable, l'influence du contexte fondateur perdure, on le verra, dans les nouvelles théories. L'explication structuraliste en termes de stades, c'est-à-dire d'évolution d'une étape à une autre, semble bien être un héritage du darwinisme, et la méthode expérimentale est encore soutenue pour la seule valable, au détriment d'autres approches qui, si elles sont moins rigoureuses, s'avèrent sans doute moins mutilantes du point de vue de notre connaissance de l'enfant, et donc de l'homme.

Il faut déjà souligner ici que si la psychologie du développement étudie l'enfant dans sa spécificité, elle l'étudie aussi et en même temps en vue d'une finalité correspondant le plus souvent à la conception de l'homme qui est celle du théoricien et du chercheur dans une culture donnée. Une approche, dite fonctionnaliste, s'est fait jour plus récemment qui étudie l'enfant en soi, à chaque étape, et même à chaque niveau d'âge, en refusant explicitement ou implicitement la dimension développementale. Mais l'enfance est irrémédiablement *fléchée*. Développement et fonctionnement sont liés et se nourrissent l'un l'autre : diachronie et synchronie sont inséparables. D'ailleurs, l'homme tout entier est inéluctablement *fléché,* de sa conception à sa mort. C'est pourquoi la psychologie du développement ne peut s'arrêter à l'enfant.

En outre, la prise en compte du contexte social et culturel conduit, en élargissant le champ d'observation, à mieux cerner les mécanismes du développement. C'est dans la culture occidentale que s'est amorcé et épanoui l'intérêt pour l'étude scientifique de l'enfant et du développement. Mais les travaux d'anthropologie culturelle, tels ceux de B. Malinowski (1884-1942) ou de M. Mead (1901-1978), ont démontré la nécessité des comparaisons interculturelles. Elles permettent, en précisant ce qu'il y a d'universel et de culturellement particulier, de mieux cerner les processus de développement à travers la diversité de leurs manifestations.

La psychologie du développement « vie entière »

Longtemps, la notion de développement s'est appliquée à l'enfant et peu ou prou à l'adolescent. L'extension au devenir de l'individu sur toute la durée de sa vie, d'où l'expression *développement « vie entière »* (en anglais *life span*), est relativement récente. Elle procède tout d'abord de l'interprétation du concept de développement non seulement en termes de continuité, mais aussi et surtout en terme, de *transformations*. L'adulte ne cesse de se développer et de se transformer. Et la vieillesse est aussi le siège d'une suite de transformations inéluctables qui, si elles sont en majorité le témoin et la cause d'une involution, peuvent être en partie compensées par un surdéveloppement ou un surexercice de certaines facultés.

Cette nouvelle perspective trouve son fondement matériel dans l'exploration de plus en plus précoce de l'embryogenèse et dans la constatation de l'augmentation stupéfiante et rassurante de l'espérance de vie. De la conception à la naissance, les connaissances actuelles sont telles qu'il est difficile d'occulter les répercussions de la vie utérine sur l'harmonie ou la dysharmonie du développement futur. A l'autre bout de la chaîne, l'allongement de la vie a changé, dans le contexte social, le statut de l'adolescence, de l'adulte et de la personne âgée. Le tableau suivant rend compte de cette évolution pour la France (espérances de vie : source INSEE) :

	Hommes	*Femmes*
1740-1749	23,8	25,7
1750-1759	27,1	28,7
1780-1789	27,5	28,1
1820-1829	38,3	39,3
1898-1903	45,4	48,7
1933-1938	55,9	61,6
1970-	68,4	75,8
1985-	71,3	79,4
1990-	72,4	80,9

Depuis la dernière guerre mondiale, on constate que l'espérance de vie à la naissance a augmenté de 16 ans 5 mois pour les hommes et de 19 ans 3 mois pour les femmes. Actuellement, sur 100 000 personnes de leur génération on compte, à 70 ans, 62 953 hommes « survivants » et 82 885 femmes ; à 80 ans, 34 679 hommes et 61 307 femmes. En 1991, la répartition des âges pour 100 personnes a été la suivante pour la France :

Moins de 20 ans	27,4
Entre 20 et 60 ans	53,2
60 ans et plus	19,4

La tendance pour l'an 2000 et plus est l'égalisation des tranches des moins de 20 ans et des plus de 60 ans.

Ces quelques chiffres soulignent l'importance de l'augmentation de la longévité liée à la diminution considérable de la mortalité enfantine, à l'amélioration générale de l'hygiène de vie et aux progrès de la médecine. Ce phénomène n'est pas sans répercussion sur l'insertion sociale des différents groupes d'âge. Si l'adolescence était extrêmement réduite jusqu'au XVIIIe siècle — on se mariait à 14 ans, on était officier à 16 ans —, la période actuelle voit son allongement : les jeunes restent plus longtemps dans leur famille, l'accès à l'indépendance réelle est retardé, pour certains, jusqu'à 25-30 ans. Inversement, la période adulte « fonctionnelle » se réduit : l'âge de l'arrêt du travail est avancé : on voit de jeunes retraités de 45 ans. Tout comme l'adolescence, la période dite du 3e âge (et du 4e) s'allonge avec une frange de population importante d'hommes et de femmes dont l'expérience et les capacités ne sont pas ou sont peu utilisées. Ces phénomènes nouveaux soulèvent des problèmes sociaux de toutes sortes que la psychologie ne peut et ne doit méconnaître. Il s'agit de l'homme en *transformation*, de la naissance à la mort. En aidant à préciser les processus de ces transformations en gain ou en perte, la psychologie peut contribuer à la meilleure gestion du devenir de l'adulte et de la personne âgée.

Si dans un premier temps la psychologie du développement « vie entière » a visé à étendre l'étude du développement humain à l'ensemble de l'existence, une autre percée s'est effectuée du coté des sociétés et des cultures qui se développent et évoluent de façon continue et discontinue, tout comme l'être humain. Dans cette perspective, les changements à court terme sont concernés autant que les changements à long terme. Ces études sont davantage le fait de la sociologie que de la psychologie, à la réserve près que l'homme vit dans un contexte social dont il ne peut être séparé, et qu'une véritable psychologie du développement doit tenir compte de ce contexte et de son évolution. A signaler que le concept analytique utilisé en sociologie, celui de *cohorte*, regroupant les individus qui ont fait à un certain moment de leur vie l'expérience de certains événements, peut être exporté. L'élucidation des effets de cohorte doit intéresser forcément le psychologue de l'homme lorsqu'il compare, dans leurs performances actuelles et leur devenir (perspective transversale et longitudinale), des sujets d'âges différents.

Présentation de l'ouvrage

Il s'agit donc ici de l'homme et des transformations qui l'affectent, dans toute sa personne, de la naissance à la mort. A l'évidence, ces transformations sont extrêmement complexes, sous-tendues par l'hérédité de l'espèce et l'hérédité individuelle, la maturation, l'exercice, l'apprentissage, l'interaction sociale et l'évolution de cette interaction dans une société elle-même en perpétuel changement. Il serait plus que présomptueux de prétendre en connaître tous les tenants et les aboutissants. L'objectif de l'ouvrage est plus modeste. Traiter du « développement » de l'homme, tel que nous l'avons défini, revient à dresser l'état des connaissances les plus marquantes concernant les étapes de son évolution temporelle et les processus de transition qui conduisent de l'une à l'autre. Mais on ne peut dresser cet état sans les outils adéquats. Car il en est de la connaissance du développement comme de tout autre connaissance : elle est étroitement tributaire des conceptualisations et des méthodes de la psychologie, conceptualisations et méthodes qui sont elles-mêmes étroitement dépendantes du contexte scientifique général d'une époque. C'est dire que la psychologie du développement, tout comme la psychologie scientifique, dont elle constitue un domaine spécifié, n'énonce pas des vérités premières ou des articles de foi. Elle nous livre des *approximations*. Celles-ci sont, certes, appuyées sur des faits. Mais dans la mesure où ces faits sont observés dans un cadre théorique donné, à l'aide de telle ou telle méthode qui n'est pas étrangère elle-même audit cadre théorique, les approximations sont perpétuellement réfutables par d'autres faits expérimentaux et d'autres conceptualisations. C'est en cela que réside les progrès de la démarche scientifique qui délivre ainsi des approximations de plus en plus serrées et fines d'un objet de connaissance. On reconnaît ici la démarche de la philosophie des sciences de Karl Popper (voir à ce sujet la seconde partie du volume *HM*). La conscience de la relativité de notre savoir est le fil directeur, le *leitmotiv* qui court tout au long de l'ouvrage et qui en a guidé le plan. Celui-ci est constitué de deux parties.

La première traite des outils dont nous disposons pour étudier et comprendre le développement : les théories et modèles (chap. I et II) et les méthodes (chap. III). La seconde partie expose ce que ces conceptualisations et ces méthodes nous permettent actuellement de connaître des différentes étapes du développement et des processus de transition, depuis la petite enfance (chap. IV), l'enfance (chap. V), l'adolescence (chap. VI), jusqu'à l'âge adulte et la vieillesse (chap. VII). Enfin, la brève conclusion de l'ouvrage précise en quoi l'étude du développement est nécessaire à une réelle connaissance de l'homme dans une société en perpétuelle mutation.

PREMIÈRE PARTIE
Théories et méthodes

Le parti pris de commencer l'ouvrage par trois chapitres dont les deux premiers sont consacrés aux théories du développement et le troisième aux méthodes, s'inscrit dans la démarche générale indiquée à la fin de l'introduction. Il s'agit tout d'abord de présenter les « outils » actuellement disponibles pour l'atteinte d'une certaine connaissance des faits de développement. Il est vrai que nous séparons ainsi ce qui ne l'est pas nettement dans la démarche du chercheur. En effet, les méthodes tendent toujours à valider des hypothèses qui sont les propositions opérationnalisées d'une théorie et les résultats que sécrètent ces méthodes sont eux-mêmes interprétés en référence à la théorie. Mais c'est dans un souci de clarification que nous avons suivi ce plan. Coller d'emblée à la réalité des intrications entre théories et méthodes rendrait confus les exposés des unes et des autres, d'où la séparation opérée. C'est dans la seconde partie du livre que se trouvent réunies les théories et les méthodes qui sont à l'origine des connaissances relatées concernant les étapes et les domaines du développement.

Ce choix implique une démarche du lecteur qui, après avoir assimilé ce qui lui est donné d'essentiel dans la première partie, devra y revenir pour certaines précisions et pour une meilleure compréhension des travaux exposés par la suite. C'est donc à un aller-retour constant que nous l'invitons pour un usage optimal de *L'homme en développement.* Une autre façon, peut-être moins abstraite, de parcourir l'ouvrage est de commencer directement par la seconde partie (au chap. V : L'embryogenèse et le bébé de zéro à deux ans) et de lire ensuite la première partie pour certains approfondissements théoriques ou méthodologiques.

I - Les théories classiques du développement

« [...] Toute théorie est incertaine, non seulement parce qu'elle ne peut exclure la possibilité de réfutation par une nouvelle théorie, mais aussi parce qu'elle repose sur des postulats indémontrables et des principes invérifiables qui concernent la nature profonde du réel et la relation entre l'esprit et le réel » (Edgar Morin, *La méthode, 3,* Paris, Seuil, 1986, p. 224). Si ce constat doit nous préserver des certitudes et des dogmatismes stériles, il ne réduit en rien la nécessité et la fécondité des constructions théoriques. C'est la gageure à tenir : nous ne pouvons connaître l'univers physique et l'univers psychologique qu'en nous donnant des *représentations* de ces univers, les théories et les modèles, conscients de l'incertitude qui leur est intrinsèquement attachée. C'est d'ailleurs l'incertitude, les questions qu'elle engendre et les réponses apportées à ces questions par les faits, qui permettent aux théories d'évoluer, c'est-à-dire d'être vivantes. Une théorie qui n'évolue pas, soit en affinant ou en ajustant ses concepts, soit en s'intégrant dans une théorie nouvelle plus explicative, est en sommeil tant qu'elle n'est pas réveillée par un esprit nouveau qui réintroduit ses potentialités dans le courant scientifique actuel.

Le propos de ce chapitre, et du chapitre suivant, est de présenter les théories du développement les plus marquantes. Il s'agit dans presque tous les cas de théories générales mais assez précises toutefois pour que les hypothèses générées rendent compte d'un ensemble de faits observés et, dans une certaine mesure, permettent des prédictions. Il s'agit aussi, dans la majorité des cas, de théories structurelles — sans que soit fait nécessairement référence explicite au structuralisme — au sens où elles décrivent des étapes de développement caractérisées par un type spécifique d'organisation, quel que soit le domaine cognitif, affectif ou social concerné. On ne peut guère parler à leur propos de « modèles » dans l'acception mathématique ou informatique du terme. Toutefois certaines de ces théories intègrent de tels modèles : les modèles logico-mathématiques de la théorie piagétienne par exemple (groupes et groupements). D'autres théories sont qualifiées de modèles au sens, plus lâche, où elles s'appliquent à des domaines restreints du développement : c'est le cas notamment des modèles néo-structuralistes centrés sur des structures cognitives particulières (structure d'attention mentale, structure de contrôle, etc.) et, plus encore, des modèles cognitivistes développementaux spécifiquement focalisés sur l'imagerie mentale, la catégorisation, etc.

L'exhaustivité n'est pas l'objectif premier de notre exposé. Les théories retenues le sont en raison de leur importance historique et parce qu'elles ont suscité, pour leur mise à l'épreuve, les faits expérimentaux qui constituent la base des connaissances concernant le développement au cours de la vie (chap. IV à VII : du bébé à la personne âgée).

Ce premier chapitre qui présente les théories classiques comporte trois parties. La première partie est consacrée aux « pères fondateurs » de la psychologie du développement, Piaget, Freud et Wallon, dont les théories sont toujours vivantes parce que toujours citées et utilisées. La deuxième partie rend justice à une pensée longtemps méconnue : celle du psychologue soviétique Vygotski. La troisième partie, enfin, est consacrée à l'aspect développemental de la théorie béhavioriste en raison de l'intérêt actuel des concepts véhiculés. L'évolution des points de vue, par rapport à ces perspectives classiques, est exposée dans le chapitre suivant.

Les pères fondateurs : Piaget, Freud et Wallon

Jean Piaget et la théorie opératoire

La théorie piagétienne, appelée théorie opératoire au sens où elle décrit le développement d'un sujet qui opère sur le monde environnant, a régné sur la psychologie du développement pendant presque un demi-siècle, en suscitant un nombre incroyable de recherches et de publications. En dépit de critiques fondées, et quelquefois moins fondées, elle demeure un cadre de référence solide en raison de sa cohérence interne et parce qu'elle est la seule qui décrive sinon explique la genèse des structures normatives de l'intelligence humaine. Il n'est guère de théorie qui ait marqué à ce point la psychologie, bien que Piaget se défendit à maintes reprises d'être seulement un psychologue, se définissant lui-même, dans l'une de ses biographies, comme « [...] un ancien zoologiste, hostile à la logique et aux mathématiques [qui] s'est transformé en un psychologue des opérations logiques, tout en croyant rester fidèle à son passé biologique » (Piaget, 1959, p. 9-10). Cette trajectoire surprenante, qui éclaire l'œuvre et permet de mieux la comprendre, mérite qu'on s'y attarde.

Une théorie, un homme

Jean Piaget est né à Neuchâtel en 1896. Son père était professeur de langue et de littérature romane à l'Académie de Neuchâtel. Très précocement, le jeune Jean Piaget montre un goût prononcé pour l'histoire naturelle. A 11 ans, il publie dans une revue régionale *Le Rameau de sapin* ses observations d'un moineau albinos, ce qui lui vaut d'être admis au Muséum d'histoire naturelle de Neuchâtel pour classer et étudier les collections de fossiles, d'oiseaux et de coquillages. A 16 ans, en 1912, il publie dans le très sérieux *Journal de Conchyliologie* son premier article sur « Les limnées des lacs de Neuchâtel, Bienne, Murat et les environs » où il donne une classification des variétés multiples de ces petits mollusques des eaux douces et salées. Suit une quinzaine d'articles entre 1912 et 1914 où, avec une maturité intellectuelle exceptionnelle, il conjugue les conceptions de Lamarck et le mécanisme de sélection de Darwin, pour expliquer les variations observées. En 1918 Piaget soutient un doctorat de sciences naturelles en malacologie : partie de la zoologie qui traite des mollusques. Mais préoccupé tout autant de l'évolution des *formes* de l'intelligence que de celle des *formes* biologiques (avec l'objectif de dépasser l'opposition bergsonienne de l'intelligence et du vital exposée dans *L'évolution créatrice,* ouvrage lu par Piaget dès 1912), il se rend tout d'abord, la même année 1918, à Zurich pour suivre une formation en psychologie expérimentale, puis à Paris, en 1919, où il suit un triple enseignement : psychologie, logique et histoire des sciences. Il y rencontre des philosophes célèbres de l'époque : L. Brunschvicg, A. Lalande, E. Meyerson. Il y rencontre aussi des psychiatres et psychologues renommés : H. Delacroix, G. Dumas, P. Janet, T. Simon, etc. Dans cet environnement intellectuel qui convient à ses préoccupations scientifiques, il entrevoit déjà ce qui sera son champ de recherche : construire une théorie de l'instrument même de la connaissance en étudiant à travers l'ontogenèse des conduites les formes successives d'élaboration de la logique. Il en commence d'ailleurs l'approche pratique au Laboratoire de Psychologie fondé par A. Binet en étudiant, à propos de la notion de partie, les niveaux de la logique des classes chez l'enfant. C'est là que, brisant déjà avec la méthode des tests, il élabore sa méthode d'interrogation clinique qui lui révèle l'originalité de la pensée enfantine. De retour à Genève, Piaget devient le collaborateur de E. Claparède à l'Institut Jean-Jacques Rousseau. Marié en 1933, la naissance de ses trois enfants est le point de départ d'observations minutieuses des deux premières années de la vie, qui constituent la matière de trois ouvrages célèbres : *La naissance de l'intelligence chez l'enfant* (1936), *La construction du réel chez l'enfant* (1937) et *La formation du symbole chez l'enfant* (1945).

Parallèlement à ses travaux de recherche, la carrière universitaire de Piaget se poursuit à Neuchâtel, Lausanne et surtout Genève où il enseigne la psychologie génétique et l'histoire de la pensée scientifique. En 1942, il donne à Paris, au Collège de France, une série de conférences qui deviendront *La psychologie de l'intelligence* (1947) et, de 1952 à 1963, il occupe, à la Sorbonne, la chaire de psychologie de l'enfant.

La grande époque des recherches piagétiennes commence un peu avant 1940, avec une équipe de collaborateurs remarquables : Bärbel Inhelder qui occupe une place particulière en raison du nombre et de l'importance des ouvrages écrits avec Piaget, Alina Szeminska, Pierre Gréco, Jean-Blaise Grize, Albert Morf, Vinh Bang, pour ne citer que les plus fameux. Deux séries de travaux sont conduites : 1 /l'examen méthodique des différentes notions ou normes logiques et des domaines où elles se développent (nombre, classe, espace, temps, vitesse, etc.) ; 2 /l'élaboration de modèles formels qui rendent compte précisément de la genèse de ces invariants. Des ouvrages fondamentaux qui rapportent ces travaux nous n'en citerons ici que deux, qui suscitèrent un nombre effarant de recherches : *La genèse du nombre chez l'enfant* (Piaget et Szeminska, 1941) et *Genèse des structures logiques élémentaires* (Inhelder et Piaget, 1959).

En 1955, Piaget fonde à Genève le Centre International d'Epistémologie génétique (CIEG), lieu inégalé de rencontres et d'échanges pour les psychologues, les logiciens, les biologistes, les mathématiciens, les physiciens et les philosophes du monde entier. Piaget y alimente ses réflexions épistémologiques sur l'équilibration des structures, les différents types d'abstraction, le possible et le nécessaire, etc. Sa production intellectuelle est extraordinairement féconde. Entre 1907, date du premier écrit, et sa mort en 1980, on compte plus de 700 publications (1 322 avec les traductions). A cela s'ajoutent trois ouvrages posthumes : *Le possible et le nécessaire* (1981-1983), *Vers une logique des significations* (1987) et *Morphismes et catégories* (1990), qui renouvellent et prolongent la théorie opératoire.

Les trois ancrages de la théorie

Il est difficile de comprendre la théorie piagétienne sans se référer à ses trois ancrages : épistémologique, biologique et logico-mathématique.

L'ancrage épistémologique

L'épistémologie, branche tardive de la philosophie, se donne pour objet l'étude des hypothèses et des méthodes des diverses disciplines scientifiques afin de définir la logique qui leur est sous-jacente et de déterminer la portée objective de leurs résultats. Elle s'appuie donc à la fois sur l'histoire des sciences et sur la logique. On a vu plus haut que, dès son séjour à Paris de 1919 à 1921, Piaget s'est intéressé à l'histoire des sciences, qu'il enseignera un peu plus tard à Genève, en s'interrogeant sur *l'évolution* des formes de la pensée scientifique. Dans l'introduction de son ouvrage *Psychologie et épistémologie, pour une théorie de la connaissance* (Paris, Gonthier, 1970), Piaget souligne que les théories classiques considéraient la connaissance comme un fait statique. D'où les questions traditionnelles : Qu'est-ce que la connaissance? Comment la connaissance est-elle possible ? Mais la connaissance peut être considérée aussi — et c'est la position piagétienne — comme un processus, car toute connaissance est un perpétuel devenir entre un état de moindre connaissance et un état plus efficace. La connaissance est *développement* ou elle n'est pas. Si bien que l'interrogation fondamentale d'une épistémologie scientifique doit être la suivante : comment s'accroissent les connaissances ? Ou pour traduire la question d'une manière cavalière, mais pragmatique (la traduction n'est pas de Piaget !) : « Comment est-on passé de la brouette à la fusée sur la Lune ? » Quels sont les mécanismes du développement de la pensée qui ont permis un tel bond ? Pour répondre à cette question Piaget pose trois conditions à une épistémologie qui serait alors scientifique : 1 / étudier pas à pas le développement historique réel des connaissances ; 2 / procéder à une sorte d'analyse logique de l'intelligence qui permette de mieux connaître les outils dont elle dispose ; et 3 / étudier le développement de ces outils là où on peut le faire dans un raccourci saisissant, c'est-à-dire chez l'enfant. *Ainsi la psychologie de l'enfant ou psychologie génétique devient-elle le terrain expérimental d'une épistémologie scientifique historico-critique.* La démarche de l'enfant, « expert en développement », dans son appropriation du réel environnant, et la démarche de la pensée scientifique, dans son appropriation de l'univers, s'expliquent mutuellement.

Cette prise de position n'est pas sans conséquence sur le sujet étudié par la psychologie génétique et sur la psychologie elle-même. Puisqu'il s'agit des mécanismes très généraux d'accroissement des connaissances, le sujet-enfant observé ne sera pas le sujet individuel, comme vous et nous, ni le sujet concret moyen, mais le *sujet épistémique,* c'est-à-dire, selon la définition même de Piaget, « [...] conçu comme l'ensemble des mécanismes communs à tous les sujets du même niveau » (J. Piaget, *Le structuralisme,* Paris, PUF, 1968, p. 58). De plus, puisqu'il s'agit des outils logico-mathématiques, la psychologie génétique sera celle de l'intelligence et de l'intelligence logico-mathématique.

L'ancrage biologique

Dans la trajectoire de la pensée piagétienne, l'intérêt pour l'évolution des formes biologiques a précédé celui pour les formes de la pensée. De l'une à l'autre un pont est jeté. Piaget postule que l'intelligence humaine s'inscrit dans le mouvement général de la vie à travers les diverses formes d'adaptation qu'elle a prises. Elle en est le meilleur cas. Elle est l'expression, au niveau cognitif, d'une tendance générale à la reconstruction interne, par variations nouvelles et intrasélections, des acquisitions instables provoquées par l'environnement. Piaget se situe ici entre le lamarckisme, qui souligne l'action directe du milieu et la fixation des habitudes, et le darwinisme, où priment les variations accidentelles et la sélection. Cet ancrage conduit à invoquer, pour décrire le développement de l'intelligence, deux fonctions biologiques fondamentales : l'adaptation et l'organisation. L'adaptation résulte d'une interaction, d'une dialectique, entre deux processus bien connus en physiologie : l'assimilation et l'accommodation. L'assimilation dénote le processus par lequel un objet du milieu est appréhendé par la structure actuelle du sujet. Inversement, l'accommodation est l'activité par laquelle la structure actuelle du sujet se modifie pour s'ajuster à une modification de l'environnement. En fait, l'accommodation débouche sur une assimilation plus performante. Elle est un *prétexte* à l'assimilation.

L'instrument de l'assimilation est le *schème* ou organisation des actions qui se répète dans des circonstances semblables ou analogues. Le schème est défini comme une structure d'actions répétables. A la naissance le schème de succion, par exemple, est la totalité psychophysiologique qui permet au bébé de s'alimenter. Les schèmes s'assimilent l'un l'autre, se complexifient pour devenir des instruments d'assimilation de plus en plus puissants, impliquant tout autant des savoirs que des savoir-faire. C'est ainsi qu'à partir des schèmes réflexes, ou montages héréditaires perceptivo-moteurs, se construiront les schèmes sensori-moteurs puis les schèmes opératoires, ou coordinations d'actions intériorisées (voir à ce sujet les chap. IV, V et VI). Mais qui dit schème dit ici *action du sujet*. La focalisation sur l'assimilation fonde et explique le privilège exorbitant accordé par Piaget à l'action du sujet, au détriment du rôle de l'environnement dans ses aspects sociaux et particulièrement langagiers. L'environnement, comme l'accommodation qu'il suscite, est un prétexte à l'action assimilatrice et constructive. La psychologie génétique est la psychologie du développement de l'homme qui construit son intelligence en construisant ou, mieux encore, en re-construisant l'univers.

Parler de schèmes d'actions, c'est parler de *l'organisation,* seconde fonction biologique invoquée par Piaget. Si l'adaptation est l'aspect externe, fonctionnel du cycle assimilation-accommodation (le côté « face »), l'organisation en est l'aspect interne, structural (le côté « pile »). Le développement de l'intelligence sera celui des structurations successives d'actions, puis d'opérations, qui s'établissent à partir des structures initiales que sont les schèmes réflexes du nouveau-né. Les progrès conduisent à la complexité, à la mobilité et à la réversibilité des opérations du sujet sur le réel. Piaget se place ainsi au double point de vue fonctionnel et structural, ce qui permet de définir l'intelligence par la direction (succession des structures) dans laquelle est orienté son développement. « [...] Définir l'intelligence par la réversibilité progressive des structures mobiles qu'elle construit, c'est donc redire sous une nouvelle forme que l'intelligence constitue l'état d'équilibre vers lequel tendent toutes les adaptations successives d'ordre sensori-moteur et cognitif ainsi que tous les échanges assimilateurs et accommodateurs entre l'organisme et le milieu » (Piaget, *La psychologie de l'intelligence,* Paris, Colin, 1947, p. 17).

L'ancrage logico-mathématique et les stades

On a vu plus haut que la seconde condition d'une épistémologie scientifique historico-critique était l'élucidation de la logique sous-jacente au développement des connaissances. Toute la théorie de Piaget part de l'hypothèse d'une liaison entre les structures normatives de la pensée scientifique et la genèse de la logique de l'enfant. « [...] La logique [écrit-il], est une axiomatique de la raison dont la psychologie de l'intelligence est la science expérimentale correspondante » (Piaget, *ibid.,* p. 37). Et cette psychologie de l'intelligence ne peut être que celle de la genèse et du développement d'opérations logico-mathématiques. L'explication de l'intelligence revient alors à mettre les opérations supérieures de la pensée en continuité avec le développement, celui-ci étant conçu comme une évolution dirigée par les nécessités internes d'équilibre. Le développement de l'intelligence sera celui d'organisations cognitives (structures) dont les formes seront de plus en plus proches (tendance à l'isomorphisme) des formes étudiées par les logiciens et les mathématiciens. L'intelligence est logico-mathématique ou elle n'est pas, peut-on dire, en exagérant quelque peu ce qui est un point central de la théorie.

Chaque étape du développement va correspondre à l'élaboration d'une structure d'actions puis d'opérations, qui prendra la forme d'un groupe ou d'un groupement logico-mathématique et dont la fermeture marquera la borne supérieure d'un stade. C'est la construction d'un certain type de structure qui spécifie chacun des trois grands stades du développement de l'intelligence, stades décrits plus finement dans la seconde partie de l'ouvrage et qui sont résumés dans l'encart 1 : le stade sensori-moteur, le stade de préparation et de mise en place des opérations concrètes et le stade des opérations formelles.

Piaget a exposé à plusieurs reprises son système de stades. Nous retenons ici la version définitive — au sens où il n'y en a pas eu d'autres — donnée par Piaget au symposium tenu à Genève en 1955 et consacré justement au problème des stades. Dans cette dernière version qui synthétise les précédentes, le développement s'effectue, se « déroule » au cours de trois périodes ou stades divisés en sous-stades. Cette répartition apparaît très cohérente dans la mesure où les trois grands stades distingués correspondent aux trois structurations cognitives formalisables qui se construisent successivement, de la naissance à la fin de l'adolescence. L'encart 1 donne la répartition des sous-stades à l'intérieur des trois stades principaux. Les conduites qui relèvent de ces différentes étapes seront explicitées dans les chapitres qui leur correspondent et qui traitent du bébé (de zéro à deux ans), de l'enfant et de l'adolescent. Il faut bien noter que les âges mentionnés dans l'encart pour chacun des sous-stades ne sont donnés qu'à titre indicatif.

ENCART 1

Les stades piagétiens

1 / **Le stade sensori-moteur** ou stade de l'intelligence avant le langage, divisé en six sous-stades (de 0 à 18 mois) :

des réflexes à l'intentionnalité :

— l'exercice des réflexes (0 à 1 mois);
— les réactions circulaires primaires (1 mois à 4 mois et demi);
— les réactions circulaires secondaires (4 mois et demi à 8-9 mois);

de l'intentionnalité à la représentation :

— la coordination des schèmes secondaires (8-9 mois à 12 mois);
— les réactions circulaires tertiaires (12 à 18 mois);
— les combinaisons mentales.

La réaction circulaire est la répétition d'une action en vue d'obtenir la reproduction d'une stimulation sensorielle déclenchée antérieurement par cette action. Le passage des réactions circulaires primaires aux réactions secondaires et tertiaires sous-tend le progrès de l'intelligence sensori-motrice (voir le chap. IV).

2 / **Le stade de préparation et de mise en place des opérations concrètes** divisé en trois sous-stades (de 18 mois-2 ans à 11-12 ans) :

— la pensée symbolique (2 à 4 ans);
— la pensée préopératoire : intuition simple (4 à 5 ans 6 mois); intuition articulée (5 ans 6 mois à 7-8 ans);
— les opérations concrètes (7-8 ans à 11-12 ans).

Le terme intuition caractérise, dans la terminologie piagétienne, une organisation mentale transitoire entre l'intelligence sensori-motrice et l'intelligence opératoire. La « pensée intuitive » est à sens unique (voir le chap. V).

3 / **Le stade des opérations formelles** divisé en deux sous-stades (de 11-12 à 14-16 ans) :

— la genèse des opérations formelles (11-12 à 14 ans);
— les structures opératoires formelles (14 à 16 ans).

Les trois structurations logiques sous-jacentes aux trois stades mentionnés sont les suivantes : le groupe pratique des déplacements qui concerne les déplacements du corps et des objets dans l'espace, le groupement des opérations concrètes et le groupe des opérations formelles. Chacun de ces groupes ou groupements est explicité dans les chapitres qui exposent les étapes du développement qui leur correspondent (chapitres IV, V et VI).

Chaque stade comporte un niveau de préparation et un

niveau d'achèvement (début et fin d'un stade). La limite supérieure d'un stade est le point d'équilibration atteint à un moment donné (fermeture d'une structure), point ultime avant un nouveau déséquilibre « reconstructif ». Les stades peuvent également être précisés par leurs propriétés : 1 / l'ordre de succession des acquisitions est constant et les étapes ne peuvent être inversées ; 2 / les structures construites à un âge donné deviennent partie intégrante des structures de l'âge suivant (caractère intégratif des stades) ; et 3 / chaque stade se caractérise par une structure d'ensemble (voir l'exemple ci-dessous) qui, lorsqu'elle est construite, détermine toutes les opérations possibles et utilisables qu'elle recouvre. En bref, les stades traduisent la contrainte imposée au développement par la structuration logico-mathématique des acquisitions cognitives qui se succèdent. Cette contrainte se manifeste tant au niveau synchronique (toutes les acquisitions au cours d'un stade donné relèvent d'une même *forme* ou *structure*) qu'au niveau diachronique (la *forme* d'une étape s'intègre nécessairement dans celle de l'étape suivante).

Structures, équilibration et abstraction

Structures et stades

Invoquer des structures, c'est procéder, de fait, à une analyse structurale des événements observés au cours du développement. La démarche n'est pas propre à la psychologie génétique de Piaget. Le structuralisme est une méthodologie des sciences humaines utilisée en linguistique par F. de Saussure, en anthropologie par C. Lévi-Strauss, en sociologie par R. Barthes, pour ne citer que les domaines et les noms les plus connus. L'analyse structurale ne considère pas les faits isolément, pas plus qu'elle ne les intègre dans une chaîne associative. Les faits sont appréhendés en tant qu'ensemble d'éléments qui se déterminent les uns les autres quant à leur nature et à leur fonction. Voici deux exemples de la démarche structurale piagétienne.

Le premier concerne le stade sensori-moteur (de 0 à 18 mois-2 ans), le second, le stade des opérations concrètes (de 2 à 11-12 ans). Lorsque l'enfant commence à marcher, il se déplace d'un point à un autre et fait des allers et retours, de sa mère à la table par exemple. Ces déplacements sont formalisables de la manière suivante :

1 / Un déplacement AB et un déplacement BC peuvent se coordonner en un déplacement AC qui fait partie du système (action directe). 2 / Tout déplacement AB, BC ou AC peut être inversé en BA, CB ou CA (action inverse). 3 / La composition d'un déplacement et de son inverse, AB et BA par exemple, donne le déplacement nul AA (réversibilité). Et 4 / Les déplacements sont associatifs : dans la suite ABCD, AB + BD = AC + CD, cela signifie que, si les segments AB, BC, CD ne sont pas en ligne droite, un même point D peut être atteint par des chemins différents (conduite de détour).

Il s'agit du groupe pratique des déplacements étudié en termes de structure géométrique par le mathématicien Henri Poincaré (1854-1912).

Or, si les conduites de l'enfant sont ainsi formalisables, c'est bien qu'il existe, selon la perspective piagétienne, une structuration psychologique qui correspond aux coordinations pratiques établies, de fait, par l'enfant au cours de ses déplacements. Du point de vue d'un observateur, on peut dire qu'un enfant qui poursuit du regard un objet et le retrouve visuellement lorsqu'il l'a perdu, un enfant qui apprend à marcher, de sa mère à la table et inversement, un enfant qui retrouve derrière des coussins alignés un objet qu'on a caché, devant lui, dans l'ordre direct et inverse, possèdent, à des degrés divers de complexité, une organisation cognitive correspondant au groupe pratique des déplacements. Ainsi l'analyse structurale piagétienne permet-elle d'unifier sous un même concept théorique explicatif des conduites apparemment différentes. Elle permet aussi d'évaluer le degré atteint par l'enfant dans cette structuration.

Au stade sensori-moteur il s'agit de coordinations d'actions pratiques, matérielles. Lorsque la pensée abstraite se construit, vers 18 mois-2 ans, les coordinations d'actions s'intériorisent progressivement en structures d'opérations plus puissantes au sens où elles permettent à l'intelligence d'*opérer* indépendamment des contraintes spatio-temporelles immédiates. Au stade des opérations concrètes, il s'agit du *groupement des opérations concrètes*. Voici une épreuve piagétienne qui permet d'évaluer, au cours de ce stade, la progression dans cette structuration : l'épreuve de *conservation de la substance*.

L'expérimentateur présente à l'enfant une boulette de pâte à modeler et lui demande d'en confectionner une autre qui soit identique. L'enfant doit convenir de cette identité *(c'est la même chose de pâte)*. L'une des boulettes est laissée telle quelle, comme témoin ; l'autre est allongée et transformée en saucisse. L'expérimentateur demande alors à l'enfant s'il y a toujours, dans la boulette transformée, la même quantité de pâte que dans la première. On peut aussi transformer la boulette en galette aplatie ou la découper en morceaux (voir la fig. 1).

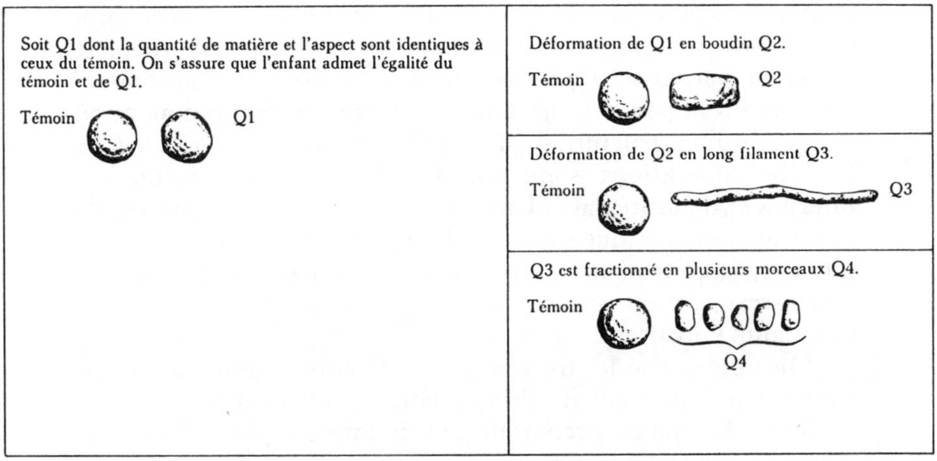

Fig. 1 - Epreuve de conservation de la substance : matériel et transformations

Le recueil des réponses d'enfants, âgés de 4 à 8 ans, auxquels on a proposé cette expérience, révèle l'existence de trois étapes ou sous-stades. 1 / Avant 6-7 ans, les enfants raisonnent sur les configurations statiques en négligeant les transformations. Leurs réponses fausses sont du type : « Il y a plus de pâte parce que là c'est plus long » (transformation en saucisse). Dans le cas de la segmentation, les réponses erronées sont variables : « Il y a plus de pâte parce qu'il y a beaucoup de morceaux » ; ou bien : « Il y a moins de pâte parce que les morceaux sont petits. » 2 / Vers 6-7 ans, les enfants tiennent compte de la transformation, mais uniquement si celle-ci est réduite. Ils conviennent, par exemple, d'une équivalence de la quantité lorsque la saucisse est courte. Mais si l'expérimentateur l'allonge : « Là, elle est trop longue, il y a plus de pâte. » 3 / Vers 8 ans, la majorité des enfants admet l'équivalence des quantités de pâte. Ils donnent généralement, à l'appui de leur réponse correcte, soit un argument d'*identité* : « C'est pareil, on n'a rien ajouté ni rien ôté » ; ou un argument de *réversibilité* par négation : « C'est pareil, je peux refaire la boulette comme l'autre. » On ne rencontre que très rarement l'argument de *compensation* : « C'est pareil : la saucisse est plus longue mais elle est plus mince... la boulette est moins longue, mais elle est plus large. »

Dans l'interprétation piagétienne, l'enfant qui donne une réponse fausse se révèle incapable de coordonner l'action dans un sens, l'étirement par exemple dans le cas de la saucisse, avec son inverse qui redonne à la pâte sa forme initiale. C'est seulement lorsque l'enfant combinera, en pensée, ces deux actions intériorisées qu'il pourra convenir de l'invariance de la quantité de pâte en dépit des transformations effectuées. La coordination de ces actions intériorisées « produit » une structure d'opérations, *un groupement d'opérations concrètes* — concrètes au sens où ces opérations portent sur les objets et leur représentation immédiate. Ainsi, la structure se définit-elle par ses propriétés de totalité (les opérations sont coordonnées), de transformations internes et d'autoréglage. Une fois cette structure construite, elle « tourne » en quelque sorte, l'enfant pouvant, en pensée, passer d'une opération à une autre, quel que soit le point de départ (étirer-resserrer-étirer-resserrer). On conçoit alors qu'il puisse maintenir l'invariance.

On notera que les trois étapes de la conservation de la substance que l'on vient de décrire correspondent aux trois sous-stades de l'étape de préparation et de mise en place des opérations concrètes : intuition simple, intuition articulée et mise en place des opérations (encart 1). La troisième structure piagétienne qui caractérise le stade des opérations formelles (de 11-12 à 14-16 ans) sera décrite dans le chapitre VI consacré à l'adolescence.

L'équilibration des structures cognitives

Comment la pensée devient-elle ce qu'elle devient ? Quels sont les mécanismes qui sous-tendent l'accroissement des connaissances ? Comment passe-t-on d'une structuration cognitive instable à une structuration plus stable et plus puissante ?

On ne peut imputer ce changement à la seule maturation qui, pour l'essentiel, conduit à ouvrir des possibilités nouvelles. Plus les acquisitions s'éloignent de leur origine sensori-motrice, plus leur chronologie d'apparition est variable, ce qui démontre que la maturation n'est pas seule à l'œuvre. L'exercice apparaît également comme un facteur nécessaire mais non suffisant, dans la mesure où les structures logico-mathématiques, les opérations intellectuelle, relèvent, selon Piaget, de la coordination des actions du sujet et non de la « pression » du monde physique. La pression du monde social est, pour cette même raison, jugée nécessaire mais insuffisante à elle seule. Aussi, pour expliquer l'évolution régulière et dirigée au cours des trois grands stades, Piaget invoque-t-il un quatrième facteur, outre la maturation, l'exercice et la transmission sociale : l'*équilibration.*

L'équilibration est définie comme « [...] un processus conduisant de certains états d'équilibre approchés à d'autres, qualitativement différents, en passant par de multiples déséquilibres et rééquilibrations » (Piaget, *L'équilibration, problème central du développement,* Paris, PUF, 1975, p. 9). Piaget donnera successivement deux modèles de l'équilibration, l'un inspiré de la thermodynamique, l'autre de la cybernétique. Dans le second modèle, plus satisfaisant que le premier, « l'équilibre cognitif » n'est pas conçu au sens d'une simple balance des forces, comme en mécanique, ou d'un accroissement de l'entropie (repos avec destruction des structures), comme en thermodynamique classique, mais dans le sens d'une autorégulation, « [...] c'est-à-dire d'une suite de compensations actives du sujet en réponse aux perturbations extérieures et d'un réglage, à la fois rétroactif (systèmes en boucle ou *feedback*) et anticipateur constituant un système permanent de telles compensations » (Piaget et Inhelder, *La psychologie de l'enfant,* Paris, PUF, 1966, p. 124-125). Trois grandes formes d'équilibre sont distinguées : l'équilibre entre le sujet et les objets conduit à des connaissances physiques ou expérimentales; l'équilibre entre systèmes et sous-systèmes de schèmes est responsable du développement logico-mathématique; l'équilibre général entre les différenciations des schèmes et le système total orienterait la finalité des actions et serait responsable de l'amélioration des formes d'équilibre en leur conférant un caractère *majorant,* constructeur de nouveautés.

Le développement des structures opératoires relève donc de la seconde forme d'équilibre avec, comme pour les autres formes, trois moments clés : les perturbations, les régulations compensatrices et la correspondance des affirmations et des négations. Dans le cas de la conservation de la substance que nous avons donné en exemple ci-dessus (fig. 1), les étapes de développement observées constituent des jalons sur le chemin qui conduit aux états d'équilibre. On peut les résumer comme suit :

a) Point de départ : l'enfant conclut à l'augmentation de la quantité en fonction de l'allongement de la boulette de pâte ; *b)* première perturbation : l'enfant s'aperçoit que l'allongement résulte d'étirements successifs, d'où substitution de la notion de déplacement à celle d'allongement absolu mais sans que l'accroissement quantitatif soit remis en cause ; *c)* deuxième perturbation : l'enfant s'aperçoit que la saucisse s'amincit en s'allongeant ; *d)* régulations compensatrices : le caractère « minceur » qui avait été refoulé doit être réintégré ; il l'est par la coordination des deux données : allongement-déplacement et allongement-minceur ; *e)* le résultat conduit à faire correspondre aux parties ajoutées (+) à l'extrémité de la saucisse ce qui est enlevé (—) à la boulette initiale, et aux augmentations de longueur (+) des diminutions de diamètre (—).

L'explication est des plus cohérentes. On peut toutefois se demander si l'invariance de la quantité ne repose pas initialement sur l'identité (« on n'a rien ajouté ni rien ôté »), la compensation expliquant pourquoi « c'est la même chose alors que ça n'en a pas l'air ».

Il faut ajouter que Piaget insiste, avec force, sur la part de construction que comporte l'équilibration. Les conflits et les contradictions sont source permanente de restructuration et donc d'accroissement, lié à des processus sous-jacents d'abstraction.

Classiquement, l'abstraction est un processus général par lequel la pensée isole une composante d'une perception, d'une image ou d'une notion complexe. Piaget distingue deux types d'abstraction : l'abstraction simple et l'abstraction réfléchissante. L'abstraction simple ou empirique porte sur les objets physiques et les aspects matériels de l'action (abstraction des propriétés de couleur, de poids, du résultat d'un mouvement, d'une poussée sur un objet, etc.). L'abstraction réfléchissante s'exerce sur l'action en tant que telle et les coordinations d'actions pour en dégager certaines propriétés et les utiliser à d'autres fins. Elle est *réfléchissante* aux deux sens suivants : elle transpose sur un plan supérieur de conceptualisation ce qu'elle emprunte au palier précédent (« réfléchissement ») ; elle reconstruit au nouveau plan ce qu'elle a tiré de ce palier précédent (travail de réflexion, au sens habituel). Ainsi s'élaborent des

« nouveautés » : structures plus puissantes et nouveaux objets de connaissance *assimilés* par ces structures. On conçoit que l'abstraction réfléchissante trouve sa raison d'être dans le processus général d'équilibration et puisse, dans le même temps, en rendre compte. L'abstraction simple sous-tend l'apprentissage empirique et conduit à une connaissance expériencielle. L'abstraction réfléchissante sous-tend l'apprentissage opératoire des structures logico-mathématiques de l'intelligence. L'apprentissage dépend toujours des niveaux de coordination atteints. *Il est subordonné au développement.* Une illustration des deux types d'apprentissage est donnée au chapitre V.

Un point de vue résolument constructiviste

En fin de compte Piaget cherche à montrer que les progrès de la connaissance scientifique, tout comme les étapes des structurations cognitives chez l'enfant, résultent de la construction de métasystèmes qui rendent compte des étapes antérieures tout en les prenant comme « objets de réflexion ». Il s'agit bien d'une re-construction. Et l'on ne peut mieux faire ici que de citer Pierre Gréco.

« [...] Le progrès de la science, pour Piaget, ne se fait ni par la substitution de paradigmes nouveaux à des paradigmes devenus insoutenables au regard des faits (comme dans l'épistémologie de T. Kuhn [voir à ce sujet le volume *HM*]), ni par une dialectique linéaire et locale surmontant coup par coup les contradictions rencontrées. Il y a bien « changement de point de vue » — *décentration* dans le langage piagétien —, mais la décentration est coordination : construction et prise de conscience de coordinations nouvelles, pour mieux dire [...]. La dialectique de Piaget n'est donc ni un principe de la pensée ni un état de l'Univers voué au conflit des contraires. Elle est dans l'interaction de l'objet et d'un sujet qui se connaît lui-même en connaissant l'objet. Si l'esprit qui dit « non » sait pourquoi il dit « non », il a déjà les moyens de définir son prochain « oui » (*Encyclopédie Universalis,* 1988, p. 664).

Le monde physique pré-existe mais il est à « modéliser », à re-construire. Objectivité et subjectivité se construisent conjointement et complémentairement à travers l'action incessante du sujet sur le milieu. La connaissance objective du monde, c'est-à-dire la représentation, est soumise aux structures des actions coordonnées du sujet, d'où la nécessaire assimilation du donné expérimental aux opérations logico-mathématiques inhérentes à ces coordinations.

Apports et limites de la théorie piagétienne

L'apport majeur de la théorie piagétienne réside incontestablement dans son triple ancrage, épistémologique, biologique et logico-mathématique, et dans son constructivisme. Qu'il s'agisse du développement des connaissances scientifiques, perspective historico-critique, ou de l'ontogenèse, perspective de la psychologie de l'intelligence, il y a modélisation, reconstruction du réel à travers des cadres logico-mathématiques de plus en plus puissants qui constituent la forme optimale d'adaptation biologique. L'enfant *acteur-calculateur,* comme le logicien ou le mathématicien, fait émerger les objets en tant que tels, leurs propriétés et leurs relations, en les « capturant » dans ses « filets » : les schèmes d'action tout d'abord, puis les opérations ou actions coordonnées et intériorisées, concrètes et formelles. Cette position constructiviste associée à une focalisation sur la logique, axiomatique de l'intelligence, explique la nature des opérations étudiées et leur finalité.

Mais le privilège accordé à la construction des opérations logiques, *du calcul,* entraîne presque de soi la sous-estimation, dans l'étude du développement, de la construction des systèmes de représentation, voire de celle des opérations non formalisables dans la logique classique, c'est-à-dire la logique d'Aristote revue et corrigée par G. Boole (1815-1864). Or, bien avant la mise à l'épreuve des faits expérimentaux qui sera rapportée dans les chapitres IV, V et VI (du bébé à l'adolescent), le simple bon sens et l'expérience personnelle nous assurent que la logique classique est loin d'être l'unique règle de la vie psychologique. Il est évident que l'imitation, l'image mentale et le langage jouent, par les systèmes de représentation qu'ils fondent, un rôle considérable dans le développement de l'homme. En bref, la limitation principale de la psychologie génétique piagétienne tient à la réduction de la cognition aux seuls contenus de pensée logiquement et mathématiquement normés. Et l'étude de la représentation, aussi soumise qu'elle soit aux cadres logiques du sujet, y apparaît singulièrement fruste. Qu'il s'agisse de représentations imagées ou linguistiques, celles-ci sont, au plus, considérées comme nécessaires et non suffisantes. Or, comme l'écrit Gréco, on construit bien des systèmes de significations, ou systèmes de représentation, et on ne les construit « [...] pas n'importe comment, pas dans n'importe quel ordre. C'est une autre histoire que celle des stades sacro-saints, mais c'est une histoire. Et c'est celle-là [aussi] qu'il faut faire » (P. Gréco, Préface, *in* J. Bideaud, *Logique et bricolage chez l'enfant,* Lille, PUL, 1988, p. 12).

Quelles que soient déjà ces critiques, et celles qui seront formulées plus avant, la théorie piagétienne, de par sa spécificité et sa cohérence, reste un cadre de référence *obligé.* Elle exalte la rationalité humaine et son effort pathétique, quelquefois dérisoire mais toujours recommencé, d'appropriation de l'univers complexe dans lequel s'inscrit sa destinée.

Sigmund Freud et la psychanalyse

Bien que Freud ne soit pas un psychologue de l'enfance, on peut cependant considérer que sa théorie est au développement affectif ce que la théorie piagétienne est au développement cognitif. Un trait commun rapproche d'ailleurs les deux théories. Contrairement à celle de Wallon, l'une et l'autre présentent une approche abstraite, globale et téléologique du développement de l'enfant : ce sont les perspectives et les buts qui déterminent la direction de l'investigation. Chez Piaget, l'étude de la logique de l'enfant est mise en continuité avec la logique de l'adulte et, de plus, elle constitue l'étape nécessaire à la construction d'une épistémologie elle-même d'inspiration biologique. Chez Freud, l'étude de la sexualité de l'enfant est un moyen de comprendre les conduites normales et pathologiques de l'adulte. Wallon, comme on le verra plus loin, a traité l'enfant tel qu'en lui-même, en tant que *personne.*

Une théorie, un homme

La théorie psychanalytique a introduit une révolution au sein des sciences humaines. Les découvertes originales et essentielles de Freud, l'inconscient, la sexualité infantile, l'universalité de l'Œdipe, qui ont scandalisé l'époque, sont étroitement liées à l'évolution de sa vie personnelle et professionnelle, facteur biographique qu'il a lui-même renforcé en soumettant ses propres rêves et ses propres actes manqués à l'analyse, et en les utilisant comme illustrations dans certaines de ses œuvres. C'est pourquoi il semble nécessaire de retracer les principales étapes de l'itinéraire du père de la psychanalyse. L'homme et l'œuvre s'éclairent mutuellement.

Sigmund Freud (1856-1939) est né à Frieberg en Moravie (province austro-hongroise située en Tchécoslovaquie actuelle) dans une famille juive de commerçants, famille assez remarquable par la complexité inhabituelle des relations de parenté. Marié une première fois à 17 ans et devenu veuf avec deux fils, son père Jakob Freud épouse en secondes noces une jeune fille de 20 ans, l'âge de ses fils. De ce mariage il a huit enfants dont Freud est l'aîné. Ainsi, le petit Sigmund a-t-il un père d'âge à être son grand-père, un demi-frère célibataire d'âge à être son père et un compagnon de jeu de son âge, fils du demi-frère marié, qui est donc son neveu. Ernest Jones, qui fut le biographe de Freud, écrit que, vraisemblablement, sa découverte la plus originale, l'universalité du complexe d'Œdipe, lui a été facilitée par son inhabituelle construction familiale qui lui offrait à la fois des stimulations et l'occasion d'un refoulement total ; en donnant un rôle effacé à son père, Freud lui déniait celui de rival auprès de sa mère et reportait ce rôle sur son demi-frère.

A la suite de difficultés financières, la famille de Freud quitte Frieberg, alors qu'il a 3 ans, pour Leipzig, puis pour Vienne où elle s'installe définitivement. Freud se souvenait de ce changement comme d'un événement angoissant qui fut sans doute à l'origine d'une phobie des voyages dont seule l'analyse le débarrassera. La scolarité de Freud s'effectue au lycée de Vienne où il est un élève tenace, travailleur et brillant. Après son baccalauréat obtenu à 17 ans, il s'engage dans des études médicales. La diversité des intérêts qui sont les siens le conduit à suivre en même temps les cours du philosophe F. Brentano dont les brillantes conférences font courir tout Vienne. Après trois ans d'études médicales, il entre à l'Institut de Physiologie dirigé par E. Brücke, dont il partage l'idéal d'une probité intellectuelle et scientifique absolue. En 1882, soucieux de son avenir, il abandonne « la voie des études théoriques » pour retourner à la médecine. Il s'inscrit alors à l'hôpital général de Vienne et entre dans le service psychiatrique du Pr Meynert. Ses recherches portent sur la physiologie et l'histologie du système nerveux, sur l'aphasie et sur les propriété analgésiques de la cocaïne. En 1885, il est nommé Privat-Dozent en neuropathologie et fait un séjour à Paris (1885-1886) où il suit les enseignements de J.-M. Charcot, fondateur de la neurologie, mondialement connu pour ses travaux sur l'hystérie. A son retour en 1886, et après son mariage avec Martha Bernays dont il aura cinq enfants, Freud s'installe à Vienne en qualité de spécialiste des maladies nerveuses. Il s'aperçoit alors très vite que la neurologie qu'il a apprise ne lui est d'aucun secours pour soulager la majeure partie des patients névrosés qui le consultent. L'arsenal thérapeutique dont il dispose, l'électrothérapie, la suggestion et l'hypnose (lors d'un séjour à Nancy en 1889, auprès de H. Bernheim et de A. Liébault, il parfait son apprentissage de l'hypnose et se démarque de Charcot), s'avère peu ou pas efficace. Freud se souvient alors du récit que son ami, le médecin J. Breuer, lui fit du traitement d'une jeune fille hystérique, Bertha Pappenheim (baptisée dans les *Etudes sur l'hystérie* « Anna O... »), qui deviendra ultérieurement un personnage historique en fondant avec courage, ténacité et efficacité l'équivalent du service social en Allemagne. Cette jeune fille de 21 ans avait été soignée par Breuer pour des troubles spectaculaires et variés (paralysies hystériques, troubles du langage, de la conscience, de la vue) appartenant au registre de l'hystérie grave et renforcés par la mort de son père. Elle présentait aussi, au début de la cure, une forme particulière d'alternance de deux états psychiques complètement distincts : l'un où elle reconnaissait son entourage tout en étant triste, anxieuse, mais « relativement normale », l'autre au cours duquel elle était en proie à des hallucinations visuelles et des troubles du comportement. Breuer s'aperçut qu'il existait chez elle un phénomène particulier : accumulation et condensation des absences allant, le soir, jusqu'à l'autohypnose, action excitante des productions fantasmatiques, soulagement et suppression de l'excitation par expression verbale sous hypnose. Breuer en vint à faire raconter par la patiente, avec une efficacité thérapeutique indéniable, les fantasmes de la journée. Anna O... donna à ce procédé le nom de *cure de la parole* et celui de *ramonage*. Le même procédé (retrouver les souvenirs, les évoquer verbalement) fut à l'origine de la disparition de certains symptômes, lorsqu'elle put lier un souvenir oublié avec le symptôme correspondant. Anna O... réalisait ainsi ce que Freud et Breuer nommeront la *catharsis*. Cette patiente hystérique est comme Freud et Breuer, mais aussi comme d'autres patientes qui pousseront Freud à des modifications techniques, à l'origine de la psychanalyse.

Sous l'influence des réactions observées en consultation, Freud renonce bientôt à l'hypnose et à la suggestion, dont il mesure les limites, pour adopter une technique de concentration sur un symptôme et d'association, qu'il appelle tout d'abord *analyse psychique*. Les modifications qui aboutiront à l'association libre et à l'analyse du transfert seront guidées par les attitudes des malades. L'une de ses patientes hystériques qui venait, à sa demande, d'exprimer ce qui lui apparaissait à l'esprit, dit un jour : « j'aurais pu déjà vous dire cela mais je ne pensais pas que vous vouliez le savoir ». Ce fut une illumination pour Freud qui lui enjoignit alors de dire tout ce qui lui passait par la tête, sans censure aucune. C'était là le premier pas, dicté par une patiente, vers la technique des associations libres et la *règle fondamentale* : laisser parler *sans interrompre,* tel que l'exigea une autre patiente. La psychanalyse était née et le mot « psychanalyse » *(psychoanalyse)* est employé pour la première fois par Freud dans *L'hérédité et l'étiologie des névroses,* texte publié en français dans la *Revue neurologique* en 1896. Il y déclare devoir ses résultats à l'emploi d'une nouvelle méthode de psychoanalyse, le procédé explorateur de Breuer, un peu subtil, mais qu'on ne saurait remplacer, tant il s'est montré fertile pour éclaircir les voies obscures de l'idéation inconsciente.

Vers le milieu des années 1890, Freud entreprend sa propre analyse (auto-analyse) en procédant à l'examen systématique de ses rêves. En juillet 1895 il analyse pour la première fois de manière détaillée l'un de ses rêves qu'il intitulera « l'injection faite à Irma » et qui constituera le modèle de l'interprétation du rêve (voir *L'interprétation des rêves,* 1900, p. 98). Son amitié passionnée avec un médecin otorhinolaryngologiste de Berlin, W. Fliess, leurs discussions et la correspondance animée qu'ils entretiennent sont utilisées plus ou moins consciemment comme support transférentiel de cette analyse. La mort de son père en 1896 le marque profondément et l'on peut penser qu'elle n'est pas étrangère à la découverte et à la formulation du complexe d'Œdipe dont la mention apparaît pour la première fois dans une lettre à Fliess datée du 15 octobre 1897. *L'interprétation des rêves* paraît en 1900 et la rupture définitive avec Fliess survient en 1902 après plusieurs mois de conflit. Cette date marque aussi la naissance du mouvement psychanalytique. Quelques jeunes médecins (Eitingon, Federn, Stekel) se groupent autour de Freud pour apprendre la psychanalyse et la répandre. C'est le début de la *Société psychologique du mercredi* (jour des réunions) qui devient, en 1908, la *Société psychanalytique de Vienne.* Le *splendide isolement* de Freud, isolement intellectuel et institutionnel relatif, est rompu ; il devient le chef de file de ce qu'il faut nommer une école.

L'interprétation des rêves marque le début d'une période extrêmement féconde. *La psychopathologie de la vie quotidienne* (étude de la signification inconsciente des lapsus et des actes manqués) est publiée en 1901. En 1905, paraissent coup sur coup, *Le mot d'esprit et ses rapports avec l'inconscient, Trois essais sur la théorie de la sexualité* (étude du développement libidinal infantile) et le cas Dora, intitulé *Fragment d'une analyse d'hystérie.* 1906 est une année importante qui voit le début de ses relations avec C. Jung, premier psychiatre étranger de renom à avoir réfléchi sérieusement à la théorie freudienne et à la notion d'inconscient, encore que dans une perspective différente. Les relations avec Jung comportent aussi des conséquences politiques : la psychanalyse n'est plus seulement le fait de Freud, elle sort de Vienne et du milieu intellectuel juif. En 1910, Freud fonde la *Société internationale de Psychanalyse* dont le premier président est Jung, avec lequel de nombreuses dissensions se font jour, notamment à propos du primat de la sexualité, idée que Jung finit par refuser. La rupture intervient en 1913.

Un texte important est publié en 1909 : il s'agit de *Analyse d'une phobie chez un petit garçon de 5 ans* (le petit Hans). Freud y relate le cas d'un enfant d'un des participants à la *Société du mercredi* qui suscite la première réflexion approfondie d'un trouble névrotique chez l'enfant. De 1910 à 1938, Freud continue de publier et de préciser ses conceptualisations de l'appareil psychique, en modifiant certains aspects de la théorie. Si la surdétermination inconsciente des phénomènes psychiques et la sexualité infantile ne sont pas remises en cause, des précisions apparaissent mais aussi d'autres notions (comme le narcissisme en 1914), d'autres conceptions du conflit, de l'économie psychique et de la topique de l'appareil psychique. *Au-delà du principe de plaisir* paraît en 1920, marquant l'entrée dans la seconde topique. *Le Moi et le Ça* paraît en 1923, *L'avenir d'une illusion* en 1927, *Nouvelles conférences sur la psychanalyse* en 1932, pour ne citer que quelques jalons dans l'évolution de sa pensée. Cette pensée, il l'impose contre vents et marées, disant lui-même dans une lettre à Fliess datée de 1900 « [...] Je ne suis pas un homme de science, je suis, par tempérament, un conquistador ». Et c'est sur un ouvrage « sociologique » que s'interrompt son œuvre : *L'homme Moïse et la religion monothéique* propose une lecture originale de la Bible et sert de modèle à l'analyse des mythes et de la culture.

La vie de Freud est traversée par des amitiés intellectuelles passionnées et tumultueuses (Fliess, Jung et d'autres : Ferenczi, Rank, etc.) qui achoppent toutes sur des divergences au sujet de concepts fondamentaux de la psychanalyse et de problèmes techniques. La bataille acharnée pour maintenir ce qu'il croit être au plus près de la vérité, il la gagne d'une certaine façon de son vivant. La psychanalyse se répand aux Etats-Unis, en France et dans d'autres pays européens. Son soixante-quinzième anniversaire, en 1931, lui vaut d'innombrables manifestations de sympathie de la part des savants et lettrés du monde entier. Pourtant, ainsi qu'il le souligne lui-même dans *Une difficulté de la psychanalyse* (1917), la psychanalyse porte atteinte à l'amour-propre de l'humanité à laquelle il inflige sa troisième vexation. La première est celle de Copernic, la seconde celle de Darwin. En montrant, à partir de l'analyse de l'inconscient, que l'homme n'est pas souverain dans son âme, Freud rejoint Copernic et Darwin, compagnie qui est loin de lui déplaire.

La persécution nazie contraint Freud à s'exiler à Londres en 1938. Il y décède en 1939 du cancer de la mâchoire pour lequel il a subi trente-trois opérations. Freud est mort avec le courage et la dignité qui furent siens tout au long de sa vie. On ne peut qu'être frappé par le mélange de ténacité et de réceptivité qui semble être sa marque propre. C'est la réceptivité quasi totale qui lui permit, grâce à ses patients, de « découvrir » la psychanalyse et c'est la ténacité qui lui permit de l'imposer à la fois comme pratique et comme théorie du fonctionnement psychique.

L'étude du développement repose, chez Freud, sur deux types de matériau : l'observation, en dehors de la cure analytique, de quelques enfants et, surtout, la reconstruction des positions infantiles à partir de l'analyse des névrosés adultes. L'enfance explique ainsi l'adulte qui sert de modèle pour penser l'enfance. L'originalité de la pensée freudienne réside autant dans la formulation réitérée d'une sexualité infantile que dans sa référence à l'inconscient.

La psychanalyse est un modèle spéculatif né de l'expérience clinique du traitement des patients névrosés et visant, à partir de la pathologie, à fonder une théorie générale du psychisme qui met au premier plan le principe de la surdétermination inconsciente des phénomènes mentaux. La psychanalyse établit par ailleurs une relation entre les événements infantiles, leur refoulement et la constitution de l'inconscient : les avatars de l'enfance déterminent les phénomènes psychiques. Dans ces conceptions psychanalytiques, les troubles du développement affectif permettent d'expliquer les dysfonctionnements repérés chez l'adulte. L'ensemble conceptuel de la psychanalyse s'est forgé peu à peu au gré des débats doctrinaux, de la modification technique de la cure et des rapports entre la psychanalyse et les autres théories. La psychanalyse possède ainsi quelques concepts majeurs sur lesquels un relatif accord semble exister, mais aussi des concepts nouveaux qui font l'objet de débats.

Freud a forgé le terme de « métapsychologie » pour désigner la représentation théorique des phénomènes psychiques, la psychologie, qu'il a édifiée. Dans le cadre de cette métapsychologie, les processus sont décrits selon trois points de vue : topique, dynamique et économique. Le point de vue *topique* concerne la séparation de l'appareil psychique en systèmes différents possédant chacun des propriétés spécifiques et des modes de fonctionnement distincts. On considère qu'il existe chez Freud deux topiques successives. La première topique (1895-1920) correspond à la différenciation en Conscient, Préconscient et Inconscient. La seconde topique (1920-1939) distingue le Moi, le Ça et le Surmoi (voir l'encart 2). Le point de vue *économique* désigne l'étude des processus psychiques considérés comme l'effet de la répartition d'une énergie quantifiable. Freud évoque ainsi les notions de quantité d'excitation pulsionnelle, de libido, d'investissement et de contre-investissement. Le point de vue *dynamique* considère les phénomènes psychiques comme le résultat d'un conflit entre des forces opposées : pulsions et interdits notamment. Les concepts et les principes qui ressortissent à ces points de vue sont utilisés pour décrire le fonctionnement psychique.

ENCART 2

La seconde topique selon S. Freud : le Moi, le Ça et le Surmoi

Le *Moi,* selon Freud, est le siège de la conscience mais aussi le lieu de manifestations inconscientes. Il est considéré comme une différenciation du *Ça* englobant le conscient et le préconscient. Le *Ça* est l'instance psychique la plus ancienne, la plus importante et la plus inaccessible (comparée au *Moi* et au *Surmoi*). Le *Ça* est le réservoir premier de l'énergie psychique où s'affrontent les pulsions de vie et de mort. Ses contenus inconscients sont d'origines diverses : tendances héréditaires, exigences somatiques, faits acquis refoulés, etc. La reconquête du *Ça* est facilitée par la psychanalyse. Le *Surmoi* est la troisième instance psychique distinguée dans la seconde topique. Composé de deux structures partielles, l'idéal du *Moi* et une instance critique, le *Surmoi* a pour fonction de juger le *Moi.* Son origine se situe dans l'intériorisation des interdits culturels et sociaux.

Les éléments du fonctionnement psychique

A l'origine : le principe du plaisir

Cette notion recouvre un principe économique selon lequel l'activité psychique est orientée vers la recherche du plaisir et l'évitement du déplaisir. Le déplaisir est conçu comme une augmentation de l'excitation à l'intérieur de l'appareil psychique et le plaisir comme une réduction de tension. L'appareil psychique tendrait à se maintenir à un niveau constant d'excitation : c'est le principe de *constance.* Ce principe s'oppose au *principe de réalité* qui apparaît, dans le développement, comme une modification adaptative du principe de plaisir. Freud suppose en effet que la recherche de la satisfaction ne s'opère pas par les chemins les plus directs mais qu'elle tient compte de la réalité. Le système perception-conscience est régi par le principe de réalité alors que le système inconscient est soumis au principe de plaisir.

Une force centrale : la pulsion

Le concept de pulsion *(Trieb)* est l'un des plus importants de la pensée freudienne puisqu'il est le moteur de l'activité psychique. Il se distingue nettement de l'instinct *(Instinkt)* et ne désigne donc pas un pattern de comportement finalisé hérité, propre à une espèce et supposant peu de variation d'un individu à l'autre : « [...] si, maintenant, nous abordons par le côté biologique l'examen de la vie d'âme, la pulsion nous apparaît comme un concept frontière entre animique et somatique, comme représentant psychique des stimulus issus de l'intérieur du corps et parvenant à l'âme, comme une mesure de l'exigence de travail qui est imposée à l'animique par suite de sa corrélation avec le corporel » (Freud, *Pulsions et destin des pulsions, Œuvres complètes,* t. XIII, Paris, PUF, 1988, p. 167 (1re éd. 1915)). La pulsion désigne une poussée constante qui a sa source dans une excitation corporelle (faim, sexualité, etc.), son but est de supprimer cet état de tension. Une pulsion possède une *poussée,* un *but* qui est la satisfaction liée à la suppression de l'état de tension émanant de la source pulsionnelle, une *source* (processus somatique dans un organe ou une partie du corps) et un *objet* qui permet à la pulsion d'atteindre son but. La pulsion s'exprime sur le plan psychique par des *représentants psychiques.* Ceux-ci sont en quelque sorte les « délégués psychiques » de la pulsion. Ultérieurement, Freud fournira une conception un peu différente de la pulsion en la liant à la répétition : « [...] une pulsion serait une poussée inhérente à l'organisme vivant vers le rétablissement d'un état antérieur que cet être vivant a dû abandonner sous l'influence perturbatrice de forces extérieures; elle serait une sorte d'élasticité organique ou, si l'on veut, l'expression de l'inertie dans la vie organique » (Freud, *Au-delà du principe de plaisir,* Paris, Payot, 1981, p. 80 (1re éd. 1920)).

Freud distingue plusieurs sortes de pulsions et forge deux

dualismes pulsionnels rendant compte du conflit psychique. Dans le cadre de la première topique, il oppose les pulsions sexuelles aux pulsions d'autoconservation (pulsions du moi). Il y a d'abord, au cours du développement, étayage des pulsions sexuelles sur les pulsions d'autoconservation, puis, ultérieurement, conflit entre les deux types de pulsions. A partir de 1920, Freud oppose les pulsions de vie *(Eros)* aux pulsions de mort *(Thanatos)*. Les pulsions de vie regroupent les pulsions sexuelles et les pulsions d'autoconservation alors que les pulsions de mort — qui forment, dans l'œuvre de Freud, une nouvelle catégorie — tendent à la réduction complète de tension et se manifestent sous la forme de l'autodestruction, de l'agression.

La relation entre les pulsions sexuelles et les pulsions d'autoconservation n'est pas seulement de conflit. En effet, le concept d'*étayage* fournit une précision intéressante quant à la genèse des pulsions sexuelles. La pulsion sexuelle ne se développe pas spontanément mais s'appuie (étayage) sur les fonctions physiologiques : « [...] La sexualité infantile se développe en s'étayant sur une fonction physiologique essentielle à la vie » (*Trois essais sur la théorie de la sexualité*, p. 133, note ajoutée en 1915). L'exemple le plus classique de cet étayage est pour Freud le « suçotement » de l'enfant qui ne répond pas au besoin de nourriture mais qui correspond à l'action de la pulsion sexuelle en se dégageant de la fonction biologique. La notion d'étayage a encore été développée par Freud pour désigner un type de relation d'objet caractérisée par la dépendance et par la recherche de protection. D'autres auteurs avancent une conception selon laquelle le développement de l'enfant s'étaye sur la réalisation du désir maternel, ce qui engage une théorie de la séduction maternelle.

Dans la description des pulsions, Freud distingue aussi *les pulsions partielles*. Cette notion rend compte des différentes composantes de la sexualité infantile qui vont s'unifier ultérieurement en une seule pulsion : la pulsion sexuelle. Ces pulsions partielles qui règnent à l'époque prégénitale fonctionnent indépendamment les unes des autres et correspondent pour la plupart à des zones érogènes précises (pulsion anale, pulsion orale), mais Freud évoque aussi des pulsions partielles qui reposent sur un « but » non spécifiquement relié à une zone corporelle (pulsion d'emprise par exemple). Les pulsions partielles visent un objet partiel et le développement repose sur une unification des pulsions partielles au moment de l'Œdipe. Certains troubles psychiques graves témoignent d'une forte fixation à une pulsion partielle.

« [...] Pour caractériser d'une façon générale les pulsions sexuelles, on peut dire ce qui suit : elles sont nombreuses, sont issues de sources organiques multiples, exercent d'abord leur activité indépendamment les unes des autres et ne sont rassemblées en une synthèse plus ou moins complète que tardivement. Le but auquel chacune d'elles tend est l'accession au plaisir d'organe ; c'est seulement la synthèse une fois accomplie qu'elles entrent au service de la fonction de reproduction, ce sur quoi elles se font alors reconnaître de tous comme pulsions sexuelles. A leur première survenue, elles s'étayent d'abord sur les pulsions de conservation, dont elles ne se détachent que progressivement, et suivent également, lors de la découverte de l'objet, les voies que leur montrent les pulsions du moi. Une partie d'entre elles reste associée aux pulsions du moi tout au long de la vie et les dote de composantes libidinales qui, pendant le fonctionnement normal, échappent facilement au regard et ne deviennent claires que par l'entrée en maladie. Elles sont caractérisées par le fait qu'elles interviennent, dans une grande mesure, en vicariance les unes à la place des autres et peuvent aisément changer d'objets. Par suite des propriétés susnommées, elles sont capables d'opérations qui sont très éloignées de leur actions-à-but originelles (sublimation) » (Freud, *Pulsions et destin des pulsions, Œuvres complètes,* t. XIII, Paris, PUF, 1988, p. 171 (1re éd. 1915)).

Une énergie : la libido

Le terme « libido » a été employé par Freud dès le début de son œuvre pour désigner une énergie, une quantité, possédant un caractère sexuel. En 1923, dans *Psychanalyse et théorie de la libido,* il la définit comme la manifestation dynamique de la pulsion dans la vie psychique en soulignant à nouveau sa dimension sexuelle. L'étroite relation entre la libido et les pulsions sexuelles, la répartition originaire de celles-ci en pulsions partielles, le changement des zones érogènes et des pulsions partielles prévalentes, permettent à Freud d'avancer l'idée d'un « développement libidinal » entendu comme développement de la répartition des manifestations dynamiques des pulsions. Concrètement, ce développement libidinal désigne la succession des différentes phases de l'organisation libidinale : phases orale, anale et phallique.

L'opposition entre *narcissisme* et *relation d'objet* vient apporter une complication à la question de la libido. Freud avait d'abord considéré que la libido s'investissait dans l'objet de la pulsion, c'est-à-dire dans l'objet qui permettait de satisfaire la pulsion. Mais l'introduction, en 1914, de la notion de narcissisme amène une modification. Par narcissisme, Freud entend l'amour porté à l'image de soi-même, c'est-à-dire l'investissement du moi comme un objet : les manifestations du narcissisme, attachements libidinaux envers soi, sont nombreuses tant dans le registre de la normalité (investissement de son image, soins portés à soi-même, sommeil, estime de soi) que dans celui de la pathologie (états psychotiques, hypocondrie, douleur somatique). Freud considère donc que la libido s'investit pour une partie dans l'objet, et pour une autre partie dans le moi. Il y aurait donc, à l'intérieur de la libido, deux catégories qui ne se distinguent que par leur objet : le moi ou l'objet investi. Cette opposition entre libido narcissique (ou libido du moi) et libido d'objet est particulièrement importante pour comprendre le développement. Freud évoque en effet une succession précise. Le début de la vie serait caractérisé par un *narcissisme primaire*, le sujet n'investissant pas d'objet, puis avec l'apparition de l'objet une partie des investissements serait retirée au sujet lui-même pour être adressée à l'objet, enfin une partie des investissements d'objet pourrait être réadressée au moi (retrait sur le moi) sous la forme du *narcissisme secondaire* aussi bien dans la pathologie que dans les situations saines.

Le narcissisme ne désigne donc nullement un phénomène pathologique mais bien une catégorie d'investissement obligatoire et nécessaire participant à toutes les activités de la vie psychique qui, à certains moments de l'œuvre de Freud, se caractérise par un conflit entre libido d'objet et libido narcissique. La prise en compte d'une opposition entre moi et objet, la constitution d'une théorie, même embryonnaire, du développement de l'investissement narcissique et de l'investissement objectal, ouvre la voie à une théorie du développement des relations d'objet, théorie dans laquelle la notion d'objet n'est plus aussi dépendante de la pulsion que dans la conception freudienne. Cette voie sera suivie par des auteurs comme R. Spitz, M. Mahler ou O. Kernberg.

« [...] Nous nous formons ainsi la représentation d'un investissement libidinal originaire du moi ; plus tard une partie en est cédée aux objets, mais, fondamentalement, l'investissement du moi persiste et se comporte envers les investissements d'objet comme le corps d'un animalcule protoplasmique envers les pseudopodes qu'il a émis. Dans notre recherche qui se développait à partir des symptômes névrotiques, la part de libido ainsi placée devait tout d'abord nous rester cachée. Seules nous frappaient les émanations de cette libido, les investissements d'objet qui peuvent être émis, et de nouveau retirés. Nous voyons également, en gros, une opposition entre la libido du moi et la libido d'objet. Plus l'une absorbe, plus l'autre s'appauvrit. La plus haute phase de développement que peut atteindre la libido d'objet, nous la voyons dans l'état de passion amoureuse qui nous apparaît comme un déssaisissement de la personnalité propre, au profit de l'investissement d'objet ; son opposé se trouve dans le fantasme (ou l'autoperception) de fin du monde chez le paranoïaque » (Freud, Pour introduire le narcissisme, *La vie sexuelle,* Paris, PUF, 1969, p. 84-85 (1re éd. 1914)).

Un lieu et une qualité : l'inconscient

Le terme « inconscient » désigne, d'une part, une des instances de l'appareil psychique et, d'autre part, une propriété affectée à un élément : une représentation, un sentiment, peuvent être inconscients. Bien que ce soit la psychanalyse qui ait fait connaître la notion d'inconscient et qui ait forgé une théorie qui lui confère une place centrale, le terme était déjà présent dans certaines conceptions antérieures et il apparaît également dans des courants psychologiques très différents de la psychanalyse : les théories cognitivistes font aussi référence à une forme d'inconscient (voir vol. *HC*). Mais ce qui différencie l' « inconscient psychanalytique » des autres, c'est à la fois sa place essentielle dans la genèse des processus psychiques et son contenu. L'inconscient freudien comporte en effet plusieurs particularités. Il s'agit d'abord d'une hypothèse, l'existence, le contenu de l'inconscient ne sont pas attestés directement mais inférés à partir de l'expérience clinique : « [...] Nous pouvons là-contre avancer que l'hypothèse de l'inconscient est nécessaire et légitime et que nous possédons de multiples preuves de l'existence de l'inconscient. Elle est nécessaire, parce que les données de la conscience sont, à un haut degré, lacunaires; aussi bien chez les gens sains que chez les malades, se produisent fréquemment des actes psychiques qui, pour leur explication, présupposent d'autres actes que toutefois la conscience n'atteste pas » (Freud, *L'inconscient, Œuvres complètes,* p. 206, réf. déjà citée). Par ailleurs, l'inconscient est soumis à ce que Freud nomme le *processus primaire,* contrairement au système conscient-préconscient qui est régi par le *processus secondaire.* Le processus primaire désigne un mode de fonctionnement dans lequel l'énergie psychique circule librement en passant d'une représentation à une autre par condensation et déplacement ; le rêve constitue un exemple de l'action du processus primaire. Le processus secondaire, en revanche, se caractérise par une « liaison » de l'énergie psychique avec des représentations qui sont investies de manière plus stable et par un ajournement de la satisfaction. Enfin, l'inconscient est considéré par Freud comme déterminant les phénomènes conscients, comme principe central de la causalité psychique. Notre activité de pensée, notre vie affective sont donc soumises au primat d'une surdétermination inconsciente.

Le contenu de l'inconscient est constitué des représentants de la pulsion, c'est-à-dire des représentations et souvenirs refoulés et, en premier lieu, des représentations infantiles refoulées. Même si l'identification entre l'inconscient et le sexuel infantile refoulé est commode, elle ne correspond pas exactement à certaines mentions de l'œuvre freudienne. Freud évoque la possibilité de contenus phylogénétiques qui constitueraient le « noyau de l'inconscient » ; c'est notamment le cas des fantasmes originaires. L'inconscient ne connaît ni le temps, ni la négation, ni la mort et s'exprime à travers les actes manqués, les symptômes, les oublis, les rêves. Autant de manifestations qui font l'objet d'une attention soutenue de la part des psychanalystes en ce qu'elles constituent un moyen (« une voie royale », disait Freud à propos du rêve) de connaissance de l'inconscient.

Les termes du conflit

Un principe directeur : la thèse de la sexualité infantile

L'idée de « sexualité infantile » est sans doute ce qui a heurté le plus vivement les contemporains de Freud qui, pour sa part, a toujours souhaité maintenir cette notion dont le caractère provocateur ne lui échappait pas. Certaines ruptures avec ses disciples ont d'ailleurs été provoquées par une remise en question du primat de la sexualité infantile. Il reste que si Freud a toujours employé ce terme, sa propre utilisation déborde le cadre de la génitalité et répond à une opération théorique particulière puisqu'il maintient l'existence de la sexualité infantile tout en la distinguant de la génitalité de l'adulte dont elle constitue le préalable. Il en donne d'ailleurs une définition très extensive visant plus le plaisir que la génitalité elle-même : « [...] tout ce qui concerne les activités de la première enfance en quête de jouissance locale que tel ou tel organe est susceptible de procurer » (Freud, *Introduction à la Psychanalyse,* Paris, Payot, 1951, p. 348 (1re éd. 1915-1916)). C'est sans doute à propos du plaisir oral que l'originalité de la position de Freud peut être le plus clairement décrite.

Il écrit en effet que « [...] c'est l'activité initiale et essentielle à la vie de l'enfant qui l'a familiarisé avec ce plaisir, la succion du sein maternel (ou de ce qui le remplace). Nous dirons que les lèvres de l'enfant ont joué le rôle de zone érogène et que l'excitation provoquée par l'afflux du lait chaud a été la cause du plaisir. Au début, la satisfaction de la zone érogène fut étroitement liée à la satisfaction du besoin alimentaire. L'activité sexuelle s'est tout d'abord étayée sur une fonction servant à conserver la vie dont elle ne s'est rendue indépendante que plus tard. Quand on a vu l'enfant rassasié abandonner le sein, retomber dans les bras de sa mère et, les joues rouges, avec un sourire heureux, s'endormir, on ne peut manquer de dire que cette image reste le modèle et l'expression de la satisfaction sexuelle qu'il connaîtra plus tard » (Freud, *Trois essais sur la théorie de la sexualité,* Paris, Gallimard, 1987, p. 75-76 (1re éd. 1905)).

Il est donc clair (« cette image reste le modèle et l'expression de la satisfaction sexuelle qu'il connaîtra plus tard ») que le statut de la sexualité infantile n'est pas celui de la génitalité et que c'est au regard de la sexualité adulte qu'elle prendra toute son importance. L'activité sexuelle de l'enfant est facilement repérable dans l'expression des pulsions partielles, qu'il s'agisse des plaisirs liés à l'oralité, à l'analité (rétention) ou à la masturbation infantile. Ces pulsions partielles interviennent à titre de composantes dans la sexualité adulte alors que chez le pervers sexuel c'est seulement une ou plusieurs pulsions partielles qui sont satisfaites isolément, comme par exemple dans l'exhibitionnisme, le voyeurisme, où la satisfaction de la pulsion de *voir* constitue l'unique but sexuel.

« [...] Quand on se rend compte de la fréquence des mouvements sexuels soi-disant anormaux et exceptionnels chez l'enfant, ainsi que de la découverte de souvenirs d'enfance jusqu'ici inconscients chez les névrosés, on peut fixer l'attitude sexuelle de l'enfant de la manière suivante.

Il paraît certain que l'enfant apporte à sa naissance des germes de mouvements sexuels qui, pendant un certain temps, évoluent, puis subissent une répression progressive, interrompue à son tour par des poussées régulières de développement ou arrêtée par suite des particularités de l'individu. On ne peut rien dire de certain sur la régularité et de la périodicité des oscillations de ce développement, mais il semble bien que la vie sexuelle de l'enfant, vers la troisième année, se manifeste déjà sous une forme qui la rend accessible à l'observation. » (*Ibid.*, p. 70-71.)

Le pivot de la théorie freudienne de la sexualité infantile, mais aussi du conflit psychique, est naturellement la notion de *Complexe d'Œdipe*. Freud évoque sous ce terme un moment essentiel du développement de l'enfant (à partir de trois ou quatre ans) au cours duquel celui-ci s'attache amoureusement au parent de sexe opposé et développe des sentiments hostiles à l'égard du parent de même sexe. La résolution de ce complexe — qui fait partie intégrante du développement normal — consiste en un renoncement à ces désirs et inaugure l'organisation de la personnalité de l'enfant.

Un moteur : le conflit psychique

La notion de *conflit psychique* est déterminante dans la théorie psychanalytique. Il constitue le ressort du fonctionnement psychique et doit être considéré comme *constitutif* du sujet dont le développement peut être ramené à la succession de différents conflits, le conflit œdipien étant le plus important. Qu'il s'agisse de la névrose ou de la normalité, l'évolution du sujet est la somme de ses conflits et de ses capacités à les dépasser. Certains auteurs ont même pu avancer que le sujet était un être divisé, ce qui tendrait à souligner que le conflit lui est inhérent.

Le conflit est avant tout interne (intrapsychique), même s'il s'incarne dans la réalité. Les conflits externes, interpersonnels, n'ont finalement de sens et d'intérêt que dans la mesure où ils réveillent ou expriment des conflits internes. Freud a tenté de préciser les différents termes du conflit interne : conflit entre désir et défense, entre instances différentes (conscient et inconscient, par exemple), conflit œdipien, conflit entre libido objectale et narcissisme. Mais, malgré cette diversité reconnue, Freud s'est toujours attaché à ramener le conflit à un dualisme irréductible dont l'un des éléments serait la sexualité à laquelle s'opposerait un obstacle interne ou un interdit. Sur le plan clinique, il apparaît cependant réducteur de parler du conflit au singulier puisque celui-ci se diffracte en de multiples oppositions et ne peut se résumer facilement à une seule d'entre elles.

Un mécanisme de défense constitutif : le refoulement

Le refoulement est un des opérateurs essentiels du développement de l'enfant et de l'organisation du psychisme de l'adulte. Le mécanisme de refoulement consiste en ce qu'une représentation inconciliable avec le moi est rejetée ou maintenue dans l'inconscient. Ce mécanisme a d'abord été observé dans le cadre des névroses, en particulier de l'hystérie, chez des patients dont une partie des souvenirs avaient disparu. Freud considérait que cet oubli était l'effet du moi qui repoussait les souvenirs traumatiques ou renvoyant à des désirs interdits, hors de la conscience. Le refoulement est de ce fait un élément déterminant dans la genèse des troubles névrotiques, voire le mécanisme spécifique de la névrose. Mais il peut être aussi considéré comme un phénomène général apparaissant chez tous les sujets, l'émergence d'une pathologie dépendant de sa force, de la nature du refoulé et des tentatives de retour de ce refoulé. Freud postule l'existence d'un *refoulement originaire* qui, portant sur les représentants de la pulsion, va constituer le noyau de l'inconscient. Le refoulement proprement dit — ou « refoulement après coup » — correspond à la période œdipienne et rend inconscientes les représentations inacceptables : l'amnésie infantile serait donc l'effet du refoulement. La particularité du refoulé est de tendre à réapparaître, à se manifester à la conscience sous une forme détournée. Ce *retour du refoulé* appelle, de la part du moi, l'utilisation de mécanismes de défense pour se protéger contre la réapparition de représentations frappées d'interdits et provoquant du déplaisir.

« [...] Beaucoup d'entre nous trouveront peut-être difficile de renoncer à la croyance qu'il y a dans l'homme lui-même une pulsion de perfectionnement qui l'a amené aujourd'hui à ce haut niveau de réalisation intellectuelle et de sublimation éthique, pulsion dont on est en droit d'attendre qu'elle se charge de le faire devenir un surhomme. Pourtant je ne crois pas en l'existence d'une telle pulsion interne et je ne vois aucun moyen de ménager cette bienfaisante illusion. Le développement de l'homme jusqu'à présent ne me paraît pas exiger d'autre explication que celui des animaux, et si l'on observe, chez une minorité d'individus humains un poussée inlassable à se perfectionner toujours plus, on peut la comprendre sans mal comme la conséquence du refoulement pulsionnel sur quoi est bâti ce qui a le plus de valeur dans la culture humaine. La pulsion refoulée ne cesse jamais de tendre vers sa satisfaction complète qui consiste en la répétition d'une expérience de satisfaction primaire ; toutes les formations substitutives et réactionnelles, toutes les sublimations ne suffisent pas à supprimer la tension pulsionnelle persistante ; la différence entre le plaisir de satisfaction exigé et celui qui est obtenu est à l'origine de ce facteur qui nous pousse, ne nous permet jamais de nous en tenir à une situation établie mais nous « presse, indompté, toujours en avant » selon les mots du poète (*Méphisto,* dans Faust, acte I, scène 4). La voie rétrograde qui conduit à la pleine satisfaction est, en règle générale, barrée par les résistances qui maintiennent les refoulements de sorte qu'il ne reste plus d'autre solution que de progresser dans l'autre direction de développement qui est encore libre, sans l'espoir d'ailleurs de pouvoir achever le processus et atteindre le but » (Freud, *Au-delà du principe de plaisir,* Paris, Payot, 1981, p. 87 (1re éd. 1920)).

Dans ses premiers textes, Freud envisageait que le traumatisme psychique infantile constituait le moteur des troubles névrotiques. Ce traumatisme correspondait à une séduction infantile réelle, c'est-à-dire à une séduction sexuelle dont l'enfant aurait été l'objet de la part d'un adulte. Le souvenir de ce traumatisme était refoulé et, comme tel, inaccessible et puissamment pathogène. Cette thèse fut abandonnée au profit d'une conception mettant au premier plan le rôle du fantasme, c'est-à-dire du désir, et non plus de la réalité.

Un développement conflictuel : fixation et régression

La *fixation* est une notion importante du point de vue du rôle du développement infantile dans la genèse des conduites pathologiques. Elle désigne l'attachement de la libido à des objets, à des expériences infantiles et, par extension, à un stade du développement libidinal. Elle constitue l'une des notions essentielles de la conception psychanalytique du conflit. Au cours de l'évolution libidinale, la libido se fixe sous l'effet de deux types de facteur : constitutionnels (force de certaines composantes partielles) et historiques (sollicitations de l'entourage, traumatismes, événements de la vie infantile).

La *régression* désigne le retour vers une forme antérieure que le sujet avait dépassée. Ce concept est naturellement étroitement lié à celui de fixation qui constitue l'une de ses conditions. La fixation, liée à des conflits infantiles, situe le point jusqu'où s'opérera la régression lorsque le sujet sera confronté à des difficultés et à des conflits entre pulsions et interdits. Freud distingue trois types de régression : topique, formelle et temporelle. La régression *topique* correspond, comme dans le rêve, à un retour de l'excitation le long des instances psychiques (dans le rêve, l'excitation part de la conscience pour aller investir des représentations inconscientes). La régression *formelle* désigne un retour vers des formes d'expression, de pensée et de comportement caractéristiques de phases antérieures du développement. La régression *temporelle* correspond à une réapparition *ordonnée* de phénomènes antérieurs découpés selon plusieurs registres : régression vers un stade libidinal, régression quant à l'objet, régression de l'évolution du moi. Les régressions formelles et temporelles mettent très clairement en lumière l'importance du développement infantile et son rôle dans la vie adulte, notamment dans la pathologie.

Les stades de l'affectivité selon Freud

Freud a formulé une conception originale des stades du développement en centrant sa réflexion sur l'évolution libidinale. La définition de stades stricts, clairement délimités, n'est pas chez lui une préoccupation première, même si, dès les débuts de sa théorie, il s'est préoccupé de décrire des périodes caractéristiques du développement de l'enfant. Les stades freudiens (Freud emploie les termes allemands *Phase* ou *Stufe*) ne sont pas associés à une chronologie précise, ils ne correspondent qu'à un mode de fonctionnement psychique typique d'une période. Le développement libidinal de l'enfant doit en fait tenir compte de « périodes », d' « organisations », de « moments » essentiels (par exemple, la *période œdipienne*) qui ne sont pas définis clairement comme des stades.

Freud s'est attaché à décrire, sous le terme de « stade », des modes d'organisation de la vie sexuelle de l'enfant, en insistant plus particulièrement sur les relations entre une zone érogène (orale, anale, génitale) et un type d'activité psychique. Il a ainsi distingué trois stades « prégénitaux » : les stades oral, anal et phallique. Ceux-ci précèdent le stade (ou organisation) génital, découpé en organisation génitale infantile et organisation génitale proprement dite qui s'établit à la puberté — une phase de latence s'intercalant entre les deux périodes. La plupart des auteurs adoptent toutefois un point de vue plus strict en conservant le terme de stade génital pour désigner l'organisation des pulsions partielles sous le primat de la génitalité à partir de la puberté.

La description freudienne des stades a fait l'objet de précisions et d'approfondissements, notamment de la part de Karl Abraham, qui a développé un point de vue plus holistique, ce qui, semble-t-il, n'était pas l'objectif de Freud qui n'a pas cherché à mettre en relation les stades libidinaux, le développement des relations d'objet et l'organisation du moi.

Soulignons que si le développement libidinal s'étaye sur certaines fonctions physiologiques, il ne se réduit pas à la réalité biologique. Les fonctions physiologiques n'ont d'importance que par la relation qu'elles permettent d'instaurer avec l'entourage. C'est ainsi que l'oralité ne se réduit pas à la satisfaction de la faim mais dépend bien de ce qui se joue avec la mère autour de la relation de nourrissage.

Le trait essentiel du développement tel que le conçoit Freud est son aspect diphasique. Une première période va de la naissance à l'Œdipe et s'organise autour du primat des zones érogènes et des pulsions partielles. L'Œdipe constitue un moment maturant essentiel et correspond à une unification des pulsions partielles. Le refoulement qui intervient à la période œdipienne prélude l'entrée, vers 5-6 ans, dans la phase de latence. Une seconde période commence à l'adolescence et se caractérise par le primat de la génitalité. La succession des différents stades et des périodes importantes est résumée dans le tableau I.

Tableau I - Les stades du développement affectif selon S. Freud

Stade oral de la naissance au sevrage	Phase préambivalente : succion Correspond au stade anobjectal Phase sadique orale : dentition fantasmes d'incorporation et de destruction du corps maternel
Stade anal contrôle sphinctérien, fin de la première année	Composante érotique anale plaisir défécation-rétention Composante sadique-anale détruire l'objet
Stade phallique vers 2-3 ans	Masturbation infantile curiosité sexuelle théories sexuelles infantiles primauté phallique, fécondation conception sadique du coït naissance anale
Œdipe	Identification angoisse de castration modification des pulsions sexuelles unification constitution du surmoi
Période de latence âge scolaire	Déclin de l'Œdipe
Puberté	Réactivation du conflit œdipien choix objectal

La psychanalyse, une théorie vivante

Le corpus théorique psychanalytique ne se limite pas aux concepts ni aux thèmes de recherche définis par Freud, même si son expérience demeure pour certains la garantie ultime. La psychanalyse est vivante : elle évolue sous l'influence des confrontations avec les autres modèles théoriques (en psychologie, mais aussi en philosophie, en linguistique et en anthropologie), sous l'impulsion de la pratique clinique (notamment les problèmes que posent les nouvelles catégories de patients) et, enfin, par la dynamique des révolutions internes (antagonismes entre courants psychanalytiques). Mais, en dernière instance, la psychanalyse n'est que la théorie d'une pratique, la cure psychanalytique, et reste, à ce titre, soumise à l'expérience clinique. On déplore parfois que certains auteurs fassent des incursions purement spéculatives dans des domaines dont ils n'ont nullement l'expérience clinique ou spéculent sur des questions sans rapport avec l'expérience de la cure. Les incursions de Freud dans le domaine de l'art et de la culture témoignent néanmoins de l'intérêt de réflexions de ce type. Par ailleurs, s'il est vrai que la psychanalyse ne trouve sa justification que dans la cure et les modifications provoquées, l'utilisation et la discussion de la théorie psychanalytique, en tant que corpus de discours, ne sauraient être réservées aux seuls psychanalystes.

Ce caractère « vivant » possède son revers dans la mesure où la pluralité des définitions conceptuelles et des interprétations laissent parfois l'impression que les débats en psychanalyse sont plus proches de la spéculation philosophique que de la confrontation scientifique. Dans le domaine du développement, comme dans celui de la clinique ou de la métapsychologie, les successeurs de Freud ont proposé des aménagements, des modifications, ont provoqué des controverses, des ruptures, ont parfois créé des « schismes », fruits d'oppositions théoriques et cliniques autant que personnelles. Parler de la psychanalyse, c'est donc évoquer un courant qui se réfère principalement à l'inconscient et à la sexualité infantile, mais, au-delà de ces éléments fort généraux, les écoles psychanalytiques révèlent plus de différences que de communautés. Ces différences sont analysées dans le chapitre II.

La théorie de Henri Wallon ou la construction d'une personne

Piaget décrit et explique le développement de l'intelligence, Freud, celui de l'affectivité. Si l'affectivité n'est pas ignorée de la théorie opératoire, le rôle qui lui est dévolu apparaît paradoxal : conçue comme une source d'énergie, elle n'a cependant d'impact fonctionnel que si des conditions préalables qui relèvent des mécanismes cognitifs sont réalisées. En bref, l'affectivité n'est intéressante, d'un point de vue génétique, que soumise à l'intelligence logico-mathématique. Inversement la théorie psychanalytique de l'affectivité ignore superbement — ou pour le mieux met entre parenthèses — le rôle de l'intelligence et de l'acquisition des connaissances. Ainsi l'enfant de Piaget et celui de Freud sont-ils morcelés, amputés de l'une ou l'autre de leurs « fonctions ». Wallon se démarque fondamentalement de ces deux perspectives au sens où il s'attache à expliquer le comportement total d'un sujet qui se construit en tant que *personne*. Affectivité et intelligence s'influencent tout au long d'un développement qui, loin d'être linéaire, présente des oscillations, des ruptures. Cette divergence de point de vue sur le développement de l'enfant relève de conceptualisations épistémologiques et philosophiques qui singularisent l'itinéraire de Wallon.

Une théorie, un homme

Henri Wallon (1879-1962) est issu d'une famille de la bourgeoisie intellectuelle. Son grand-père, Henri Wallon (1812-1904), historien et homme politique, député en 1875, est à l'origine de l'amendement qui provoqua l'adoption des lois constituantes de la IIIe République. La formation de Wallon est double : philosophie et médecine. Entré à l'Ecole normale supérieure en 1889, il obtient en 1902 l'agrégation de philosophie. Il s'engage ensuite dans des études médicales qu'il achève en 1908. Docteur en médecine, spécialisé en neurologie, Wallon devient assistant du professeur Nageotte à l'hôpital de Bicêtre et à la Salpêtrière. Il y dirige une consultation pour enfants atteints d'arriération mentale et d'agitation motrice. Les observations effectuées sur 250 enfants anormaux vont constituer le premier matériau de sa thèse d'Etat.

Médecin militaire pendant la première guerre mondiale (1914-1918), il acquiert, en soignant les blessés, une expérience neurologique en pathologie cérébrale grâce à laquelle il peut interpréter d'un point de vue neurologique les observations conduites à la Salpêtrière. Ce remaniement débouche sur sa thèse d'Etat définitive, *L'enfant turbulent*, publiée en 1925. Dans cet ouvrage, Wallon identifie déjà, à partir d'une méthode de comparaison pathologique qu'il continuera d'utiliser, les quatre premiers stades du développement sensori-moteur. L'étude des trois premières années de la vie de l'enfant se poursuit au *Laboratoire de psychobiologie de l'enfant* qu'il fonde en 1922 et qui est rattaché à *l'Ecole pratique des Hautes Etudes* où il devient directeur d'études en 1925 (le laboratoire qui existe toujours sous le même nom perpétue l'orientation initiale). Un approfondissement de ses réflexions apparaît nettement dans un cours donné à la Sorbonne de 1929 à 1931, publié en 1934 sous le titre *Les origines du caractère chez l'enfant*. L'enseignement de Wallon se poursuit au Collège de France, de 1937 à 1949, où il occupe la chaire de Psychologie de l'Enfant et de l'Education qui a été créée pour lui. De 1941 à 1945 paraissent trois livres fondamentaux quant à ses positions théoriques : *L'évolution psychologique de l'enfant* (1941), *De l'acte à la pensée* (1942), *Les origines de la pensée chez l'enfant* (1945). Il fonde en 1948 la revue *Enfance*. D'autres ouvrages et de nombreux articles sont aussi publiés qui concernent l'épistémologie, la psychopédagogie, les rapports de l'enfant à l'espace (organisation motrice, activité graphique), l'évolution de la sociabilité chez l'enfant, etc.

Parallèlement à sa carrière d'enseignant et de chercheur, Wallon suit un chemin philosophique et politique vers le marxisme dont on retrouve la trace en filigrane dans ses publications. La méthode dialectique, dont il se réclame dès 1936, est affirmée plus précisément dans les *Fondements métaphysiques et dialectiques de la psychologie* parus en 1958 dans *La Nouvelle Critique*.

Wallon philosophe, médecin neurologue, psychologue, s'est aussi passionné pour l'éducation dans un souci pragmatique d'application des avancées de la psychologie. Député de Paris de 1945 à 1956, tout de suite après la seconde guerre mondiale, il préside la Commission de réforme de l'enseignement dont les travaux aboutissent au fameux plan Langevin-Wallon. On lui doit aussi la création de la psychologie scolaire et l'expérience pilote des classes nouvelles dans les lycées.

Les points clés de la théorie

Darwin et Marx

Il est difficile de dire si le matérialisme dialectique a influencé dès le début la conception wallonienne du développement ou s'il a coïncidé avec une interprétation déjà bien établie des faits observés. La dernière supposition est la plus probable. Toujours est-il que l'analyse marxiste est considérée par Wallon comme un instrument souple et efficace, des plus utiles à la psychologie.

« [...] Le matérialisme dialectique est [...] capable d'exercer son influence en psychologie tant pratique que théorique. Il n'y est pas d'ailleurs une innovation totale. Il coordonne des points de vue que les différentes doctrines philosophiques présentent chacune sous forme exclusive et absolue. Il est pour l'organicisme, mais pas sous la forme unilatérale et mécaniste du matérialisme traditionnel. Il est, comme l'idéalisme, pour la spécificité du psychisme mais à condition de ne pas le substituer à la réalité des choses. Il est pour le devenir incessant du sujet, et de l'univers, mais pas à la façon inconditionnée et fataliste de l'existentialisme. Il est partisan de l'objectivité expérimentale, mais sans tomber dans le formalisme méthodologique du positivisme ni dans son agnosticisme de principe. Se calquant sur le réel, il en accepte toute la diversité, toutes les contradictions, persuadé qu'elles doivent se résoudre et qu'elles sont même les éléments de l'explication, puisque le réel est ce qu'il est en dépit ou plutôt à cause d'elles » (Wallon, Fondements métaphysiques et dialectiques de la psychologie, *La Nouvelle Critique,* 1958, p. 106 ; réédité dans *Enfance,* 1963, *1-2,* 99-110).

Même s'il s'agit là de réflexions *a posteriori,* la soumission au réel, à sa diversité, aux contradictions apparentes ou sous-jacentes, s'avère dès le début comme la marque spécifique de l'approche wallonienne. Elle explique son adaptation du darwinisme à l'étude du devenir de l'homme moderne. De Darwin, Wallon retient l'évolutionnisme et le rôle prépondérant du milieu. Mais le milieu n'est pas ici seulement biologique. L'homme est social par sa nature : c'est un fait, c'est la réalité. Le milieu social prolonge le milieu biologique. Le nouveau-né, plus démuni que la plupart des animaux, est engagé dès son premier cri — et on le sait maintenant, dès sa conception — dans un système de relations qui assure sa survie et son développement. Il n'existe pas d'opposition entre le biologique et le social mais continuité, relais ; et les conduites du stade émotionnel le prouvent. Si Wallon retient avec force le rôle du milieu, il s'éloigne cependant de Darwin en faisant de la solidarité — et non de la compétition — le facteur essentiel, nécessaire à la survie et au développement de l'espèce. De plus, l'homme échappe à certaines contraintes du milieu physique en construisant le milieu symbolique qui lui est propre, avec et par le langage et les idéologies qu'il transmet. La caractéristique de l'homme, producteur de son milieu spécialisé, est fortement soulignée.

Ainsi on retrouve chez Wallon, comme chez Piaget, l'ancrage biologique. Mais dans la théorie opératoire le relais est assuré par les structures logico-mathématiques de l'intelligence qui se construisent en (re)construisant l'environnement physique. Dans la théorie de Wallon, c'est le tissu social qui prend le relais et l'enfant construit sa personne en s'insérant dans cette trame et en créant ses relations avec autrui. Dans les deux perspectives l'action et l'interaction sont primordiales. Mais chez Piaget l'interaction est « faussée » du fait du primat de l'assimilation. Chez Wallon elle est pleine et entière.

L'approche multidimensionnelle

Les stades de Wallon sont à la fois des réalités et le moyen de décrire le développement de la personnalité tout entière de l'enfant. Cette conception exclut que l'on sépare l'enfant étudié de sa maturation organique, de ses activités et de ses conditions de vie. Elle requiert aussi une approche multidimensionnelle qui repose sur des comparaisons internes et externes.

« [...] Chaque étape fonctionnelle de l'enfance doit être d'abord discutée pour elle-même et dans l'ensemble complet de ses conduites actuelles. Avant d'être tenue pour un chaînon, elle doit être interrogée sur ce qu'elle a de spécifique. Aussi adviendra-t-il de reconnaître l'avènement successif de manifestations qui n'ont pas forcément leur prototype dans les manifestations antérieures et ne sont pas forcément le prototype des manifestations ultérieures mais dont la signification et le rôle peuvent être une nouveauté dans le comportement de l'individu et de l'espèce. C'est alors qu'il faut chercher dans le domaine des structures biologiques la nouveauté qui les a rendues possibles » (Wallon, *Les origines de la pensée chez l'enfant,* Paris, PUF, 1945, p. 733).

Les comparaisons internes. Les études longitudinales et transversales sont nécessairement associées et contrôlées par la méthode des tests. La comparaison entre enfants qui est ainsi effectuée est dite interne au sens où il ne s'agit que de l'enfance et des contraintes des lois du développement.

Les comparaisons externes. L'enfant normal est comparé à l'homme dit « primitif » selon Wallon, à l'animal, à l'enfant pathologique et à l'adulte. En ce qui concerne les primitifs, ce sont les ressemblances dégagées en dépit des différences de conditions d'existence qui sont significatives. Mais cela suppose l'exacte détermination de ces différences. Ces précautions prises, la comparaison renseigne sur la signification de l'émotion et le passage de l'acte à la pensée. La comparaison avec l'animal, le singe en particulier, est intéressante au sens où elle montre la différence radicale introduite par le langage. La comparaison pathologique se révèle également pleine d'enseignement. Stades du développement et troubles psychomoteurs sont liés et les anomalies permettent de mieux déterminer la finalité et le contenu de chaque étape : « [...] En stabilisant et en systématisant les étapes de l'évolution normale, la pathologie enfantine permet de saisir leur sens et leurs rapports. Son rôle est unique comme celui de la psychologie enfantine elle-même dans l'ensemble de la psychologie » (Wallon, *Stades et troubles du développement psychomoteur et mental chez l'enfant,* Paris, Alcan, 1925, p. 315). La comparaison avec l'adulte est fondamentale. L'approche concrète du développement exige que l'on ne sépare pas l'enfant de l'adulte qui est en quelque sorte son « milieu » et vers lequel il « tend », tout en gardant son caractère propre. Car, si l'enfant ne possède pas encore les compétences de l'adulte, il le dépasse, et de loin, par sa plasticité et sa disponibilité. Aussi la comparaison avec l'adulte doit-elle, pour être fructueuse, s'effectuer sous certaines conditions qui pourraient servir de règles actuellement à bien des psychologues : « [...] Envisager comme un ensemble l'enfant et l'adulte, c'est-à-dire avant tout discerner leurs différences, afin de pouvoir découvrir l'évolution qui se fait de l'un à l'autre et les facteurs essentiels de cette évolution. Ne pas les confondre, ni juger de l'un par l'autre, mais ne pas non plus les isoler ni les prendre à l'état statique [... Etudier l'enfant] dans son devenir, dans ses mutations, dans la réalisation de ses acquisitions et par conséquent ne pas commencer par lui supposer des notions et des pouvoirs qu'il n'a pas encore » (L'étude du caractère chez l'enfant et l'orientation professionnelle, *Revue philosophique,* 1935, *5,* p. 15-30). L'enfant doit être abordé comme une réalité vivante et totale dans le contexte social où il est immergé; et l'étude de son développement peut être éclairée et précisée, dans sa spécificité, par celle d'autres développements qui peuvent lui être comparés. L'approche concrète et multidimensionnelle est nécessaire pour saisir la réalité multidimensionnelle du développement.

Stades, alternances et prépondérances

Cette approche multidimensionnelle permet à Wallon d'établir un système de stades qui « colle » à la complexité du développement. A partir de la naissance six stades sont distingués : le stade d'impulsivité motrice (0-3 mois), le stade émotionnel (3-12 mois), le stade sensori-moteur et projectif (1-3 ans), le stade du personnalisme (3-6 ans), le stade catégoriel (6-11 ans) et le stade de la puberté et de l'adolescence (11-

16 ans). Ces stades sont illustrés dans la figure 2 et leur contenu sera explicité dans les chapitres IV, V et VI. Le développement, tel que Wallon l'observe, est loin d'être continu. Il ne résulte pas d'une simple addition de progrès orientés dans le même sens mais présente au contraire des oscillations, des rythmes, des crises, des changements de direction. Trois lois fonctionnelles rendent compte de cette discontinuité complexe : la loi de succession de prépondérance, la loi d'intégration et la loi d'alternance. Quatre grands ensembles fonctionnels sont distingués : l'affectivité, l'acte moteur, la connaissance, la personne, entre lesquels s'établit une succession des prépondérances.

La *prépondérance* dénote le fait qu'au cours du développement on observe une fluctuation plus ou moins périodique de la dominance de l'un ou l'autre des ensembles fonctionnels. Au cours de l'enfance — les noms des stades l'indiquent — la prépondérance passe des fonctions émotionnelles et affectives d'assimilation et d'imitation, aux fonctions de discrimination intelligente entre soi et la réalité objective, physique et sociale, le passage étant fortement dépendant de la maturation des centres nerveux. La loi d'*intégration fonctionnelle* est définie comme la réalisation d'un ensemble nouveau où les éléments ont perdu leur individualité propre en se restructurant selon les rôles et significations qui leur sont attribués dans le nouvel ensemble. Elle régit les désorganisations et réorganisations plus ou moins conflictuelles inhérentes à la succession des prépondérances.

En outre, au sein des grands ensembles fonctionnels, deux orientations des conduites sont relevées : l'une *centrifuge,* tournée vers l'extérieur et les relations objectives, l'autre *centripète* tournée vers la construction et la consolidation de la personne. Elles sont sous-tendues par les processus de dépense d'énergie (catabolisme) et d'assimilation (anabolisme) qui constituent le métabolisme physiologique (on trouve là une certaine ressemblance avec le cycle assimilation-accommodation de Piaget). Ces orientations déterminent des *phases* contrastées qui spécifient tout autant les stades que la succession des prépondérances qu'elles contribuent à régler. Chaque stade débute par un changement de phase qui détermine son orientation générale, centrifuge ou centripète. C'est ainsi que le stade *impulsif* (0-3 mois) qui s'inscrit dans une phase de dépense d'énergie (orientation centrifuge) succède au stade embryonnaire et foetal et précède le stade émotif, deux stades où l'absorption, physiologique d'abord puis physiologique et sociale, domine (orientation centripète). Ces changements de direction sont gouvernés par la loi d'*alternance fonctionnelle* (voir la fig. 2).

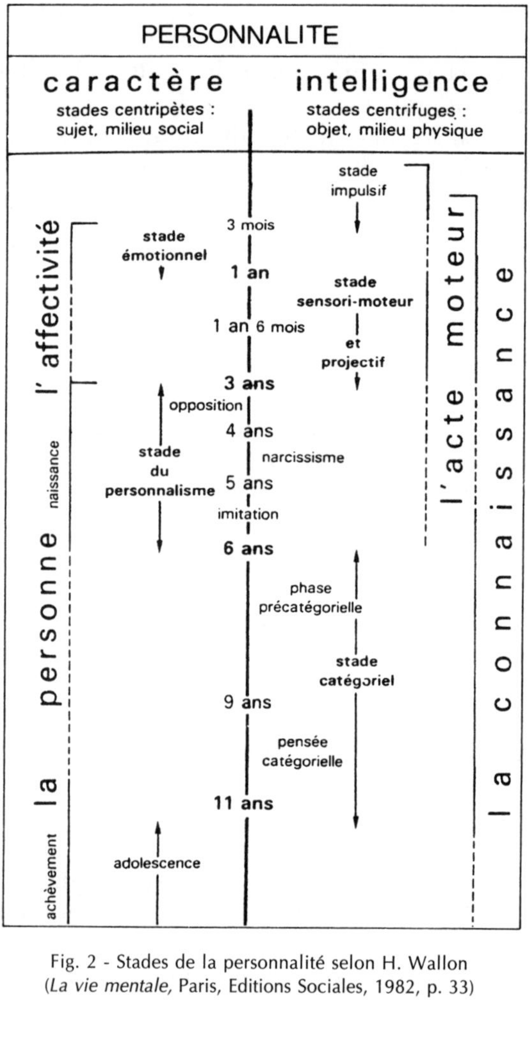

Fig. 2 - Stades de la personnalité selon H. Wallon (*La vie mentale,* Paris, Editions Sociales, 1982, p. 33)

Il faut bien noter que les alternances fonctionnelles ne s'observent pas seulement dans la succession générale des stades, mais au sein d'un ensemble fonctionnel, et au sein même d'une seule fonction. Le développement de l'imitation en est un bon exemple : elle débute par une « absorption » du modèle et évolue vers un détachement qui permet à l'imitateur de réinventer en quelque sorte le modèle en s'en distinguant nettement : phase centripète suivie d'une phase centrifuge. Si l'on ajoute à cela que la prépondérance d'un ensemble fonctionnel rend compte seulement d'une dominance et non d'une exclusion d'un autre ensemble, on se rend compte à quel point la théorie de Wallon cherche à rendre compte d'une réalité des plus complexes. Certes les stades sont la résultante de la succession des prépondérances et de l'alternance fonctionnelle des orientations, mais ils ne sont pas nettement tranchés ni nettement homogènes : « [...] Les étapes successives du développement ne sont ni parfaitement homogènes chacune, ni complètement disparates entre elles. La fonction qui s'élève et va régner, ne doit pas moins composer avec celles dont elle tend à prendre la direction qu'elle n'est elle-même dominée par ses origines, entraînée par leurs conséquences et déjà désagrégée par d'autres végétations qu'elle rend possibles et qui la supplantent » (Wallon, *Stades et troubles du développement psychomoteur et mental chez l'enfant,* Paris, Alcan, 1925, p. 68).

Les lois du développement traduisent l'interaction constante entre les possibilités internes de l'enfant et les conditions extérieures de ses conduites. C'est dire que s'affrontent et s'impliquent mutuellement les facteurs de nature biologique et sociale. L'influence de l'environnement est particulièrement soulignée par Wallon qui distingue dans cet environnement les *groupes* et les *milieux.* Les groupes déterminent la place et le rôle de chacun dans une constellation donnée d'individus ; les milieux renvoient à l'ensemble des circonstances physiques, sociales, idéologiques qui modulent la vie des groupes. Entre l'enfant et le groupe, la stimulation est réciproque ; le milieu exerce une influence bien plus unilatérale en raison d'une certaine passivité de l'enfant. Milieu et groupes changent avec la maturation si bien que pour bien identifier les stades du développement, il faut considérer les comportements dans leur ensemble et en interaction constante avec les conditions physiologiques et sociales de leur production.

A l'heure où la psychologie, et particulièrement la psychologie du développement, redécouvre la complexité et réintroduit le sujet dans son contexte (existe-t-il un sujet sans contexte?), une lecture attentive de Wallon serait bien loin d'être inutile. On en retrouve l'intérêt, comme cela est dit plus haut, dans les chapitres qui suivent.

Le devenir de la théorie wallonienne

Si l'audience de Wallon, dans la communauté scientifique internationale, n'a pas atteint celle de Piaget (ni celle de Freud), cela tient principalement à ce que ses ouvrages n'ont pas été traduits en langue anglaise. Cela tient peut-être aussi au privilège accordé par Wallon à l'observation, dans un temps où s'imposait une méthodologie expérimentale plus stricte. Certes, Piaget ne peut-être considéré comme un exemple à cet égard. Mais la multiplicité et l'ingéniosité des épreuves dites piagétiennes ont suscité une postérité expérimentale qui fait défaut à Wallon. Quoi qu'il en soit, l'œuvre de Wallon fait partie de la culture psychologique européenne de langue française. Elle reste une référence essentielle pour nombre de chercheurs préoccupés par la complexité du développement. La passion de Wallon pour l'enfant et pour son éducation perdure dans la mémoire, inscrite dans la pierre aux frontons des groupes scolaires *Langevin-Wallon* qui ont fleuri dans toute la France, et particulièrement dans la région parisienne, après la seconde guerre mondiale.

Lev S. Vygotski : une pensée méconnue

Piaget, Freud et Wallon sont incontestablement des « pères fondateurs » en ce qui concerne le développement mais ils ne sont pas les seuls. D'autres éminents psychologues ont apporté leur contribution à l'édifice. Outre ceux cités dans l'introduction, il en est un, très longtemps méconnu, que l'on ne peut passer sous silence. C'est Lev S. Vygotski, *un géant* — selon l'expression de J.-P. Bronckart — de la psychologie soviétique (B. Schneuwly et J.-P. Bronckart (éds), *Vygotski aujourd'hui*, Neuchâtel, Delachaux & Niestlé, 1985). La nature de la théorie et son devenir sont ici comme ailleurs, et peut-être plus qu'ailleurs, intimement liés aux contingences de l'histoire.

Une théorie, un homme

Lev Sémionovitch Vygotski est né le 17 novembre 1896 — la même année que Piaget — dans une petite ville de Biélorussie : Orcha. C'est à Gomel, localité plus importante de Biélorussie, qu'il passera ensuite sa jeunesse. Les parents Vygodski, confrontés comme tous les juifs dans la Russie tsariste à de sévères discriminations (restrictions du droit de déplacement ou d'accès aux études, interdits professionnels, etc.), se sont attachés à préserver la vie intellectuelle de leurs enfants (la famille en comptait huit) et notamment celle de Lev : instruction primaire à domicile avec un précepteur adepte de la méthode socratique, études réussies brillamment — des mathématiques au latin et au grec — dans un lycée réservé aux enfants juifs, passion pour la littérature et le théâtre, etc. A quinze ans, il était surnommé « le petit professeur ». Signe d'une personnalité forte : c'est adolescent que Lev décide de changer l'orthographe de son nom pour signer Vygotski avec un *t*, convaincu que sa famille était originaire de Vygotovo.

Dès 1913, c'est-à-dire à 16 ans, et malgré le *numerus clausus*, il est admis à l'Université impériale de Moscou pour y poursuivre des études de droit. La philologie et l'histoire lui sont interdites : elles conduisent au professorat et un juif ne peut avoir d'emploi officiel. Simultanément, il fréquente une université non officielle — créée pour étudiants exclus en raison d'activités antitsaristes — où il étudie l'histoire, la philosophie, la psychologie et la littérature. Lorsqu'en 1917 il est gradué en droit, c'est avec le rêve impossible d'enseigner la littérature et la psychologie à Gomel qu'il quitte l'Université de Moscou.

Rêve impossible ? Non. La révolution d'octobre 1917 met fin aux discriminations antisémites et propulse Vygotski dans une activité politique et intellectuelle intense. Il devient député de l'Armée rouge, donne, à Gomel, des cours de littérature russe, de psychologie et de logique, dirige et crée des rubriques théâtrales et littéraires et — surtout — lit Spinoza et Hegel, Marx et Engels, Freud, Pavlov, etc. En 1919, il contracte la tuberculose et sait, dès cette époque, qu'il mourra jeune. Son élan créateur n'en est qu'exalté.

En 1924, il épouse Rosa N. Sméjova dont il aura deux filles. Cette même année se tient un congrès de psychoneurologie à Léningrad, où

Vygotski fait une intervention sur les « Méthodes de recherche réflexologique et psychologique », intervention qui fit une vive impression sur la communauté scientifique et lui valu une nomination immédiate à un poste d'enseignement à l'Institut de Psychologie de Moscou. Il collabora alors à cette institution, en se consacrant entièrement à la psychologie, jusqu'à ce que la tuberculose ne l'enlève à la vie le 11 juin 1934.

C'est au cours de ces dix années passées à Moscou (1924-1934) que la pensée de Vygotski s'est affirmée et a donné à la psychologie soviétique (dont les deux autres membres de la célèbre « troïka » sont A. R. Luria et A. N. Leontiev) une impulsion profondément nouvelle : reformuler la psychologie sur des bases marxistes — en se souciant des problèmes de pédagogie : analphabétisme, surdité, retard mental — et fonder une théorie historico-culturelle du psychisme. Près de deux cents textes ont été consacrés à ce projet et tout particulièrement *Pensée et langage* qui en fait un bilan critique et synthétique. Il y est question de la signification du mot comme unité de base de la pensée et du langage, des stades du développement verbal et intellectuel, depuis les premiers balbutiements de l'enfant jusqu'aux concepts de l'adolescent et de l'adulte, en passant par le syncrétisme, la « pensée par complexes », le langage intérieur. Le dernier chapitre de cet ouvrage a été dicté par Vygotski sur son lit de mort. Publié peu après sa disparition, *Pensée et langage* ne fut traduit en anglais qu'en 1962 *et parut pour la première fois en français en 1984.* On ne peut mieux faire ici que de citer L. Sève, auteur de l'avant-propos de la traduction française (Paris, Editions Sociales) : « [...] Publier pour la première fois en français un ouvrage de Vygotski — en l'occurrence son dernier livre, son livre majeur — et cela un demi-siècle après sa mort, c'est commencer à combler une inconcevable lacune bibliographique propre à la France, en y rendant enfin accessible un jalon essentiel de la psychologie soviétique, dont Vygotski peut à maints égards être tenu pour un fondateur » (p. 7).

Ce retard éditorial explique sans doute que Vygotski n'occupe pas la place de Piaget, Freud ou Wallon dans « notre histoire » de la psychologie. C'est ainsi que dès 1932 Vygotski a lu et commenté Piaget (dans une préface à la traduction russe des deux premiers livres de cet auteur : *Le langage et la pensée chez l'enfant* et *Le jugement et le raisonnement chez l'enfant*) alors que Piaget n'a eu connaissance de Vygotski — et de ses commentaires à son sujet — qu'un quart de siècle après : « [...] Ce n'est pas sans tristesse qu'un auteur découvre, vingt-cinq ans après sa parution, l'ouvrage d'un autre auteur qui a disparu entre-temps, lorsque cet ouvrage contient tant de vues l'intéressant directement qu'il eût fallu discuter de plus près et par contact personnel » (J. Piaget, Commentaire sur les remarques critiques de Vygotski, texte publié à la fin de l'édition française de *Pensée et langage,* p. 387). Vygotski est « un rescapé de l'oubli » et le long silence dont son œuvre a été victime explique la place particulière qu'il occupe dans ce chapitre.

Une approche historico-culturelle du psychisme

La théorie de Vygotski s'inscrit dans le contexte révolutionnaire qui a marqué sa vie. S'il cherche à rendre compte, comme Piaget, du développement des fonctions psychiques supérieures, c'est leur histoire sociale et leur ancrage culturel qui l'intéressent. Vygotski est ici plus proche de Wallon que de Piaget : la référence marxiste les réunit. L'accent est dès lors mis, dans sa théorie historico-culturelle du psychisme, sur les outils sociaux, tels le langage, grâce auxquels se développe l'intelligence. Selon Vygotski, l'intériorisation des activités pratiques en activités mentales de plus en plus complexes est assurée par les mots, origine de la formation des concepts. Le langage dit « égocentrique » de l'enfant présente, dans cette perspective et contrairement aux analyses piagétiennes (la critique des premiers ouvrages de Piaget, évoquée plus haut), un caractère social : il joue un rôle de médiateur dans le développement et le fonctionnement de la pensée, et se transforme progressivement en *langage intérieur*.

La notion vygotskienne qui a réellement « fait fureur » au cours de la dernière décennie est celle de *zone proximale de développement* (ou *de proche développement*). Cette notion rend compte des rapports entre apprentissage et développement au cours de l'histoire sociale de l'enfant. Celui-ci peut à tout moment être caractérisé sous deux aspects : 1/ son niveau de développement actuel, tel qu'on peut l'évaluer à l'aide d'épreuves, standardisées ou non ; et 2/ son niveau de développement potentiel, correspondant à *ce qu'il est capable de faire avec l'aide d'un adulte* à un certain moment et sera capable de réaliser seul ensuite. C'est cette potentialité, plus ou moins facilement actualisable au cours d'une interaction, que Vygotski nomme la zone proximale de développement : « [...] l'élément central pour toute la psychologie de l'apprentissage est la possibilité de s'élever dans la collaboration avec quelqu'un à un niveau intellectuel supérieur, la possibilité de passer, à l'aide de l'imitation, de ce que l'enfant sait faire à ce qu'il ne sait pas faire. C'est là ce qui fait l'importance de l'apprentissage pour le développement et c'est là aussi précisément le contenu du concept de zone de proche développement » (L. S. Vygotski, *Pensée et langage,* Paris, Editions Sociales, 1984, p. 272-273, 1re éd., 1934).

Les perspectives ouvertes par Vygotski suscitent aujourd'hui de nombreux travaux théoriques et expérimentaux. Il en sera question au chapitre V de l'ouvrage dans les parties consacrées aux rapports entre langage et développement cognitif et aux aspects sociaux du développement.

La perspective béhavioriste et le développement

L'étude du développement n'est pas l'objectif du béhaviorisme. Mais la préoccupation éducative qui a été la sienne liée à l'importance accordée au rôle de l'environnement sur les comportements, ne peut être ignorée de ceux qui se préoccupent du développement de l'homme. Nous mentionnerons principalement ce qui concerne les visées éducatives de J. B. Watson et de B. F. Skinner. Cela ne peut se faire sans rappeler les concepts centraux du béhaviorisme — concepts intégrés d'ailleurs à des degrés divers dans les théories de l'apprentissage et dans les théories néostructuralistes du développement. Ces concepts sont difficilement séparables des hommes qui les ont définis, Watson et Skinner, pères fondateurs du béhaviorisme révolutionnaire pour le premier et du béhaviorisme radical pour le second. On se rapportera par ailleurs aux volumes *HM* et *HC* pour une étude plus complète.

John B. Watson ou le béhaviorisme révolutionnaire

Le but du mouvement d'idées propulsé par Watson au début du siècle est d'établir la psychologie comme une science du comportement animal et humain *sur la seule base de faits observables.* L'étude des états de conscience qui, à la suite de William James, caractérise alors la psychologie américaine, est rejetée fermement. La méthode de la psychologie animale, qui ne tient aucun compte de « l'esprit » du rat, doit être appliquée à l'homme. Elle livre des faits qui suscitent un *consensus* entre plusieurs observateurs, seul garant de leur véracité.

La psychologie animale comptait, dès la fin du XIXe siècle, un adepte de valeur avec E. L. Thorndike (1874-1949), constructeur des célèbres cages dans lesquelles des rats affamés doivent apprendre à manipuler un mécanisme pour obtenir de la nourriture. C'est Thorndike qui, le premier, a formulé la liaison S-R, entre le stimulus et la réponse, et la loi du renforcement de cette connexion par la récompense (loi de l'effet). Watson, lui aussi, étudie les rats en situation d'apprentissage (voir ci-dessous). On conçoit que le projet de Watson d'une application à l'homme d'une méthodologie animale ait révolutionné certains esprits ; et cela d'autant que la découverte des réflexes conditionnés par les physiologistes russes, I. Pavlov (1849-1939) et V. Betcherew (1857-1928), conforte encore Watson dans ses positions.

La découverte des réflexes conditionnés est née de l'expérimentation sur les chiens. L'expérience fameuse, dite du *chien de Pavlov,* consiste à substituer à un *stimulus primitif,* engendrant un *réflexe inconditionné,* un *stimulus conditionné* qui provoque à son tour, par apprentissage associatif, la *réponse réflexe.* Ainsi, dans le cas du chien de Pavlov, l'association entre le son d'une clochette et l'apport de la nourriture finit par déclencher la réponse de salivation *à partir du seul tintement de la clochette.* Le comportement obtenu est dit alors *répondant* et la relation fonctionnelle entre le stimulus conditionné (le bruit) et la réponse (la salivation) est dite de *conditionnement classique ou pavlovien.* Cette découverte a renforcé Watson dans ses travaux sur l'apprentissage et le conditionnement, et particulièrement le conditionnement des émotions. Elle l'a motivé aussi dans son souci de l'application à la pédagogie d'une méthode dont l'objectif premier est la prédiction des comportements et leur contrôle.

Une théorie, un homme

L'homme et l'œuvre sont ici encore étroitement mêlés. La trajectoire suivie par Watson est sous-tendue par une passion scientifique que l'on décèle aussi dans celle de Piaget, Freud et

Wallon. Elle s'en distingue du fait de son enracinement dans le nouveau monde américain, où s'épanouit une idéologie et un mode de vie dont les maîtres-mots sont : *adaptation et efficience.*

John Broadus Watson (1878-1938) est né à Greenville en Caroline du Sud, dans une famille de fermiers modestes, très religieuse, qui souhaite l'orienter vers le ministère. Résistant à la pression familiale le jeune Watson devient instituteur et s'intéresse déjà aux rats dans le dressage desquels il montre de réels talents. Désireux d'étudier la psychologie animale il demande à s'inscrire dans une université du New Jersey. Le projet avorte : on lui demande d'étudier le grec, ce qui ne lui convient pas. Watson part alors à l'Université de Chicago où, après quelques velléités philosophiques, il se consacre à la psychologie animale et à la neurologie. C'est là qu'il soutient une thèse *Animal Education* publiée en 1908 dans laquelle ses observations précises démontrent, chez les jeunes rats, des capacités précoces d'apprentissage. En 1908, avec l'appui de J. M. Baldwin, Watson est nommé professeur à l'Université John Hopkins de Baltimore où il crée un laboratoire de psychologie comparée. En 1909, il succède à Baldwin à la direction du département de psychologie et à celle de la *Psychological Review.* C'est dans cette revue qu'il publie en 1913 un article intitulé « Psychology as a Behaviorist Views it » (« La psychologie telle qu'elle est vue par un béhavioriste »), véritable manifeste qui fait de lui l'initiateur et le porte-parole de la révolution béhavioriste. Peu après, en 1914, Watson découvre les travaux de Pavlov et de Betcherew sur les réflexes conditionnés.

A Baltimore, Watson est invité à la Philipps Psychiatric Clinic par le Pr Adolphe Meyer, curieux de juger de l'effet du conditionnement thérapeutique sur des névrosés et des psychotiques. Mais, peu soucieux d'entrer en compétition, voire en conflit, avec un psychiatre aussi chevronné que A. Meyer, Watson ne s'attarde guère auprès des malades mentaux et s'intéresse davantage aux bébés dont il étudie les réflexes primaires et les réactions émotionnelles dans la maternité attenante à la clinique.

Les études sur les bébés sont commencées depuis un an lorsque les Etats-Unis entrent en 1917 dans la première guerre mondiale. A la suggestion de Thorndike, impliqué dans *The General Army Testing Programme,* Watson est assigné à l'un des services de l'aviation. Deux tâches lui sont prescrites : construire les tests susceptibles de sélectionner les hommes les plus aptes au pilotage et étudier les effets de la privation d'oxygène sur la conduite de vol. Mais Watson n'a pas très bon caractère : ses critiques à l'égard de l'armée et son dédain de la plus élémentaire diplomatie dans ses rapports avec ses supérieurs lui valent d'être envoyé en Europe. Sa tâche est alors d'interviewer les pilotes britanniques qui se battent en France, à l'aide d'un questionnaire mis au point par Thorndike. A son retour aux Etats-Unis, un nouvel accrochage survient avec la hiérarchie militaire lorsqu'il exprime une opinion sévère sur les résultats de certains tests qui démontrent la parfaite inefficacité de la procédure de sélection mise au point par son officier supérieur. Watson est réexpédié en Europe sur la ligne française du front. L'armistice du 11 Novembre survient heureusement juste avant son départ ! Il quitte l'armée, dont il gardera le souvenir d'un cauchemar, et rejoint Baltimore.

Les travaux sur le bébé reprennent de plus belle. En 1919 paraît *Psychology from the Standpoint of a Behaviorist* qui précise les orientations pratiques de Watson sur la formation des habitudes et l'éducation. C'est en 1919 que se place aussi la fameuse étude du bébé Albert (voir ci-dessous) qui doit donner « la clé des émotions », réalisée avec l'une de ses étudiantes, Rosalie Rayner, et dont les résultats sont publiés en 1920.

La même année 1920, la liaison de Watson avec Rosalie Rayner, alors qu'il est marié, choque la très puritaine Université John Hopkins qui lui enjoint de rompre ou de partir. Watson part à New York, divorce, se lance dans une carrière de publicitaire et épouse Rosalie en 1921. Il commence sa nouvelle carrière en prospectant le marché de la botte en caoutchouc dans la vallée du Missouri. De retour à New York, où il s'installe, Watson vend ou fait vendre toutes sortes de produits : poudre pour bébés, pâte dentifrice, désodorisant (le premier, l'Odorono !), crème de beauté, café... Il met à profit son expérience de psychologue et avoue être aussi charmé par la courbe de vente d'un produit que par la courbe d'apprentissage d'un rat ou d'un sujet humain. En 1924, il devient l'un des quatre vice-présidents de ce qui est, avant l'heure, une agence de marketing. Tout en menant avec allégresse et efficacité ses affaires commerciales Watson n'en néglige pas pour autant la psychologie qui lui tient à cœur. Il donne une série de cours du soir dont le contenu sera la base de l'ouvrage *Behaviorism* publié en 1924. Il reçoit en 1923 un soutien pour une recherche sur le développement émotionnel de l'enfant et publie en 1928, avec sa femme, *Psychological Care of the Infant and Child,* qui traite, comme son titre l'indique, de l'éducation des nouveau-nés et des enfants. L'ouvrage remporte un grand succès. La réussite de Watson est manifeste sur tous les plans. Il a deux enfants avec Rosalie Rayner qui s'ajoutent aux deux enfants de son premier mariage. En 1930, il achète une ferme à Westpoint dans le Connecticut d'où il se rend à l'agence de New York pour son travail. A partir de cette date, Watson abandonne tout contact avec la psychologie.

A dire vrai, on est admiratif devant la force de caractère et le dynamisme de Watson. Zélateur du conditionnement, il est lui-même un parfait exemple de résistance aux contraintes du milieu : résistance à la pression religieuse familiale, au grec de l'Université de New Jersey, à l'inertie de l'armée, au puritanisme universitaire, etc. La prise de conscience des conditionnements et la capacité de leur résister semblent être la condition d'une certaine liberté nécessaire à l'invention et au génie.

Des émotions à l'éducation

La biographie résumée ci-dessus souligne l'intérêt que Watson porte aux bébés. Ils constituent le « terrain » le plus favorable à l'étude de l'origine des émotions, avant la constitution des habitudes.

Une première série d'observations, effectuées avec R. Morgan, révèlent l'existence chez les bébés de trois variétés d'émotion : la peur, la rage et l'amour, cette dernière prise, selon Watson, au sens accordé par Freud au terme « sexe ». L'étude se poursuit par la recherche des stimulus qui, à cet âge, suscitent ces émotions. Trois événements provoquent à coup sûr la réaction de peur : la perte subite d'un support, la secousse brusque d'une couverture alors que le bébé s'endort et le bruit violent. En revanche un seul type de conduite provoque la rage : l'entrave des mouvements de la tête ou des membres. Quant à ce que Watson appelle « amour », les réactions qui lui correspondent sont obtenues par des bercements et des chatouillements. Deux faits sont mis en évidence : d'une part, la constance de la relation entre les stimulus spécifiés et les réponses et, d'autre part, l'absence de réactions émotionnelles devant des stimulus qui peuvent entraîner ces réactions chez l'adulte. C'est ainsi que le contact des bébés avec des animaux de toutes sortes ne provoque aucune réaction de peur. L'hypothèse de Watson selon laquelle l'origine de l'émotion se trouve dans les situations imposées fortuitement ou délibérément par l'environnement, se trouve confortée. Elle le sera plus encore après les résultats de l'expérience de conditionnement du bébé Albert.

La nouvelle expérience effectuée avec Rosalie Rayner a pour objectif de démontrer la réalité des réactions émotionnelles conditionnées. Le sujet, nommé Albert, est un bébé de 11 mois bien portant, « flegmatique et non émotif ». Dans la première partie de l'expérience, les expérimentateurs présentent à Albert toute une série d'objets variés : un rat blanc, un lapin, des masques, du papier enflammé, etc. Le bébé ne manifeste aucune réaction de peur et tente plutôt de jouer avec ce qu'on lui montre. Par inadvertance les expérimentateurs font tomber une barre métallique qui se trouvait là, déclenchant ainsi chez Albert une manifestation de peur. La seconde partie de l'expérience va consister à faire coïncider ce bruit avec la présentation d'un des stimulus — le rat blanc — afin de voir si une réaction conditionnée peut s'établir.

Pendant une première semaine, le rat est régulièrement montré à Albert en même temps que l'on frappe avec un marteau sur la barre métallique. Le rat est ensuite montré sans accompagnement de bruit et la réaction d'Albert est observée. La seconde semaine, après cinq présentations « rat-bruit », le rat seul est présenté et Albert manifeste alors une réaction de peur et d'évitement très marquée (cri et fuite à quatre pattes). Par ailleurs dans les jours qui suivent, Albert, qui joue tranquillement avec des cubes de bois, manifeste des signes de peur dès qu'on lui présente, un lapin, un chien ou un manteau de fourrure. Watson et Rayner en concluent au transfert du nouveau réflexe conditionné sur tout ce qui a la texture de la fourrure.

De ces résultats, et des observations antérieures effectuées sur les bébés, Watson conclut que les premiers mois de la vie de l'enfant correspondent aux situations de laboratoire. Tout devient possible : si l'on modifie le contexte familial, on modifiera l'enfant. Dans son dernier ouvrage, *Psychological Care of the Infant and Child*, les conseils abondent au sujet des comportements des parents à l'égard des enfants (New York, Allen & Unwin, 1928, p. 81-82).

« [...] Traitez-les comme s'ils étaient de jeunes adultes. Habillez-les et baignez-les avec soin et circonspection. Que votre propre manière d'agir soit toujours objective et d'une tendre fermeté. Ne les étreignez pas, ne les embrassez pas, ne les laissez jamais s'asseoir sur vos genoux. Si vous le devez vraiment, donnez leur un seul baiser sur le front au moment où ils disent bonsoir. Le matin, serrez-leur la main. Donnez-leur une petite tape sur la tête lorsqu'ils ont particulièrement bien réussi un travail ou lorsqu'ils ont accompli une tâche difficile. Essayez de suivre ces consignes. En une semaine, vous constaterez combien il est aisé d'être totalement objectif avec son enfant tout en restant bienveillant et l'attitude sottement sentimentale que vous aviez eue jusqu'à présent vous fera rougir de honte. »

En fin de compte, toutes les caractéristiques de l'adulte résultent d'un conditionnement environnemental, certes complexe, mais dont la matrice reste le réflexe conditionné. De là le défi provocant lancé par Watson qui affirme, dans un passage célèbre, qu'avec un environnement approprié un enfant peut devenir ce qu'on veut qu'il devienne.

« [...] Donnez-moi une douzaine d'enfants en bonne santé et de bonne constitution et un monde bien à moi pour les élever, et je vous garantis que si j'en prends un au hasard et que je le forme, j'en ferai un expert en n'importe quel domaine de mon choix — médecin, avocat, marchand, patron et même mendiant ou voleur, indépendamment de ses talents, de ses penchants, tendances, aptitudes, vocation ou origines raciales » (*ibid.*, p. 21).

En 1922, Watson écrivit à l'un de ses collègues de John Hopkins qu'il était tenté par la réalisation d'une ferme expérimentale pour bébé, une *baby-farm.* Il ne réalisa pas son rêve.

Burrhus F. Skinner ou le béhaviorisme radical

Sous l'impulsion de Watson un mouvement béhavioriste puissant s'est développé aux Etats-Unis dans les années 1930-1950 sans pour cela constituer une école de pensée réellement homogène. Parmi les « nouveaux » béhavioristes : C. Hull, E. Tolman, Skinner (pour ne citer que les plus grands), Skinner est sans doute celui qui se rapproche le plus des conceptions de Watson. Il s'en écarte cependant en formulant et en conceptualisant un second type de conditionnement, *le conditionnement opérant.* Il s'en écarte aussi en se réclamant d'un *béhaviorisme radical* qui tient compte de tous les aspects du comportement, *y compris les aspects privés, internes* et qui s'oriente vers une application pratique dans l'éducation, la politique, la psychothérapie, la criminologie, etc., bref dans toutes les affaires humaines.

Une théorie, un homme

Skinner a défendu le béhaviorisme radical au cours d'une vie universitaire exceptionnelle par la fécondité et la longévité intellectuelles qui s'y manifestent.

Burrhus, Frederic Skinner (1904-1990) est né à Susquehanna dans l'Etat de New York, d'une famille de la classe moyenne. Grand lecteur dès sa petite enfance, il manifeste, au Hamilton College qu'il fréquente, une passion vive pour la littérature, associée à un goût aussi vif pour les farces et plaisanteries estudiantines. A sa sortie du collège, il lit beaucoup, écrit, voyage en Europe et se découvre une vocation d'écrivain. Mais, faute de succès probants, et probablement déçu par le milieu littéraire, Skinner s'engage brusquement et fermement dans l'étude de la psychologie à l'Université Harvard. Il y soutient en 1931 une thèse de doctorat où sont déjà précisées les positions qu'il défendra par la suite. De 1936 à 1948, Skinner enseigne à l'Université du Minnesota tout en continuant ses travaux sur le conditionnement opérant commencés à Harvard sur les rats et les pigeons. En 1938 il publie *The Behavior of Organisms,* manifeste du béhaviorisme radical.

Après avoir enseigné de 1945 à 1947 à l'Université de l'Indiana, Skinner est nommé en 1948 professeur à l'Université Harvard qu'il ne quittera plus. La même année paraît *Walden to,* un roman utopique dans lequel il expose son rêve d'une société sage et équilibrée ainsi que les moyens « béhavioristes » nécessaires à sa réalisation. Sa vie universitaire est jalonnée par ses très nombreuses publications scientifiques : *Science and Human Behavior (Science et comportement humain)* en 1953 ; *Verbal Behavior (Le comportement verbal)* en 1957 ; *The Technology of Teaching (La révolution scientifique de l'enseignement)* en 1968 ; *Beyond Freedom and Dignity (Par-delà la liberté et la dignité)* en 1971 — pour ne citer que les ouvrages les plus marquants. L'analyse fonctionnelle du comportement verbal exposée dans *Verbal Behavior* lui vaut une critique fracassante de N. Chomsky. La critique ne trouble pas Skinner dont la force réside à la fois dans son intelligence hors du commun et dans une attitude d'imperméabilité parfaite aux critiques et aux travaux des autres chercheurs. Son intérêt pour la pédagogie concrétisé dans la mise au point d'enseignements programmés (voir *The Technology of Teaching*) lui assure une renommée internationale.

Le conditionnement opérant et la visée éducative

Pour bien différencier le conditionnement opérant du conditionnement classique expliqué p. 81, il est plus simple et plus clair de recourir à la situation du rat dans la cage, dite de Skinner, telle qu'elle est décrite par M. Richelle dans *B. F. Skinner ou le péril béhavioriste* (Bruxelles, Mardaga, 1977, p. 34-36).

« [...] Dans la fameuse cage de Skinner, un rat appuie sur un levier — chaque appui constituant une *réponse* — et reçoit, à la suite de cet acte, un peu de nourriture ou *renforcement.* Pas de réponse, pas de renforcement. Celui-ci dépend donc du comportement du sujet, il en est la conséquence. Skinner a désigné cette relation par l'expression de *conditionnement opérant,* l'opposant au schéma pavlovien ou *répondant,* en en soulignant le caractère actif. Ce qui est remarquable cependant, ce n'est pas que la réponse entraîne un renforcement — ceci peut être dû, à l'origine, à l'effet du hasard : c'est ce qui survient à la suite de cette conjonction d'événements [...] L'expérimentateur observera une augmentation de ce qu'il appelle le *débit* de réponse. Le rat qui a auparavant actionné le levier rarement ou pas du tout fournit un nombre important de réponses si elles sont suivies du renforcement. Le comportement est contrôlé par ses conséquences : c'est là la relation fondamentale que met en évidence le conditionnement opérant. Cette relation ne présente pas toujours la simplicité du modèle de base : une réponse, un renforcement. En premier lieu, divers événements du milieu peuvent intervenir à titre de condition pour qu'une réponse soit ou non renforcée. Ainsi, dans le contexte artificiel du laboratoire, on présentera au sujet un signal auditif, en présence duquel la réponse sera renforcée par de la nourriture. Ce signal absent, les réponses seront inefficaces. On désigne le signal par l'expression *stimulus discriminatif* ».

Les variations multiples des modalités de relations entre le comportement et les événements du milieu (renforcements et stimulus discriminatifs) sont désignées par Skinner sous le nom de *contingences de renforcement.* L'exemple du rat dans la cage montre que dans ce type de conditionnement le sujet est actif dans un environnement qui ne déclenche pas les comportements mais les entretient ou les élimine : *le milieu sélectionne.* On comprend alors que le contrôle rigoureux des contingences de renforcement puisse entraîner dans les situations de laboratoire, comme dans les « affaires humaines », la sélection des conduites réitérables désirées. On retrouve ici l'influence de Darwin. En ce qui concerne l'éducation des enfants, on peut se référer tout d'abord à son ouvrage utopique *Walden Two* (New York, The MacMillan Company, 1953) qui nous propose une société idéale. S'agissant de l'éducation, Montaigne y serait à son aise. Voyons plutôt ce qu'en écrit Richelle (M. Richelle, *B. F. Skinner ou le péril béhavioriste,* Bruxelles, Mardaga, 1977).

« [...] Les enfants de *Walden Two* sont heureux, actifs et curieux. Aussi n'est-il pas nécessaire de leur imposer l'étude de matières scolaires. Il suffit de leur enseigner les techniques d'étude et de pensée, et, pour le reste, de leur fournir les occasions et le conseil. Il y faut moins de maîtres et l'éducation est meilleure. Point de *curriculum* défini selon des étapes préétablies ; point de classes ni de formes d'enseignement cloisonnées, mais la possibilité pour chacun de se développer à son rythme, de cultiver ses aptitudes et ses intérêts, de rencontrer dans la communauté l'assistance dont il a besoin. "L'éducation fait partie de la vie de la communauté." Jamais on ne cesse d'y apprendre, jamais on ne refuse d'y enseigner. C'est l'éducation permanente.

« Une grande partie des acquisitions de l'enfant et de l'adolescent se réalisent dans le cadre des activités réelles. Un ensemble d'ateliers, de laboratoires, de salles d'étude, de salles de lecture tient lieu d'école. Fenêtres et portes des locaux sont largement ouvertes et les enfants vont et viennent du dedans au-dehors dans un climat de liberté, de détente et d'autodiscipline. Ils vivent en groupes, chacun se trouvant stimulé par ses aînés les plus immédiats, et ils assurent eux-mêmes l'essentiel de la gestion de leurs quartiers. Cette autonomie n'est installée que progressivement. Après la complète dépendance de la *nursery,* la supervision éducative s'estompe peu à peu jusqu'à ce que, vers treize ans, l'enfant soit pratiquement intégré au mode de vie des adultes et à leurs responsabilités.

« L'instruction comme la formation du caractère ne comportent jamais le recours à la punition. L'expérience des désagréments, de l'adversité n'intervient jamais au titre de sanction délibérée. Mais, comme elle fait partie de la vie, il faut y préparer l'enfant par des méthodes qui l'arment graduellement pour la tolérer et y faire face » (p. 197-198).

Les conditions éducatives de *Walden Two* ne rendent pas entièrement justice à la richesse et à l'importance des applications pédagogiques du béhaviorisme radical. On a vu, dans la biographie résumée ci-dessus, que Skinner est « l'inventeur » de l'*enseignement programmé.* Celui-ci est conçu pour agir sur le sujet en renforçant son comportement par une « récompense ». Toute l'activité enseignante consiste alors à organiser les circonstances (le contexte dirait-on actuellement) pour qu'intervienne un maximum de renforcements. *Le contrôle devient alors le facteur puissant de l'apprentissage* au lieu d'en rester la simple évaluation. L'apprentissage s'adapte aisément pas à pas au rythme de l'élève, l'activité sollicitée étant aussitôt renforcée par le constat.

L'enseignement programmé s'est développé depuis Skinner. Il a suscité des réactions d'adhésion et de refus. Quoi qu'il en soit, Skinner a été l'instigateur d'une réflexion claire et opérationnelle quant aux exigences et aux objectifs des processus éducatifs.

Béhaviorisme et développement

De nombreux travaux de l'école skinnérienne ont mis en évidence, chez le jeune enfant, des capacités précoces d'apprentissage par conditionnement. Mais, au sein du courant béhavioriste, c'est principalement Sydney W. Bijou qui s'est attelé à une théorisation du développement (S. W. Bijou, Cross-sectional and longitudinal analysis of development : The interbehavioral perspective, *Psychological Review,* 1984, *34,* 525-535). Bijou considère l'enfant comme un organisme en perpétuelle interaction avec l'environnement : le développement réside dans les changements qui surviennent dans ces interactions. Ce point de vue se concrétise dans un système de stades conçus comme des outils analytiques de l'explication des changements observés au cours de la vie. Dans ces changements, qui traduisent tout autant les effets des expériences et des apprentissages que l'évolution organique, Bijou discerne trois phases : les fondations, la base et le stade « sociétal ».

Le stade des fondations concerne les comportements de l'enfant, jusqu'à deux ans environ, depuis les activités biologiques, fonctionnellement structurées, jusqu'aux interactions avec autrui, avec les objets et les événements (conduites exploratoires, comportements *répondants* puis *opérants* élémentaires, telles les interactions avec la mère). Le stade s'achève avec l'avènement des comportements linguistiques.

Le stade de base, de deux à six ans, est une phase de développement accéléré des interactions avec l'environnement, en raison de la réduction des contraintes physiologiques du stade précédent. L'effet cumulatif des acquisitions rapides conduit à la construction des bases des grands répertoires comportementaux (habiletés motrices, langage, attitudes, croyances, intelligence, etc.) que nous avons l'habitude, écrit Bijou, de synthétiser sous le vocable « personnalité ». Ce stade est subdivisé en trois étapes : la petite enfance (en anglais *early childhood*), l'enfance *(middle childhood)* et l'adolescence. Les répertoires comportementaux se développent à partir des contacts divers de l'enfant avec le cercle familial et hors de ce cercle (école, voisinage, groupes). La multiplication des relations interpersonnelles associée à la maturation biologique conduit au développement des conduites intellectuelles et à des ajustements sociaux adaptés.

Le stade sociétal comporte deux phases : la maturité et la vieillesse. La *maturité* se poursuit dans le droit fil du *stade de base* mais à un niveau *suprabasic.* La spécificité de cette phase réside aussi dans le développement de la combinaison de conduites déjà apprises, et cela dans trois cas soulignés par Bijou : celui des performances individuelles lors de l'émergence de conditions nouvelles, favorables ou non à la résolution du problème en cause *(contingent behavior),* celui des innovations concernant aussi bien les comportements quotidiens, la profession, les arts, les sciences, etc. (*idiosyncratic* repertoires), celui enfin des formes de conduites acquises par les individus dans les groupes culturels spécifiques (pensées, manières, langage d'un groupe).

Le développement, au cours de ces stades, est continu et progressif à part certaines circonstances inhabituelles. Il faut bien noter qu'en ce qui concerne l'analyse fonctionnelle de son comportement l'enfant n'a aucun statut particulier. L'analyse en termes de conditionnement classique et/ou opérant est applicable à toutes les étapes. Les différences ne sont pas qualitatives mais quantitatives au sens d'une multiplication des mécanismes impliqués et d'une complexification inhérente à cette multiplication. Le critère objectif de démarcation d'un stade est l'apparition d'une nouvelle classe de conduites ou d'une nouvelle combinaison de classes de conduites. Et cette nouveauté n'a nul besoin d'être permanente ou « fixée ». Elle peut disparaître au stade suivant, ou se modifier et s'intégrer comme partie d'une classe plus large de réponses.

Conclusion

On a exposé, dans ce chapitre, les théories classiques du développement et principalement celles des « pères fondateurs ». Bien qu'elles aient environ trois quarts de siècle, ces théories restent actuelles à plusieurs titres. Tout d'abord en raison de leur cohérence interne, ce qui en fait des cadres solides de référence. Ensuite, par leur spécificité : la théorie de Piaget parce qu'elle est la seule qui traite réellement des structures normatives de l'intelligence, la théorie de Freud parce qu'elle « découvre » et nous explique la partie immergée de l'iceberg de nos affects, celles de Wallon et de Vygotski parce qu'elles rendent compte du développement d'*un sujet complexe-en-contextes.* Quant à l'approche béhavioriste, elle apporte une description fine des mécanismes de conditionnement dont aucune perspective sérieuse ne peut faire l'économie. Mais ces théories sont surtout actuelles *de fait,* pour la simple raison qu'on y revient sans cesse en les utilisant et en les citant abondamment.

II - L'évolution des points de vue

La théorie piagétienne a jailli dans l'effervescence de la pensée logico-mathématique qui agita les premières décennies du XXe siècle. La théorie de Wallon s'est ancrée dans le matérialisme dialectique qui régna jusqu'à nos jours dans certains milieux philosophiques français. La théorie de Freud est née d'une pratique médicale de la neurologie dans un contexte historique et géographique particulier. Le béhaviorisme s'est développé au sein de l'idéologie américaine d'efficacité qui s'est épanouie entre les deux guerres mondiales. Or les contextes changent et avec eux les perspectives spécifiques qu'ils ont engendrées. Mis à part la théorie de Wallon — et cela pour les raisons expliquées dans le chapitre précédent —, les théories de Piaget et de Freud ont une descendance nombreuse, thuriféraire ou iconoclaste, et les conditionnements béhavioristes sont retenus et insérés dans des conceptualisations nouvelles. La théorie de Vygotski, longtemps confinée au milieu soviétique, connaît également une descendance multiple. L'évolution des points de vue qui traduit soit un prolongement des théories classiques, soit un renouvellement des positions, soit encore une opposition est exposée dans les deux premières parties de ce chapitre. Un autre changement s'est également manifesté, lié à l'évolution de la réalité sociale : la prise en compte de la vie tout entière comme champ d'étude du développement s'est imposée. Il s'agit de la perspective *life span,* évoquée dans l'introduction de l'ouvrage, qui a engendré des théories relativement récentes sur le vieillissement de l'homme. Celles-ci font l'objet de la troisième partie du chapitre.

L'ère postpiagétienne

L'évolution des points de vue sur le développement doit beaucoup aux apports de la psychologie cognitive anglo-saxonne. L'accent y est mis sur le fonctionnement d'un sujet qui, dans ses rapports avec l'environnement, se trouve en perpétuelle situation de résolution de problèmes : de l'étude des structurations générales de la connaissance on passe à celle des processus de résolution. Il est alors bien tentant de chercher à réunir dans une « métathéorie » les apports de la théorie piagétienne et les nouvelles conceptualisations cognitivistes. C'est l'objectif de trois courants actuels de recherche : le courant postpiagétien de l'école de Genève, le néo-structuralisme et le cognitivisme développemental (application au développement des concepts cognitivistes étudiés chez l'adulte). Les deux premiers courants sont exposés dans ce chapitre. Le troisième, qui s'applique à des domaines plus particuliers (image mentale, catégorisation, etc.), sera évoqué, à propos de recherches précises, dans les chapitres de la seconde partie de l'ouvrage. L'apport du cognitivisme princeps à ces trois courants est tel qu'il est nécessaire d'en rappeler les traits essentiels.

Le cognitivisme : traitement de l'information et fonctionnement

On peut trouver plusieurs sources au cognitivisme anglo-saxon. Tout d'abord une source, en quelque sorte négative, qui est l'opposition vive au refus béhavioriste d'une inférence des processus mentaux sous-jacents aux comportements. Une autre source, positive, réside dans l'influence du structuralisme européen. Qu'il s'agisse en effet de la psychologie de la forme (la *Gestalt*) ou du structuralisme piagétien, des organisations mentales sont postulées à partir des conduites observées. Mais la source principale du cognitivisme doit être trouvée dans les progrès des langages de la logique et des mathématiques (lexique et syntaxe) dans lesquels les symboles sont arrangés, ré-arrangés, concaténés comme autant d'objets « réels ». En 1936-1937, le mathématicien anglais Alan Turing qui travaille sur les groupes mathématiques et la formalisation des algorithmes « invente » la fameuse machine universelle de Turing qui fonde la théorie des automates. Dans les mêmes temps Claude Shannon commence à appliquer, dans les laboratoires Bell de New York, les idées fondamentales de la théorie de la communication. En 1943, dans un article déterminant, W. McCulloch et W. Pitts analysent en termes logiques l'activité des neurones et décrivent, avec ce symbolisme, les connexions électroniques au sein d'un automate. En 1948, Norbert Wiener jette les bases de la cybernétique ouvrant ainsi la porte à l'informatique, à l'intelligence artificielle et à la psychologie cognitive. Le modèle de la vie psychique devient alors l'automate électronique, d'où la métaphore, encore actuelle, de l'ordinateur : le sujet humain est conçu comme un système de codage et de traitement de l'information.

Si ce n'est la théorie piagétienne — et pour celle-ci dans une visée spécifiquement développementale —, aucune autre perspective que le cognitivisme anglo-saxon n'a offert autant de concepts nouveaux, ou tout au moins provoqué autant de réflexions nouvelles, en psychologie. Nous retiendrons ici, pour l'essentiel, ce qui alimente les théories actuelles du développement.

Calcul, symboles et intelligence

Le concept de *computation* ou *calcul,* au sens d'une séquence d'opérations de traitement, est la clé de voûte du cognitivisme. A ce concept est étroitement associé celui de symbole : tout agent cognitif, humain ou artificiel, possède des représentations symboliques de l'état du monde qui constituent les significations sur la base desquelles s'opère le calcul, synonyme ici de comportement intelligent. On retrouve donc l'idée d'un monde extérieur prédéfini, mais à la différence de la position piagétienne, le cognitivisme postule l'existence de représentations du monde (le

« sens »), plus ou moins pertinentes, avant même l'application de toute action, opération ou calcul. Si, dans la théorie piagétienne, la représentation signifiante est subordonnée aux opérations du sujet, ici c'est le calcul qui est subordonné au sens. Cette conception de l'intelligence a focalisé l'intérêt des chercheurs cognitivistes sur deux questions essentielles : les formes de la représentation des connaissances en mémoire et l'utilisation de ces connaissances dans les situations de résolution de problèmes. Sur ce dernier point, l'ouvrage de A. Newell et H. Simon, *Human Problem Solving* paru en 1972, a donné le coup d'envoi.

L'architecture cognitive

Le cognitivisme distingue classiquement trois composantes qui permettent de décrire l'architecture d'un système humain de représentation et de traitement de l'information : 1 / la base de connaissances ou mémoire permanente ; 2 / la base de faits ou mémoire de travail ; et 3 / le *moteur d'inférence* ou structure de contrôle gérant les connaissances en mémoires (1 et 2) et utilisant des métaconnaissances, c'est-à-dire des connaissances sur l'architecture et son fonctionnement.

La base de connaissance ou mémoire permanente

Où sont nos connaissances lorsque nous n'y pensons pas ? Comment sont-elles organisées et sous quelles formes les utilisons-nous ? Ces questions qui paraissent naïves suscitent une curiosité qu'il est difficile de satisfaire. On peut considérer cependant la description cognitiviste de la mémoire permanente, ou mémoire à long terme, comme une tentative de répondre en partie à ces questions. La représentation des connaissances y est spécifiée à trois niveaux : les formats de représentation, les types de connaissances représentées et les modes d'organisation de ces connaissances.

Les formats. L'hypothèse généralement avancée dans les travaux cognitivistes est que des formats, ou codes de symbolisation, ont été intégrés par la machinerie du cerveau humain au cours de l'évolution phylogénétique. Après bien des discussions, un consensus s'est dégagé durant les années 1980 qui postule la coexistence interactive de trois formats mnémoniques : le format imagé, le format verbal et le format propositionnel.

Le format imagé est celui de l'image mentale dont chacun de nous a l'expérience intime. Nous pouvons nous représenter en leur absence, sur une sorte d'écran visuel interne, les objets et les êtres vivants de notre entourage, nous pouvons même *imaginer* des formes et des objets nouveaux. Les images mentales d'objets (stockées en mémoire permanente sous forme de squelettes d'images, *skeletal images*) sont rappelées sur un *buffer visuel* (« support mental » en mémoire de travail) qui possède les propriétés d'un espace coordonné, d'où son analogie avec la perception (voir le paragraphe consacré à l'image mentale dans le chap. V).

Le format verbal correspond à une symbolisation linguistique de l'information sous la forme de mots, de phrases et de textes tels qu'ils apparaissent dans le langage de l'individu et de son groupe social. Les règles qui régissent la symbolisation sont les règles d'organisation du lexique et celles de la syntaxe du langage naturel.

Le format propositionnel correspond à une symbolisation dite « abstraite » de l'information, formalisable selon la *logique des prédicats*. Ce format est qualifié d'abstrait pour deux raisons. Premièrement, la représentation mentale d'une fonction propositionnelle, c'est-à-dire un prédicat psychologique doté de un (ou *n*) argument(s) [ex. SUR (*x*, *y*)], permet une conceptualisation des objets et de leurs relations en termes de classes [dans l'exemple donné, l'ensemble des couples *x*, *y* qui vérifient la fonction SUR (*x*, *y*)] et donc indépendamment de toute référence à des instances particulières. Deuxièmement, même lorsque la fonction prédicative est instanciée dans un contexte précis, la proposition ainsi constituée [ex. SUR (vase, table)] ne relève ni du format imagé, ni du format verbal. Il ne s'agit pas de l'image d'un vase sur une table (c'est évident) mais il ne s'agit pas non plus de l'image de la proposition décrivant un vase sur une table. Les propositions n'apparaissent pas en tant que telles dans un *buffer visuel,* sauf peut-être chez le logicien ou le « cogniticien ». Par ailleurs, même si les propositions sont des suites linéaires de symboles issues d'un langage mental dont le lexique correspond étroitement — mais pas totalement — à celui du langage naturel, il ne s'agit cependant pas de phrases telles celles véhiculées par le format verbal. La syntaxe impliquée diffère. Ni imagé, ni verbal, le format propositionnel apparaît en fait, au niveau de la mémoire permanente, comme l'infrastructure, ou partie de l'infrastructure, des symbolisations imagées et verbales.

Les types de connaissances. Outre la distinction entre formats de représentation, une autre distinction est celle qui précise les types de connaissances représentées. Au cours des années 1970, une discussion technique a vivement animé l'intelligence artificielle, opposant « déclarativistes » et « procéduralistes » au sujet du type optimal de représentation des connaissances dans les systèmes experts. Une progression du débat a conduit les psychologues cognitivistes des années 1980 à postuler la coexistence, en mémoires permanente et de travail, de deux types de connaissances : les *connaissances déclaratives* et les *connaissances procédurales,* distinction souvent assimilée à la dichotomie savoirs/savoir-faire.

Les connaissances déclaratives concernent les faits ou les concepts et sont indépendantes des actions susceptibles de les mettre en jeu. Le format de représentation généralement reconnu comme l' « archétype » de ce type de connaissances est le format propositionnel. Ce substrat symbolique abstrait permet une expérience cognitive consciente et communicable des connaissances déclaratives, dans la mesure où il peut être recodé sous un format imagé ou verbal. L'énoncé « Napoléon est mort à Sainte-Hélène » est une connaissance déclarative (re)codée dans le format verbal.

Les connaissances procédurales, en revanche, sont « encapsulées » dans l'action. Elles concernent les opérations à effectuer lors d'une activité finalisée particulière, notamment les opérations impliquées dans l'utilisation des connaissances déclaratives. La conduite d'une bicyclette, d'une voiture repose sur une connaissance procédurale ; de nombreux automatismes de calcul ressortissent également à ce type de connaissance. Les connaissances procédurales sont ainsi fondamentalement téléologiques, c'est-à-dire finalisées, et se révèlent marquée d'une certaine *impénétrabilité cognitive* propre à l'architecture fonctionnelle du système cognitif. Cette impénétrabilité semble bien procéder de ce que les connaissances procédurales ne relèvent ni du format propositionnel, ni du format verbal. Elles pourraient relever, tout au plus, d'un format imagé. Quant aux relations entre les deux types de connaissances, les cognitivistes ont essentiellement étudié le passage du déclaratif au procédural en soulignant l'importance de la transformation procédurale des savoirs déclaratifs transmis culturellement sous forme verbale et imagée.

Les modes d'organisation. Il s'agit ici de savoir comment les connaissances élémentaires, de format imagé, verbal ou propositionnel et de type déclaratif ou procédural, sont articulées, intégrées, compactées, au sein de la mémoire permanente, en entités symboliques plus complexes. La question posée est donc celle des structures de la représentation en général et non plus celle des seules structures d'opérations logico-mathématiques étudiées par la psychologie piagétienne. Cette question a suscité un nombre considérable de conceptualisations qui diffèrent tant par les formats et les types de connaissances impliqués que par les propriétés structurales de leur organisation. De l'ensemble de ces conceptualisations, trois principaux modes d'organisation des connaissances se dégagent : les structures de listes et réseaux, les systèmes de production et les objets structurés.

Les structures de liste et les réseaux sémantiques ont en commun d'organiser des connaissances de format abstrait et de type déclaratif. Dans l'un, les connaissances sont organisées sous forme de listes structurées de propositions ; dans l'autre, il s'agit de concepts élémentaires représentés par des *nœuds* (•) et interconnectés, au sein de réseaux, par des associations étiquetées appelées *arcs* ou *pointeurs* (→) de type « EST-UN », « SORTE-DE ». Un exemple peut en être donné (voir la fig. 3) avec un réseau sémantique très simple repris de A. M. Collins et M. R. Quillan (1969).

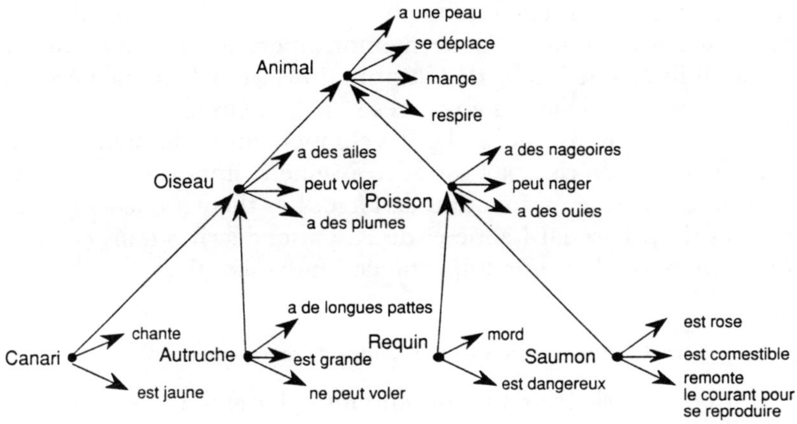

Fig. 3 - Un modèle de réseau avec des *arcs* de type « EST-UN »
et, pour chaque *nœud,* un faisceau de propriétés
(d'après A. M. Collins et M. R. Quillan, Retrieval time for semantic memory,
Journal of Verbal Learning and Verbal Behavior, 1969, *8,* 240-247)

Les systèmes de production, particulièrement adaptés pour formaliser des connaissances procédurales, sont basés sur des règles de production de type « Si CONDITION [état de la mémoire de travail] alors ACTION [opérations, calculs à effectuer] ».

Les objets structurés, enfin, procèdent, tant en psychologie qu'en intelligence artificielle, du besoin vivement ressenti de considérer des « blocs » d'informations, ou objets mentaux en un sens élargi, fortement structurés, appelés *schémas* (cadres, scripts, etc.) et *prototypes*. Une analyse détaillée de ces deux modes d'organisation des connaissances est proposée dans le chapitre V. Soulignons dès ici que les schémas, comme les prototypes, peuvent relever du format imagé, verbal ou propositionnel et intégrer des connaissances de type déclaratif ou procédural. On parle de *structures mixtes,* à la différence du schème d'action piagétien qui est purement procédural.

La base de faits ou mémoire de travail

Lorsque nous lisons un numéro de téléphone dans l'annuaire, nous sommes capables de le retenir pendant que nous formons le numéro. Nous utilisons pour cela une mémoire à court terme, la mémoire de travail, dont la durée est d'environ vingt secondes et dont la capacité est limitée à 7 ± 2 items. Si nous nous trompons en formant le numéro, ou si ce numéro est trop long, l'empan de cette mémoire est dépassé et nous devons retourner à l'annuaire. Cette mémoire permet de maintenir en disponibilité immédiate des informations actuellement perçues (mémoire sensorielle) ou « retirées » de la mémoire à long terme (la base de connaissances). Le développement de la mémoire de travail se caractérise par un accroissement important de l'empan mnémonique en fonction de l'âge. Les théories néo-structuralistes de J. Pascual-Leone et de R. Case, décrites dans ce chapitre, lui accordent une importance fondamentale.

Architecture, contrôle et contraintes de fonctionnement

Si l'on considère dans son ensemble l'architecture proposée par le cognitivisme, deux avancées essentielles, par rapport au modèle unitaire de fonctionnement logique et normatif de Piaget, sont à relever : 1 / les mêmes informations peuvent être représentées au sein de la mémoire permanente, sous des formats, des types et des modes divers ; 2 / un même problème peut être résolu selon des modalités différentes de traitement en fonction du format, du type et du mode de représentation activés en mémoire de travail par la structure de contrôle. On comprend alors la nécessité de cette dernière : la pluralité des modes de traitement (calculs) qu'entraîne la pluralité des représentations (symboles ou sens) exige une gestion par une instance de contrôle exécutif.

En outre, le cognitivisme décrit les contraintes inhérentes à ce fonctionnement, homologues des contraintes matérielles des systèmes informatiques (métaphore de l'ordinateur). Pour l'essentiel on peut retenir : 1 / la capacité limitée de la mémoire de travail ; 2 / la nécessité d'un traitement séquentiel au sein d'un « canal » unique (séquence de calculs) ; 3 / l'exigence d'une certaine vitesse de traitement qui, si elle est insuffisante, entraîne l'oubli des résultats intermédiaires en mémoire de travail ; et enfin 4 / l'économie générale du système cognitif dont l'équilibre repose sur le rapport entre les ressources du système et le coût cognitif des activités. Il est particulièrement important de souligner la contrainte qui porte sur la mémoire de travail, ou mémoire à court terme, transitoire, susceptible de conserver provisoirement les informations rappelées et les produits d'un traitement en cours de résolution de problèmes et dont on a vu que l'empan temporel et « spatial » est étroit.

Apports et limites du cognitivisme

Ce bref survol des concepts nouveaux apportés par le cognitivisme suffit à démontrer sa richesse. L'apport essentiel est sans aucun doute celui d'une description fine des représentations (formats, types et modes) et de leurs conditions de fonctionnement, notamment leur gestion par une structure de contrôle. Cette description a « échappé » à l'analyse piagétienne. On remarquera toutefois que les « ingrédients » du cognitivisme et de la théorie de Piaget sont les mêmes. Il existe, dans les deux cas, un monde extérieur prédéfini, des représentations (ou symboles) et des opérations (ou calculs). Mais la différence fondamentale tient aux hypothèses avancées quant à la dynamique du fonctionnement cognitif, qui dérivent de deux positions épistémologiques diamétralement opposées. Dans la perspective piagétienne, ce sont les opérations qui contraignent, qui « informent » les représentations. Pour le cognitivisme ce sont, à l'inverse, les représentations ou symboles qui contraignent et informent les opérations. Ceci explique que, dans un cas, l'apport réside en une typologie fine des opérations cognitives alors que, dans l'autre, l'apport est celui d'une typologie des représentations.

Mais l'une et l'autre perspectives pèchent par l'accent mis sur un aspect de la cognition, actions-opérations ou représentations, et la relative omission de l'autre. On a déjà souligné les limitations de la théorie piagétienne en ce qui concerne l'étude des représentations. De même, la position épistémologique « représentationniste » du cognitivisme princeps est actuellement battue en brèche par des cognitivistes « dissidents » qui — en se rapprochant étonnamment de la position piagétienne (clin d'œil de l'histoire?) — soulignent le rôle des actions et transformations qui *font émerger* la connaissance du réel.

Extensions de la théorie piagétienne

L'intérêt pour le fonctionnement du sujet en situation de résolution de problèmes, qui était dans l'air du temps autour des années 1970 et que l'on doit principalement au cognitivisme, a influencé les tenants de la théorie opératoire. Cela apparaît clairement chez les auteurs d'obédience piagétienne tel M. Reuchlin et, au sein même de l'école de Genève, sous l'impulsion de B. Inhelder.

L'hypothèse de Maurice Reuchlin : formalisation et réalisation

Dans un article qui s'est révélé éminemment heuristique (M. Reuchlin, Formalisation et réalisation de la pensée naturelle : une hypothèse, *Journal de psychologie normale et pathologique,* 1973, *70,* 389-408), Reuchlin considère la pensée naturelle comme « [...] un instrument d'adaptation chargé de prélever, coder, traiter, stocker l'information utile à cette adaptation » (p. 393). Deux processus, constamment à l'œuvre, assurent son fonctionnement : la *formalisation* et la *réalisation.*

La formalisation correspond aux processus de structuration piagétiens qui trouvent leur aboutissement chez le logicien ou le mathématicien. Elle permet de résoudre les problèmes difficiles et nouveaux en dehors de pressions impératives et à la condition d'utiliser des informations qui proviennent soit d'une formalisation antérieure, soit d'une activité réalisatrice : la réalisation.

Outre sa fonction qui est de fournir des données nécessaires à la formalisation, la réalisation assume un rôle propre. Elle permet, sans l'intervention de l'activité formalisatrice, de résoudre les problèmes qui requièrent une adaptation temporelle rapide ; et cela grâce à deux caractéristiques : 1 / sa capacité de coder et d'utiliser des éléments d'information directement accessibles et utilisables, et/ou des sous-programmes de réponses ; 2 / la rigidité des liaisons qu'elle introduit entre ces éléments ou ces réponses, de telle sorte que les contenus qu'ils constituent paraissent insécables et non modifiables. Ces caractéristiques assurent une adaptation rapide aux situations qui se présentent, adaptation économique puisque les « blocs d'informations » — selon l'expression de Reuchlin — et les sous-programmes de réponses peuvent s'appliquer en dehors de la démarche formelle susceptible d'en rendre compte explicitement. Si nous nous trouvons devant un noyé nous ne faisons pas appel à un modèle formel de secourisme ; nous mettons en pratique immédiatement un bloc d'informations — un scénario — que nous avons enregistré antérieurement. Les réflexes, certains mécanismes perceptifs, certaines modalités de conditionnement (voir le béhaviorisme présenté au chap. I) ainsi que l'usage fonctionnel de compétences et de connaissances sont considérés comme les mécanismes psychologiques de la réalisation, producteurs de contenus.

Mais l'utilisation de blocs insécables et de sous-programmes rigides n'apparaît pas sans inconvénient dans la mesure où les uns et les autres peuvent contenir des informations ou des réponses non pertinentes dans une situation donnée, qui perturbent l'adaptation rapide adéquate. Néanmoins, ces éléments parasites permettent, dans certains cas, de mieux ajuster à une situation réelle une démarche formalisatrice conçue *a priori*. On touche ici à l'interaction des deux processus, point spécifique de l'hypothèse de Reuchlin, selon trois modalités : la prévalence de l'un ou l'autre processus, la complémentarité et l'antagonisme.

L'hypothèse des deux processus, formalisation et réalisation, et de leur interaction a, selon l'auteur, des implications différentielles et pédagogiques. Les individus peuvent se différencier par leurs « préférences » pour l'un ou l'autre processus ou l'un ou l'autre type d'interaction, préférences déterminant des « styles cognitifs ». Et la pédagogie gagnerait à tenir compte des deux types de processus, pour les développer, sans privilégier l'un ou l'autre.

La perspective de Bärbel Inhelder : des structures aux procédures

L'approche structuraliste reste constante dans les recherches de B. Inhelder, et en particulier dans les nombreux travaux publiés avec Piaget, mais le souci de compléter l'étude des structures générales de l'intelligence par celle des procédures effectives de résolution de problèmes s'affirme durant les années 1970-1980. Ainsi que le souligne Inhelder elle-même, dans son autobiographie (*in* F. Parot et M. Richelle (eds), *Psychologues de langue française : autobiographies,* Paris, PUF, 1992, p. 87-133), cet intérêt pour les aspects fonctionnels des progrès de la connaissance est, en fait, relativement ancien : il apparaît dès 1943 dans son ouvrage *Le diagnostic du raisonnement chez les arriérés mentaux.* Ce n'est cependant qu'en 1979, dans la dernière publication commune avec Piaget, que s'impose, sous le titre *Procédures et structures,* ce fonctionnalisme longtemps contenu. Un texte de synthèse, publié en 1987, résume parfaitement la démarche.

> [...] L'évolution des formes générales de connaissance aboutit à des systèmes cohérents d'actions qui se composent entre elles par des liens de nécessité que Piaget a analysés en termes de structures, se référant par là à ce que le sujet « sait faire », et non pas à ce qu'il en pense, donc aux opérations effectives et non à leur thématisation. Si une telle approche permet de déterminer dans les grandes lignes les bornes inférieures et supérieures des connaissances construites par le sujet épistémique aux différents niveaux de son développement, elle ne peut pas en même temps rendre compte de la dynamique du progrès. [...] Connaissant dans les grandes lignes les lois générales de la structuration et du fonctionnement de la compréhension du réel par le sujet épistémique, le moment était venu de nous intéresser davantage aux procédures d'invention et de découverte du sujet psychologique » (B. Inhelder, Des structures aux processus, *in* J. Piaget, P. Mounoud et J.-P. Bronckart (eds), *Psychologie,* Paris, Gallimard, 1987, p. 670-671).

La voie est ainsi ouverte à un fonctionnalisme original orienté vers l'étude des conduites en situation de « déséquilibre ». L'accent mis sur la fonction d'adaptation immédiate des conduites, les procédures, réhabilite l'adaptation productrice d'équilibre local au niveau des microgenèses (résolutions de problèmes) et d'équilibre global à celui de la macrogenèse (développement). Ainsi, le cycle assimilation-accommodation est-il rétabli dans son intégrité, sans la polarisation excessive sur l'assimilation qui spécifiait auparavant la théorie opératoire. Dans cette foulée, un rapprochement s'amorce entre la psychologie génétique et le cognitivisme. Inhelder (1992) souligne d'ailleurs dans son autobiographie, citée plus haut, que l'un des facteurs qui a déterminé son entreprise dite « des structures aux procédures » est « [...] la contribution des perspectives issues de la cybernétique et de l'intelligence artificielle aux développements récents en psychologie et en épistémologie génétiques » (p. 128). Dans ce sens, l'analyse la plus poussée est celle de G. Cellérier qui, en 1979, met clairement en évidence la réelle complémentarité des deux approches. La psychologie piagétienne a pour objet la *transformation épistémique,* à long terme, de l'action en connaissance ; l'objet du cognitivisme est la *transformation pragmatique,* à court terme, de la connaissance en action : résolution de problèmes. Ces deux psychologies « travaillent » à des échelles de temps différentes : l'une diachronique (macrogenèse ou développement), l'autre synchronique (microgenèses à un niveau donné de développement). Le « challenge » de la psychologie génétique nouvelle est de « tenir les deux bouts ».

L'épanouissement de ce courant se révèle avec force dans l'ouvrage de B. Inhelder et G. Cellérier intitulé *Le cheminement des découvertes de l'enfant : recherches sur les microgenèses cognitives* paru en 1992 (Neuchâtel, Delachaux & Niestlé). Cette contribution montre clairement combien la conception des relations entre structures et procédures s'inscrit dans la perspective constructiviste tout en en constituant une nouveauté. Les travaux rapportés, réalisés par toute une équipe de chercheurs (E. Ackermann, A. Blanchet, M. Saada-Robert, etc.), tentent de déceler chez l'enfant les processus de « guidage » des actions, au moyen de tâches ingénieuses dont l'école de Genève a le secret. Ils synthétisent ce que l'on peut appeler, avec A. Karmiloff-Smith (qui a rédigé l'introduction de l'ouvrage), l'approche *inheldérienne* en psychologie du développement.

Le néo-structuralisme

Le néo-structuralisme vise explicitement à articuler les apports du structuralisme genevois, du cognitivisme anglo-saxon et même du béhaviorisme skinnérien pour certains auteurs, dans le but explicite de pallier les insuffisances du cadre explicatif piagétien. Aux auteurs néo-structuralistes patentés, tels J. Pascual-Leone, R. Case, G. H. Halford, K. W. Fischer et A. Demetriou, s'ajoutent des néo-structuralistes implicites, tels P. Mounoud, R. Siegler, M. Chapman, etc. Nous ne présentons ici que quelques positions marquantes. Pour l'essentiel, le néo-structuralisme retient du cognitivisme l'hypothèse d'une architecture cognitive générale (mémoire permanente, mémoire de travail, instance de contrôle) dont l'organisation fonctionnelle est soumise à certaines contraintes.

Juan Pascual-Leone : opérateurs métaconstructifs et système modulaire de l'attention mentale

La théorie des opérateurs constructifs (*Theory of Constructive Operators* ou TCO) a été exposée à maintes reprises et avec diverses retouches par Pascual-Leone, la dernière modification apparaissant dans un texte de 1988. La TCO s'enracine dans la théorie piagétienne dont elle retient les points essentiels : l'existence de stades qui marquent les étapes d'une construction développementale régie par des facteurs internes d'équilibration, la subordination de l'apprentissage à ces facteurs. L'équilibration est définie comme une disposition active selon laquelle l'organisme procède à des restructurations au moindre coût, de manière à maximiser à la fois sa cohérence interne et sa capacité d'adaptation. Cette disposition s'actualise grâce à l'organisation fonctionnelle et structurale d'un *métasujet.* « Méta » est pris ici dans son sens étymologique de *changement* (comme dans *méta*bolisme) et non dans le sens actuellement répandu, et plus restreint, de métaconnaissance.

Un métasujet à deux composantes

Le métasujet est représenté comme un organisme psychologique autonome qui, à tout moment, peut être décrit au moyen de deux composantes : un répertoire H de schèmes, qui constitue le système subjectif (en ce sens qu'il détermine le contenu de l'expérience du sujet), et un répertoire d'opérateurs silencieux, ou facteurs de base, qui constitue le système métaconstructif. Ces opérateurs sont dits « silencieux », pour le sujet et pour l'observateur, dans le sens où ils correspondent à la machinerie du système cognitif non nécessairement accessible à la conscience.

Le système subjectif. Le schème est défini comme une unité comportementale, un ensemble ordonné de réactions susceptibles d'être transféré d'une situation à une autre par assimilation de la seconde à la première. C'est une paire ordonnée de réponses implicites : *s*, *r* et quelquefois *s*, *r*, *s* '.

La première réponse s est une réponse déclenchante qui suscite l'activation de la réponse *effective r*. Préalablement au repérage de l'information *(input)*, un choix probabiliste s'effectue parmi les diverses réponses déclenchantes activées. Ce choix est basé sur le « poids » des différents indices. Son résultat est l'échantillonnage d'un ensemble de réponses déclenchantes compatibles qui à leur tour activent les réponses effectives *r* correspondantes. La réponse déclarée R ou comportement sera fonction de l'intégration de tous les *s*, *r* activés à un moment donné. La réponse terminale ou régle d'arrêt *s'* dans le triplet *s*, *r*, *s'* peut être considérée comme un type particulier de réponse déclenchante.

Le répertoire H de schèmes du métasujet comprend des schèmes cognitifs, affectifs et personnels, chacun d'eux se subdivisant en schèmes figuratifs, opératifs et exécutifs. Les schèmes figuratifs (prédicats) constituent les représentations internes des items d'informations familières au sujet et des configurations perceptives reconnues. Ils correspondent au contenu de la pensée et peuvent fonctionner comme conditions déclenchantes d'autres schèmes. Les schèmes opératifs s'appliquent sur les schèmes figuratifs pour générer de nouveaux objets mentaux et, la propriété de récursivité aidant, il peut s'ensuivre des structures fonctionnelles de plus en plus complexes. Les schèmes exécutifs peuvent être considérés comme des programmes de calcul qui fonctionnent à l'aide de sous-programmes. Dans ce sens ils déterminent largement quels schèmes figuratifs et opératifs doivent être activés dans une situation donnée. Ils contrôlent aussi l'interaction entre l'environnement et les opérateurs métaconstructifs dont ils spécifient l'usage et le fonctionnement (la structure de contrôle du cognitivisme).

Le système métaconstructif. Il se compose principalement des six opérateurs suivants : le calculateur central M, les opérateurs d'apprentissage C et L, les facteurs de champ ou opérateur F, l'opérateur affectif A et l'opérateur personnel B.

L'espace M de traitement (central processor M). La variable « développement cognitif » de la théorie piagétienne est conceptualisée par Pascual-Leone comme une construction quantitative dépendant de l'espace M de traitement (M pour énergie Mentale). L'espace M, ou opérateur M, est, avec l'ensemble des schèmes exécutifs, responsable des transformations et coordinations des informations accessibles au sujet à un moment donné. La mesure ou puissance de M, qui renvoie à la notion piagétienne de champ de centration, est définie par le maximum de schèmes que le sujet peut activer dans une opération mentale. La distribution de « l'énergie » de M sur les schèmes pertinents, pour une tâche donnée, est contrôlée par un ensemble spécifique des schèmes exécutifs inclus dans le répertoire H : cet ensemble stocke la représentation de la tâche et des consignes et dirige l'application de M. La puissance de M croît en fonction de l'âge et devient une caractéristique, K, de chaque stade du développement mental. Ainsi pour chaque sous-stade et stade piagétiens, les mesures K de M sont spécifiées : voir le tableau II. La lettre *e* de ce tableau correspond à la quantité M nécessaire à l'activation des schèmes exécutifs. Cette quantité, dont l'importance n'est pas explicitée, augmenterait au cours des premières années pour demeurer ensuite constante. La quantité K, par contre, évolue avec l'âge et représente la réserve maximale d'énergie mentale qui peut être utilisée, à chaque sous-stade, par les schèmes exécutifs ; les chiffres 1, 2, 3... 7 quantifient cette énergie en indiquant le nombre maximal de schèmes figuratifs et opératifs qui peuvent être activés à chaque sous-stade.

Tableau II - Stades et évolution de la puissance de M (d'après Pascual-Leone)

Ages	*Sous-stades*	*Espace mental* $e + K$
3-4	Pré-opératoire I	$e + 1$
5-6	Pré-opératoire II	$e + 2$
7-8	Opératoire concret I	$e + 3$
9-10	Opératoire concret II	$e + 4$
11-12	Préformel	$e + 5$
13-14	Formel I	$e + 6$
15-16	Formel II	$e + 7$

Les opérateurs d'apprentissage C *et* L. Pour la TCO, comme pour la théorie opératoire, les schèmes se développent, « apprennent » en quelque sorte, en se différenciant au contact de l'expérience : cette différenciation, selon le type d'expérience, résulte soit d'une abstraction simple (expérience physique) soit d'une abstraction réfléchissante (expérience logico-mathématique). Pascual-Leone reprend ainsi la distinction piagétienne entre apprentissage des contenus (C) et apprentissage structural (L, *Learning*) en précisant les modalités de différenciation propres à chacun des opérateurs. Mais la nouveauté introduite tient à ce que l'opérateur L peut fonctionner sous deux conditions : LC et LM, où les composantes C et M renvoient respectivement aux fonctionnements des opérateurs d'apprentissage C (explication métasubjective de la notion béhavioriste de conditionnement) et d'énergie mentale M. L'apprentissage LC correspond à une « fusion » graduelle de schèmes (tous types de schèmes du répertoire subjectif) simultanément appliqués, aboutissant à une structure composite, ou « superschème », par confrontation répétée du sujet avec les mêmes régularités. Il s'agit d'un apprentissage lent, cumulatif et tacite, qui génère des structures généralement automatisées et fortement intégrées dans le contexte de leur formation. Inversement, l'apprentissage LM implique la mise en œuvre de l'opérateur M qui suscite l'articulation rapide et, associée à un effort cognitif, des schèmes pertinents — seuls schèmes du répertoire activés par M — co-activités et co-fonctionnels. Cette rapidité entraîne une autonomie des structures générées qui sont applicables dans divers contextes. L'apprentissage LC génère, au niveau du système subjectif, le subrépertoire de la connaissance « expérientielle », tandis que LM génère celui de la connaissance rationnelle. Pascual-Leone illustre la différence fonctionnelle entre LC et LM par l'exemple d'une apraxie. Le patient, qui est habituellement un fumeur, est incapable d'organiser ses actions lorsqu'on lui demande de fumer après lui avoir donné une boîte d'allumettes et une cigarette. Par contre la séquence de gestes nécessaires (mettre la cigarette à la bouche, ouvrir la boîte d'allumettes, etc.) se déroule parfaitement lorsque spontanément il lui prend l'envie de fumer. Selon Pascual-Leone, la conduite spontanée serait le produit de structures LC développées pendant l'expérience journalière. Par contre l'effection sur commande dépendrait de structures LM construites durant les moments d'attention mentale (application de M). Ces dernières structures sont indépendantes du contexte et peuvent être activées à partir de n'importe quel point de la séquence (caractère bidirectionnel). Ce n'est pas le cas des structures LC qui ne peuvent être activées que dans un seul sens et qui restent dépendantes du contexte qui les a fait naître. L'apraxie traduirait alors l'incapacité d'une mobilisation des schèmes LM. L'exemple est intéressant. Il suggère que des comportements semblables, du point de vue de l'observateur, peuvent relever de structurations différentes, LC ou LM. Il suggère également qu'une construction préalable due à LC puisse être nécessaire à l'établissement de LM.

L'opérateur de champ F est étroitement lié aux structures automatisées de type LC. Il est impliqué dans l'activation des schèmes figuratifs et opératifs dont les conditions déclenchantes correspondent aux aspects prégnants de la situation-problème. Cette fonction d'activation contextualisée — qui survient avant même la mise en œuvre éventuelle de M et après (pré- et postattentionnel) — repose sur un principe de minimisation de la complexité informationnelle : minimisation, dès l'*input,* du nombre de schèmes dans le champ d'activation (économie structurale) et maximisation, à la sortie, des connexions structurales sémantiques et pragmatiques entre schèmes (cohérence structurale). L'influence de l'opérateur F peut être favorable à la résolution des problèmes ou, au contraire, l'entraver.

Les opérateurs affectif A et *personnel* B *(Body),* enfin, interviennent à différentes étapes du fonctionnement du métasujet, notamment en liaison avec l'activation contextualisée pré-attentionnelle assurée par l'opérateur F, ainsi qu'au niveau du déclenchement, pré-attentionnel également, des schèmes exécutifs sous l'action conjuguée des émotions-motivations (schèmes affectifs) et des valeurs, croyances et styles cognitifs (schèmes personnels).

Le système modulaire de l'attention mentale

En usant de la métaphore informatique du cognitivisme, Pascual-Leone souligne que le système subjectif (le répertoire H des schèmes) est l'homologue humain du *software* informatique et le système métaconstructif (opérateurs M, C, L, F, etc.) celui du *hardware* — d'où le caractère « silencieux » des opérateurs de ce dernier système (l'utilisateur n'en n'a pas une connaissance explicitable). Le cerveau est cependant un « ordinateur » qui possède une plasticité adaptative remarquable lui permettant d'intégrer des connaissances nouvelles et de modifier ses structures fonctionnelles selon les résultats de ses expériences. Cette plasticité est étroitement dépendante de sa capacité d'*attention mentale* qui ne doit pas être confondue avec la capacité de la mémoire de travail. Le système d'attention mentale comporte quatre modules : les opérateurs M et F déjà décrits, l'opérateur d'inhibition I et les schèmes exécutifs. Les interactions fonctionnelles entre ces modules peuvent conduire suivant les situations-problèmes à différentes stratégies attentionnelles de résolution (les numéros ci-après correspondent à ceux de la fig. 4) : 1 / stratégie pour « situations-pièges » : inhibition des schèmes « dangereux » (certaines structures automatisées de type LC déclenchées par F) et activation/inhibition des schèmes « non dangereux » pertinents/non pertinents ; 2/ stratégie pour « situations-sans piège » : activation/inhibition des schèmes pertinents/non pertinents ; et 3/ stratégie pour « situations-sans piège » où plusieurs choix de schèmes pertinents sont possibles : activation/inhibition des schèmes pertinents sélectionnés/non sélectionnés. Un exemple d'application de ce modèle est donné au chapitre V concernant l'interprétation néo-structuraliste de l'épreuve piagétienne de conservation de la substance.

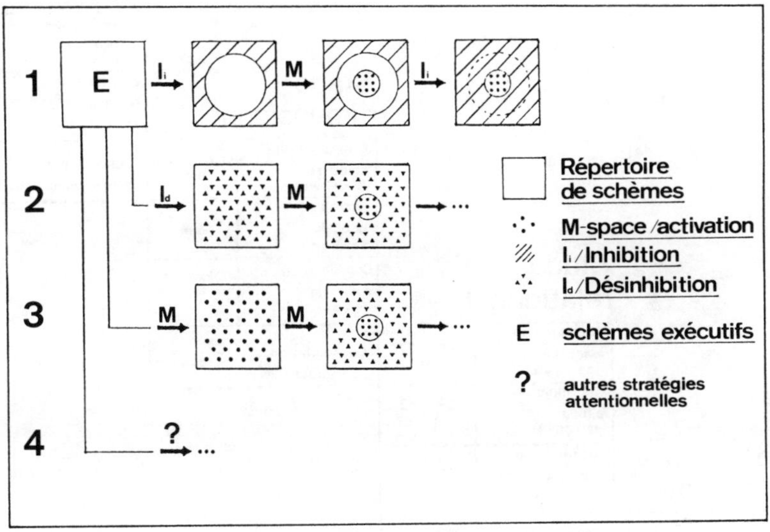

Fig. 4 - Système modulaire de l'attention mentale
(d'après J. Pascual-Leone, Organismic processes for neo-Piagetian theories, *in* A. Demetriou (ed.), *The Neo-Piagetian Theories of Cognitive Development*, North-Holland, Elsevier, 1988, p. 47)

Robbie Case : structures de contrôle exécutif et structures conceptuelles centrales

Dans la « foulée » de Pascual-Leone, Case propose un modèle développemental du sujet, bébé/enfant/adulte, *problem solver*. Ce modèle inclut une redéfinition des structures intellectuelles, des stades de développement et des processus de transition impliqués dans le fonctionnement cognitif, social et émotionnel.

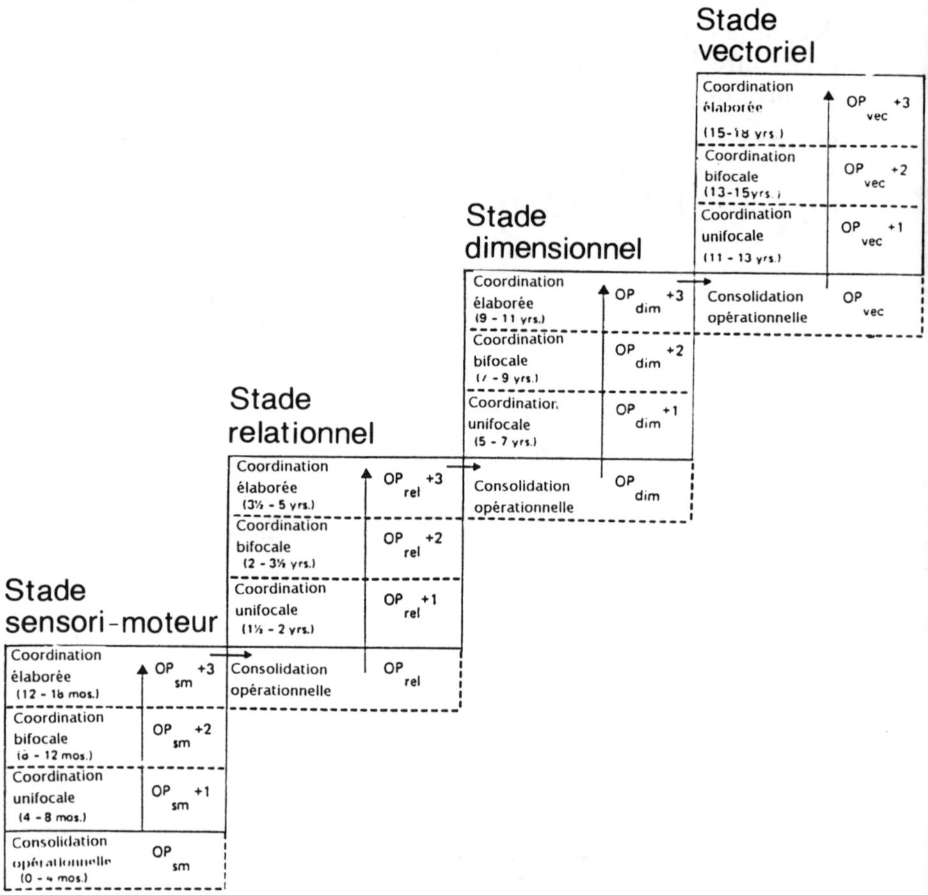

Fig. 5 - Stades du développement des structures de contrôle exécutif (d'après R. Case, *Intellectual Development,* New York, Academic Press, 1985, p. 413). La colonne de droite, pour chaque stade, indique le nombre de *focus* opérationnels (OP) impliqués dans les structures de contrôle ; les abréviations sm, rel, dim et vec renvoient aux quatre stades (sensori-moteur, relationnel, etc.)

Structures intellectuelles et processus de transition

Trois structures intellectuelles de base sont distinguées : les *schèmes figuratifs* ou patterns récurrents de stimulations (représentations des états : objets physiques et sociaux, événements, etc.), les *schèmes opératifs* qui assurent la transformation des schèmes figuratifs et les Structures de contrôle exécutif (SCE) qui « supervisent » cette transformation. On retrouve ici la trilogie de Pascual-Leone : figuratif/opératif/exécutif.

Les SCE jouent un rôle central dans le modèle de Case. Dès la naissance, sinon plus tôt, l'activation de tout schème est « expérimentée » par l'enfant comme ayant une charge affective particulière : neutre, positive ou négative. Et dès l'âge d'un mois, l'enfant est capable, selon Case, d'exercer un certain contrôle sur son expérience cognitive, affective et sociale. Les structures qui permettent ce contrôle, les SCE, sont des séquences organisées de schèmes à trois composantes : 1 / *la représentation du problème* ou schèmes figuratifs dans lesquels le sujet est impliqué ; 2 / *l'objectif* ou schèmes figuratifs dotés d'une charge affective plus élevée ; et 3 / *les stratégies* ou schèmes opératifs qui font passer de la représentation à l'objectif. La genèse des SCE est jalonnée par une séquence générale de quatre stades différenciés par le type d'unité de base traitée : le stade *sensori-moteur* (de 0 à 18 mois : objets perçus et activités motrices), le stade *relationnel* (jusqu'à 5 ans : relations entre objets et/ou activités motrices), le stade *dimensionnel* (de 5 à 9-11 ans : dimensions) et, enfin, le stade *vectoriel* (de 11 à 18 ans : rapports entre dimensions). En outre, chacun de ces stades comprend trois sous-stades caractérisés par le nombre de *focus* (éléments de focalisation) impliqués dans la composante objectif de la SCE : *unifocal, bifocal* et *élaboré* (voir la fig. 5).

Le processus de transition qui assure le passage d'un stade à l'autre est un processus d'*intégration hiérarchique* selon lequel la structuration des unités de base du dernier sous-stade d'un stade atteint une complexité telle qu'elle génère l'unité de base du stade supérieur. Ainsi, le dernier sous-stade d'un stade (sous-stade élaboré) est-il le sous-stade « O » du stade supérieur. Le processus de transition qui assure le passage d'un sous-stade à un autre au sein d'un même stade est, pour sa part, soumis à la *taille de l'espace de stockage en mémoire de travail*, elle-même fonction de l'augmentation de l'efficience opératoire (automatisation des schèmes opératifs). Cette dernière s'accroît au cours d'un stade, sous l'action conjuguée de l'exercice et de la maturation (intervention de structures neurologiques de niveau supérieur et myélinisation) et en diminuant l'espace opérationnel, elle libère un espace de stockage.

Les structures conceptuelles centrales

Au modèle qui vient d'être décrit, Case a récemment ajouté la notion de Structure Conceptuelle Centrale ou SCC. Les SCC sont définies comme des réseaux de concepts interreliés, de nature logico-mathématique ou sociale (ex. SCC relative à la séquence des nombres, à leurs relations avec les objets, à leur valeur cardinale, etc., SCC relative aux relations entre séquences d'événements sociaux et états mentaux des partenaires impliqués). Ces réseaux correspondent aux répertoires structurés de connaissances trans-situationnelles dont dispose l'enfant à un stade donné de son développement (sensori-moteur, relationnel, dimensionnel, etc.). Ce sont eux qui *donnent sens* aux situations-problèmes rencontrées et qui constituent, en quelque sorte, le « décor cognitif » — ou *background* — dans lequel s'inscrit l'organisation structurale et fonctionnelle des SCE (représentation-objectif-stratégies). Cela n'est pas sans implications théoriques.

Cette extension récente de la théorie de Case a plusieurs implications importantes quant à certains points clés, un peu rigides, du modèle de 1985. On en retiendra trois. La première a trait à la composante *représentation* des structures de contrôle exécutif, la seconde concerne les limitations de la mémoire de travail et la troisième est relative aux modalités d'acquisition des structures cognitives. 1 / En ce qui concerne la composante *représentation* des structures de contrôle, il est à souligner qu'elle est présentée par Case, dans le modèle de 1985, comme *la* représentation univoque d'un ensemble défini (par l'expérimentateur) de traits d'une situation-problème donnée. Or l'introduction de structures conceptuelles centrales, en amont des structures de contrôle exécutif, implique que la représentation que le *problem solver* se fait de la situation actuelle, son interprétation des données, est étroitement dépendante des réseaux de concepts préalables dont il dispose : Case parle à ce sujet de « contraintes conceptuelles ». Ceci permet de lever l'une des faiblesses essentielles de la position initiale de l'auteur, à savoir la prise en considération, pour un problème donné, d'une seule possibilité de représentation et de résolution adéquate (on en verra des exemples concernant le bébé et l'enfant dans les chap. IV et V). Les contraintes conceptuelles sur la composante *représentation* des structures de contrôle conduisent en effet à envisager, pour un même problème, une pluralité de modes de fonctionnement. 2 / La deuxième implication de l'introduction des structures conceptuelles centrales est que celles-ci relativisent, dans la hiérarchisation des problèmes, l'importance accordée aux contraintes fonctionnelles de la mémoire de travail (nombre d'éléments de la situation qui peuvent être intégrés dans la composante *objectif* des structures de contrôle). Il apparaît ainsi que les structures conceptuelles centrales, de par leur cohérence structurale (réseaux avec interrelations), permettent de traiter, lors de la résolution d'un problème, plus d'éléments que ne le prescrit la capacité limitée de la mémoire de travail. Certains de ses éléments peuvent, en effet, être provisoirement « oubliés » (économisant ainsi de la place en mémoire de travail) et, ensuite, facilement récupérés grâce aux connexions de la structure conceptuelle centrale sous-jacente. 3 / Enfin, la troisième et dernière implication tient à ce que les structures conceptuelles centrales procèdent, pour une large part, d'un processus de transmission culturelle, notamment scolaire. Ainsi les mécanismes fondamentaux du développement ne relèvent-ils plus seulement de processus individuels de construction (automatisation des schèmes opératifs, intégration hiérarchique) mais aussi des modalités sociales d'acquisition.

Graham Halford : concepts et structures d'appariement de symboles

Plus nettement encore que chez Pascual-Leone et Case, c'est l'aspect symbolique du cognitivisme qui domine dans le modèle néo-structuraliste de Halford. Ce modèle rend compte de l'acquisition de concepts fondamentaux — des catégories d'objets aux expressions algébriques intégrant des compositions d'opérations arithmétiques — en référence aux structures d'appariement de symboles impliquées (en anglais *structure mapping*).

Pensée et symboles

Le premier point fort de la théorie réside dans la prise en compte des propriétés fondamentales, ou principes, qui gouvernent la « pensée ». Celle-ci est essentiellement symbolique (productrice de représentations), générative, généralisable et cohérente : les représentations ou modèles génèrent d'autres représentations utilisables dans des contextes différents. Un second point concerne la définition générale que l'auteur donne du concept. Celui-ci comporte toujours un *set* (ensemble) d'éléments et une fonction (règle ou système) qui spécifie les rapports existant entre éléments. La distinction entre éléments et fonction est essentiellement celle que fait Piaget entre l'aspect figuratif et l'aspect opératif de la connaissance (voir le chap. V).

Dans une situation-problème donnée, le système cognitif est défini par trois composantes : 1 / l'énoncé du problème (en anglais *environment system*) ; 2 / sa représentation symbolique *(symbol system)* ; et 3 / les correspondances entre les deux systèmes (1 et 2) gérées par des Structures d'Appariement de Symboles ou SAS.

L'évolution des structures d'appariement de symboles

Les structures d'appariement de symboles, SAS, qui caractérisent le modèle de Halford, sont conçues comme des règles d'assignation des unités symboliques d'une structure aux unités symboliques d'une autre de telle façon que toute fonction ou relation entre unités de la première structure soit assignée à une fonction ou relation correspondante de la seconde. Ces règles permettent d'établir une double correspondance : entre les *éléments* du système symbolique (ou mémoire) et les *éléments* de l'environnement (traduits dans l' « énoncé », au sens très général du terme) ; entre les *relations* du premier système et celles du second. Les SAS évoluent en se complexifiant à travers une séquence de quatre niveaux de fonctionnement hiérarchisés selon *les critères de validité d'appariement* utilisés et, partant, selon le type de SAS impliqué (cf. fig. 6).

Le premier niveau correspond à l'*appariement d'unités* (ou d'*éléments*). Deux critères de validité d'appariement sont possibles : le critère de similarité (ex. l'image mentale d'un objet ou d'un événement) et le critère de convention (ex. l'étiquetage verbal du même objet ou événement). A ce niveau élémentaire de fonctionnement symbolique, les unités de la situation-problème sont appariés isolément (une unité à la fois) aux unités de la représentation, c'est-à-dire sans prise en compte des éventuelles relations entre unités. Le deuxième niveau correspond à l'*appariement de relations*. Un seul critère de validité est en jeu : le critère de similarité des relations entre unités (ex. deux baguettes de tailles différentes reliées par la relation « plus grand que » représentant un adulte et un bébé). Dans ce cas, et contrairement au niveau précédent, ni la similarité, ni la convention (linguistique, sociale) ne sont requises en ce qui concerne les unités elles-mêmes (baguettes/adulte et bébé), ce qui confère aux appariements relationnels une plus grande flexibilité. Ces appariements requièrent, en revanche, une charge mentale plus importante car ils nécessitent la prise en compte de deux unités symboliques. Le troisième niveau correspond à l'*appariement de systèmes*. Cet appariement est à la fois indépendant de la similarité des unités et des relations. Le seul critère de validité d'appariement est ici la cohérence du système lui-même, c'est-à-dire la cohérence interrelations (ex. la représentation générique des prémisses d'un problème logique d'inférence transitive pour une situation socio-émotionnelle spécifique où Tom est plus heureux que Bill, lui même plus heureux que Mike). La flexibilité et le niveau d'abstraction sont ici plus importants que dans les appariements relationnels, mais la charge mentale se trouve également accrue : le critère de cohérence systémique requiert au moins deux relations et donc la prise en compte d'au moins trois unités symboliques. Le quatrième niveau, enfin, correspond à l'*appariement de systèmes multiples*. Ce type d'appariement est semblable à l'appariement qui vient d'être décrit, à ceci près qu'il porte sur des relations ternaires et/ou des opérations binaires (ex. pour les opérations binaires soustraction/addition et division/multiplication : une expression algébrique de type $(a — b) / 4 = 1$ interprétée par l'exemple arithmétique (7 [ ] 3) [ ] 4 = 1. La charge mentale en jeu à ce niveau est plus importante qu'au niveau précédent car une opération binaire exige trois unités symboliques et deux opérations binaires doivent être considérées pour évaluer la cohérence du système, soit un total d'au moins quatre unités symboliques. Ces niveaux sont illustrés dans la figure 6.

Ces quatre niveaux de fonctionnement correspondent, selon Halford, aux stades du développement cognitif de l'enfant et de l'adolescent. L'appariement d'unités survient vers 1 an, l'appariement de relations vers 2 ans, l'appariement de systèmes vers 5 ans et l'appariement de systèmes multiples vers 11 ans (âges moyens, souligne l'auteur). L'enfant se constitue ainsi, au cours de l'ontogenèse, un répertoire de plus en plus complexe et flexible de structures d'appariement de symboles. En ce qui concerne les mécanismes de développement, Halford invoque l'accroissement, avec l'âge, des capacités de traitement nécessaires à l'application de structures d'appariement de plus en plus riches en unités symboliques ou charge mentale : d'une unité au niveau d'appariement d'unités à quatre unités, au moins, au niveau d'appariement de systèmes multiples. Cet accroissement est, selon l'auteur, lié en

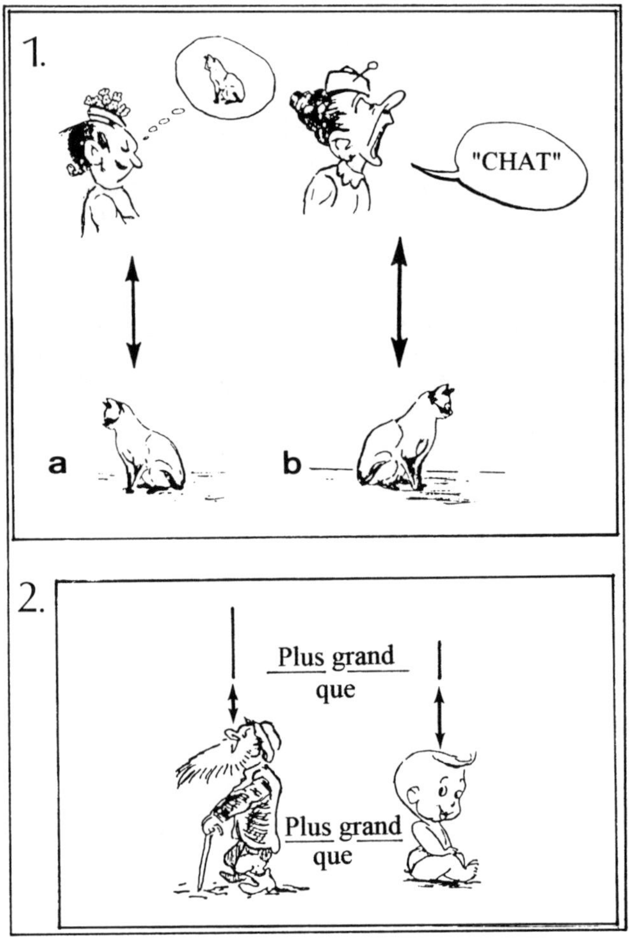

partie à la maturation — comme chez Case. Il faut souligner, enfin, l'importance prédictive accordée par Halford aux structures d'appariement de symboles dans la mesure où celles-ci constituent des prérequis, qu'il s'agisse de la maîtrise des concepts fondamentaux (catégorie d'objets, classification multiple, inclusion des classes, transitivité, etc.) ou de celle des *stratégies de résolution* que ces concepts permettent (voir notamment le chap. V).

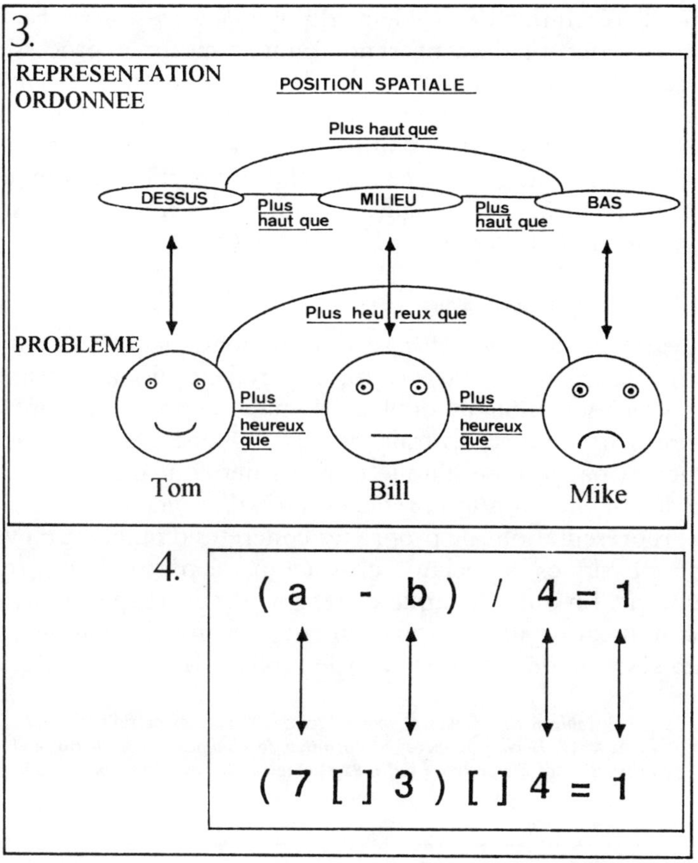

Fig. 6 - Niveaux d'appariement de symboles et développement (d'après G. Halford, A structure-mapping approach to cognitive development, *in* A. Demetriou (ed.), *The Neo-Piagetian Theories of Cognitive Development,* North-Holland, Elsevier, 1988, p. 106-109)

Kurt Fischer : structures de *skills,* généralisation et contexte

La synthèse proposée par Fischer est plus large que celle des autres néo-structuralistes dans la mesure où elle intègre également les apports du béhaviorisme skinnérien en ce qui concerne l'acquisition d'*opérants* spécifiques à des contextes particuliers. Le concept central est celui de structures de *skills,* ou structures d'habiletés de résolution de problème du *sujet-dans-un-contexte.* En référence à ce concept, l'accent est notamment mis sur les processus de généralisation, du point de vue de leurs conditions *structurales* et *fonctionnelles* d'émergence et d'application (Piaget, d'une part, Skinner et le cognitivisme, d'autre part). A noter que nous conservons ici le terme anglais *skill,* celui-ci faisant partie maintenant du vocabulaire des psychologues cognitivistes francophones. La théorie de Fischer est dite « théorie des *skills* ».

Les structures de skills

Les structures de *skills* se développent, de la naissance à 30 ans, en quatre « étages » *(tiers)* : réflexe, de la naissance à 4 mois ; sensori-moteur, de 4 à 24 mois ; représentationnel, de 24 mois à 10-12 ans ; abstrait, de 12 à 30 ans. Ces étages se différencient par le type d'unité que le sujet contrôle et qui est la base de la généralisation : réflexes (ou *skills-réflexes*), actions propres ; représentations de propriétés concrètes d'objets et d'événements physiques et sociaux, abstractions à partir de ces représentations. En outre, chaque « étage » comporte quatre niveaux de complexité : unité, appariement (en anglais *mapping*), système, système de systèmes (voir le tableau III).

***Tableau III - Etages et sous-étages des structures de* skills**
(d'après K. W. Fischer, A theory of cognitive development : the control and construction of hierarchy of skills,* Psychological Review, *1980, 87, p. 522)

Etages	*Sous-étages*	*Ages*
Sensori-moteur	1. Unités sensori-motrices	Quelques mois après la naissance
	2. Appariements sensori-moteurs	Milieu de la première année
	3. Systèmes sensori-moteurs	Début de la deuxième année
	4. Systèmes de systèmes sensori-moteurs = unités de représentation	Premières années préscolaires
Représentationnel	5. Appariements de représentations	Dernières années préscolaires
	6. Systèmes de représentations	Période scolaire primaire
	7. Systèmes de systèmes de représentations = unités abstraites	Début de l'école secondaire
Abstrait	8. Appariements abstraits	Fin de l'école secondaire
	9. Systèmes abstraits	Début de l'âge adulte
	10. Systèmes de systèmes abstraits	Début de l'âge adulte

Ainsi, à un étage donné, chaque niveau ou sous-étage se définit en termes de sources de variation contrôlées par les structures de *skills*, c'est-à-dire le nombre d'unités impliquées, et par les relations entre ces unités : contrôle d'une unité à la fois au premier niveau (un réflexe, une action, une unité de représentation, etc.) ; contrôle d'au moins deux unités, combinées en *mapping*, au deuxième niveau ; contrôle d'au moins deux *mappings*, combinés en système, au troisième niveau ; et contrôle d'au moins deux systèmes, combinés en système de systèmes, au quatrième niveau (voir la fig. 7 pour une symbolisation graphique de ces niveaux). Cette hiérarchisation recouvre en partie, notamment en ce qui concerne l'étage représentationnel, celle proposée par Halford. Il est à souligner, en outre, que le quatrième niveau d'un étage (ex. système de systèmes réflexes) correspond au premier niveau de l'étage supérieur (unité sensori-motrice) selon un processus de type intégration hiérarchique comme dans le modèle de Case.

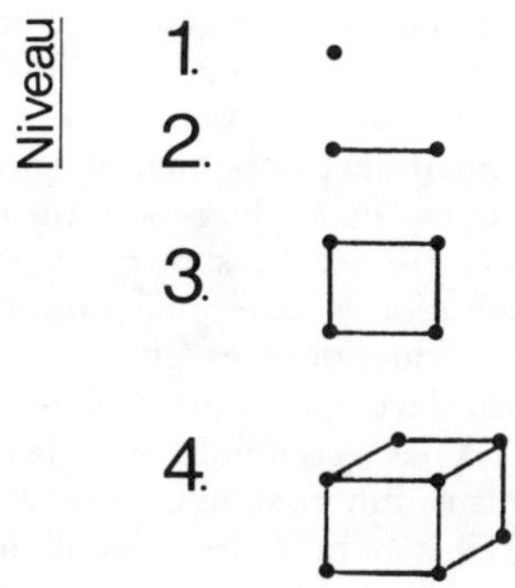

Fig. 7 - Schématisation des niveaux de complexité d'un étage structural de *skills* (d'après K. W. Fischer, réf. citée ci-dessus, p. 490)

Les processus de transformation et de transition

Fischer décrit, par ailleurs, cinq processus de transformation et de transition qui rendent compte de la complexification des structures de *skills* (étages et niveaux) et de leur généralisation : l'intercoordination (S1, S2, où S = *Skill*), la mise au point (en anglais *focusing*), la composition, la substitution et la différenciation. L'intercoordination est le processus de transformation qui assure, par combinaison de *skills*, le passage d'un niveau (sous-étage) à un autre (ex. combinaison de deux unités réflexes en un *mapping* réflexe) et, partant, qui assure le passage d'un étage à un autre : intégration hiérarchique par combinaison de systèmes en unités nouvelles. Il s'agit d'une transformation rapide, responsable d'un « saut » qualitatif, qui survient à certains moments du développement. La mise au point, la composition, la substitution et la différenciation assurent l'évolution microdéveloppementale, ou succession de « pas », au sein d'un même niveau d'un étage donné : unité réflexe, *mapping* réflexe... ou système de systèmes abstraits.

La mise au point ou *focusing* (S1, S2) correspond à la simple juxtaposition de deux *skills* de même niveau sans qu'il y ait intégration, ce qui implique le changement de focalisation de l'un à l'autre. Cette juxtaposition est souvent assortie, au « pas » suivant, d'une composition. La composition (S1 + S2) correspond à une combinaison de deux *skills,* toujours de même niveau, en un *skill* plus complexe mais de niveau équivalent. La substitution (S1 = S2) correspond à l'application d'un *skill,* maîtrisé dans une situation, à une autre situation qui requiert le changement d'une composante : ex. le changement d'un objet, physique ou social, impliqué dans le *skill.* La différenciation, enfin, présente un statut particulier dans la mesure où elle fonctionne, à chaque « pas » microdéveloppemental, en synergie avec les autres processus : la composition, par exemple, repose sur une combinaison-différenciation des *skills.* Selon Fischer, ce sont ces quatre processus, mise au point, composition, substitution et différenciation, qui expliquent, dans le cadre des conditions structurales définies (étages et niveaux), la généralisation des *skills* au cours du développement. Celle-ci se situe donc au plan microgénétique et elle n'est pas à confondre avec la co-occurrence générale qui procède du synchronisme inhérent au passage à un nouveau niveau, ou étage, structural. La « vraie généralisation », souligne Fischer, correspond, dans un cadre pragmatique donné, aux processus intra-niveaux sous-jacents aux co-occurrences spécifiques et interreliées de *skills.*

Mentionnons, enfin, l'accent mis par l'auteur sur les variations des conduites (*skills* plus ou moins complexes, plus ou moins généralisés) selon les contraintes liées aux supports contextuels rencontrés. C'est ici l'aspect fonctionnel du modèle développé notamment en référence à Skinner. Les étages, niveaux et processus de transformation des structures de *skills* sont toujours ceux d'un *sujet-dans-un-contexte* et « [...] le décalage [suivant les supports contextuels] est la règle du développement cognitif » (K. W. Fischer et M. J. Farrar, Generalizations about generalization, *in* A. Demetriou (ed.), *The Neo-Piagetian Theories of Cognitive Development,* North-Holland, Elsevier, 1988, p. 141). D'où l'introduction par Fischer de la distinction entre niveau optimal et niveau fonctionnel ou suboptimal. Le niveau optimal correspond à la limite supérieure de complexité du « répertoire » de *skills* du sujet (ex. le système représentationnel). Ce niveau est atteint, dans une situation-problème donnée, lorsque le support contextuel est un *support à haut niveau de performance* : support contextuel optimal. En revanche, lorsque le support est suboptimal, et c'est le plus souvent le cas, le sujet fonctionne à un niveau « inférieur » dit « niveau fonctionnel ». Cette distinction est essentielle du point de vue de l'étendue possible de la généralisation des *skills* dans un domaine de tâches donné. Certaines conditions contextuelles maximisent la généralisation des *skills* et minimisent les décalages; d'autres, les plus fréquentes, maximisent les décalages et minimisent la généralisation. Il y a donc bien un « sujet structural » (étages, niveaux, processus de transformation) mais ce sujet — pas plus que le psychologue qui l'interroge — n'échappe à sa condition de *sujet-dans-un-contexte.* Cette condition est la règle de son fonctionnement.

Pierre Mounoud : innéisme structural et constructivisme des contenus

La position de Mounoud, qui ne se rattache pas explicitement à celle des auteurs précédents, peut être qualifiée de néo-structuraliste à plusieurs titres. Premièrement, le concept de *structure* est maintenu et son acception révisée. Deuxièmement, le point de vue est en faveur d'un développement selon des stades et mécanismes *communs à tous les domaines de la connaissance.* Troisièmement, les changements liés à la maturation et aux interactions avec l'environnement sont *qualitatifs* : changements conçus comme l'effet de « révolutions ». Quatrièmement, l'accent est mis sur le développement des *représentations* ou *contenus,* concept central du cognitivisme.

Selon Mounoud, les structures formelles de nos actions et de nos raisonnements, les coordinations générales des actions dans la théorie piagétienne sont *préformées.* Et c'est sur la base de ce matériau structural inné que les organisations internes des contenus — représentations, mémoires ou modèles de la réalité : objets, personnes et corps propre — *se construisent,* commandées par la maturation de nouvelles capacités de codage. Celles-ci déterminent les stades où se succèdent, à partir de l'organisation réflexe sensori-motrice initiale (savoir-faire complexes automatiques) : 1 / une organisation perceptivo-motrice (à partir de 1 mois) ; 2 / une organisation conceptuo-motrice (vers 18 mois) ; et 3 / une organisation sémiotico-motrice ou formelle (à partir de 10 ans). Le passage d'un stade à un autre est sous-tendu par deux réorganisations ou révolutions.

Une première révolution consiste en un découpage *pragmatique* des propriétés des actions et des objets représentées dans l'organisation antérieure (pour l'exemple des conduites de préhension d'objets chez le bébé : découpage de l'organisation réflexe initiale « tête-bras-main »). Le découpage est dit « pragmatique » car les composants ou segments pris en considération correspondent à des unités fonctionnelles susceptibles d'avoir une signification autonome (ex. ouverture-fermeture de la main par rapport au fait de prendre ou relâcher un objet, flexion-extension du coude par rapport au rapprochement ou à l'éloignement de la main, etc.). Ces composants, définis par des représentations élémentaires, sont tout d'abord isolés et juxtaposés, puis intégrés dans de nouvelles totalités, non décomposables car fondées sur des relations globales et rigides (ex. mouvements de préhension globalement organisés basés sur des représentations perceptives totales : ouverture de la main au cours de la trajectoire pour se fermer sur l'objet).

Une seconde révolution conduit à une analyse *morphologique* de ces totalités par rapport à leurs dimensions plus abstraites dont les variations sont progressivement maîtrisées (ex. ajustements fins d'orientation et d'ouverture de la main par rapport aux caractéristiques des objets à saisir : taille, forme, orientation, poids).

Les processus sous-jacents à ces révolutions sont, d'une part, des processus d'échantillonnage des propriétés des objets et des actions et, d'autre part, des processus de mise en correspondance entre représentations et objets et entre composants des représentations et dimensions des objets. A travers l'application de ces processus et sous l'effet des révolutions qu'ils permettent, « [...] c'est plusieurs fois de suite que les mêmes réalités [ou contenus : objets, personnes, corps propre] vont être comprises et maîtrisées » (P. Mounoud, Les révolutions psychologiques de l'enfant, *Archives de psychologie,* 1976, *44,* p. 104). Ajoutons également l'accent mis sur le rôle spécifique et déterminant de l'environnement (particularités des situations et des personnes rencontrées) dans le fonctionnement réorganisateur et récursif postulé.

La théorie de Mounoud, qui a été présentée dans ses aspects classiques, est étayée par de nombreux exemples relatifs à la préhension d'objets, à l'imitation, à la production du discours, à la construction d'instruments, etc. Elle a en outre été affinée et ajustée dans une série de textes récents : notamment *L'émergence de conduites nouvelles : rapports dialectiques entre systèmes de connaissances* dont voici un extrait.

« [...] Au début de tout processus de développement ou d'apprentissage, les conduites peuvent être décrites comme déterminées simultanément par deux systèmes distincts de connaissances. Un premier système plutôt achevé et *automatisé* capable d'intégrer une grande quantité d'informations de façon "directe" (traitements ascendants) se manifeste sous forme de connaissances pratiques. Un deuxième système *en élaboration,* qui s'exprime sous forme de connaissances conceptuelles, sélectionne et réinterprète une partie seulement des informations traitées par le premier système, celles estimées pertinentes par rapport au but poursuivi de façon explicite ou consciente. Ces deux systèmes entretiennent des rapports hiérarchiques complexes qui s'inversent au cours du temps : les formes "conceptuelles" du nouveau système de connaissances sont initialement dirigées ou encadrées par les formes "pratiques" du premier système mais finissent par les contrôler et les intégrer. Le terme de "pratique" est attribué à toutes conduites automatisées (matérielles ou mentales) pour lesquelles les activités cognitives antérieures qui ont permis de les constituer ne sont plus accessibles ou explicitables » (P. Mounoud, The emergence of new skills : dialectic relations between knowledge systems, *in* G. J. P. Savelsbergh (ed.), *The Development of Coordination in Infancy,* Amsterdam, North-Holland, 1993, p. 13).

On retrouve ici, intégrées dans une perspective développementale originale, la distinction établie par le cognitivisme entre connaissances procédurales (« encapsulées » dans l'action, marquées d'impénétrabilité cognitive) et connaissances déclaratives (concernant les faits et les concepts).

Apports et limites du néo-structuralisme

En dépit d'un objectif commun, synthèse entre structuralisme piagétien et cognitivisme anglo-saxon, on est frappé par l'abondance et la diversité des conceptualisations proposées. Cinq modèles ont été recensés, mais d'autres tout aussi riches auraient pu l'être : notamment les modèles de règles et de choix de stratégies de Siegler — auquel il sera fait référence aux chapitres V et VI — et le modèle d'attention mentale de Chapman.

L'apport commun des conceptualisations présentées, par rapport à la théorie piagétienne, est triple. Premièrement, le néo-structuralisme fournit une typologie plus fine et plus étendue des représentations mentales en diversifiant les types de schème et de structure considérés : des schèmes cognitifs, figuratifs, opératifs et exécutifs, aux schèmes affectifs et personnels (Pascual-Leone) et des structures de contrôle (Case) aux structures formelles préformées (Mounoud), en passant par les structures d'appariement de symboles (Halford) et les structures de *skills* (Fischer). Deuxièmement, les contraintes de fonctionnement du système cognitif sont prises en compte : l'allocation d'énergie mentale (Pascual-Leone), la capacité limitée de la mémoire de travail (Case, Halford), etc. Troisièmement, l'accent est mis sur le contexte de transformation pragmatique des représentations en actions : opérateur de champ et stratégies d'activation/inhibition spécifiques aux contextes de résolution (Pascual-Leone), supports contextuels optimaux et suboptimaux (Fischer), etc.

Il faut, en outre, ajouter au crédit de certains auteurs, notamment Pascual-Leone et Case, le souci de dégager une architecture générale du système cognitif *en développement,* architecture calquée sur la « trilogie informatique » du cognitivisme princeps. Sont ainsi distinguées : 1 / la base de connaissance ou mémoire permanente (système subjectif, structures conceptuelles centrales) ; 2 / la mémoire de travail (sous-répertoire de schèmes activés, représentation du problème et objectif) ; et 3 / l'instance de contrôle (instance de déclenchement des schèmes exécutifs, structure de contrôle).

Ajoutons également, et ceci au seul crédit de Pascual-Leone, la mise en relation de l'architecture tripartite, qui vient d'être évoquée, avec un matériau « processuel » sous-jacent (opérateurs silencieux d'activation M, d'inhibition I, d'apprentissage, de types LC et LM, de champ F, etc.) qui constitue le *hardware* — manifestation psychologique de la machinerie neurobiologique, selon Pascual-Leone — du système cognitif *en méta-construction* (au sens défini plus haut).

Par l'accent mis sur les symboles et les représentations, le néostructuralisme se rapproche donc étroitement du cognitivisme. Mais il s'en distingue néanmoins par sa perspective résolument développementale, à savoir son usage explicite des concepts piagétiens de stade, de structure et de processus de développement. Ces concepts sont en fait revisités, redéfinis, en référence au sujet *problem solver* du cognitivisme.

Ce qu'il faut souligner pour conclure l'analyse de ce courant de recherche, c'est la « disparition » quasi totale, dans tous les modèles présentés, de l'intérêt piagétien pour le normatif et la logique. Quelles que soient les critiques qui peuvent être faites à l'étude piagétienne de la logique de l'enfant et de l'adolescent, il n'en reste pas moins que c'est la seule, à ce jour, qui ait abordé de front, et avec autant d'ingéniosité théorique et expérimentale, le problème de la construction ontogénétique des systèmes normatifs de l'intelligence humaine.

L'ère postfreudienne

La postérité freudienne est nombreuse et diversifiée, malgré les tentatives faites par les sociétés de psychanalyse pour maintenir l'orthodoxie. Parmi les premiers disciples, certains, comme E. Jones, K. Abraham, S. Ferenczi, P. Federn, sont considérés comme ayant fourni des contributions sensibles et toujours actuelles. D'autres, en revanche, comme E. Eitingon ou M. Sachs, ne sont familiers que des historiens ou des érudits. Dans le domaine du développement, la fille de Freud, Anna, dont les controverses avec Melanie Klein pèseront sur l'évolution de la psychanalyse en Angleterre, s'est affirmée comme une théoricienne de la psychanalyse de l'enfant. Des auteurs tels W. Bion, D. Meltzer, D. Burlingham, D. Winnicott ont contribué, avec des appartenances théoriques diverses, à la production de théories nouvelles du développement, ou plus simplement du mode de fonctionnement libidinal et objectal de l'enfant. Plus près de nous, de nombreux psychanalystes français dont J. Lacan, F. Dolto, S. Lebovici, D. Anzieu, P. Gutton ont apporté des contributions originales à la question du développement ou de la structuration du psychisme. Les ramifications du champ psychanalytique sont telles que certains auteurs ont tenté de définir les contours de quelques écoles centrales. P. Bercherie a ainsi proposé, en 1984, de considérer quatre courants postfreudiens : 1 / le courant issu des travaux de Melanie Klein et de ses élèves directs (H. Segal, S. Isaacs, P. Heimann, H. Rosenfeld) ou indirects (W. Bion, D. Meltzer, J. Bleger) ; 2 / le courant représenté par la *psychologie de l'Ego* (H. Hartmann, R. Loewenstein, mais aussi M. Mahler, H. Kohut, O. Kernberg, voir l'encart 3) ; 3 / le courant de Jacques Lacan ; et enfin 4 / un courant hétérogène, qu'il nomme « nébuleuse marginale », représenté par des auteurs aussi différents que M. Balint, D. Winnicott et H. Searles.

Sans entrer dans cette classification, qu'il fallait néanmoins mentionner, nous présentons ci-dessous quelques psychanalystes postfreudiens marquants, d'Anna Freud à Didier Anzieu.

ENCART 3

La psychologie de l'Ego

L'« Ego » est la traduction anglaise du terme freudien *Ich* qui, en français, signifie tout autant *moi* que *je*. La théorie de l'Ego ou *egopsychologie* est une perspective psychanalytique d'origine américaine qui fait de l'Ego le centre de la réalité du sujet. Il s'agit d'une psychologie *d'adaptation à la réalité*. Elle trouve son origine dans l'ouvrage de H. Hartmann, paru en 1930, et intitulé *La psychologie du moi et le problème de l'adaptation*. L'auteur fait référence aux écrits de Freud postérieurs à 1920 qui renforcent l'importance du *moi* au détriment de celle du *ça*.

Anna Freud : les dysharmonies du développement

Anna Freud (1895-1980), dernière des enfants de Freud, a suivi la voie de son père en devenant psychanalyste et en forgeant une théorie et une pratique de la psychanalyse de l'enfant qui se situent dans l'axe des interrogations freudiennes de la deuxième topique. Constatant les difficultés de transposition de la psychanalyse d'adultes dans le domaine de l'enfance, elle propose des aménagements techniques (phase préparatoire pour familiariser l'enfant à la thérapie) qui aboutissent à conférer une fonction pédagogique à la cure ce qui, pour certains, est incompatible avec le sens de la psychanalyse. Ses conceptions théoriques, proches de celles de la psychologie de l'Ego, mettent l'accent sur l'adaptation et accordent une importance particulière au moi, à son développement et à ses mécanismes de défense. A. Freud a d'ailleurs consacré son premier ouvrage aux mécanismes de défense et à leur importance : *Le Moi et les mécanismes de défense* publié en 1936, du vivant de son père et, n'en doutons pas, avec son assentiment.

Sa conception du développement est intéressante dans la mesure où elle envisage que celui-ci n'est ni linéaire, ni homogène. La clinique montre en effet que la plupart des enfants présentent des *dysharmonies* dans le développement. A. Freud propose la notion de *ligne de développement* pour désigner différents axes de la croissance de l'enfant : ligne de développement allant de la dépendance à l'autonomie et aux relations d'objet de l'adulte, ligne de développement spécifique à l'indépendance corporelle (de l'allaitement à l'alimentation rationnelle, de l'incontinence au contrôle sphinctérien), etc. La pathologie naît alors des décalages, ou dysharmonies, entre les niveaux de maturation de ces lignes de développement. Le concept de dysharmonie connaîtra un grand succès en clinique ; il sera repris, entre autres, par R. Misès (les *dysharmonies évolutives*) et par B. Gibello (les *dysharmonies cognitives*) pour désigner certaines entités pathologiques.

Melanie Klein : psychisme précoce et objets internes

Melanie Klein (1882-1960), a d'abord été l'élève de Ferenczi, puis de Abraham. Bien que se référant à S. Freud, elle a développé une théorie originale du psychisme en insistant sur le développement précoce de l'enfant : les « premiers moments de la vie ». *La conception de Klein ne repose pas sur l'observation systématique et standardisée de l'enfant mais sur ce qui se produit dans les thérapies psychanalytiques d'enfants ou d'adultes et, partiellement, sur l'obser-*

vation clinique de certains nourrissons (ses premières conceptions sont le fruit de relevés biographiques de ses propres enfants). Dans sa technique thérapeutique, elle introduit le jeu qui sert de point de départ aux interprétations de l'analyste, interprétations mettant en rapport le contenu du jeu avec le contenu des fantasmes inconscients de l'enfant.

L'étude de Klein porte principalement sur le monde interne du sujet, monde peuplé d'*objets internes*. L'auteur estime que, dès le début de la vie psychique, il existe une relation d'objet, bien que celle-ci porte sur des objets partiels (le sein par exemple). La théorie kleinienne se caractérise aussi par une référence au dualisme pulsionnel freudien, pulsion de vie/pulsion de mort, qui intervient dans les conflits internes. En outre — et compte tenu de l'existence d'une relation d'objet précoce —, elle attribue au bébé un moi archaïque, déjà organisé, ce qui tranche avec l'œuvre de Freud (si l'on excepte ce qu'il avance dans *La négation*), mais qui semble cohérent avec les travaux actuels sur les compétences du nouveau-né (travaux présentés dans le chap. IV). Cette thèse psychanalytique « provocante » repose sur une logique de la constitution de l'objet interne à partir de mécanismes d'*introjection* et de *projection*.

Le sein, en tant que représentant des gratifications orales, c'est-à-dire de la réalisation possible du principe de plaisir (*versus* frustrations), est perçu selon les expériences de l'enfant comme « bon » ou « mauvais ». L'introjection est le mécanisme par lequel s'opère le passage fantasmatique de l'extérieur à l'intérieur : l'objet partiel « le bon sein » est ainsi considéré par l'enfant comme faisant partie de lui-même. A l'inverse, la projection, qui porte sur « le mauvais sein », désigne l'expulsion fantasmatique de ce sein hors du sujet, expulsion constitutive de la réalité. Cette articulation entre projection et introjection aboutit à ce que se constituent : 1 / un objet bon, idéalisé, localisé à l'intérieur du sujet, objet qu'il doit protéger ; et 2 / un objet mauvais, persécuteur, dangereux, localisé à l'extérieur de lui-même, et dont il doit se protéger. Le bon objet peut être considéré comme la forme originaire du moi, le moi archaïque, et le mauvais objet comme la forme originaire du surmoi. L'évolution de l'enfant suppose le passage de l'objet partiel à l'objet total : la mère en tant qu'objet remplacera le sein.

Klein est aussi à l'origine de la définition de certains mécanismes de défense précoces, comme l'identification projective, que l'on retrouve à l'œuvre ultérieurement : notamment dans certaines pathologies psychotiques. Elle accorde toutefois une grande importance aux facteurs internes et innés en tenant peu compte de l'environnement et de la réalité extérieure.

De cette logique de la constitution de l'objet interne se dégage, selon Klein, deux « positions » successives durant les premiers mois de la vie : la position *paranoïde-schizoïde,* puis la position *dépressive.* L'utilisation de termes émanant du vocabulaire psychiatrique indique la parenté entre les phénomènes retrouvés dans les psychoses de l'adulte ou dans les états dépressifs et ceux des débuts du développement.

La position *paranoïde* recouvre les quatre premiers mois de la vie et se caractérise par l'existence d'objets partiels, d'angoisses persécutives et de mécanismes comme la projection, l'introjection, le déni, le clivage, l'idéalisation et le contrôle omnipotent de l'objet.

La position *dépressive* qui lui succède à partir de quatre mois correspond au moment où l'enfant devient capable de se représenter sa mère comme un objet total, « l'angoisse dépressive » concernant le danger fantasmatique de la détruire et de la perdre. Les principaux mécanismes de défense impliqués sont les défenses maniaques, l'inhibition de l'agressivité et la réparation de l'objet. Comme le précise Klein, « [c'est] la phase de développement dans laquelle le nourrisson reconnaît un objet total et se situe par rapport à lui. C'est un moment crucial dans le développement du nourrisson et qui est clairement identifié même par des personnes non spécialistes. Tous ceux qui l'entourent s'apercevront d'un changement et verront là un pas gigantesque dans son développement : ils remarqueront et commenteront le fait que maintenant bébé reconnaît sa maman. Bientôt après, comme on le sait, il commence à reconnaître d'autres personnes de son entourage, d'abord, en général, son père. Quand le nourrisson reconnaît sa mère, cela signifie que désormais il la perçoit comme un objet total. Reconnaître sa mère comme un objet total signifie pour nous que cela diffère aussi bien des relations d'objet partiel que des relations d'objet clivé : en d'autres termes, non seulement le nourrisson se situe de plus en plus par rapport au sein, aux mains et aux yeux de la mère qu'il voit comme des objets séparés de lui, mais il la reconnaît aussi comme une personne totale, qui peut être parfois bonne, parfois méchante, tantôt présente, tantôt absente, et qui peut être aussi bien aimée que détestée. Il commence à voir que ses sensations bonnes ou mauvaises ne proviennent pas d'un bon et d'un mauvais sein ou d'une bonne et d'une mauvaise mère, mais d'une même mère, source en même temps de ce qui est bon et de ce qui est mauvais. Cette reconnaissance de sa mère comme une personne totale a de vastes implications et ouvre tout un monde de nouvelles « vivences ». Reconnaître sa mère comme une personne totale signifie aussi la reconnaître en tant qu'individu qui mène une vie propre et a des rapports avec d'autres personnes. Le nourrisson découvre sa détresse, son extrême dépendance de la mère et sa jalousie envers les autres » (H. Segal, *Introduction à l'œuvre de Melanie Klein,* Paris, PUF, 1969, p. 52).

René Spitz : objets, croissance et organisateurs

René A. Spitz (1887-1974) a réalisé un travail systématique de recherche sur le développement de l'enfant. *Il s'est attaché à montrer à partir d'observations directes la pertinence de certains concepts psychanalytiques.* Son analyse porte sur la description de l'organisation des rapports que l'enfant établit avec les objets, notamment sa mère. Selon Spitz, le bébé est au départ dans une situation d'indifférenciation (aucune capacité de perception, de représentation et de volition), il est dans l'incapacité de pourvoir à sa survie par ses propres moyens et ne se dégage de cette totale dépendance qu'au cours du développement. Contrairement à la théorie de Klein, on ne peut donc parler ici ni de moi ni de surmoi chez le très jeune bébé. Le moi s'organise seulement après le troisième mois, tout en possédant néanmoins des précurseurs. Spitz estime en effet que « [...] le passage du somatique au psychologique est continu et que par conséquent les prototypes des noyaux du moi psychiques doivent être cherchés dans les fonctions physiologiques et le comportement somatique » (*De la naissance à la parole,* 1965, p. 78-79). Dans le domaine de la psychopathologie de l'enfant, et plus spécifiquement des conséquences des privations, Spitz a été à l'origine de la découverte des phénomènes d'*hospitalisme* et de *dépression anaclitique* : dépression à la suite d'une séparation avec l'entourage aboutissant à une régression du développement ainsi qu'à des symptômes somatiques.

Deux types de processus interviennent dans la croissance de l'enfant : les *processus de maturation,* qui s'inscrivent dans le patrimoine héréditaire de l'individu et ne sont pas soumis à l'environnement, et les *processus de développement,* dépendants de l'évolution des relations objectales et de l'apport de l'entourage. La maturation est définie par Spitz comme « [...] l'épanouissement de fonctions, organes, conduites, phylogénétiquement acquis, par conséquent innés, propres à l'espèce, qui émergent au cours du développement embryonnaire, ou qui sont maintenus en tant qu'*Anlagen* [étayage] après la naissance, pour se manifester dans les étapes ultérieures de la vie ». [... Le développement, quant à lui est] l'apparition de formes, de fonctions et de conduites qui sont le résultat d'un échange entre l'organisme d'une part, et l'environnement, l'entourage, le milieu intérieur et extérieur d'autre part » (*ibid.*, p. 5). On notera la proximité entre ces définitions et les présupposés du courant psychanalytique de la psychologie de l'Ego, du point de vue d'une conception biologique du fonctionnement mental qui considère le développement comme une différenciation des systèmes organiques d'intégration et d'adaptation des comportements pulsionnels. La finalité du développement est donc ici l'adaptation externe et la synthèse interne. Selon Spitz, la vie relationnelle du fœtus est purement parasitaire et le nouveau-né se trouve initialement dans un état d'*anobjectalité*. L'évolution psychologique est alors marquée par l'existence d'*organisateurs* qui définissent des étapes essentielles du développement après lesquelles le psychisme fonctionne selon un mode nouveau. Les trois grands organisateurs sont : 1 / l'apparition du sourire (vers 2-3 mois) ; 2 / la réaction d'angoisse devant le visage de l'étranger (bien connue sous le nom d'*angoisse du 8e mois*) ; et 3 / l'apparition du non (dans le courant de la seconde année).

Margaret Mahler : symbiose et développement

Margaret Mahler (1897-1985) propose une théorie de la *symbiose* qui comporte deux aspects. L'un concerne la psychopathologie des psychoses infantiles précoces et l'autre le développement proprement dit. Le terme de *symbiose* provient de la biologie : il est formé de deux racines grecques, *sun* qui veut dire *avec* et *bios* qui signifie *la vie*. La symbiose désigne l'association entre plusieurs organismes (souvent deux), association qui leur permet de vivre avec des avantages réciproques. Il est à souligner que l'utilisation du terme de symbiose, pour parler des relations mère-enfant, constitue une dérive notionnelle, car les organismes impliqués ne sont pas sur le même plan, ce que suppose pourtant l'emploi du concept biologique.

La théorie de Malher suggère trois étapes de développement : l'*autisme normal* de la naissance à trois mois, l'étape *symbiotique* de trois à cinq mois et l'étape de *séparation-individuation* de cinq mois à environ deux ans. La première étape correspond au narcissisme primaire absolu et se caractérise par une absence de conscience de l'objet maternel. La deuxième étape correspond au moment où l'enfant commence à se forger une représentation de la relation avec la mère. Il y a coïncidence entre l'apparition initiale de la relation d'objet de type symbiotique et celle de la relation aux objets partiels. Cette étape est préobjectale. La troisième étape, enfin, vise la constitution de l'identité : constitution d'une relation objectale fondée sur la permanence de l'objet considéré comme différent du sujet. Il est à souligner que la permanence définitive de l'objet libidinal est acquise ici plus tardivement (au cours de la deuxième année) que la permanence de l'objet au sens où l'entend Piaget (voir le chap. IV). Pendant la période préalable à l'acquisition de cette permanence existent des périodes transitoires au cours desquelles l'enfant redoute de perdre son objet libidinal interne et opère des rapprochements avec celui-ci. Le processus d'individuation est donc entaché de nombreuses régressions.

« [...] Ma conception des différentes phases du développement de la personnalité, autistique normale, symbiotique normale et de séparation-individuation, est une construction génétique qui se réfère en premier lieu au développement de la relation d'objet. Ces concepts sont complémentaires à ceux des stades oral, anal et phallique, constructions se référant à la théorie génétique du développement pulsionnel, et à son effet de structuration sur le développement du moi et la relation d'objet. Il y a une interaction circulaire multiforme et complexe entre le développement pulsionnel changeant et progressif, le moi en voie de maturation et le processus de séparation-individuation, dont l'aboutissement consiste en une différenciation des représentations du self et de l'objet. La maturation du système perception-conscience, le noyau du moi, ouvre la voie pour le nourrisson à l'émergence de la phase « autistique normale » des premières semaines — le stade « narcissique primaire » de Freud et « anobjectal » de Spitz — vers la phase symbiotique, stade déclinant d'un narcissisme encore primaire dont j'ai formulé l'hypothèse en 1949. La situation de danger de la phase autistique consiste en la perte de l'homéostasie physiologique ; il n'y a essentiellement que des mécanismes physiologiques de maintien qui sont disponibles pour la survie de l'organisme.

La phase symbiotique coïncide dans le temps avec ce qu'Anna Freud a appelé (1953) « la relation à l'objet de satisfaction des besoins ». Anna Freud (1965) et Spitz (1965) nomment cette phase « pré-objectale » et de « l'objet partiel ». Au début, il semble qu'une vague impression sensorielle (perception de *Gestalt*) de l'objet symbiotique — l'objet qui apportait par ses soins un soulagement de la tension — établit des engrammes de quelque « bon principe maternant » ou agent à l'intérieur des représentations fusionnées self-objet. C'est ce qui provoque l' « attente confiante » d'un soulagement à venir à l'intérieur de la sphère commune toute-puissante mère-nourrisson, fusionnée et indifférenciée. A la phase symbiotique, le besoin devient désir (Schur, 1966) ou, tel que je l'ai formulé dans mon article « On Sadness and Grief », l'affect d' « attente pour » remplace l'état de tension anobjectale, avec le sentiment de « désir ardent » qui a déjà une signification psychologique.

La situation de danger de la phase symbiotique consiste en la perte de l'objet symbiotique, qui équivaut, à ce stade, à la perte d'une partie intégrante du moi lui-même et constitue donc une menace d'auto-annihilation. L'apogée de la phase symbiotique, aux trois derniers mois de la première année, coïncide avec le début de la différenciation du self et de l'objet symbiotique et marque donc le début de la phase de séparation-individuation. Le processus de séparation-individuation, qui se déroule approximativement sur deux ans (de 6 à 30 mois), comporte des composantes de maturation et de développement, autonomes et conflictuelles, intrapsychiques et de l'environnement. Le processus normal de séparation-individuation se situe au moment où l'enfant est prêt, de par son développement, à un fonctionnement autonome (séparé) et y prend plaisir. Pris dans ce sens, le concept de séparation signifie la différenciation du self et de l'objet symbiotique en tant que processus intrapsychique. Ce processus est fonction de la disponibilité physique de la mère — et, pour un développement optimal, d'une disponibilité émotionnelle optimale de la mère » (M. Mahler, *Psychose infantile,* Paris, Payot, 1973, p. 203-204).

Le concept de symbiose, qui est central dans la théorie, désigne donc un mode de relation à l'objet maternant caractérisé par un accrochage fusionnel de l'enfant : celui-ci est alors incapable d'intégrer la différenciation et la séparation d'avec la mère. Ce concept est évidemment étroitement lié aux conceptions sur l'indifférenciation supposée du nourrisson, conceptions qui ont été critiquées par certains psychanalystes à la suite des découvertes récentes sur les compétences cognitives du nouveau-né et sur les interactions précoces. Autant de découvertes qui font du bébé un partenaire actif, dans un environnement déjà structuré, et qui semblent inconciliables avec l'hypothèse d'un autisme normal jusqu'à 3 mois et celle d'une phase symbiotique qui y succéderait.

Donald Winnicott : fonctions maternelles et objet transitionnel

Donald Winnicott (1896-1971), pédiatre, puis psychanalyste, propose une théorie qui met l'accent sur la *préoccupation maternelle primaire* (*Jeux et réalité,* Paris, Gallimard, 1975). Cette notion désigne la capacité de la mère à s'identifier à son enfant et à répondre à ses besoins. La préoccupation maternelle primaire, qui se développe au cours de la grossesse et persiste quelques temps après la naissance, doit permettre au bébé de ne pas éprouver d'angoisses d'annihilation et d'investir son soi *(self)* sans difficulté. Le rôle de la mère est donc ici essentiel et Winnicott a forgé le concept de « mère suffisamment bonne » pour décrire une mère capable de ne pas infliger à l'enfant plus de défaillances qu'il ne peut en tolérer. Le rôle de la mère comporte trois fonctions (que l'on énonce ici sous les termes originaux) : 1 / le *handling,* qui désigne les activités concernant le corps : habillage, toilette et échanges cutanés (toucher, caresses) ; 2 / le *holding,* qui concerne les activités de soutien physique et psychique du nourrisson, de maintenance; et 3 /l'*object-presenting,* qui correspond à la capacité, pour la mère, d'offrir à l'enfant l'objet au moment où il en a besoin (sans retard ni précipitation). De cette dernière fonction dépend la possibilité, pour l'enfant, de se forger l'*illusion positive de créer et transformer le monde.* L'échec de l'*object-presenting* peut être à l'origine de la constitution du *faux-soi* (qui représente une protection contre l'irruption du besoin puis du désir) et de la soumission à l'environnement.

Outre cette analyse très intéressante des fonctions maternelles, les concepts les plus originaux de Winnicott sont incontestablement ceux d'*objet transitionnel* et d'aire transitionnelle. L'objet transitionnel est un objet concret (jouet, peluche, morceau de chiffon, de couverture, etc.) que l'enfant conserve avec lui, notamment dans les situations de séparation. Cet objet ne représente pour l'enfant ni une partie de lui-même, ni un objet extérieur, mais un objet intermédiaire entre les deux situations qui permet le passage (la transition), du point de vue développemental, entre la fusion initiale avec l'objet et la séparation. Ces objets transitionnels sont donc des éléments normaux du développement permettant d'accéder à l'individuation.

Certains psychanalystes ont critiqué l'idée de transition, défendant l'hypothèse d'une rupture nécessairement brutale entre l'enfant et la mère. Dans ce cas la séparation est considérée comme un phénomène radical, un fait de structure, le système dans lequel se meut l'enfant changeant du tout ou tout. Quoi qu'il en soit, la notion d'objet transitionnel a connu un accueil très favorable auprès de nombreux cliniciens et a été reprise dans certaines théories des troubles du comportement. L'absence d'objets transitionnels signe l'impossibilité d'accéder à la séparation d'avec la mère et témoigne de frustrations précoces.

John Bowlby : l'attachement

John Bowlby, psychanalyste et expert auprès de l'OMS (Organisation mondiale de la santé), a tenté de mettre en relation la psychanalyse et l'éthologie, en proposant une théorie de l'*attachement* qui se distingue de la théorie freudienne de l'étayage (*Attachement et perte,* Paris, PUF, 1978). La théorie de l'attachement, c'est-à-dire du besoin primaire de contact, repose en partie sur la conception de l'agrippement primaire formulée par l'école hongroise de psychanalyse, mais elle s'appuie surtout sur les observations relatives aux comportements d'attachement chez les primates. H. F. Harlow a montré que les jeunes singes manifestent, dès les premiers jours de vie, un besoin de contact, besoin généralement satisfait par la mère. Lorsqu'il n'y a pas satisfaction, des troubles graves surviennent (troubles proches de ceux observés par Spitz chez les enfants en situation d'hospitalisme).

Selon Bowlby, l'enfant naît avec un besoin fondamental de contact. L'attachement s'établit si la mère satisfait ce besoin par des caresses, des soins, des bercements, etc., qui assurent une fonction de protection. La notion d'attachement désigne alors un système de comportements du sujet, dont le but est la recherche et le maintien de la proximité d'une personne spécifique. A cette fin, l'enfant utilise tous les moyens lui permettant de bénéficier de stimulations ou de contacts protecteurs. Cette conception bouleverse la théorie psychanalytique dont il persiste cependant certains concepts, certaines problématiques. L'existence d'un besoin primaire de contact, antérieur à la sexualité, met, en effet, en question l'ancrage sexuel de la théorie freudienne. La psychanalyse sans la théorie de la sexualité infantile est-elle encore la psychanalyse ?

Wilfrid Bion : l'exploration de la pensée

Wilfrid Ruprecht Bion (1897-1979), auteur d'inspiration kleinienne, présente une théorie originale du fonctionnement psychique (*Réflexion faite,* Paris, PUF, 1983). Il est connu pour avoir été l'analyste de l'écrivain Samuel Beckett, mais sa notoriété ne se résume pas à la pratique d'une analyse, rapidement interrompue, avec un génie de la littérature moderne. A partir d'une exploration de la pensée schizophrénique, Bion propose une conception nouvelle de la pensée normale. Il s'agit de la théorie de l' « appareil à penser les pensées », appareil dont la première fonction est de décharger le psychisme des excès de stimulus. Selon Bion, l'enfant est au départ dépourvu d'appareil à penser les pensées et c'est la vie psychique de sa mère qui organise ses pensées. Il est donc soumis à des expériences émotionnelles qu'il ne peut comprendre (impensables) et se voit contraint, en cas de frustration, à décharger son angoisse sur sa mère dont le rôle est d'être un « contenant » pourvu d'une fonction de bonification.

Compte tenu de ce schéma de fonctionnement, Bion avance que la pensée trouve son origine dans la relation que réalise l'enfant entre une préconception psychique (préconception car il ne dispose pas encore d'un appareil à penser les pensées) et une frustration. Lorsque la tolérance à la frustration le rend possible, l'enfant peut utiliser un mécanisme aboutissant à la production d'éléments dits *alpha* (traces mnésiques des sensations et des émotions servant à former les rêves, les souvenirs, les pensées inconscientes) qui modifient l'expérience déplaisante. Ce mécanisme repose toujours sur une introjection de l'objet maternel (mère = contenant), les éléments *alpha* produits permettant ensuite le développement des conceptions et des pensées *de l'enfant.* Mais lorsque la tolérance à la frustration est insuffisante, l'enfant ne peut se soustraire à l'expérience que par l'expulsion d'éléments *béta.* Il s'agit d'éléments primitifs qui ne sont pas dissociables des sensations corporelles : ils correspondent à des sentiments de culpabilité, de dépression, de persécution possédant en commun une signification de catastrophe pour le sujet. Les éléments *béta* sont expulsés par divers mécanismes, dont l'*identification projective* (mécanisme de défense décrit par Klein : fantasmes où le sujet introduit une partie ou la totalité de sa personne à l'intérieur de l'objet).

Jacques Lacan : le stade du miroir

Jacques Lacan (1901-1981) n'a pas produit une théorie du développement de l'enfant mais on retrouve, à une place centrale de son œuvre, le concept de « stade du miroir » pour désigner un moment essentiel, une expérience primordiale, de la constitution du sujet. Darwin et Wallon avaient déjà signalé ce comportement du sujet humain devant le miroir, mais l'apport de Lacan est d'en faire un moment fondateur de l'identité révélant, en même temps, l'ambiguïté de l'identification. Le « stade du miroir » s'étend sur une période de plusieurs mois : il débuterait à l'âge de 6 mois pour se terminer vers 18 mois.

Ce stade représente la conquête de l'image de soi au sens de l'image du corps et de l'identité personnelle. L'enfant perçoit d'abord l'image comme un être réel qu'il tente d'approcher, manifestant ainsi la confusion entre soi et l'autre. Puis, il perçoit qu'il s'agit d'une image qu'il va bientôt assumer comme étant la sienne. Le propre du stade du miroir est de montrer que la constitution de la représentation de soi, mais aussi du moi, s'appuie sur une identification à l'image du semblable. Lacan se fonde, comme beaucoup d'auteurs, sur l'idée d'une situation de prématurité de l'enfant à la naissance. L'image de *soi-perçu-dans-le-miroir* anticipe donc sur sa maturité qui n'est pas encore existante. Cette constitution du moi porte déjà les caractéristiques de la relation imaginaire : l'image dans le miroir, à laquelle l'enfant s'identifie, est d'abord perçue comme l'image d'un autre, comme une image qui fournit la représentation d'une unité corporelle que le sujet ne possède pas encore. Cette relation à l'image de soi contient déjà les éléments du rapport du sujet à son moi : rapport d'aliénation, rapport imaginaire, rapport de méconnaissance.

Rétroactivement, la constitution d'une représentation de soi unifiée fait apparaître le fantasme de morcellement corporel. La relation inaugurée par le stade du miroir, constitutive de la relation imaginaire, est déterminante dans la pensée lacanienne qui oppose le Réel, le Symbolique et l'Imaginaire.

« [...] le petit d'homme à un âge où il est pour un temps court, mais encore pour un temps, dépassé en intelligence instrumentale par le chimpanzé, reconnaît pourtant déjà son image dans le miroir comme telle. Reconnaissance signalée par la mimique illuminative du Aha-Erlebnis, où pour Köhler s'exprime l'aperception situationnelle, temps essentiel de l'acte d'intelligence. Cet acte, en effet, loin de s'épuiser comme chez le singe dans le contrôle une fois acquis de l'inanité de l'image, rebondit aussitôt chez l'enfant en une série de gestes où il éprouve ludiquement la relation des mouvements assumés de l'image, soit à son environnement reflété, et de ce complexe virtuel à la réalité qu'il redouble, soit à son propre corps et aux personnes, voire aux objets qui se tiennent à ses côtés. Cet événement peut se produire, on le sait depuis Baldwin, depuis l'âge de 6 mois, et sa répétition a souvent arrêté notre méditation devant le spectacle saisissant d'un nourrisson devant le miroir, qui n'a pas encore la maîtrise de la marche, voire de la station debout, mais qui tout embarrassé qu'il est par quelque soutien humain ou artificiel (ce que nous appelons en France un trotte-bébé) surmonte en un affairement jubilatoire les entraves de cet appui, pour suspendre son attitude en une position plus ou moins penchée, et ramener, pour le fixer, un aspect instantané de l'image. Cette activité conserve pour nous jusqu'à l'âge de 18 mois le sens que nous lui donnons, et qui n'est pas moins révélateur d'un dynamisme libidinal resté problématique jusqu'alors, que d'une structure ontologique du monde humain qui s'insère dans nos réflexions sur la connaissance paranoïaque. Il y suffit de comprendre le stade du miroir comme une identification au sens plein que l'analyse donne à ce terme : à savoir la transformation produite chez le sujet, quand il assume une image, dont la prédestination à cet effet de phase est suffisamment indiquée par l'usage, dans la théorie, du terme antique d'imago » (J. Lacan, Le stade du miroir comme formateur de la fonction du Je, *Ecrits,* Paris, Seuil, 1966, p. 93-94).

Didier Anzieu : le Moi-peau

Didier Anzieu n'est pas un psychanalyste de l'enfant, ni un spécialiste du développement, mais il est l'« inventeur » d'un concept psychanalytique très original et cliniquement fécond : le *Moi-peau.* Il ne s'agit nullement d'un stade mais d'une instance dont le rôle peut être essentiel dans le développement de l'enfant et dans ses réactions ultérieures à certaines situations. « [...] Par Moi-peau, je désigne une figuration dont le Moi de l'enfant se sert au cours des phases précoces de son développement pour se représenter lui-même comme Moi contenant les contenus psychiques, à partir de son expérience de la surface du corps. Cela correspond au moment où le Moi psychique se différencie du Moi corporel sur le plan opératif et reste confondu avec lui sur le plan figuratif » (D. Anzieu, *Le Moi-peau,* 1985, p. 39). Le Moi-peau suppose un étayage sur la peau et il est impliqué dans le masochisme, la différence entre états limites et pathologies narcissiques et certains troubles psychosomatiques. Ce concept a été forgé à partir de la pratique clinique mais aussi en référence à des travaux éthologiques et aux concepts de Bowlby sur l'attachement. On y retrouve aussi certaines intuitions de la psychanalyste E. Bick *(La seconde peau musculaire),* de Bion et de Winnicott. La notion de Moi-peau renouvelle complètement la réflexion sur la question de l'image du corps et du narcissisme.

Le Moi-peau correspond à la fois à un moi originaire et à une instance dont le rôle persiste au cours de l'existence du sujet. Il ne s'agit donc pas d'un stade mais bien d'un des éléments de l'organisation psychique. Anzieu attribue diverses fonctions au Moi-peau : la maintenance du psychisme (le *holding* de Winnicott), la fonction de contenant et de pare-excitation (protection contre les stimulations extérieures), la fonction d'individuation apportant au soi le sentiment d'être unique, la fonction d'intersensorialité (liaison de toutes les sensations entre elles), la fonction de surface de soutien de l'excitation sexuelle (localisation des zones érogènes, fonction de recharge libidinale du fonctionnement psychique, fonction d'inscription des traces sur le corps : mémoire de la peau) et, enfin, une fonction visant à l'autodestruction de la peau et du moi. Ces fonctions correspondent à une traduction psychique des propriétés du tissu cutané.

Le Moi-peau constitue ainsi un élément essentiel de différenciation, qui pourrait être un opérateur important du développement de l'enfant et du fonctionnement psychique de l'adulte. Les références cliniques au Moi-peau sont fort nombreuses et illustrent la pertinence de cette notion, qu'il s'agisse de situations clairement liées à la peau (maladies somatiques, automutilations, masochisme pervers) ou de phénomènes concernant l'image de soi, la séparation ou la capacité de lutte contre certaines formes d'angoisse (angoisses d'intrusion, de vidage, de morcellement).

Théories néo-freudiennes et développement

L'originalité de la psychanalyse, pour l'étude du développement, tient au fait que c'est à l'enfant dans l'adulte que la pratique psychanalytique a accès. Mais la nécessité de soigner, ou d'écouter, la souffrance de *l'enfant lui-même* a conduit à poursuivre et à systématiser la démarche esquissée par Freud lors de l'analyse du Petit Hans en 1909. Rappelons toutefois que cette analyse a surtout été menée par le père de Hans et que Freud n'a rencontré l'enfant qu'une seule fois. Par rapport à cette étude clinique, menée dans des conditions non optimales, la psychanalyse n'a cessé d'évoluer vers la recherche de la « vérité » de la maladie chez l'enfant et, ce, en remontant de plus en plus précocement : de la période œdipienne (âge préscolaire) on en est venu aux premières semaines de la vie. A ce souci thérapeutique s'est progressivement associée une connaissance renouvelée de l'homme en développement. En attestent la diversité et la richesse des conceptions théoriques qui viennent d'être présentées : de A. Freud à Anzieu (certaines de ces conceptions, dont nous avons donné ici un panorama général, sont reprises et précisées dans les chap. IV à VII).

Mais si la psychanalyse ne peut « se passer » de l'enfant, dans la pratique comme dans la théorie, il est intéressant de chercher à préciser de quel enfant il s'agit. Or, à cet égard, les psychanalystes se divisent. D'un côté, on trouve les auteurs qui s'intéressent principalement à l'imaginaire (le « monde peuplé d'objets internes » de Klein) et pour lesquels le problème n'est pas tant ce qui s'est réellement passé que la nature des fantasmes de l'enfant, les interdits dont ils ont fait l'objet et les conséquences qui en découlent. Si l'on estime que le fantasme est l'expression du désir inconscient, et que celui-ci est l'élément déterminant de l'évolution du sujet, la question des événements réels et des avatars de l'anamnèse (recherche de ce qui a pu, dans l'environnement, peser sur le développement du sujet) passe au second plan. De l'autre côté, se rangent les psychanalystes pour lesquels l'adaptation de l'enfant au monde extérieur est le point crucial (A. Freud, Spitz, Malher, Winnicott, Bowlby, etc.). Praticiens de l'enfance, ils cherchent à retrouver dans l'enfant réel, dans le passé concret, dans les dysfonctionnements observables des relations précoces, les déterminants des phénomènes pathologiques.

Les théories du vieillissement

La vieillesse est récemment devenue un thème clé de la psychologie scientifique. L'impulsion a été donnée par l'émergence, au cours des dernières décennies, du courant de recherche consacré au développement « vie entière » *(life span developmental psychology)*. Les représentations de la vieillesse et des moyens de sa gestion ont néanmoins une histoire déjà longue. Dans la littérature antique, ainsi qu'au Moyen Age, deux interrogations principales se font jour : celle de la nature des phénomènes positifs et négatifs associés à la vieillesse, et celle des moyens empêchant le vieillissement. Des penseurs, tel Platon, ont fait l'éloge de la vieillesse, alors que d'autres, comme l'orateur Cicéron, ont insisté sur ses conséquences négatives : l'hypocondrie (inquiétude pathologique concernant l'état et le fonctionnement des organes), le sentiment d'être méconnu ou d'être ridiculisé. Le médecin grec Galien a, pour sa part, mis l'accent sur le fait que l'âge n'est pas une maladie, mais simplement un état de l'organisme.

Au Moyen Age apparaît, dans les représentations picturales, une relation entre vieillesse et sorcellerie : les sorciers et sorcières sont représentés sous les traits de vieillards. Bien plus tard, en 1778, le médecin G. von Swieten prononce un discours sur la conservation de la santé chez les vieillards, dans lequel il exprime l'idée que la vieillesse n'est pas forcément pénible car elle dépend du cours de la vie antérieure. Le « défaut » n'est pas nécessairement à chercher dans l'âge mais dans le caractère! Vers 1830, J-E. Esquirol, l'un des fondateurs de la psychiatrie française, définit le concept de démence sénile qui correspond à une entité pathologique et non pas au vieillissement normal. Et à partir de cette époque, ce sont surtout les phénomènes pathologiques qui vont intéresser les auteurs, ce qui ne manqua pas d'engendrer une identification entre vieillissement et pathologie, le vieillissement étant perçu à partir du modèle de la démence.

Ce n'est qu'après la seconde guerre mondiale que la sénescence commence réellement à être traitée dans ses aspects généraux et non comme le reflet d'une pathologie. Soulignons toutefois que, dès 1922, G. S. Hall a publié, dans cette perspective, un ouvrage *Senescence : the second half of life,* qui fait le point sur les travaux de l'époque, ouvrage suivi en 1939 par celui de E. V. Cowdry : *Problems of aging.* Depuis, sous l'impulsion de ces précurseurs et parallèlement à l'augmentation du pourcentage de sujets âgés dans la population des pays occidentaux (voir l'Introduction), le nombre de travaux croît régulièrement.

Le vieillissement est un processus constant qui, pourrait-on dire, débute à la naissance. Mais lorsqu'on l'évoque on désigne généralement le processus qui aboutit à la vieillesse et qui s'y déroule. Une telle position n'est pas sans difficulté : la vieillesse est un objet difficile à définir et la plupart des conceptions disponibles se fondent sur une représentation négative, déficitaire, de cet état. Le critère de l'âge est particulièrement délicat à manier, compte tenu qu'il existe généralement une différence entre l'âge chronologique et la situation psychologique et physiologique des individus. L'âge chronologique doit en outre être rapporté à la culture et à l'époque : l'allongement, au cours des dernières années, de la durée de vie dans les sociétés industrialisées conduit à s'interroger sur la limite inférieure de la vieillesse. S'il est habituel, pour des raisons sociales, d'identifier le commencement de la vieillesse à l'âge de la retraite, on risque de méconnaître, par ce découpage psychologiquement arbitraire, les différences individuelles et le fait que le vieillissement débute bien avant la vieillesse. Sans nier aucunement que la vieillesse se caractérise, à un moment ou à un autre et de manière variable selon les sujets, par des modifications physiologiques et une diminution des possibilités, il est difficile de considérer que les phénomènes du vieillissement apparaissent spécifiquement lors de la période découpée par les contraintes économiques et les réalités sociales. De même, est-il problématique de ne voir le vieillissement que sous l'angle d'un amoindrissement, d'une involution ou d'une régression. A cela s'ajoute, comme le rappelait Jean-Paul Sartre en 1980, « qu'un vieillard ne se sent jamais un vieillard. Je comprends d'après les autres ce que la vieillesse implique chez celui qui la regarde du dehors, mais je ne sens pas ma vieillesse ». Ce décalage entre le sujet qui se perçoit avec des yeux qui ont peu vieilli et le regard que portent les autres sur lui est un des éléments les plus essentiels à intégrer dans la problématique du sujet âgé.

Les chercheurs ne sont pas non plus à l'abri des préjugés à l'égard de la vieillesse. On trouve ainsi, dans certains travaux psychologiques, des stéréotypes culturels et des marques de conformisme bien peu scientifiques. Le sujet âgé, le « vieux », évoque à la fois une figure parentale (et comme telle le support de l'ambivalence dont les parents sont investis) et une image de notre avenir à laquelle la plupart d'entre nous souhaite ne pas penser. La relation avec les sujets âgés, comme avec le thème de la vieillesse, suscite la mise en place de mécanismes de défense dont on retrouve parfois des traces dans les positions théoriques ou pratiques (Freud a lui-même donné l'exemple d'une vision très pessimiste des processus psychiques de la vieillesse). Le premier travail d'une recherche sur le vieillissement consiste à tenter de se départir des préjugés, des contre-attitudes, qu'ils soient personnels, culturels ou théoriques.

Quatre types de modèle traitent du vieillissement : les modèles biologiques, les modèles sociaux, les modèles psychologiques et les modèles psychanalytiques. Nous insisterons peu sur les deux premiers pour réserver notre analyse aux deux derniers.

Les modèles biologiques

On admet généralement qu'il existe, au cours de l'existence de l'organisme, une diminution du nombre de cellules métaboliquement actives. Nous ne décrirons pas ici, dans le détail, les modèles biologiques du vieillissement (vieillissement cellulaire, défaillance du système immunologique, modifications du système endocrinien) qui font l'objet d'un exposé dans le volume *HB*. Les modifications biologiques entraînent des transformations de l'allure corporelle, des organes internes et des tissus. Le vieillissement physique implique, si on laisse de côté la pathologie, au moins trois types de conséquence psychologique. Premièrement, il existe des effets directs sur les capacités cognitives, avec l'apparition d'inquiétudes concernant la santé, les possibilités et l'avenir. Deuxièmement, les modifications biologiques présentent des effets indirects dans la mesure où les modifications de soi perçues par les autres retentissent sur la relation que l'entourage établit avec la personne âgée. Cette réalité est nettement perceptible dans les services de soins. Troisièmement, les limitations entraînées par les modifications biologiques comportent des conséquences secondaires sur la personne qui peut être victime des phénomènes liés à ces modifications. Sans en nier l'importance, les transformations biologiques impliquées par l'âge ne sauraient suffire à produire une théorie exclusivement biologique du vieillissement.

Les modèles sociaux

Il est classique de souligner que la vieillesse est un phénomène social. Dans les sociétés industrialisées où les individus vivent longtemps, le problème de la retraite, des loisirs, des revenus et de l'accès aux soins des personnes âgées, est une préoccupation du pouvoir exécutif. Par ailleurs, la vieillesse, avec les changements de statut qu'elle implique, confère à l'individu une place et une image spécifiques dans la société (voir le vol. *HS*).

Plusieurs modèles sociaux et psychosociaux tentent de rendre compte des changements liés au vieillissement. La théorie, déjà ancienne, de E. Cummings et W. E. Henry (*Growing old : the process of disengagement*, New York, Basic Books, 1931) postule l'existence d'un *désengagement réciproque* de la société et de l'individu. Celui-ci cesserait peu à peu de participer à la vie de la communauté qui, d'ailleurs, lui offre de moins en moins de place et d'avantages. Certains rôles sociaux lui sont retirés et ceux qui lui restent ou qui lui sont nouvellement dévolus ne sont pas clairement définis. Il en ressort une confusion aboutissant à un état d'*anomie* dans lequel le sujet n'a plus d'identité assurée ni de but défini. Si de nouveaux rôles précis ne remplacent pas les précédents, l'anomie risque alors d'être intériorisée par l'individu entraînant des situations d'inadaptation et d'aliénation. D'où, selon les auteurs, la nécessité d'une *théorie de l'activité* qui s'ouvre sur la mise en place de mesures concrètes, macro- et microsociales, permettant aux personnes âgées de trouver ou de retrouver certains rôles clairement définis et valorisants.

La *théorie de la continuité* de R. C. Atchley (*The social forces in the later life,* Belmont, Wadsworth Publishing, 1972) postule que la vieillesse prolonge les stades antérieurs et dépend donc de ceux-ci : l'adaptation de la personne âgée à la société dépend de ses goûts, de ses attitudes et de ses représentations, acquis pendant le reste de son existence. Le comportement antérieur est dès lors prédictif de la manière dont se déroulera la vieillesse et, particulièrement, dont le sujet fera face aux divers événements susceptibles d'y survenir.

Dans *une théorie de la stratification* ou théorie des couches sociales, appliquée aux strates d'âge, L. Cain (Political factors in the emerging legal status of the elderly, *The Annals,* 1974, *415,* 70-79) avance que la vieillesse étant de plus en plus longue, les individus âgés sont de plus en plus nombreux et possèdent plus de pouvoir qu'autrefois, ce qui peut entraîner des rejets de la part des autres groupes ou des conflits. L'existence d'un pouvoir économique et politique réel entre les mains d'une strate âgée pourrait conférer une force nouvelle au fait « d'appartenir à la vieillesse ». Certains travaux récents, notamment ceux de J. S. Jackson, ont par ailleurs montré qu'il existe des différences dans le vieillissement selon les groupes sociaux et notamment entre les minorités culturelles et les autres groupes (J. S. Jackobson *et al.,* Cultural, racial, and ethnic minority influences on aging, *in* J. E. Birren et K. W. Schaie (eds.), *Handbook of the psychology of aging,* San Diego, Academic Press, 1990). Ces différences impliquent que les modèles théoriques et les programmes d'assistance à construire ne doivent pas être totalisants mais doivent au contraire tenir compte des spécificités des situations minoritaires. Selon Jackson, les effets de la race, de l'appartenance ethnique et de la culture, sur la nature du vieillissement ne sont pas réductibles à la classe sociale, ni explicables par les théories du désengagement, de l'activité ou de la stratification.

Les modèles psychologiques

Les travaux de psychologie cognitive, relatifs aux différents aspects du traitement de l'information chez les sujets âgés, sont nombreux. La plupart des fonctions, telles la mémoire, l'attention, le jugement, l'apprentissage, la résolution de problèmes, etc., ont été étudiées (des exemples en sont donnés au chap. VII). Les résultats montrent que certaines capacités diminuent avec l'âge mais qu'il existe aussi une optimisation d'autres aptitudes. Plusieurs théories ont ainsi tenté de préciser ce qui pourrait être, non pas une altération des fonctions psychiques, mais bien un mode de fonctionnement spécifique, original, s'établissant avec l'âge. La notion de *compensation* est de plus en plus fréquemment utilisée pour désigner la capacité de maintenir les performances en neutralisant les effets négatifs. La personne âgée est donc susceptible d'adaptations nouvelles, ce qui nécessite des aptitudes apprises antérieurement et la possibilité de développer des stratégies pour minimiser les conséquences des déficits.

Les modèles psychologiques se sont également attachés à définir les changements de la personnalité et des manifestations émotionnelles avec l'âge. Le vieillissement est souvent associé à des traits du type rigidification du caractère, introversion et agressivité. Il faut dire que dans le domaine des conceptions de la personnalité règnent des modèles profondément normatifs qui semblent n'être que la formulation d'allure « savante » (scientifique ?) des préjugés des auteurs. G. W. Allport a ainsi défini plusieurs traits de la personnalité « mature », traits qui ont servi de modèle, explicite ou implicite, pour décrire l'organisation de la personnalité des sujets âgés (*Pattern and growth in personality,* New York, Rinehart & Winston, 1961). On reconnaîtra sans peine sous ces traits une image bien naïve, et irréaliste, de l'homme adulte : 1 / un sentiment de soi bien développé ; 2 / la capacité d'entretenir des rapports chaleureux avec autrui ; 3 / une sécurité émotive foncière alliée à l'acceptation de soi ; 4 / une disposition à percevoir, à penser et à agir avec enthousiasme à l'égard de la réalité extérieure ; 5 / l'auto-objectivation, la capacité d'insight et le sens de l'humour ; 6 / une vie accordée à une philosophie unifiante de la vie. Bien évidemment, la majorité des sujets âgés ne correspond pas à cet idéal contraignant. Trois types de modèle apparaissent dans les travaux anglo-saxons consacrés aux modifications de la personnalité avec l'âge : les modèles des traits de personnalité, les modèles contextuels et les modèles des étapes de développement. Les travaux portant sur les traits de personnalité s'intéressent à la stabilité ou à la modification de ces traits avec l'âge. S'il semble bien exister une invariance structurale, les types de changement font l'objet de controverses. Les modèles contextuels font dépendre cette stabilité des situations micro- ou macrosociales dans lesquelles le sujet est placé. Les travaux relatifs aux étapes du développement dégagent une théorie des stades de la personnalité adulte (voir plus loin).

Les modèles psychanalytiques

Concernant le vieillissement, Freud a surtout souligné la rigidification des défenses avec l'âge, les limites de l'investissement objectal et l'inaccessibilité des sujets âgés à la cure psychanalytique. Malgré ce point de vue négatif, quelques psychanalystes (H. Bianchi, G. Le Gouès, etc.) se sont intéressés aux mécanismes psychiques, aux positions libidinales et aux conflits présents chez les sujets âgés. Ils ont, pour certains, proposé une approche thérapeutique. La plupart de ces travaux sont récents et renouvellent la conception du vieillissement.

Trois niveaux d'approche psychanalytique du vieillissement peuvent en fait être distingués. 1 / Dans la continuité des travaux de Freud, d'Abraham et de Ferenczi, l'accent est mis sur la modification, avec l'âge, de l'organisation économique et des investissements libidinaux. Le vieillissement ne porte par sur l'inconscient, qui se situe hors du temps, mais sur le moi, ses fonctions d'investissement et de rapport avec la réalité. Ces évolutions se manifestent dans les rapports que le sujet âgé entretient avec les autres (retrait de l'investissement objectal), avec son corps (augmentation des investissements narcissiques), par la prévalence de certains mécanismes de défense et par les modifications du jeu des représentations et des modes de pensée. Cette conception est parfois précisée par une référence à la structure et à l'érosion, par le temps, des éléments de la structure, c'est-à-dire de l'organisation psychique. 2 / Pour d'autres psychanalystes, comme Le Gouès, le vieillissement se définit par le fait que le sujet éprouve une baisse durable de ses capacités (indépendamment de l'âge chronologique). Le point de départ est donc la constatation, le sentiment, d'un changement négatif de soi, constatation qu'il faut assumer. La vieillesse est alors entendue comme une atteinte narcissique mettant en cause certaines représentations, certains idéaux et nécessitant la mise en place de mécanismes de défense. Cette atteinte narcissique correspond à une série de pertes, de rupture, de séparations qui imposent une modification de l'organisation du moi et un *travail de deuil.* 3 / Pour d'autres auteurs encore, le problème du vieillissement se situe au niveau des rapports entre le sujet et le temps. Il existerait un « mal du temps » autonome, non réductible au vieillissement de l'appareil psychique lui-même. L'approche psychanalytique du vieillissement est spécifiée dans le chapitre VII.

Quels stades à l'âge adulte et à la sénescence ?

Certains auteurs postfreudiens et d'autres auteurs éloignés de la psychanalyse ont tenté des descriptions précises de stades qui découpent la maturité ou la sénescence. Mais ces stades n'ont pas la même importance que ceux du développement infantile dans la mesure où ils n'ont pas de pouvoir *constitutif* pour la période ultérieure. Les étapes épigénétiques de E. Erikson définissent ainsi des conflits générateurs de crises et des qualités spécifiques à chaque âge, dans une perspective globale de développement (voir le tableau IV).

Tableau IV - Les étapes épigénétiques d'après E. Erikson (Childhood and society, *New York, Norton, 1963*)

Jeune adulte	Conflit entre intimité et isolement Qualités : affiliation et amour
Adulte	Conflit entre générations et stagnation Qualités : productivité et sollicitude
Maturité	Conflit entre intégrité du moi et désespoir Qualités : renoncement et sagesse

J. Loevinger propose un modèle qui se fonde sur une théorie du développement du moi. Quatre stades qui recouvrent l'adolescence et l'âge adulte sont identifiés : conformiste, consciencieux, autonome et intégré. Ces stades, qui correspondent plutôt à des types, sont peu corrélés avec l'âge chronologique, puisque le stade le plus élaboré (intégration) est aussi représenté parmi des étudiants. Cette absence de relation entre les stades et l'âge différencie cette perspective des travaux d'Erikson. Les traits de ces différents stades peuvent être mesurés grâce à un test : le *Sentence Completion Test.*

Pour les sujets âgés, M. E. Linden propose un schéma linéaire rendant compte de la « régression psychique ». L'auteur estime que le sujet âgé parcourt en sens inverse les phases de maturation traversées par l'enfant. Il distingue six stades spécifiés dans le tableau V.

Tableau V - Les stades du vieillissement selon M. E. Linden (Regression and recession in the psychoses of the aging, in N. E. Zinberg et I. Kaufmann (eds.),* Normal psychology of the aging process, *New York, International University Press, 1963)

Premier stade	Importance croissante du souvenir
Deuxième stade	Début des difficultés de mémoire
Troisième stade	Début de l'éloignement de la réalité
Quatrième stade	Effarement, apathie, confusion et désorientation
Cinquième stade	Manque de contrôle sphinctérien, incontinence
Sixième stade	Impotence complète s'approchant d'un stade fœtal

Ce schéma est critiquable tant pour des raisons cliniques que pour ce qu'il véhicule de représentations négatives. Le principe d'une involution complète par rapport à l'enfance est hautement discutable et démentie par les faits. Il s'agit d'une variante de l'*illusion archaïque* visant à confondre l'enfant, le fou et le primitif, variante dans laquelle le sujet âgé est identifié à l'enfant en méconnaissant radicalement la dimension de l'histoire. Les derniers stades présentés semblent plus correspondre à l'évolution terminale d'une démence sénile ou à une agonie qu'au vieillissement.

D'autres auteurs comme K. Riegel rejettent la notion de stade pour son aspect figé en préférant une conception dialectique qui tienne compte du processus de changement. Cette conception rappelle celle de Wallon, le changement étant lié à des « crises ». Dans le même ordre d'idée, il faut signaler l'existence de « moments » ou « phases » spécifiques d'une situation. L'approche de la mort — dont la réalité ne concerne pas seulement les sujets âgés (que l'on pense par exemple au drame actuel du SIDA) — a été analysée en phases par E. Kübler-Ross. Il ne s'agit pas de stades au sens classique du terme mais d'une succession de réactions psychologiques par rapport à la certitude fondée d'être atteint d'une maladie à conséquence mortelle à brève échéance : refus et isolement, irritation, « marchandage », dépression, acceptation (voir l'encart 4). Ces phases ne sont pas toutes traversées par tous les sujets, certains restant sur une position telle le refus et l'isolement ou l'irritation.

ENCART 4

Les derniers instants de la vie et l'acceptation de la maladie

E. Kübler-Ross, psychiatre, a étudié aux Etats-Unis des patients présentant des maladies graves, notamment le cancer (*Les derniers instants de la vie,* Genève, Labor et Fides, 1975). L'auteur a remarqué que les malades passent par plusieurs phases d'acceptation de la maladie et de ses conséquences. Chaque phase, dont la durée varie selon les sujets, se caractérise par des pensées et des comportements spécifiques.

1/ *Le refus et l'isolement :* la première réaction du malade lorsqu'il prend conscience de l'issue fatale de sa maladie est de penser « ça ne peut pas être vrai, ça ne peut pas m'arriver à moi ». Cette phase est celle du déni.

2/ *L'irritation :* le malade exprime des sentiments de rage, d'envie et pense avec agressivité « pourquoi moi, pourquoi cette maladie m'atteint-elle et non pas quelqu'un d'autre ? ».

3/ *Le marchandage :* le malade, dans ses pensées, ses paroles et ses actes, avec lui-même, ses proches et les soignants, tente de « gagner du temps », de retarder les événements. Le marchandage inclut « [...] une prime offerte pour « bonne conduite », il impose aussi une limite irrévocable (par exemple : monter encore une fois sur scène, assister au mariage du fils) et comporte la promesse implicite que le malade ne demandera rien de plus si le délai requis est accordé » (*ibid.,* p. 93).

4/ *La dépression :* elle apparaît lorsque la réalité devient difficile à nier, lorsque le malade réalise ce qu'il a perdu et ce qu'il risque de perdre encore.

5/ *L'acceptation :* si le patient a pu être aidé à traverser les phases précédentes et si la maladie lui en laisse le temps, il entre alors dans une période au cours de laquelle, sans agressivité ni colère, il est en mesure de regarder sa fin imminente avec un relatif apaisement.

Soulignons, enfin, qu'une des difficultés des recherches sur l'adulte, et notamment de l'identification des stades, tient à ce que la maturité est en quelque sorte le point aveugle du chercheur, celui à partir duquel il parle, celui qui le définit. L'enfant et le sujet âgé sont l'*autre,* le *différent* et, à ce titre, objets d'étude spécifiques, alors que la maturité reste souvent le modèle d'un *Homo psychologicus* qui n'est pas clairement circonscrit.

Conclusion

L'évolution des points de vue à partir des conceptualisations classiques, telle qu'elle vient d'être rapportée, révèle l'extraordinaire effervescence théorique, expérimentale et pratique suscitée par les travaux piagétiens et freudiens. Dans le domaine de la cognition, l'évolution conduit à une articulation entre le structuralisme piagétien, compte tenu de ses limites, le cognitivisme anglo-saxon et certains apports béhavioristes. L'architecture fonctionnelle du système cognitif (néo-structuralisme), la diversité des modes de représentation en mémoire (cognitivisme), les types de conditionnement (béhaviorisme) sont intégrés pour redéfinir les stades, les structures et les processus du développement en élargissant la problématique au développement social et émotionnel. Dans le domaine précis de l'affectivité, la distance prise à l'égard de l'orthodoxie freudienne est à l'origine de théories nouvelles du développement et du fonctionnement psychiques ainsi que de leurs pathologies. Certaines de ces perspectives présentent d'ailleurs l'intérêt de compléter, sur le plan affectif, les problématiques de la cognition. On en trouvera un exemple dans le chapitre IV consacré au bébé, avec la relation objectale de type psychanalytique qui s'adjoint à la construction plus cognitive de l'objet. Enfin, les théories du vieillissement marquent l'évolution nécessaire de la psychologie du développement dans le cadre démographique actuel. Cette nouvelle direction, imposée par la réalité sociale, soulève des discussions théoriques inédites susceptibles de rejaillir sur toute la psychologie du développement.

L'évolution des points de vue, des théories néo-piagétiennes et néo-freudiennes aux théories du vieillissement, n'a été présentée ici que dans ses grandes lignes. Les chapitres IV à VII illustreront avec plus de détails leurs apports. Mais avant de présenter les applications, les interprétations et les discussions auxquelles ont donné lieu, pour chaque étape du développement, les bases théoriques exposées jusqu'ici, il convient de présenter un autre aspect fondamental et complémentaire de la psychologie du développement : ses méthodes.

III - Les méthodes d'étude du développement

Les chapitres I et II ont présenté les théories classiques du développement et l'évolution des points de vue. Autant de cadres de référence qui définissent des espaces possibles, de découverte ou d'application, par rapport auxquels le psychologue doit se situer pour assurer une pratique professionnelle réfléchie et contrôlée. Cette pratique consciente d'elle-même exige également, depuis que la psychologie s'affirme comme une discipline scientifique, des *choix de méthode* qui imposent des règles précises de confrontation au réel. La seconde partie du volume *HM* est entièrement consacrée aux méthodes générales de la psychologie. Nous exposons, dans ce chapitre, les aspects méthodologiques spécifiquement liés à la problématique de l'*homme en développement* : les approches longitudinale et transversale, les méthodes classiques qui s'y insèrent, de l'observation à l'expérimentation, les techniques spécialisées d'étude du bébé — en raison des progrès récents réalisés dans ce domaine et du risque d'artefact qu'elles permettent d'illustrer — et, enfin, les questions de déontologie.

Approche longitudinale et approche transversale

Les méthodes utilisées en psychologie du développement ont pour finalité l'étude de l'évolution temporelle, ou *diachronie,* des comportements humains. Cette étude peut être abordée selon deux approches : l'une *longitudinale* qui suit le développement des mêmes sujets « en temps réel », l'autre *transversale* qui « court-circuite » le temps réel en considérant, au même moment, des sujets d'âges différents. L'approche transversale est la plus répandue actuellement en raison de sa rapidité d'exécution et des critères de rentabilité scientifique qu'elle satisfait.

Le développement « en temps réel »

L'approche longitudinale et la psychologie du développement entretiennent une évidente complicité. Cette complicité est d'abord historique et d'ordre « familial ». Elle apparaît dans quelques monographies célèbres où les psychologues-parents présentent des observations biographiques de leurs propres enfants. C'est ainsi, par exemple, que les observations réalisées par Piaget sur ses trois enfants, Jacqueline, Lucienne et Laurent, au cours de leurs deux premières années, sont à l'origine des ouvrages piagétiens princeps sur la naissance de l'intelligence, la construction du réel et la formation du symbole. D'autres parents-biographes non moins connus peuvent être cités, tels C. Darwin, H. Taine, W. Preyer, A. Binet, W. Stern, P. Guillaume, etc. (certains d'entre eux ont été évoqués en Introduction). Mais la complicité est aussi actuelle et de l'ordre du laboratoire, ou du terrain, scientifique. Si l'approche transversale est aujourd'hui la plus souvent employée, l'approche longitudinale demeure l'idéal méthodologique du chercheur en psychologie du développement : suivre pas à pas l'évolution du comportement étudié.

L'approche longitudinale (dans le sens littéral de *longueur*) peut être définie comme l'examen répété du ou des même(s) sujet(s) à des âges successifs. Le développement est donc suivi en temps réel, d'un moment T_1 (début de la recherche) à un moment T_n (fin de la recherche) avec éventuellement plusieurs examens intermédiaires : T_2, T_3, T_4, etc. La durée du suivi varie, selon les études, de quelques semaines à plusieurs années. L'intérêt de cette approche est qu'elle permet de préciser l'évolution de chaque sujet, de T_1 à T_n : 1 / sa courbe de développement définie par ses résultats successifs et 2 / l'évolution de son rang de classement dans le groupe — ou « cohorte » selon le terme démographique — dont il fait partie. La temporalité des comportements humains est ainsi étudiée en préservant, par méthode, l'échelle individuelle du développement.

Mais en dépit de cette adéquation à la problématique de l'*homme en développement,* l'approche longitudinale présente plusieurs inconvénients inhérents au « suivi pas à pas » des mêmes sujets. On en souligne généralement quatre : l'effet des examens successifs, la perte de sujets en cours d'étude, le décalage possible entre l'objectif initial de l'étude et l'évolution théorique du chercheur, et l'absence de rentabilité scientifique à court terme.

L'effet des examens successifs correspond à l'effet d'apprentissage dû au « retest ». Il s'agit de l'incidence que peuvent avoir, à un moment T_i de l'étude, les situations d'examen, ou de test, antérieures (T_{i-1}, T_{i-2}, etc.). Cet effet se traduit par une évolution du comportement qui n'est pas imputable à l'objet étudié, le développement, mais au suivi longitudinal lui-même. Il constitue, en ce sens, un biais méthodologique. *La perte de sujets en cours d'étude,* désignée par l'expression de « mortalité de l'échantillon » (au sens figuré), est un autre biais classique de l'approche longitudinale, qui affecte la représentativité de l'échantillon. Par ailleurs, au-delà de ces difficultés liées aux situations d'examen et à l'échantillonnage, se pose le problème de *l'évolution du chercheur en cours d'étude.* Toute recherche longitudinale est planifiée en fonction d'objectifs précis, pertinents en T_1 (début de la recherche) et qui peuvent ne plus l'être en T_n (fin de la recherche) en raison du développement simultané des conceptions théoriques du chercheur. Enfin, l'approche longitudinale est *peu rentable,* à court terme, du point de vue des exigences de publication puisqu'il faut attendre la fin de l'étude, parfois plusieurs années, pour en communiquer les résultats.

Ces différents obstacles conduisent souvent à négliger l'approche longitudinale et privent ainsi la psychologie de la réponse à de nombreuses questions que l'on ne peut aborder autrement. Le suivi longitudinal garantit en effet la description la plus précise de l'évolution des comportements et préserve au sujet sa singularité.

Le développement « stratifié »

L'approche transversale (en anglais *cross-section method*) vise également à décrire l'évolution temporelle des comportements, mais sa spécificité tient à ce qu'elle permet au chercheur de ne pas « attendre » le développement en temps réel. Pour réaliser cette économie, l'approche transversale utilise des échantillons différents correspondant à des groupes (ou cohortes) de sujets d'âges successifs — des « strates » — examinés une seule fois et au même moment T_1. L'hypothèse est faite que les échantillons, étudiés au moment T_1, sont représentatifs d'une population unique qui aurait été examinée en temps réel, de T_1 à T_n, par l'approche longitudinale.

En raison du gain de temps qu'elle permet et de la pluralité des échantillons considérés, l'approche transversale échappe aux principaux inconvénients du suivi longitudinal. L'effet des examens successifs est exclu, le risque de perte de sujets est minimisé, le décalage entre l'objectif initial et l'évolution du chercheur est peu probable, et l'approche est rentable à court terme. Autant de qualités qui expliquent, sans doute, que dans le contexte scientifique actuel, caractérisé par une évolution très rapide (le temps réel est *aussi* celui de la science) et exigeant des cadres méthodologiques irréprochables, l'approche transversale soit le plus fréquemment retenue. Il y a en effet un certain anachronisme à appliquer, dans ce contexte bousculé, une approche qui se définit par son étalement dans le temps.

L'approche transversale permet, comme le suivi longitudinal mais en un « temps record », d'obtenir les paramètres de la distribution des résultats observés pour des sujets d'âges successifs : indices de tendance centrale (notamment les moyennes) et de dispersion (écarts types). Mais, à la différence de l'approche longitudinale, elle perd l'information concernant l'échelle individuelle du développement : courbes de développement des sujets et évolution de leurs rangs. A cette perte d'information s'ajoute également un biais possible, appelé « l'effet de cohorte » et qui tient à ce que certains groupes d'âge peuvent avoir été soumis à des conditions particulières, ce qui rend méthodologiquement incorrecte leur comparaison aux autres groupes utilisés.

Les qualités et les limites respectives des approches transversale et longitudinale conduisent, aujourd'hui, à appliquer l'une et l'autre démarches, avec une préférence sensible pour la rapidité d'exécution de l'approche transversale. Les recherches en psychologie du développement présentent ainsi, le plus souvent, des analyses exclusivement fondées sur des paramètres de distributions (indices de tendance centrale et de dispersion) correspondant aux résultats de groupes différents, d'âges successifs. Néanmoins, l'intérêt accru pour les études sur le bébé suscite la réhabilitation des plans de recherche longitudinaux. La raison en est simple : le bébé évolue très rapidement, ce qui réduit la contrainte du temps réel (à quelques semaines, par exemple)

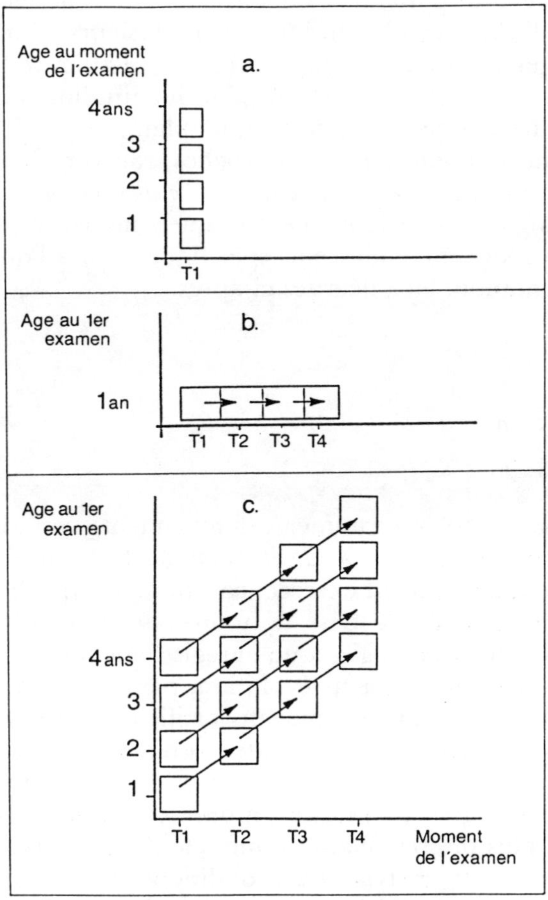

Fig. 8 - *a)* plan transversal, *b)* plan longitudinal,
c) combinaison des plans longitudinal et transversal
(d'après C. Tourrette, La méthode longitudinale en psychologie développementale,
in J.-P. Rossi (éd.), *La méthode expérimentale en psychologie,* Paris, Dunod, 1989, p. 229-230)

inhérente au suivi longitudinal. Par ailleurs, l'approche longitudinale apparaît la plus adaptée aux problématiques actuelles de la psychologie différentielle du développement où l'accent est mis, par définition, sur l'individualité.

En outre, il est possible de combiner les approches transversale et longitudinale en une approche dite « transversale séquentielle » (en anglais *cross-sequential*). Cette combinaison conduit à réaliser plusieurs examens étalés dans le temps, en T_1, T_2, T_3..., T_n (aspect longitudinal), sur plusieurs groupes différents, d'âges successifs (aspect transversal). La figure 8 présente un plan transversal classique, un plan longitudinal classique et une combinaison de ces deux types de plan.

Soulignons, enfin, que les approches transversale et longitudinale correspondent à deux *perspectives méthodologiques globales* de la psychologie du développement et que s'inscrivent, dans chacune d'elles, des méthodes plus spécifiques, telles l'observation, l'expérimentation, etc., décrites ci-après.

L'observation

Observer c'est « examiner attentivement, considérer avec attention (pour étudier) » (*Petit Larousse,* 1991, p. 689). Cette conduite, communément exercée, constitue, lorsqu'elle est systématisée, la méthode de base de toute science empirique. Elle correspond, en psychologie, à un enregistrement direct des comportements du sujet, de leur évolution, par les organes des sens du psychologue ou par les moyens artificiels qui y suppléent : notamment l'enregistrement vidéoscopique (homologue des jumelles ou du microscope dans d'autres disciplines telles l'éthologie et la biologie). L'observation pure est la méthode d'investigation la plus discrète étant donné que l'observateur n'impose aucune contrainte, de type tests, conditions expérimentales, etc., à l'observé. Il s'agit d'une « lecture silencieuse » des comportements humains.

Ce caractère « silencieux » ne signifie évidemment pas une investigation naïve : selon la belle formule du logicien

J.-B. Grize, *le chemin du vrai passe toujours par celui qui le pense.* Les faits observés passent par la grille de lecture de l'observateur, elle-même fonction de sa problématique théorique. « [...] Dans toute observation [...], le chercheur constate un fait. Celui-ci est toujours à quelque titre une réponse à une question. Banalité oubliée cependant par beaucoup : on ne trouve que ce que l'on cherche » (P. Fraisse, La méthode expérimentale, *in* P. Fraisse et J. Piaget (éds), *Traité de psychologie expérimentale,* t. I, Paris, PUF, 1963, p. 92).

La grille de lecture de l'observateur : les unités de comportement

Le problème crucial de l'observation est donc, en relation avec les objectifs de la recherche, l'établissement d'une grille d'unités de comportement. La technique consiste à construire un lexique, ou à se référer à un lexique standardisé, qui permet le découpage du flux comportemental. Dans le cadre d'une observation des interactions entre une mère (M) et son bébé (B) en présence d'un objet (O), par exemple, le chercheur retiendra des unités du type : « M regarde B », « M parle à B », « M attire l'attention de B vers O en pointant le doigt sur O » (...), « B regarde M », « B vocalise », « B essaie d'attraper O », « B tient O », « B manipule O », etc. Lors de la collecte des données, le chercheur relèvera, en continu ou par échantillons temporels (échantillons de trente secondes, par exemple), les occurrences de ces unités en les notant dans sa grille d'observation. C'est en ce sens, ici, que le chemin du vrai passe par celui qui le pense.

Cet exemple permet d'illustrer que le « grain » — au sens photographique — de la grille d'observation peut varier selon les exigences de l'étude. Les unités comportementales « B essaie d'attraper O » et « B tient O », suffisantes pour l'analyse d'interactions sociales, nécessitent un découpage plus précis (décomposition des gestes) dans d'autres problématiques, telle la préhension d'objets. D'où la distribution possible des unités d'observation selon une grille arborescente qui marque, en fonction du niveau d'analyse, les découpages successifs du flux comportemental.

Les techniques d'enregistrement : du regard à la vidéo

Fondée sur une appréhension attentive du réel communément exercée, l'observation scientifique s'en distingue, comme on vient de le voir, par l'usage d'outils de découpage plus incisifs. A cela s'ajoute que le regard humain est généralement suppléé, dans les recherches actuelles, par l'enregistrement vidéoscopique. Celui-ci amplifie ou complète les capacités sensorielles du psychologue. Il permet en outre, en levant la contrainte d'évanescence des comportements, un codage différé des données par des observateurs multiples.

Lors de cette analyse différée, sur écran vidéo (avec autant de visualisations que nécessaire, arrêts sur images, etc.), plusieurs observateurs, munis de la même grille d'unités de comportement, codent *indépendamment* les données. Cette évaluation parallèle fait ensuite l'objet d'un calcul de « fidélité interjuges » : pourcentages d'accord ou corrélations. Les points de désaccord sont discutés. Une corrélation supérieure à .90 atteste — en référence à la norme retenue dans la littérature — d'une bonne fidélité interjuges. La technique vidéoscopique est ainsi le gage d'objectivité de l'observation, sans échapper bien entendu à l'arbitraire du découpage perceptif : notamment le choix de la prise de vues par le cameraman.

L'observation peut être utilisée lors d'un suivi longitudinal (observation répétée des mêmes sujets à des âges successifs) ou d'une étude transversale (observation de groupes différents de sujets d'âges successifs) et elle s'insère, en tant que composante, dans d'autres méthodes d'étude du développement, telles la méthode clinique et la méthode expérimentale.

Les tests

La méthode des tests, ou *psychométrie* au sens restreint, est fondée sur la passation d'épreuves standardisées, avec conditions d'application et mode de notation fixés, qui permettent de décrire le comportement d'un sujet en référence au comportement d'un groupe de sujets placés dans la même situation. Cette référence normative est appelée l'*étalonnage.*

L'utilisation des tests conduit à déterminer, le plus souvent sous forme numérique, des caractéristiques individuelles (intelligence, aptitudes, traits de personnalité, etc.) en évaluant leur développement inégal, ou différent, d'un sujet à l'autre. L'accent mis sur la singularité et l'interindividualité explique le succès de cette méthode en psychologie clinique et en psychologie différentielle du développement. Deux types de tests sont utilisés dans ces disciplines : les tests cognitifs et les tests de personnalité.

Les tests cognitifs

Les tests cognitifs visent à évaluer l'intelligence générale, les aptitudes ou les connaissances. Ils ont été initialement conçus par des psychologues « objectivistes » soucieux de *mesurer* les facultés intellectuelles postulées par les psychologies philosophiques. Un précurseur de cette approche, dont on a parlé dans l'Introduction de l'ouvrage, est Hall, élève de Wundt et auteur, en 1883, d'un questionnaire destiné à *mesurer* les *normes* du développement (notamment intellectuel).

Après le questionnaire de Hall, l'outil méthodologique qui a réellement inauguré la tradition des tests cognitifs en psychologie est l'échelle d'intelligence Binet-Simon (du nom de ses inventeurs) mise au point au début du siècle — Binet est, on le rappelle, l'un des fondateurs de la psychologie scientifique appliquée à l'enfant. L'échelle Binet-Simon propose une méthode de diagnostic du niveau intellectuel fondée sur la passation d'épreuves « de vie quotidienne ».

On demande, par exemple, au sujet : 1 / de comparer deux boîtes de poids différents ; 2 / de copier un carré ; 3 / de répéter une phrase de dix syllabes ; 4 / de compter quatre sous simples ; 5 / de recomposer un jeu de patience en deux morceaux. La référence normative, ou étalonnage, de l'échelle Binet-Simon indique que cette série d'items doit être réussie à cinq ans (d'autres séries correspondent aux autres âges : de trois ans à l'âge adulte). Dans l'exemple donné, quel que soit l'âge réel du sujet, inférieur, égal ou supérieur à cinq ans, si son niveau de performance correspond à la réussite des items énoncés, son *âge mental* est de 5 ans. Le test permet ainsi de quantifier les avances ou les retards de développement intellectuel en calculant la différence entre l'âge mental et l'âge réel. D'autres psychologues, à l'instar de L. M. Terman, ont ensuite remplacé cette différence par un quotient : le Quotient Intellectuel ou QI. On l'obtient en divisant l'âge mental par l'âge réel et en multipliant par 100 : QI = âge mental/âge réel × 100. Un groupe de sujets « normaux » (âge mental = âge réel) a donc un QI moyen égal à 100.

Le recours à la notion d'âge mental pose toutefois, en dépit de cette quantification ingénieuse, quelques problèmes d'interprétation qui ont conduit un certain nombre de psychologues à l'abandonner. Ainsi, par exemple, l'âge mental de 5 ans signifie-t-il la même chose s'il est obtenu par un sujet de 5, 10 ou 16 ans ? Autrement dit, l'âge mental est-il un niveau absolu d'aptitude intellectuelle ? Rien ne permet de l'affirmer. Dans notre exemple, l'âge mental « 5 ans » indique simplement que des sujets d'âges différents, 5, 10 et 16 ans, ont *une même note* au test d'intelligence.

C'est en référence à ces principes méthodologiques de base, aux discussions et aux ajustements qu'ils ont suscités, que sont actuellement utilisées des formes révisées de l'échelle Binet-Simon : notamment, en France, la NEMI ou Nouvelle échelle métrique de l'intelligence établie par R. Zazzo et ses collaborateurs. D'autres échelles d'intelligence, largement employées, ont été construites par D. Wechsler : le WAIS ou échelle d'intelligence pour adultes (en anglais *Wechsler Adult Intelligence Scale*) ; le WISC ou échelle d'intelligence pour enfants et adolescents de 5 à 16 ans (en anglais *Wechsler Intelligence Scale for Children*) ; et le WPPSI ou échelle d'intelligence pour la période préscolaire et primaire, destinée aux enfants de 4 à 6 ans (en anglais *Wechsler Preschool and Primary School Scale of Intelligence*).

Pour calculer le QI, les échelles de Wechsler prescrivent : 1 / d'attribuer des points selon un barème précis et 2 / de transformer la note globale, ainsi obtenue, en une variable à laquelle on assigne, à chaque âge, 100 pour moyenne et 15 pour écart type. Il n'y a donc plus, ici, recours à la notion d'âge mental. Ces échelles présentent en outre l'intérêt de décomposer le QI global en un QI verbal et un QI performance. Le QI verbal est testé à travers des épreuves du type : information générale, compréhension générale, arithmétique, similitudes, vocabulaire, mémoire des chiffres ; et le QI performance relève d'épreuves du type : complètement d'images, arrangement d'images, cubes, assemblage d'objets, code et labyrinthes.

O. Brunet et I. Lézine ont par ailleurs mis au point une échelle française, dite « Brunet-Lézine », inspirée du *baby test* de

Gesell (ou version « bébé » de la démarche Binet-Simon) et destinée à évaluer le développement psychomoteur du jeune enfant. Cette échelle, applicable dès les premiers mois et jusqu'à 5 ans, mesure le niveau d'élaboration de la Posture (P), de la Coordination (C), du Langage (L) et des comportements Socio-personnels (S).

On relève par exemple, pour le premier mois de la vie, si le bébé lève la tête de temps en temps, amené en position assise (P), s'il réagit au bruit de la sonnette (C), s'il émet des petits sons gutturaux (L), s'il fixe son regard sur le visage de l'examinateur (S), etc. La quantification réalisée est un Quotient de Développement (QD), Brunet et Lézine préférant ce terme à celui de QI pour signifier que leur échelle ne propose pas une mesure directe de l'intelligence.

La multiplication des tests d'intelligence ou d'aptitudes diverses a été exploitée à des fins d'orientation et de sélection, et a conduit, par le biais de l'analyse factorielle, à des débats de recherche fondamentale sur l'unicité ou la pluralité du développement et du fonctionnement cognitifs. Que mesurent les tests ? Quelle(s) source(s) de variation commune(s), ou facteur(s), explique(nt) les corrélations entre tests ? S'agit-il d'un facteur d'intelligence générale, dit « facteur *g* », ou de facteurs spécifiques : numérique, verbal, spatial, mémoire, induction, etc. ? Ces deux solutions, l'une unitaire et défendue par C. Spearman, l'autre pluraliste et préconisée par L. L. Thurstone, ont été conciliées par C. Burt en un modèle hiérarchique commun. Les tests cognitifs relèvent à la fois, selon ce modèle, d'un facteur d'intelligence générale et de facteurs spécifiques.

Les tests de personnalité

L'application des tests de personnalité vise à « objectiver » une partie ou l'ensemble des composantes affectives, relationnelles et caractérielles d'un individu. Ces tests incluent les tests de personnalité proprement dits, les questionnaires et les épreuves projectives. On leur assigne trois objectifs : 1 / l'étude du développement affectif et émotionnel ; 2 / l'affectation du sujet à une typologie, à un profil, ou à un groupe de sujets ; et

3 / la mise en évidence de la présence ou de l'absence de signes de pathologie mentale. Le dernier objectif est naturellement le plus fréquent, le test permettant un diagnostic qui conduit à une indication thérapeutique.

Il est à souligner que l'appréciation de la personnalité est toujours dépendante d'une conception préalable du sujet psychologique, du développement et, plus largement encore, des enjeux de la psychologie. Les tests sont dès lors étroitement liés à des théories précises, soit par leur forme (les questionnaires sont plus cohérents avec une théorie comportementaliste ou cognitiviste), soit par leurs règles d'interprétation (les techniques projectives peuvent faire l'objet d'interprétations à partir de la psychanalyse).

Actuellement, ce sont surtout les questionnaires et les techniques projectives qui sont utilisés.

Sous le terme de questionnaire on désigne deux techniques très proches : les échelles d'évaluation, remplies par le psychologue (hétéro-évaluation) ou le sujet lui-même (auto-évaluation), et les questionnaires proprement dits qui s'adressent au sujet sous forme d'une interrogation. Ces techniques, le plus souvent destinées aux adolescents et aux adultes, répondent à des qualités métrologiques précises : 1 / la *validité* : mesurent-elles bien ce pour quoi elles sont constituées ? ; 2 / la *fidélité* : reproduisent-elles des résultats comparables dans des situations identiques ? ; et 3 / la *sensibilité,* c'est-à-dire la capacité à noter des variations entre états différents.

Le questionnaire le plus connu est l'Inventaire multiphasique de personnalité du Minnesota (MMPI). Il fournit un profil de quatre échelles de validité et de neuf échelles symptomatiques (hypocondrie, dépression, hystérie, déviation psychopathique, masculinité/féminité, paranoïa, paraphrénie, schizophrénie, manie). Le 16 PF de R. B. Cattell (seize facteurs de personnalité) et l'inventaire de personnalité J. P. Guilford et W. S. Zimmerman sont également employés pour définir des profils multifacteurs. Il existe, par ailleurs, de nombreuses échelles mesurant des traits de personnalité particuliers : l'assertivité, l'anxiété, l'agressivité, l'extraversion/introversion, etc.

Dans le cadre spécifique de la psychologie de l'enfant, on peut citer le questionnaire de personnalité pour enfant et le questionnaire de personnalité pour le niveau secondaire de Cattell (prise en compte de facteurs liés à la réussite scolaire). D'autres questionnaires concernent des aspects très ciblés, telles la satisfaction corporelle, la satisfaction de soi, etc. Dans le domaine de la psychopathologie quantitative, l'utilisation des questionnaires est de plus en plus fréquente, le plus souvent à des fins d'appréciation d'une sémiologie particulière (anxiété, dépression, comportements compulsifs) que de reconnaissance réelle d'une maladie. La *Child Behavior Checklist* (liste de contrôle du comportement de l'enfant) est actuellement, dans ce domaine, l'échelle d'hétéro-évaluation la plus utilisée pour décrire les troubles émotionnels et comportementaux des enfants de 4 à 16 ans.

Les techniques projectives se différencient des questionnaires par leur projet et leur matériel. Elles reposent sur l'hypothèse d'une double sollicitation perceptive et projective. Leur principe est de proposer un matériel standardisé mais au contenu flou, pouvant impliquer plusieurs significations, et d'étudier la manière dont le sujet perçoit ce matériel. Les réponses données dans ce type de situation, caractérisé par le flou ou le vide des consignes et l'ambiguïté du matériel, témoignent d'un phénomène de projection, c'est-à-dire d'une expression par le sujet de certains traits de caractères, de ses émotions et, plus généralement, de son mode de fonctionnement psychique. Elles sont donc spécifiques d'un individu et, contrairement à l'évaluation des tests cognitifs, il n'existe pas de « bonnes réponses » — on définit toutefois, dans certains tests, des réponses typiquement pathologiques. L'interprétation des résultats aux tests projectifs s'appuie sur une quantification associée à une appréciation qualitative. Il existe pour la plupart des tests une cotation objective qui permet une analyse précise tenant compte de l'ensemble du protocole. Différents systèmes d'interprétation des tests projectifs sont proposés : certains s'appuient sur le modèle psychanalytique alors que d'autres font référence à des modèles plus expérimentaux.

Les techniques projectives les plus fréquemment utilisées sont le test de H. Rorschach et le *Thematic Aperception Test* (TAT) de M. A. Murray. Le Rorschach est composé de 10 planches qui représentent des taches comportant une symétrie ; le sujet est invité à dire ce que la tache pourrait représenter. Le TAT comprend 30 planches représentant des scènes ambiguës et le sujet doit raconter une histoire pour chaque planche. Le Rorschach comme le TAT, peuvent être proposés aussi bien aux adultes qu'aux adolescents et aux enfants. Il existe également des tests projectifs spécialement destinés à l'enfant, tels, par exemple, le *Children Aperception Test* (CAT) qui utilise 10 planches représentant des animaux dans des situations typiques et dont la logique ressemble à celle du TAT, et le test du village inventé par H. Arthus (construction d'un village miniature à l'aide de personnages, de maisons, d'édifices, complétée par un questionnaire). L'interprétation de ce dernier test est à la fois symbolique (symbolique de l'espace) et formelle : différents types de village sont associés à des types de personnalité.

Malgré la sophistication de certains tests de personnalité, et les nombreuses études de validation, il ne saurait être question de les considérer comme l'équivalent des examens paracliniques (biologiques, radiologiques, anatomo-pathologiques) en médecine. Les résultats obtenus, surtout par les techniques projectives, supposent une interprétation non seulement des réponses du sujet, mais aussi de sa relation à la situation. L'intérêt de ces techniques est avant tout clinique. La recherche fondamentale, notamment en matière de développement, peut toutefois bénéficier de leurs résultats en ce qui concerne les informations sur les stratégies défensives et les conflits inconscients, informations que l'on retrouve dans certaines circonstances de l'existence : « événements de vie » (paternité, maternité, deuil, maladie, rupture) ou périodes importantes (début du vieillissement, crise du milieu de la vie).

Qu'il s'agisse des tests de personnalité, ou des tests cognitifs décrits plus haut, le test est presque toujours un *moment* d'une investigation, qu'elle soit clinique ou expérimentale. Et c'est à ce titre d'« indicateur », associé à d'autres instruments d'analyse, qu'il est un élément méthodologique essentiel de la psychologie du développement.

La méthode clinique

Dans son acception initiale, « [...] l'activité clinique (du grec *klinê,* le lit) est celle d'un médecin qui, au chevet du malade, examine les manifestations de la maladie en vue de poser un diagnostic, un pronostic et de prescrire un traitement. Les deux méthodes utilisées sont l'observation des réactions du patient d'une part, l'interrogation et l'écoute de celui-ci d'autre part » (D. Anzieu, *Dictionnaire de psychologie,* Paris, PUF, 1991, p. 114). L'expression « psychologie clinique » apparaît sous la plume de Freud en 1899 (dans une lettre à son ami Fliess), qui étend, ainsi, l'activité clinique à la psychologie des maladies mentales. Directement inspiré par cette démarche psychiatrique, Piaget proposera en 1926, dans *La représentation du monde chez l'enfant,* une méthode clinique adaptée à l'investigation des mécanismes intellectuels (dite aussi « méthode d'exploration critique », voir vol. *HM*). C'est sous l'impulsion de ces précurseurs, Freud et Piaget, que se sont développées les deux composantes de la méthode clinique en psychologie du développement : celle qui fonde la *psychologie clinique* proprement dite (centrée sur les particularités et les altérations mentales) et celle qui caractérise les techniques d'investigation de l'Ecole de Genève.

La psychologie clinique

Le terme de *psychologie clinique* désigne à la fois une méthode et un domaine de la psychologie associé à une fonction remplie par les psychologues praticiens. Ainsi, en France, les psychologues exerçant dans le domaine de la santé sont-ils appelés des psychologues cliniciens, par référence tant au lieu de leur intervention (le secteur de la maladie, la clinique psychiatrique ou médicale) qu'à la méthode qu'ils utilisent. Ce renvoi à la pratique professionnelle et à la notion de souffrance conduit souvent à assimiler la psychologie clinique à la psychopathologie (voir vol. *HP*). Il ne saurait cependant être question de l'y réduire — même si elle trouve son origine dans la psychiatrie et la neurologie. Il existe, en effet, dans diverses sous-disciplines de la psychologie, et notamment en psychologie du développement, une *clinique du normal.* La spécificité de l'approche tient dès lors moins à la distinction normal/pathologique qu'à la distinction clinique/expérimental (voir l'encart 5) — la méthode expérimentale est exposée dans le point suivant.

ENCART 5

Approche clinique et approche expérimentale

Dans son ouvrage *La psychologie clinique,* C.-M. Prévost cite un éditorial de la très ancienne *Revue de psychologie clinique et thérapeutique,* publié à la fin du siècle dernier, qui précise clairement l'opposition de méthode entre les approches clinique et expérimentale — opposition toujours actuelle dans l'esprit de nombreux cliniciens. « [...] La psychologie clinique, telle que nous la concevons, se distingue nettement de la psychologie expérimentale. La psychologie expérimentale isole et dissocie les éléments de la vie psychique. Elle suscite, dans des conditions prévues d'avance, les phénomènes de sensation, de volition, d'idéation qu'elle note et qu'elle mesure à l'aide du calcul et des instruments enregistreurs. Elle conduit à des moyennes d'autant plus satisfaisantes qu'elles sont plus abstraites et plus générales. C'est pour ainsi dire la mathématique de la psychologie. La psychologie clinique, au contraire, tout en puisant dans les recherches de laboratoire de précieux renseignements, observe la vie psychologique elle-même, considérée comme un tout concret et réel. Réunissant dans une vue d'ensemble les réactions naturelles et spontanées du sujet, en présence des excitations de tout genre, elle en constitue un tableau synthétique, à dominante variable, qui exprime son tempérament et porte la marque de son caractère. Par les influences combinées de l'hérédité et du milieu, elle poursuit le développement normal et pathologique de la personnalité, la tâche n'est pas de schématiser mais d'individualiser » (Paris, PUF, 1991, p. 23-24). Bien que cette présentation soit polémique, les arguments (certes discutables) qui la fondent se retrouvent tout au long du débat qui oppose, ou plus exactement contraste, depuis un siècle les approches clinique et expérimentale.

Les cliniciens considèrent généralement, avec D. Lagache, que leur démarche relève d'une « [...] discipline psychologique basée sur l'étude approfondie des cas individuels. En termes plus précis, la psychologie clinique a pour objet l'étude de la conduite humaine individuelle et de ses conditions (hérédité, maturation, conditions psychologiques et pathologiques, histoire de la vie), en un mot, l'étude de la personne totale en situation » (D. Lagache, *Œuvres complètes,* t. II, 1949, p. 161).

La méthode clinique part donc des cas (singularité), utilise la totalité de la situation — y compris l'engagement de l'observateur et l'analyse de cet engagement — pour aboutir à une généralisation. Elle peut comporter des procédures d'objectivation, tels les tests de personnalité, les techniques projectives (décrits ci-dessus), les techniques d'entretien, la filmographie, etc., et donner lieu à des résultats quantitatifs — on parle dans ce cas de « clinique armée » — mais l'*analyse qualitative* des processus psychiques reste la finalité première. Cette analyse relève ou non, selon les psychologues, de la pratique et de la théorie psychanalytiques.

La méthode clinique piagétienne

Nous avons vu, au chapitre I, que « Piaget-psychologue » est également biologiste et épistémologue. Ce profil intellectuel original se singularise, en outre, par une orientation méthodologique précise : Piaget est résolument clinicien. Mais en quel sens ? La réponse à cette question nécessite, d'abord, un bref détour historique. On ne peut, en effet, comprendre « Piaget-clinicien » sans se rapporter à ses relations de jeunesse avec le milieu psychiatrique (voir l'encart 6).

ENCART 6

Jean Piaget et le milieu psychiatrique : la genèse d'une méthode

La théorie piagétienne et la psychanalyse relèvent aujourd'hui d'enseignements universitaires différents et correspondent aux références théoriques de psychologues différents. Aussi est-il important de rappeler qu'en 1918 Piaget s'est rendu à Zurich pour y suivre une formation psychiatrique auprès de E. Bleuler et de Jung (anciens disciples de Freud) et qu'il était alors très proche d'un pasteur psychanalyste avec lequel il discutait de la névrose de sa mère Rebecca Piaget (pasteur qui l'introduira plus tard auprès du psychologue Simon, collaborateur de Binet). Mais « [...] Piaget ne supporte pas très bien le climat intellectuel zurichois, préférant l'étude de la réalité et du normal à celle des malices de l'inconscient » (J.-J. Ducret, *Jean Piaget, biographie et parcours intellectuel,* Neuchâtel, Delachaux & Niestlé, 1990, p. 40).

Néanmoins, lorsqu'il se rend à Paris, en 1919, c'est encore au travail psychiatrique que Piaget se consacre : il interroge les malades de la clinique Saint-Anne (auprès du psychiatre Dumas) et les enfants anormaux de la Salpêtrière. Il est, par ailleurs, introduit au laboratoire de psychologie de l'enfant, créé par Binet, où Simon lui demande de standardiser des tests de raisonnement. Mais au lieu de réaliser cette standardisation, Piaget s'intéresse aux échecs produits par les sujets examinés et tente d'en déceler les raisons. Au-delà de la simple notation de performances, il s'engage dans un processus de *conversation libre* avec les enfants. Bref, Piaget, alors âgé d'une vingtaine d'années, a une « âme » de clinicien — paradoxe avec son souci de normativité logico-mathématique ? — et cette orientation méthodologique restera la sienne, et celle de l'Ecole de Genève, jusque dans ses ouvrages posthumes.

Comme on l'a indiqué plus haut, c'est dans *La représentation du monde chez l'enfant* que Piaget présente, en 1926, sa méthode clinique adaptée à l'étude du développement intellectuel. Cette ébauche méthodologique sera complétée, en 1927, dans *La causalité physique chez l'enfant.* Ne se contentant ni de l'observation pure, ni de la méthode des tests opérationnalisée par l'échelle Binet-Simon, Piaget propose une méthode inspirée du diagnostic et de l'investigation psychiatriques : converser avec le malade, le suivre dans ses réponses mêmes « [...] de manière à ne rien perdre de ce qui pourrait surgir en fait d'idées délirantes » (Piaget, 1926, p. 10). Le « délire » devient, ici, l'irrationalité enfantine et la méthode clinique, l'investigation de la rationalité en développement.

L'examen clinique permet à Piaget de contrôler ses hypothèses sur le développement intellectuel, en conversant librement avec les enfants à propos de thèmes dirigés et en suivant leurs réponses par des demandes de justifications et des contre-suggestions. Il s'agit de cerner, au plus près, la pensée de l'enfant, son irrationalité ou sa rationalité, en dépassant les questions standardisées au profit d'une investigation contextuelle : adaptation aux réponses, aux attitudes et au vocabulaire de l'enfant. Bref, suivre les détours de sa pensée. L'investigation est néanmoins contrainte par quelques questions clés que Piaget introduit toujours dans la conversation et qui sont relatives à d'ingénieuses petites expériences ou situations. Pourquoi l'eau monte-t-elle dans le verre lorsqu'on y met un caillou ? Y a-t-il plus de pâte à modeler quand on aplatit la boule, plus de jetons quand on les écarte les uns des autres, plus de marguerites ou plus de fleurs devant dix marguerites et deux roses ?... Autant de questions « simples » qui font l'objet de discussions entre le psychologue et l'enfant sur des thèmes aussi fondamentaux que la conservation de la substance, la conservation du nombre, l'inclusion des classes, etc.

Voici, à titre d'exemple, la procédure proposée par Piaget pour l'étude de la conservation de la substance (voir la fig. 9 ; illustration déjà donnée dans le chap. I, mais reproduite ici pour faciliter la lecture). On présente au sujet une boulette d'argile en lui demandant d'en confectionner une autre de même grandeur et de même poids. On laisse sur la table l'une des boulettes A à titre de témoin et l'on transforme l'autre B (désignée Q1 dans la figure) en saucisse, en galette, en un ensemble de morceaux, etc. On demande alors s'il y a encore la même quantité de matière *(la même chose de pâte)* en B et en A et pourquoi. Que l'enfant l'affirme ou le nie, on part de la raison qu'il donne (par exemple, pour la saucisse : « Il y a plus de pâte parce que c'est plus long ») et l'on continue à modifier l'objet en s'inspirant de la réponse de l'enfant (ici en allongeant ou en raccourcissant la saucisse) pour voir s'il s'en tient à des raisonnements analogues ou s'il change d'opinion. Des contre-suggestions sont également introduites, qui consistent à dire qu'un petit garçon ou une petite fille du même âge prétend que « c'est la même chose de pâte » (ou le contraire) et à demander qui, du pair ou de l'enfant, a raison. Une fois établis le niveau de l'enfant eu égard à cette épreuve de quantité (pas de conservation, conservation non généralisée ni certaine ou conservation nécessaire) et le type d'argument employé, on passe à la conservation du poids.

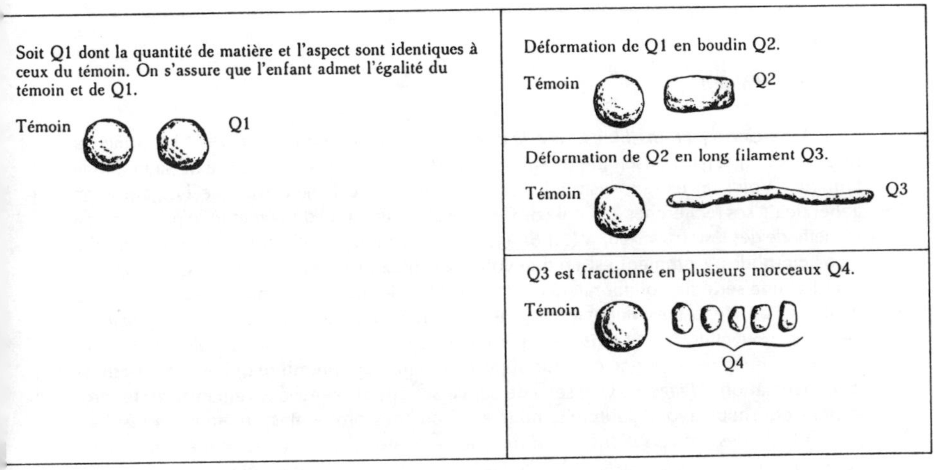

Fig. 9 - Epreuve piagétienne de conservation de la substance

A partir du contenu de ces entretiens cliniques, Piaget établit des résultats qualitatifs et quantitatifs. Les résultats qualitatifs correspondent à des hiérarchies de niveaux de développement intellectuel. Pour l'exemple donné ci-dessus, les trois niveaux génétiques de conservation (substance, poids ou volume) sont : 1 / non-conservation (ex. « ... plus de pâte en B parce que c'est plus long ») ; 2 / conservation intermédiaire : non généralisée, non certaine (conservation acceptée si l'objet transformé B ne diffère pas trop de l'objet-témoin A) ; et 3 / conservation nécessaire. A cela s'ajoute l'analyse qualitative des arguments. Pour la conservation nécessaire, Piaget distingue trois arguments : 1 / la réversibilité simple : il y a en B autant (de matière, poids ou volume) qu'en A parce qu'on peut refaire la boulette A au moyen de B ; 2 / la « réversibilité subtile » fondée sur la compensation : l'objet B est plus long mais plus mince ; et 3 / l'identité, qui est un argument plus fruste : la quantité (ou le poids, etc.) ne change pas « parce que c'est la même pâte », « parce qu'on n'a rien ôté ni rien ajouté », etc. En relation avec ces données qualitatives, niveaux génétiques et types d'argument, Piaget présente des données quantitatives en termes de pourcentages de sujets. Par exemple, 16 % de sujets de 5 ans se situent au niveau de conservation nécessaire contre 72 % à 8 ans.

ENCART 7

Défricher d'abord !

Dans *Conversations libres avec Jean Piaget* (Paris, Robert Laffont, 1977), J. Bringuier interroge Piaget sur l'ensemble de son œuvre et notamment sur la nature de sa méthode clinique. Voici un extrait, instructif, de cet entretien où Piaget explique l'organisation générale de ses recherches à l'Ecole de Genève et l'originalité de sa méthode par rapport à la méthode des tests (p. 45-46). « [...] *Bringuier* — Revenons à votre travail proprement dit, à vos méthodes. Comment est-ce que vous travaillez ? Comment ça se passe ? *Piaget* — Ah ! J'ai une série de collaborateurs épatants. Alors je propose un plan d'expériences au début de l'année, et il est dépassé souvent par chacun des membres de l'équipe qui ajoute des idées nouvelles. [...] Et puis les expériences se coordonnent et se complètent les unes les autres. *Bringuier* — Donc on vous apporte une matière première qui est un ensemble de conversations ? *Piaget* — Une série de conversations libres avec les enfants, sur les problèmes que nous avons délimités, nous en tirons des protocoles qui sont les résultats transcrits de ces conversations. [...] *Bringuier* — Et donc, avec cette matière première, vous faites des livres ? *Piaget* — Oui, hélas ! *Bringuier* — Pourquoi hélas ? *Piaget* — Je dis hélas pour le lecteur. *Bringuier* — Je repense au contenu de ces entretiens. Ce sont des espèces de tests ? *Piaget* — Non. Les tests portent sur des performances, des résultats ; nous, nous cherchons comment l'enfant raisonne, comment il découvre de nouveaux instruments, alors c'est de la conversation directe, de la conversation libre. *Bringuier* — Un test, c'est toujours un peu un examen ? *Piaget* — Un examen, oui, et surtout une standardisation. On pose, on choisit, on détermine les questions d'avance. Comment voulez-vous avec notre esprit adulte savoir ce qui sera intéressant ? Tandis que si on suit l'enfant partout où il vous répond d'une manière imprévue, au lieu de le guider avec des questions prévues d'avance, alors on trouve du neuf... Bien sûr, il y a trois ou quatre questions qu'on posera toujours mais autour de ça, on tourne et on explore tous les environs plutôt que de s'en tenir aux questions strictes. *Bringuier* — Mais il faut bien préparer des questions pour établir des statistiques ? *(Piaget fait la moue).* Enfin, simplement pour avoir un ensemble d'informations cohérent. *Piaget* — Justement. Une fois qu'on aura fait ce travail de dépouillement et de défrichement qui consiste à trouver du neuf et à voir des choses qu'on n'avait pas prévues, on pourra commencer à standardiser, enfin ceux que ça amuse, et faire des statistiques précises. Mais je trouve qu'il y a un métier plus intéressant qui consiste à défricher d'abord ».

L'originalité de la démarche piagétienne est évidente (voir l'encart 7). Elle s'inspire de la pratique psychiatrique, mais s'en démarque par son objet d'étude. Elle est fondée sur l'interaction psychologue-sujet et se distingue, ainsi, de l'observation pure. Les conditions de cette interaction ne sont pas standardisées, ni son objectif réduit à la simple notation de performances, d'où une différenciation nette entre la méthode clinique piagétienne et la méthode des tests. Enfin, elle est guidée par des hypothèses théoriques précises qu'elle vise à éprouver, ce qui la rapproche de l'expérimentation, présentée ci-après, sans pour autant épouser le « canon expérimental ». La distinction opérée dans notre plan entre la méthode piagétienne et la méthode expérimentale au sens strict est en fait quelque peu arbitraire et ne se justifie qu'en référence à cette distance au « canon ».

La méthode expérimentale

En référence à Claude Bernard (1813-1878) et à sa *médecine expérimentale*, l'expérimentation est le mode d'investigation scientifique privilégié en psychologie comme dans la plupart des sciences de la nature. De toutes les méthodes utilisées par le psychologue, elle est celle qui le conduit à réaliser l'intervention la plus incisive *sur* le réel : « [...] l'expérience est l'investigation d'un phénomène *modifié* par l'investigateur » (C. Bernard, *Introduction à l'étude de la médecine expérimentale*, Paris, Flammarion, 1984, p. 105 ; 1re éd. 1865). Au-delà de la simple observation de faits, du relevé de performances en situations standardisées ou de l'entretien clinique plus ou moins dirigé, la méthode expérimentale consiste à *produire les faits* en créant des situations où le chercheur manipule les variables qui conditionnent leur apparition. Ces variables correspondent à des caractéristiques des situations ou des sujets : par exemple, en psychologie du développement, l'âge ou le niveau de fonctionnement des enfants (ou des adultes). La production des faits, par expérimentation, permet ensuite la *re*production et, partant, la prédiction.

Les étapes de la démarche expérimentale

La méthode expérimentale ne se réduit pas à la réalisation proprement dite d'une expérimentation. Comme le rappelle, avec humour, P. Fraisse (1963, p. 91) « [...] si le hasard ou le génie bousculent les procédures les mieux codifiées, il reste qu'en général la démarche expérimentale comporte quatre phases » (réf. citée plus haut) : 1 / la recherche bibliographique, associée éventuellement à une observation ; 2 / l'établissement des hypothèses ; 3 / l'expérimentation ; et 4 / l'analyse des résultats et leur interprétation.

La première phase est le moment de « défrichage » où le chercheur s'informe des faits antérieurement établis et communiqués dans la littérature scientifique, faits eux-mêmes intégrés dans des théories explicatives. Cette phase peut également comporter une observation préalable à l'expérimentation. La deuxième phase correspond à l'établissement d'hypothèses relatives aux conditions d'apparition de nouveaux faits. Ces hypothèses sont, en général, destinées à confirmer ou à réfuter une théorie : si la théorie T est juste, alors dans la condition C il se produira le phénomène P. La troisième phase est l'expérimentation proprement dite. C'est à ce moment de la démarche que le chercheur « produit les faits » en manipulant les variables (par exemple, le type de tâche et l'âge des sujets) qui, par hypothèse, conditionnent leur apparition. Enfin, à la quatrième phase, le chercheur analyse les données — en général par traitements statistiques — et les interprète. C'est à ce dernier niveau, celui de l'interprétation, que l'expérimentateur se prononce sur l'incidence des faits qu'il a produit quant à la confirmation/réfutation de la (ou des) théorie(s) impliquée(s).

Variables, plans d'expérience et procédure

L'application de la méthode expérimentale met en jeu deux types de variable : la variable dépendante (symbolisée par le sigle VD) et les variables indépendantes (VI). La VD correspond à la réponse du sujet (réponse verbale, motrice, visuelle, etc.) ou à une caractéristique de cette réponse : temps de réaction d'une réponse motrice, temps de fixation d'un regard, etc. Les VI correspondent aux variables manipulées par l'expérimentateur en vue de produire des modifications de la VD. En parodiant l'exemple fictif, mais didactique de J.-P. Rossi (*La méthode expérimentale en psychologie,* Paris, Dunod, 1989), retenons l'hypothèse suivante : la production de lait des vaches adultes dépend de la couleur de leurs yeux (bruns, bleus) et de l'ambiance sonore de l'étable (Mozart, Armstrong, J.-M. Jarre). Dans cet exemple, la VD est la production de lait (elle dépend de...) et les VI sont : 1 / les vaches ou variable sujet ; 2 / la couleur de leurs yeux ; et 3 / l'ambiance sonore. On remarquera que la deuxième VI est relative à une caractéristique des sujets (les vaches) et la troisième à une caractéristique de la situation (l'étable).

Dans le langage de l'expérimentateur, les VI sont également appelées *facteurs* et leurs valeurs *modalités.* Les facteurs sont désignés par des lettres majuscules (généralement l'initiale de la variable) et un chiffre, en indice, indique le nombre de leurs modalités : dans l'exemple donné ci-dessus, on a les facteurs V_n, C_2 et A_3 (Vaches, Couleur, Ambiance).

En général, les comportements étudiés, réponses ou VD, sont sous la dépendance de plusieurs facteurs que le psychologue doit considérer *simultanément.* La combinaison des facteurs définit un *plan d'expérience.* Selon la formalisation de H. Rouanet et D. Lépine, un tel plan peut inclure deux types de relation entre facteurs : le croisement et l'emboîtement. Deux facteurs sont croisés (noté $*$) si chaque modalité de l'un est combinée avec chaque modalité de l'autre. Dans notre exemple, si chaque vache est successivement soumise aux trois ambiances sonores, on aura $V_n * A_3$. Deux facteurs sont emboîtés (noté $< >$) si chaque modalité du premier, le facteur dit « emboîté », est combinée avec une seule modalité du second, le facteur « emboîtant ». Chaque vache a soit les yeux bruns, soit les yeux bleus : $V_n<C_2>$. D'où le plan $V_n<C_2> * A_3$.

Le plan d'expérience détermine, par ses facteurs et leurs relations, la *procédure expérimentale.* Cette procédure précise les conditions expérimentales et les groupes de sujets. Toujours en suivant notre exemple, la relation de croisement entre les facteurs V_n et A_3 détermine trois conditions expérimentales : Mozart, Armstrong et J.-M. Jarre. La relation d'emboîtement entre les facteurs V_n et C_2 détermine deux groupes expérimentaux : les vaches aux yeux bruns et les vaches aux yeux bleus.

Lors du traitement des données, les effets de ces variations systématiques, conditions expérimentales et groupes de sujets, sont évalués par des calculs statistiques inférentiels (notamment l'analyse de la variance).

Ces éléments méthodologiques de base étant posés, d'un point de vue général et en relation avec un exemple fictif, il reste à préciser la spécificité de l'application de la méthode expérimentale en psychologie du développement. Cette spécificité sera analysée à quatre niveaux : l'Age comme variable ou facteur A_n ; le Niveau de fonctionnement comme variable ou facteur N_n ; les rapports entre la méthode expérimentale et l'approche transversale ; et, enfin, les expériences d'entraînement.

L'Age comme variable : le facteur A_n

L'application la plus immédiate de la méthode expérimentale en psychologie du développement consiste à manipuler la variable indépendante Age, ou facteur A_n. En réalisant cette manipulation, le psychologue intègre le développement, comme facteur, dans son plan d'expérience. Par exemple, le plan $S_n<A_3> * T_4$, où S = sujets, A = âge et T = tâche. La relation de croisement entre S_n et T_4 détermine quatre conditions expérimentales : quatre tâches (t_1, t_2, t_3, t_4). La relation d'emboîtement entre S_n et A_3 détermine trois groupes expérimentaux contrastés par la caractéristique « âge » des sujets : ex. a_1 = 4 ans, a_2 = 8 ans et a_3 = 12 ans. Ce plan d'expérience conduit, par construction, à évaluer l'effet du facteur « développement » sur la variable dépendante (réponse du sujet) selon la condition expérimentale (ici, le type de tâche).

Après l'application de la procédure expérimentale définie par le plan, les traitements statistiques permettent de préciser 1 / l'effet du facteur âge, 2 / l'effet du facteur — ou des facteurs selon les plans — correspondant aux conditions expérimentales, et 3 / leur interaction (interaction entre deux facteurs = modification de l'effet de l'un en fonction des modalités de l'autre). Ces traitements conduisent également à réaliser des comparaisons spécifiques entre les différentes modalités du facteur âge : par exemple, les enfants de 4 ans (a_1) comparés à ceux de 8 ans (a_2).

Le Niveau de fonctionnement comme variable : le facteur N_n

Au lieu de s'intéresser à l'âge chronologique des sujets, le psychologue du développement peut préférer, dans le cadre d'une problématique donnée, manipuler la variable indépendante Niveau de fonctionnement, ou facteur N_n. La construction du plan d'expérience est, dans ce cas, identique à celle du point précédent, à ceci près que la variable A_n est remplacée par la variable N_n. En partant de l'exemple donné ci-dessus, on peut envisager que l'expérimentateur souhaite contraster, au départ, trois groupes de sujets selon la hiérarchie de leurs niveaux de performance à la tâche t_1 : niveaux n_1, n_2 et n_3. On aura alors un plan du type : $S_n<N_3> * T_3$.

L'application de ce plan d'expérience implique une phase d'évaluation préalable à l'expérimentation, appelée « pré-test » (le mot « test » est employé ici dans un sens plus général que l'acception précise qu'il recouvre dans la méthode des tests). C'est lors du pré-test que l'expérimentateur détermine le niveau de fonctionnement des sujets et qu'il définit, en fonction de cette évaluation, ses groupes expérimentaux. Les groupes ainsi contrastés sont ensuite soumis aux conditions expérimentales.

Méthode expérimentale et approche transversale

Les deux démarches qui viennent d'être présentées, manipulation des variables âge et niveau de fonctionnement, conjuguent en fait la méthode expérimentale et l'approche transversale du développement (voir p. 157). Considérer l'Age comme facteur emboîtant ($S<A>$) revient à combiner chaque modalité du facteur « sujets » avec une seule modalité du facteur âge et, donc, à considérer des groupes de sujets d'âges successifs. Cette stratification du développement, opérée par le plan d'expérience, correspond à la définition même de la méthode transversale. Le recouvrement est identique en ce qui concerne le facteur emboîtant Niveau de fonctionnement ($S<N>$). Dans ce cas, le développement est stratifié en termes d'*acquisition d'expertise* dans un domaine donné.

L'usage conjugué de la méthode expérimentale et de l'approche transversale, sous le double aspect qui vient d'être défini, correspond au « cocktail méthodologique » privilégié des psychologues du développement. La rapidité d'exécution de l'approche transversale satisfait, ainsi qu'on l'a déjà souligné, les critères actuels de rentabilité scientifique et l'expérimentation garantit une investigation rigoureuse.

Les expériences d'entraînement : le développement en miniature

Une dernière variante de la méthode expérimentale consiste à construire des situations de développement « en miniature ». Il s'agit des expériences d'entraînement — on les désigne aussi expériences d'apprentissage — où le psychologue crée les conditions d'une « microgenèse en laboratoire ». L'hypothèse méthodologique sous-jacente est que cette microgenèse reflète, dans une certaine mesure, les processus macrogénétiques du développement « naturel ».

La variable indépendante manipulée est, dans ce cas, la variable Entraînement ou facteur E_n. Les modalités de ce facteur correspondent aux différentes conditions d'entraînement retenues par l'expérimentateur : par exemple, dans le cadre du développement d'une notion logico-mathématique, un entraînement fondé sur le constat perceptif (e_1), un entraînement fondé sur la verbalisation (e_2) et un entraînement fondé sur la manipulation (e_3). En outre, l'une des modalités du facteur E_n est systématiquement réservée à la situation contrôle (ici, e_4). Cette situation, qui ne correspond à aucun entraînement expérimental, permet de contrôler l'incidence effective des autres modalités de E_n (e_1, e_2 et e_3) sur la variable dépendante ou VD (ici, la performance logico-mathématique du sujet).

Les expériences d'entraînement sont toujours structurées en trois phases : le pré-test, l'entraînement et le post-test. 1 / Le prétest est destiné à évaluer le niveau initial des sujets (VD) par la passation d'une épreuve, ou série d'épreuves, relative(s) au domaine étudié (par exemple, les situations de quantification de l'inclusion pour la logique des classes). 2 / L'entraînement, sous ses différentes conditions, constitue la phase expérimentale proprement dite. 3 / Le post-test, immédiat ou différé, est la réplique exacte du pré-test. En raison de cette correspondance 1-3, la différence de performance entre le pré-test et le post-test permet d'évaluer l'effet de la phase d'entraînement (facteur E_n) sur la VD.

Cette structure tripartite, présentée dans la figure 10, introduit au niveau du plan d'expérience une variable indépendante Test ou facteur T (qui n'est pas à confondre avec la variable Tâche évoquée plus haut) comportant deux modalités : pré-test (t_1) et post-test (t_2). Tous les sujets étant soumis à t_1 et à t_2, il s'ensuit que le facteur sujets et le facteur T_2 entretiennent une relation de croisement : $S_n * T_2$. La variable entraînement E_n est en général un facteur emboîtant, d'où, selon l'exemple donné plus haut, un plan d'expérience du type $S_n<E_4> * T_2$. La relation d'emboîtement entre S_n et E_4 détermine quatre groupes de sujets : les trois premiers correspondent aux trois conditions expérimentales d'entraînement (constat perceptif, verbalisation, manipulation) et le quatrième à la condition contrôle. Ce dernier groupe — dit « groupe contrôle » — permet notamment de vérifier si les effets observés ne sont pas simplement dus au « retest », c'est-à-dire à la répétition de la situation d'évaluation (pré-test, post-test).

		Entraînements				
	Pré-test	e_1	e_2	e_3	e_4 *condition contrôle*	*Post-test*
Groupe expérimental n° 1	x	x				x
Groupe expérimental n° 2	x		x			x
Groupe expérimental n° 3	x			x		x
Groupe contrôle	x				x	x

Fig. 10 - Schéma d'une expérience d'entraînement pour le plan $S_n<E_4> * T_2$, où S = facteur Sujet, E = facteur Entraînement (quatre modalités dont une condition contrôle) et T = facteur Test (pré-test, post-test).

Précisons, enfin, que lorsque l'expérimentateur présente deux post-tests, l'un immédiat (consécutif à l'entraînement), l'autre différé, le facteur test comporte une modalité supplémentaire : S_n<E_4> * T_3, dans notre exemple. Cette évaluation jalonnée dans le temps — on peut envisager plusieurs post-tests différés — permet un contrôle du *maintien* à long terme des effets d'entraînement.

L'originalité de ces expériences tient à ce qu'elles allient les deux qualités méthodologiques, en apparence incompatibles, des approches transversale et longitudinale : respectivement, la rapidité d'exécution et le « suivi pas à pas » du développement. Ce sont, en effet, les mêmes sujets dont on suit l'évolution entre le prétest et le (ou les) post-test(s). Le « tour de passe-passe » réalisé consiste à substituer au développement en temps réel un microdéveloppement expérimental. Cette substitution permet d'étudier, au plus près, certains processus de développement, mais elle ne garantit pas évidemment la pertinence de la métaphore expérimentale. Elle conduit, pour le moins, à éclairer avec précision les potentialités actuelles du sujet (voir l'encart 8).

ENCART 8

Expériences d'entraînement et processus actuels d'acquisition

Dans *Logique et bricolage chez l'enfant* (Lille, PUL, 1988), J. Bideaud souligne l'intérêt de cette « fonction minimale » des expériences d'entraînement : « [...] l'entraînement à l'atteinte d'une certaine notion par telle ou telle méthode peut, selon les effets observés, renseigner sur les *processus actuels* d'acquisition qui ne sauraient être complètement étrangers aux *organisations actuelles* de l'enfant. Les effets d'un entraînement spécifique pourraient alors être considérés, pour le moins, comme des indicateurs du développement actuel de la notion, plus sensibles que les réponses aux seules épreuves d'évaluation retenues dans les études transversales classiques. Au reste, les informations issues, pour une même notion, d'une comparaison précise des effets d'entraînements divers, ne nous paraissent pas suffisamment sûres. Elles doivent être, pour plus de certitude, confrontées à celles qui proviennent d'autres approches expérimentales » (p. 30).

D'un point de vue pratique, les expériences d'entraînement sont lourdes à mener, ce qui explique sans doute que les psychologues du développement privilégient les applications moins coûteuses de la méthode expérimentale : plans du type Sujet <Age> * Tâche, ou Sujets <Niveau de fonctionnement> * Tâche.

Expérimentation et épistémologie de degré zéro

Après cet exposé technique, il faut souligner que l'expérimentation de laboratoire ne doit en aucun cas être considérée comme une « supermachine » technico-épistémologique qui produirait, par généralisation inductive (méthodes ⇒ faits ⇒ théories), les concepts de la psychologie. La technologie expérimentale s'inscrit dans une logique générale de la découverte scientifique (voir K. Popper, dans l'Introduction et dans le vol. *HM*) et elle n'est, de ce point de vue, qu'un outil au service de la confirmation/réfutation des théories — ou, pour le moins, au service d'un processus continu d'approximation théorique. Les théories ou concepts *précèdent* toujours l'expérimentation (théories ⇒ méthodes ⇒ faits), la guident sous forme d'hypothèses opérationnalisées et se voient validées, précisées, reformulées, ou définitivement démenties *après* son application (théories ⇒ méthodes ⇒ faits ⇒ théories).

La psychologie construit ainsi son corps de connaissances — en l'occurrence les théories du développement — par approximations successives. Et c'est dans la foulée de cette reconstruction incessante que le psychologue se réfère, périodiquement, à la juridiction de la méthode expérimentale. Comme le souligne P. Gréco (Epistémologie de la psychologie, *in* J. Piaget (éd.), *Logique et connaissance scientifique*, Paris, Gallimard, 1967), cette méthode n'engage donc, en soi, qu'une « épistémologie de degré zéro ». Mais force est de constater avec H. Atlan (*A tort et à raison*, Paris, Seuil, 1986) que « [...] le discours scientifique est sans cesse tiraillé entre le besoin d'expliquer en rassemblant et en unifiant par l'abstraction et la théorie, et l'exigence de rigueur qui force souvent à y renoncer. On se contente alors [épistémologie minimale de Gréco] d'une description opérationnelle prédictive [... qui] revient à dire : tout se passe comme si... dans telles et telles conditions d'expérience ; il en résulte que... dans ces conditions-là... » (p. 81). A tort et à raison, le psychologue doit trouver un optimum entre ces deux démarches.

Les techniques spécialisées d'étude du bébé

Les techniques d'étude du bébé — qui s'appliquent transversalement ou longitudinalement et, pour la plupart, dans le cadre d'une démarche expérimentale — nécessitent un exposé particulier pour deux raisons au moins. La première tient à ce que le bébé, de zéro à deux ans, est un objet d'étude « à part » : il ne maîtrise pas le langage, d'où l'impossibilité évidente d'utiliser des consignes verbales ou de solliciter des réponses verbales précises. Le choix des indices comportementaux, et des variables dépendantes qui en sont dérivées, est donc contraint par un répertoire de fonctionnement élémentaire : indices physiologiques de réactivité, activité orale, exploration tactile, préhension et activité oculomotrice. La seconde raison, corollaire historique de la première, est que l'étude du bébé est le domaine de la psychologie du développement dont l'essor théorique a été le plus lié à des progrès d'ordre méthodologique.

On présente ci-dessous les principales techniques utilisées par les psychologues du bébé : le temps de fixation relatif, l'habituation, la réaction à la nouveauté, la succion non nutritive, le conditionnement et l'observation. Outre ces techniques générales, devenues de véritables *paradigmes* (au sens réduit de « procédure expérimentale classique » et non au sens épistémologique défini par le philosophe des sciences T. Kuhn, voir le vol. *HM*), il existe un certain nombre de dispositifs liés à des problématiques particulières (par exemple les situations d'étude des automatismes primaires) ou à la singularité expérimentale de chercheurs ingénieux : la technique de « réaction à la collision » de T. G. R. Bower, la technique de l' « événement impossible » de R. Baillargeon, etc. Ces instruments méthodologiques spécifiques seront présentés au chapitre IV dans le cadre précis des travaux correspondants.

Le temps de fixation relatif

Dès la naissance, l'activité oculomotrice est régie par des règles précises d'exploration de l'environnement : notamment, la fixation des zones contrastées et le déplacement sur les contours. On observe ensuite, durant les premiers mois de la vie, un développement rapide du contrôle oculomoteur. Le bébé oriente donc précocement son regard de manière *non aléatoire* et c'est cette orientation sélective qui est utilisée, comme indice de l'activité cognitive, dans la méthode du temps de fixation relatif.

La situation classique, mise au point par R. L. Fantz (1958, etc.), consiste à présenter simultanément au bébé deux cibles ou stimulus (dessins, photos, objets) : l'une située à droite de l'axe oculomoteur, l'autre à gauche. Ces cibles sont placées à une distance d'environ 50 cm du bébé, leur diamètre est d'environ 10 cm et la distance inter-cibles d'environ 15 cm. Entre les deux cibles, un trou d'observation permet au psychologue de suivre le regard du bébé. Lors de l'observation directe, le reflet cornéen indique la direction du regard : la cible regardée se reflète dans l'œil du bébé. Cette observation est en général accompagnée d'un enregistrement vidéoscopique qui permet une vérification différée.

A partir de cette situation princeps et des variantes qui lui ont été apportées, deux techniques de temps de fixation relatif sont utilisées : la *préférence visuelle* et la *préférence pour la nouveauté.*

L'une et l'autre consistent à comparer les temps de fixation du bébé sur deux stimulus différents. Dans la première technique, la situation correspond exactement à celle de Fantz : deux stimulus différents sont simultanément présentés et le psychologue mesure le temps de fixation du bébé sur chaque stimulus. Lorsque la durée de fixation d'un stimulus est significativement différente de 50 % du temps total de fixation, on interprète la conduite oculomotrice en termes de préférence visuelle (50 % = une orientation aléatoire du regard). Cette technique conduit à déterminer quels types de stimulus visuels intéressent les bébés : par exemple, la préférence du schéma d'un visage humain à tout autre type de figure. Dans la deuxième technique, celle de préférence pour la nouveauté, une variante temporelle est introduite. La situation de Fantz est appliquée en deux phases : une familiarisation et une phase test. Lors de la familiarisation, un seul stimulus est présenté, en un ou deux exemplaires, pendant un nombre prédéterminé d'essais ; lors de la phase test, un second stimulus est présenté qui se substitue au précédent ou remplace l'un de ses deux exemplaires. Si le bébé regarde davantage le second stimulus que le premier (temps de fixation plus long), il y a préférence pour la nouveauté et cette préférence révèle, d'un point de vue cognitif, la discrimination visuelle des deux stimulus. On peut également faire varier le délai entre la familiarisation et la phase test, de quelques minutes à vingt-quatre heures par exemple, et étudier les relations entre discrimination et mémorisation. Il s'agit alors d'une situation de « mémoire de reconnaissance ».

La situation de Fantz peut également se limiter à la simple présentation de deux cibles identiques et permettre, dans ce cas, de préciser si les bébés ne regardent qu'une cible (c'est ce qu'on observe chez les plus jeunes), s'ils sont capables de passer d'une cible à l'autre et combien de fois, si certains bébés regardent plus d'un côté que de l'autre, etc. Par ailleurs, en dehors de ces situations cognitives, l'orientation du regard du bébé vers les objets humains est un comportement révélateur de ses premières relations affectives et sociales (voir le chap. IV).

L'habituation

L'habituation est la forme la plus élémentaire d'apprentissage. Elle s'observe dans tout le règne animal, des protozoaires à l'homme, et apparaît chez le bébé humain dès les premiers jours de vie — elle est même décelable, selon certains chercheurs, dès le stade fœtal. Le phénomène d'habituation est souvent comparé, bien qu'il s'en distingue, à celui d'extinction associé au conditionnement classique. Dans la procédure de conditionnement (voir le chap. I), si le stimulus inconditionnel, celui qui entraîne initialement la réponse du sujet par voie réflexe, n'est pas re-présenté après l'apprentissage, la réponse apprise disparaît (apprentissage = relation entre un stimulus neutre et une réponse inconditionnelle). Dans le cadre de l'habituation, il y a également disparition d'une réponse, mais celle-ci est *non conditionnée* : par exemple, la réaction d'orientation à un stimulus sonore survenant dans l'environnement. Le phénomène de disparition est alors consécutif à la simple *répétition* du stimulus : le bébé s'y habitue et réagit, ou « répond », de moins en moins.

L'hypothèse théorique sous-jacente à l'usage méthodologique de l'habituation, que celle-ci soit auditive, visuelle ou tactile, est que la disparition progressive de la réponse du bébé indique une intégration cognitive, par discrimination, catégorisation, etc., des propriétés du (ou des) stimulus en présence.

Plusieurs modèles précisent cette hypothèse, notamment celui de Y. N. Sokolov fondé sur la notion de trace nerveuse et les modèles dits « cognitifs » (M. Lewis, L. B. Cohen, R. B. MacCall, etc.) suggérant la construction d'une représentation symbolique en mémoire. Selon le modèle de Sokolov, la constitution d'une trace nerveuse, reflet du stimulus à travers l'organisation des neurones corticaux, suffit à expliquer la diminution de la réponse d'orientation : lorsque le stimulus est répété, il est comparé à la trace nerveuse générée par la (ou les) présentation(s) antérieure(s) et, en cas de concordance, les systèmes de réponses sont inhibés. Dans les modèles « cognitifs », l'accent est mis, au-delà du niveau neuronal, sur l'activité symbolique du bébé. Selon ces modèles, lorsque le stimulus est répété, le bébé stocke progressivement en mémoire les informations qu'il contient et construit ainsi une *représentation du stimulus* : une image mentale dans le cas de l'habituation visuelle. En cours d'habituation, chaque nouvelle répétition suscite 1 / une confrontation entre le percept actuel et la représentation en construction, et 2 / un enrichissement de la représentation. Aussi longtemps que persiste une inadéquation entre la représentation et le percept, le stimulus attire l'attention du bébé mais plus la discordance diminue, moins l'attention est forte : le bébé s'habitue. La vitesse d'habituation traduirait, par conséquent, la vitesse avec laquelle le bébé traite l'information et construit des représentations. Cette conception cognitive de l'habituation, qui correspond à la conception la plus répandue actuellement, est étayée par de nombreuses données recueillies chez des bébés de quatre à dix mois. Rien ne permet d'affirmer qu'elle est applicable aux phénomènes d'habituation observés chez le nouveau-né et l'animal.

L'habituation peut être mesurée par différents indices comportementaux tels le rythme cardiaque, le rythme respiratoire, le rythme de succion (voir, plus loin, la technique de succion non nutritive) et la durée de fixation oculaire. C'est ce dernier indice que les psychologues utilisent le plus actuellement, le paradigme privilégié étant celui d'habituation visuelle. Dans le cadre de ce paradigme, deux procédures d'habituation, illustrées dans la figure 11, peuvent être appliquées : la *procédure à essais fixes* et la *procédure contrôlée par le bébé*.

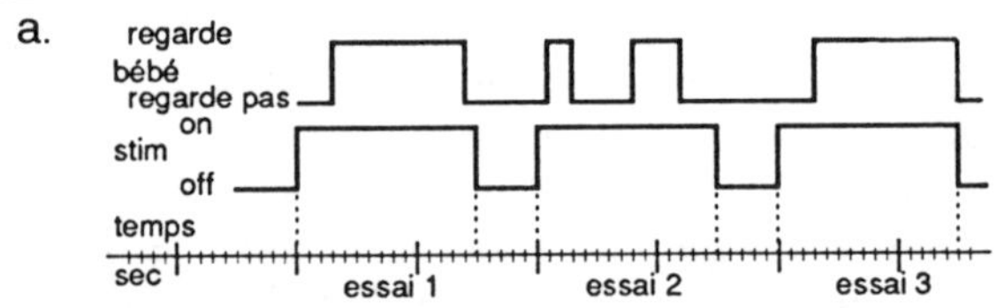

Dans cet exemple, l'essai dure 15 secondes avec un intervalle inter-essais de 5 secondes.
A l'essai 1, il y a une fixation qui dure 11 secondes.
A l'essai 2, il y a deux fixations et la durée totale de fixation est de 6 secondes.
A l'essai 3, la seule fixation est interrompue par la disparition du stimulus.

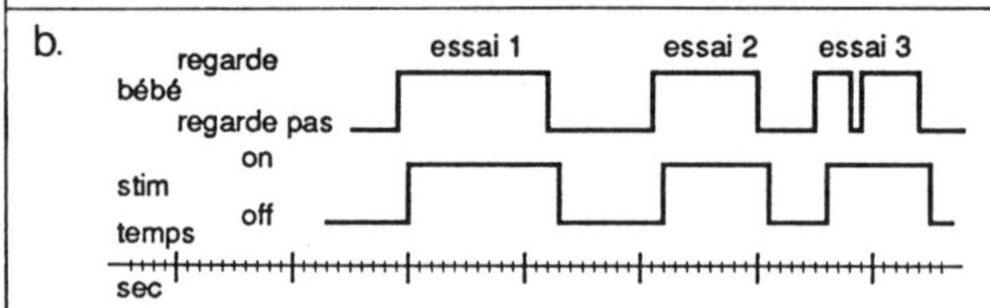

A l'essai 3, un bref coup d'oeil hors-cible qui n'interrompt pas l'essai.

Fig. 11 - Procédures d'habituation visuelle :
a) procédure à essais fixes, *b)* procédure contrôlée par le bébé
(d'après M.-G. Pêcheux et R. Lécuyer, Les méthodes d'étude du nourrisson,
in J.-P. Rossi (éd.), *La méthode expérimentale en psychologie,* Paris, Dunod, 1989, p. 144)

La première procédure consiste à fixer préalablement 1 / le nombre d'essais, c'est-à-dire le nombre de présentations du stimulus, 2 / la durée de chaque essai, par exemple quinze secondes, et 3 / l'intervalle inter-essais, par exemple cinq secondes. Ces paramètres étant définis, le psychologue décompte, lors du recueil des données, le nombre de secondes pendant lesquelles le bébé regarde le stimulus au cours de chaque essai. Un *taux d'habituation* peut alors être calculé en comparant la moyenne des durées de fixation des deux (ou trois) derniers essais à celle des deux (ou trois) premiers. En dépit de sa rigueur méthodologique, cette procédure présente plusieurs inconvénients pratiques. La vitesse d'habituation varie selon les bébés et lorsque le nombre d'essais est fixe un certain nombre de bébés n'ont pas le temps de s'habituer. De surcroît, la rigidité du déroulement de la procédure, durée des essais et intervalles inter-essais fixes, entraîne un risque de contretemps : l'essai s'arrête quand le bébé commence à regarder (voir l'interruption de l'essai 3 dans la fig. 11*a*). Pour ces raisons, la seconde procédure, dite « contrôlée par le bébé », est actuellement préférée. Elle ne fixe ni le nombre d'essais, ni la durée d'essai et d'intervalle inter-essais : un essai débute lorsque le regard du bébé se situe dans la direction du stimulus et s'arrête lorsqu'il quitte cette direction. Cette procédure totalement adaptée au fonctionnement oculaire de chaque bébé nécessite la définition *a priori* d'un critère d'habituation. Celui-ci permet, lorsqu'il est atteint, d'interrompre la procédure. Il est généralement convenu qu'il y a habituation lorsque l'intensité de la réponse initiale a diminué de moitié, c'est-à-dire lorsque la moyenne des durées de fixation des deux (ou trois) derniers essais est égale à 50 % de la moyenne des deux (ou trois) premiers. Ce critère est en outre renforcé par l'exigence d'une remontée des durées de fixation lors de la présentation d'un nouveau stimulus : il s'agit du phénomène de réaction à la nouveauté, présenté ci-après. Le psychologue est ainsi assuré que la diminution observée n'est pas simplement due à la fatigue du bébé.

L'infrastructure technique utilisée dans les expériences d'habituation visuelle est devenue, au cours des dernières années, extrêmement ingénieuse. Au projecteur de diapositives bruyant s'est substitué un dispositif de pointe avec caméra et écran vidéo reliés à un ordinateur. Comme l'illustre la figure 12, les stimulus sont projetés, depuis l'écran vidéo, sur un miroir incliné. Le

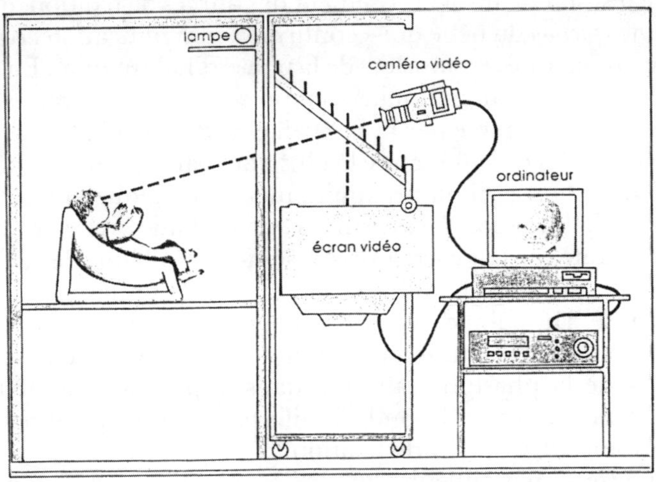

Fig. 12 - Dispositif des expériences d'habituation visuelle : caméra et écran vidéo reliés à un ordinateur
(d'après R. Lécuyer, L'intelligence des bébés, *La Recherche,* octobre 1991, p. 1161)

regard du bébé est enregistré par la caméra et transmis à l'ordinateur, ce qui permet au psychologue de suivre, au plus près, les mouvements du regard. L'ordinateur permet également de créer des séries de stimulus et de les modifier autant que nécessaire (un dispositif de ce type a été mis au point en France par R. Lécuyer et ses collaborateurs).

La réaction à la nouveauté

La réaction à la nouveauté n'est pas une méthode en soi mais, ainsi qu'on l'a mentionné ci-dessus, un complément méthodologique de la technique d'habituation. Cette dernière est généralement interprétée comme une absence de réponse à l'absence de nouveauté, et l'absence de nouveauté comme une intégration cognitive — par discrimination, catégorisation, etc. — des propriétés des stimulus. Il importe donc, pour étayer cette interprétation, de prolonger la procédure d'habituation par un test de réaction à la nouveauté qui consiste à présenter au bébé « habitué » un ou plusieurs *nouveau(x)* stimulus. L'expérimentateur s'attend à ce que ce test suscite un accroissement des durées de fixation, c'est-à-dire une *réaction* du bébé qui « confirme » la signification cognitive de son absence de réponse lors de la phase d'habituation. En outre, si plusieurs nouveaux stimulus sont présentés, deux stimulus selon la procédure suggérée par E. S. Spelke (1986), on peut s'intéresser à préciser celui qui apparaît « le plus nouveau » pour le bébé.

Remarquons, ici, la proximité méthodologique entre la procédure d'habituation à essais fixes suivie d'un test de réaction à la nouveauté, et la procédure, présentée plus haut, de temps de fixation relatif avec familiarisation et test de préférence pour la nouveauté. Du point de vue du bébé, la situation est exactement la même. La seule différence, pour l'expérimentateur, tient à l'*analyse* de la phase initiale qui, dans le premier cas (habituation) et non dans le second (familiarisation), se focalise sur la décroissance des durées de fixation.

Ajoutons, par ailleurs, que si la réaction à la nouveauté exerce, par rapport à l'habituation, une fonction locale de contrôle méthodologique, elle est également chargée, pour les spécialistes du bébé, d'une signification théorique : l'intérêt pour la nouveauté est une définition possible, donc une opérationnalisation, du concept général d'intelligence.

La succion non nutritive

Le schème moteur de succion apparaît dès la vie fœtale et fonctionne efficacement dès la naissance. Cette activité orale est essentielle au cours de la première année du développement — on sait l'importance qui lui est accordée dans la théorie piagétienne et en psychanalyse — et elle devient très tôt le siège d'un fonctionnement cognitivo-affectif qui prend son autonomie par rapport au besoin biologique. Le schème de succion peut alors être utilisé sous sa forme non nutritive, c'est-à-dire sans ingestion, comme méthode d'étude des activités cognitives. La succion non

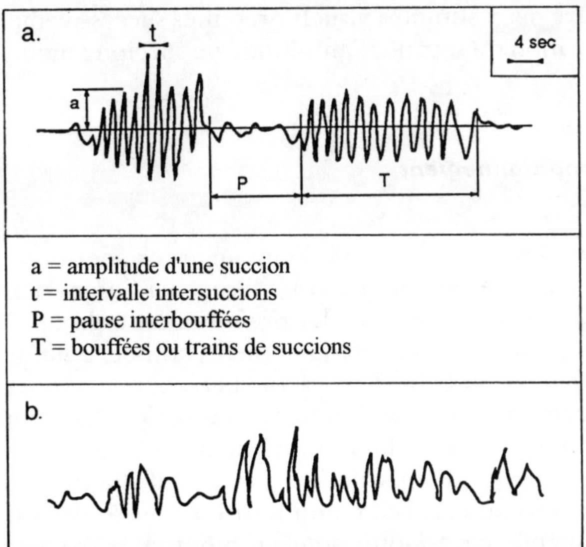

Fig. 13 - Composantes de la succion non nutritive :
a) activité régulière d'aspirations regroupées en bouffées,
b) activité irrégulière de mâchonnement
(d'après A. Bullinger et P. Rochat, L'activité orale du nourrisson comme indice du comportement, *in* P.-M. Beaudonnière (éd.), *Etudier l'enfant de la naissance à trois ans,* Paris, Editions du CNRS, 1985)

nutritive comporte deux composantes présentées dans la figure 13 : 1 / une activité régulière d'aspirations regroupées en bouffées ; et 2 / une activité irrégulière de mâchonnement ayant une fonction exploratoire.

A partir de ces activités orales spontanées, le psychologue crée des situations de discrimination de stimulus, situations fondées sur des techniques de *conditionnement* (voir ci-dessous) et d'*habituation*. Le principe général de la méthode de succion non nutritive consiste à évaluer le fonctionnement cognitif du bébé (discrimine-t-il les informations ?) en relation avec des caractéristiques précises de son fonctionnement oral : l'amplitude de succion, l'intervalle intersuccions, la durée de pause interbouffées, la durée et la fréquence de mâchonnement, etc. Dans le cadre du répertoire comportemental élémentaire du très jeune enfant, la variation de ces caractéristiques est considérée comme l'expression orale d'une activité cognitive de discrimination (visuelle, auditive, gustative, etc.). On dira, par exemple, que le bébé discrimine la différence entre deux stimulus visuels présentés successivement si, lors de l'apparition du second, l'amplitude de succion augmente.

Le conditionnement

Les procédures de conditionnement classique et opérant (voir le chap. I et le volume *HM*) feront ici l'objet d'un exposé très bref, pour deux raisons. La première est qu'il ne s'agit pas, ou plus, d'une méthode fréquemment utilisée pour étudier le développement du bébé, la doctrine béhavioriste y restant, pour certains cognitivistes, trop intimement associée. La seconde, plus fondamentale, est que le conditionnement contrairement aux autres techniques (temps de fixation relatif, habituation, réaction à la nouveauté, succion non nutritive) est souvent considéré pour lui-même, c'est-à-dire pour en montrer la possibilité et les conditions de réalisation dès le début de la vie, et non comme *méthode* d'exploration d'un fonctionnement plus élaboré : un fonctionnement mental, par exemple, dans les modèles cognitifs de l'habituation. On se limitera, par conséquent, à donner un exemple de procédure dite « mixte », mise au point par

E. Siqueland et C. A. Delucia (1969), où le conditionnement est associé à d'autres techniques, notamment la succion non nutritive, l'habituation et la réaction à la nouveauté.

Cette procédure consiste 1 / à établir une ligne de base correspondant au profil de succion spontané du bébé, 2 / à présenter des stimulus, visuels ou auditifs, comme *renforcement* de certaines variations par rapport à cette ligne (conditionnement opérant) : par exemple, un stimulus visuel qui renforce une augmentation de l'amplitude de succion, 3 / à induire une habituation, c'est-à-dire un retour vers la ligne de base, en répétant la présentation du stimulus, et 4 / à présenter un nouveau stimulus, ou test de réaction à la nouveauté, afin de voir si la variation ciblée — la composante opérante — est re-conditionnée, auquel cas on conclut que le bébé discrimine : il différencie le stimulus nouveau du stimulus initial.

L'observation

L'observation est une méthode centrale dans l'étude du bébé. D'abord parce qu'elle constitue, ainsi qu'on l'a souligné plus haut, la base de toute science empirique et qu'elle intervient, à ce titre, comme étape de recueil des données dans les différentes techniques qui viennent d'être présentées. Ensuite, parce qu'elle est utilisée comme *méthode spécifique* d'analyse des comportements *tant sociaux et affectifs que cognitifs.* L'usage de l'observation a fait l'objet p. 160 d'un exposé technique précis (grille d'unités de comportements, techniques d'enregistrement, etc.) auquel nous renvoyons le lecteur ; un exemple a été donné concernant l'observation des interactions sociales entre une mère et son bébé. On complétera ici l'exposé par un exemple d'observation de comportements cognitifs de manipulation d'objets et par une analyse de la méthode d'observation dans le cadre du développement affectif.

Dans le domaine cognitif, l'observation du bébé, en tant que méthode spécifique, est souvent appliquée aux conduites de manipulation d'objets : donc plutôt à l'*action* qu'à la perception. Elle est, de ce point de vue, le complément méthodologique indispensable des techniques centrées sur le seul fonctionnement oculaire, du type temps de fixation relatif ou habituation visuelle et réaction à la nouveauté. Les travaux de J. Langer relatifs à la cognition logico-mathématique chez le bébé offrent un bon exemple de cette perspective.

L'observation des conduites de manipulation d'objets est menée par Langer en référence à une grille d'unités de comportement correspondant à des proto-opérations logico-mathématiques : opération combinatoire de composition d'objets, opérations conditionnelles de replacement d'objets ou de substitution d'objets, etc. Pour la protosubstitution, par exemple, les séquences analysées sont du type : 1 / la main droite met la poupée P_1 dans le rectangle R et le bébé regarde P_1 ; 2 / la main droite enlève rapidement P_1 de R ; 3 / la main droite met la poupée P_2 dans R. Cette séquence élémentaire est symbolisée par la formule $(P_1, R) \approx (P_2, R)$, où (x, y) désigne une collection de deux objets initialement construite par protocomposition et $\approx$ désigne l'équivalence établie par protosubstitution. Des séquences de manipulation plus complexes donnent lieu à des formules du type $(TJ > C) \approx (TJ > TO) \sim (TJ > TO) \approx (TJ > C) \sim (TJ > C) \approx (TJ > O)$, où TJ = tasse jaune, TO = tasse orange, C = cuillère, > symbolise « taper sur » et ~ désigne l'équivalence établie par protoreplacement (les autres symboles ont la même signification que dans la première formule). Cette technique permet de dégager, dans l'exemple donné, les structures élémentaires de l'équivalence logique sous sa forme extensive (protosubstitution ≈) et prédicative (protoreplacement ~). Seules des observations de ce type assurent la prise en compte des fondements *pragmatiques* — c'est-à-dire insérés dans l'*action* — du développement cognitif.

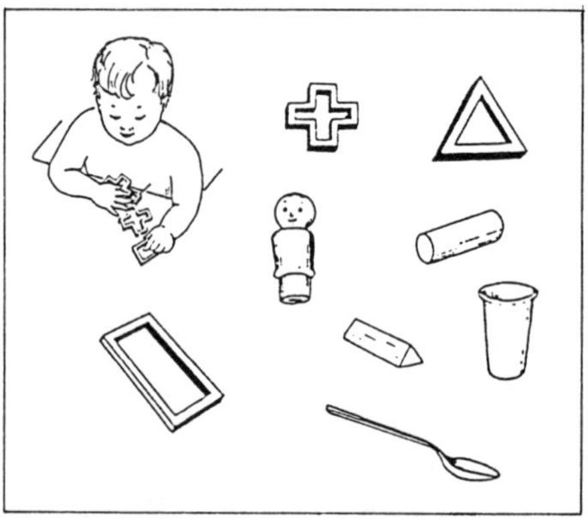

Fig. 14 - Observation des conduites de manipulation d'objets chez le bébé de six à douze mois, selon J. Langer (*The Origins of Logic : Six to Twelve Months,* New York, Academic Press, 1980)

Dans le domaine de l'affectivité, un certain nombre de recherches, relevant notamment de la psychanalyse, s'appuient sur l'observation des très jeunes enfants. L'analyse des interactions affectives mères-nourrissons, qu'il s'agisse d'une démarche clinique ou de recherche fondamentale, repose sur une méthodologie comparable à celle utilisée dans le cadre du développement cognitif. Ce sont les thèmes de l'observation et les interprétations qui marquent la différence. L'observation porte sur une partie ou sur la totalité des modalités d'interaction : modalité visuelle (regards mutuels, évitements, etc.), modalité corporelle et modalité vocale (vocalisations de l'enfant, discours de la mère, etc.). L'analyse dégage les modalités privilégiées d'interaction, la tonalité émotionnelle prévalante, les formes de contingence, et précise le déroulement temporel de l'interaction : synchronie des comportements, continuité ou discontinuité, instauration et respect des rythmes. Des grilles d'observation peuvent être utilisées pour étayer ou compléter cette analyse, grilles qui se fondent sur une période de cinq à dix minutes de jeu mère-bébé vidéoscopée et qui comportent une liste de critères relatifs aux facteurs de risques et à la nécessité d'une éventuelle prévention.

Techniques et artefacts

Après cet exposé des diverses techniques d'étude du bébé, il importe de souligner le risque d'artefact méthodologique inhérent à l'usage exclusif de l'un ou l'autre type de technique. Comme le remarque B. S. Bradley (*Des regards sur l'enfance*, Paris, Eshel, 1991) « [...] la petite enfance est vraiment un livre vierge ou un théâtre de la mémoire, où l'on peut dire beaucoup de choses contradictoires sur l'origine de la nature humaine. Pour reprendre les termes de Clarke-Stewart, la petite enfance est un "muséum d'histoire naturelle", où l'on peut organiser une multitude d'expositions scientifiques. C'est presque une "carte blanche" que les bébés offrent aux savants pour proférer leur laïus sur les principes essentiels des modifications psychologiques » (p. 229). Si l'analyse de Bradley peut paraître excessive, il n'en reste pas moins que rien ne la dément aujourd'hui : des choses les plus contradictoires sont bien dites sur l'intelligence du bébé ! On en trouve un exemple récent dans un texte de Lécuyer (réf. citée p. 189) : « [...] la transformation des rapports entre le sujet et l'objet par l'*action* motrice [perspective de Piaget, Langer, etc.] n'est pas une condition nécessaire au développement des connaissances. La *perception* par le bébé des constances et des variations de son environnement physique et social y suffirait » (p. 1164). L'auteur se fait ainsi l'avocat des théories perceptives de l'intelligence du jeune enfant et le « muséum d'histoire naturelle » est enrichi d'une nouvelle exposition : celle du « bébé astronome » (la métaphore est de Lécuyer) qui concurrence l'exposition classique du « bébé-ouvrier-manuel » — l'expression est moins flatteuse. Bref, il y a de quoi se perdre dans ce jeu d'expositions et il est impératif, pour y voir plus clair, de préciser les liens entre techniques et théories.

Ce n'est évidemment pas un hasard si, depuis les années 1960, l'essor des techniques fondées sur le fonctionnement oculaire du bébé (temps de fixation relatif, habituation visuelle et réaction à la nouveauté) a conduit à constituer un corps de données expérimentales aujourd'hui utilisé pour argumenter la thèse d'une origine perceptive de l'intelligence. Ce n'est pas plus un hasard si les chercheurs qui, à la suite de Piaget, utilisent des paradigmes de manipulation d'objets retiennent aujourd'hui une conception pragmatique de l'intelligence précoce. Autrement dit, l'utilisation exclusive de l'un ou l'autre type de technique (paradigmes de discrimination ou de catégorisation visuelle *versus* situations de manipulation d'objets) peut conduire à des artefacts dès l'instant où l'on confond le filtre méthodologique utilisé en laboratoire — filtre réducteur par *nécessité* expérimentale : le bébé ne peut pas tout faire à la fois ! — et la complexité du phénomène psychologique étudié, complexité évidente si l'on se risque à parler d'intelligence. Les chercheurs en sont parfois conscients : à l'issue d'une revue du savoir actuel sur les activités cognitives (perceptives) du bébé, Lécuyer (*Bébés astronomes, bébés psychologues,* Bruxelles, Mardaga, 1989) : écrit « [...] N'y a-t-il pas là un artefact de même type que celui qui s'est produit il y a cinquante ans [référence à

Piaget], la perception ayant pris la place de l'activité motrice comme filtre à travers lequel est vue l'intelligence ? » (p. 98). Toutefois, cette prise de conscience est rarement suivie des précautions théoriques qu'elle impose. Devant un tel état de fait, la seule démarche méthodologique à préconiser est l'usage d'une *pluralité* de techniques — le choix ne manque pas — pour l'étude d'un phénomène donné.

L'informatique : instrumentation et simulation

Produit du *développement* technologique contemporain, et donc de l'*homme* du XXe siècle, l'ordinateur, artifice et artifice-miroir, est rapidement devenu un élément essentiel de la recherche sur l'*homme en développement.* Il l'est à un double titre : comme instrument de « calcul » et comme méthode de « simulation du développement » ou, plus précisément, des processus d'acquisition.

L'ordinateur comme outil de « calcul »

En psychologie du développement, ainsi que dans toutes les disciplines scientifiques actuelles, l'informatique exerce une fonction *instrumentale* en tant qu'outil de calcul au sens large, c'est-à-dire en tant que technique de traitement des données et aussi de construction d'expériences — applications auxquelles s'ajoute, bien entendu, son usage bureautique : le traitement de texte. La multiplication des micro-ordinateurs et des logiciels variés dans les laboratoires de psychologie atteste de l'importance de cette fonction. On en donne ici quelques exemples en relation avec les différentes méthodes présentées dans ce chapitre.

On a vu, dans la méthode d'observation, que l'enregistrement vidéoscopique des comportements permet une analyse différée sur écran (avec autant de visualisations que nécessaire, arrêts sur images, etc.) où plusieurs observateurs codent indépendamment les données. Lors de cette analyse différée, la relecture image par image (toutes les *n* msec) peut aussi consister en une saisie, par déplacement de deux mires horizontale et verticale, de la position des points significatifs sur l'écran, un ordinateur réalisant le traitement des données brutes. De même, dans la méthode des tests, l'activité du psychologue peut être associée à celle d'un système informatique : on parle de « tests sur ordinateur ». L'ordinateur assure ainsi la passation, la correction et l'interprétation de nombreux tests ou questionnaires. Il permet, de surcroît, la construction de tests « sur mesure » où chaque nouvel item est sélectionné en fonction des réponses précédentes du sujet (dont le temps de réaction peut être enregistré), de l'information supplémentaire qu'il est susceptible d'apporter et du degré de précision recherché. C'est en quelque sorte une informatique *clinique,* au sens même de la psychologie clinique et de la méthode piagétienne définies plus haut. Enfin, un dernier exemple est celui du dispositif des expériences d'habituation visuelle chez le bébé. Nous avons souligné, lors de l'exposé de cette méthode, que le traditionnel projecteur de diapositives bruyant a été remplacé par un dispositif d'habituation avec caméra et écran vidéo reliés à un ordinateur (voir la fig. 12). La connexion caméra-ordinateur permet d'analyser, au plus près, les mouvements du regard du bébé. L'ordinateur assure, par ailleurs, la création de séries de stimulus et leur modification autant que nécessaire.

Outre ces imbrications spécifiques de l'informatique dans les diverses méthodes de la psychologie du développement, l'ordinateur est également devenu l'outil omniprésent du traitement statistique des données. C'est ainsi, par exemple, que les formalisations de plans d'expérience présentées lors de l'exposé de la méthode expérimentale (S<A> * T, S<N> * T, etc.) correspondent à une structuration syntaxique des données *calculable* par des logiciels statistiques, tels les logiciels d'analyse de la variance. Ceux-ci permettent la quantification automatique, en un temps record, des effets des variables manipulées par l'expérimentateur, variables Age (A), Niveau de fonctionnement (N), Tâche (T), etc., et de leurs interactions.

L'ordinateur et la « simulation du développement »

La seconde fonction de l'informatique en psychologie du développement est, sous l'impulsion du paradigme cognitiviste présenté au chapitre II, l'usage de l'ordinateur, Système de traitement de l'information (STI) artificiel, pour simuler le développement de l'homme, STI biologique. Cette simulation consiste à construire des *modèles* informatiques de processus d'acquisition, c'est-à-dire des systèmes artificiels qui « apprennent » ou, plus précisément, qui sont dotés d'algorithmes d'apprentissage. La sous-discipline de l'informatique consacrée à ces problèmes est l'*intelligence artificielle* et ses interactions avec la psychologie du développement sont aujourd'hui en plein essor.

Si la première fonction de l'ordinateur évoquée ci-dessus (traitement des données et construction d'expériences) relève clairement de l'instrumentation méthodologique, la seconde, celle de simulation, tient autant à la théorie qu'aux méthodes puisqu'il s'agit de *modélisation*. Deux approches orientent actuellement la simulation : l'approche symbolique et l'approche connexionniste (voir vol. *HC*). Dans la première, le système informatique utilisé est un manipulateur de symboles qui fonctionne sous le contrôle d'un processeur central et dont le développement, ou l'acquisition, consiste en une modification de structures symboliques en mémoire. Dans la seconde, le système est un réseau de processeurs élémentaires en interface directe avec l'environnement, sans l'intermédiaire de symboles. L'acquisition consiste en une modification des connexions du réseau, la mémoire étant la structure même du système. Il s'agit de deux métaphores de la cognition humaine qui s'opposent, en l'état actuel des recherches, et qui définissent les principales techniques spécialisées de « simulation du développement ».

Le « paradigme STI », dont relève l'usage de l'ordinateur comme instrument de simulation, introduit en psychologie du développement une méthodologie expérimentale spécifique. L'objectif du psychologue est d'établir, dans le cadre de la résolution d'un problème particulier, une description des mécanismes de traitement de l'information qui soit *suffisante* pour être simulée sur ordinateur et qui repose sur les comportements d'un (ou de plusieurs) individu(s) dans leurs aspects *qualitatifs*. Il en résulte que : 1 / l'analyse du problème est menée en termes de connaissances nécessaires pour le résoudre et non en termes de structure formelle de la tâche ; 2 / les données analysées sont des *patterns* de comportements individuels et non des statistiques de groupe portant sur des catégories de comportements ; et 3 / les protocoles individuels doivent être aussi riches que possible.

Méthodes et déontologie

Au terme de cet exposé des méthodes de la psychologie du développement, il reste à préciser que les conditions de leur usage ne relèvent pas seulement d'une logique de l'intérêt scientifique mais aussi d'une logique des « devoirs » : la déontologie. Celle-ci a été codifiée en 1961 par la Société française de psychologie sous de nom de « Code de déontologie des psychologues », code actualisé en 1987 par l'Association nationale des organisations de psychologues. Les principes énoncés concernent tous les psychologues et les étudiants en psychologie dès le début de leurs études. Ils prescrivent, pour l'essentiel, *le respect de la dignité humaine* et *le secret professionnel*. C'est en conformité avec ces principes que, du bébé à la personne âgée, se doit d'être étudié le développement de l'homme (voir vol. *HM*).

Dans la seconde partie de l'ouvrage, les méthodes qui viennent d'être décrites, de l'observation aux techniques informatiques, sont associées aux théories et apparaissent en filigrane des faits de développement relatés. Des retours au présent chapitre seront suggérés au lecteur, ce qui doit lui permettre à la fois de mieux comprendre l'intérêt des méthodes et la nature des données exposées concernant les étapes du développement.

SECONDE PARTIE
Les étapes du développement

IV - L'embryogenèse et le bébé de 0 a 2 ans

Ce chapitre est consacré aux premières aventures physiologiques et aux premières conquêtes psychologiques de l'*homme en développement,* celles qui le conduisent de l'œuf fécondé au bébé de 2 ans. La curiosité du grand public pour cette période de la vie n'a cessé de croître au cours des dernières années : magazines spécialisés, émissions de radio et de télévision, livres et cassettes vidéo traitant de la naissance, des soins aux bébés, de leur éveil — sans oublier les débats bioéthiques : notamment le problème de la fécondation *in vitro* et du transfert d'embryon. Ce regard attentif porté à la petite enfance est, pour une bonne part, suscité par les découvertes des psychologues du bébé, récemment qualifiés de « bébologues », qui ne cessent d'affiner leurs méthodes (voir le chapitre précédent), de préciser leurs observations et de poser des problèmes théoriques nouveaux sur les origines de la vie cognitive, affective et sociale. Les données se bousculent, les débats s'animent et l'effervescence est telle que certains auteurs polémiques, comme Bradley (déjà cité, p. 195), dénoncent la « carte blanche » que les bébés, malgré eux, donnent aux savants pour proférer leur « laïus ». La confrontation des résultats expérimentaux ou la mise à l'épreuve clinique restent toutefois les garants d'une démarche objective.

Nous présentons, dans les pages qui suivent, les connaissances essentielles concernant l'ancrage phylogénétique du bébé humain, l'embryogenèse et la naissance, le développement sensori-moteur et l'intelligence préverbale, l'émergence du langage, le développement affectif et social, et, enfin, les structures de la société adaptées au très jeune enfant.

L'ancrage phylogénétique

Le bébé humain, origine de l'homme « individuel », est lui-même le produit d'une longue évolution collective : celle des espèces en développement. On sait qu'au XVIIIe siècle le naturaliste C. Linné a proposé une classification du règne animal où l'homme figure, aux côtés des grands singes, dans l'ordre des primates. Le caractère purement formel de cette proximité, identifié comme tel par Linné dans un cadre fixiste — les espèces sont fixes, non évolutives —, fut dépassé au XIXe siècle par Darwin *(L'origine des espèces)* dont l'hypothèse de sélection naturelle décrit le mécanisme d'une descendance animale de l'espèce humaine, y compris dans ses caractères psychologiques (voir vol. *HM* et vol. *HB*). Il n'est dès lors plus possible, depuis Darwin, de « détacher » le bébé humain — Doddy Darwin et tous les autres — du gigantesque arbre généalogique dont le *développement* a commencé lors de l'apparition des premiers êtres vivants, bactéries, algues bleues, etc., il y a près de quatre milliards d'années. L'ensemble des modalités et des mécanismes de construction de cet arbre, précisés notamment par la paléontologie, constitue la *phylogenèse* (du grec *phûlon*, la tribu, et *genesis*, l'origine).

Le darwinisme et son éclipse

L'ancrage phylogénétique du bébé renvoie donc, pour l'essentiel, à la théorie darwinienne de l'évolution. Cette théorie a été citée en introduction comme l'un des deux précurseurs, avec l'expérimentalisme, de la psychologie du développement. Mais cette dernière, une fois constituée et institutionnalisée, a quelque peu « oublié » l'arbre généalogique de son objet d'étude. En atteste aujourd'hui encore, chez les néo-structuralistes, les cognitivistes du développement, etc., la rareté des comparaisons précises entre données expérimentales ontogénétiques (développement à l'échelle d'une vie) et phylogénétiques. Seule la psychologie animale, ou psychologie comparée, a toujours préservé, par définition, le lien à la phylogenèse. Mais après une période darwinienne, située à la fin du XIXe siècle, cette psychologie est devenue résolument béhavioriste. Watson s'est alors attaché à dénoncer l'approche mentaliste issue de Darwin (continuité entre les facultés *mentales* de l'homme et de l'animal) et l'ouverture au règne animal s'est le plus souvent réduite à une espèce, le rat, et à un contexte, le laboratoire. Cette rupture béhavioriste, associée à la crise du darwinisme qui secoua les sciences du vivant, suffit sans doute à expliquer, concernant la psychologie du développement au XXe siècle, l'absence de mise en relation *systématique* entre les conduites humaines étudiées et leur ancrage phylogénétique.

Néanmoins, sous l'impulsion du cognitivisme et de son « nouveau mentalisme », l'héritage darwinien est actuellement réhabilité en psychologie : il est reconnu comme le cadre de référence princeps de la psychologie *cognitive* animale. Cette psychologie s'est développée en étroite relation avec la psychologie cognitive humaine et son champ d'investigation s'y conforme : il s'agit d'étudier la cognition ou, plus précisément, la représentation cognitive chez l'animal.

La psychologie cognitive animale

C. R. Gallistel (1990) définit la représentation animale comme un « isomorphisme fonctionnel », c'est-à-dire une correspondance entre un (ou plusieurs) aspect(s) de l'environnement et des processus du système nerveux permettant d'y adapter le comportement. Ce type de représentation implique, selon Gallistel, l'intervention d'un « calcul » sur les résultats des entrées sensorielles, d'où le schéma cognitiviste classique : informations (entrées sensorielles) ⇒ représentation + calcul ⇒ comportement. Du point de vue de la psychologie du développement, les exemples les plus frappants de psychologie cognitive animale sont les études d'inspiration piagétienne. Il a été récemment montré, dans cette perspective, que des acquisitions intellectuelles fondamentales tels la permanence de l'objet, l'inférence transitive, la conservation des quantités, le nombre, etc. (acquisitions qui seront décrites avec précision dans la suite de l'ouvrage) ne sont pas le propre de l'homme. Le chimpanzé, par exemple, est capable : 1 / de retrouver un objet disparu même si celui-ci a subi des déplacements intermédiaires invisibles (stade terminal de la permanence de l'objet selon Piaget) ; 2 / de réaliser des inférences transitives du type « si A < B et B < C, alors A < C », avec A, B et C = des récipients de tailles différentes et < = « moins de nourriture que » (le singe-écureuil est également capable d'inférences de ce type) ; 3 / de juger correctement, par manipulation de pièces en plastique représentant des mots comme « même » et « différent », de l'invariance d'une quantité de liquide après son transvasement d'un récipient à un autre de taille différente ; 4 / de réaliser de véritables opérations de comptage. Soulignons que certaines de ces capacités cognitives s'observent également dans d'autres espèces : la permanence de l'objet chez le chaton (qui n'atteint cependant pas le stade piagétien terminal, accessible au chimpanzé et au bébé humain), les conduites de repérage numérique chez les oiseaux (corbeaux, choucas, pigeons), etc. Bref autant de données qui, sans céder à l'anthropocentrisme, conduisent, pour le moins, à réinvestir la thèse darwinienne de la continuité mentale de l'animal à l'homme (voir l'encart 9).

ENCART 9

La continuité mentale de l'animal à l'homme

Dans son ouvrage, *L'intelligence de l'animal* (Paris, Seuil, 1992), J. Vauclair souligne que « [...] de très nombreuses espèces animales, à différents niveaux phylogénétiques, appliquent [comme l'homme] des traitements cognitifs aux objets du monde qui les environnent. La ressemblance de ces traitements viendrait à l'appui de la thèse darwinienne de la continuité mentale de l'animal à l'homme. L'élément permanent de cette continuité est à chercher dans la présence d'une fonction généralisée de représentation. Des distinctions sont cependant nécessaires pour repérer des niveaux de traitement dans cette fonction de représentation. Il s'agit de dégager les types de rapports et de relations que l'organisme actif met en jeu, depuis les simples couplages temporels et spatiaux jusqu'à des équivalents d'opérations logiques » (p. 33).

On peut dire, pour conclure en un bref raccourci historique, que Descartes (1596-1650), et son « animal-machine », a jadis consacré l'idée d'un dualisme entre l'homme (l'esprit) et l'animal (la machine), que Darwin a réhumanisé les animaux et que le béhaviorisme a quelque peu déshumanisé l'homme. Reste, aujourd'hui, sous l'impulsion de la psychologie cognitive animale — qui s'interroge également sur la cognition sociale, l'intentionnalité, la conscience, etc. —, à cerner au plus près ce qui rapproche, *et ce qui singularise,* l'homme des autres animaux : du protozoaire au grand singe (voir vol. *HC*). Cette psychologie comparée, dont la paternité darwinienne est actuellement réaffirmée (en dépit de débats théoriques que nous n'exposerons pas ici : anagenèse *versus* équilibres ponctués, par exemple), constitue sans aucun doute l'une des clés du *Mystère humain,* selon l'expression du neurologue J. C. Eccles, et, *a fortiori,* de l'étude scientifique de l'homme en développement.

L'embryogenèse et la naissance

L'ontogenèse marque, par rapport au « temps long » de la phylogenèse (des bactéries et algues bleues à l'homme), le « temps court » du développement à l'échelle d'une vie. Ce développement est jalonné par de nombreuses étapes dont la première précède la naissance proprement dite : c'est l'embryogenèse qui conduit de la fécondation au bébé humain. Et l'embryogenèse recouvre elle-même trois sous-étapes : pré-embryonnaire, embryonnaire et fœtale — l'expression d'embryogenèse est ici générique. L'événement de la naissance marque alors le terme d'une première vie, la vie intra-utérine, et l'entrée effective dans le monde des vivants : le fœtus devient un nouveau-né dont les comportements programmés, les réflexes archaïques ou automatismes primaires, constituent le répertoire initial de fonctionnement.

La vie de l'embryon

Qu'est-ce qu'un embryon humain ? Quand est-il animé ? Comment se développe-t-il ? Autant de questions cruciales qui figurent à l'avant-plan des débats bioéthiques actuels concernant la légitimité de la procréation assistée : Fécondation *in vitro* et transfert d'embryon (FIVETE). Il n'a cependant pas fallu attendre le XXe siècle, et le pouvoir anonyme de sa technoscience, pour voir ces questions heurter la conscience, ou pour le moins la curiosité, des esprits savants. Dès la plus haute antiquité, le problème de la formation de l'être vivant a été posé en termes scientifiques, métaphysiques et théologiques (même si notre éthique actuelle, concernant « l'homme naissant », était alors inexistante : voir l'Introduction). La question de l'animation de l'embryon humain a été débattue par toutes les civilisations qui forgèrent le destin de la rationalité occidentale : grecque, romaine, byzantine et chrétienne d'Occident. C'est néanmoins sous l'impulsion des expérimentations biomédicales entreprises à partir du XVIIe siècle, et de l'évolution des techniques d'observation (notamment le microscope optique), que s'est précisée la conception scientifique actuelle du développement embryonnaire. Avant d'exposer cette conception, il est important de rappeler le débat qui a opposé, au XVIIIe siècle, la thèse de l'épigenèse à celle de la préformation.

Préformation ou épigenèse ?

Dans l'espèce humaine, comme dans toutes les espèces sexuées, l'origine de l'individuation d'un nouvel organisme vivant est l'œuf fécondé. Mais que contient cet œuf ? Question redoutable, s'il en est, qui a focalisé toute l'embryologie du XVIIIe siècle sur la confrontation de deux perspectives antinomiques : le préformationnisme et l'épigénétisme. Selon la première perspective, l'œuf fécondé contient d'emblée, en réduction, l'ensemble des parties de l'organisme adulte. Il s'agit d'un œuf mosaïque considéré comme un *homunculus* préformé et « prêt » à croître tel quel. Selon la seconde perspective, l'œuf fécondé est un tout peu différencié — en aucun cas une mosaïque de type *homunculus* — qui a la spécificité d'être le *vecteur d'un programme.* Ce programme assure, à partir du tout initial, le développement de structures nouvelles par prolifération cellulaire : c'est l'épigenèse (du grec *epigignesthai,* naître après, se produire à la suite de).

Fort d'un expérimentalisme systématique et incisif, le XIXe siècle a permis de trancher définitivement entre ces deux perspectives, au profit de la seconde. Il n'est en effet aucun traité d'embryologie récent qui ne souligne le caractère épigénétique du développement embryonnaire. Plus précisément, la position actuelle est celle d'un développement épigénétique (au sens qui vient d'être défini : naître après) contrôlé par les gènes (déterminisme héréditaire) et par les conditions de milieu. C'est dans le cadre de cette conception que sont décrites ci-dessous les premières étapes de vie de l'organisme humain : pré-embryonnaire, embryonnaire et fœtale (voir aussi vol. *HB*).

L'étape pré-embryonnaire

Point de départ de l'individuation de l'homme en développement, l'œuf fécondé, ou zygote, est constitué par la fusion de deux cellules sexuelles, les gamètes, fournies l'une par le père (gamète mâle : le spermatozoïde), l'autre par la mère (gamète femelle : l'ovule ou œuf vierge). A l'issue de cette fusion, l'œuf comporte 46 chromosomes répartis en 23 paires, renfermant chacune un chromosome parternel et un chromosome maternel qui sont porteurs des gènes — constitués par l'ADN : acide désoxyribonucléique — responsables de l'hérédité. Ces chromosomes contiennent le devis génétique complet du nouvel individu : son *génome* ou *génotype* dont l'expression, dans le cadre d'un environnement donné, définira son *phénotype* (caractéristiques morphologiques, comportementales, etc.). A partir de cette cellule-œuf, localisée au niveau de la trompe de l'oviducte (canal rattaché à l'ovaire), s'opèrent une série de divisions cellulaires successives ou mitoses dont la première, qui survient en moins de douze heures après la fécondation, marque le début de l'*ontogenèse* : une cellule C, initialement l'œuf fécondé, composée de 46 chromosomes se segmente en deux cellules C_1 et C_2 composées, chacune, de 46 chromosomes, et ainsi de suite. Au cours de cette phase de segmentation, pendant laquelle l'œuf se déplace vers l'utérus pour s'y implanter (voir la fig. 15), l'ensemble de (sub)cellules générées (blastomères) se différencie en deux parties : l'une, périphérique, constituée des cellules qui formeront plus tard les annexes embryonnaires, ou placenta, responsables de la nutrition de l'embryon à partir des éléments métaboliques puisés dans le sang maternel (partie appelée le trophoblaste) ; l'autre, centrale, qui correspond à l'origine de l'embryon proprement dit, d'où son nom de « bouton embryonnaire ».

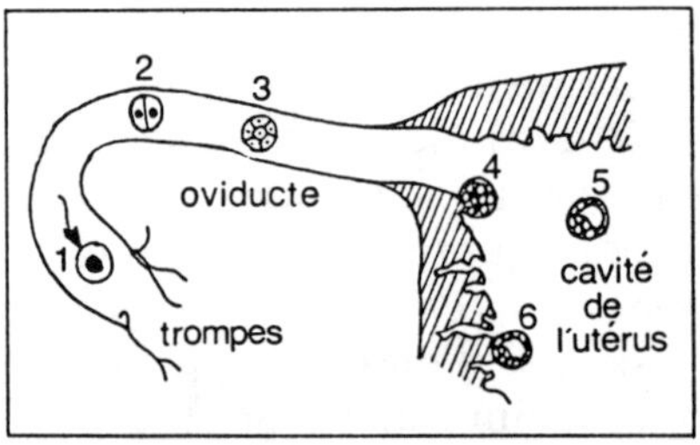

Fig. 15 - La première semaine de développement après la fécondation (d'après M. Hurtig et J.-A. Rondal (éds.), *Introduction à la psychologie de l'enfant,* vol. 1, Bruxelles, Mardaga, 1981, p. 97)

Vers la fin de la première semaine, l'œuf est implanté dans la muqueuse utérine et s'opère alors la délamination de deux couches de cellules, ou feuillets, du bouton embryonnaire : l'ectoblaste au niveau dorsal et l'endoblaste au niveau ventral ; les annexes embryonnaires se différenciant simultanément. Un troisième feuillet, le mésoblaste, s'intercale ensuite entre les deux premiers. Au cours de la deuxième semaine, sont ainsi mis en place : l'endoblaste qui formera les systèmes digestif et pulmonaire ; le mésoblaste, origine des muscles et des tissus de soutien, du squelette, des systèmes circulatoire et uro-génital ; et l'ectoblaste qui générera, d'une part, l'épiderme (épiblaste) et, d'autre part, le système nerveux et les organes des sens. Le processus impliqué dans cette spécialisation cellulaire est la *gastrulation.*

L'étape embryonnaire

De la cellule-œuf initiale à la mise en place, par gastrulation, des trois feuillets de base, l'œuf a considérablement grandi : il est alors convenu de parler d'embryon. L'élément essentiel du développement qui survient à ce moment est la neurulation, c'est-à-dire la construction de l'axe cérébro-spinal, siège du système nerveux central (ce développement est illustré dans la fig. 16). Peu avant la troisième semaine, un épaississement partiel de l'ectoblaste donne lieu à la formation d'une plaque (couches de cellules épaissies) dite « plaque neurale ». Rapidement, celle-ci se creuse et prend l'aspect d'une gouttière dont les bords se rapprochent l'un de l'autre jusqu'à la formation d'un tube : le tube neural, ébauche de la moelle épinière et de l'encéphale (cerveau, cervelet, tronc cérébral). Trois subdivisions s'opèrent ensuite dans la partie antérieure du tube neural, subdivisions qui correspondent aux cerveaux antérieur ou prosencéphale, moyen ou mésencéphale et postérieur ou rhombencéphale ; le premier et le troisième se subdivisant à leur tour, d'où la délimitation suivante : télencéphale, diencéphale, mésencéphale, métencéphale et myélencéphale. C'est à partir du diencéphale que se met en place le système optique. L'oreille interne est, pour sa part, issue d'une placode auditive formée par un épaississement local de l'ectoblaste extérieur au système nerveux central.

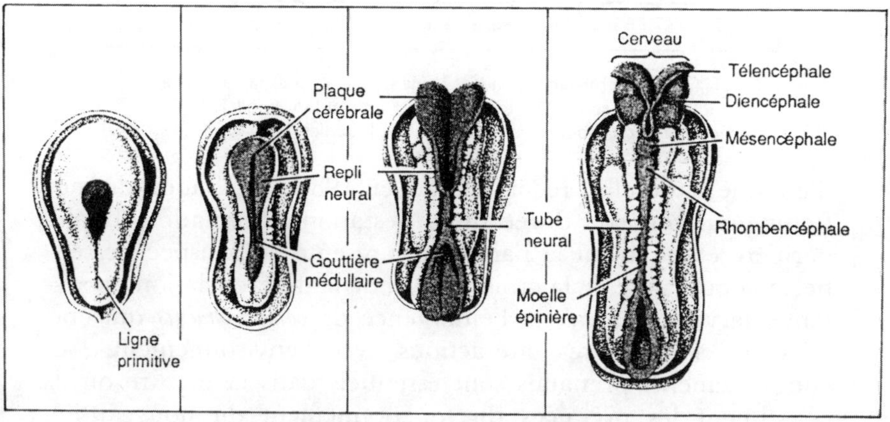

Fig. 16 - Le processus de neurulation
(d'après M. R. Rosenzweig et A. L. Leiman,
Psychophysiologie, Paris, InterEditions, 1991, p. 102)

Outre la neurulation, le stade embryonnaire est caractérisé, à partir de la cinquième semaine, par une accélération du développement morphologique qui conduit, vers huit semaines, à un embryon de trois centimètres présentant l'ébauche de la plupart des membres du corps humain (voir la fig. 17). La tête est distincte du corps, les yeux, le nez et la bouche sont identifiables, les doigts et les orteils sont séparés. Bref, l'embryon possède, sous une forme rudimentaire, les principales caractéristiques de l'homme, ce qui marque le passage du stade embryonnaire au stade fœtal.

L'étape fœtale

A partir du troisième mois après la fécondation, il est généralement convenu de parler de fœtus — le Comité national

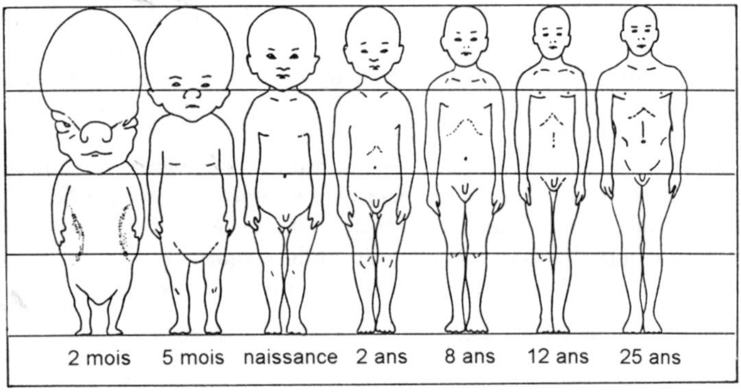

Fig. 17 - La croissance pendant la vie fœtale et après la naissance (d'après Jackson, 1928, repris par M. Hurtig et J.-A. Rondal (éds.), *Introduction à la psychologie de l'enfant,* vol. 1, Bruxelles, Mardaga, 1981, p. 102)

d'éthique a toutefois recommandé, en 1988, l'utilisation du mot fœtus pour toute la durée de la gestation. L'évolution fœtale, dernière étape avant la naissance, présente deux aspects essentiels : la poursuite de la croissance et de la différenciation du système nerveux central, et l'émergence de *comportements* qui établissent les premières interactions avec l'environnement. Ces comportements prénatals sont essentiels dans la mesure où ils constituent les prémices du fonctionnement du nouveau-né. Mais quels sont ces comportements, dans quel environnement s'inscrivent-ils et comment cet environnement est-il perçu par le fœtus ? Autant de questions qui ont conduit les psychologues à utiliser des méthodes ingénieuses, telles les techniques fondées sur les ultrasons (la cardiotocographie et l'échographie) ou l'introduction de microphones *in utero,* pour observer, au plus près, le développement sensoriel et moteur du fœtus.

Tous les systèmes sensoriels atteignent leur maturation fonctionnelle avant la naissance et leur ordre de développement est commun à l'ensemble des vertébrés : toucher, équilibre (système vestibulaire), olfaction-gustation, audition et vision. En ce qui concerne le toucher, par exemple, le fœtus a de très nombreuses occasions d'interaction tactile sucitées par les déplacements maternels et ses propres déplacements. Ces contacts, avec les parois utéro-placentaires et entre les différentes parties de son corps, peuvent déclencher des réflexes d'orientation buccale : on peut voir à l'échographie des fœtus « suçant leur pouce ». On a également pu mettre en évidence, par expérimentation (notamment par attouchement avec un fin stylet) sur des fœtus en état de survie provisoire, des réactions après stimulation faciale — en particulier dans la région de la bouche — ou après stimulation des mains et des pieds. Un autre exemple significatif du développement fœtal est celui de l'audition. Le fœtus vit dans un environnement auditif tout à fait particulier, appelé le bruit de fond intra-utérin. Celui-ci est constitué 1 / de bruits endogènes, tels les bruits cardio-vasculaires maternels et fœtaux ainsi que les borborygmes digestifs, et 2 / de bruits externes, telles la voix humaine et la musique, qui, malgré une atténuation notable, atteignent le fœtus. Les réactions auditives de ce dernier sont attestées par de nombreux indices : le rythme cardiaque, les réponses motrices ou mouvements réflexes, tel le « sursaut », et les réponses électrophysiologiques (ou potentiels évoqués) et histochimiques.

Compte tenu de ces réactions fœtales spontanées, les psychologues se sont interrogés sur la possibilité d'*apprentissages* prénatals : l'expérience sensorielle *in utero* a-t-elle, par un processus d'intégration cognitive de type habituation ou conditionnement, une incidence sur les réponses comportementales pré- et postnatales? Concernant l'habituation, il a été montré, par exemple, que des nouveau-nés soumis pendant leur vie fœtale à des bruits externes d'avion (gestation dans le voisinage d'un aéroport) sont *habitués* — au sens défini dans le chapitre III — à ces stimulations auditives : plus la période d'exposition prénatale a été longue et a débuté tôt dans la gestation, moins les bébés se réveillent et pleurent au passage des avions. Le phénomène d'apprentissage observé est spécifique, car les mêmes bébés se réveillent à l'émission d'une séquence musicale dont le spectre est analogue en énergie et en fréquence. De nombreuses études ont également montré l'existence d'effets d'habituation sur le fonctionnement prénatal lui-même en utilisant des stimulations auditives diverses, induites au niveau du bruit de fond intra-utérin, et en mesurant la disparition progressive de réponses motrices ou cardiaques du fœtus. Concernant le conditionnement, les données prénatales sont rares. Certains psychologues ont récemment soutenu qu'il est possible de réaliser un conditionnement entre une stimulation musicale et des mouvements du fœtus non spontanément provoqués par cette stimulation. Ces résultats restent toutefois à reproduire et à généraliser. Mais quels que soient les processus élémentaires à l'œuvre avant la naissance et leurs rapports avec les processus postnatals (quels rapports, par exemple, entre l'habituation fœtale et l'habituation observée chez le bébé de 4 à 10 mois ?), il est aujourd'hui établi que l'expérience sensorielle fœtale a une incidence déterminante sur le fonctionnement du nouveau-né, notamment sur les *préférences* qu'il manifeste lors du traitement de l'information.

Voici quelques exemples d'étude de l'origine fœtale des préférences du bébé humain. Ces exemples sont extraits d'une revue de questions de J.-P. Lecanuet et C. Granier-Deferre (1990) sur les *perceptions fœtales.* « [...] Les mesures de D. Querleu *et al.* permettent d'envisager que l'exposition prolongée à la voix maternelle et celle, plus limitée, aux autres voix de l'environnement induisent le développement de préférences pour : 1 / la voix maternelle ; 2 / la langue maternelle ; 3 / des séquences parlées ou chantées, selon un processus analogue à l'empreinte décrite chez l'animal » (p. 26). [...] « Dans une étude de B. J. Satt, des futures mères diffusent quotidiennement, pendant les dernières semaines de leur grossesse, l'enregistrement de leur voix chantant une berceuse originale. Au cours du test de choix postnatal [...], les nouveau-nés préfèrent la berceuse familière à une berceuse témoin également enregistrée par la mère. Dans la recherche de A. J. De Casper et M. J. Spence, les futures mères lisent à haute voix une histoire pendant les six dernières semaines de la grossesse. Au cours du test de choix postnatal, les nouveau-nés préfèrent cette histoire à une histoire nouvelle, différente quant aux sonorités principales et à la prosodie, et ceci même lorsque les deux histoires sont lues, lors du test, par une voix de femme inconnue. Les sujets témoins ne montrent pas de préférence spontanée pour l'une ou l'autre des histoires » (p. 28-29). (Les perceptions fœtales, *in* F. Jouen et A. Hénocq (éds.), *Du nouveau-né au nourrisson,* Paris, PUF, 1990).

Ajoutons également que les mouvements réflexes observables chez le fœtus deviendront partie intégrante de réflexes postnatals plus complexes. On relève ainsi, dès vingt semaines après la fécondation, l'ébauche de quelques réflexes primaires (la succion, par exemple) au niveau de la face et des membres supérieurs. Par ailleurs, outre l'accent qui vient d'être mis sur l'aspect comportemental de la vie fœtale, il est évident que le fœtus connaît simultanément un extraordinaire développement physique : taille, poids, tonus (de l'hypotonie totale à la tonicité), etc. Pour ne retenir que l'exemple de la taille, celle-ci croît de trois centimètres, à la fin du stade embryonnaire, à environ cinquante centimètres lors de la naissance à terme. Le phénomène de développement est plus impressionnant encore si l'on calcule le rapport entre l'œuf fécondé (environ 0,1 mm) et le nouveau-né : la cellule initiale augmente sa taille de 5 000 à 6 000 fois ! En d'autres termes, et *a fortiori* si l'on tient compte de l'ancrage phylogénétique, la naissance du bébé humain est déjà le crépuscule d'un parcours étonnant.

La naissance et les réflexes du nouveau-né

En dépit de l'émerveillement qu'elle peut susciter pour l'adulte parent ou scientifique, la naissance est vraisemblablement vécue par le fœtus comme le passage brutal d'un état paisible à un état d'agression (voir vol. *HB*). La vie postnatale commence, à l'évidence, par une souffrance physique liée, d'une part, aux effets immédiats de l'accouchement sur le corps du fœtus (positions inconfortables, manipulations et soins médicaux) et, d'autre part, au changement d'environnement : le fœtus passe brusquement d'un milieu liquide et confiné à un milieu « à l'air libre » où la lumière, si réduite soit-elle, est éblouissante, les bruits non atténués et la température nettement inférieure à celle connue *in utero*. Rien de surprenant, dans ces conditions, que le « choc » suscite un cri, diversement interprété par les psychologues : le traumatisme initial selon les psychanalystes (Lucrèce y voyait un signe de détresse devant la misère de l'existence humaine !). De surcroît, la coupure du cordon ombilical impose au nouveau-né de *faire face seul* pour assurer sa survie : notamment, et avant tout, son oxygénation. Bref, force est de constater que l'univers du petit homme ne s'apparente en rien au jardin d'Eden. Certains obstétriciens, à la suite de F. Leboyer, tentent néanmoins d'aménager des « micro-paradis » en préconisant une méthode de « naissance sans violence » : atténuation des stimulations externes (pièce peu éclairée, etc.), premiers soins médicaux légèrement différés et maintien du contact mère-bébé.

Du point de vue morphologique, le poids du nouveau-né est en moyenne de trois à quatre kilos pour une taille d'une cinquantaine de centimètres. L'aspect le plus prégnant de son apparence est la dimension de sa tête qui, relativement à la taille totale du corps, est beaucoup plus importante qu'elle ne l'est chez l'enfant ou chez l'adulte (voir la fig. 17). En ce qui concerne le tonus musculaire, dont la fonction est de *créer* et *maintenir* la posture, le nouveau-né manifeste : 1 / une hypertonicité des muscles fléchisseurs associée à une absence d'inhibition de la contraction musculaire, d'où une attitude incurvée : membres antérieurs et postérieurs fléchis ; et 2 / une hypotonie axiale qui rend impossible le maintien de la verticalité du corps, d'où une tête ballante et l'absence de position assise non soutenue. La motilité du nouveau-né, c'est-à-dire son aptitude à effectuer des mouvements spontanés ou réactionnels, est relativement massive et anarchique. Elle comporte une motilité faciale, qui ne relève pas encore de la mimique, et une agitation des membres : le « pédalage » notamment. La motilité faciale présente un double aspect : une crispation du visage accompagnée de cris qui traduit une insatisfaction (alimentaire ou autre) et un pseudo-sourire — ou proto-sourire ? — caractérisé par une détente musculaire de la face révélant un état de « confort » endogène.

D'une façon générale, les psychologues, dont Freud, Piaget et Wallon pour les plus classiques, ont toujours décrit les premières relations du nouveau-né avec le réel comme marquées d'une *indifférenciation* : Wallon parle de symbiose pour désigner une forme de « prolongation » de la vie intra-utérine (cette thèse de l'indifférenciation est aujourd'hui discutée : voir l'encart 10). Toutefois, et en raison même de cette vie intra-utérine, le bébé possède, dès sa naissance, un riche héritage fœtal qui structure son fonctionnement. L'aspect le plus spécifique de cet héritage, témoin de l'intégrité neurologique du nouveau-né, est l'ensemble des montages comportementaux, dits « réflexes archaïques » ou « automatismes primaires ». Certains d'entre eux ont une fonction adaptative essentielle (les automatismes de succion et de déglutition, par exemple) alors que d'autres semblent être les résidus de comportements phylogénétiquement disparus. Présents dès la naissance, ces montages comportementaux s'intègrent ensuite dans des montages plus complexes ou disparaissent.

ENCART 10

« Bébé-automate-primaire » ou « bébé-complexe-corticalisé » ?

Soulignons, dès ici, qu'il n'est plus question aujourd'hui de réduire la psychologie du nouveau-né à celle d'un « bébé-automate-primaire ». Ainsi que l'écrivent Jouen et Hénocq (réf. déjà mentionnée), « [...] la représentation du nouveau-né comme un organisme archaïque, n'émergeant que de courts instants d'un sommeil quasi fœtal, sous-cortical et essentiellement dominé par un équipement réflexe au service de la satisfaction des besoins élémentaires, a brusquement cédé la place à une représentation du nourrisson comme un organisme extrêmement complexe, présentant des niveaux de fonctionnement corticalisés et développant toute une activité comportementale difficilement explicable par la présence de simples arcs réflexes » (p. 2). Il n'en reste pas moins que l'équipement réflexe est une composante essentielle du fonctionnement du nouveau-né, et c'est pourquoi nous en donnons quelques exemples dans le texte. Concernant le « bébé-complexe-corticalisé », il en sera fait état plus loin lorsque nous traiterons des données récentes sur les compétences précoces.

Quatre réflexes (ou groupes de réflexes) sont, pour l'analyse psychologique, particulièrement intéressants : 1 / le réflexe de Moro qui illustre le caractère évolutif de la neurologie infantile ; 2 / le réflexe d'agrippement (en anglais *grasping-reflex*) en raison de la préfiguration qu'il donne de la préhension et du rôle qu'il peut jouer dans son évolution ; 3 / le réflexe de fouissement (en anglais *rooting-reflex*) et les réflexes labiaux, de succion et de déglutition, dont l'importance est évidente dans la fonction nutritionnelle (et dans certaines théories, celles de Freud et de Piaget par exemple) ; et 4 / le réflexe de la marche automatique qui est particulièrement surprenant — le bébé marche à la naissance ! — et qui a suscité plusieurs expériences visant à préciser les liens développementaux entre automatismes primaires et activités contrôlées.

Les descriptions données ci-dessous sont empruntées, pour les trois premières, à E. Vurpillot (*Grand dictionnaire de la psychologie,* Paris, Larousse, 1991, p. 313 et 479) et à J.-P. Dufoyer (*La naissance et le développement de la personnalité dans la première année de vie,* Paris, PUF, 1987, p. 28-30).

Le réflexe de Moro : « [...] Ce réflexe se décompose en deux phases : tout d'abord, les bras s'écartent du corps, le dos s'arque et la tête est rejetée en arrière, puis les membres supérieurs reviennent en flexion et adduction. Une des meilleures façon d'obtenir le réflexe de Moro consiste à imprimer au bébé un mouvement brusque d'ascension ou de descente, ou bien à soulever, sans déplacer son point d'appui occipital, la tête du nourrisson couché sur le dos et à la laisser retomber sur le plan du lit. Le réflexe de Moro, normalement présent à la naissance, disparaît entre 3 et 6 mois. Sa persistance au-delà de 6 mois est considéré comme un signe pathologique [du point de vue neurologique] ». Ajoutons que ce réflexe peut être observé, sous forme incomplète, chez le fœtus.

Le réflexe d'agrippement : « [...] Ce terme unique recouvre, en fait, deux réflexes ou deux parties d'un même réflexe. Le premier est provoqué par la stimulation de la face interne des doigts. Ceux-ci se fléchissent alors dans l'ordre suivant : médius, annulaire, auriculaire, index, et maintiennent fortement serré l'objet présenté. Le second a pour cause une forte pression sur les tendons des doigts ; c'est en ce sens qu'il peut évidemment suivre l'exécution du précédent. Il a été nommé *réflexe tonique des fléchisseurs* des doigts par André-Thomas. Il est beaucoup plus puissant que le précédent et peut diffuser à tout le membre supérieur. C'est ainsi que l'expérimentateur peut, en présentant un doigt qu'il met dans la main du sujet, voir cette dernière se serrer dessus et soulever ainsi tout le corps de l'enfant. Le premier de ces automatismes disparaît vers 3 mois, le second vers 9 à 10 mois. » Soulignons que le réflexe d'agrippement qui, comme on vient de le mentionner, disparaît à un moment donné du développement, joue un rôle décisif dans la genèse de la préhension volontaire. Nous y reviendrons plus loin.

Le réflexe de fouissement : Il s'agit d'une « [...] rotation de la tête du bébé du côté où la joue ou la région péribuccale vient d'être stimulée. Ce réflexe favorise la localisation d'une source de nourriture : sein ou biberon. Il peut être observé pratiquement dès la naissance, mais seulement lorsque le nourrisson est éveillé ».

Les réflexes labiaux, de succion et de déglutition. « Réflexes également fondamentaux pour l'alimentation du nouveau-né, ils s'inscrivent à la suite d'un réflexe de fouissement [...]. Les lèvres et la langue se dirigent vers l'objet excitateur, puis la seconde se retire, les lèvres se referment sur l'objet et la succion commence. Ce réflexe peut être obtenu avec pratiquement n'importe quoi. Beaucoup d'auteurs rapportent l'observation initiale de Preyer qui a constaté chez un enfant en train de naître, et dont seule la tête se montrait, que le bout d'un crayon glissé entre les lèvres provoquait cette succion. [...] Cet automatisme peut persister assez longtemps, jusque chez des enfants de 10 mois pendant le sommeil léger. [...] On parle peu des réflexes de déglutition. Ils sont pourtant aussi importants et indispensables puisqu'ils assurent l'ingestion de la nourriture. Ils ne disparaissent pas, mais deviennent volontairement contrôlables. » On rappelle ici que des activités de succion peuvent être observées, dès le stade fœtal, par échographie.

Le réflexe de la marche automatique. A - *Stimulation et réaction.* Le nouveau-né est placé verticalement de manière que soit favorisé le contact de la plante des pieds avec le support (une table). On voit alors le bébé prendre appui activement sur ses pieds et se redresser en étendant ses jambes et ses cuisses. Si, à ce moment, on incline légèrement le bébé en avant, on le voit effectuer des mouvements alternés de flexion et d'extension des membres inférieurs qui le propulsent en avant et lui font réaliser des pas de marche d'environ vingt centimètres. B - *Présence et disparition.* Le réflexe de marche automatique est normalement présent à la naissance et il disparaît à partir de 2 mois. Ce fait est confirmé par les expériences de Ph. Zelazo, présentées ci-après. C. Koupernik et R. Dailly (*Développement neuro-psychique du nourrisson,* Paris, PUF, 1976) notent des disparitions entre le quatrième et le cinquième mois. André-Thomas, cité par ces auteurs, considère qu'il existe un hiatus entre le moment où disparaît la marche automatique et celui où apparaît la marche définitive. On va voir que cet intervalle témoigne, pour Zelazo, d'une « atrophie » du réflexe liée au défaut d'exercice et non d'une réelle disparition. C - *L'exercice de la marche automatique : les expériences de Zelazo* (From reflexive to instrumental behavior, *in* L. P. Lipsitt (éd.), *Developmental Psychology,* Hillsdale, Laurence Erlbaum, 1976, p. 88-104).

a / Première expérience. L'hypothèse générale est la suivante : les réflexes (ou, pour le moins, certains réflexes) du nouveau-né ne disparaissent pas mais gardent leur identité à l'intérieur de systèmes de moins en moins stéréotypés et de plus en plus hiérarchisés où ils sont progressivement contrôlés. Par conséquent, si la marche automatique disparaît, ce serait, selon Zelazo, faute d'exercice. Le but de l'expérience est d' « entraîner » le nouveau-né à la marche automatique par un bref exercice journalier. Quatre groupes de bébés âgés de huit jours ont été étudiés (les numéros ci-après correspondent aux quatre groupes) : 1 / les bébés ont un exercice de douze minutes de marche automatique chaque jour pendant sept semaines et un test de marche automatique chaque semaine ; 2 / les bébés sont soumis à un exercice « passif » de douze minutes chaque jour pendant sept semaines (les bébés sont assis et leurs bras et jambes sont doucement exercés), avec un test de marche automatique chaque semaine ; 3 / aucun exercice mais un test de marche automatique chaque semaine ; et 4 / aucun exercice et un seul test à la huitième semaine. Les exercices (groupes 1 et 2) sont effectués par les mères sous le contrôle de l'expérimentateur, les tests par l'expérimentateur. Lors des tests, l'expérimentateur relève le nombre de réponses de marche, c'est-à-dire le nombre de pas, pendant une minute. Les résultats sont les suivants. Il s'agit du nombre moyen de pas observés pour chaque groupe aux tests de la première et de la huitième semaines (uniquement la huitième semaine pour le groupe 4) : groupe 1 : *8* et *30*; groupe 2 : *7,8* et *3,* groupe 3 : *5,4* et *3*; et groupe 4 : *0.* Selon les auteurs, l'accroissement, par un exercice actif (groupe 1), des réponses de marche procède de la transformation d'une réponse réflexe en une réponse instrumentale. Il y aurait donc « apprentissage », ce qui implique l'intégration de la conduite réflexe dans un système plus complexe. L'absence de la marche chez les enfants du groupe 4 confirme la disparition comportementale — l'« atrophie » — de la conduite réflexe dès l'âge de 2 mois si elle n'est pas exercée.

b / Seconde expérience. Le but de cette étude, dont nous mentionnerons seulement les résultats généraux, est de tester l'entraînement de la réponse de marche à l'âge critique de disparition présumée du réflexe : de huit à seize semaines. Si le réflexe disparaît réellement à cet âge, alors l'exercice ne devrait plus provoquer d'accroissement de la réponse ; du moins la réponse nécessiterait un exercice accru. Trois groupes de bébés ont été étudiés, se différenciant par le moment du début et de la fin de l'entraînement : de deux à huit semaines, de six à douze semaines et de dix à seize semaines. Les trois groupes présentent *un accroissement constant et régulier*, mesuré chaque semaine, du nombre moyen de pas. Ce résultat est évidemment particulièrement intéressant concernant les deuxième et troisième groupes. Selon Zelazo, la marche automatique, loin de disparaître, garde son identité et reste utilisable. D'autres facteurs — telles une incapacité musculaire par défaut d'exercice — empêchent sans doute sa mise au jour à partir d'un certain âge. Les résultats observés dans ces expériences témoignent dès lors davantage de l'établissement progressif — ici, « entraîné » — d'un contrôle cortical sur une programmation originelle, que de la disparition d'une réponse existante lors de l'apparition d'un système entièrement nouveau.

Ainsi que l'illustre parfaitement le réflexe de marche automatique (comme celui d'agrippement d'ailleurs), le problème crucial qui se pose ici est d'expliquer le passage — rupture ou intégration ? — du fonctionnement réflexe de type sous-cortical au fonctionnement cortical et contrôlé qu'il préfigure. On peut, d'une façon générale, donner une explication en termes de facteurs endogènes de développement, la maturation biologique, et dire que l'action inhibitrice du cortex fait disparaître les réflexes archaïques et permet l'apparition de comportements volontaires. Il reste que le concept de maturation véhicule, en psychologie, une certaine opacité et ne conduit pas toujours à gagner en précision. Les chercheurs reconnaissent aujourd'hui qu'on ne peut lier le passage *de l'activité réflexe à l'activité comportementale* à un palier ou à un niveau de maturation globalement défini. De surcroît, les données expérimentales permettent difficilement de trancher entre la thèse d'une rupture, ou inhibition des réflexes archaïques, et celle d'une intégration. Les expériences de Zelazo résumées ci-dessus incitent à privilégier, concernant la marche automatique, la thèse d'une intégration : un établissement progressif du contrôle cortical sur une programmation originelle.

Mais d'autres données indiquent que les réponses de marche automatique, et leurs avatars, n'influent pas sur les conduites posturales ultérieures : il y aurait donc rupture. Bref, les réflexes du nouveau-né posent aux psychologues une double interrogation à laquelle il leur est difficile de répondre : les réflexes doivent-ils nécessairement disparaître pour faire place à des ensembles comportementaux construits et non plus montés, à contrôle cortical et non plus sous-cortical, ou doivent-ils être au contraire sollicités et exercés, de façon à permettre à des précablages génétiques de nouvelles utilisations dans des conduites fonctionnellement utilisables ? Quoi qu'il en soit, on verra dans la suite de l'exposé qu'en dépit ou en marge de cette interrogation, toutes les théories du développement intègrent l'équipement réflexe du nouveau-né comme composante génétique initiale (au sens de genèse). L'exercice des schèmes réflexes est le premier sous-stade sensori-moteur du développement cognitif selon Piaget, Wallon parle « d'impulsivité motrice » qui précède le stade émotionnel et Freud retient les activités bucco-labiales, dont les précurseurs sont automatiques, comme le point de départ du fonctionnement affectif.

Le développement sensori-moteur et l'intelligence préverbale

L'embryogenèse et l'événement de la naissance ayant été décrits, on peut à présent aborder l'analyse des étapes du développement entre 0 et 2 ans. Celles-ci sont caractérisées par des progrès prodigieux de la *sensorialité* et de la *motricité*, progrès intimement liés aux premières manifestations de l'*intelligence*. L'exposé que l'on en propose est organisé en quatre points : l'analyse des composantes motrices fondamentales (posture, marche et préhension), la description du stade sensori-moteur selon Piaget, l'état des recherches récentes sur les compétences précoces du bébé (imitation, relations sensorielles, unité et permanence de l'objet, catégorisation) et, enfin, la présentation des théories néo-structuralistes (celles de Case, de Halford et de Fischer).

Trois aspects essentiels du développement sensori-moteur

Quels que soient la position théorique adoptée sur les origines du développement humain et le secteur du développement étudié, il est incontestable que trois composantes motrices sont essentielles à la conquête du réel : la posture, la marche et la préhension. Elles conditionnent, à tout moment, les relations que le bébé peut établir et entretenir avec les objets et les partenaires sociaux qui l'entourent. Les deux premières composantes, la posture et la marche, sont elles-mêmes étroitement contraintes par la régulation du tonus.

La posture : maintien de la tête, station assise et station debout

Le développement postural est jalonné par trois acquisitions clés : le maintien de la tête, la station assise et la station debout — l'accès à la marche, qui se greffe sur ces acquisitions, sera traité dans le point suivant. Ainsi qu'on l'a indiqué plus haut, le bébé présente initialement une hypertonicité des muscles fléchisseurs et une *hypotonie axiale* qui rend impossible le maintien de la verticalité du corps. Le développement du tonus musculaire, dont l'action est antigravitaire, constitue donc ici un prérequis essentiel.

Associée à l'examen des réflexes, l'évaluation du tonus est un élément de diagnostic important pour apprécier l'état neurologique du nouveau-né. Plus précisément, il s'agit d'évaluer l'activité de contraction permanente de certaines fibres musculaires *commandées par des motoneurones* (cellules nerveuses de la moelle épinière qui transmettent des messages moteurs jusqu'aux muscles) dont l'action est tonique. Trois critères d'évaluation sont utilisés : 1 / la consistance musculaire, testée par le palper ; 2 / l'extensibilité, quantifiée en mesurant l'angle maximum permis par l'ouverture d'une articulation donnée ; et 3 / la passivité, ou ballant, examinée en secouant soit les membres, soit le tronc. Ce dernier critère, souvent préféré des cliniciens, permet d'observer que le nouveau-né, dont le tronc est mobilisé, présente un ballant intense de la tête alors que les membres restent solidaires du tronc. Par la suite, la tête restera dans l'axe du tronc et les membres prendront un ballant important.

L'évolution du tonus, durant les premiers mois de la vie, se caractérise en fait par une double transformation inversée : 1 / l'hypertonicité des membres disparaît : membres très contractés ⇒ ballant plus important ; et

2 / l'hypertonicité axiale s'affirme : hypotonie ⇒ tronc redressé et tête solidaire du tronc, en suspension ventrale. Il est à souligner que cette évolution n'est pas uniquement la résultante de facteurs endogènes contrôlés par des mécanismes centraux. Essentiellement au service de la motricité de relation avec l'environnement, le tonus musculaire est perpétuellement modifié par des facteurs exogènes qui vont régler la précision de son ajustement dans les activités motrices. C'est ainsi que l'action du poids des objets et les informations visuelles ont une incidence importante sur la transformation du tonus.

Lorsque le tonus évolue sous le double aspect qui vient d'être décrit (membres relativement ballants et hypertonicité axiale), la verticalité posturale — maintien de la tête, station assise et station debout — dispose de l'infrastructure nécessaire à sa mise en place. Le développement posturo-moteur qui s'ébauche alors est régi par deux lois : la loi *céphalo-caudale* et la loi *proximodistale.* La loi céphalo-caudale (étymologiquement : de la tête vers la queue) est commune à tous les vertébrés et exprime le fait que le contrôle posturo-moteur se développe du haut du corps vers le bas. La loi proximodistale renvoie, pour sa part, à l'évolution du contrôle, des parties proximales (les plus proches du tronc) vers les parties distales (les plus éloignées) : contrôle du tronc avant celui des épaules, contrôle des épaules avant celui des bras, contrôle des bras avant celui des mains.

Conformément à la loi céphalo-caudale, le cortex contrôle d'abord la motricité de la tête : c'est la première « conquête » posturale du bébé. En référence au test de Brunet-Lézine, évoqué au chapitre III, on peut relever que 1 / *couché sur le ventre,* le bébé soulève la tête de temps en temps en vacillant au premier mois, soulève la tête et les épaules au deuxième mois, et 2 / *mis et maintenu en position assise,* il lève la tête de temps en temps au premier mois, tient la tête bien droite un court moment au deuxième mois et maintient la tête bien droite au troisième mois (les repères chronologiques indiqués sont bien entendu des âges moyens). Le contrôle s'étend ensuite au niveau des membres supérieurs et du tronc, vers 3-4 mois, et s'ébauche alors la position assise. Toujours selon Brunet et Lézine, dès le cinquième mois le bébé tient assis avec un léger soutien, mais son attitude incurvée persiste encore. Vers le sixième mois, la station assise devient plus stable et le dos est droit ; ce n'est cependant pas avant 8-9 mois qu'apparaît la station assise vraie, sans support. Par ailleurs, au moment où cette station se perfectionne, le contrôle s'étend aux membres inférieurs et, à partir du neuvième mois, le bébé est capable de se tenir debout avec un appui ; à 11-12 mois, il peut se tenir debout seul. L'aboutissement de cette station est la marche.

L'accès à la station debout conduit à une nouvelle façon « d'être au monde ». La verticalité s'affirme, l'homme en développement ne vit plus au ras du sol et contrôle de mieux en mieux son corps. Cette verticalité assure la libération définitive de la main, ce qui marque, selon l'ethnologue et préhistorien A. Leroi-Gourhan, une rupture phylogénétique essentielle.

La marche : reptation, propulsion quadrupédique et marche bipède

En relation étroite avec le tonus et le développement postural, du maintien de la tête à la station debout — voire en relation avec le réflexe de marche automatique — le bébé connaît une élaboration progressive de sa locomotion. Avant d'être capable de marcher, il peut déjà se déplacer au sol et trois étapes, conduisant aux premiers pas, se succèdent : la reptation, la propulsion quadrupédique et la marche bipède.

La reptation (en anglais *creeping*) est le premier moyen de locomotion du bébé. Utilisée à partir de 6 mois, en position couché-sur-le-ventre, elle consiste à se tracter en s'appuyant sur les membres supérieurs, sans soulever le corps ni s'aider des membres inférieurs (on retrouve ici la loi céphalo-caudale). Ce moyen de locomotion, si fruste soit-il, permet déjà une première atteinte des objets désirés. Ensuite, vers 8 mois, le bébé parvient à la propulsion quadrupédique, c'est-à-dire à la « marche à quatre pattes » où interviennent de façon alternée les membres inférieurs et supérieurs, l'abdomen étant soulevé. Précisons que tous les enfants ne passent pas par cette deuxième étape. Enfin, vers 10 mois (la station debout est acquise à 9 mois), le bébé-bipède fait ses premiers pas, tenu par les deux mains. A environ 1 an, il marche tenu par une seule main et, dans les mois qui suivent, il « se lance seul » : c'est la marche indépendante. Celle-ci est un peu maladroite au départ, le bébé « court après son centre de gravité », mais elle a d'emblée une incidence fondamentale sur sa vie psychologique : émergence de la représentation du corps propre, conquête de l'espace, atteinte facilitée des objets désirés et satisfaction de l'autonomie progressive.

La préhension : atteinte et saisie des objets

Complémentairement aux exploits posturo-moteurs décrits jusqu'ici, du maintien de la tête aux premiers pas indépendants, le geste de préhension fait du bébé un véritable petit orfèvre du réel, capable de capture fine des objets. Ce geste comporte deux phases : une phase de projection rapide du membre (le bras) vers l'objet, occupant environ 75 % de la durée totale du mouvement, et une phase d'ajustement terminal au cours de laquelle le mouvement est ralenti et la main prépare la saisie de l'objet. Comme c'est le cas pour la marche, la préhension volontaire (en anglais *grasping*) est préfigurée par un automatisme primaire, décrit plus haut : le réflexe d'agrippement *(grasping reflex)*. Ce dernier n'est évidemment déclenché que par un contact *fortuit* entre l'objet et la main, et, de surcroît, le réflexe tonique des fléchisseurs qui le compose entrave l'ouverture volontaire de la main nécessaire au lâcher de l'objet.

En ce qui concerne *l'atteinte des objets,* qui implique l'épaule, le coude et le poignet, trois niveaux d'habileté se succèdent : l'approche de l'objet par « balayage », l'approche « parabolique » et l'approche directe. Le balayage, qui constitue l'atteinte la plus primitive, ne met en jeu que l'épaule, le coude étant semi-fléchi et la main fixe, dans un plan vertical, par rapport à l'avant-bras : le bébé essaie de ramasser l'objet à la façon d'un croupier qui se sert de son râteau. A partir de 6-7 mois, l'approche est dite « parabolique » parce que apparaît une extension du coude suivie d'une flexion, ce qui permet le déplacement de l'avant-bras et de la main d'avant en arrière. Il y a encore une forme de glissade sur le plan horizontal, mais une variante dite « planante » (à mi-hauteur) s'ébauche vers 7 mois. A 8 mois, l'approche devient directe, du corps vers l'objet : avancée de l'épaule, allongement du bras et arrivée, toujours maladroite, de la main sur l'objet. Dans les mois qui suivent, le rôle du poignet s'affirme et l'arrivée sur l'objet se précise. Le geste d'atteinte prend alors sa forme définitive.

La saisie de l'objet, seconde phase du geste de préhension, connaît un développement simultané en trois niveaux d'habileté : cubito-palmaire, digito-palmaire et radio-digital. Ce développement est illustré dans les figures 18 et 19, où l'on peut observer l'évolution globale suivante : saisie en région cubitale de la paume, près de la base de la main ⇒ bord radial (côté pouce) et base de l'index. Au niveau cubito-palmaire, qui s'étend jusqu'à 6-

7 mois, l'objet est saisi par les quatre derniers doigts (non utilisation du pouce) et la partie charnue de la face interne de la main (fig. 19*a*) : les petits objets sont saisis en râteau (fig. 19*d*). Ensuite, aux niveaux digito-palmaire et radio-digital, la saisie s'affine par l'intervention progressive du pouce (fig. 19*b* et *c*) et surviennent vers 8-9 mois : 1 / la pince inférieure : saisie entre les faces latérales des dernières phalanges du pouce et de l'index (fig. 19*e*), et 2 / la pince supérieure : saisie entre les faces pulpaires du pouce et de l'index (fig. 19*f*). La saisie radio-digitale avec pince supérieure, dite aussi « pince-précision », correspond à la forme définitive du geste de saisie. En résumé, si l'on rapproche ce développement de celui de l'atteinte décrit plus haut, on a *conjointement* : 1 / atteinte par balayage et saisie cubito-palmaire ou en râteau, jusqu'à 6-7 mois ; 2 / atteinte parabolique et saisie digito-palmaire, jusqu'à 8 mois ; et 3 / atteinte directe et saisie par pince inférieure, puis supérieure, après 8 mois.

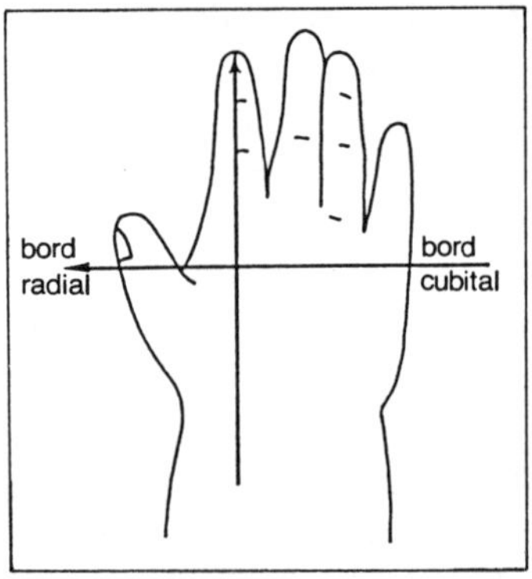

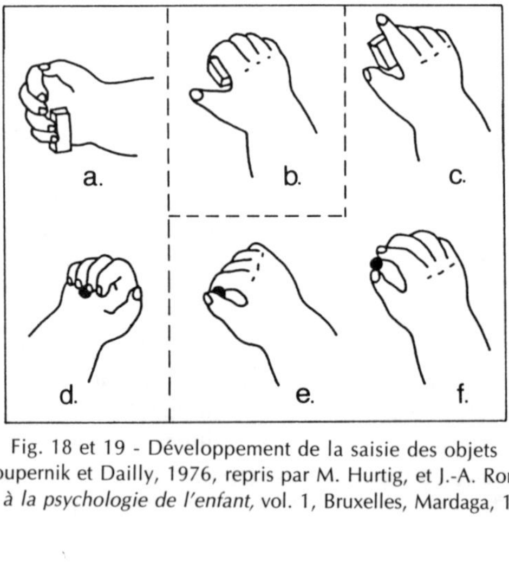

Fig. 18 et 19 - Développement de la saisie des objets
(d'après Koupernik et Dailly, 1976, repris par M. Hurtig, et J.-A. Rondal (éds.), *Introduction à la psychologie de l'enfant,* vol. 1, Bruxelles, Mardaga, 1981, p. 240)

Il faut par ailleurs ajouter qu'une condition *nécessaire* à la réussite du geste de préhension est la coordination visuo-manuelle, bien connue sous le non de coordination vision-préhension. Ce mécanisme est d'un grand intérêt pour le psychologue, en ce qu'il pose le problème des relations entre informations issues de modalités sensorielles différentes. C'est ainsi que Piaget présente la coordination vision-préhension comme un élément clé du stade sensori-moteur. De même, des auteurs plus récents, tel Bower, y ont consacré des recherches ingénieuses mettant l'accent, de ce point de vue, sur les compétences précoces du bébé. Nous y reviendrons plus loin.

Le stade sensori-moteur selon J. Piaget

L'analyse du bébé en développement présentée jusqu'ici en termes de vie intra-utérine, d'équipement réflexe et d'acquisitions posturo-motrices fondamentales, est essentiellement *descriptive.* Nous avons en effet énuméré les transformations anatomiques et comportementales qui jalonnent la « métamorphose » conduisant de l'œuf fécondé à un bébé qui marche et qui saisit avec précision les objets de son environnement. Il reste à étudier maintenant comment ces données sont intégrées, et diversement interprétées, dans les *théories* du développement : comment ces théories analysent-elles, par exemple, le passage de l'automatisme à la pensée ? La référence princeps est ici le modèle piagétien qui propose le découpage théorique le plus précis des deux premières années de la vie. Il s'agit du *stade sensori-moteur* subdivisé en six sous-stades, de l'exercice des schèmes réflexes à la combinaison mentale des schèmes d'action, et lui-même inscrit dans une séquence générale de trois stades ; les deux suivants étant : la mise en place des opérations concrètes avec les sous-stades pré-opératoire et opératoire (l'enfance) et celle des opérations formelles (l'adolescence). Le bébé qui intéresse Piaget est, comme on le sait, un bébé cognitif — le bébé affectif et social sera traité plus loin dans ce chapitre ; l'objectif est de dégager les prémices de l'intelligence, « une embryologie de la raison ». Et ce bébé, tout comme l'enfant d'ailleurs, n'est pour Piaget qu'un objet *curieux* et *instructif du point de vue épistémique* (les mollusques d'eau douce le sont aussi), non un centre d'intérêt en tant que tel : « [...] le terrain d'investigation idéal eût été l'homme préhistorique » mais il a bien fallu, faute de données suffisantes sur la phylogenèse, étudier l'ontogenèse de la pensée chez l'enfant ! (*in* J. Bringuier, *Conversations libres avec Jean Piaget,* Paris, Robert Laffont, 1977, p. 140). Ajoutons que la « bébologie actuelle » n'échappe pas à ce travers, le bébé étant (un peu) aux cognitivistes ce que le rat fut aux béhavioristes.

Du bébé biologique au bébé géomètre

Avant de décrire le stade sensori-moteur et ses sous-stades, il convient d'analyser la marque précise, dès cette première étape du développement, des ancrages biologique, épistémologique et logico-mathématique de la théorie piagétienne (voir le chap. I) ainsi que celle de la méthode clinique qui y est associée (chap. III).

L'ancrage biologique

Ce premier ancrage se situe au niveau du bagage *héréditaire* dont dispose le nouveau-né pour fonctionner : les processus d'assimilation et d'accommodation, clés de voûte de l'adaptation biologique. Ceux-ci correspondent à l'*innéisme fonctionnel* de la théorie piagétienne, le constructivisme (ultérieur) étant structural. Les processus fondamentaux d'assimilation et d'accommodation s'appliquent, comme cela a été décrit plus haut, aux *schèmes* du sujet, c'est-à-dire aux structures ou organisations des actions, telles qu'elles se transfèrent ou se généralisent lors de la répétition de ces actions en des circonstances semblables ou analogues. L'assimilation consiste à intégrer un objet à un schème constitué, sans modifier le schème mais, au contraire, en le consolidant. L'accommodation consiste, inversement et complémentairement, à modifier un schème pour qu'il puisse intégrer un objet qu'il ne peut assimiler tel quel. Les premiers schèmes du bébé sont des schèmes *réflexes,* le schème de succion par exemple, et ce schématisme automatique constitue l'infrastructure de trois formes d'assimilation : fonctionnelle, généralisatrice et recognitive.

L'*assimilation fonctionnelle* correspond à une consolidation de certains schèmes réflexes par exercice : le réflexe s'affermit et se consolide du fait de son propre fonctionnement. Piaget donne l'exemple du nouveau-né qui, après quelques jours d'exercice, tète de façon plus assurée et retrouve plus facilement le mamelon lorsqu'il a été lâché. Cet exercice fonctionnel occasionne rapidement une *assimilation généralisatrice* qui conduit à étendre l'application du schème à d'autres objets : dans l'exemple donné, il s'agit du bébé qui suce des objets variés, tétine, doigts, lainages, etc., ou qui suce à vide entre les repas. Ensuite apparaît, selon Piaget, un progrès par rapport à l'automatisme initial, fonctionnel et généralisateur : c'est l'*assimilation recognitive*. Toujours pour l'exemple de la succion, le bébé devient capable, au cours des deux premières semaines, de discriminer, ou *reconnaître*, le mamelon des autres objets assimilés par généralisation.

Ajoutons — qu'il s'agisse d'assimilation fonctionnelle, généralisatrice ou recognitive — qu'à ce stade initial de fonctionnement, le processus d'accommodation est difficilement isolable de celui d'assimilation. On peut bien entendu penser que la succion répétée du même objet, ou celle d'objets variés, implique des expériences affinées ou différentes et que l'adaptation réflexe comporte une part d'accommodation. Mais c'est en fait plus tard que l'accommodation se distingue clairement de l'assimilation, lorsque, par exemple, un schème de préhension inadéquat par rapport à la taille ou à la forme d'un objet désiré est modifié pour en permettre la saisie.

Les ancrages épistémologique et logico-mathématique

Ces deux ancrages, qui complètent le triptyque piagétien, donnent à l'héritage biologique du bébé sa première direction épistémique : la logique de l'action. « [...] Le système des schèmes d'assimilation sensori-moteurs aboutit à une sorte de logique de l'action, comportant des mises en relations et correspondances (fonctions), des emboîtements de schèmes (cf. la logique des classes), bref des structures d'ordre et de réunion qui constituent la substructure des opérations futures de la pensée » (Piaget et Inhelder, 1966, p. 14). Dès ici, « Piaget-épistémologue » a bien à l'esprit le contexte scientifique qui sera, aux stades ultérieurs, la toile de fond de l'étude des conduites enfantines : par exemple, la logique des classes pour l'étude de la catégorisation (G. Boole, W. Hamilton, B. Russell, etc.). Mais concernant plus précisément les « conquêtes épistémiques » propres au stade sensori-moteur, c'est du côté des mathématiciens géomètres que Piaget se tourne, notamment ceux qui, comme H. Poincaré (1854-1912), ont placé les notions de déplacement et de transformation au cœur de la réalité géométrique. Nous verrons ci-dessous que, selon Piaget, la première structure intellectuelle construite par le bébé, structure qui règle le fonctionnement de ses schèmes d'action dans l'espace, est une organisation comparable au « groupe des déplacements » de Poincaré. D'où notre expression de « bébé géomètre ».

La méthode clinique

Outre la marque de ces trois ancrages théoriques, biologique, épistémologique et logico-mathématique, on sait que la démarche piagétienne se singularise par sa méthode clinique. Concernant le stade sensori-moteur, Piaget a réalisé un suivi longitudinal de ses propres enfants, Jacqueline, Lucienne et Laurent, dont il a extrait des observations très fines sur la genèse de l'action intentionnelle, sur la construction de l'objet, de l'espace et de la causalité, ainsi que sur l'imitation et le jeu. Ces observations sont consignées dans trois chefs-d'œuvre de la pensée piagétienne : *La naissance de l'intelligence chez l'enfant* (1936), *La construction du réel chez l'enfant* (1937) et *La formation du symbole chez l'enfant* (1945). C'est dans le premier de ces ouvrages que Piaget expose les six sous-stades du développement sensori-moteur, référence obligée, jusqu'à ce jour, de tous les « bébologues ».

L'intelligence sensori-motrice : automatisme et genèse de l'intentionnalité

Le « découpage » des deux premières années de la vie, proposé par Piaget, vise à décrire la construction progressive « [...] d'une intelligence avant le langage, essentiellement pratique, c'est-à-dire tendant à des réussites et non pas à énoncer des vérités [...] », intelligence dont l'instrument est la « [...] coordination sensori-motrice des actions sans qu'intervienne la représentation ou la pensée » (Piaget et Inhelder, 1966, p. 8). La « cognition » de l'homme en développement n'a donc pas ici d'existence en dehors de ce qu'il perçoit (sensori-) et de ce qu'il agit (moteur) dans la situation présente.

Le stade I, de la naissance à la fin du premier mois

Ce stade initial est celui du fonctionnement réflexe. L'analyse de Piaget concernant l'automatisme du nouveau-né est centrée sur les schèmes réflexes qui se développent par exercice, donc qui *s'adaptent,* au lieu de s'atrophier ou de rester inchangés : notamment les schèmes de mise en bouche et de succion (réflexe de fouissement ou *rooting-reflex* + réflexes labiaux + réflexe de succion proprement dit). En mettant d'emblée l'accent sur l'*exercice,* c'est un bébé fondamentalement *actif* qui est décrit.

Sous l'impulsion des trois formes d'assimilation définies plus haut, fonctionnelle, généralisatrice et recognitive, le bébé est capable : 1 / de répéter : répétition de la succion du mamelon, par exemple ; 2 / de généraliser : succion d'autres objets ; et 3 / de discriminer : reconnaître le mamelon des autres objets (rejet de plus en plus brutal, quand le bébé a faim, des objets non susceptibles de l'apaiser). Et si l'assimilation — l'accommodation est ici confondue — ne dépasse pas, au stade I, le cadre préétabli du montage héréditaire, il n'en reste pas moins qu'elle remplit « [...] un rôle fondamental, car cette activité *qui interdit de considérer le réflexe comme un pur automatisme* [souligné par nous], rend compte des extensions ultérieures du schème réflexe et de la formation des premières habitudes » (*ibid.,* p. 10). Les réflexes constituent ainsi le matériau moteur sur la base duquel va s'édifier l'intelligence humaine.

Le stade II, du deuxième mois à environ 4 mois et demi

Ce deuxième stade est celui des premières habitudes acquises : les « réactions circulaires primaires ». Le concept de *réaction circulaire* est emprunté par Piaget à Baldwin, précurseur de la psychologie de l'enfant évoqué en Introduction. Il s'agit d'un processus par lequel un schème d'action, d'origine réflexe par exemple, est répété en raison d'un résultat intéressant (pour le bébé) qu'il suscite, résultat initialement découvert par hasard — processus qui peut être rapproché de celui de répétition hallucinatoire d'une expérience de satisfaction décrit par Freud pour caractériser la vie affective du nourrisson. Du hasard à la répétition se créent ainsi, au-delà de l'exercice réflexe (stade I), des habitudes acquises ou, plus précisément, « [...] un exercice fonctionnel acquis, prolongeant l'exercice réflexe et ayant pour effet de fortifier et d'entretenir non plus seulement un mécanisme tout monté, mais un ensemble sensori-moteur à résultats nouveaux poursuivis pour eux-mêmes » (Piaget, 1936, p. 64). Et le qualificatif *primaire,* ajouté par Piaget à l'expression de Baldwin, renvoie au fait que les réactions circulaires du stade II sont exclusivement centrées sur le corps propre ; elles deviendront, plus tard, orientées vers les objets (stade III).

La succion du pouce est ici l'exemple type : 1 / le point de départ de cette conduite, le schème de succion, se situe au niveau réflexe du stade I ; 2 / la succion *du pouce* est initialement l'effet d'une rencontre fortuite ; et 3 / elle s'effectue ensuite par coordination entre la main et la bouche, coordination qui procède de la répétition du schème en raison du résultat « intéressant » qu'il suscite. Il s'agit bien, selon Piaget, d'une habitude acquise car « [...] ni les réflexes de la bouche, ni ceux de la main ne prévoient héréditairement une telle coordination (il n'y a pas d'instinct de sucer son pouce !) et l'expérience seule en explique la formation » (*ibid.,* p. 49). On sait cependant aujourd'hui, grâce à l'échographie, que certains fœtus sucent leur pouce ! Qu'en penserait Piaget ?

ENCART 11

L'exigence de l'intentionnalité

Dans leur « Que sais-je ? », *La psychologie de l'enfant,* Piaget et Inhelder (1966) écrivent à propos du stade II : « [...] même en appelant « habitudes » (faute de mieux) les conduites acquises en leur formation aussi bien qu'en leurs résultats automatisés, l'habitude n'est pas encore l'intelligence. Une « habitude » élémentaire repose sur un schème sensori-moteur d'ensemble au sein duquel il n'existe pas encore, du point de vue du sujet, de différenciation entre les moyens et les buts, le but en jeu n'étant atteint que par une succession obligée de mouvements qui y conduisent sans que l'on puisse, aux débuts de la conduite, distinguer un but poursuivi au préalable et, ensuite, des moyens choisis parmi divers schèmes possibles. En un acte d'intelligence, par contre, il y a poursuite d'un but posé dès le départ, puis recherche des moyens appropriés, ces moyens étant fournis par les schèmes connus (ou schèmes d' « habitudes »), mais en tant que déjà différenciés du schème initial qui assignait son but à l'action. » (p. 11). Cet extrait illustre bien le souci piagétien de ne pas employer le mot intelligence à outrance, et trop précocement, en posant comme exigence de son usage l'émergence claire de l'intentionnalité. De telles précautions théoriques ne sont pas toujours prises aujourd'hui lorsqu'il est question de cognition (implicitement synonyme d'intelligence) chez le bébé.

Nous avons souligné, dès la description du stade I, la présence du matériau de base, les schèmes réflexes, sur lequel va s'édifier l'intelligence humaine. Peut-on dès lors parler d'intelligence concernant les habitudes acquises du stade II ? Non ! Comme l'indique clairement Piaget (voir l'encart 11), il ne s'agit pas encore d'actes intelligents. L'intelligence du bébé émergera avec *l'intentionnalité,* c'est-à-dire la poursuite d'un but posé dès le départ et la recherche des moyens appropriés parmi les schèmes possibles. Or ce n'est pas encore le cas des réactions circulaires primaires.

S'il ne s'agit donc pas encore réellement d'intelligence, c'est néanmoins dès le stade II que s'amorcent les premières *coordinations de schèmes* (coordination entre la main et la bouche dans l'exemple de la succion du pouce), ce qui « met en marche » la *mécanique* même du développement cognitif : les innovations ultérieures procéderont toujours de coordinations de schèmes, schèmes de nature différente et de complexité accrue. La coordination la plus essentielle qui s'établit au stade II, et qui marque la transition avec le stade III, est la coordination vision-préhension. On en mesure l'importance adaptative, non seulement pour le fonctionnement du bébé mais pour tout le reste de la vie, quand on sait que c'est elle qui permet de saisir les objets en étant guidé par la vue et, réciproquement, d'amener dans le champ visuel ce dont la main s'est emparée.

La genèse de la coordination vision-préhension est finement décrite par Piaget (1936) en cinq étapes, description qui recouvre le stade II sans y « coller » exactement. 1 / Mouvements impulsifs des mains et purs réflexes : voir le réflexe d'agrippement, ou *grasping-reflex,* décrit plus haut. 2 / Réactions circulaires primaires relatives aux mouvements des mains antérieurement à toute coordination de la vision et de la préhension. 3 / « Apparence » de coordination vision-préhension : la bouche attire ce que la main saisit (coordination préhension-succion) mais le bébé ne saisit l'objet que lorsqu'il le touche par hasard et « [...] s'il regarde ses mains lorsqu'elles tiennent déjà l'objet, la vision ne sert encore en rien à l'acte même de saisir » (*ibid.,* p. 100). 4 / Coordination vision-préhension dès que le bébé aperçoit simultanément sa main et l'objet : « [...] la vision simultanée de la main et de l'objet pousse l'enfant à saisir : ni la vue de l'objet seul, ni la vue de la main seule ne conduisent à ce résultat » (*ibid.,* p. 105). Et enfin 5 / coordination vision-préhension « vraie », évaluée par trois critères : *a* / le bébé saisit ce qu'il voit sans limitation relative à la position de sa main, *b* / il porte immédiatement devant les yeux tout objet saisi par hasard en dehors du champ visuel et *c* / il dirige son regard vers sa main lorsque celle-ci est retenue par l'observateur. Ces cinq étapes se déroulent dans l'ordre indiqué, mais à des âges variables. Il est généralement convenu que l'étape ultime, la coordination vision-préhension « vraie », survient vers 5 mois, ce qui nous situe légèrement au-delà du stade II. Cette coordination conduit en effet le bébé à se décentrer du corps propre (réactions circulaires primaires) pour s'orienter vers les objets. Ce faisant, il passe du stade II au stade III ; de l'exercice à l'extraversion.

Le stade III, de 4 mois et demi à 8-9 mois

La différence essentielle entre ce stade et le précédent tient à ce que les réactions circulaires deviennent des comportements-orientés-vers-les-objets, ce qui leur vaut le qualificatif de *secondaires*. L'aspect « circulaire », qui demeure, signifie qu'il s'agit toujours d'un processus de répétition : « [...] après avoir reproduit les résultats intéressants découverts par hasard sur le corps propre, l'enfant cherche tôt ou tard à *conserver* [souligné par nous] aussi ceux qu'il obtient lorsque son action porte sur le milieu externe » (*ibid.*, p. 138). C'est alors qu'apparaissent, sous l'impulsion de la coordination vision-préhension, des schèmes qui s'appliquent aux objets saisis : schèmes de frapper, de secouer, de frotter, de passer un objet d'une main à l'autre, etc. Et plus la répétition de ces schèmes est liée à des résultats éloignés de ceux de l'activité réflexe (par assimilation généralisatrice), plus la distinction entre moyens et fins se précise — il s'agit ici de déceler les prémices de l'intentionnalité.

Pour l'exemple du schème « secouer », Piaget fait les observations suivantes : 1 / le bébé secoue son berceau (« moyen ») et déclenche une oscillation des hochets qui y sont suspendus (« fin »), spectacle auquel il porte intérêt, d'où la répétition du schème ; 2 / quelques heures après, l'observateur fait osciller les hochets et le bébé se secoue ; 3 / il suffit ensuite de présenter les hochets pour obtenir la même réaction ; et 4 / même réaction lorsque l'observateur remue seulement le toit du berceau sans y avoir accroché les hochets. La mise en relation entre l'activité du bébé (se secouer) et le résultat, éloigné de lui, qui en résulte (oscillation des hochets, etc.) procède, selon Piaget, d'une assimilation réciproque des schèmes, moteur et visuel, en présence : c'est parce que le bébé « [...] est précisément en train de [se] secouer pendant qu'il regarde ou écoute le résultat de ses mouvements [que] les deux sortes de schème finissent par s'assimiler réciproquement » (*ibid.*, p. 155). Et cette assimilation interschèmes repose, dans la perspective piagétienne, sur l'activité de mise en relation, ou mieux de coordination, qui est celle du bébé « calculateur » (au sens très général du terme). On verra dans la suite de l'exposé que, concernant ce point précis, le modèle néo-structuraliste de K. Fischer propose une interprétation alternative où l'accent est mis sur le rôle de l'environnement lui-même (propriétés des hochets, etc.) et non sur le seul « calcul » du bébé.

Compte tenu de ces premières distinctions entre moyens et fins, et donc de l'ébauche d'une certaine intentionnalité, peut-on associer au stade III les débuts de l'intelligence ? Piaget répond que non — mais presque oui — en indiquant qu'on est cette fois au seuil de l'intelligence. Il est vrai que les relations utilisées par le bébé du stade III pour obtenir certains effets sont toujours découvertes *par hasard*. Elles ne procèdent jamais de la *nécessité* de résoudre un problème dont le but est préalablement fixé. Toutefois, même s'il n'y a pas encore d'actes intelligents proprement dits, on peut déceler dès ce stade des conduites qui les préfigurent. Appréhender un objet comme étant « à frapper », « à secouer », « à frotter », etc., sont autant d'activités qui peuvent être considérées comme l'équivalent fonctionnel des opérations mentales de classification, pilier de l'intelligence opératoire ultérieure. Certains chercheurs post-piagétiens actuels, tel J. Langer, n'hésitent pas à parler, dès 6-12 mois, d'une *proto-logique des classes.*

Le stade IV, de 8-9 mois à 11-12 mois

Ce stade est (enfin !) celui de la naissance « véritable » de l'intelligence. L'intentionnalité apparaît clairement dans les conduites du bébé, qui sont désormais marquées par une certaine « conscience » de la direction imprimée à l'action. En témoignent la coordination des schèmes secondaires, en termes de schèmes-moyens et de schèmes-buts, et leur application à des situations nouvelles. Il ne s'agit plus, comme au stade précédent, de répéter des séquences de schèmes (moteurs et visuels, par exemple) découvertes en « bloc » fortuitement, mais « [...] d'atteindre un but non directement accessible [... et de mettre] en œuvre, dans cette intention, des schèmes jusque-là relatifs à d'autres situations » (*ibid.*, p. 187). Buts et moyens sont dès lors nettement dissociés et le bébé réalise, dans une « situation-problème » (diraient les cognitivistes), une coordination intentionnelle de certains schèmes « pertinents » parmi le répertoire de schèmes possibles. En un mot, les schèmes sont devenus « mobiles » !

Piaget a finement analysé les premières conduites intelligentes, dont il donne de nombreux exemples : le geste de tirer un cordon attaché au toit du berceau (schème-moyen) pour faire tomber un objet désiré et le saisir (schème-but) ; le geste d'écarter la main de l'observateur ou tout obstacle placé entre le bébé et l'objet (schème-moyen) au moment où s'esquisse un acte de préhension (schème-but) ; l'utilisation de la main de l'observateur (schème-moyen) pour reproduire un résultat intéressant : actionner une poupée qui chante, par exemple (schème-but), etc. Autant d'exemples qui montrent bien la nature *intentionnelle* des conduites du stade IV par rapport à celles du stade III. On observe en effet que des schèmes secondaires acquis au stade III — tels « tirer un cordon » et « saisir un objet » — se coordonnent ici de manière à ce que l'un serve de moyen pour atteindre le but assigné par l'autre. Et nous verrons plus loin l'importance du deuxième exemple cité, « écarter l'obstacle », du point de vue de la construction de la notion d'objet.

Les conduites du stade IV donnent au bébé l'occasion d'établir des relations entre objets (et non plus seulement des relations entre un schème et un objet) : relations entre le cordon, l'obstacle, la main de l'observateur, etc., et la chose convoitée. D'autres relations plus « directes » sont également prototypiques de ce stade, telles que « pousser un objet à l'aide d'un autre » et « mettre un objet dans ou sur un autre ».

Le stade V, de 11-12 mois à 18 mois

Dernier sous-stade véritablement sensori-moteur, puisque le suivant sera marqué par l'émergence de la « vie mentale », le stade V se caractérise par un double prolongement du stade IV : d'une part, un affinement de l'activité intentionnelle d'exploration des objets, sous la forme de réactions circulaires plus flexibles, et, d'autre part, la recherche de moyens nouveaux pour agir sur eux. Concernant l'exploration des objets, le bébé du stade V présente des réactions circulaires nouvelles, dites « tertiaires » : lorsqu'il « [...] répète les mouvements qui l'ont conduit au résultat intéressant, il ne les répète plus tels quels, mais les gradue et les varie, de manière à découvrir les fluctuations du résultat lui-même. L' « expérience pour voir » a donc d'emblée tendance à se développer à la conquête du milieu extérieur » (*ibid.,* p. 134).

Piaget donne l'exemple très clair du bébé qui module le schème de « lâcher » afin d'étudier attentivement le mouvement de chute de l'objet : il suit des yeux l'objet et lorsque celui-ci est tombé il le regarde longuement ; après l'avoir ramassé, il le lâche de nouveau en variant le geste (il dresse le bras verticalement ou obliquement), en changeant la position de chute et en lâchant tantôt à droite, tantôt à gauche. D'autres observations indiquent que le bébé de ce stade fait varier la position des objets pour les mettre en déséquilibre, les lance, les fait rouler, flotter, les immerge pour les voir remonter, etc., et découvre ainsi leur structure et leur fonctionnement. Il ne s'agit plus seulement d'appliquer des schèmes connus à l'objet nouveau, mais « [...] de saisir par l'esprit cet objet lui-même » (*ibid.*, p. 140).

En outre, le bébé, devenu expérimentateur, recherche des moyens nouveaux pour agir sur les objets et l'utilisation de ces moyens par tâtonnement-orienté-vers-un-but préfigure, selon Piaget, le raisonnement intellectuel. Trois conduites sont caractéristiques de ce progrès : 1 / la « conduite du support » qui consiste à attirer un coussin, une couverture, un drap, un châle, un mouchoir, un plateau, un couvercle ou un carton proches et faciles à atteindre, pour pouvoir saisir un objet éloigné, placé sur l'un de ces supports ; 2 / la « conduite de la ficelle » qui consiste à tirer à soi un objet, pour le saisir, en se servant de la ficelle à laquelle il est attaché ; et 3 / la « conduite du bâton » qui consiste à se servir d'un bâton pour rapprocher un objet éloigné qui ne peut être saisi directement. Cette dernière conduite se démarque des deux premières dans la mesure où elle indique *l'usage d'un instrument,* le bâton, alors que le support et la ficelle n'étaient encore que des prolongements de l'objet. D'autres conduites plus complexes apparaissent également au stade V, telles, par exemple, la prise en compte des relations de « contenant » à « contenu » dans la manipulation d'un matériel gigogne. Incontestablement, le bébé innove et l'accommodation devient, pour la première fois, une fin en soi (nécessité d'enrichir le répertoire de schèmes connus) qui précède de nouvelles assimilations. Avec les « expériences pour voir », ou réactions circulaires tertiaires, et la recherche de moyens nouveaux, le stade V marque l'apogée de l'intelligence sans représentation.

Le stade VI, de 18 mois à 2 ans

Ce stade ultime est celui de la transition entre le fonctionnement sensori-moteur et le fonctionnement mental qui débute, vers 2 ans, avec l'émergence de la fonction symbolique.

L'invention de moyens nouveaux, qui procédait d'un tâtonnement pratique au stade V, devient ici l'effet d'une combinaison mentale. En atteste le fait qu'en présence d'un problème nouveau et après quelques essais infructueux, le bébé s'interrompt et trouve subitement la solution correcte.

C'est l'exemple piagétien, devenu légendaire, du bébé (Lucienne Piaget) et de la boîte d'allumettes. Le bébé, capable de sortir une chaîne d'une boîte d'allumettes ouverte par une fente de dix millimètres, échoue lorsque l'ouverture n'est plus que de trois millimètres ; après avoir essayé ses schèmes (introduire le doigt dans la boîte, retourner la boîte pour la vider, etc.), il *ouvre et ferme la bouche* puis introduit son doigt pour élargir la fente et y parvient très bien. Selon Piaget, la pose marquée par l'ouverture/fermeture de la bouche indique que le bébé cherche à se représenter ce qu'il faut faire *avant d'agir* (et si Lucienne Piaget bâillait ?). Ce n'est évidemment pas le seul exemple qui illustre ce stade. Piaget relate également l'observation d'un bébé qui arrive devant une porte fermée avec une herbe dans chaque main : il s'arrête, *voit* qu'il ne pourra pas actionner la poignée sans lâcher une herbe, pose l'herbe par terre pour ouvrir la porte, la reprend et entre ; au retour, il pose à nouveau l'herbe et prend la poignée, *s'aperçoit* qu'en tirant le battant de la porte il va chasser l'herbe et la ramasse alors pour la mettre en dehors de la zone d'attraction du battant.

Autant de conduites qui indiquent, selon Piaget, que le bébé du stade VI réalise ses premières combinaisons mentales de schèmes, trait d'union entre l'intelligence pratique et la pensée symbolique. Le tableau VI présente un récapitulatif des six stades qui viennent d'être décrits.

Au terme de cet exposé des six stades, ou plus exactement sous-stades, de la vie du bébé selon Piaget, il importe de souligner que nous nous sommes jusqu'ici limités, pour la clarté de la présentation, à décrire l'architecture générale du développement sensori-moteur. Il reste à insérer, dans cette architecture (de l'exercice réflexe à la combinaison mentale des schèmes d'action), les analyses piagétiennes concernant la construction de l'objet, de l'espace, du temps et de la causalité. Mais avant d'aborder ces analyses qui seront traitées p. 243, nous proposons un descriptif du développement des significations et des conduites d'imitation à travers les six sous-stades. Il s'agit de deux aspects essentiels de la théorie piagétienne, en ce qu'ils sont étroitement liés à la mise en place de la fonction symbolique dont il sera question dans le chapitre suivant.

Tableau VI - Les six sous-stades sensori-moteurs selon J. Piaget

Stade I De la naissance à la fin du premier mois	❑ exercice réflexe ❑ assimilations fonctionnelle, généralisatrice et recognitive
Stade II du deuxième mois à environ 4 mois et demi	❑ réactions circulaires *primaires* (orientées vers le corps propre) : exercice réflexe ⇒ habitudes acquises ❑ coordination vision-préhension ⇓
Stade III De 4 mois et demi à 8-9 mois	❑ réactions circulaires *secondaires* (orientées vers les objets) : schèmes appliqués aux objets saisis ❑ prémices de la distinction entre moyens et fins
Stade IV De 8-9 mois à 11-12 mois	❑ distinction entre moyens et fins, « conscience » de la direction imprimée à l'action : intentionnalité, *intelligence* ❑ considération des relations entre objets
Stade V De 11-12 mois à 18 mois	❑ réactions circulaires *tertiaires* : affinement de l'activité intentionnelle d'exploration des objets et recherche de moyens nouveaux pour agir sur eux (« expériences pour voir »)
Stade VI De 18 mois à 2 ans	❑ combinaison mentale des schèmes d'action : trait d'union entre l'intelligence pratique et la pensée symbolique

Significations et conduites d'imitation

Les significations construites par le bébé témoignent d'une différenciation progressive entre *signifiés* et *signifiants* qui conduit à la fonction symbolique, ou mieux sémiotique, survenant vers 2 ans : « [...] la pensée représentative débute, par opposition à l'activité sensori-motrice, dès que, dans le système des significations constituant toute intelligence et sans doute toute conscience, le signifiant se différencie du signifié » (Piaget, 1945, p. 126). Le signifié désigne le schème représenté, le signifiant sa représentation.

Durant les cinq premiers sous-stades sensori-moteurs, le signifiant constitue une partie du signifié : il s'agit de *signaux-indices et d'indices*. Ensuite, le signifiant se détache nettement du signifié et apparaissent les *symboles* et les *signes*. Les conduites imitatives sont étroitement impliquées dans cette évolution car c'est *l'imitation différée* observée au stade VI (reproduction d'un modèle en son absence) qui marque l'étape finale de la différenciation signifié/signifiant.

Stade I. Au stade I (exercice réflexe), les significations se réduisent à des impressions sensorielles, niveau élémentaire qui ne correspond pas encore à celui des signaux. Nous avons vu qu'à ce stade le bébé est capable d'assimilation recognitive qui le conduit à reconnaître le mamelon des autres objets auxquels le schème de succion peut être généralisé (tétine, doigts, lainages, etc., ou succion à vide). Piaget en conclut que le mamelon a acquis une signification pour l'enfant « [...] par opposition et en relation avec d'autres significations » (Piaget, 1936, p. 197). Le signifiant est, dans ce cas, l'impression sensorielle accompagnant le jeu du réflexe : contact avec le mamelon + sensation du lait qui coule + apaisement de la faim. Le signifié correspond au schème de succion lui-même. Signifiant et signifié sont donc totalement imbriqués. Il n'y a par ailleurs, selon Piaget, aucune conduite d'imitation à ce stade.

Stade II. Au stade II (réactions circulaires primaires), apparaissent les signaux-indices, impliqués dans la *prévision.* Leur ancrage initial est une « [...] impression sensorielle [stade I] simplement associée à la réaction et aux tableaux perceptifs caractéristiques d'un schème quelconque » (*ibid.*, p. 198). C'est ainsi que le bébé pris dans les bras *dans la position de* téter (signifiant) déclenche le schème de succion (signifié). La posture est un signal-indice : *debout* signifie « rien » ou « regarder », *incliné* signifie « téter ». Les signaux-indices deviennent ensuite plus variés lorsqu'il y a coordination de schèmes hétérogènes : préhension-succion, par exemple. Concernant l'imitation, on observe des conduites sporadiques du type imitation du balancement latéral et sagittal de la tête, du déplacement de la main, etc., mais l'imitation proprement dite, au sens d'une *imitation systématique,* n'existe pas encore.

Stade III. Au stade III (réactions circulaires secondaires), s'élaborent des indices intermédiaires entre les signaux-indices du stade précédent et les indices-vrais (stade IV). Il ne s'agit pas encore d'indices-vrais car il n'y a pas de détachement possible du signifiant par rapport au contexte de l'action propre. Pour le contexte de téter-déglutir, par exemple, Piaget observe que le bébé pleure lorsque, après ses tétées, on lui met sous le menton une serviette qui annonce une potion qu'il n'aime pas. C'est également le stade où l'imitation devient systématique, mais le bébé n'imite que les gestes de *son répertoire* qu'il *se voit faire.* Ces imitations portent sur les réactions circulaires secondaires : par exemple, l'imitation d'agiter les objets saisis.

Stade IV. Au stade IV (intentionnalité et intelligence), apparaissent les indices-vrais qui permettent non seulement la prévision des événements liés à l'action propre, mais aussi des événements « quelconques », indépendants de l'action *elle-même*. Le bébé reconnaît à un certain bruit causé par le vide d'air qu'il approche de la fin de sa tétée et, au lieu d'insister, il rejette son biberon ; il grimace lorsqu'il voit la personne assise à côté de lui se lever ou s'éloigner, etc. L'imitation systématique des gestes du répertoire s'étend aux gestes exécutés de manière invisible : bâiller, sucer son doigt, ouvrir et fermer la bouche, etc. C'est aussi le début de l'imitation de modèles nouveaux correspondant à des gestes visibles, puis invisibles : par exemple, l'imitation du geste de toucher la langue avec l'index.

Stade V. Au stade V (réactions circulaires tertiaires et expérimentation de moyens nouveaux), les significations correspondent toujours à des indices — « [...] la représentation ne se libère pas encore de la perception » (*ibid.*, p. 328) — mais il s'agit d'indices nouveaux. Ceux-ci se démarquent des indices du stade IV par un plus grand détachement de l'action propre qui aboutit à une plus grande capacité de prévision et donne lieu à de nouvelles *anticipations pratiques*. Piaget illustre ce progrès par les exemples suivants : un bébé trouve une pelure d'orange et la renverse sur la table pour la faire balancer — il prévoit donc immédiatement la signification de cet objet ; un bébé est debout dans une chambre qui n'est pas la sienne et examine le papier peint, il le touche ensuite délicatement et regarde aussitôt l'extrémité de ses doigts, etc. Du point de vue de l'imitation, il y a accroissement de la reproduction de modèles nouveaux par *expérimentation active* des mouvements visibles sur le corps propre, puis des mouvements invisibles. C'est l'exemple du bébé qui arrive à repérer tactilement son front, pour le palper, en se fondant sur la perception visuelle de celui de l'observateur : « [...] non seulement il résout un problème nouveau pour lui, mais encore il utilise des moyens nouveaux : il part de son œil qu'il connaît, puis tâtonne en touchant successivement son oreille et ses cheveux et en comprenant qu'il n'est pas encore parvenu au but, puis finalement se considère comme satisfait lorsqu'il aboutit à se palper le front » (Piaget, 1945, p. 62).

Stade VI. Le stade VI, enfin, est celui de la différenciation entre signifiés et signifiants. Cette différenciation apparaît clairement dans *l'imitation différée,* conduite imitative nouvelle qui caractérise ce dernier (sous-)stade sensori-moteur ; précédemment l'imitation était toujours immédiate. Le bébé peut désormais reproduire un modèle en son absence, ce qui suppose l'existence d'une image mentale. L'image est un signifiant détaché du signifié (le schème représenté) et la représentation se libère ainsi de la perception immédiate : on passe de l'indice au *symbole*. Bien que différencié du signifié et libéré du perceptif, le symbole maintient encore une certaine ressemblance signifiant-signifié ; il faut attendre les signes pour voir apparaître des signifiants arbitraires. L'imitation différée du stade VI et les images mentales qu'elle implique marquent donc la mise en place d'une fonction de représentation, la *fonction symbolique* (possibilité de combinaison mentale de schèmes : les exemples, cités plus haut, de « la boîte d'allumettes » et de « l'herbe et la porte ») qui introduit le jeune enfant dans un nouveau monde psychologique : le stade de la préparation et de la mise en place des opérations concrètes. Ce stade, caractérisé par l'intériorisation mentale des schèmes d'action (schème d'action intériorisé = opération), sera décrit avec précision au chapitre suivant. On y montrera qu'à partir du tronc commun que constitue l'intelligence sensori-motrice s'amorcent deux lignes de développement : 1 / l'une dérivant de l'imitation, qui est la ligne des signifiants et qui débouche sur l'aspect *figuratif* de la connaissance : image mentale, mémoire, langage ; 2 / l'autre issue de l'organisation des schèmes d'action, qui est la ligne des signifiés et qui fonde l'aspect *opératif* de la connaissance : structures d'opérations qui « interprètent » en quelque sorte le matériau figuratif. Cette seconde ligne de développement conduit à l'intelligence logico-mathématique. Le tableau VII présente un récapitulatif du développement des significations et des conduites d'imitation au stade sensori-moteur.

Tableau VII - Significations (❑) et conduites d'imitation (●) au stade sensori-moteur selon J. Piaget

Stade I De la naissance à la fin du premier mois	❑ significations = impressions sensorielles ● aucune conduite d'imitation
Stade II Du deuxième mois à environ 4 mois et demi	❑ signaux-indices impliqués dans la prévision ● conduites sporadiques d'imitation, pas encore d'imitation systématique
Stade III De 4 mois et demi à 8-9 mois	❑ indices intermédiaires entre les signaux-indices (stade II) et les indices-vrais (stade IV) ● imitation systématique : le bébé imite les gestes de *son répertoire* qu'il *se voit faire*
Stade IV De 8-9 mois à 11-12 mois	❑ indices-vrais : prévision des événements liés *ou non* à l'action propre ● imitation étendue aux gestes du répertoire exécutés de manière invisible et imitation de modèles nouveaux
Stade V De 11-12 mois à 18 mois	❑ indices avec un plus grand détachement de l'action propre : meilleure prévision et nouvelles anticipations pratiques ● imitation : accroissement de la reproduction de modèles nouveaux par expérimentation active des mouvements visibles sur le corps propre, puis invisibles
Stade VI De 18 mois à 2 ans	❑ différenciation entre *signifiés* et *signifiants* : indices ⇒ symboles ● imitation différée : reproduction d'un modèle en son absence

L'objet, l'espace, le temps et la causalité

A ce dernier niveau, essentiel, de l'analyse piagétienne, la question posée est de savoir comment le bébé, du stade I au stade VI, construit le réel. Autrement dit, quelle « conscience » — pour ne pas dire représentation — a-t-il de l'objet, de l'espace, du temps et de la causalité ? Aucune de ces notions, établies pour l'adulte ou l'enfant plus âgé, « [...] n'est donnée au départ et l'univers initial est entièrement centré sur le corps et l'action propres en un égocentrisme aussi total qu'inconscient de lui-même (faute d'une conscience du moi). Au cours des dix-huit premiers mois s'effectue au contraire une sorte de révolution copernicienne ou plus simplement dite de décentration générale, telle que l'enfant finit par se situer comme un objet parmi les autres en un univers formé d'objets permanents, structuré de façon spatio-temporelle et siège d'une causalité à la fois spatialisée et objectivée dans les choses » (Piaget et Inhelder, 1966, p. 15). Les étapes de cette « révolution » sont décrites ci-dessous, concernant 1 / la permanence de l'objet, 2 / l'espace et le temps, et 3 / la causalité.

La permanence de l'objet

Comment et quand le bébé prend-t-il « conscience » de l'existence des objets en tant que tels (au sens kantien), c'est-à-dire comme des choses « [...] permanentes, substantielles, extérieures au Moi et persévérant dans l'être lorsqu'elles n'affectent pas directement la perception » ? (Piaget, 1937, p. 11). Pour répondre à cette question, Piaget a eu l'idée géniale de provoquer des conduites relatives à *l'objet disparu* : l'objet continue-t-il à exister pour le bébé lorsqu'il disparaît de sa vue, a-t-il une permanence en dehors de l'expérience immédiate ? Six étapes ressortent des observations piagétiennes, étapes qui marquent, au cours de la première année, le cheminement du bébé vers la permanence de l'objet.

Nous suivons, sur ce point, la synthèse très claire de H. Bloch (*Grand dictionnaire de la psychologie,* Paris, Larousse, 1991, p. 564-565).

La première étape est caractérisée par l'absence de réaction à la disparition de l'objet. L'observateur agite un hochet devant les yeux d'un bébé de 2 mois : la scène éveille l'intérêt du bébé, il fixe l'objet mais ne le cherche pas ni ne manifeste de déplaisir quand celui-ci est soustrait à sa vue.

A la deuxième étape, de 2 à 4 mois environ, apparaissent des mimiques de désappointement, voire des cris et des pleurs, mais sans ébauche de recherche.

A la troisième étape émerge une sorte de « permanence pratique » liée à l'action et non à l'objet : le bébé de 6-7 mois est capable de revenir à un objet proche dont on l'a momentanément distrait, il attend à son point de chute un objet qui tombe, il anticipe le déplacement d'un mobile si sa trajectoire est simple, etc. Mais en dehors de cette permanence pratique, si l'on cache un objet présent d'un linge facile à enlever, on constate que le bébé ne soulève pas le cache, sauf par hasard ou si lui-même l'a mis en place. L'objet n'est donc pas encore permanent en tant que tel, c'est-à-dire indépendamment de l'action propre.

A la quatrième étape survient un changement décisif : le bébé de 8-10 mois (stade IV) recherche systématiquement l'objet enlevé de sa vue : « [...] il le cherche dorénavant en dehors même du champ de la perception, c'est-à-dire derrière les écrans qui ont pu s'interposer entre le sujet et le tableau perçu. Cette découverte est due au fait que l'enfant commence à étudier les déplacements des corps (en les saisissant, les remuant, les balançant, les cachant et les retrouvant, etc.) et à coordonner ainsi la permanence visuelle et la permanence tactile » (Piaget, 1937, p. 43). Cependant la recherche de l'objet disparu, caractéristique de cette quatrième étape, ne marque pas encore l'avènement définitif de la notion d'objet. En effet, le bébé ne cherche l'objet que là où il l'avait précédemment rencontré et non nécessairement là où il a disparu. De sorte que si l'objet, avant sa disparition, a été déplacé (sous les yeux du bébé), il commet une erreur de localisation : « [...] lorsque l'objet disparaît successivement en deux endroits distincts, ou davantage, l'enfant lui confère encore une sorte de *position absolue* [souligné par nous] ; il ne tient pas compte de ses déplacements successifs, pourtant bien visibles, et paraît raisonner comme si l'emplacement où l'objet a été retrouvé la première fois demeurait celui où on le retrouvera quand on le voudra. L'objet du quatrième stade reste donc intermédiaire entre la « chose à disposition » des stades précédents et « l'objet » proprement dit des cinquième et sixième stades » (*ibid.,* p. 43). Cette erreur de localisation, typique, est mise en évidence à partir du dispositif suivant : on place devant le bébé deux caches A et B, aussi facilement atteignables l'un que l'autre ; sous son regard, on introduit d'abord l'objet sous le cache A. Le bébé de 8-10 mois retrouve l'objet sans peine. Après quelques répétitions de cette situation, on transporte très visiblement l'objet sous B ($A \Rightarrow B$) et le bébé continue à rechercher l'objet sous A : c'est l'erreur dite « A - non-B », aussi appelée l'erreur du stade IV et devenue célèbre sous cette double appellation (on verra plus loin qu'elle a fait couler beaucoup d'encre !).

A la cinquième étape, le problème des deux caches A et B est correctement résolu — vers 11 mois — pour peu que le déplacement A $\Rightarrow$ B ait été bien perçu.

Enfin, la sixième et dernière étape, au-delà de 12 mois, lève la condition perceptive de l'étape précédente : le bébé est capable de retrouver l'objet dans sa position finale, même si celui-ci a subi des déplacements intermédiaires invisibles. Le bébé peut ainsi retrouver un objet mobile en anticipant sa position à partir d'un mouvement simplement amorcé.

Cette construction laborieuse de la permanence de l'objet, en six étapes, montre bien, selon Piaget, qu'il ne s'agit pas d'une simple activité de reconnaissance mais d'une acquisition cognitive fondamentale : la première *conservation intelligente* — d'autres conservations, décrites au chapitre suivant, surviendront au cours de l'enfance : la conservation numérique, la conservation des liquides, etc. Ajoutons également que la construction intellectuelle de l'objet ne peut qu'être intimement liée au développement affectif du bébé, c'est-à-dire à la découverte de la distinction moi-autrui. Nous verrons plus loin comment les psychanalystes du bébé, tels Klein et Spitz, décrivent la genèse de l'organisation objectale durant les deux premières années de la vie.

L'espace et le temps

La (re)construction du réel par le bébé implique non seulement qu'existent pour lui des objets permanents, mais aussi des structures spatio-temporelles dans lesquelles ces objets s'insèrent. Or, « [...] on constate qu'au début n'existent ni un espace unique ni un ordre temporel englobant les objets et les événements comme des contenants englobent leurs contenus » (Piaget et Inhelder, 1966, p. 16). Selon Piaget, le jeune bébé vit dans de multiples espaces cloisonnés, limités à une modalité sensorielle, à une région du corps ou à une zone de l'environnement : espaces tactile, visuel, auditif, buccal, postural, proche, etc. — espaces associés à certaines impressions temporelles telle l'attente. Il n'y a donc initialement aucune coordination objective. Les coordinations entre espaces hétérogènes n'apparaissent que progressivement au cours du stade sensori-moteur lorsque s'établissent, notamment sous l'impulsion de la coordination vision-préhension des stades II-III, les premières constances perceptives. Il faut toutefois attendre les stades V et VI pour déceler, en solidarité avec les conduites de localisation et de recherche de l'objet permanent, « [...] une structure fondamentale, qui constitue la charpente de l'espace pratique, en attendant de servir de base, une fois intériorisée, aux opérations de la métrique euclidienne : c'est ce que les géomètres appellent le groupe des déplacements » (*ibid.*, p. 17). Piaget se réfère ici aux travaux du mathématicien Poincaré, comme on l'a indiqué plus haut lors de l'analyse des ancrages épistémologique et logico-mathématique de la théorie (voir aussi p. 39 du chap. I).

Le groupe pratique des déplacements (déplacements des objets, dont le bébé, dans l'espace) a la signification psychologique suivante : 1 / un déplacement A ⇒ B et un déplacement B ⇒ C peuvent se coordonner en un seul déplacement A ⇒ C qui fait encore partie du système ; c'est la *composition* des déplacements ; 2 / tout déplacement A ⇒ B peut être inversé en B ⇒ A, constituant ainsi les déplacements *direct et inverse* ; 3 / la composition du déplacement A ⇒ B et de son inverse B ⇒ A donne le déplacement nul AA ; cette composition assure la *réversibilité* du système ; 4 / les déplacements sont *associatifs*, c'est-à-dire que dans la suite A ⇒ B ⇒ C ⇒ D, on a A ⇒ B + B ⇒ D = A ⇒ C + C ⇒ D : cela signifie qu'un même point D peut être atteint à partir de A par des chemins différents (si les segments AB, BC, etc., ne sont pas en ligne droite), ce qui constitue la conduite du « détour » — conduite dont Piaget souligne le caractère tardif (stade V et VI chez le bébé, observée chez les chimpanzés mais ignorée des poules).

Ajoutons, concernant le temps, « [...] qu'en corrélation avec l'organisation des positions et des déplacements dans l'espace se constituent naturellement des séries temporelles objectives, puisque, dans le cas du groupe pratique des déplacements, ceux-ci s'effectuent matériellement de proche en proche et l'un après l'autre, par opposition aux notions abstraites que construira plus tard la pensée et qui permettront une représentation d'ensemble simultanée et de plus en plus extra-temporelle » (*ibid.*, p. 17).

Il est à souligner que le groupe des déplacements qui vient d'être décrit est *la première structure,* au sens piagétien du terme, qui s'établit au cours du développement. D'où l'expression « du bébé biologique au bébé géomètre » utilisée plus haut pour annoncer et marquer l'importance de cette structure (voir l'encart 12). Elle est, au niveau pratique, le premier système *équilibré* de l'intelligence, caractérisé par des propriétés de totalité, de transformation interne et d'autoréglage (composition, déplacements direct et inverse, réversibilité, associativité) : « [...] une structure est un système de transformations qui comporte des lois en tant que système (par opposition aux propriétés des éléments) et qui se conserve ou s'enrichit par le jeu même de ses transformations » (Piaget, 1968, p. 6). A ce titre, le groupe pratique des déplacements préfigure les structures intellectuelles ultérieures où l'on retrouvera, notamment au niveau logico-mathématique, les mêmes « ingrédients » : le groupement additif des classes, par exemple, acquis vers 7-8 ans et qui structure les conduites de classification (ex. B = fleurs, A = marguerites et A′ = roses), est fondé sur la *composition* (notée ∘) de l'addition des classes A + A′ = B (opération *directe*) et de leur soustraction B — A′ = A (opération *inverse*), composition qui assure la *réversibilité* du système : A + A′ = B ∘ B — A′ = A — « équivalent » du trajet AA dans le groupe pratique des déplacements.

ENCART 12

Structuralisme et constructivisme : refus de l'apriorisme des objets logico-mathématiques

Remarquons, en ce qui concerne « Piaget-structuraliste », que le groupe pratique des déplacements illustre d'emblée — référence à la chronologie des âges — l'originalité de la démarche genevoise par rapport à celles d'autres structuralistes européens (F. Saussure en linguistique, C. Lévi-Strauss en anthropologie, etc.), à savoir son affirmation de l'indissociabilité entre structuralisme et constructivisme (voir le chap. I). Ce que Piaget retient de Poincaré c'est l'accent mis, au cœur de la réalité géométrique, sur la notion structurale de *groupe de déplacement.* Ce qu'il récuse — chez Poincaré comme chez la plupart des mathématiciens pour les autres notions — c'est que cet objet mathématique soit donné d'avance : « [...] Poincaré a eu le grand mérite de prévoir que l'organisation de l'espace était liée à la construction du « groupe des déplacements », mais, ne faisant pas de psychologie, il a considéré celui-ci comme *a priori* au lieu d'y voir le produit d'une construction progressive » (Piaget et Inhelder, 1966, p. 16). Or, dans l'esprit de Piaget, le groupe des déplacements est *avant tout* la forme finale d'équilibre d'une organisation progressive : celle des actions au cours du stade sensori-moteur. Il est en outre solidaire d'autres constructions, le groupe pratique des déplacements et l'objet permanent étant respectivement les aspects dynamique et statique d'une même réalité.

La causalité

La causalité est le troisième et dernier pilier de la construction du réel : « [...] le système des objets permanents et de leurs déplacements est [...] indissociable d'une structuration causale, car le propre d'un objet est d'être la source, le siège ou le résultat d'actions diverses dont les liaisons constituent la catégorie de la causalité » (*ibid.*, p. 17). Selon Piaget, la causalité initiale du bébé est de type « magico-phénoméniste », phénoméniste dans le sens où n'importe quoi peut produire n'importe quoi suivant les liaisons antérieures observées, et magique parce qu'elle est centrée sur l'action du bébé (qui se comporte comme un magicien) sans considération des contacts spatiaux.

Pour illustrer la causalité « magico-phénoméniste », Piaget donne l'exemple du bébé du stade III qui se secoue, ou tire un cordon suspendu au toit de son berceau, pour faire bouger des objets *situés à deux mètres de distance* — compte tenu d'une activité précédente où la même réaction circulaire primaire avait entraîné l'oscillation des hochets suspendus au berceau. Piaget relate également l'exemple amusant du bébé qui cligne des yeux devant un commutateur pour allumer une lampe électrique. Par la suite, conjointement à la « mise en ordre » de l'environnement par la constitution d'objets permanents intégrés dans une organisation spatio-temporelle, la causalité va devenir peu à peu objective et se spatialiser. Les causes ne seront plus situées dans la seule action propre (se secouer, tirer, cligner des yeux, etc.) mais associées aux objets quelconques et les rapports de cause à effet entre deux objets ou leurs actions (l'action du cordon et les oscillations des objets-cibles, par exemple) supposeront désormais un contact spatial. Cette évolution apparaît clairement dans les conduites du support, de la ficelle et du bâton caractéristiques du stade V — conduites détaillées plus haut. Le bébé de ce stade conçoit que les mouvements du support, de la ficelle ou du bâton agissent sur ceux de l'objet convoité (il ne s'agit plus de la seule action propre du bébé), et cela à la condition qu'il y ait contact : si l'objet est posé à côté du support, coussin, couverture, etc., le bébé ne tirera pas le support, conscient de ce que la condition « posé sur » n'est pas remplie et qu'il n'est pas (ou plus) magicien.

Apports et limites des analyses piagétiennes

Le matériau théorique et expérimental (il s'agit plus exactement ici d'observations) proposé par Piaget est impressionnant par sa cohérence et son ingéniosité. *Le même cadre conceptuel* — solidement ancré : biologie, épistémologie, logique et mathématiques — rend compte du développement, chez le bébé, de l'intentionnalité et des prémices de la vie mentale, de la façon dont l'élaboration des significations et les conduites d'imitation s'y greffent, ainsi que de la construction du réel : objet, temps, espace et causalité. Autant de composantes fondamentales de la vie psychologique qui sont étudiées, « traquées », à travers des observations minutieuses et des situations inédites qui, jusqu'à ce jour, n'ont cessé de défrayer la chronique : notamment la situation de recherche de l'objet disparu et la célèbre erreur A - non-B. Ces qualités suffisent à expliquer l'omniprésence de la référence piagétienne dans les travaux sur le bébé depuis plus de cinquante ans.

La théorie de Piaget, concernant les deux premières années de la vie, a toutefois fait l'objet de nombreuses critiques. Outre le fait qu'elle néglige les aspects affectifs et sociaux, l'accent mis sur les seules coordinations d'actions du bébé (aspect *moteur* du stade sensori-moteur) comme source de son intelligence a fait — et fait toujours — l'objet d'un vif débat animé par les psychologues qui soutiennent la thèse d'un rôle prépondérant de la perception (aspect *sensori-*) et d'une intelligence plus précoce. Ce débat, largement analysé dans le point suivant, est directement lié aux progrès méthodologiques survenus depuis deux décennies, progrès marqués par la mise au point de nouvelles techniques spécialisées d'étude du bébé, fondées essentiellement sur ses activités perceptives (temps de fixation relatif, habituation visuelle et réaction à la nouveauté). Quoi qu'il en soit, nous voudrions rappeler ici une remarque faite plus haut : un esprit scientifique ne peut qu'être séduit par le souci piagétien de ne pas employer le mot intelligence à outrance, et trop précocement, en posant comme exigence de son usage l'émergence claire de l'*intentionnalité*. De telles précautions théoriques ne sont pas toujours prises aujourd'hui lorsqu'il est question de cognition (implicitement synonyme d'intelligence) chez le bébé.

Données récentes sur les compétences précoces du bébé

Le nouveau-né est-il un organisme archaïque n'émergeant que de courts instants d'un sommeil quasi fœtal, sous-cortical et essentiellement dominé par un équipement réflexe au service de la satisfaction de ses besoins élémentaires (stade I de Piaget), ou est-il un organisme plus complexe, présentant des niveaux de fonctionnement corticalisés et développant une activité comportementale difficilement explicable par la présence de simples arcs réflexes ? (voir l'encart 10). Le bébé, qu'il devient ensuite, doit-il attendre 8-9 mois (stade IV) pour « être intelligent » ou l'est-il plus précocement à l'insu du psychologue piagétien ? Ces questions, et d'autres plus précises, ont suscité, depuis les années 1970, un grand nombre d'études consacrées à ce qu'il est désormais convenu d'appeler « les compétences précoces du bébé ». On en expose ci-dessous les principaux résultats, en spécifiant les méthodes utilisées (le lecteur se rapportera au chap. III) et les questions théoriques que ces résultats soulèvent. Quatre principaux domaines de recherche ont été explorés : les conduites imitatives, les relations entre modalités sensorielles, l'unité et la permanence de l'objet, et la catégorisation.

Les conduites imitatives : R. Zazzo, A. N. Meltzoff et K. M. Moore, A. Vinter

On rappelle que, selon Piaget, l'imitation systématique n'apparaît qu'au stade III et l'imitation systématique des mouvements invisibles au stade IV (par exemple, ouvrir et fermer la bouche). On peut observer des conduites d'imitation dès le stade II mais elles sont sporadiques ; et l'imitation néonatale, qui correspondrait au stade I, n'existe pas. Il faut donc attendre le deuxième semestre de la première année pour voir s'établir l'imitation proprement dite, c'est-à-dire systématique. En outre, l'imitation n'est associée à une représentation mentale que lorsqu'elle prend une forme différée et non plus immédiate, évolution des conduites imitatives qui s'observe au stade VI et qui marque le trait d'union entre l'intelligence sensori-motrice et la pensée symbolique. Voilà résumée la position piagétienne, position qui a fait autorité, en psychologie du développement, depuis 1945 — date de la parution de *La formation du symbole chez l'enfant* — jusqu'aux années 1970 où une remise en question s'est fait jour. C'est cette évolution récente que nous exposons ici.

L'étude de l'imitation, et plus particulièrement de l'imitation néonatale (durant les premiers jours, voire les premières heures de vie) a suscité, au cours des deux dernières décennies, des débats cruciaux concernant les capacités initiales du nouveau-né. Le bébé du stade I est-il réellement incapable d'imitation, comme le pense Piaget ? On peut aujourd'hui donner deux réponses négatives à cette question (le nouveau-né imite !) : l'une de type anecdotique, l'autre expérimentale. La première renvoie aux observations d'imitation de la protrusion de la langue faites par Zazzo, en 1945, sur son fils et analysées pour la première fois, avec les questionnements théoriques qu'elles imposent, dans un article publié en 1988 et intitulé : « Janvier 1945 : Découverte de l'imitation néonatale ? » (« découverte » contemporaine de la parution de *La formation du symbole chez l'enfant*). La seconde renvoie à un ensemble cohérent de recherches expérimentales fondées sur l'observation vidéoscopique, qui confirment l'existence d'une imitation néonatale de modèles spécifiques, concernant aussi bien les mouvements que le bébé ne se voit pas faire que ceux qu'il se voit faire : protrusion de la lèvre, ouverture de la bouche, protrusion de la langue et mouvements des doigts avec ouverture et fermeture de la main. Il s'agit des recherches de A. N. Meltzoff et K. M. Moore, recherches ingénieuses qui ont elles-mêmes suscité de nombreux travaux : notamment ceux de A. Vinter.

L'imitation néonatale : les observations de R. Zazzo. Avant de décrire les observations de Zazzo relatives à l'imitation de la protrusion de la langue chez son fils, soulignons que dès 1887, Preyer (auteur évoqué dans l'Introduction) a signalé, chez un bébé de quinze semaines, un cas d'imitation du mouvement de protrusion des lèvres. D'autres observateurs ont ensuite, durant la première moitié du XXe siècle, exploré les conduites imitatives précoces et confirmé le constat de Preyer. Ainsi, avant même la (re)découverte faite par Zazzo en 1945, un contexte d'étude de l'imitation néonatale existe déjà. Il a cependant fallu attendre les années 1970-1980 pour que ce contexte émerge, se précise et prenne le devant de la scène. Dans son article publié en 1988, « Janvier 1945 : Découverte de l'imitation néonatale ? » (*Psychologie française, 33,* 5-9), Zazzo écrit : « [...] le 30 janvier très exactement, mon fils alors âgé de 25 jours m'a tiré la langue. Je n'ai pas dit a tiré, mais bien m'a tiré la langue. Non pas de sa propre initiative, ce qui eût été d'une insolence prématurée, mais en réaction à ce que je lui donnais à voir. [...] Voici ce que j'ai noté immédiatement sur le « Journal » que je tenais des conduites de mon bébé. Après l'avoir langé, je le tiens dans mes bras, je soutiens sa tête pour qu'il me regarde et m'amuse à lui tirer la langue. A mon grand étonnement il me tire la langue à son tour. Il s'arrête. Je recommence. Et ainsi plusieurs fois de suite. Incroyable. D'ailleurs je n'aurais rien remarqué si je n'avais pas eu de croyance, de savoir préalable. Incroyable parce qu'on m'avait enseigné — et que j'enseignais moi-même — que l'imitation était impossible à cet âge-là. [...] Les jours suivants je recommençais en m'assurant de l'initiative du mouvement. Et j'obtins le même résultat : l'enfant tirait la langue après que je l'aie tirée, et il s'arrêtait quand je m'arrêtais » (p. 5-6).

Le constat de Zazzo était en effet troublant : son fils de 25 jours — donc un bébé du stade I selon Piaget — présentait des conduites d'imitation systématique d'un mouvement invisible, ce qui correspond à une compétence du stade IV (8-12 mois). Précisons qu'en 1957, Zazzo a publié ses observations, enrichies de celles de ses collaborateurs (jeunes pères également), mais sans présenter, alors, ses résultats comme contradictoires des observations piagétiennes. Il s'est borné à exprimer son étonnement. Lorsqu'il dégage l'intérêt théorique de ses observations, quarante-trois ans plus tard, c'est au vu des recherches expérimentales nouvelles qui mettent en question la théorie piagétienne, recherches que nous exposons ci-après.

L'imitation néonatale : les recherches de A. N. Meltzoff et K. M. Moore. Un certain nombre de chercheurs ont (re)mis à l'ordre du jour, au début des années 1970, la question de l'imitation précoce. Mais c'est Meltzoff et Moore (Imitation of facial and manual gestures by human neonates, *Science,* 1977, *198,* 75-78 ; Newborn imitate adult facial gestures, *Child Development,* 1983, *54,* 702-709) qui, en exploitant la technique d'observation vidéoscopique avec codage différé et observateurs multiples (voir le chap. III), ont réalisé les avancées expérimentales les plus décisives. Voici un résumé de leurs deux expériences princeps.

1 / *Première expérience.* Cette étude porte sur six bébés âgés de deux semaines. La procédure se déroule en trois phases : *a* / pendant une période de quatre-vingt-dix secondes, l'expérimentateur montre au bébé un visage passif : lèvres closes, expression neutre ; *b* / le bébé est alors exposé successivement à quatre gestes modèles dont la durée d'exposition est de quinze secondes et dont l'ordre de présentation est aléatoire : protrusion de la lèvre, ouverture de la bouche, protrusion de la langue et mouvements des doigts avec ouverture et fermeture de la main ; *c* / pour chaque modèle, l'exposition est immédiatement suivie d'une période-réponse de vingt secondes pendant laquelle l'expérimentateur arrête le geste et reprend un visage passif. Une séquence de soixante-dix secondes de visage passif sépare deux présentations (et réponses) de gestes modèles. Cette procédure, illustrée dans la figure 20, permet la répétition des périodes d'exposition à chacun des modèles (trois essais au maximum, dont deux répétitions de 2 × (15 + 20) secondes si l'expérimentateur estime que l'attention du bébé n'a pas été satisfaisante. C'est une

précaution méthodologique qui s'impose lorsqu'on travaille, dans un cadre expérimental strict, avec des bébés aussi jeunes. Meltzoff et Moore mentionnent que dans la moitié des cas une seule présentation a été suffisante. Lorsqu'il y a répétitions, on ne garde que la période-réponse qui suit la dernière répétition.

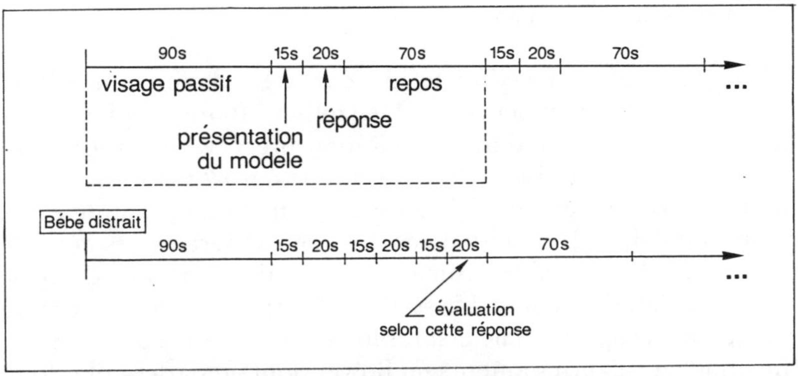

Fig. 20 - Etude de l'imitation précoce
Procédure expérimentale de A. N. Meltzoff et K. M. Moore (1977)

L'évaluation différée, sur écran vidéo, a été effectuée par deux groupes de six « codeurs » : l'un pour les mouvements faciaux, l'autre pour les mouvements manuels. Les codeurs sont informés du répertoire des gestes possibles mais ils ignorent quel a été le modèle pour une période-réponse donnée. Les résultats indiquent que, dans les deux groupes, le geste qui a été spécifié pour une période-réponse donnée est celui qui correspond au modèle présenté : dans toutes les situations la fréquence du geste qui correspond au modèle est significativement plus importante que celle des autres gestes. Il y a donc imitation du modèle. De surcroît, lorsqu'on retire, pour un modèle donné, le geste qui lui correspond dans la période-réponse, aucune différence significative n'apparaît en ce qui concerne la fréquence des autres gestes.

2 / *Seconde expérience.* Dans cette seconde étude, que nous ne détaillerons pas, l'objectif de Meltzoff et Moore est d'éviter un biais méthodologique qui a pu intervenir, lors de la première expérience, pendant l'exposition aux différents modèles. Il est en effet possible que l'expérimentateur ait modifié son geste, dans le rythme et l'amplitude, en fonction des éventuelles émissions synchrones du bébé et qu'il ait en quelque sorte contrôlé la procédure en « filtrant » et suscitant involontairement les « bonnes réponses ». La technique simple et ingénieuse retenue par Meltzoff et Moore, pour pallier cette faiblesse de procédure, est l'introduction d'une tétine dans la bouche du bébé lors de l'exposition du modèle (modèle limité, dans cette seconde expé-

rience, à la protrusion de la langue ou à l'ouverture de la bouche). La présence de la tétine exclut l'effet incident des éventuelles émissions synchrones du bébé, celles-ci étant clairement identifiables : si le bébé ouvre la bouche, la tétine tombe. Les résultats de l'expérience confirment les données précédentes. Ajoutons également que Meltzoff et Moore ont observé, lors de travaux ultérieurs, des imitations de mouvements faciaux chez des nouveau-nés dont l'un avait soixante minutes de vie.

L'observation anecdotique de Zazzo est donc confirmée et précisée par les expériences de Meltzoff et Moore. Selon ces derniers auteurs, les conduites d'imitation précoce observées prennent appui sur l'aptitude du nouveau-né à *se représenter* des informations visuelles et kinesthésiques dans une forme commune aux deux modalités. L'imitation requiert des appariements entre le geste modèle (modalité visuelle) et les actions propres du bébé (modalité kinesthésique). Un système de représentation de nature amodale ou supramodale assurerait ces appariements — système invoqué par d'autres auteurs tel Bower dont on parlera plus loin. Et l'existence de l'imitation des mouvements faciaux dès soixante minutes de vie suggère à Meltzoff et Moore que l'aptitude à utiliser des équivalences intermodales est innée chez l'homme. Les auteurs préconisent une révision radicale des conceptions théoriques sur le bébé, notamment celle de Piaget : la capacité à agir sur la base d'une représentation abstraite d'un stimulus perceptivement absent, capacité d'imitation différée, n'est pas le point culminant du développement psychologique mais doit être considérée comme le point de départ (révision théorique qui n'est pas incompatible avec l'évolution actuelle de l'Ecole de Genève : voir, dans l'encart 13, la thèse de Mounoud). Ces conclusions non orthodoxes ont évidemment suscité de nombreux débats, essentiellement méthodologiques. Elles ont également motivé des prolongements, tels les travaux de Vinter qui associent les approches transversale et longitudinale pour étudier l'évolution de l'imitation néonatale de la naissance à 3 mois. Outre la confirmation de l'existence d'une imitation précoce et le constat de sa disparition progressive au cours des premiers mois (voir la fig. 21), les travaux de Vinter indiquent que le nouveau-né est capable de reproduire des modèles dynamiques mais pas des positions statiques. Le mouvement semble donc constituer une dimension fondamentale de l'environnement initial.

Certains auteurs ont par ailleurs montré le rôle fonctionnel de l'imitation précoce dans le maintien de l'interaction sociale entre le bébé et l'adulte, ce qui soulève, au-delà des problématiques cognitives, la question de son implication dans le développement social. C'est dans cette perspective que sont actuellement menées des études sur l'autisme dont on sait qu'il se caractérise par des troubles de la communication précisément associés à une incapacité partielle ou totale à imiter.

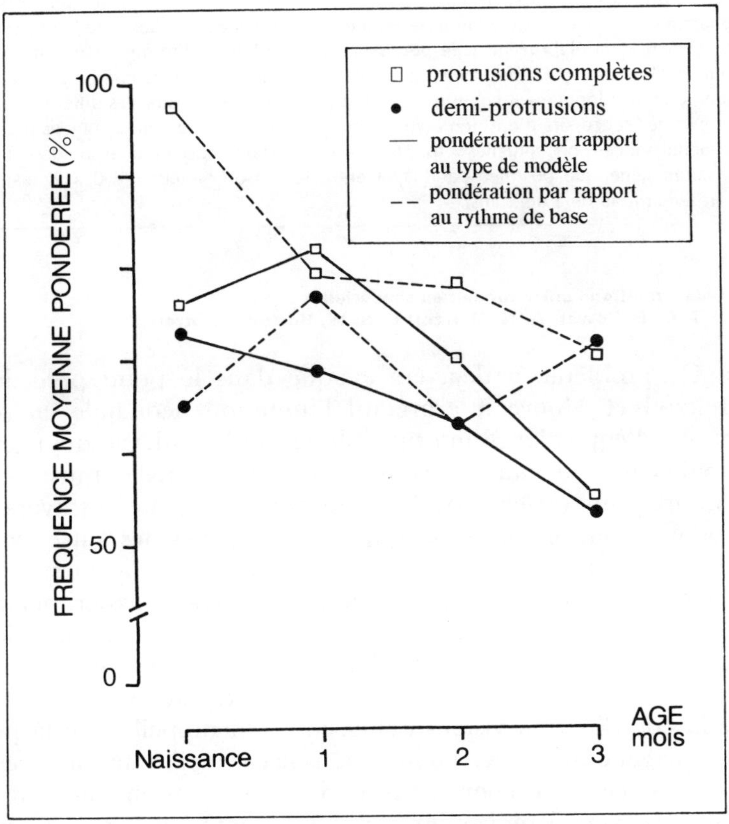

Fig. 21 - Disparition de l'imitation des mouvements faciaux au cours des trois premiers mois, selon A. Vinter (*L'imitation chez le nouveau-né*, Neuchâtel, Delachaux & Niestlé, 1985, p. 100)

ENCART 13

Connaissances pratiques et connaissances conceptuelles, selon P. Mounoud

La version la plus récente du modèle de Mounoud (The emergence of new skills, *in* G. J. P. Savelsbergh (ed.), *The development of coordination in infancy,* Amsterdam, North Holland, 1993, pp. 13-46) soutient que « [...] 1/les formes « pratiques » de connaissances d'un système donné résultent (onto- ou phylogénétiquement) de formes « conceptuelles » antérieures de ce même système, qui se sont sédimentées (ou encapsulées) et qui ne sont plus, ou difficilement, accessibles à la conscience (ou qui ne sont plus explicitables) ; 2/les formes « pratiques » de connaissances d'un système donné ne peuvent se transformer (ou se modifier) qualitativement que par l'intervention des formes « conceptuelles » d'un autre système de connaissances plus abstrait ; 3/les formes « conceptuelles » d'un nouveau système de connaissances ne se développent pas en dehors de la mise en œuvre (ou mise en jeu) des formes « pratiques » de connaissances du système déjà élaboré (la voie purement contemplative, dite de l'astronome, serait donc exclue ! voir Lécuyer, 1989) [réf. citée au chap. III] ; 4/et, enfin, si chez l'être humain le développement cognitif s'effectue en stades ou niveaux, les différences entre deux stades successifs n'ont rien à voir avec l'opposition entre connaissances pratiques et connaissances conceptuelles » (p. 16). Il s'agit ici d'une mise en question de la hiérarchisation génétique postulée par Piaget entre le sensori-moteur (de 0 à 2 ans) et le représentatif (au-delà de 2 ans).

Les relations entre modalités sensorielles :
T. G. R. Bower, A. N. Meltzoff et R. W. Borton, A. Streri

Ce problème a déjà été évoqué dans le point précédent, Meltzoff et Moore interprétant l'imitation néonatale en référence à l'équivalence intermodale vision-kinesthésie dont serait capable le nouveau-né. Mais comment une telle transmission d'information est-elle possible aussi précocement et à travers des modalités sensorielles aussi différentes les unes des autres sur le plan anatomique et neurophysiologique ? C'est la question du *transfert intermodal,* objet de nombreux travaux expérimentaux au cours des deux dernières décennies. L'impulsion initiale de ce courant de recherche a été donnée par Bower dont les expériences, devenues célèbres, ont centré le débat sur le problème de la coordination vision-préhension. On rappelle que la position piagétienne est ici, comme dans le cas de l'imitation, précise et tranchée : la coordination vision-préhension survient au stade III, vers 5 mois (voir l'encart 14 pour une analyse historique des positions sur l'intermodalité, de la philosophie empiriste du XVIIIe siècle à Piaget). Avant cet âge, il n'y a pas de transfert intermodal. Les recherches récentes, dont celles de Bower sur « la réaction à la collision » chez le nouveau-né, mettent en question cette affirmation en montrant l'existence d'une coordination vision-préhension précoce.

ENCART 14

L'intermodalité, de la philosophie empiriste du XVIIIe siècle à Jean Piaget

I. Hatwell (*Grand dictionnaire de la Psychologie,* Paris, Larousse, 1991) a récemment proposé un résumé historique très clair sur ce point : « [...] L'origine et les processus impliqués [dans les transferts intermodaux], dont l'existence est évidente chez l'adulte, ont fait l'objet de controverses depuis le début des années 1960. Jusque-là, en effet, le point de vue dominant était celui issu de la philosophie empiriste du XVIIIe siècle (J. Locke, G. Berkeley, etc.) selon laquelle, à la naissance, les différents systèmes sensoriels sont indépendants et incapables de communication intermodale. Dans cette conception, voir un cube et toucher ce cube sont pour le bébé des événements distincts et non reliés. C'est seulement au cours du développement, grâce aux expériences multimodales simultanées (voir, toucher et entendre en même temps un objet) que ces perceptions visuelles, tactiles et auditives s'associent pour former une sorte de « dictionnaire intermodal » autorisant le passage de l'information d'une modalité à l'autre. De nombreuses observations sur les nourrissons, et en particulier celles de J. Piaget (1936, 1937), ont apporté en leur temps une confirmation à ce point de vue en constatant par exemple que, avant 5-6 mois, le bébé ne met pas en relation ses perceptions visuelles et tactiles d'un même objet (l'enfant n'essaie pas de saisir manuellement un jouet visible et n'essaie pas de regarder le jouet tenu dans les mains). C'est progressivement que, selon Piaget, se mettent en place les coordinations intermodales permettant la construction d'une connaissance unifiée du monde extérieur. Ce point de vue a été complètement remis en question par T. G. R. Bower [...] » (p. 801-802). L'analyse présentée par Hatwell est particulièrement intéressante dans la mesure où il est généralement convenu que Piaget se démarque nettement de la philosophie empiriste — ce qui est vrai pour les postulats généraux de sa théorie constructiviste (voir le chap. I). Mais sur le point précis de l'intermodalité, en l'occurrence de la coordination vision-préhension, la position piagétienne entretient une évidente affinité (non affirmée) avec l'empirisme. Il y a en effet chez Piaget l'idée d'association des perceptions, au cours du développement, grâce aux expériences multimodales simultanées : on a vu plus haut que la première forme de coordination vision-préhension apparaît, aux stades II-III, dès que le bébé *aperçoit simultanément* sa main et l'objet ; « [...] La vision simultanée de la main et de l'objet pousse l'enfant à saisir : ni la vue de l'objet seul, ni la vue de la main seule ne conduisent à ce résultat » (Piaget, 1936, p. 105).

L'intermodalité : les recherches de T. G. R. Bower. Comme le mentionne Hatwell, dans le texte cité en encart 14, ce sont les recherches de Bower (*Development in infancy,* San Francisco, Freeman & Co., 1974) qui, les premières, ont remis en cause avec force la théorie piagétienne. Dans son expérience princeps, Bower présente à des bébés âgés de six à quinze jours un objet réel animé d'un mouvement d'approche « objet ⇒ bébé » : c'est le paradigme dit de « réaction à la collision ». Les réactions observées sont les suivantes : écarquillement des yeux, retrait de la tête et mouvement d'élévation d'un bras qui vient se placer entre la tête et l'objet — conduites associées à de vives manifestations émotives. Ces réactions à la collision témoignent, selon Bower, d'une anticipation précoce des conséquences sensorielles somesthésiques d'une collision et donc d'une certaine capacité à apprécier le caractère solide des objets (voir Y. Hatwell, *Toucher l'espace : la main et la perception tactile de l'espace,* Lille, PUL, 1986). A l'issue d'autres expériences, Bower avance aussi qu'il existe dès la naissance une préhension déclenchée par la vue de l'objet, avec les caractéristiques suivantes : 1 / elle ne se limite pas à la phase de projection du bras mais comporte aussi la saisie de l'objet avec ouverture anticipée de la main ; 2 / cette préhension précoce disparaît vers 3-4 semaines pour réapparaître vers 5 mois sous la forme classiquement étudiée (coordinaiton vision-préhension de Piaget). Et si ces conduites précoces ont échappé à l'observation, c'est, selon Bower, parce qu'elles n'apparaissent pas en dehors de situations très spécifiques : le bébé doit être bien réveillé et placé en situation redressée, demi-assis avec soutien de manière à libérer les mains. L'auteur ajoute que la préhension précoce ainsi observée a des caractéristiques tout à fait particulières. La main s'ouvre par anticipation avant le contact et elle se referme trop rapidement pour que la fermeture soit provoquée par le contact. Il n'y a jamais de correction de trajectoire : si l'objet-cible n'est pas atteint, le bras revient à son point de départ et effectue une nouvelle projection. Il s'agit pour Bower d'une préhension *déclenchée par la vue* — apparemment entièrement programmée, sans possibilité d'ajustement — qu'il oppose à la préhension, ultérieure, *contrôlée par la vue.* Il reste à comprendre les raisons de la disparition du geste néonatal et ses liens avec la coordination préhension-vision ultérieure.

La position piagétienne concernant le développement des relations entre modalités sensorielles est ainsi ébranlée par les données de Bower (données qui n'ont pas toujours pu être répliquées). L'apparition d'une préhension contrôlée par la vue vers 5 mois, telle que l'a décelée Piaget, n'est pas remise en cause, mais l'observation d'une coordination vision-préhension dès la naissance est évidemment incompatible avec ce que l'on sait du bébé du stade I. Il existerait donc, dès les premiers mois de vie, un fonctionnement intermodal — sous-tendu selon Bower par un système de représentation amodal, abstrait — qui permettrait une connaissance unifiée et cohérente du monde. Cette thèse nouvelle et provocante, qui brise l'image du bébé-immergé-dans-le-chaos, a conduit les pychologues du développement à multiplier les expériences dans ce domaine. Le paradigme classiquement utilisé est celui de l'appariement intermodal : un objet présenté dans une modalité sensorielle doit ensuite être reconnu dans une autre modalité ; si tel est le cas, on conclut qu'il y a transfert intermodal. La reconnaissance de l'objet-cible est évaluée par les techniques de temps de fixation relatif, notamment la préférence visuelle, ou d'habituation, décrites au chapitre III. A. N. Meltzoff et R. W. Borton (1979) ont ainsi réalisé les observations suivantes, relatives au transfert tactilo-oral ⇒ oculo-moteur : 1 / des bébés de 1 mois explorent une tétine soit lisse et sphérique, soit sphérique mais recouverte de picots, 2 / ils regardent ensuite plus longtemps (préférence visuelle) le dessin de la tétine familière, les deux tétines étant représentées simultanément sur un écran — procédure dite de « comparaison par paires ». Il est à souligner que dans ce type d'expérience l'activité orale du nouveau-né est d'emblée considérée du point de vue de sa *fonction d'exploration.* D'autres recherches menées par A. Streri (1991) ont montré, dès l'âge de 2 mois, l'existence d'un transfert tactilo-manuel ⇒ oculo-moteur, en utilisant une procédure d'habituation tactile après avoir placé l'objet-cible dans la main du bébé. Bref, autant de données qui laissent à penser que le jeune bébé ne vit pas dans des mondes sensoriels cloisonnés, mais qu'un environnement intermodal, cohérent, et donc intelligible, se construit très précocement. Sans souscrire nécessairement à la thèse forte d'un système de représentation amodal dès la naissance tel que le suggère Bower (informations représentées au niveau central sous une forme abstraite), certains auteurs retiennent simplement l'hypothèse de E. J. Gibson selon laquelle il existerait une *perception* amodale chez le nouveau-né. D'autres encore reconnaissent l'existence des transferts intermodaux précoces sans accepter leur explication par l'amodalité. Quoi qu'il en soit, il existe, au niveau sensoriel, des coordinations plus précoces que ne le décrit la théorie piagétienne, coordinations qui jouent assurément un rôle essentiel dans le fonctionnement psychologique des premiers mois, même si elles ne rivalisent pas en complexité et en flexibilité avec leurs formes ultérieures. La richesse de l'aspect « sensori- » du stade sensori-moteur est ainsi réhabilitée.

L'unité et la permanence de l'objet : E. S. Spelke, R. Baillargeon

Compte tenu des données qui viennent d'être présentées, on peut s'interroger sur le caractère tardif de la construction de l'objet selon Piaget. N'y aurait-il pas unité et permanence de l'objet plus précocement puisque l'environnement initial semble moins chaotique qu'on ne le pensait ? Rappelons que, selon la théorie piagétienne, la recherche de l'objet disparu, critère de sa permanence, n'apparaît qu'à partir du stade IV, vers 8-10 mois. Et ce stade est encore marqué par des erreurs de localisation : l'erreur A - non-B. Il faut en fait attendre le stade V pour atteindre l'étape ultime de la construction de l'objet : le bébé est alors capable de retrouver l'objet dans sa position finale, même si celui-ci a subi des déplacements intermédiaires invisibles. L'objet, unité de base du réel, est donc élaboré à travers un parcours long et laborieux dont le terme coïncide avec l'avant-dernier sous-stade sensori-moteur. Cet aspect central de la théorie piagétienne a été — comme l'imitation et l'intermodalité — réexaminé et contesté par des données expérimentales nouvelles : les données de E. S. Spelke sur l'unité de l'objet et celles de R. Baillargeon sur sa permanence. Spelke et Baillargeon, ainsi que Bower d'ailleurs, figurent parmi les psychologues du bébé dont l'ingéniosité méthodologique rivalise, dans le domaine étudié, avec celle de Piaget.

L'unité de l'objet : les recherches de E. S. Spelke. L'existence d'une *unité précoce de l'objet* a été montrée dans une série d'expériences réalisées par Bower et poursuivies ensuite par Spelke durant les années 1980. Le paradigme utilisé par Spelke (Preferential looking methods as tools for the study of cognition in infancy, *in* G. Gottlieb et N. Krasnegor (eds.), *Measurement of audition and vision in infancy,* Ablex, 1986 ; P. J. Kellman et E. S. Spelke, Perception of partly occluded objects in infancy, Cognitive *Psychology,* 1983, *15,* 483-524) met en scène des objets partiellement cachés : par exemple, un bâton vertical situé derrière une boîte (ou un bloc de bois) et dont on ne voit que les deux extrémités (voir la fig. 22). La procédure expérimentale est la suivante : 1 / on présente au bébé le bâton, partiellement caché, qui se déplace horizontalement, alternativement vers la droite et vers la gauche : cette situation fait l'objet d'une habituation ; 2 / on teste ensuite la réaction à la nouveauté (voir le chap. III) en présentant au bébé, en alternance et toujours avec les mêmes mouvements, soit un bâton entier, soit les deux morceaux de bâton correspondant aux deux parties visibles derrière la boîte lors de la phase 1. L'application de ce paradigme auprès de bébés de 4-5 mois indique qu'à la phase 2 ils regardent plus longtemps les deux morceaux, ce qui signifie, en termes d'habituation/réaction à la nouveauté, que ce stimulus est plus nouveau pour eux et donc que le bâton était bien perçu à la phase 1 *comme ayant une unité* (différents contrôles expérimentaux confirment cette interprétation). Spelke en conclut que dès cet âge (stade III de Piaget) le bébé conçoit l'unité de l'objet, le dote de frontières stables et ne considère pas qu'il se décompose lorsqu'il échappe partiellement à sa vue.

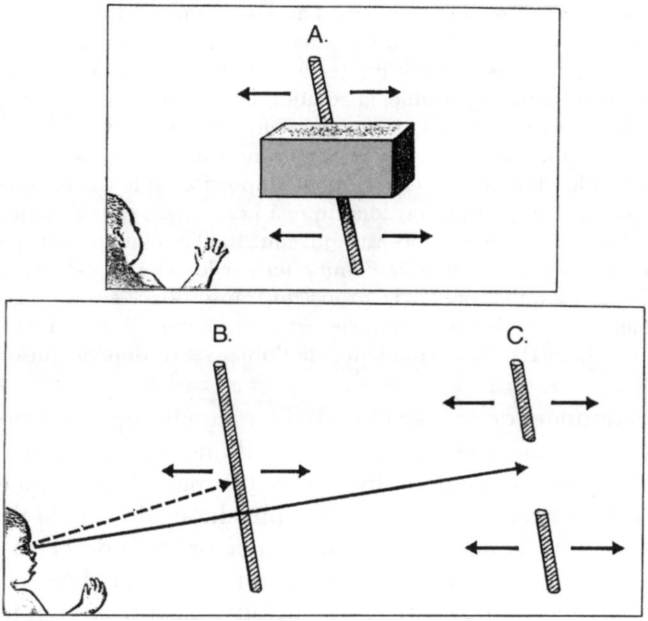

Fig. 22 - Etude de l'unité de l'objet chez des bébés de 4-5 mois
Le paradigme de E. S. Spelke (1986)

La permanence de l'objet : les recherches de R. Baillargeon. Plus ingénieuses encore, les expériences de Baillargeon *et al.* (Object permanence in five-month-old infants, *Cognition,* 1985, *20,* 191-208) reposent sur un paradigme dit de « l'événement impossible ». Le principe général est d'observer les réactions du bébé lors de situations impossibles — rendues telles par des trucages expérimentaux : le psychologue se fait magicien — qui transgressent certaines propriétés du réel. Si le bébé réagit à ces situations, on considère qu'il conçoit la propriété transgressée. Baillargeon utilise le paradigme de l'événement impossible pour étudier la construction précoce de l'objet, non pas son unité lorsqu'il est partiellement caché (expériences de Spelke) mais, plus fondamentalement, la permanence de son existence lorsqu'il est complètement caché ; on rejoint ici la situation piagétienne de l'objet disparu. La procédure expérimentale est la suivante. 1 / Le bébé est placé face à un écran de bois relié par une charnière au plancher du dispositif de présentation, dans le plan frontoparallèle, de sorte que cet écran puisse effectuer une rotation de 180° (voir la fig. 23). Cette situation fait l'objet d'une habituation au mouvement alternatif de rotation selon un axe horizontal. 2 / On place ensuite une boîte (ou un bloc de bois) derrière l'axe de rotation de l'écran, de telle manière que l'écran cache la boîte à moment donné (c'est l'objet disparu) et que la rotation possible soit limitée à 112°. Le bébé est alors mis en présence d'un événement possible, la rotation de l'écran sur 112° (fig. 23*b*), et d'un événement impossible, la rotation sur 180° (fig. 23*a*). L'application de ce paradigme auprès de bébés de 4-5 mois indique qu'à la phase 2 ils regardent plus longtemps l'événement impossible que l'événement possible, alors que le premier est identique à la situation d'habituation (rotation de 180°) et que le second est nouveau. Baillargeon conclut que l'événement impossible est identifié comme tel par le bébé de 4-5 mois, ce qui laisse à penser qu'il conçoit la propriété transgressée, en l'occurrence la permanence de la boîte lorsqu'elle est cachée par l'écran. Dès cet âge (début du stade III), la permanence de l'objet serait donc acquise.

Les données de Spelke et de Baillargeon indiquent clairement l'existence de manifestations précoces d'une conception de l'unité et de la permanence de l'objet : dès 4-5 mois. Ces données sont compatibles avec celles présentées plus haut (Bower, Meltzoff et Borton, Streri) concernant la cohérence précoce de l'environnement. Elles le sont moins, évidemment, avec la théorie piagétienne qui décrit une émergence de l'objet beaucoup plus tardive. Cette divergence théorique, étroitement liée aux paradigmes utilisés, n'est pas sans poser problème aux psychologues du bébé : si dès 4-5 mois il y a unité et permanence de l'objet, comment expliquer alors l'erreur A - non-B, classique du bébé de 8-10 mois ? Pour certains auteurs, comme Bower, la question n'est pas capitale. Pour d'autres, au contraire, elle demeure l'une des énigmes fascinantes de la psychologie du développement. On rappelle qu'au stade IV de Piaget, le bébé est capable de rechercher un objet disparu de sa vue, mais si après l'avoir vu disparaître un cer-

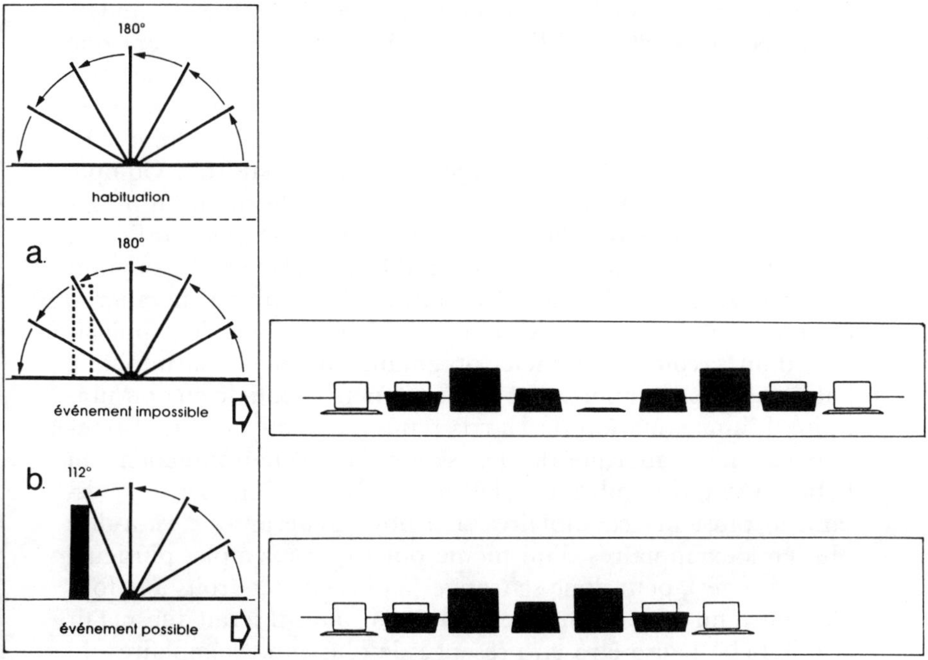

Fig. 23 - Etude de la permanence de l'objet chez des bébés de 4-5 mois
Le paradigme de R. Baillargeon *et al.* (1985)

tain nombre de fois en A l'objet disparaît (sous ses yeux) en B, il continue à le chercher en A (A - non-B). Cette erreur de localisation a fait couler beaucoup d'encre, comme en atteste la multiplication des revues de questions parues sur ce sujet durant les années 1980. Diverses explications ont été proposées, mettant notamment l'accent sur un système de référence spatial inadéquat plutôt que sur l'incapacité à concevoir la permanence. Deux psychologues ont adopté, dans ce débat, des positions qui nous paraissent originales : J. G. Bremner (1978, etc.) et P. L. Harris (1983) — l'analyse néo-structuraliste de Case sera exposée p. 270. Selon Bremner, l'erreur de localisation A - non-B s'explique par le fait que le bébé possède des *savoirs parcellisés*, non adéquatement coordonnés : un savoir spatial sur les objets et un savoir fonctionnel. L'application de ces savoirs est étroitement dépendante des expériences antérieures du bébé avec ses objets familiers (connaissances *expériencielles*). Le bébé constate notamment que les objets familiers sont très souvent rangés à la même place et il associe dès lors à certaines places une *fonction particulière* de « contenants d'objets ». Il retient également qu'une conduite efficace consiste à chercher un objet dans un tel endroit. Compte tenu de cette analyse, Bremner souligne que la situation piagétienne « A ⇒ B », ou plus exactement « AA... ⇒ B » (car l'objet est caché plusieurs fois sous A avant d'être déplacé en B), conduit le bébé à associer à la place A le statut « d'endroit où chercher », d'où sa conduite erronée A - non-B. Il s'agirait donc de l'application d'un savoir expérienciel prégnant, sans que cela implique l'absence du savoir pertinent : la permanence spatiale ou non-ubiquité. L'interprétation de Harris repose, comme celle de Bremner, sur une remarque de bon sens : dans l'environnement du bébé un grand nombre d'objets (objets usuels, jouets, etc.) existent en plusieurs exemplaires. Un objet générique, c'est-à-dire plusieurs exemplaires d'un même objet (par exemple, plusieurs cubes rouges), peut donc se trouver à plusieurs endroits à la fois. Compte tenu de cette analyse, l'erreur A - non-B serait due au fait que le bébé pense être en présence de plusieurs exemplaires du même objet, le déplacement A ⇒ B d'un exemplaire n'excluant pas qu'un autre puisse être trouvé en A. L'explication de Harris rejoint donc celle de Bremner en ce qu'elle suggère qu'une connaissance expériencielle, ici l'ubiquité des exemplaires d'objets familiers, entrave le jugement de localisation attendu. L'accent est ainsi mis, et c'est là l'intérêt des deux analyses, sur les *significations* que le bébé attribue à la situation piagétienne, significations qui rendent compte de la « logique » du jugement A - non-B et qui n'excluent pas, pour autant, l'existence d'un savoir sur l'unité et la permanence de l'objet, tel qu'il apparaît dans les situations de Spelke et de Baillargeon.

La catégorisation : M. H. Bornstein, P. D. Eimas, I. W. Bushnell, J. F. Fagan

Si l'on considère l'objet comme unité de base du réel, la catégorisation est la conduite adaptative qui consiste à construire des macro-unités, ou catégories d'objets, permettant un découpage cognitif plus économique. Elle a été étudiée dans la perspective piagétienne sous le terme de « classification » et renvoie, avec la sériation et le nombre, à l'une des acquisitions essentielles du stade de la mise en place des opérations concrètes. Le développement de la catégorisation, selon Inhelder et Piaget (1959), ne débute qu'à partir de 2 ans, ce sont les premières collections figurales (ou juxtaposition spatiale d'éléments hétérogènes), et s'achève vers 7-8 ans avec l'apparition des classes logiques (voir le chap. V). Le bébé de Piaget ne catégorise donc pas. La raison en est simple : pour catégoriser les objets il faut d'abord 1 / que ceux-ci existent en tant que tels (permanence de l'objet) et 2 / qu'ils soient insérés dans un espace objectif. Or ces deux conditions ne sont remplies, selon la théorie piagétienne, qu'à la fin du stade sensori-moteur. Piaget souligne toutefois que « [...] le système des schèmes d'assimilation sensori-moteurs aboutit à une sorte de logique de l'action, comportant des mises en relations et correspondances (fonctions), des emboîtements de schèmes (cf. la logique des classes), bref des structures d'ordre et de réunion qui constituent la substructure des opérations futures de la pensée » (Piaget et Inhelder, 1966, p. 14, déjà cités). Il ne s'agit néanmoins que de « subcatégorisation » et, compte tenu des données relatives à l'unité et à la permanence précoces de l'objet ainsi qu'à la cohérence initiale de l'environnement, on peut s'interroger sur la thèse piagétienne d'une absence de catégorisation proprement dite au stade sensori-moteur. C'est pourquoi les psychologues du bébé (ré)investissent aujourd'hui cette problématique.

Deux sources de données expérimentales sur la catégorisation précoce sont actuellement disponibles : l'une relative au traitement discontinu de variations continues, l'autre relative à la différenciation des objets selon un critère précis de « classification ». Le premier point renvoie aux activités de catégorisation impliquées dans la perception précoce des couleurs et des sons. Percevoir des couleurs discrètes c'est opérer un découpage sur une variation continue : la longueur d'onde des radiations électromagnétiques ; de même, percevoir des sons, correspondant à un découpage syllabique, c'est réaliser un traitement discontinu du spectre sonore. M. H. Bornstein (1985) a montré que, dès 4 mois, le bébé est capable de catégoriser les couleurs comme un adulte. P. D. Eimas (1975) a mis en évidence, en utilisant la technique d'habituation de la succion non nutritive (voir le chap. III), que les bébés de 1 à 4 mois sont capables de discriminations catégorielles du type [ba] / [pa]. Bien entendu, il s'agit là d'une conception élémentaire de la catégorisation et dans les deux cas on peut penser que l'on est plutôt en présence d'une propriété fonctionnelle des récepteurs sensoriels que d'une activité intellectuelle. Concernant le second point, la différenciation des objets selon un critère précis de « classification », il s'agit des travaux sur la catégorisation précoce des visages et des formes géométriques. I. W. Bushnell *et al.* (1989) ont montré que le nouveau-né âgé de 2 à 3 jours fixe plus longtemps le visage immobile et neutre de sa mère que celui d'une étrangère, en l'absence d'information olfactive et auditive. Un critère visuel précis est donc appliqué : l'apparence *versus* non-apparence du visage de la mère. Les recherches de J. F. Fagan (1979) ont par ailleurs mis en évidence, toujours selon une procédure de préférence visuelle, qu'à l'âge de 7 mois les bébés peuvent catégoriser les visages suivant le sexe. D'autres travaux récents, notamment ceux de Lécuyer *et al.* (1992), utilisant l'habituation visuelle, indiquent l'existence, dès 3 mois, d'une capacité à catégoriser des configurations de formes géométriques selon le nombre de formes représentées.

Autant de données qui laissent à penser que le bébé « catégorise » bien avant la fin du stade sensori-moteur, même s'il est parfois difficile de départager ce qui relève des contraintes inhérentes aux systèmes perceptifs, de la simple discrimination et de la « véritable » catégorisation (*intentionnelle,* exigerait Piaget). Les recherches expérimentales et les analyses théoriques futures permettront sans doute d'y voir plus clair. Quoi qu'il en soit, l'hypothèse d'une catégorisation précoce, essentiellement testée par des techniques de discrimination visuelle, trouve dès à présent une confirmation *pragmatique* (liée à l'action) dans les travaux de Langer (voir le chap. III). Ces travaux, relatifs à la manipulation d'objets, révèlent l'existence de proto-opérations logico-mathématiques chez le bébé : notamment une protologique des classes, forme élémentaire de la catégorisation logique piagétienne.

Le bébé naît-il « humain » ?

Au terme de cet exposé sur les compétences précoces du bébé, il convient de dénoncer l'attitude qui consisterait à accentuer le caractère sensationnel des résultats présentés et à n'en retenir qu'une conclusion rapide, anecdotique et erronée selon laquelle : 1 / le bébé « naîtrait humain », au sens d'un « homme-tout-monté » qui verrait quasiment tout, entendrait quasiment tout et saurait quasiment tout faire, et 2 / seul « l'état initial », l'état au tout début de la vie, importerait à la psychologie scientifique du développement (ce dernier mot perdant ici son sens). L'expression « naître humain » correspond au titre d'un ouvrage polémique de Melher et Dupoux déjà cité dans l'avant-propos.

On ne peut évidemment souscrire à ce point de vue car, s'il est vrai que certains comportements complexes, tels l'imitation des mouvements faciaux (Meltzoff et Moore), la coordination vision-préhension (Bower), etc., sont présents très précocement — beaucoup plus précocement que ne le pensait Piaget — ces comportements disparaissent, pour la plupart, au cours des premiers mois (voir, concernant l'imitation, les résultats de Vinter présentés plus haut : fig. 21) et leur niveau initial d'élaboration ne rivalise aucunement avec celui de leurs formes ultérieures — formes correspondant généralement à celles observées par Piaget. Bower, par exemple, souligne clairement que la coordination vision-préhension présente dès les premières semaines de vie relève d'une préhension *déclenchée par la vue* (entièrement programmée, sans possibilité d'ajustement) alors qu'il s'agit, ultérieurement, d'une préhension *contrôlée par la vue*. De même, personne ne penserait à assimiler la catégorisation précoce des visages, des couleurs ou des sons (présente dès les premiers mois, voire les premiers jours) à la catégorisation logique des objets qui sera décrite, chez l'enfant, au chapitre V. Au-delà de l'état initial, il y a donc *un développement* jalonné de conquêtes psychologiques, autant perceptives (Spelke, Baillargeon, etc.) que motrices (Piaget, Langer), qui conduit à penser que le bébé naît moins humain qu'il ne le devient.

Le développement avant 2 ans dans les théories néo-structuralistes

Trois auteurs néo-structuralistes ont spécifiquement traité du bébé de 0 à 2 ans : Case, Halford et Fischer. Leurs analyses ont l'intérêt de suggérer l'existence d'une architecture précoce de la cognition (structures de contrôle, d'appariement de symboles, de *skills*), architecture dont le caractère général tranche avec l'aspect local des domaines étudiés dans le courant « compétences précoces ». C'est à une articulation de ces approches qu'invite notre exposé.

R. Case : les structures de contrôle exécutif du bébé

Une description du modèle de Case a été donnée dans le chapitre II. On rappelle que ce modèle inclut une redéfinition des structures intellectuelles, des stades de développement et des processus de transition, qui s'applique au fonctionnement cognitif, social et émotionnel. Trois structures intellectuelles sont distinguées : 1 / les schèmes figuratifs ou *patterns* récurrents de stimulations (objets ou situations physiques et sociaux) ; 2 / les schèmes opératifs qui assurent la transformation des schèmes figuratifs ; et 3 / les structures de contrôle exécutif qui supervisent cette transformation, structures elles-mêmes définies comme des séquences organisées de schèmes à trois composantes : *a* / la représentation du problème ou schèmes figuratifs, *b* / l'objectif du problème ou schèmes figuratifs dotés d'une charge affective plus élevée, et *c* / les stratégies ou schèmes opératifs qui permettent de passer de la représentation à l'objectif.

Selon Case, dès la naissance, sinon plus tôt, l'activation de tout schème ou ensemble de schèmes est associée à une charge affective particulière : positive, négative ou neutre, et dès l'âge de 1 mois le bébé est capable d'exercer un certain contrôle volontaire (structures de contrôle exécutif) sur ses propres expériences cognitives et affectives. Les premières structures de contrôle (représentation du problème, objectif, stratégies) s'établissent donc dès la fin du stade I de Piaget, ce qui marque d'emblée l'originalité du modèle de Case : *l'intentionnalité,* associée à l'intelligence dans la théorie piagétienne, apparaît, ici, bien avant le stade IV. De surcroît, dès les premières structures de contrôle, il y a, comme le nom l'indique, « structures » cognitives, et Case parle, au sein de celles-ci, d'une composante « représentation » qui intègre les *patterns* récurrents de stimulations. Précisons que le terme récurrent renvoie à la métaphore de *l'image récurrente* ou *consécutive* : image qui subsiste après que l'œil a été impressionné par un objet vivement éclairé.

Une redéfinition du stade sensori-moteur

De la naissance à l'âge adulte, les structures de contrôle exécutif se développent à travers une séquence générale de quatre stades différenciés par le type d'unité de base traitée. C'est le premier d'entre eux qui nous intéresse dans ce chapitre : le stade sensori-moteur, de la naissance à 18 mois (du même nom et du même « empan » que le stade piagétien). Les structures de contrôle sensori-motrices portent sur des unités de base correspondant, d'une part, aux objets physiques et sociaux perçus par le bébé et, d'autre part, aux activités motrices exercées sur eux ; il s'agira, aux stades ultérieurs, d'unités plus complexes : des relations et des dimensions (enfance), puis des rapports entre dimensions (adolescence). Le stade sensori-moteur, comme tous les autres stades (relationnel, dimensionnel, etc.), comprend un premier sous-stade « d'ancrage » ou sous-stade « zéro », de 1 à 4 mois, et trois sous-stades proprement dits, différenciés par le nombre de *focus* (points de centration) impliqués dans la composante « objectif » des structures de contrôle : 1 / sensori-moteur unifocal, de 4 à 8 mois ; 2 / sensori-moteur bifocal, de 8 à 12 mois ; et 3 / sensori-moteur élaboré, de 12 à 18 mois. Le processus de transition qui assure, au sein du stade sensori-moteur, le passage d'un sous-stade à un autre (unifocal ⇒ bifocal, par exemple) est soumis à la taille de l'espace de stockage en mémoire de travail, elle-même fonction de l'augmentation de l'efficience opératoire ou automatisation des schèmes opératifs (les stratégies de la structure de contrôle). Le processus de transition qui assure le passage du stade sensori-moteur au stade suivant, le stade relationnel ou premier stade de l'enfance, est un processus d'intégration hiérarchique selon lequel la structuration des unités de base du sous-stade sensori-moteur élaboré (plus de deux *focus*) atteint une complexité telle qu'elle génère une unité de base nouvelle : on passe des *objets perçus et activités motrices* aux *relations* entre objets et/ou activités motrices. Le sous-stade sensori-moteur élaboré constitue ainsi le sous-stade « zéro » du stade relationnel. Pour illustrer cette architecture générale, nous retenons ci-dessous une analyse de Case particulièrement intéressante, relativement aux exposés précédents, en ce qu'elle présente une interprétation néo-structuraliste de l'erreur A - non-B.

Parmi les nombreuses analyses proposées par Case pour décrire le stade sensori-moteur, on trouve un descriptif des structures de contrôle impliquées dans les conduites de recherche d'objets disparus, critère piagétien de la permanence de l'objet. En voici deux illustrations. Au sous-stade sensori-moteur bifocal (8-12 mois, stade IV de Piaget), Case décrit des structures de contrôle du type : 1 / **Représentations :** *a* / un objet intéressant a disparu en A, *b* / A est caché par un écran (une serviette de table, par exemple), *c* / le bord de l'écran est en A′ ; 2 / **Objectifs :** *a* / relocaliser l'objet intéressant, *b* / retirer l'écran, *c* / atteindre A′ ; 3 / **Stratégies :** *a* / tendre le bras, de sa position actuelle vers A′, *b* / saisir l'écran et le tirer, *c* / explorer visuellement en A (voir la fig. 24*a*). Il s'agit bien d'une structure de contrôle sensori-motrice bifocale car, d'une part, les unités de base traitées sont des objets perçus (l'objet intéressant, l'écran) et des activités motrices (tendre le bras, saisir, tirer), et, d'autre part, deux *focus* sont impliqués dans la composante « objectif » de la structure : l'objet convoité par le bébé et l'écran à retirer. Mais cette structure de contrôle, qui assure la relocalisation d'un objet disparu en un endroit A, n'est pas suffisamment complexe pour résoudre le problème piagétien « AA... ⇒ B », d'où, selon Case, l'erreur classique A - non-B de ce stade.

Il faut attendre le sous-stade sensori-moteur élaboré (plus de deux *focus* au niveau des objectifs) atteint vers 12 mois, pour que se mette en place la structure de contrôle adéquate (stade V de Piaget) : 1 / **Représentations :** *a* / un objet intéressant a disparu en A (...), *b* / l'objet intéressant est déplacé en B : A ⇒ B, *c* / B est caché par un écran, *d* / le bord de l'écran est en B′ ; 2 / **Objectifs :** *a* / relocaliser l'objet intéressant, *b* / localiser la nouvelle position B de l'objet, *c* / retirer l'écran, *d* / atteindre B′ ; 3 / **Stratégies :** *a* / tendre le bras, de sa position actuelle vers B′, *b* / saisir l'écran et le retirer, *c* / explorer visuellement en B (voir la fig. 24*b*). Il s'agit bien d'une structure sensori-motrice élaborée car plus de deux *focus* sont impliqués dans la composante « objectif » : l'objet convoité par le bébé, son déplacement en B et l'écran à retirer. L'application de cette structure exclut l'erreur A - non-B. Du point de vue des processus de transition (bifocal ⇒ élaboré), l'analyse de Case revient à dire que le traitement d'un *focus* supplémentaire, localiser la nouvelle position B de l'objet, est permis par une augmentation de la taille de l'espace de stockage en mémoire de travail, elle-même accrue par le développement de l'efficience des schèmes opératifs (tendre le bras, saisir, retirer, etc.). En s'automatisant, ces schèmes occupent moins de place en mémoire.

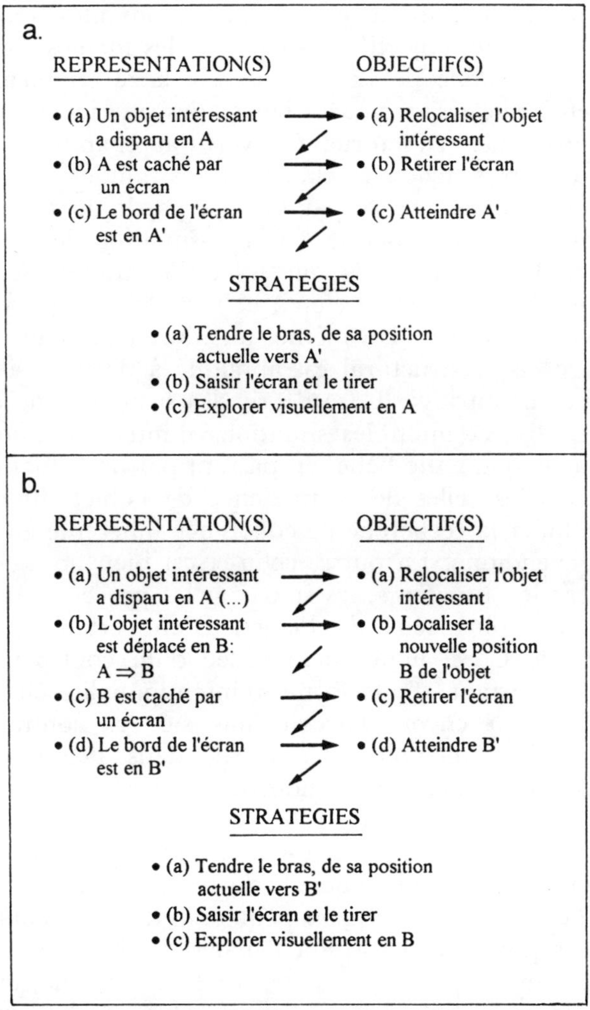

Fig. 24 - Structures de contrôle exécutif et recherche d'objets disparus, selon R. Case : *a* / structure bifocale, *b* / structure élaborée (*Intellectual development : Birth to adulthood,* New York, Academic Press, 1985)

Apports et limites du modèle

L'intérêt du modèle de Case tient évidemment au souci affirmé de dégager, dès les premiers mois de la vie, une architecture générale de la cognition. Les structures sensori-motrices décrites, celles impliquées dans la recherche d'objets disparus par exemple, comportent les mêmes composantes (représentation du problème, objectif, stratégies) et les mêmes contraintes fonctionnelles (taille de l'espace de stockage en mémoire de travail, etc.) que les structures des stades ultérieurs : relationnel, dimensionnel et vectoriel. On verra au chapitre V que des tâches complexes, telles les classifications multicritères réussies vers 7 ans, sont analysées par Case à partir du même cadre structural que celui appliqué, ici, à la situation de localisation « AA... ⇒ B », à ceci près que les unités traitées seront des dimensions (forme, couleur, etc.) et non des objets perçus ou des activités motrices. De même, au niveau du stade sensori-moteur, ce cadre structural est appliqué à diverses situations, de la succion nutritive (Case décrit des structures de contrôle de la tétée !) aux multiples situations d'interaction sociale et émotionnelle que vit le bébé, en passant par des situations plus cognitives telles celles de permanence de l'objet. Bref, on ne peut que louer la recherche de cohérence inhérente au structuralisme revendiqué. En outre, celui-ci est bien un *néo*-structuralisme car les structures, les stades et les processus de transition ne sont plus ceux de Piaget. D'où certaines positions originales de Case, notamment l'idée d'un contrôle exécutif précoce et, partant, d'une forme d'intentionnalité chez le très jeune bébé, ou encore l'accent mis sur les contraintes de contrôle et de mémoire de travail dans l'explication de conduites comme l'erreur A - non-B.

Mais si l'on regarde de plus près les tâches analysées, il apparaît que la démarche néo-structuraliste « masque » certaines réalités du fonctionnement du bébé. Concernant, précisément, l'erreur A - non-B, on peut regretter que l'analyse de la tâche proposée par Case soit l'analyse « objective » de l'expérimentateur et que, dans la structure de contrôle, une seule représentation possible de la situation « AA... ⇒ B » soit considérée : *a* / un objet intéressant a disparu en A (...), *b* / l'objet intéressant est déplacé en B, *c* / B est caché par un écran, etc.

Or, d'autres représentations sont possibles si l'on tient compte, comme Bremner et Harris cités p. 263, des significations « expériencielles » que le bébé (et non l'expérimentateur) est susceptible d'attribuer à la tâche : schèmes figuratifs du type « A est l'endroit où chercher » (Bremner), « un exemplaire de l'objet est déplacé en B, mais un autre reste en A » (Harris), etc. Cette remarque est d'importance car même si le sous-stade sensori-moteur élaboré est atteint (possibilité d'intégration du *focus* « localiser la nouvelle position B de l'objet »), le bébé peut très bien ne pas mettre en œuvre les stratégies adéquates (schèmes opératifs : tendre le bras de sa position actuelle vers l'écran situé en B, etc.) s'il se représente A comme « l'endroit où chercher » ou s'il se représente l'objet caché en B comme une réplique de celui caché en A. Bref, le bébé-contraint-par-ses-significations échappe à la théorie néo-structuraliste de Case (1985). Un ajustement récent de cette théorie (ajustement évoqué au chap. II) marque, de ce point de vue, l'évolution théorique « attendue ». Il met en effet l'accent sur les *structures conceptuelles centrales* situées en amont des structures de contrôle exécutif, ce qui permet d'envisager l'existence de « contraintes conceptuelles » (les savoirs expérienciels de Bremner et de Harris, par exemple) sur la composante « représentation » des structures de contrôle.

G. Halford : les structures d'appariement de symboles du bébé

Plus nettement que chez Case, c'est l'aspect symbolique du cognitivisme classique qui domine dans le modèle néo-structuraliste de Halford (voir le chap. II). On rappelle que ce modèle rend compte de l'acquisition de concepts fondamentaux, des catégories d'objets aux expressions algébriques, en référence aux structures d'appariement de symboles impliquées (en anglais *mapping*). L'appariement dont il est question est celui qui s'établit entre le système cognitif, générateur de représentations, et les situations-problèmes rencontrées.

Le niveau d'appariement d'unités

Les structures d'appariement de symboles se complexifient, selon Halford, à travers une séquence de quatre niveaux de fonctionnement ou stades, hiérarchisés selon les critères de validité d'appariement utilisés. Le premier niveau, qui nous intéresse ici, est celui de l'appariement d'unités : de 1 à 2 ans. Deux critères de validité sont possibles : 1 / le critère de similarité : l'image mentale d'un objet ou d'un événement, et 2 / le critère de convention : l'étiquetage verbal du même objet ou événement. A ce niveau élémentaire de fonctionnement symbolique, les unités de la situation-problème sont appariées isolément (une unité à la fois) aux unités de la représentation, c'est-à-dire sans prise en compte des éventuelles relations entre unités. Aux niveaux ultérieurs, il s'agira d'appariements de relations et de systèmes (enfance) puis d'appariements de systèmes multiples (adolescence).

Apports et limites du modèle

Compte tenu de l'accent mis, d'emblée, sur l'aspect symbolique du fonctionnement cognitif, l'intérêt du modèle de Halford est de suggérer l'existence d'un bébé-générateur-de-représentations, en situant celui-ci au premier niveau génétique d'une architecture générale de la pensée symbolique. On peut toutefois s'interroger sur l'âge de 1 an retenu par Halford pour dater les premières structures d'appariement de symboles. Piaget ne décrit les premières images mentales, associées à l'imitation différée, qu'à 2 ans (appariement d'unités avec critère de similarité suivant le modèle de Halford) et, à l'opposé, Meltzoff et Moore, dont les travaux sont exposés plus haut, suggèrent l'existence d'un système de représentation chez le nouveau-né. Halford se serait-il satisfait d'une moyenne arithmétique ? Plus sérieusement, l'auteur indique s'être référé aux études de S. Sugarman et de K. Nelson précisant qu'à partir de 1 an le bébé est capable de ranger des objets, un à un, dans des collections simples et qu'il peut apprendre un mot associé à une catégorie d'objets ou d'événements. Dans les deux cas, il s'agit d'appariements d'unités avec, respectivement, critère de similarité et critère de convention. Mais les données relatives aux compétences précoces du bébé (des conduites imitatives du nouveau-né à la catégorisation, voir p. 249) ne laissent-elles pas penser qu'il existe des appariements d'unités, avec critère de similarité, bien avant 1 an ? Les conduites imitatives du nouveau-né reposent, selon Meltzoff et Moore, sur des appariements entre le geste-modèle (modalité visuelle) et les actions propres du bébé (modalité kinesthésique). Et ces appariements impliquent bien un système symbolique : les auteurs avancent qu'ils prennent appui sur l'aptitude du nouveau-né à *se représenter* des informations issues de modalités sensorielles différentes. En outre, les modèles cognitifs de l'habituation (présentés au chap. III) sous-jacents à de nombreux travaux sur l'objet, la catégorisation, etc., au cours de la première année (Spelke, Baillargeon, etc.), mettent l'accent, eux aussi, sur l'activité d'appariement symbolique du bébé : appariement entre le percept actuel et la représentation du stimulus stockée en mémoire (une image mentale dans le cas de l'habituation visuelle). L'activité « inférée » correspond exactement au premier stade du modèle de Halford. De surcroît, ne peut-on pas penser que la situation piagétienne de localisation « AA... ⇒ B », réussie dès le premier stade de Halford (1 an), implique un appariement de relations (la relation modèle étant A ⇒ B) quelle que soit la nature des unités (A et B) ? Or, ce type d'appariement est caractéristique du deuxième stade de Halford, situé à 2 ans. Bref, les âges d'émergence des structures d'appariement de symboles indiqués par Halford peuvent être discutés. Mais ceci n'enlève rien à l'intérêt du modèle qui offre une grille théorique heuristique (en dépit des analyses chronologiques de l'auteur) pour préciser les activités symboliques du bébé ; grille, ou architecture générale qui fait défaut aux modèles locaux exposés p. 249. A titre d'exemple, on peut utiliser le modèle de Halford pour préciser que l'analyse de Harris concernant l'erreur A - non-B renvoie à une structure d'appariement d'unités (deux exemplaires du même objet distribués en A pour l'un et en B pour l'autre), alors que la réussite de l'épreuve piagétienne exige un appariement de relations : appariement entre la situation concrète et la structure symbolique A ⇒ B.

K. Fischer : les structures de *skills* du bébé

Le modèle de Fischer présente l'originalité, par rapport aux autres contributions néo-structuralistes, d'intégrer les apports du béhaviorisme skinnérien en ce qui concerne l'acquisition *d'opérants* spécifiques à des contextes particuliers (chap. I et II). On rappelle que le concept central du modèle est celui de structure de *skills,* ou structure d'habiletés de résolution de problèmes, du sujet-dans-un-contexte.

Les stades réflexe et sensori-moteur

Les structures de *skills* se développent, de la naissance à 30 ans, en quatre stades. On retient ici les deux premiers : 1 / le stade réflexe, de la naissance à 3-4 mois, et 2 / le stade sensori-moteur, de 3-4 mois à 2 ans. Ces stades se différencient par le type d'unité que le bébé « contrôle » et qui est la base de la généralisation : respectivement, les *skills* réflexes (les réflexes du nouveau-né, décrits p. 215, susceptibles d'intégration) et les *skills* sensori-moteurs. Il s'agira, aux stades ultérieurs, de *skills* représentationnels (enfance) puis abstraits (adolescence et âge adulte). Chaque stade comporte quatre niveaux de complexité ou sous-stades : unité, appariement, système, système de systèmes ; et le quatrième sous-stade d'un stade correspond au premier sous-stade du stade suivant (système de systèmes = unité) selon un processus d'intégration hiérarchique, comme chez Case.

Au premier stade, le bébé, ou le fœtus, fonctionne initialement avec des unités réflexes (ex. réflexes toniques du cou, réflexes visuels), il les combine en appariements de réflexes (tourner le cou à droite pour regarder), puis en systèmes réflexes (tourner le cou à droite ou à gauche pour regarder) et, finalement, en systèmes de systèmes réflexes (coordination du système *réflexes du cou* ⇒ *réflexes visuels* avec un autre système de type *réflexes posturaux* ⇒ *réflexes visuels*) qui constituent des unités sensori-motrices (les exemples de Fischer sont empruntés à A. Bullinger). Il en est de même au stade sensori-moteur, où le bébé contrôle successivement (référence de Fischer à Piaget, pour l'illustration) : 1 / des unités sensori-motrices : réactions circulaires primaires et secondaires ; 2 / des appariements sensori-moteurs : l'intentionnalité ou appariement entre *skills*-moyens et *skills*-buts ; 3 / des systèmes sensori-moteurs : réactions circulaires tertiaires, expérimentations actives où le bébé module et confronte les appariements déjà maîtrisés ; et 4 / des systèmes de systèmes sensori-moteurs qui constituent les représentations des systèmes précédents. Ces représentations correspondent aux unités du troisième stade, dit « représentationnel », survenant vers 2 ans.

Si la proximité avec la théorie piagétienne est évidente, il est à souligner que l'originalité du modèle de Fischer tient à ce que les unités impliquées dans les appariements, les systèmes, etc., sont des *skills* et non des schèmes d'action. Les *skills* intègrent l'action propre du bébé (aspect piagétien) mais aussi, et à parts égales, les propriétés de l'environnement (Skinner). Pour illustrer ce point crucial, Fischer donne un exemple extrêmement clair : celui de l'oscillation des mobiles. A 1 ou 2 mois le bébé est incapable de contrôler la relation entre l'action de secouer un mobile et l'observation de son oscillation. Mais lorsqu'il maîtrise les deux *skills* séparément, secouer et observer l'oscillation, c'est *le mobile lui-même* qui, selon Fischer, le conduit à les coordonner. C'est en effet une propriété des mobiles — et de beaucoup d'autres choses dans le monde — que de produire des changements intéressants d'apparence lorsqu'on les secoue. On rappelle que l'interprétation de Piaget, pour l'exemple précis de l'oscillation des hochets, repose sur la seule action, ou coordination, du bébé « calculateur ». Les *skills* de Fischer ne peuvent donc être confondus avec les schèmes piagétiens : ils sont un moyen terme entre ces schèmes et les opérants de Skinner.

Une autre originalité du modèle de Fischer est de décrire cinq processus de transformation dont le premier, l'intercoordination de *skills*, sous-tend les transitions entre sous-stades (par exemple, système réflexe ⇒ système de systèmes réflexes) et entre stades (réflexe ⇒ sensori-moteur, sensori-moteur ⇒ représentationnel, etc.), et les quatre suivants sous-tendent la généralisation des *skills* au sein d'un même sous-stade : la mise au point (en anglais *focusing*) ou simple juxtaposition de *skills*, la composition ou combinaison de *skills*, la substitution ou application d'un *skill* avec changement d'une composante (objet physique ou social, par exemple), et la différenciation. On n'entrera pas ici dans le détail de ce fonctionnement « microdéveloppemental » qui nécessiterait un exposé trop technique, mais pour en souligner l'intérêt on peut, par exemple, mentionner, en relation avec les données sur les compétences précoces, l'importance du processus de substitution dans les activités de catégorisation (la substitution, symbolisée (=) par Fischer, génère l'équivalence logique).

Ajoutons, enfin, que les stades, sous-stades et processus qui viennent d'être décrits sont toujours ceux d'un bébé-dans-un-contexte et « [...] le décalage [suivant les supports contextuels] est la règle du développement cognitif » (Fischer et Farrar, 1988, p. 141, cités au chap. II). D'où l'introduction par Fischer de la distinction entre niveau optimal, ou limite supérieure de complexité du répertoire de *skills,* et niveau suboptimal. Le premier niveau est atteint en présence de supports contextuels à haut niveau de performance ou optimaux, le second en présence de supports contextuels suboptimaux. Il y a donc bien, en référence à Piaget, un « bébé structural » (stades, sous-stades, processus de transformation), mais ce bébé ne peut échapper à sa condition de sujet-dans-un-contexte : c'est la règle de son fonctionnement. Ce point est évidemment capital au regard du débat actuel sur les compétences précoces du bébé.

Apports et limites du modèle

L'intérêt du modèle de Fischer est d'inscrire, comme le font Case et Halford, le développement du bébé dans celui d'une architecture cognitive générale : ici, une architecture de *skills.* Plus précisément, la contribution de Fischer à la « bébologie » est essentielle à trois niveaux, au moins : celui du devenir des réflexes, celui de la nature des *skills* réflexes et sensori-moteurs, et celui du rôle des supports contextuels. 1 / Concernant le devenir des réflexes, et en relation avec les débats évoqués p. 220 (travaux de Zelazo, etc.), la thèse de Fischer est « forte » : il décrit d'emblée les réflexes du nouveau-né comme des *skills,* ou habileté sde résolution de problèmes, susceptibles de se transformer en unités sensori-motrices par intégration hiérarchique (système de systèmes réflexes = unité sensori-motrice). En outre, les sous-stades (unité, appariement, etc.) et les processus qui caractérisent le fonctionnement réflexe sont exactement les mêmes — au type de *skill* près — que ceux qui jalonnent et structurent la vie psychologique ultérieure : sensori-motrice, représentationnelle, abstraite. 2 / La nature même des *skills* réflexes et sensori-moteurs, décrits par Fischer, marque également l'intérêt du modèle (par rapport à celui de Piaget notamment) en ce qu'elle intègre les propriétés spécifiques de l'environnement : c'est l'exemple de l'oscillation des mobiles. 3 / Enfin, du point de vue des débats qui traversent la psychologie actuelle du bébé, l'élément le plus intéressant du modèle de Fischer est sans doute la distinction optimal/suboptimal utilisée pour caractériser, à la fois, le fonctionnement du bébé et les supports contextuels qui le contraignent. En référence à cette distinction, on peut par exemple avancer que, concernant l'unité et la permanence de l'objet, les situations expérimentales de Spelke et de Baillargeon sont des supports contextuels optimaux d'où l'application de *skills* optimaux dès 4-5 mois, alors que la situation piagétienne « AA... ⇒ B » est, compte tenu des savoirs expérienciels impliqués (Bremner, Harris), un support suboptimal : d'où l'erreur A - non-B du stade IV. La règle du développement du bébé serait donc bien ici, comme le suggère Fischer, le décalage suivant les contextes.

De l'intérêt actuel des modèles néo-structuralistes

Les apports et les limites de chaque modèle ont déjà été discutés. Nous voudrions simplement souligner, pour conclure, que l'intérêt actuel de l'approche néo-structuraliste est qu'elle propose des concepts, des grilles d'analyse, qui permettent — *souvent au-delà, voire en dépit, de ce qu'en on fait leurs auteurs* — d'organiser, d'articuler et de préciser les données, éparses et, pour certaines, en apparence contradictoires, concernant le fonctionnement et le développement du bébé (données piagétiennes et données sur les compétences précoces). C'est ce que nous avons tenté de montrer à partir des modèles de Case, de Halford et de Fischer, au prix d'analyses parfois difficiles, mais auxquelles il importait de confronter le lecteur — dès le 1er cycle — pour une réelle compréhension des faits de développement et pour une initiation à la démarche *rigoureuse, intransigeante et nuancée* qui doit présider à leur théorisation.

L'émergence du langage

Il a essentiellement été question dans le point précédent de sensorialité, de motricité et d'intelligence *pré-verbale.* La période de 0 à 2 ans est, en effet, souvent considérée comme celle de la vie psychologique « sans langage ». Or, s'il est vrai que le langage proprement dit n'apparaît qu'à la fin de la seconde année, l'expérience linguistique de l'enfant commence dès la naissance, voire avant (les perceptions fœtales décrites plus haut). Au cours des vingt-quatre premiers mois, le bébé traite cognitivement les sons de la parole humaine, il apprend à communiquer socialement selon un code commun et il enrichit progressivement ses productions vocales, des premiers cris aux premières phrases. Il est donc important, dans ce chapitre, d'aborder, d'une part, les questions théoriques que pose, dès la petite enfance, l'acquisition du langage et de présenter, d'autre part, les données expérimentales relatives à l'expérience linguistique du bébé.

Questions théoriques

Le développement du langage chez le jeune enfant est un fait d'observation, souvent d'émerveillement. Les psychologues et les linguistes, quelles que soient leurs orientations, en constatent tous la rapidité et la régularité. Il reste toutefois à l'expliquer, d'où la traditionnelle et redoutable question : le langage est-il inné ou acquis ? Historiquement, cette question a reçu, la même année 1957, deux réponses contradictoires, l'une apportée implicitement par B. F. Skinner (*Verbal behavior,* New York, Appleton-Century-Crofts) privilégiant le rôle du contexte situationnel et donc de l'acquis, l'autre, résolument innéiste, défendue par le linguiste N. Chomsky (*Syntactic structures,* La Haye, Mouton). Le débat a en fait été lancé par Chomsky, deux ans plus tard, dans un compte rendu critique de la position de Skinner, dénonçant toute tentative d'explication du langage par les théories de l'apprentissage (voir l'encart 15).

ENCART 15

Le débat entre N. Chomsky et B. F. Skinner

Selon Chomsky, la *compétence* linguistique relève d'une machinerie innée, « montée » dans le cerveau du jeune enfant et qui n'a qu'à « se mettre en route ». Il s'agit d'un système de règles syntaxiques, universelles et propres à l'espèce, qui sous-tendent, au cours de la vie, les *performances* linguistiques particulières : production d'énoncés, compréhension, jugements de grammaticalité, etc. Le contexte situationnel, et plus généralement l'environnement, n'a donc ici de rôle que comme catalyseur ou déclencheur d'une machinerie pré-programmée. Cette machinerie comporte en outre un dispositif d'acquisition du langage (en anglais *Language Acquisition Device*, LAD) équipé pour capter très rapidement, dans la langue de l'entourage, les éléments de base de nature universelle. Selon Chomsky, les théories de l'apprentissage sont inaptes à expliquer l'acquisition du langage, car elles négligent, outre le problème de l'universalité, l'aspect créatif par lequel l'enfant forme et comprend des phrases jamais entendues auparavant. Seule une compétence innée peut en rendre compte.

Cette position radicale est évidemment inconciliable avec celle de Skinner qui envisage les comportements verbaux dans le cadre conceptuel du béhaviorisme (voir le chap. I) et qui met l'accent sur l'épisode verbal global (non sur les seules règles syntaxiques sous-jacentes), c'est-à-dire sur les mécanismes de l'échange verbal entre *locuteur* et *interlocuteur dans un contexte situationnel donné.*

Ce débat historique inné/acquis est aujourd'hui dépassé. Nul ne consteste que l'homme puisse naître avec certaines dispositions à comprendre et à parler une langue naturelle, pas plus que n'est constestée la nécessité d'accorder un rôle essentiel à l'environnement linguistique et extralinguistique dans l'explication de l'acquisition du langage. En outre, la position fonctionnelle défendue par Skinner est compatible avec la linguistique contemporaine elle-même, qui met l'accent sur les conditions de l'énonciation et sur le cadre communicationnel dans lequel le langage s'inscrit.

Mais d'autres questions restent ouvertes, notamment celle des rapports entre langage et cognition. Le langage, en tant que système de représentation, est-il la forme la plus abstraite et la plus « perfectionnée » de la cognition après l'action et l'imagerie mentale, comme le pense J. Bruner ? Ou alors dépend-il d'une structuration cognitive plus générale, de type logique opératoire, comme le soutient Piaget ? (La thèse piagétienne peut être « élargie » aux diverses structurations cognitives décrites par le néo-structuralisme.) Quoi qu'il en soit de la réponse à ces interrogations théoriques que l'expérimentation peut difficilement trancher, un certain nombre de données sur le développement précoce du langage sont aujourd'hui bien établies : elles concernent les formes du prélangage et les progrès de la production linguistique.

Le prélangage : traitement de la parole et genèse de la communication

On situe généralement l'apparition du langage vers l'âge de 2 ans. Cette apparition et le développement linguistique ultérieur sont décrits au chapitre V. Ce qui nous intéresse ici, concernant le bébé de 0 à 2 ans, ce sont les « fondations » du langage, à savoir le prélangage. Celui-ci comporte deux dimensions essentielles : le traitement de la parole humaine et la genèse de la communication.

Un ensemble cohérent de recherches récentes indique que le bébé est doté d'un dispositif de traitement des sons de la parole qui lui permet, dès les six premiers mois, de *discriminer,* de *catégoriser,* de *segmenter* et de se *représenter* le matériau linguistique. La discrimination est la capacité à distinguer un son d'un autre : par exemple, deux syllabes variant sur un seul trait phonétique, telles que [ba] / [pa]. Mais distinguer *un* son d'*un* autre ne suffit pas. Pour dégager des unités linguistiques fonctionnelles, le bébé catégorise. La catégorisation consiste ici à distinguer deux occurrences d'un même son de deux occurrences de sons différents. En outre, pour discriminer et catégoriser, il faut préalablement être capable de réaliser un traitement discontinu du spectre sonore, c'est-à-dire de segmenter (le découpage syllabique notamment). Enfin, pour catégoriser les sons, il faut comparer les sons nouveaux et le répertoire des sons connus, d'où l'hypothèse de l'existence, chez le bébé, d'un système de représentation des traitements auditifs antérieurs. Autant d'opérations, ou de fonctions, qui permettent ensuite, dès le second semestre de la vie, un appariement des informations auditives et motrices de sorte que les productions de babil (voir plus loin :

des premiers cris aux premières phrases) intègrent progressivement les caractéristiques phonétiques, mélodiques et rythmiques de l'environnement linguistique.

Par ailleurs, et non sans relation avec le dispositif de traitement de la parole, se met en place, dès la première année, un système de communication sociale prélinguistique : échanges de sourires, dialogues vocaux, activités posturales et gestuelles, entre le bébé et ses proches. Les premières communications sont dites asymétriques, dans le sens où l'émetteur (le bébé) ne maîtrise pas l'effet de son émission, alors que le récepteur (sa mère par exemple) interprète cette émission comme un message. Se greffe ensuite, sur ces premières interactions, la communication intentionnelle et réciproque (toujours prélinguistique) où les messages sont émis et reçus suivant *un code commun.* Selon Bruner (1983) « [...] Tout effort réaliste pour rendre compte de l'acquisition du langage doit prendre en compte la manière dont l'enfant passe de la communication préverbale à l'usage de la langue proprement dite. [...] un grand nombre de caractéristiques majeures d'organisation de la syntaxe, de la sémantique, de la pragmatique et même de la phonologie ont des précurseurs et des prérequis dans les actes préverbaux de communication des très jeunes enfants » (p. 203). Pour expliciter cette filiation, Bruner introduit la notion de *format de communication* qui désigne une structure sociale d'action conjointe, initialement prélinguistique et progressivement accompagnée de langage. Cette notion est à rapprocher de celle de script décrite, chez l'enfant, par Nelson (voir le chap. V).

Voici l'exemple du format « donner-recevoir » selon Bruner (*Le développement de l'enfant : savoir faire, savoir dire,* Paris, PUF, 1983). « [...] Ann avait appris, entre 8 et 10 mois, à pratiquer un jeu d'échange d'objets bien modulé. A l'âge de 13 mois, une fois le jeu bien organisé, Ann apprend de sa mère le mot « merci » marquant la réception de l'objet. Elle utilise ce mot à la fois pour donner et recevoir un objet. Au bout de deux semaines, le mot n'est plus utilisé pour marquer l'acte de l'enfant qui donne. Dans un premier temps, rien ne le remplace en cette position. Mais il continue d'accompagner la réception d'un objet. Pendant ce temps, le démonstratif de réclamation « regarde ! » apparaît dans le lexique d'Ann, utilisé en situations référentielles comme, par exemple, quand elle regarde les images d'un livre. A la fin du treizième mois, « regarde ! » accompagne l'action quand Ann donne à sa mère un objet. « Regarde ! » est remplacé plus tard par « Tiens » dans le format « donner-recevoir » (p. 193).

Des premiers cris aux premières phrases

En étroite relation avec le traitement de la parole et la communication, les productions vocales du bébé évoluent, entre la naissance et 2 ans, des premiers cris aux premières phrases.

Ainsi que l'écrit B. de Boysson-Bardies dans son ouvrage *Comment la parole vient aux enfants* (Paris, Odile Jacob, 1996), « le nouveau-né crie en arrivant au monde. A moins de maladie, la production de sons ne cesse pas chez les êtres humains, de leur premier cri à leur dernier souffle. De la première syllabe au dernier mot, l'homme est une machine à engendrer de la parole » (p. 51). L'évolution des productions vocales, au cours des deux premières années, suit une succession d'étapes.

De la naissance à 1 mois : cris, pleurs, sons végétatifs et réactionnels de malaise et de confort. *De 1 mois à 5 mois :* premiers rires, petits cris de joie, vocalisations avec fermeture et ouverture de la bouche, premier « arrheu » avec sons glottaux, sons vocaliques, début du contrôle de la phonation (5 mois). *De 5 mois à 7 mois :* vocalisations maîtrisées, jeux de variation et d'imitation d'intonations, vers sept mois début du babillage : productions répétitives avec alternance rythmique de consonnes et de voyelles. *De 8 mois à 10 mois :* production de voyelles tendant vers celles de la langue maternelle, babillage avec séquences variées de syllabes, contours d'intonation influencés par la langue maternelle (le babillage des enfants de différents environnements linguistiques peut être discriminé). *De 10 mois à 12 mois :* sélection d'un répertoire de consonnes et d'un répertoire de syllabes adaptés à la langue maternelle, babillage varié en séquences longues et intonées, présence de formes de productions stables en relation avec des situations, premiers mots. *De 12 mois à 16 mois :* persévérance de formes de babillage avec intonation de phrases, formes de productions stables en relation avec des situations, production moyenne de 50 mots à 16 mois (principalement des noms), styles d'entrée différents dans le langage. *De 16 mois à 20 mois :* production moyenne de 50 à 170 mots, augmentation de la production de verbes et d'expressions. *De 20 mois à 24 mois :* rapide augmentation du vocabulaire (production moyenne de 250 à 300 mots, voir la fig. 25), réorganisation de la prononciation des mots, préparation à un lexique phonologique, premières phrases de 2 ou 3 mots, peu d'articles encore, mais début de l'acquisition du genre et du nombre (l'ensemble de ces indications est extrait du tableau récapitulatif des principales étapes du développement de la parole entre 0 et 2 ans, présenté à la page 247 de l'ouvrage précité de Boysson-Bardies).

C'est à la dernière étape, entre 20 et 24 mois, que commence à se mettre en place l'organisation séquentielle des énoncés (combinatoire qui constitue la première manifestation de la syntaxe) et qu'apparaît le langage proprement dit

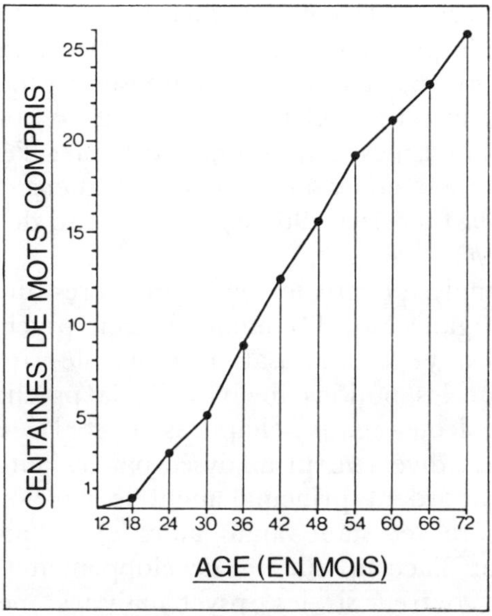

Fig. 25 - Développement quantitatif du vocabulaire en fonction de l'âge, d'après M. Smith (An investigation of the development of the sentence and the extent of vocabulary in young children, *University of Iowa Studies in Child Welfare,* 1926, *3,* n° 5)

Le développement affectif

Le bébé dont il a été question jusqu'ici est un « bébé-cognitif ». Nul ne doute, en dépit du découpage arbitraire de l'exposé, que s'y associe intimement un « bébé-affectif-et-social ». Deux exemples nous l'ont déjà fait ressentir : les conduites d'imitation et le prélangage. Les conduites d'imitation observées par Piaget, Zazzo ou Meltzoff et Moore, et dont nous avons vu l'importance cognitive, sont avant tout celles d'un bébé en situation d'interaction avec des objets humains. Il en est de même, concernant le prélangage, des formats de communication de Bruner. Qu'il s'agisse d'imiter des mouvements faciaux, d'intégrer une structure sociale d'action conjointe, etc. (exemples auxquels s'ajoutent bien entendu les activités de succion), le bébé est face à son partenaire privilégié : l'adulte, le plus souvent sa mère. Entre l'un et l'autre se construit progressivement une histoire sociale et, plus fondamentalement, affective. Cette histoire, avec tout ce qu'elle comporte de fantasmes, est notamment l'objet d'étude des psychanalystes, Freud et les auteurs postfreudiens. Elle est aussi au centre de la théorie wallonienne qui traite du bébé dans la totalité de sa *personne.*

La psychanalyse décrit les deux premières années de la vie en termes d'organisation libidinale (énergie psychique des pulsions sexuelles) et d'organisation objectale (relations sujet-objet) — pour les notions de base de la psychanalyse, nous renvoyons le lecteur aux chapitres I et II. Cette double organisation est diversement analysée par les auteurs, certains, dont Freud, abordant principalement le développement libidinal (stade oral et stade anal) alors que d'autres, comme Spitz, mettent l'accent sur le développement des relations d'objets. En outre, si les psychanalystes possèdent une hypothèse théorique commune, la surdétermination inconsciente des phénomènes psychiques, il n'y a pas unanimité sur le contenu des premiers mois de la vie psychologique ni sur la nature du développement ultérieur. Précisons, enfin, que les subdivisions des stades libidinaux ne coïncident pas exactement avec les repères chronologiques retenus dans cet ouvrage : nous présentons ci-dessous le stade oral et le stade anal alors que, selon la théorie de Freud, le second stade s'étend au-delà de 2 ans.

Dans les exposés qui suivent — analyses freudiennes et postfreudiennes — le rapport aux faits n'est pas du même ordre que dans les approches précédentes dont la méthode était, à des degrés divers, de type expérimental.

Le développement libidinal selon S. Freud et K. Abraham

Le développement libidinal du bébé est marqué selon Freud 1 / par la fonction alimentaire et l'incorporation, et 2 / par le contrôle sphinctérien. Les analyses de Freud, sur ces deux points, ont été prolongées et précisées par celles de Abraham.

Le stade oral : prégénitalité, fonction alimentaire et incorporation

Il était déjà question de sexualité orale dès 1905 dans *Trois essais sur la théorie de la sexualité,* mais le stade oral n'a été décrit par Freud qu'en 1915. Ce stade, comme le stade anal, appartient à l'organisation *prégénitale* de la libido. Il correspond à la première année de la vie affective et se termine avec le sevrage. Le bébé est initialement indifférencié de l'extérieur, son moi n'est pas encore constitué, et ses relations avec l'environnement s'établissent autour de la fonction alimentaire. Un besoin physiologique doit impérativement être satisfait : la faim.

« [...] Une première organisation sexuelle prégénitale est celle que nous appellerons orale, ou, si vous voulez, cannibale. L'activité sexuelle dans cette phase n'est pas séparée de l'ingestion des aliments ; à l'intérieur de cette activité, des courants opposés n'apparaissent pas encore. Les deux activités ont le même objet et le but sexuel est constitué par l'incorporation de l'objet, prototype de ce qui sera plus tard l'identification appelée à jouer un rôle important dans le développement psychique. La succion peut être considérée comme un résidu de cette phase d'organisation, qui n'a qu'une existence virtuelle et que la pathologie seule nous fait connaître. En effet, dans la succion, l'activité sexuelle, séparée de l'activité alimentaire, n'a fait que remplacer l'objet étranger par une partie du corps du sujet » (S. Freud, *Trois essais sur la théorie de la sexualité,* Paris, Gallimard, 1987 (1re éd., 1905, passage ajouté en 1915), p. 95-96).

Au stade oral prévaut la pulsion partielle orale qui a pour source la zone orale, un objet qui se dégage de celui de l'alimentation sur lequel s'étaye la relation et un but qui est l'*incorporation.* Le mécanisme d'incorporation désigne une modalité fantasmatique visant à se procurer du plaisir en introduisant un objet à l'intérieur de soi, à détruire cet objet, à s'assimiler ses propriétés en le conservant en soi. L'incorporation est le prototype corporel des mécanismes d'identification et d'introjection qui se mettront en place ultérieurement, une fois dépassé le stade oral. Les fantasmes caractéristiques de cette période sont organisés autour de ce type de relation à l'objet, relation d'incorporation que l'on nomme aussi *cannibalique.* Le sevrage, qui marque la fin du stade oral, doit être entendu non pas en son sens concret mais comme une modification de l'attitude et de la demande de l'entourage. Il survient à la fin de la première année.

Le fonctionnement oral prend donc appui sur l'activité alimentaire à travers laquelle se constitue la relation à l'objet libidinal : l'objet libidinal n'est pas la nourriture elle-même mais l'objet humain, non encore reconnu comme tel, qui procure cette nourriture. L'activité désirante se constitue, dès le début du stade oral, dans une *expérience primaire de satisfaction.* Le désir y apparaît comme différent du besoin et comme un mouvement purement interne de réinvestissement d'une perception (celle de l'aliment dont l'image mnésique est associée à la trace de l'excitation du besoin). Ce désir vise en dernière instance non pas la nourriture mais bien l'objet d'amour.

A la suite de Freud, Abraham, l'un de ses principaux disciples, a précisé la description du stade oral en le subdivisant en deux phases : la phase *pré-ambivalente* et la phase *sadique-orale.*

La phase pré-ambivalente est la plus précoce. Elle concerne exclusivement l'activité de succion. L'incorporation fantasmatique de l'objet ne vise pas à le détruire car le bébé ne peut pas encore distinguer l'objet de lui-même. Il n'éprouve pour cet objet ni amour ni haine et ne manifeste donc aucune ambivalence. Cette phase est à rapprocher du stade *anobjectal* décrit par Spitz (voir plus loin).

La phase sadique-orale est contemporaine de l'apparition de la première dentition et des capacités de morsure. Caractérisée par une modification de l'activité orale, succion ⇒ mordication, elle correspond à ce que Freud décrit comme un fonctionnement cannibalique. L'existence de l'objet est alors reconnue et, corrélativement, s'instaure l'ambivalence à son égard, l'objet devenant support de satisfaction libidinale mais aussi d'hostilité. Il s'agit du début du conflit *ambivalentiel* entre libido et agressivité. Dans le domaine de la pathologie, Abraham montre la parenté entre les troubles de la mélancolie et les événements de la phase sadique-orale, ce qui suggère l'idée d'une forte fixation à cette phase.

Pour Klein, la distinction entre les deux phases suggérées par Abraham ne se justifie pas. Elle estime que l'ensemble du stade oral doit être considéré comme un stade sadique-oral, marqué par des fantasmes d'incorporation et de morcellement du corps maternel. L'objet incorporé est fantasmatiquement attaqué, mutilé, détruit, expulsé. Klein souligne à ce propos que le stade oral est, dans sa totalité, le moment où culmine le sadisme infantile. Elle envisage donc qu'existent, dès la phase dite « pré-ambivalente », des fantasmes précoces de destruction de l'objet qui ne font pas référence à la morsure.

Mentionnons, enfin, que le conflit du sevrage est considéré par Lacan comme une crise féconde. Inséparable du maternage, il comporte une dimension traumatique pour le bébé et constitue une forme de séparation laissant dans le psychisme la trace d'une relation interrompue associée à la nostalgie du sein. Cette première expérience est, selon Lacan, remaniée par l'expérience oedipienne, mais constitue néanmoins un moment essentiel de l'organisation psychique, obligeant le bébé à renoncer à une relation et à un objet investi. Le sevrage constitue un premier modèle de la séparation modelant du même coup l'imago maternelle.

Le stade anal : prégénitalité et contrôle sphinctérien

« [...] Une seconde phase prégénitale est celle que nous appelons sadique-anale. Ici l'opposition qui se retrouve partout dans la vie sexuelle apparaît clairement : toutefois, ce ne sont pas encore masculin et féminin qui s'opposent, mais les deux termes antagonistes : actif et passif. L'élément actif semble constitué par la pulsion de maîtriser, elle-même liée à la musculature ; l'organe dont le but sexuel est passif sera représenté par la muqueuse intestinale érogène. Les deux pulsions ont des objets qui d'ailleurs ne coïncident pas. A côté d'elles d'autres pulsions partielles ont une activité auto-érotique. Dans cette phase du développement de la vie sexuelle, on trouve déjà la polarité sexuelle et l'existence d'un objet hétéro-érotique. Ce qui fait encore défaut, c'est l'organisation et l'assujettissement des pulsions partielles à la fonction de procréation » (Freud, S., *ibid.*, p. 96).

Le stade anal, ou stade sadique-anal, débute avec l'installation du *contrôle sphinctérien,* ce qui correspond à la deuxième année de vie. Ce stade a été décrit en 1913, à propos de la névrose obsessionnelle, puis précisé ultérieurement. Le contrôle sphinctérien permet au jeune l'enfant de maîtriser l'activité de défécation et le plaisir d'expulser ou de se retenir. L'organisation de la libido s'appuie alors sur le primat de la pulsion partielle anale dont la source est la zone érogène anale (muqueuse ano-rectale), pulsion qui organise un nouveau mode de relation à l'objet. Le contenu intestinal est considéré par l'enfant comme une partie de son propre corps dont il *maîtrise le sort.* Cet objet peut être, dans la relation avec la demande de l'entourage (notamment la mère), considéré comme un cadeau qui lui permet de prouver son affection, son obéissance ou, au contraire, son indépendance.

L'excrément devient donc un objet d'échange sujet-environnement et il revêt diverses significations. Non seulement il peut être maîtrisé par le sujet, mais il sert aussi à exercer une influence sur l'entourage. La relation avec cet objet porte la marque de l'ambivalence : il peut être conservé (mécanisme de rétention) mais aussi rejeté, expulsé hors de soi (mécanisme d'expulsion).

C'est également au stade anal qu'apparaît la *pulsion d'emprise,* pulsion partielle non sexuelle qui ne s'unit qu'ultérieurement à la sexualité et dont le but est de maîtriser l'objet par la force. Son rôle apparaît dans le sadisme et dans certains comportements de domination, de contrôle, ainsi que dans la névrose obsessionnelle, la perversion, voire l'anorexie mentale.

Au stade anal, caractérisé par le plaisir anal et le contrôle, s'introduit aussi l'opposition *passivité-activité.* Cette polarité revêt une importance capitale dans le mode de fonctionnement inconscient car elle va préparer les oppositions ultérieures : phallique-castré et masculin-féminin. La passivité coïncide avec l'érotisme anal et l'activité avec le sadisme (le terme possède chez Freud un sens large puisqu'il désigne l'exercice de l'agressivité sans référence à une satisfaction sexuelle). Certains traits de caractère, notamment ceux que l'on retrouve dans la *personnalité* obsessionnelle, sont considérés comme étant du registre de l'analité : l'ordre, la parcimonie, l'opiniâtreté, la persévérance et l'entêtement. La *névrose* obsessionnelle possède, quant à elle, une origine oedipienne mais comporte aussi une régression anale. On perçoit ces éléments d'analité, à la fois dans les traits de caractère des névrosés, dans le contenu de leurs fantasmes et dans l'économie de la maladie. Par extension, Freud a mis en relation certains phénomènes religieux et culturels avec l'analité. Il a également tenté d'éclairer les formes d'équivalences symboliques qui concernent le stade anal et le stade phallique. Au stade anal, du fait des relations entre don et excréments, s'établissent les premiers éléments d'une équation symbolique : « fèces = cadeau = argent ». Le stade suivant (phallique) y apportera quelques modifications et l'équation persistera dans l'inconscient à l'âge adulte.

Abraham suggère une subdivision du stade sadique-anal, par rapport au comportement vis-à-vis de l'objet : la première phase associe l'expulsion et la destruction, la seconde associe la rétention et la possession.

Le développement objectal

Le développement libidinal est, dans la théorie freudienne, indissociable de celui des *relations d'objet.* Cette notion désigne le type de lien noué *avec ce par quoi* la pulsion atteint la satisfaction. Certains auteurs postfreudiens ont toutefois renoncé à s'intéresser à la pulsion, aux aspects libidinaux, pour centrer leur réflexion sur la constitution de la catégorie d'objet et de l'identité. La genèse des relations objectales est alors le facteur principal du développement psychique.

La plupart des auteurs s'accordent sur l'hypothèse d'une indifférenciation initiale entre le bébé (sujet) et son environnement (objet). Cette conception prend appui sur l'idée freudienne d'un nouveau-né incapable de se percevoir comme une unité, de saisir la différence entre lui et les autres, entre le dedans et le dehors. Il n'existerait donc pas de relation d'objet au départ (pas de séparation sujet-objet), celle-ci se constituant progressivement sous l'effet de la pulsion (Freud) ou sous l'effet des relations concrètes avec l'entourage. Pour certains psychanalystes cependant, il existe d'emblée une forme de relation objectale, la naissance marquant la première séparation de la vie affective (séparation matérielle de la mère et du bébé), d'où un véritable *traumatisme* qui inaugure les séparations ultérieures. En effet, si l'expérience de l'Œdipe met l'accent sur l'angoisse de castration (voir le chap. V), celle-ci est en quelque sorte préparée par une suite de séparations, de ruptures dans l'unité, qui ont jalonné la vie du jeune enfant : la perte de l'objet excrémentiel (stade anal), la perte du sein (stade oral) et la naissance qui apparaît, rétrospectivement, comme la première et la plus radicale des séparations. C'est au psychanalyste O. Rank que l'on doit d'avoir mis l'accent sur la confrontation brutale du nouveau-né à la réalité extérieure — et sur l'inscription de cette confrontation dans le psychisme humain — avec ce qu'un tel changement comporte de violence et de modifications énergétiques. Les analyses de Rank ont suscité de nombreux débats.

Quoi qu'il en soit des positions sur l'anobjectalité initiale et sur le traumatisme de la naissance, il est reconnu par tous les psychanalystes de l'enfant que les relations d'objet se développent et se complexifient au cours des deux premières années de la vie. Différentes théories en rendent compte, parmi lesquelles celles de Klein, Spitz, Mahler et Bowlby.

M. Klein : les objets internes du bébé

La théorie de Klein (présentée, pour ses aspects généraux, au chap. II) concerne à la fois l'évolution de l'organisation libidinale et celle de l'organisation objectale. Cette théorie est centrée sur *l'activité fantasmatique* du bébé, le fantasme inconscient étant considéré comme l'élément initial de toute vie psychique ; les fantasmes sont l'expression des pulsions. Klein donne la primauté aux toutes premières expériences de l'existence et situe, de ce fait, les événements psychiques les plus importants au cours de la première année. Elle soutient notamment l'existence d'une organisation originaire du moi et d'un Œdipe beaucoup plus précoce que celui décrit par Freud.

La théorie kleinienne suggère l'existence de deux « positions », ou phases, successives durant les premiers mois de la vie : la position *paranoïde-schizoïde* et la position *dépressive*. Ces positions caractérisent le monde imaginaire du bébé, monde peuplé d'*objets internes*.

La position paranoïde-schizoïde

Cette position correspond aux quatre premiers mois de la vie, c'est-à-dire au début du stade oral de Freud : les besoins s'expriment dans le registre de la sphère orale et c'est le *sein maternel* (objet partiel) qui satisfait ces besoins. Les gratifications dont le bébé bénéficie par le biais de la nourriture lui procurent un plaisir et permettent la satisfaction hallucinatoire de ses désirs. Il lui est donc possible, selon Klein, de constituer un *bon objet* qui sera le prototype de l'objet idéal. Toutefois, même lorsque les circonstances sont favorables, le bébé peut éprouver des moments d'angoisse qui forment le noyau de la position paranoïde. Le monde extérieur et ses stimulus, mais surtout ses frustrations, l'afflux des charges pulsionnelles internes, peuvent mettre en péril le mode de fonctionnement gratifiant, interférer avec les désirs du bébé et faire l'objet d'un rejet, de manifestations de haine.

La réalité se constitue sur un fond d'hallucination. Les premières frustrations subies par le bébé vont l'amener à tenter de réduire la tension interne en hallucinant la satisfaction. Mais cette tentative se heurte à l'échec : l'hallucination du sein ou de la gratification orale ne supprime pas la faim. L'échec de la satisfaction hallucinatoire participe à la constitution de la réalité extérieure et au développement du moi.

Le bébé confronté à cette alternance de situations de gratification et de frustration qu'il ne peut contrôler et qui déclenche chez lui des réactions de plaisir ou de haine utilise, selon Klein, trois mécanismes de défense : le *clivage,* l'*introjection* et la *projection.* Le clivage de l'objet consiste à scinder celui-ci en un bon et un mauvais objet du fait des sentiments d'amour et de haine que le bébé projette sur lui. L'introjection consiste, en fantasmes, à intégrer, à mettre à l'intérieur du moi, un objet investi positivement. Le « bon sein », le « bon objet », définis comme tels à partir de leurs propriétés de gratification, sont admis à l'intérieur du moi. Inversement, par projection, les objets frustrants sont projetés hors du moi ; ils sont considérés comme des objets persécuteurs (le « mauvais sein ») contre lesquels il convient de se protéger. Le bon objet est idéalisé et son introjection défend le bébé contre l'angoisse persécutive alors que le mauvais objet est vécu comme terrifiant, menaçant de destruction, de dévoration.

La position paranoïde-schizoïde se caractérise ainsi par une intense activité fantasmatique qui sert de prélude à la constitution du moi plus organisé que l'on retrouve chez les enfants plus âgés. L'idéalisation du bon objet constitue la base de l'*idéal du moi* qui fournira au moi un modèle de perfection irréalisable tandis que le mauvais objet servira de socle au surmoi (instance interdictrice).

Mais la relation à l'objet, la gratification et la frustration ne sont pas les seuls éléments constitutifs. Le dualisme pulsionnel (pulsion de vie et pulsion de mort) est présent dès le début de l'existence et participe, selon Klein, à la création des bons et des mauvais objets. Face à l'angoisse produite par la pulsion de mort, le bébé va à la fois en projeter une partie vers les objets extérieurs et en transformer une autre partie en agressivité. Le moi va donc opérer un clivage et projeter à l'extérieur la partie de lui-même contenant la pulsion de mort tandis que l'autre partie se transformera en agressivité contre les persécuteurs. La pulsion de vie est également projetée sur l'objet extérieur mais pour constituer un objet idéal (le bon sein).

La position dépressive

La position dépressive recouvre la période qui s'étend de 4 mois à la fin de la première année. Elle est marquée par la capacité du bébé à appréhender sa mère comme un *objet total* et non plus comme un objet partiel : alors que précédemment, il se situait par rapport au sein, aux yeux, au visage, aux mains de sa mère, perçus comme des objets séparés, celle-ci est maintenant reconnue comme un objet entier dont la disponibilité est variable et qui déclenche des sentiments positifs et négatifs. Le moi comme l'objet ne sont plus clivés, les caractères « bons » et « mauvais » ne sont plus attachés à des objets séparés mais rapportés au même objet ; l'intégration du moi et celle de l'objet sont concomitantes. La position dépressive marque alors une évolution essentielle : en découvrant sa propre réalité psychique, le bébé peut distinguer fantasme et réalité et, progressivement, abandonner son sentiment de toute-puissance en évaluant les limites de sa haine, de son amour et de son pouvoir.

Dans la position dépressive, l'*ambivalence* se manifeste clairement à l'égard de l'objet total. Si le bébé perçoit sa mère comme un objet total, il peut aussi mieux se souvenir d'elle, c'est-à-dire de gratifications antérieures au moment où elle semble le frustrer, et inversement. Pendant que ces processus d'intégration se poursuivent, le bébé se rend de plus en plus clairement compte que c'est la même personne — lui-même — qui aime et déteste une même personne, sa mère. Il est alors mis en présence de conflits touchant sa propre ambivalence et l'angoisse persécutive, qui régnait dans la position paranoïde, laisse place à des angoisses qui surgissent de cette ambivalence : le bébé craint que ses propres pulsions destructrices atteignent l'objet d'amour dont il dépend, ce qui entraîne des sentiments de culpabilité — également de deuil et de nostalgie du bon objet fantasmé. Au comble de son ambivalence, le bébé est exposé au désespoir dépressif. La disparition des angoisses dépressives est obtenue à travers la *réparation* de l'objet maternel. Le travail de deuil et les tendances à la réparation, retrouvés dans la position dépressive, sont à l'origine de la créativité et de la sublimation.

Lorsque la réparation de l'objet maternel n'est pas possible, le bébé utilise des *défenses maniaques* qui ne sont pas nécessairement un phénomène pathologique et qui peuvent avoir un aspect positif dans le développement. Ces défenses prennent appui sur un déni omnipotent de la réalité psychique et se caractérisent par le triomphe, le contrôle et le mépris à l'égard de l'objet. Le sentiment de triomphe apparaît comme un déni des sentiments dépressifs de valorisation de l'objet, le contrôle correspond à un déni de la dépendance et le mépris est un déni de la valeur de l'objet.

La position dépressive se caractérise aussi, selon Klein, par *les stades initiaux du complexe œdipien*. L'originalité est évidemment, ici, de décrire le complexe d'Œdipe (voir le chap. V) comme un phénomène très précoce. Lorsque la mère est perçue comme un objet total, la perception du monde extérieur change : le bébé reconnaît les personnes extérieures comme différenciées et prête attention aux rapports entre le père et la mère. Il ne perçoit toutefois pas la *réalité* des relations entre ses parents mais l'effet de ses propres projections sur eux. Les relations entre le père et la mère sont fantasmées par le bébé comme des gratifications mutuelles dont il est exclu, ce qui éveille chez lui des sentiments de jalousie, d'envie, de privation, et suscite une augmentation des fantasmes agressifs. Klein suggère, en outre, que le bébé possède une connaissance précoce des organes génitaux masculins et féminins. Le fantasme des *parents combinés* (ou *unifiés*) joue un rôle prépondérant. Il apparaît lorsque le bébé perçoit sa mère en tant qu'objet total sans, pour autant, la distinguer complètement du père. Le père ou le pénis sont alors fantasmés comme une partie de la mère et idéalisés. Pour le garçon comme pour la fille, le premier objet de désir est le sein maternel, le père apparaissant comme un rival. Mais, bientôt, le pénis paternel devient un objet de désir qui détourne le jeune enfant du sein. Selon Klein, la résolution progressive de l'Œdipe précoce et l'identification à un parent modifient l'organisation interne du moi et, notamment, transforment l'image initialement destructrice du surmoi primitif.

R. Spitz : constitution d'une représentation unifiée de l'objet

La théorie de Spitz (voir le chap. II) décrit la succession des stades aboutissant à la constitution d'une représentation unifiée de l'objet, de l'anobjectalité à la symbolisation.

L'approche est multidimensionnelle dans le sens où l'accent est non seulement mis sur les aspects affectifs, mais aussi sur les aspects cognitifs et sociaux.

Le stade anobjectal

Le stade *anobjectal* s'étend jusqu'à environ 2 mois et correspond à une période d'indifférenciation entre le sujet et l'extérieur, entre le dedans et le dehors. Ce fonctionnement initial est caractérisé par un système de *tension - absence de tension* qui répond à un principe de constance. Les affects ne sont pas différenciés, le déplaisir étant le seul affect observable. Le plaisir n'apparaît donc pas, il existe seulement un état de réduction de tension que Spitz nomme la *quiétude*.

Au début du deuxième mois, la perception de l'environnement se modifie. Le bébé commence, selon Spitz, à percevoir visuellement une personne qui s'approche de lui, personne qui prend alors une place dans son monde (il ne réagit toutefois à un stimulus extérieur que lorsque celui-ci entre en coïncidence avec une sensation de faim). Dans les deux ou trois semaines qui suivent, il devient capable, lorsqu'il perçoit un visage, d'en suivre les mouvements avec une attention soutenue alors qu'il ne réagit pas aux autres éléments de son environnement. Une trace s'inscrit alors dans le psychisme : « [...] Au cours des six premières semaines, une trace mnémonique du visage humain s'imprime dans la mémoire du nourrisson en tant que premier signal de la présence de la personne qui gratifie ses besoins ; l'enfant suivra tous les mouvements de ce signal avec le yeux » (R. Spitz, *De la naissance à la parole,* Paris, PUF, 1968, p. 39).

Le stade de l'objet précurseur et l'apparition du sourire

Ce deuxième stade s'étend de 3 à 6 mois. Il est marqué, dès 3 mois, par un phénomène essentiel : la réponse de sourire (en anglais *smiling response*) devant le visage humain, alors que cette réaction ne s'observe pas devant un biberon. Il s'agit là, selon Spitz, du premier point *organisateur,* indice de transformations importantes de l'appareil psychique. L'*apparition du sourire* témoigne de l'établissement d'une relation pré-objectale et de la mise en place des premiers rudiments du moi. Il marque le passage du stade anobjectal (dans lequel règne la seule nécessité de satisfaction des besoins instinctuels internes) à un fonctionnement pré-objectal caractérisé par la primauté de la perception extérieure. Spitz avance que le sourire indique que des traces mnémoniques (représentations) ont été inscrites, ce qui suppose la constitution de l'organisation topique de l'appareil psychique. Pour qu'il y ait reconnaissance du visage humain, il faut qu'il y ait déplacement des investissements d'une trace mnémonique à la perception, déplacement qui correspond à l'activité de pensée. En outre, le sourire marque la présence d'un moi rudimentaire qui fonctionne de manière autonome et qui s'est scindé du ça (pour une description des composantes de l'appareil psychique, ou *topique,* voir le chap. I). Ce moi, Spitz le conçoit comme ayant une activité de défense, de maîtrise et de synthèse. Il considère donc qu'existe, à partir de 3 mois, un moi qui est déjà un centre d'organisation, de coordination et d'intégration. Ce moi intègre dans sa structure ce que Spitz appelle les *noyaux du moi* (qui se fondent sur les fonctions biologiques et le comportement somatique et qui se modifient sous l'influence de l'investissement pulsionnel comme, par exemple, le comportement appétitif ou consommatoire). La fonction de barrière de protection contre les stimulus est transférée au moi qui gère les investissements et l'action dirigée vers un but. Enfin, l'apparition du sourire marque le début des relations sociales.

Le stade de l'objet libidinal et l'angoisse du huitième mois

Ce troisième stade s'étend de 6 à 10 mois. Il est caractérisé par un changement décisif survenant entre le sixième et le huitième mois. La mère, au cours du second semestre de la vie, est perçue comme un objet total, entier, pouvant être reconnu par le bébé en dehors des périodes de besoin : il manifeste sa satisfaction lorsqu'il aperçoit le visage de sa mère, la relation objectale est dégagée de sa finalité biologique. Une nouvelle capacité se manifeste dès lors : la distinction entre le (ou les) visage(s) connu(s) et un visage étranger. En relation avec cette capacité, Spitz relève un phénomène spécifique de cet âge : la réaction d'appréhension ou d'angoisse devant un étranger, réaction susceptible de varier d'intensité d'un bébé à l'autre. Il s'agit de l'*angoisse du huitième mois,* prototype, selon Spitz, de toute angoisse ultérieure et deuxième point organisateur de l'appareil psychique.

« [...] L'enfant est à présent en mesure de faire clairement la différence entre un ami et un étranger. Si un inconnu s'approche de lui, sa présence déclenche un comportement typique caractéristique et ne prêtant à aucune confusion : l'enfant manifestera de l'appréhension ou de l'angoisse à des degrés différents et rejettera l'étranger. Toutefois, le comportement de chaque enfant varie fortement de l'un à l'autre. Les uns baissent les yeux « timidement », les autres les couvrent de leurs mains, se cachent le visage en relevant leur robe, se jettent à plat ventre sur leur lit en se dissimulant la face dans les couvertures, ou encore pleurent ou hurlent. Le dénominateur commun est un refus de contact, une façon de tourner le dos, avec une nuance plus ou moins prononcée d'angoisse » (R. Spitz, *ibid.*, p. 114).

Pour rendre compte de l'importance de ce deuxième organisateur, angoisse du huitième mois et peur devant l'étranger, Spitz distingue trois étapes dans la formation de l'angoisse. 1 / La première étape (à partir du troisième mois) est celle des états de tension physiologique et correspond à l'apparition d'une situation de déplaisir lorsque la tension interne rompt la situation d'équilibre. 2 / La deuxième étape (entre le quatrième et le sixième mois) se caractérise par des réactions d'évitement et de fuite devant certaines situations et certains objets qui sont à la base d'expériences déplaisantes. La réaction de peur est donc provoquée par la perception de quelque chose que le bébé a relié à une expérience antérieure de déplaisir. 3 / La troisième étape est marquée par l'angoisse du huitième mois qui se distingue du comportement antérieur de peur : le bébé réagit *à ce que suppose* la présence de l'étranger, à savoir l'absence de sa mère : « [...] Face à un étranger, il réagit au fait que ce n'est pas sa mère ; elle l'a abandonné » (*ibid.*, p. 118). Pour Spitz, l'angoisse manifestée par le bébé ne répond pas au souvenir d'une expérience désagréable avec une personne étrangère, mais bien à la perception d'un visage étranger *qui diffère de la représentation* (trace mnémonique du visage de la mère).

L'angoisse du huitième mois est révélatrice de progrès d'ordre cognitif, affectif et social (genèse de la communication). Elle est l'indice de la constitution de l'objet libidinal proprement dit (la mère), celui-ci existant en tant qu'objet cognitif (objet reconnu visuellement par comparaison mnémonique) et, surtout, en tant qu'objet affectif. Une fois cet objet construit, le bébé ne peut le confondre avec quelque chose d'autre et il établit avec lui des liens qui le rendent unique. Elle est aussi, et simultanément, l'indice d'une structuration du moi dont les limites deviennent plus précises, que ce soit avec le ça ou avec le monde extérieur (les distinctions entre moi et non-moi s'affirment), structuration déclenchée par les échanges avec l'objet libidinal. L'instauration d'une relation objectale, bébé $\Rightarrow$ objet libidinal, signe l'entrée du jeune enfant dans un ordre socialisé et structuré par la communication. La mère offre une possibilité d'identification qui va remanier, à travers l'imitation gestuelle, l'image corporelle et le mode relationnel du bébé.

Si les préoccupations de Spitz sont éloignées de celles de Klein ou même de Freud, on retrouve toutefois la même réalité : l'objet peut être perdu, sa découverte confronte le bébé à l'angoisse. Cette angoisse marque donc un progrès.

L'apparition du non

Le troisième organisateur, décrit par Spitz, apparaît durant la seconde année et implique l'utilisation du langage (voir plus haut : l'émergence du langage), notamment la production du mot « non ». L'établissement du deuxième organisateur, l'angoisse du huitième mois, a introduit les phénomènes d'identification à la mère. Ceux-ci, associés à la compréhension progressive des interdictions, constituent les préalables de l'utilisation du « non ».

Spitz souligne que le secouement de tête négatif est le premier mouvement sémantique du bébé. Il s'agit le plus souvent d'une imitation du comportement interdictif de la mère et d'une identification à celle-ci. Le secouement est ainsi le représentant (symbole) des activités frustrantes de la mère. Ce mouvement, surtout lorsqu'il est accompagné du mot « non » (autre symbole), a un statut particulier par rapport à l'ensemble des mimiques, gestes et mots : il représente le concept fondamental de la négation.

Le secouement de la tête et le mot « non » proviennent de la mère et de ses interdits, c'est-à-dire d'une situation de frustration pour le bébé. Il s'agit donc d'éléments de l'objet libidinal (la mère) qui sont incorporés dans le moi où il persistent en tant que représentations. Et le refus provenant de la mère (le « non » initial) provoque un sentiment de déplaisir qui déclenche une poussée agressive liée à ces représentations. Quand le jeune enfant s'identifie à l'objet libidinal, l'identification à l'agresseur est suivie d'une attaque contre le monde extérieur (souvent contre l'objet libidinal lui-même) qui prend la forme du « non ». « [...] Une fois ce pas accompli, la période d'entêtement (qui nous est si familière pendant la deuxième année) peut commencer » (*ibid.*, p. 142).

L'apparition du « non » marque des progrès décisifs dans le développement du jeune enfant. Par le symbole de la négation, le bébé acquiert son pouvoir de jugement et, partant, peut affirmer une distinction complète entre lui-même et l'objet maternel — d'où une structuration plus précise des relations sociales. Du point de vue cognitif (ici, intimement lié à l'affectif), le « non » correspond à l'accès au monde des symboles et lorsqu'il peut être produit seul, c'est-à-dire sans secouement de la tête ou autre geste, il signe le passage de l'action à l'abstraction.

« [...] Avec l'acquisition du geste de négation, l'action est remplacée par les messages, et la communication à distance s'instaure. Ceci représente peut-être le tournant le plus important de l'évolution de l'individu comme de l'espèce. Ici commence l'humanisation de l'espèce, l'animal politique, la société. Car il s'agit de l'instauration des échanges de messages, intentionnels, dirigés ; avec l'avènement des symboles sémantiques, on se trouve à l'origine de la communication verbale. C'est la raison pour laquelle je considère l'acquisition du signe de la négation et du mot « non » comme l'indicateur tangible de la formation du troisième organisateur » (*ibid.*, p. 143).

M. Mahler : de l'autisme normal à la séparation-individuation

La théorie de Malher (voir le chap. II) décrit le développement objectal comme le passage d'un autisme normal initial à l'exercice d'un processus de séparation-individuation qui fonde progressivement l'identité du bébé.

Le stade autistique

Malher soutient que le développement affectif du bébé débute par un stade (ou phase) d'*autisme normal,* de la naissance à 3 mois. Cette forme d'autisme se distingue de l'autisme pathologique qui désigne un trouble du développement particulièrement grave (voir vol. *HP*). L'autisme normal de Malher est à rapprocher du narcissisme primaire de Freud (chap. I) et du stade anobjectal de Spitz.

La vie du « bébé-autiste » est centrée sur l'homéostasie, c'est-à-dire la tendance à maintenir constantes les conditions de vie. Selon Malher, le nouveau-né est incapable de localiser l'origine des sensations, de faire une différence entre ce qui vient de lui et ce qui vient de l'extérieur. Il n'est pas non plus conscient de l'agent maternant et vit dans un état de désorientation hallucinatoire primaire où la satisfaction des besoins relève de son monde autistique tout-puissant. Le biberon, par exemple, fait partie intégrante de lui. A partir du deuxième mois, commence la rupture de la *coquille autistique* et s'amorce un accroissement de la réceptivité aux stimulations externes. C'est le début du passage vers le stade symbiotique.

Le stade symbiotique

Ce deuxième stade s'étend de la fin du deuxième mois au cinquième mois. Il est à rapprocher de la période pré-objectale de Spitz. Avec le stade symbiotique, le bébé commence à percevoir confusément la source de satisfaction dans l'objet partiel de satisfaction. Lorsque le besoin ne se fait pas sentir de manière pressante, au moment où un certain développement permet au bébé de maîtriser la tension, c'est-à-dire lorsqu'il est capable d'attendre et d'anticiper avec confiance la satisfaction, alors seulement peut-on parler, selon Malher, du début du moi et en même temps d'objet symbiotique — symbiotique car non encore nettement séparé du moi. Le besoin devient désir et le sentiment d'attente prend la place de l'état de tension anobjectale. Au cours du stade symbiotique, l'attitude du bébé change : la réponse du sourire, notamment, témoigne de ce qu'il adopte une position différente à l'égard du partenaire social et, vers 5 mois, celui-ci n'est plus interchangeable. Le danger provient alors du risque de perte de l'objet symbiotique (le partenaire), perte qui est ressentie comme celle d'une partie du moi et qui constitue une menace d'auto-annihilation.

Le stade de séparation-individuation

Ce troisième stade s'étend sur une période assez longue, de 5 mois à 2 ans. Il est caractérisé par un processus de *séparation-individuation* dont les rudiments apparaissent déjà lors du stade symbiotique (début du moi ⇒ partenaire symbiotique) et qui vise la constitution de l'identité : constitution d'une relation objectale définie par la permanence de l'objet considéré comme différent du sujet. Le processus de séparation-individuation se déroule en quatre étapes : 1 / la *différenciation* (à partir de 5 mois) qui correspond à l'orientation du système perception-conscience vers l'extérieur : manipulation du visage de la mère par le toucher et « revérification » (en anglais *checking-back*) ; 2 / les *essais* (de 10-12 à 16-18 mois) caractérisés par l'utilisation de la locomotion pour établir une distanciation par rapport au corps de la mère ; 3 / le *rapprochement* (à partir de 16-18 mois) ou *patterns* comportementaux du type « suivre comme une ombre » (en anglais *shadowing*) et « départ en flèche » (en anglais *darting away*) associés à un accroissement de l'angoisse de séparation ; et 4 / la *consolidation de l'individualité.*

A l'issue de ce parcours, le bébé est passé d'un moi encore symbiotique, initialement ancré dans un monde autistique tout-puissant, à l'état d'un véritable *individu* en relation avec un monde d'*objets permanents.*

J. Bowlby : l'attachement du bébé aux objets humains

Bowlby considère que le *besoin d'attachement* est l'élément essentiel du développement affectif du jeune enfant. Compte tenu du fait qu'il existe, dès la naissance, des systèmes comportementaux prêts à être activés dans divers registres du fonctionnement psychologique (voir p. 215 et p. 249), Bowlby avance qu'il en est de même concernant la conduite d'attachement (voir l'encart 16 pour la référence de l'auteur à l'éthologie). Sa théorie propose une description fine de cette conduite à travers les systèmes comportementaux qui la médiatisent : 1 / l'équipement perceptuel qui tend à orienter le bébé vers la figure maternelle, 2 / l'équipement effecteur (bouche, mains, etc.) qui permet le contact, la préhension, l'agrippement, et 3 / l'équipement émetteur de signaux (pleurs, sourires, etc.). Quatre phases de développement sont distinguées.

La première phase d'attachement, de la naissance jusqu'à 8-12 semaines, est celle de *l'orientation* et des *signaux sans discrimination de figure.* La relation bébé ⇒ objet humain comporte plusieurs particularités : le bébé s'oriente vers l'autre, le suit des yeux, tente de l'atteindre, sourit. Certains bébés cessent de pleurer lorsqu'ils entendent une voix ou perçoivent un visage. Ces comportements influencent le partenaire social lui-même, qui, en retour, augmente la durée de sa présence et de ses expressions auprès du bébé. Ce dernier se comporte donc déjà de manière spécifique avec les objets humains mais sa capacité à discriminer les individus est encore inexistante ou réduite.

La seconde phase, qui s'étend jusqu'à 6 mois et parfois au-delà, est celle de l'*orientation* et des *signaux dirigés vers une ou plusieurs figures discriminées.* Le bébé continue à se comporter de façon « amicale » avec ses partenaires mais manifeste plus nettement son attachement à la figure maternelle. La mère apparaît donc comme un objet spécifique, privilégié, reconnu et « fêté » plus particulièrement.

La troisième phase, qui commence vers 6-7 mois et se prolonge jusqu'au début de la troisième année, est celle du *maintien de la proximité avec une figure discriminée, au moyen de la locomotion aussi bien que des signaux.* Le bébé marque de plus en plus nettement les différences qu'il établit dans la façon dont il traite ses partenaires et son répertoire de réponses augmente : suivre la mère qui part, lui faire la fête quand elle revient, l'utiliser comme « base » à partir de laquelle se développent des comportements exploratoires. Certaines figures deviennent des objets d'attachement auxiliaires et les étrangers sont traités avec réserve, voire déclenchent des comportements d'alarme ou de retrait.

Enfin, la quatrième phase d'attachement, qui débute au cours de la troisième année (et qui dépasse donc un peu le cadre de ce chapitre), est celle de la *formation d'une association rectifiée quant au but.* La figure maternelle est conçue comme un objet indépendant, persistant dans l'espace et dans le temps. Initialement, l'enfant peut difficilement percevoir ce qui influence le comportement de sa mère, mais progressivement, en l'observant, il devient capable d'en inférer les buts et les moyens correspondants. Il acquiert ainsi une compréhension intuitive des sentiments et des motivations de sa mère, prototype de l'objet humain.

ENCART 16

Attachement et éthologie

La théorie de Bowlby s'inspire d'études éthologiques relatives à la genèse de comportements animaux tels l'attachement, les « conduites de suite » (en anglais *following responses*), le contact, etc. Dans ce domaine, les travaux du célèbre éthologiste K. Lorenz sur l'*empreinte* ont montré que le *schème inné du compagnon-parent* (reconnaissance du parent et développement de comportements d'attachement) peut aussi se déclencher avec des objets autres que la mère du jeune animal (voir le vol. *HM* pour un exposé détaillé sur Lorenz). Les observations de H. F. Harlow menées auprès de bébés-singes révèlent qu'il existe, chez ces animaux, un besoin de contact qui ne se confond pas avec les besoins alimentaires : les petits singes restent, même en dehors des périodes de nourrissage, cramponnés à la fourrure de leur mère et explorent son corps. Différentes expériences de séparation à la naissance ont fait apparaître les effets négatifs de l'isolement social sur le bébé-singe, effets qui rappellent les phénomènes d'*hospitalisme* observés par Spitz (voir le chap. II).

Ces données éthologiques, qui mettent l'accent sur le rôle du partenaire dans le déclenchement de certains programmes d'action chez l'animal, ont suscité de nombreuses études relatives aux interactions humaines précoces impliquées dans les activités relationnelles, ludiques et de communication.

Théories, valeur clinique et confrontation des approches

De la théorie de Freud à celle de Bowlby, nous avons présenté, sans viser à l'exhaustivité, les aspects essentiels du développement affectif du bébé — le lecteur aura compris qu'il s'agit ici tout autant de socialisation que d'affectivité. Chaque théorie apporte un éclairage différent sur la question, et sa pertinence — celle du fonctionnement psychique postulé : fantasmes, etc. — ne peut être attestée, en fin de compte, que par sa *valeur clinique* (voir le chap. III) dans le cadre d'une relation « bébé-objets humains » donnée.

Par rapport aux exposés précédents, relatifs au développement sensori-moteur et à l'intelligence préverbale, les théories psychanalytiques (notamment celles centrées sur l'organisation objectale : Klein, Spitz, etc.), ont l'intérêt de faire ressortir la complexité affective sous-jacente à certaines problématiques cognitives « épurées », telles l'unité et la permanence de l'objet (Piaget, Spelke, Baillargeon, etc.). La confrontation des approches nous invite donc à considérer un « bébé-cognitif-affectif-et-social ». Une autre théorie, celle de Wallon qui n'est pas psychanalyste, répond à un tel souci.

Le bébé cognitif, affectif et social selon H. Wallon

La théorie de Wallon a été exposée dans ses grandes lignes au chapitre I. On en « isole » ici les éléments concernant les deux premières années de la vie. L'originalité de cette théorie tient à ce qu'elle considère le fonctionnement du bébé sous son triple aspect : cognitif, affectif et social. Wallon distingue trois stades qui jalonnent le développement de 0 à 2 ans : le stade impulsif, le stade émotionnel et le stade sensori-moteur et projectif.

Le stade impulsif

Ce premier stade, qui s'étend de la naissance à 2-3 mois, est caractérisé par une dépendance totale du nouveau-né à l'égard de son entourage : les besoins élémentaires sont nécessairement satisfaits par l'adulte, le plus souvent la mère. Le bébé est dès lors confronté à la privation et à l'attente, ce qui suscite des spasmes, des crispations et des cris. Sa vie psychologique est tout entière réduite aux mouvements : décharges musculaires et gestes impulsifs, sans coordination ni finalité externe. Il s'agit d'*impulsivité motrice pure.*

Le développement des mouvements est marqué, dans la théorie wallonienne, par le double aspect de l'activité musculaire : 1 / la composante *clonique* (ou cinétique) reliée aux sensibilités extéroceptives (c'est-à-dire stimulées par des agents extérieurs : vision, ouïe, tact, goût, odorat) ; et 2 / la composante *tonique* (voir p. 222) reliée aux sensibilités intéro-proprioceptives (c'est-à-dire stimulées par l'activité des muscles, de leurs annexes, et par le fonctionnement végétatif : viscères). La première composante est orientée vers le monde physique et liée au comportement intellectuel ; la seconde sous-tend les attitudes et les postures impliquées dans l'expression des émotions : elle est donc orientée vers le contact humain et liée au comportement affectif.

Au cours des premiers mois de la vie, l'activité tonique domine sous la forme de *réflexes toniques de défense et d'attitude,* réactions impulsives qui se transforment progressivement en réflexes conditionnels liés aux besoins alimentaires et posturaux. Dotées d'un caractère expressif, ces réactions constituent des signes auxquels réagit l'entourage, qui les modifie en retour. Sous l'effet conjugué de la maturation et du contact humain, les attitudes et mimiques du bébé se nuancent alors en moyens d'expression variés.

Le stade émotionnel

Ce deuxième stade, de 2-3 mois jusqu'à 1 an, interfère sans véritable discontinuité avec le précédent et culmine vers 6-7 mois. Wallon le caractérise comme une période de *symbiose affective* où l'émotion constitue le langage primitif du bébé, sa première forme de sociabilité et de conscience, et même l'origine de son caractère. Les attitudes et les mimiques deviennent des émotions différenciées : douleur, joie, chagrin, impatience, etc.

Le stade émotionnel est donc marqué, comme le stade impulsif, par la primauté du contact humain, de l'apprentissage social, sur l'expérience du monde physique. La raison en est que le « bébé-expérimentateur » est encore immature. L'homme en développement doit toutefois dépasser cet état de symbiose affective, de dépendance à l'égard de l'entourage (composante tonique : $\Rightarrow$ contact humain) pour découvrir, par ses propres activités sensori-motrices, le monde des objets (composante clonique : $\Rightarrow$ monde physique et comportement intellectuel).

Dès la fin du stade émotionnel, s'opère un passage de l'activité tonique, fusionnelle, affective, reliée aux sensibilités intéro-proprioceptives et centrée sur la construction du sujet (orientation centripète, voir le chap. I), à l'activité de relation aux objets, reliée aux sensibilités extéroceptives et centrée sur l'exploration du monde physique (orientation centrifuge).

Le stade sensori-moteur et projectif

Ce troisième stade wallonien s'étend de 1 à 3 ans. L'activité sensori-motrice qui le caractérise, activité liée à la maturation des sensibilités extéroceptives, se subdivise en deux registres complémentaires : 1 / l'intelligence pratique, ou intelligence des situations, reposant sur l'identification des objets par le biais de la manipulation et de la locomotion ; et 2 / les attitudes, dont le développement passe par l'imitation, le simulacre (jeux de « faire-semblant ») et aboutit à la représentation, achevée par le langage. On ne peut mieux faire ici que de citer E. Jalley, lecteur de Wallon (*Wallon, lecteur de Freud et de Piaget,* Paris, Editions Sociales, 1981) : « [...] L'imitation [ou reproduction d'ensembles perceptivomoteurs], moule commun de la représentation et du langage, s'enracine dans la fonction tonico-posturale, base elle-même du lien social précoce. [...] Le couple moi-l'autre est le point d'ancrage du couple signifiant-signifié, le double social, la racine du double mental, le principe du dédoublement interne nécessaire au jeu de la fonction symbolique » (p. 282).

Ajoutons que l'intelligence pratique et l'intelligence discursive (représentation et langage) sont intimement liées à l'espace. A partir de l'espace moteur à travers lequel s'exerce l'intelligence pratique (espace comportant une hiérarchie de niveaux : buccal, proche et locomoteur), s'élabore l'espace mental dans lequel se développe l'intelligence discursive : espace nécessaire à la mise en relation des représentations impliquées dans le jeu de la pensée, nécessaire aussi à la distribution des parties du discours dans la chaîne parlée.

De l'impulsivité motrice pure (premier stade) à l'intelligence discursive (troisième stade), est ainsi décrit le développement d'un bébé dont le fonctionnement relève tant du contact humain, et des émotions qu'il suscite, que du comportement intellectuel. Les stades ultérieurs du développement selon la théorie wallonienne (du personnalisme au stade de la puberté et de l'adolescence) sont exposés dans les chapitres V et VI.

Le bébé et les structures de la société

Outre les relations au sein de la famille, notamment les relations mère ⇒ bébé (voir l'encart 17 pour une précision interculturelle), dont la dynamique affective et sociale a été décrite dans les points précédents, de Freud à Wallon, les très jeunes enfants sont souvent confrontés, pour des raisons d'organisation pratique et/ou des problèmes sociaux, psychologiques et médicaux, à diverses structures de la société.

ENCART 17

Le bébé, la société et la culture

Jusqu'à l'essor de l'anthropologie culturelle, durant les années 1930, il était classique de considérer les comportements du jeune enfant et les attitudes maternelles observés dans les sociétés occidentales comme le modèle général du développement. Les travaux de M. Mead, R. Benedict, A. Kardiner, etc., ont alors montré, contrairement à ce postulat plus ou moins implicite, que les attitudes éducatives varient selon les cultures et que certains aspects du développement sont déterminés ou modifiés par ces phénomènes culturels. Les premières études, menées dans cette perspective, se sont centrées sur l'enfant et l'adolescent, révélant que la construction des relations sociales diffère d'une culture à l'autre et que ces variations, associées à des procédures d'éducation spécifiques, affectent le développement affectif, voire cognitif. D'autres travaux se sont ensuite focalisés sur les conditions d'encadrement des bébés : accouchement, allaitement, port du bébé et interactions mère-bébé. A l'issue d'une revue de question sur ce sujet, B. Bril et H. Lehalle concluent « [...] qu'il ressort que les pratiques d' « élevage » du petit enfant des sociétés industrialisées ont supprimé dans une large mesure les stimulations incidentes, importantes dans des contextes culturels traditionnels. [...] on aurait là une des causes des différences observées dans les rythmes de développement moteur et sensori-moteur dans les deux premières années [différences caractérisées par une avance des enfants issus de cultures traditionnelles] » (*Le développement psychologique est-il universel? Approches interculturelles,* Paris, PUF, 1988, p. 44-45).

De l'ensemble des recherches de psychologie interculturelle développementale, il ressort, pour l'essentiel, 1/que certains comportements, telles les conduites affiliatives, les conduites d'attachement, l'expression des émotions, etc., se caractérisent par des variations culturelles marquées, et 2/que les phénomènes de développement qui varient peu d'une culture à l'autre *présentent néanmoins d'importantes variations au niveau de l'accueil qui leur est fait, du sens qui leur est conféré et des réponses de l'adulte.* L'adoption d'une perspective interculturelle doit ainsi conduire à préciser la nature d'un *homme en développement* qui n'est pas exclusivement celui d'une société modèle. Pour un exposé général sur la psychologie interculturelle, on renvoie le lecteur à la seconde partie du vol. *HM.*

Les conditions de vie actuelles, notamment le travail de la mère, font que beaucoup de bébés sont très tôt séparés du milieu familial. En France, par exemple, la durée du congé de maternité pour un premier ou un second enfant est d'un peu plus de 3 mois. Par conséquent, si la mère exerce une activité professionnelle, le bébé est confié à quelqu'un d'autre quelques semaines après la naissance : à un membre plus éloigné de la famille (grands-parents, etc.), à une nourrice ou bien au personnel d'une crèche. La pratique de la « mise en nourrice » a évolué avec le temps (voir l'Introduction) et il est rare aujourd'hui de rencontrer des bébés complètement séparés de leurs parents ; le plus souvent ils sont confiés à une nourrice durant la journée et retrouvent leurs parents le soir. Les crèches constituent un lieu d'accueil collectif pour les enfants jeunes ne pouvant aller à l'école maternelle. Elles possèdent un équipement et un personnel adaptés aux tout-petits et sont le lieu des premières relations sociales avec des pairs, sous la forme de jeux et de conflits.

Notre société a par ailleurs mis en place plusieurs types d'institution de surveillance et d'aide aux enfants en difficulté *(nous retenons ici l'exemple de la France mais des structures comparables existent dans d'autres pays)*. Certaines d'entre elles sont spécifiques aux enfants très jeunes alors que d'autres concernent tous les enfants. On sait que de nombreuses familles sont dans l'incapacité d'assurer l'environnement et les soins nécessaires au bébé, d'où l'impérative nécessité sociale de ces institutions. Le service de Protection maternelle et infantile (PMI) exerce la surveillance, la prévention médicale (médecins pédiatres) et l'aide sociale (assistantes sociales et puéricultrices). Le service d'Aide sociale à l'enfance (ASE), qui dépend de la Direction départementale de l'Action sanitaire et sociale (DASS), dispose d'établissements propres (foyers de l'enfance, maisons maternelles, pouponnières) et recueille les enfants confiés pour une période plus ou moins longue par les parents en difficultés financières, de santé, etc. (enfants dits « recueillis temporaires »), les enfants abandonnés et les enfants placés par décision du juge des enfants (enfants en danger du fait de sévices ou de carences). Les interventions du juge sont déclenchées par un signalement émanant des médecins, des assistants sociaux, des puéricultrices ou des proches. Il faut savoir que la maltraitance, violence ou carence de soins, atteint aussi — voire surtout — les enfants très jeunes. Certaines études indiquent que les enfants de moins de 3 ans représentent 80 % des enfants maltraités.

Mentionnons, enfin, que lorsqu'une pathologie somatique est présente chez le bébé, des services hospitaliers spécialisés sont à la disposition des familles. Les services de néo-natalogie accueillent les nouveau-nés posant des problèmes médicaux (prématurés, maladies à la naissance, malformations) et sont intégrés dans des services de pédiatrie qui, par définition, se consacrent exclusivement aux soins des enfants. Comme c'est le cas des autres domaines de la médecine, la pédiatrie a actuellement tendance à se fractionner en sous-disciplines, cardiologie pédiatrique, neurologie pédiatrique, etc., ainsi qu'à se spécialiser en fonction des âges (il existe également, au sein de la psychiatrie, la pédo-psychiatrie ou psychiatrie infanto-juvénile : voir vol. *HP*). La médecine et la chirurgie des tout-petits sont aujourd'hui des réalités. Il reste que l'hospitalisation d'un enfant très jeune ne va pas sans difficulté pour lui comme pour sa famille. Aussi, les services s'orientent-ils, lorsqu'une telle solution est possible, vers la constitution d'unités d'hospitalisation mère-enfant.

Il existe donc un ensemble de structures de la société adaptées au bébé et qui, à des degrés divers selon les histoires individuelles, déterminent son développement.

L'incroyable Monsieur Bébé : mythe ou réalité ?

De l'œuf fécondé au bébé de 2 ans, le parcours cognitif, affectif et social de l'*homme en développement* est fascinant : quel « incroyable Monsieur Bébé » ! Mais celui-ci relève-t-il du mythe ou de la réalité ? Le mythe est, ainsi qu'on l'a souligné plus haut, la dérive, ou simplification théorique, selon laquelle le bébé « naîtrait humain », au sens d'un « homme-tout-monté » qui verrait quasiment tout, entendrait quasiment tout et saurait quasiment tout faire dans un environnement d'emblée cohérent (voir p. 267). La réalité, ou pour le moins l'affirmation la plus prudente, est que

1 / le bébé ne naît pas plus « humain » (dans l'acception qui vient d'être précisée) qu'il ne naît automate primaire immergé dans un chaos primitif, et 2 / *un développement* extrêmement complexe et relativement rapide survient entre 0 et 2 ans. Ce développement, nous en avons analysé les mécanismes et les jalons dans les divers domaines de la vie psychologique : posture, marche et préhension, schèmes moteurs ⇒ intentionnalité ⇒ intelligence (Piaget), conduites imitatives, relations entre modalités sensorielles, unité et permanence de l'objet, catégorisation (de Piaget aux recherches cognitivistes sur les compétences précoces), structures de contrôle exécutif, d'appariement de symboles, et de *skills* (néo-structuralisme), émergence du langage, développement affectif et social (Freud, postfreudiens et Wallon). L'énumération est longue et, pourtant, il semble bien que le bébé « gère le tout » ! — comme s'il était simultanément le bébé de Piaget, celui des cognitivistes, des néo-structuralistes, de Freud et des postfreudiens, etc. — avec une économie générale dont beaucoup d'éléments échappent encore aux psychologues. En dépit de données nombreuses, « l'incroyable Monsieur Bébé » reste donc un défi pour la psychologie du développement, mais pas le seul : le bébé est indissociable de l'enfant qu'il porte en puissance.

V — L'enfant

Le terme *enfant* vient du latin *infans* qui signifie « celui qui ne parle pas bien, qui n'est pas éloquent » et, dans la foulée, « celui qui ne parle pas encore ». C'est davantage à la première de ces significations que nous nous référons puisque le développement de l'*infans,* celui qui ne parle pas encore ou qui balbutie, a fait l'objet du chapitre précédent. L'enfance, dont il s'agit dans ce chapitre, correspond à l'étape qui s'étend de l'âge de 2 ans environ à l'âge de 12-13 ans, seuil de l'adolescence. Les transformations qui surviennent alors sont moins rapides et sans doute moins spectaculaires que celles qui se produisent au cours de la vie fœtale, pendant les deux premières années et à la puberté. Elles n'en sont pas moins réelles et fondamentales pour le devenir. Elles touchent à tous les domaines : physique, cognitif, social et affectif.

La croissance physique

La croissance physique se poursuit au cours de l'enfance, avec toutefois moins de rapidité qu'aux périodes pré et postnatales. La vitesse de croissance, très forte à ces étapes, diminue rapidement jusqu'à 3 ans, plus faiblement ensuite jusqu'à l'apparition d'une forte poussée qui atteint son point culminant aux environs de 12 ans chez les filles et de 14 ans chez les garçons. Les courbes de la figure 26 en donnent une illustration.

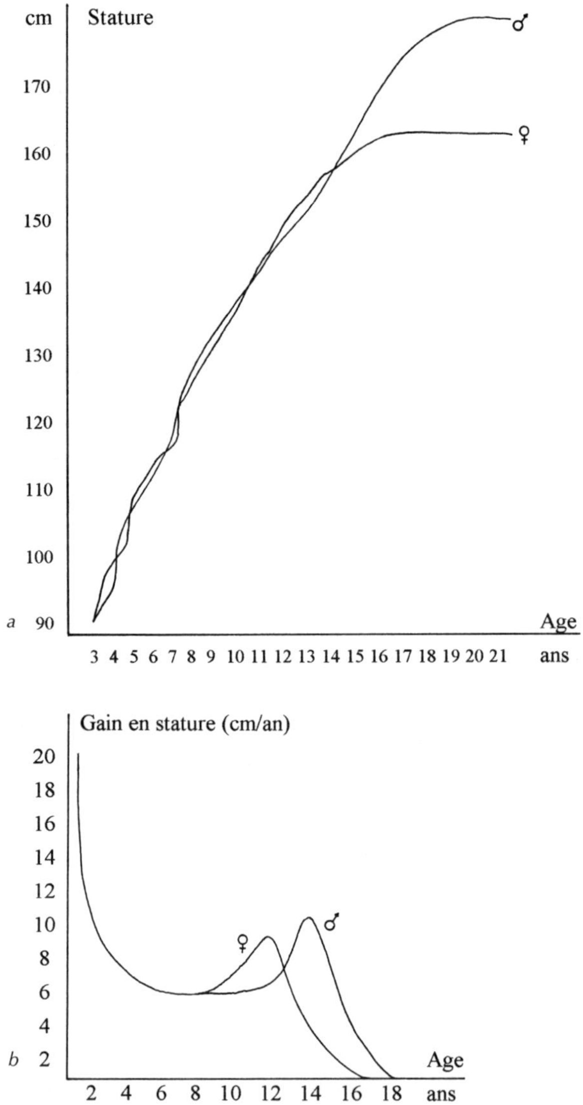

Fig. 26 - Courbes des moyennes de taille *(a) et de vitesse de croissance* (*b)*
(d'après J. Hiernaux, Croissance et maturation physiques postnatales,
in H. Gratiot-Alphandéry et R. Zazzo (éds.),
Traité de psychologie de l'enfant, Paris, PUF, 1970, p. 36-37)

Au cours de *l'évolution de la stature,* la part occupée par la tête dans la longueur du corps diminue, et la hauteur du tronc, par rapport à la longueur des membres inférieurs, diminue également (voir, à cet égard, la fig. 17 du chap. IV). *La croissance en poids* suit la même évolution que celle de la taille, le maximum de sa vitesse étant toutefois de six mois plus tardif. La relation poids-taille est identique pour les deux sexes jusqu'à l'adolescence, étape à partir de laquelle les filles augmentent davantage de poids que les garçons par unité de gain de stature.

Le perfectionnement de la marche continue jusqu'à 5-7 ans, avec une amélioration croissante des performances dans la course, le saut et le demi-tour. L'équilibre statique s'établit progressivement mais n'est vraiment atteint que vers 5 ans, âge où l'enfant peut faire cinq ou six pas à cloche-pied et « jouer à la marelle ». En ce qui concerne la préhension, c'est entre 4 et 6 ans que la précision et la vitesse de mouvement s'affirment, conditionnées par la capacité de freinage. Quant au tonus, l'hyperextensibilité, observée à 2 ans, diminue à partir de 3 ans, l'état mature, stable, n'étant atteint qu'entre 4 et 7 ans.

Un événement physique marque la petite enfance parce qu'il est entouré souvent d'un halo familial attendri et gratifiant : la tombée des dents de lait. On sait que les dents de lait, ou dents déciduales, poussent entre 7-8 mois (incisives) et 22-24 mois (molaires). Elles tombent entre 6-7 et 8-9 ans, remplacées par les dents définitives dont l'irruption commence vers 7 ans et se poursuit jusqu'à 10-11 ans, si l'on ne tient pas compte des dernières molaires dites, à tort ou à raison, « dents de sagesse ». Le développement dentaire fournit ainsi une série d'indicateurs de la maturation, tout comme celui de l'ossification estimée en comparant la radiographie de la main gauche à une série de radios standards.

On consultera avec profit le volume *HB* de la collection pour des informations plus complètes sur les aspects biologiques et physiologiques du développement à cette étape. Nous nous attacherons principalement, dans ce chapitre, au développement cognitif, affectif et social de l'enfant. Encore faut-il bien préciser que c'est la nécessité d'une analyse claire et précise qui contraint à étudier ces domaines séparément. Dans l'enfant, qui est *une personne en voie de développement,* tout évolue simultanément et interactivement. Il ne faut pas l'oublier.

Le développement cognitif

Il s'agit ici de l'intelligence au double sens que lui donne P. Oléron dans le beau titre de l'un de ses ouvrages *L'intelligence de l'homme* (Paris, Colin, 1979). Le premier sens renvoie à la *cognition,* terme qui désigne au sens strict, selon M. Richelle : « [...] les activités contribuant chez les organismes à l'accroissement, au maintien et à l'utilisation des connaissances » (vol. *HM,* encart 19, p. 220). Le second sens désigne l'intelligence qui prend comme objet d'étude le développement de la cognition chez l'enfant et qui est donc tributaire de cadres conceptuels et méthodologiques.

L'étude du développement cognitif recouvre un champ d'investigation très étendu, dont il est impossible, dans ce chapitre, d'aborder tous les aspects. Le fil suivi est la réponse — ou mieux la tentative de réponse — que les perspectives diverses, analysées dans les chapitres I et II, ont donnée aux questions suivantes : Comment l'enfant se représente-t-il *(donne-t-il sens à)* l'environnement physique et social complexe qui le contraint et qu'il contribue à construire ? Comment opère-t-il — au sens de calculer, *computer,* transformer — sur son environnement et sur les représentations qu'il en ébauche ? Comment ces représentations et ces opérations s'élaborent-elles et se structurent-elles au cours de son développement ? Représentations et opérations, c'est-à-dire sens et calcul, seront ici les lignes conductrices.

Pensée symbolique et représentation

L'avènement de la pensée symbolique a été considéré par les grands psychologues de langue française, Piaget et Wallon, comme un problème capital du développement cognitif de l'enfant : celui du passage de l'acte à la pensée représentative, pour reprendre, à un adjectif près, le titre de l'ouvrage bien connu de Wallon (*De l'acte à la pensée,* Paris, Flammarion, 1942). L'un et l'autre auteur situent cet avènement vers 18 mois-2 ans. A cet âge, en effet, s'affirment et se développent des comportements observables, parce que fréquents et bien spécifiés, dans lesquels il est difficile de ne pas voir la manifestation d'une pensée symbolique qui déferle avec force. Il s'agit de l'imitation différée, du jeu symbolique, du dessin, conduites sous-tendues, selon l'interprétation générale, par la représentation imagée. Il s'agit aussi du langage qui se développe avec une rapidité et une efficacité surprenantes. Certes, ces comportements s'enracinent dans le stade sensori-moteur précédent (voir le chap. IV), et l'accord est unanime à cet égard quelles que soient les interprétations différentes données à cet enracinement. Il n'en reste pas moins que c'est entre 2 et 4 ans que ces conduites prennent leur essor et se révèlent sans ambiguïté à l'observation de l'entourage familial et à celle des psychologues.

Piaget et H. Wallon : imitation et représentation

C'est avec l'intériorisation des schèmes, spécifiant le sixième sous-stade de l'intelligence sensori-motrice, que, dans la perspective piagétienne, débute la représentation. Deux définitions de la représentation sont données par Piaget, l'une au sens restreint, l'autre au sens large. Au sens restreint, la représentation se réduit à l'image mentale ou au souvenir imagé, c'est-à-dire à l'évocation symbolique d'un objet ou d'un événement en leur absence. Au sens large, il s'agit de la fonction symbolique ou, mieux, comme le recommande Piaget en empruntant ce terme aux linguistes, de la fonction sémiotique qui est « [...] la capacité d'évoquer des objets ou situations non perçus actuellement en se servant de signes ou de symboles » (J. Piaget et B. Inhelder, Les images mentales, *in* P. Fraisse et J. Piaget (éd.), *Traité de psychologie expérimentale,* t. VII, Paris, PUF, 1969, p. 75). La représentation du réel physique et social commence lorsqu'il y a simultanément différenciation et coordination entre des *signifiants* et des *signifiés*. Cette différenciation s'est amorcée au cours du stade sensori-moteur pour s'achever avec le symbole et le signe, distingués par Piaget de la manière suivante :

« [...] Précisons encore que selon un usage des linguistes utile à suivre en psychologie, un symbole est à définir comme impliquant un lien de ressemblance entre le signifiant et le signifié tandis que le signe est « arbitraire » et repose nécessairement sur une convention. Le signe requiert donc la vie sociale pour se constituer, tandis que le symbole peut être élaboré déjà par l'individu seul (comme dans le jeu des petits enfants). Il va de soi d'ailleurs que les symboles peuvent être socialisés, un symbole collectif étant alors en général mi-signe mi-symbole ; un pur signe est par contre toujours collectif » (J. Piaget, *La psychologie de l'intelligence,* Paris, Armand Colin, 1947, p. 149).

Symbole et signe se démarquent de l'indice et du signal, bases des significations construites par le bébé. Des exemples précis des uns et des autres sont donnés dans l'encart 18.

ENCART 18

Symboles et signes dans la perspective piagétienne

Les définitions du symbole et du signe sont plus claires si on les met au regard de celles du signal et de l'indice. Piaget considère en effet le signal et l'indice comme des substituts représentatifs plus primitifs génétiquement que le signe et le symbole. Dans le signal et l'indice, le signifiant constitue une partie du signifié. Le signal est incorporé de manière rigide et indissociable dans une séquence d'actions où sa place est fixée : ainsi le bruit du revolver qui donne le signal d'une course. Un autre exemple est le stimulus conditionné (le bruit de la clochette) qui « signale » la nourriture (stimulus inconditionnel) dans la situation du chien de Pavlov (voir le chap. I). Quant à l'indice, il s'agit d'un signifiant qui reste dans un rapport de contiguïté spatiale ou temporelle avec le signifié. Ce qui est perçu renvoie à des propriétés d'un objet que l'on ne voit pas actuellement : la fumée indique l'existence d'un feu ; des traces de pattes dans la neige révèlent le passage d'un animal et, selon la nature de la trace, l'animal en cause.

Les symboles et les signes, au contraire, ne constituent ni une partie ni un aspect du signifié, bien que, s'agissant du symbole, un certain lien persiste entre signifié et signifiant. Par exemple, le lion (signifiant) est le symbole de la force (signifié) ; le glaive qui tranche (signifiant) est le symbole de la justice (signifié) censée trancher entre l'innocence et la culpabilité. Le signe, en revanche (signe verbal, signe algébrique), est complètement arbitraire. Il faut bien noter que ces définitions sont celles de Piaget et d'un courant dit de « sémiologie de la signification ». Pour un autre courant de sémiologie (celui de J.-P. Bronckart, par exemple), le signe est défini comme la combinaison du représentant et du représenté. Il est alors synonyme de signal et constitue la base de tout code de communication.

Chez l'enfant, l'acquisition du langage, système de signes, est subordonnée à l'exercice d'une fonction symbolique qui s'affirme dans le développement de l'imitation et du jeu tout autant que dans celui des signes verbaux. Sa genèse s'explique à partir du développement de l'imitation, lui-même lié à la différenciation progressive entre assimilation et accommodation. Les premiers signifiants bien différenciés sont fournis par l'imitation et l'image mentale qui en dérive, l'une et l'autre prolongeant l'accommodation aux objets externes. « [...] L'accommodation [écrit Piaget], en se différenciant de l'assimilation, constitue une sorte de « négatif » de l'objet auquel s'applique le schème assimilateur et ce « négatif », en se subordonnant à l'assimilation reproductrice, se prolonge en un « positif » qui est l'imitation, extérieure ou intériorisée, comme l'image photographique par rapport au cliché » (J. Piaget, *La formation du symbole chez l'enfant*, Neuchâtel, Delachaux & Niestlé, 1945, p. 291). L'image mentale qui se forme dans l'imitation différée est un *signifiant constitué par l'accommodation*, le *signifié étant en revanche constitué par l'assimilation* qui incorpore l'objet imité à des schèmes antérieurs. L'imitation différée est alors à la fois représentation en acte et représentation mentale. Ainsi y a-t-il continuité entre le sensori-moteur et la pensée représentative.

C'est justement sur cette continuité, postulée par Piaget, que Wallon a formulé des réserves. Certes, pour Wallon, comme pour Piaget, la représentation émerge vers 18 mois-2 ans (milieu du stade sensori-moteur et projectif), mais elle ne peut sortir directement du système sensori-moteur et du mouvement. Elle n'en procède qu'en partie, car entre le sensori-moteur et le représentatif, entre l'*intelligence des situations* avant le langage et l'*intelligence discursive* après et avec le langage, il existe une *discontinuité* faite à la fois d'opposition de plan, de différence de nature et de filiation, en dépit de certaines conditions communes. Ces conditions communes résident dans *l'espace*. Lorsque l'objet est présent, l'acte simple ou immédiatement imitatif n'a besoin que de rencontrer perceptivement ou gestuellement l'objet dans un *espace moteur objectif*. Lorsque l'objet est absent, dans l'imitation différée ou dans le simulacre, le mouvement s'effectue toujours dans l'espace moteur, mais son exécution suppose un e*space mental subjectif* : une représentation. Ainsi, si l'imitation différée et la représentation sont associées, la première n'est pas la cause de la seconde. La représentation, pour émerger, réclame, outre l'activité pratique, l'intervention de la société dont le langage est le produit propre. Selon Piaget, l'image ou le symbole sont d'ordre individuel et c'est une fonction symbolique individuelle qui rend possible l'acquisition du langage et des signes collectifs. Selon Wallon, l'émergence de la représentation ne peut s'expliquer uniquement sur le plan individuel dans la mesure où il s'agit là d'une fonction « [...] étroitement mêlée au changement radical qui a été, pour l'espèce humaine, l'existence de sociétés fondées sur la conservation en commun, sur l'échange, sur les transformations toujours possibles de représentations, d'idées, dont chaque jour le pouvoir de modifier son milieu vital s'est accru » (H. Wallon, *De l'acte à la pensée,* Paris, Flammarion, 1942, p. 196). Une autre citation de Wallon explique à la fois la spécificité de l'espace mental, terrain de l'intelligence discursive, et de l'espace moteur, terrain de l'intelligence des situations, tout en tenant compte de la complexité de leurs rapports :

> « [...] D'orientations inverses, l'intelligence discursive et l'intelligence des situations, bien qu'opérant l'une sur le plan de la représentation des symboles, l'autre sur le plan sensori-moteur, l'une par moments successifs, l'autre par appréhensions globales des circonstances, supposent cependant, toutes deux, l'intuition de rapports qui ont pour terrain nécessaire l'espace. Mais, de l'acte moteur à la représentation, il y a eu transposition, sublimation de cette intuition qui, d'incluse dans les relations entre l'organisme et le milieu physique, est devenue schématisation mentale. Entre l'acte et la pensée l'évolution s'explique simultanément par l'opposé et par le même (*ibid.,* p. 249-250).

Piaget, revenant en 1962 sur la question de l'imitation, estime que la contradiction à ce sujet, entre Wallon et lui, n'est qu'apparente. La représentation se manifesterait sous deux formes bien distinctes, la forme figurative qui engendre l'image à partir de l'imitation et procède du système postural, et la forme opérative qui débute avec les schèmes moteurs et aboutit aux opérations de la pensée. Mais ces deux distinctions ne recouvrent pas exactement celle de Wallon : l'espace moteur de Wallon n'est pas la forme figurative de Piaget. Quoi qu'il en soit, cette précision nous renseigne plus clairement quant à la position piagétienne. Sur les schèmes de l'intelligence sensori-motrice se greffe une pensée représentative qui se manifeste sous deux aspects : l'un figural, issu des schèmes posturaux de l'imitation ; l'autre opératif, issu des schèmes sensori-moteurs « nobles » (schème de l'objet permanent et groupe pratique de déplacement ; voir le chap. IV). Ainsi, symbolisme et calcul trouvent-ils leur place dans la représentation qu'ils constituent, avec cette indication maintes fois soulignée d'une soumission du symbole à l'opération, c'est-à-dire au calcul.

Les néo-structuralistes et la pensée symbolique

Comment les théories néo-structuralistes expliquent-elles l'émergence de la pensée symbolique ? Dans la mesure où elles tentent une synthèse entre la perspective piagétienne et le cognitivisme anglo-saxon, on peut s'attendre à ce que leur conception de la représentation procède de l'un et de l'autre (voir le chap. II).

Le point de vue piagétien d'une distinction entre les schèmes figuratifs ou représentations internes des états (configurations perceptives, propriétés des objets, événements) et les schèmes opératifs (transformation ou calcul au sens large) a été adopté par Pascual-Leone et par Case, mais avec des différences importantes. En premier lieu, les schèmes figuratifs, tout comme les schèmes opératifs, sont présents dès les premiers mois de la vie, sans toutefois que la nature de la représentation précoce impliquée soit bien explicitée. En second lieu, les deux auteurs attribuent aux schèmes figuratifs un rôle, dans le fonctionnement cognitif, bien plus important que celui accordé par Piaget. Chez Case ils permettent la représentation des données du problème et de son objectif ; et l'on rappelle que, dans cette perspective, *toute interaction avec l'environnement est un problème à résoudre.* Chez Pascual-Leone les schèmes figuratifs qui constituent le contenu de la pensée, les objets mentaux, peuvent fonctionner comme conditions déclenchantes des opérations des sujets dans une situation donnée. On ajoutera que ces deux auteurs font appel au stockage des connaissances *représentées* en mémoire à long terme et à leur rappel en mémoire à court terme, ces deux mémoires appartenant à l'architecture cognitiviste du système humain de représentation et de traitement de l'information.

On se rappelle que, dans la perspective de Halford, la pensée est éminemment symbolique, c'est-à-dire productrice de représentations. Toutefois, la période de 0 à 1 an y est considérée comme présymbolique, le fonctionnement des structures d'appariement de symboles qui caractérise son modèle n'apparaissant que vers 12 ou 18 mois (selon les publications de l'auteur). La figure 6 du chapitre II illustre les niveaux de complexité de ces structures d'appariement (p. 118-119).

Dans la théorie de Fischer, sans doute la plus fonctionnelle du néo-structuralisme, la pensée symbolique apparaît vers 2 ans, à l'étage représentationnel des structures d'habiletés ou *skills* (représentation des propriétés concrètes d'objets ou d'événements physiques et sociaux). Cette représentation évolue au long du même stade (ou étage) jusqu'à 11-12 ans, avec les niveaux de complexité de l'étage : du contrôle d'une unité de représentation à celui de systèmes de systèmes. Il s'agit, comme chez Halford, d'appariement de représentations, le nombre des unités impliquées augmentant de un à quatre (voir la fig. 7 du chap. II, p. 121).

Nous avons vu, dans le chapitre IV, l'intérêt des modèles néo-structuralistes qui, à propos du fonctionnement du bébé, permettent d'articuler et de préciser certaines données en apparence contradictoires. L'intérêt est plus mince en ce qui concerne l'avènement de la représentation. On ne retrouve chez aucun d'eux l'effort poursuivi par Piaget et par Wallon pour expliquer *le processus de l'émergence* d'une pensée symbolique et ses manifestations concrètes dans la vie de l'enfant.

Pensée symbolique : jeu et dessin

Le jeu symbolique et le dessin apparaissent comme des activités typiquement enfantines, le dessin s'intégrant jusqu'à 8-9 ans dans les conduites ludiques. Certes, les adolescents et les adultes « jouent » et dessinent. Mais le jeu, passée l'enfance, devient concerté et s'inscrit dans un projet délibéré de loisir et de délassement. Quant au dessin, bien rares sont les adultes et même les adolescents qui s'y livrent spontanément. Chez l'enfant, et surtout chez le jeune enfant, jeu et dessin jaillissent, de manière presque irrépressible, comme les manifestations d'une irruption de la pensée symbolique. Ils en sont les manifestations mais aussi les « instruments sémiotiques », selon l'expression de Piaget, dans la mesure où symboles et signes verbaux y interviennent.

Le jeu symbolique

J. Piaget : jeu symbolique et assimilation

L'étude la plus systématique et la plus minutieuse des jeux de l'enfance est celle qui a été réalisée par Piaget et publiée dans *La formation du symbole chez l'enfant* (Neuchâtel, Delachaux & Niestlé, 1945). C'est aux très belles observations rapportées dans cet ouvrage que nous nous référerons principalement. Trois catégories de jeux sont répertoriées, correspondant aux trois « formes » de l'intelligence qui se développent successivement : le jeu d'exercice (intelligence sensori-motrice), le jeu symbolique (intelligence représentative) et le jeu de règles (intelligence opératoire). C'est évidemment le jeu symbolique qui nous intéresse ici, mais aussi le jeu d'exercice dans la mesure où il le préfigure.

Les jeux d'exercice commencent au stade sensori-moteur. Ils perdurent par la suite et cela même chez l'adulte. Ils consistent en mouvements pour le mouvement, en manipulations pour la manipulation, et leur fonction est d'exercer des conduites pour le seul plaisir fonctionnel ou pour celui de la prise de conscience d'un nouveau pouvoir. En voici un exemple chez un enfant de 5 ans 2 mois (la lettre majuscule renvoie au prénom de l'enfant) :

> « [...] V s'amuse à sauter de haut en bas et de bas en haut sur un escalier. Combinant d'abord ses mouvements sans but, il se propose ensuite de sauter du sol sur un banc en franchissant une distance toujours plus grande » (Piaget, réf. citée plus haut, p. 124).

D'un point de vue génétique, le passage entre le jeu d'exercice et le jeu symbolique est assuré par ce que Piaget appelle *le schème symbolique.* Il s'agit de la reproduction d'un schème sensori-moteur (c'est-à-dire d'une suite d'actions finalisées), en dehors de son contexte et de son objectif habituels. L'enfant fait semblant d'exercer l'une de ses activités ordinaires : semblant de manger, de dormir, de se laver, etc. Ce qu'il cherche ici « [...] c'est simplement à utiliser librement ses pouvoirs individuels, à reproduire ses actions pour le plaisir de se les donner en spectacle, à lui-même et aux autres, bref à déployer son moi et à lui assimiler sans limitation ce qui est ordinairement accommodation à la réalité autant que conquête assimilatrice » (Piaget, *ibid.,* p. 129). Si cet exercice est déjà symbolique, il est cependant limité au sens où seule la conduite propre est activée. Le symbole n'est pas encore libéré, à titre de signifiant, du signifié qui est cette conduite propre. Ce détachement va s'effectuer dès l'acquisition systématique du langage. Entre 2 et 6-7 ans, trois stades de l'évolution du jeu symbolique peuvent être décrits. Le premier de ces stades, de 18 mois à 4 ans environ, est le plus intéressant pour notre propos. C'est au cours de cette période que se dessine une évolution très fine, minutieusement observée par Piaget, des conduites du « faire comme si ». Trois types de jeux (I, II et III) y sont distingués, qui présentent eux-mêmes des variantes résumées ci-dessous et désignées par les termes A, B, C, D.

Type IA. La première variante est constituée par la projection des schèmes symboliques sur des objets nouveaux. L'enfant attribue à autrui et aux choses l'un ou plusieurs de ses schèmes familiers. C'est ainsi que vers 18 mois, Lucienne, l'une des filles de Piaget, dépose sa poupée dans une marmite pour la faire dormir, pose sur elle une carte postale et dit : *Bébé couverture... a froid.*

Type IB. Au même âge apparaît un jeu complémentaire du précédent où l'enfant projette des schèmes d'imitation (emprunt fait à autrui) sur des objets également nouveaux. Les exemples donnés mettent toujours en scène Lucienne, entre 19 et 20 mois : « L fait semblant de lire un journal, pointe du doigt certains endroits de la feuille de papier qu'elle tient et marmotte à voix basse [...] elle fait semblant de téléphoner, puis fait téléphoner sa poupée. Les jours suivants elle téléphone avec des objets quelconques (feuille en guise de cornet) » (*ibid.*, p. 130).

Type IIA. Dans cette variante du jeu symbolique, ce qui prédomine est l'assimilation simple d'un objet à un autre. Cette assimilation est déjà présente dans l'exemple du téléphone, mais elle s'accentue et devient systématique. Lucienne, observée entre 2 ans et 2 ans et demi, fait couler du gravier entre ses doigts en disant *il pleut.* Plus tard, elle prend un morceau de sucre entre ses doigts en guise de clé et s'exclame *Ah ! je ne peux pas ouvrir la porte !*

Type IIB. Ici, le jeu est caractérisé par l'emploi de schèmes d'imitation avec assimilation du corps propre à des objets quelconques et à autrui. « [...] L [4 ans 3 mois] debout à côté de moi, immobile, imite un espèce de son de cloches. Je la prie de cesser, mais elle continue. Je lui mets alors ma main sur sa bouche. Elle me repousse, indignée, mais conservant toujours le torse droit, et me dit : *Fais pas ça. Je suis une église !* (= le clocher) » (*ibid.*, p. 133).

Les types de jeu I et II ne sont pas décalés dans le temps, ils peuvent coexister chez le même enfant entre 18 mois-2 ans et

4 ans. Les jeux du type III décrits ci-dessous, un peu plus tardifs, sont observés à 3-4 ans. Les jeux I et II révèlent comment le symbole se constitue dans sa généralité. A partir du type III apparaissent des combinaisons symboliques plus ou moins variées et complexes.

Type IIIA. Ces jeux prolongent ceux du type II, mais avec des combinaisons de scènes entières. Lucienne, entre 3 et 4 ans, invente un personnage imaginaire « Ali » représenté par son oreiller : « [...] *Ali est extrêmement brusque* (comme un ami valaisien réel). *Il a tous ses défauts, tu sais. Je garderas mon ami Ali jusqu'à ce que je serai mariée.* Certains jours, il est le mari lui-même qui aide à soigner ses deux ou trois enfants : *Mon mari m'aide mais il est un peu maladroit, tu sais* (allusion à son père) » (*ibid.*, p. 137).

Types IIIB et **IIIC.** Il s'agit ici de combinaisons compensatrices où l'enfant corrige le réel plus qu'il ne le reproduit, soit pour le plaisir, soit pour désamorcer des situations pénibles en les revivant symboliquement. « [Jacqueline, l'aînée des filles de Piaget, 3 ans 11 mois...] est impressionnée par la vue d'un canard mort et plumé posé sur la table de la cuisine. Le lendemain, je trouve J., seule, étendue et immobile sur le divan de mon bureau, les bras serrés contre le corps et les jambes pliées. Mais qu'est-ce que tu fais J. ? Tu es malade ?... *Non, je suis le canard mort.* [J., 4 ans 6 mois...] Je heurte les mains de J. avec un râteau et la fait pleurer. Je m'excuse beaucoup, en invoquant ma maladresse. D'abord elle ne me croit pas et reste en colère comme si je l'avais fait exprès. Puis brusquement elle me dit, à moitié calmée : *Tu es Jacqueline et moi je suis Papa. Tiens* (elle me frappe les doigts). Dis-moi : *Mais tu m'as fais mal* — (je le dis) — *Pardon ma petite fille. Je n'ai pas fait exprès. Tu sais que je suis très maladroit,* etc. Bref, elle se borne à intervertir les rôles en répétant exactement mes paroles » (*ibid.*, p. 141).

Type IIID. Les combinaisons symboliques deviennent anticipatives. Il s'agit ici d'accepter un ordre ou un conseil en anticipant symboliquement leur conséquence. Par exemple, Lucienne, à 3 ans et demi, hésite à faire un tour au jardin, le soir, parce qu'elle a peur des hiboux qui hululent dans les arbres. Aussi dit-elle à son père que *Ali* (son oreiller qui, dans l'observation citée plus haut, était son mari) est sorti avec ses gros souliers à clous, ce qui a effrayé le hibou qui est parti. Aussitôt Piaget propose à Lucienne de frapper le gravier avec leurs souliers pour ouvrir la voie.

Les variantes qui apparaissent au cours de ce premier stade révèlent, dans la perspective piagétienne, que la motivation du jeu n'est pas l'adaptation au réel mais l'assimilation plus ou moins déformante du réel au moi. Il constitue un système de significations propre à l'enfant, construit par lui et ajusté à ses besoins.

Au stade II, de 4 à 7 ans environ, les jeux purement symboliques déclinent, non parce qu'ils sont moins nombreux ou moins affectivement intenses, mais parce qu'ils se rapprochent davantage du réel : l'imitation accommodatrice reprend sa place. Au stade III, à partir de 7-8 ans, le déclin s'affirme, les jeux symboliques étant remplacés par les jeux de règles qui seront évoqués au point consacré à la socialisation de l'enfant.

L'accent mis par Piaget sur l'assimilation déformante au premier stade du jeu symbolique a suscité de nombreuses critiques. Dénier au jeu symbolique toute portée adaptative l'ampute de quelque chose d'essentiellement positif. L'enfant à qui on ne permet pas encore d'utiliser le téléphone, se prépare, s'adapte à l'action future en la simulant. Il est notable aussi que le jeu symbolique est presque toujours accompagné de verbalisations, celles-ci tendant à expliquer, adapter la conduite symbolique à l'interlocuteur visible ou invisible. Certes, l'accommodation règne dans le jeu de règle. Mais on peut dire que dans le jeu symbolique, admirablement décrit par Piaget, l'enfant s'approprie le réel, l'apprivoise, pour mieux s'y ajuster : l'assimilation déformante serait un « effort » vers l'accommodation.

H. Wallon et le simulacre

Les jeux symboliques ne sont pas analysés comme tels par Wallon, avec la minutie qui a été celle de Piaget. La spécificité de Wallon réside dans le rôle qu'il accorde au simulacre, rôle d'ailleurs qui n'est pas toujours très clair. Ce qui est clair c'est la définition qu'il en donne.

Le simulacre est « [...] un acte sans objet réel, bien qu'à l'image d'un acte vrai : l'acte n'est plus que la représentation de lui-même. Ou plutôt, encore identique aux mouvements qu'il représente, il confond en lui trois étapes : le réel, l'image et les signes par où peut s'exprimer l'image. Suivant le moment, suivant le degré d'évolution, c'est l'une ou l'autre de ces fonctions qui l'emporte » (H. Wallon, *L'évolution psychologique de l'enfant,* Paris, Armand Colin, 1941, p. 168).

Le simulacre naît avec l'imitation, vers 18 mois, au stade projectif (stade sensori-moteur et projectif, voir la fig. 1 du chap. I) et, avec l'imitation, il marque le passage à la représentation. On rappelle qu'au stade projectif l'orientation des conduites est centrifuge, c'est-à-dire tournée vers les autres et l'environnement.

C'est le cas de l'imitation que Wallon distingue bien, de ce point de vue, du simulacre, tout comme Piaget la distingue du jeu symbolique. Comme le schème symbolique de Piaget, le simulacre, à son premier niveau, conduirait à la représentation, tandis qu'à un niveau plus élaboré il la supposerait. Au départ Wallon ne lui attribue pas d'emblée la valeur ludique que Piaget accorde au schème symbolique. Ce n'est qu'à son niveau élaboré que le simulacre prend place dans les jeux fictifs de l'enfant. Au départ encore, lorsque la représentation est faible, la simulation s'appuie sur un objet réel employé comme substitut (le cornet de papier pour le téléphone, le sucre pour la clé, dans les exemples ci-dessus). Lorsque la représentation est plus solide, l'enfant peut abandonner le substitut-objet pour ne reproduire que le geste (geste de téléphoner, d'ouvrir une porte). Le jeu fictif réel est un simulacre sans médiation de l'objet.

Si Wallon donne au simulacre un rôle certain dans l'ontogenèse de la représentation, il lui donne un rôle encore plus important dans l'ethnogenèse. L'effort de l'enfant vers la représentation, qui se manifeste dans le simulacre, se retrouverait chez ce que Wallon nomme les primitifs (en l'occurrence les Papous de Nouvelle-Guinée) dans les rites, les danses, les masques. Le simulacre serait ici aussi un passage qui montrerait « [...] la difficulté de l'évolution qui a pu amener l'homme à réaliser l'indépendance de ses représentations » (H. Wallon, *De l'acte à la pensée,* Paris, Flammarion, 1942, p. 184). Mais chez l'enfant, et chez le primitif étudié par Wallon, le simulacre et l'acte d'imitation sont les supports de la représentation tout en s'y opposant dans le même temps puisqu'ils l'enferment, la concrétisent dans les gestes moteurs. On retrouve ici la caractéristique spécifique de la perspective wallonienne où tout développement se résout par une crise au sein des oppositions.

Le dessin enfantin

C'est généralement vers 18 mois, en même temps que le jeu symbolique, que, dans nos cultures, débutent les premiers tracés graphiques, lorsque l'entourage met à la disposition de l'enfant le matériel nécessaire. Le dessin s'inscrit alors, jusqu'à 8-9 ans, dans l'activité ludique. Il a suscité depuis longtemps l'intérêt des psychologues en raison des informations précieuses qu'il apporte quant à l'organisation mentale enfantine. A l'évidence le dessin peut rendre compte d'une évolution de la pensée symbolique et d'une structuration cognitive progressive de l'espace représenté.

De nombreuses systématisations de l'évolution du dessin enfantin ont été proposées. Celle, déjà ancienne, de G. Luquet, à laquelle se réfère très souvent Piaget, reste valable (G. Luquet, *Le dessin enfantin*, Paris, Alcan, 1927). Nous retiendrons ici, pour guide, le schéma proposé par P. Osterrieth qui synthétise à la fois ses propres observations et des systématisations antérieures.

Tableau VIII - L'évolution du dessin enfantin selon P. Osterrieth
(L'étude du dessin enfantin,* in *H. Gratiot-Alphandery et R. Zazzo (éds.),
Traité de psychologie de l'enfant, *Paris, PUF, 1976, p. 24)*

Niveau 1 *Le gribouillage* de 2 à 3 ans	Production de tracés par activité motrice, sans intention figurative Apparition d'éléments représentatifs, révélés surtout par les verbalisations ; entrée en jeu de la fonction symbolique
Niveau 2 *Le schématisme* de 3 à 9 ans	Intention figurative manifeste, dessin délibérément représentatif : « âge d'or » du dessin enfantin *Vocabulaire graphique* = schémas individuels produits par juxtaposition et combinaison d'éléments graphiques simples (3 ans) Combinaison de schémas en scènes élémentaires (4 ans) Combinaison de schémas en scènes complexes et paysages, premières tentatives de représentation du mouvement et de l'espace (5-6 ans) Infléchissement du schéma vers une représentation plus souple, plus anecdotique, plus réaliste (7-9 ans)
Niveau 3 *Le réalisme conventionnel* de 9 à 13 ans	Représentation plus fidèle aux apparences visuelles, abandon du schématisme, attention croissante aux formes, aux détails, aux attitudes, aux rapports topologiques et aux proportions, ébauche de la troisième dimension, particularisation des sujets représentés, tendance à une figuration objective et conventionnelle
Niveau 4 *Différenciation et tarissement* adolescence	Différenciation des évolutions individuelles et tarissement de l'activité graphique Parfois, évolution vers une production de niveau artistique

Au cours de l'enfance, Osterrieth distingue trois niveaux dans l'évolution graphique : le gribouillage, le schématisme et le réalisme conventionnel. Ils correspondent *grosso modo* aux trois stades suivants de Luquet : le réalisme fortuit, l'incapacité symbolique et le réalisme intellectuel.

Le gribouillage et l'apparition de la pensée symbolique

Au départ le gribouillage paraît être le produit de la seule activité motrice traçante. Il correspond à l'exercice fonctionnel qui précède le jeu symbolique. Le geste graphique est utilisé pour le plaisir du geste, tout comme l'enfant qui saute d'une marche d'escalier, saute pour le plaisir de sauter : ce qui compte c'est le mouvement pour le mouvement. Mais tout comme l'exercice perfectionne le saut, l'exercice perfectionne le gribouillage. L'enfant contrôle de mieux en mieux son geste et les très belles études de L. Lurçat montrent à partir des tracés « lancés », impulsifs, la succession entre 1 et 2 ans des tracés de balayage (va-et-vient continu du geste), des griffonnages circulaires puis des variations où des traces angulaires et des arabesques interviennent (L. Lurçat, Genèse du contrôle dans l'activité graphique, *Journal de psychologie normale et pathologique,* 1964, 143-156). Au cours de cette première évolution l'activité perceptive entre en jeu : l'enfant prend conscience d'une relation entre son geste et le tracé. L'œil qui avait jusque-là suivi la main va maintenant la guider. Le plaisir s'accroît et on assiste souvent à une frénésie gestuelle qui se traduit par une modulation très riche des tracés.

C'est dans ce contexte ludique que le graphisme va prendre valeur de symbole ou de signe. D'après Luquet, il s'agirait d'un *réalisme fortuit,* l'enfant découvrant après coup une ressemblance accidentelle, la nomme, ce qui entraîne par la suite une intention délibérée de représentation. Il est difficile cependant de trancher à ce sujet et de savoir si l'intention est première ou relève d'une ressemblance accidentelle remarquée. L'exemple donné ci-dessous, pris dans le bel ouvrage de H. Gardner, en est une illustration.

« [...] A 18 mois et 3 jours, mon fils Jerry se saisit d'un marqueur qui se trouvait devant lui sur la table. Il le fit aller et venir contre un morceau de papier, recommença et puis s'arrêta. Ne constatant aucune marque, il retourna le marqueur de sorte que, cette fois, le bout feutre pouvait toucher le papier. Comme n'apparaissait toujours aucune marque (car le feutre était desséché), Jerry déposa le marqueur et alla en chercher un autre. Il arrondit sa main autour de celui-ci, sans trop le serrer afin de garder de la souplesse, assez solidement toutefois pour assurer un certain contrôle sur la direction de ses mouvements. Cette fois, ses grands coups furent couronnés de succès. Utilisant son coude en guise de pivot, il exécuta un rapide mouvement semi-circulaire qui produisit un arc sur la page. Répétant ce geste à plusieurs reprises, des arcs se chevauchant finirent par couvrir le centre de la feuille. Regardant résolument le papier et continuant à gesticuler fébrilement comme seul le peut un bambin surexcité, il se mis alors, à plusieurs reprises, à frapper le papier avec le marqueur, poussant un cri aigu à chaque coup et produisant, ce faisant, une série de petits points. Avec un large sourire, Jerry déposa alors le marqueur, souleva le papier et me le tendit en annonçant avec satisfaction : "Papa" » (H. Gardner, *Gribouillages et dessins d'enfants. Leur signification*, Liège, Mardaga, 1988, p. 31).

Selon Osterrieth, ce n'est pas la découverte d'une ressemblance visuelle fortuite, cas relativement rare, qui fait basculer du plan moteur au plan représentatif, c'est bien l'émergence de la fonction symbolique telle qu'elle a été étudiée par Piaget et par Wallon. D'ailleurs, dans la majorité des cas, le dessin est accompagné, en cours de route, de dénominations et d'interprétations. A ce niveau la jubilation ludique s'accroît encore. En témoigne une autre observation de Jerry.

« [...] Jerry allait atteindre 23 mois quand, par un matin ensoleillé de printemps, il s'assit à la table de cuisine et, équipé de tout le matériel requis, il produisit à la file vingt-quatre dessins. Son intense concentration pouvait laisser supposer qu'il savait exactement ce qu'il voulait faire ; il semblait maître de la situation tout aussi bien quand il remplissait toute une page que lorsqu'il se contentait d'une seule marque et disait "Encore une image" (c'est-à-dire : "Encore une feuille de papier") » (*ibid.*, p. 39).

Vingt-quatre dessins en dix minutes ! Qui dit mieux ? Jerry accompagne son effort d'exclamations, des « ah ! » et des « oh ! » qui ponctuent ses coups de marqueurs et, de temps en temps, il donne une explication de ce qui reste encore des gribouillages : le deuxième dessin est annoncé comme un « portrait » ; dans un autre dessin une « rafale » d'une douzaine de points est appelée « un p'tit oiseau ». Voici le commentaire du père, témoin de cette courte mais productive séance.

« [...] ce qui s'est déroulé durant ce laps de dix minutes auquel j'ai eu la chance d'assister, c'est que Jerry s'essayait activement à mettre au point et à réaliser diverses combinaisons et rapports réciproques parmi un certain nombre de schèmes qui naissaient tout naturellement du mouvement de son bras et de son poignet. Nous voyons les ovales du mouvement circulaire de son poignet, nous voyons les points résultant d'un certain mouvement saccadé de la main. De même, les formes compliquées, ressemblant à celles de l'écriture, faites avec le marqueur serré dans le poignet se contorsionnant dans un mouvement de va-et-vient. Tantôt il travaillait sur une seule de ces composantes, tantôt elles étaient mêlées, juxtaposées, contrastées. Jerry n'était sûrement pas très conscient de ce qu'il faisait. Il ne lui était pas possible de s'exprimer au sujet des divers schèmes à sa disposition (ni d'y réfléchir), la conscience de ses actes n'étant encore qu'à l'état naissant. Pourtant, à un niveau implicite, il y a manifestement chez l'enfant une sorte de contrôle des diverses possibilités, une satisfaction à les voir progressivement maîtrisées, un sentiment d'orientation à mesure qu'il exécute des formes de plus en plus élaborées pour parvenir finalement à de véritables représentations » (*ibid.*, p. 46).

Ainsi, *la prise en charge de l'acte graphique par la fonction symbolique*, comme l'écrit Lurçat, va-t-elle de pair avec une amélioration du tracé et plus particulièrement celui des formes fermées qui implique le contrôle visuel. Elle va de pair aussi avec la dénomination qui confère une signification que le dessin à lui seul est loin de faire apparaître. Il est frappant de retrouver ici la même structure fictive, le « faire semblant », qui est la marque du jeu symbolique. Le dessin ne vise pas tout d'abord la copie du réel : il le simule, comme le fait le jeu au même âge. Et, dans les deux cas, le langage « dénote » le symbole, en communique le sens à autrui. Jacqueline, la fille de Piaget, annonce à son père interloqué devant le bruit qu'elle produit, dressée toute droite : « Je suis une église », tout comme Jerry nomme la partie criblée de points de sa feuille : « un p'tit oiseau ». Toutefois, le dessin progresse plus vite vers la reproduction du réel que le jeu. C'est sans doute pour cette raison que Piaget le situe à mi-chemin entre le symbole et l'image mentale : assimilation et accommodation tendent à s'y équilibrer. Pour Wallon, le simulacre introduit la représentation dans le dessin en doublant son versant moteur d'un versant représentatif.

Le schématisme

Entre 3 et 7 ans l'enfant se constitue un répertoire de structures graphiques que certains auteurs nomment schémas (Osterrieth) et d'autres idéogrammes (Lurçat). Selon Luquet, deux démarches graphiques se succèdent à cette étape : *le réalisme manqué*, qui fait suite au réalisme fortuit de la phase précédente, et *le réalisme intellectuel.* Le réalisme manqué est une phase d'incapacité synthétique où certains éléments du dessin sont collés les uns aux autres, sans souci d'exactitude ou bien juxtaposés au lieu d'être coordonnés pour former un tout. C'est le cas du schéma dominant du début de ce stade, le *bonhomme-têtard,* où n'est figuré qu'une tête munie d'appendices filiformes qui figurent les bras et les jambes, le tronc, étant absent ou sans relation avec les membres. Un peu plus tard, tête et tronc sont raccordés avec les membres rattachés au tronc, mais le chapeau du bonhomme peut être placé, par exemple, bien au-dessus de sa tête et les boutons de sa veste alignés à coté du corps. Dans la phase de réalisme intellectuel qui suit, l'enfant ne dessine pas l'objet tel qu'il le voit, mais il dessine ce qu'il en connaît.

Selon Luquet, dans ces deux phases du réalisme manqué et du réalisme intellectuel, l'enfant cherche à représenter objectivement ce qu'il voit et échoue faute d'observation correcte, d'habileté motrice ou de capacité de synthèse. Cette interprétation n'a plus cours actuellement. La ressemblance visuelle ne paraît bien être pour l'enfant qu'un élément parmi d'autres. Il n'en garde que ce qui permet une reconnaissance de l'objet, l'essentiel étant ce que le dessin signifie pour lui, à partir de son expérience propre. C'est son expérience des objets et des événements qu'il tend à représenter et non sa seule vision. C'est ainsi que Wallon note que l'enfant ne cherche pas à copier l'objet.

> « [...] il le dessine de mémoire ou plutôt selon certains schèmes très simplifiés et plus ou moins stéréotypés. Il le raconte au fur et à mesure qu'il en évoque les détails, dans un inventaire plus fortuit que systématique. Mis devant l'objet qu'il doit reproduire, il ne le regarde plus dès qu'il s'est rendu compte du « motif » ; et il le décrit comme ses moyens lui permettent de traduire ce qu'il a dans l'esprit » (H. Wallon, *De l'acte à la pensée,* Paris, Flammarion, 1942, p. 21).

Observés par l'adulte, les dessins des enfants de 3-4 ans présentent principalement un caractère énumératif, avec un assemblage d'objets hétéroclites sans lien apparent. A partir de 4 ans apparaissent des scènes rudimentaires où les juxtapositions de graphismes ne sont plus aléatoires mais indiquent des liens : l'auto sur une route, le bébé et sa voiture. A la même époque, Osterrieth (ouvrage cité plus haut) remarque qu'une accumulation de personnages évolue vers la représentation du groupe familial. Vers 5 ans, l'enfant décrit, « raconte », selon l'heureuse expression de Wallon, de véritables scènes. Il réalise des scripts, des scénarios où les personnages jouent un rôle. Ces scénarios renvoient à des événements vécus dans la vie familiale ou observés à la télévision : le repas de famille avec la maman debout apportant un plat, tout aussi bien que Lucky Luke et les frères Dalton. A la fin de la cinquième année apparaissent les paysages avec des maisons et des arbres comme représentations principales, la maison étant déjà représentée le plus souvent comme support transparent de scènes familiales.

Ces schémas, ou mieux ces scénarios ou scripts, présentent des caractéristiques typiques, propres au dessin enfantin. L'enfant a tout d'abord de grandes difficultés à coordonner les sous-ensembles : le chapeau beaucoup trop au-dessus de la tête du bonhomme indique que l'enfant a réalisé séparément les deux schémas, chapeau et tête, qui, après coup, évidemment, se trouvent disjoints. Une autre caractéristique typique réside dans le fait que l'enfant fait coïncider dans son dessin des points de vue inconciliables : il représente à la fois ce qui est extérieur, visible, et ce qui est intérieur, invisible (la maison transparente). L'enfant sait très bien qu'on ne peut voir de l'extérieur « avec les yeux » l'intérieur de la maison, mais ce qui importe c'est de représenter *ce qu'il sait.* La même attitude est prise à l'égard d'un objet dont tous les éléments visibles et invisibles sont dessinés : ainsi, les quatre roues d'une voiture alignées horizontalement en bas de la carrosserie, ce qu'on appelle un rabattement. Quant aux mouvements et aux actions ils sont figurés, d'une part, par une altération des représentations graphiques (l'allongement démesuré du bras d'un personnage qui ramasse un objet) et, d'autre part, par l'apparition du profil qui figure un déplacement généralement orienté vers la gauche de la feuille pour les droitiers : le mouvement, dans les schémas, ne peut être figuré que latéralement.

Le schématisme atteint son point culminant entre 7 et 9 ans avec, à cet âge, une évolution très nette vers l'attention aux données visuelles.

Le réalisme conventionnel et l'évolution ultérieure

On constate une différence frappante entre les dessins d'enfants de 9 ans et ceux d'enfants plus jeunes. A partir de 8 ans apparaissent la précision, le souci des détails, la maîtrise des formes, qui font défaut avant cet âge. Au milieu de l'enfance, l'approche du dessin est différente. Tout d'abord on assiste à un certain déclin de l'activité graphique fougueuse qui s'est manifestée entre 4 et 6 ans. La scolarité plus contraignante y joue certainement un rôle. Le dessin persiste encore, mais il est moins spontané dans la mesure justement où l'enfant souhaite ici être *réaliste* avec un souci de l'exactitude qui domine sa conduite. Cela demande plus d'effort volontaire. Par ailleurs l'enfant *sait* maintenant raconter oralement avec plus ou moins de brio les événements qui l'intéressent. Son langage élaboré colle davantage à l'événement que le dessin.

Le dessin perd peu à peu toutes les caractéristiques typiques de la phase précédente, énoncées plus haut : la confusion des points de vue, les rabattements, la « transparence ». La représentation de l'espace se rapproche de celle de l'adulte. La perspective correcte s'instancie avec introduction des rapports euclidiens (mesure, coordonnées et proportions). C'est ainsi qu'un profil ne représente plus que ce qui est donné de profil ; lorsqu'un arbre est derrière une maison, le sommet seul de l'arbre dépasse ; les objets d'arrière-plan sont rapetissés graduellement et le dessin tient compte de la disposition des objets selon un plan d'ensemble. Il s'agit bien du *réalisme visuel* décrit par Luquet.

A partir de la puberté on observe un tarissement du dessin spontané, du moins en apparence. L'adolescent ne montre pas volontiers ses productions comme le fait l'enfant, et de toute évidence le dessin n'a plus pour lui la même signification.

L'image mentale : un format de représentation

Jeux symboliques et dessins font appel à l'image mentale. Du moins peut-on inférer sans trop de risque, à partir des conduites observées, l'existence de cette représentation mentale, évocatrice d'un objet ou d'un événement absent du champ actuel de la perception. Son étude, qui s'est imposée longtemps comme le thème principal d'une psychologie basée sur l'introspection, a été pratiquement écartée par la suite en raison de l'influence du béhaviorisme, ancré dans son refus de l'inobservable. Sous l'impulsion du cognitivisme anglo-saxon on assiste, depuis les années 1960-1970, à une recrudescence des études de l'imagerie mentale. Elle témoigne de la levée d'un interdit sur un sujet tabou : l'étude de la représentation mentale et de ses modalités. C'est toutefois à Piaget et Inhelder que l'on doit les premières études génétiques de l'imagerie, bien avant la poussée cognitiviste. Et c'est aux cognitivistes que l'on doit, par la suite, un renouvellement intéressant de ces études génétiques.

Les observations et interprétations piagétiennes

Dans la perspective piagétienne, on l'a vu plus haut, l'image mentale est le produit d'une intériorisation de l'imitation différée. Elle dérive donc des schèmes sensori-moteurs et non de la perception. Piaget et Inhelder avancent, à l'appui de cette interprétation, que l'image mentale ne semble jouer aucun rôle avant 18 mois alors que la perception se développe dès 5-6 mois sous des formes déjà complexes, telles les constantes perceptives.

« [...] Il est certes impossible [écrivent les auteurs] de démontrer définitivement la non-existence d'un phénomène, surtout aussi difficile à saisir que l'image mentale. Mais un ensemble de raisons convergentes permettent tout au moins d'affirmer que toutes les conduites étudiées jusqu'à ce niveau [milieu de la seconde année] peuvent s'expliquer sans recourir à la représentation » (J. Piaget et B. Inhelder, Les images mentales, *in* P. Fraisse et J. Piaget (éd.), *Traité de psychologie expérimentale,* t. VII, Paris, PUF, 1963, p. 83).

Les raisons convergentes invoquées ont trait principalement à l'absence d'imitation différée et à l'évolution lente de la permanence de l'objet qui, lorsqu'elle est atteinte suppose, dans l'observation de Piaget, la représentation des mouvements invisibles. Cette position n'est plus soutenable au regard des nouvelles recherches (voir le chap. IV). Si l'image comporte un élément de reconstruction active, son rapport avec la perception n'est plus mis en doute. Cela n'enlève rien à l'intérêt des études piagétiennes dont le mérite principal est d'avoir donné une classification des images et une interprétation de leur développement à partir d'épreuves ingénieuses.

La classification des images

Nous pouvons évoquer toutes sortes d'images : images d'objets statiques (une chaise), d'objets en mouvement (le balancier d'une horloge), de transformations (l'étirement d'une boule de pâte à modeler). Nous pouvons aussi anticiper une transformation et son résultat. Ces diverses images se construisent-elles en même temps ? Pour éclairer la question, Piaget et Inhelder procèdent à une classification précise des images mentales. Celle-ci est illustrée dans le graphe de la figure 27.

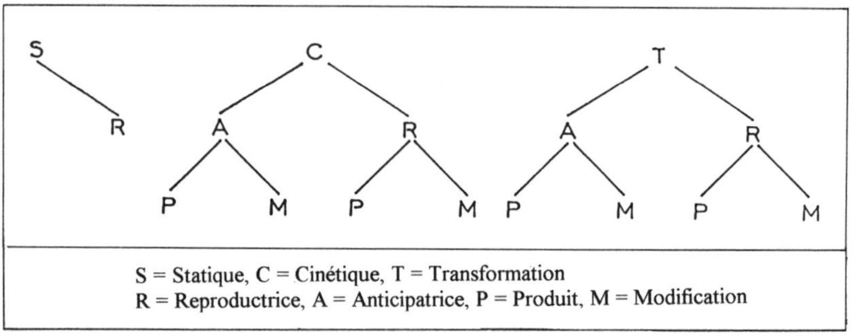

Fig. 27 - Graphe résumant le classement des différentes catégories d'images mentales proposé par Piaget et Inhelder (réf. citée plus haut et *L'image mentale,* Paris, PUF, 1966)

Trois grandes catégories sont distinguées : les *images statiques* (S dans le graphe) qui évoquent un objet ou une configuration immobile, les *images cinétiques* (C) qui évoquent « figuralement » un mouvement, et les *images de transformation* (T) qui représentent de manière figurale une transformation déjà connue, telle celle de diviser un carré en deux rectangles égaux. Dans chacune de ces catégories on peut avoir des *images reproductrices* (R) et *anticipatrices* (A). A noter toutefois que les images statiques ne peuvent être que reproductrices. Enfin, une autre subdivision peut être faite dans chacun de ces cas, l'image pouvant évoquer, soit le *produit* (P) du mouvement ou de la transformation, soit la *modification* en elle-même de l'objet au cours de ce mouvement ou de cette transformation (M).

Le développement des images

Le développement de ces divers types d'images est étudié par les auteurs piagétiens à l'aide d'une profusion d'épreuves. L'une d'elle, appelée « l'épreuve de translation du carré », qui permet d'évaluer l'*anticipation d'une transformation,* est proposée à des enfants de 4 à 7 ans.

Dans cette épreuve deux carrés de 5 cm de côté, superposés et contigus, sont présentés à l'enfant. On s'assure d'abord que l'enfant est capable de dessiner cette configuration. Le dessin exécuté, on lui demande : 1 / d'anticiper, par un nouveau dessin, ce que sera la configuration lorsque le carré du haut sera légèrement poussé de gauche à droite tandis que celui du bas restera immobile, 2 / une fois le nouveau dessin terminé puis mis hors de la vue de l'enfant, de choisir la bonne configuration (le dessin H de la fig. 28) parmi des dessins tout faits.

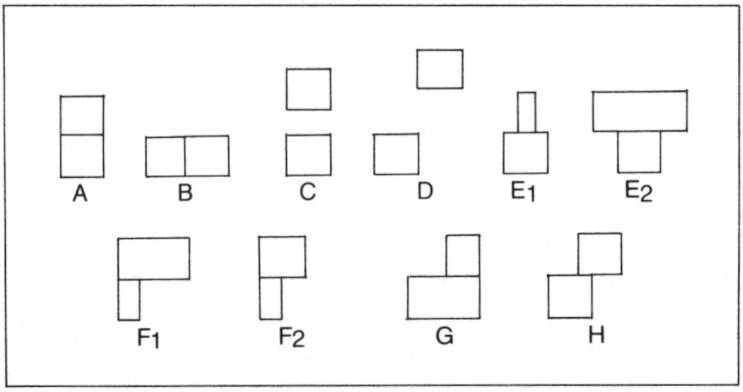

Fig. 28 - Epreuve de translation du carré : représentations erronées et dessin correct (H) (d'après J. Piaget et B. Inhelder, 1963, réf. déjà citée, p. 100)

Les résultats observés à cette épreuve indiquent que le dessin et le choix corrects n'apparaissent qu'à 7 ans chez environ 75 % des enfants. Les erreurs de type A, B, C, D (voir la fig. 28) culminent à 4 ans (55 % des enfants). Les erreurs de type E sont les plus rares (11 % à 4 ans et 7 % à 10 ans). Quant aux erreurs de type F et G, elles concernent encore 40 % des enfants de 6 ans et 15 % des enfants de 7 ans. A noter que, sauf à 4 ans, les choix parmi les dessins présentés concordent avec les dessins individuels.

Dans une autre épreuve, une tige dont l'une des extrémités est rouge et l'autre bleue est disposée sur une boîte, elle-même placée sur une table de manière à ce que l'une de ses extrémités dépasse. L'expérimentateur fait culbuter la tige sur la table d'un coup sec et la cache aussitôt. L'enfant doit dessiner la position de la tige au point de départ et à l'arrivée, quelques positions intermédiaires, et les trajets des deux extrémités. Il doit aussi reproduire lui-même le mouvement avec la tige, puis donner une description verbale de cette rotation. L'image mentale de la rotation, *image anticipatrice cinétique,* évaluée par la représentation dessinée des positions intermédiaires, n'est acquise à 8 ans que par 60 % des enfants. En revanche, la représentation du résultat ou produit de la rotation, évalué par le dessin et la verbalisation, est atteinte dès 5 ans. Il est intéressant de noter que la représentation verbale de la rotation est plus exacte que la représentation imagée. La raison en est, selon Piaget et Inhelder, que la description verbale peut ne traduire que la rotation en tant que fait notionnellement exprimé sans la représentation du détail. La « notion » précéderait l'image : quant à la représentation motrice ou effection de la rotation, elle précède également l'image mentale tout en étant plus tardive que la verbalisation, sauf à 4 ans. La source de la « notion » doit cependant être recherchée dans l'action motrice, le retard s'expliquant par le ralenti exigé par l'action, ralenti qui n'existe pas dans la verbalisation.

Des nombreuses expériences réalisées par Piaget et Inhelder à l'aide d'épreuves du même genre, et à propos des divers types d'images répertoriés, il ressort que, d'un point de vue génétique, la différence passe entre les images statiques et les autres. L'image statique est possible dès 4-5 ans. Il faut attendre 7-8 ans, c'est-à-dire l'étape des opérations concrètes de l'intelligence, pour que se manifestent les images cinétiques et de transformation. Ces faits expérimentaux corroborent l'hypothèse piagétienne bien connue d'une soumission de l'image mentale, aspect figuratif de la connaissance, aux opérations logico-mathématiques du sujet. L'anticipation du mouvement suppose en effet un ordre de succession des images et un cadre de conservation du trajet, ordre et conservation qui ressortissent à l'aspect opératif de la connaissance.

L'approche cognitiviste : A. Paivio, R. N. Shepard, S. M. Kosslyn

L'approche cognitiviste a profondément marqué les recherches sur l'image mentale et *par ricochet* l'étude de son développement. Une des contributions majeures des années 1960-1970 a été celle de A. Paivio. Les résultats de nombreuses expériences, centrées sur le rôle de l'imagerie dans la mémoire et dans l'apprentissage, ont conduit Paivio à proposer une théorie selon laquelle deux modalités de représentation symbolique, l'une imagée, l'autre verbale, interviennent dans nos activités intellectuelles (voir, pour une publication de synthèse : A. Paivio, *Imagery and mental process,* New York, Holt Reinhart & Wintson, 1971). Cette hypothèse d'un *double codage* a suscité de vives critiques. L'une des plus acerbes a été celle de Z. W. Pylyshyn qui milite en faveur du caractère abstrait de la représentation du réel en mémoire à long terme. L'essentiel de cette représentation ne serait ni imagé ni verbal, mais conceptuel et propositionnel. Ces critiques ont entraîné une réponse précise de Paivio qui démontre que la représentation propositionnelle amodale ne peut, à elle seule, rendre compte des conduites nombreuses et efficaces que met en jeu l'évocation imagée des propriétés du réel. Et c'est aux moments les plus vifs de cette controverse que les tenants d'une représentation imagée, spécifique, ont été confortés par les expériences ingénieuses issues des travaux et réflexions de R. N. Shepard tout d'abord, mais aussi de S. M. Kosslyn.

Le paradigme expérimental mis au point par Shepard est devenu un classique, utilisé dans de nombreuses expériences. On le résume ci-dessous.

Rotation mentale : l'expérience de R. N. Shepard et N. Metzler (Mental rotation of three-dimensional objects, *Science,* 1971, *171,* 701-703). Le matériel de cette expérience est constitué de volumes géométriques inhabituels (voir la fig. 29). Les sujets, adultes, sont tout d'abord entraînés à distinguer les objets de leur symétrique en miroir. Dans un second temps, des paires d'objets, ou stimulus, leur sont montrés. Dans chacune de ces

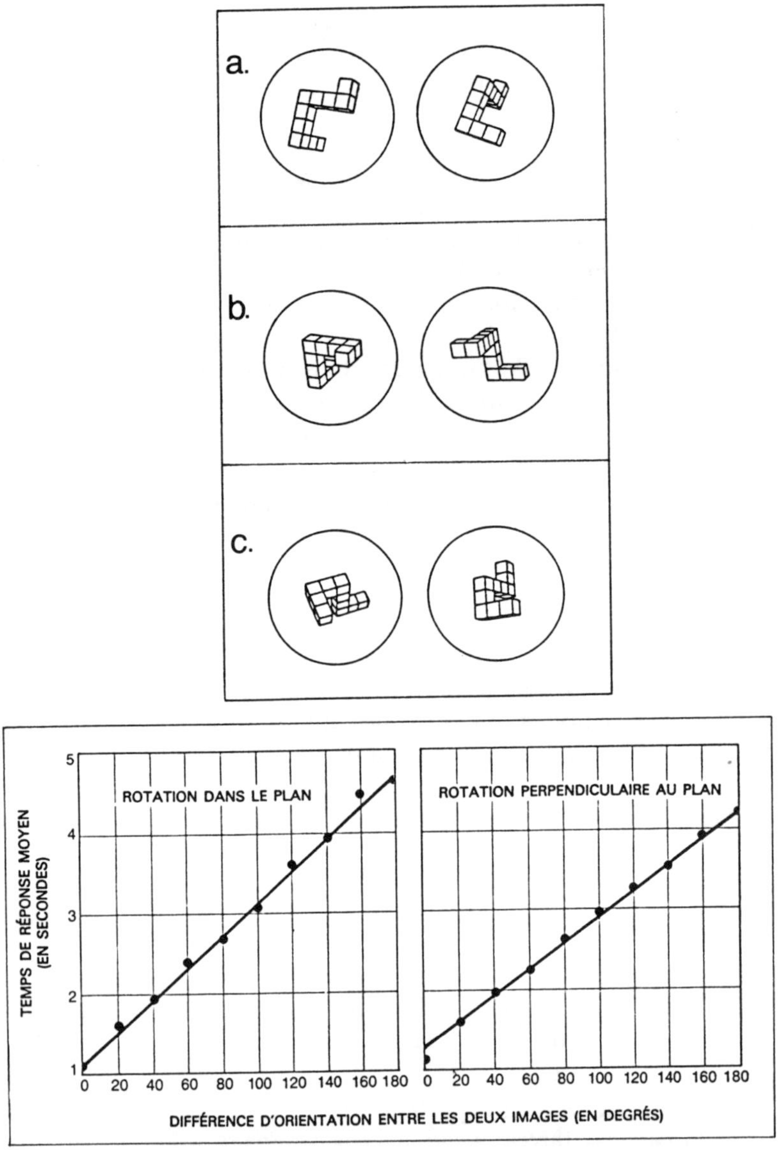

Fig. 29 - Expérience de rotation mentale de R. N. Shepard et N. Metzler (1971) : illustration du matériel et résultats
(rotation dans le plan, les exemples *a* et *b*, ou perpendiculaire au plan, *c*)

paires, l'un des stimulus est l'objet standard *(focus)*, l'autre (la cible) étant l'objet standard ou son symétrique en miroir, présentés dans des orientations différentes de celle du *focus* (rotations dans le plan ou perpendiculaires au plan, c'est-à-dire en profondeur). Les sujets doivent indiquer en appuyant sur l'un ou l'autre des boutons du dispositif si la cible est ou non congruente avec le *focus*. Les résultats montrent que le temps de réaction des sujets (TR) est proportionnel à l'angle de rotation de l'objet-cible. Ces données signifient, selon les auteurs, qu'il existe bien une image de rotation, dont témoigne la fonction linéaire, et que cette rotation mentale suit les mêmes lois que la rotation physique.

Les travaux de Kosslyn renforcent encore ces propositions (S. M. Kosslyn, *Image and mind*, Cambridge, Havard University Press, 1980). L'image mentale, dans son analogie structurale avec la perception, serait par rapport au substrat abstrait qui la soustend, ce qu'est l'image qui apparaît sur un écran par rapport au programme informatique qui l'a générée. A partir de ce « protomodèle » Kosslyn formule des hypothèses concernant les propriétés spécifiques, structurales et fonctionnelles, de la représentation imagée, hypothèses qu'il met à l'épreuve dans une série assez remarquable d'expériences. Celles-ci tendent à démontrer qu'une image mentale peut être « parcourue » comme nous parcourons une étendue spatiale concrète. Elle peut être agrandie et rapetissée en conservant ses propriétés spatiales dans les rapports entre les objets représentés. On peut aussi lui faire subir des rotations dans le plan et en profondeur. L'hypothèse est également avancée d'une différenciation de l'imagerie en capacités fonctionnellement distinctes. Des « modules » différents seraient utilisés selon les besoins : module d'inspection, module de rotation, module de coordination entre plusieurs représentations imagées, etc. A noter, comme on le verra ci-dessous, que Kosslyn ne nie en rien l'existence, en mémoire à long terme, d'unités ou d'organisations plus abstraites qui ressortissent à la représentation propositionnelle. On peut trouver dans l'encart 35 du volume *HM* une illustration du modèle de Kosslyn qui précise les processus de production et d'inspection des images mentales.

Kosslyn est, à notre connaissance, le seul chercheur cognitiviste anglo-saxon qui ait adopté un certain point de vue développemental. Il ne l'adopte en fait qu'en un second temps. Son but est de « tirer » le développement de l'enfant de l'état achevé de l'adulte en ce qui concerne la représentation en mémoire. La position développementale de Kosslyn reste cependant très générale. Faute de connaissances intégrées dans son « fichier » propositionnel, l'enfant utiliserait l'image mentale, bien davantage que l'adulte, pour résoudre les problèmes rencontrés dans son interaction avec l'environnement. Ainsi, pour répondre à la question « Combien une voiture a-t-elle de roues ? », le petit enfant fera appel à une image mentale qui lui permettra de compter les roues. L'adulte, au contraire, dispose d'une connaissance qui lui assure une réponse rapide sans « consultation imagée ». Au fur et à mesure du développement, l'enfant va accroître son fichier propositionnel (connaissances déclaratives, procédures et règles) grâce à l'expérience et à la transmission sociale des savoirs. Mais il continuera, tout comme l'adulte, à utiliser la représentation imagée dans trois cas : 1 / lorsque la connaissance requise dans une situation donnée n'est pas intégrée dans le fichier propositionnel ; 2 / lorsque la connaissance requise, intégrée, n'a pas été utilisée assez souvent ; 3 / lorsque le rappel de la connaissance intégrée dans le fichier propositionnel nécessite une série d'opérations trop complexe. Un autre exemple de Kosslyn est significatif à cet égard. Si l'on vous demande « Qu'est-ce qui est plus loin du sol, le genou ou l'extrémité de la queue d'un cheval ? », la réponse requiert la consultation de l'image mentale d'un cheval. Mais si cette question vous est posée plusieurs fois, vous ne consulterez plus cette image, vous ferez appel à une connaissance intégrée dans le fichier propositionnel, connaissance que vous actualiserez dans le format linguistique.

A la suite des expériences de l'école de Shepard et de celle de Kosslyn, l'image mentale a eu droit de cité dans l'architecture cognitive comme *format* de représentation au même titre que les formats linguistique et propositionnel (voir le chap. II). Cette reconnaissance n'a pas été sans incidence sur les études développementales.

Une nouvelle approche génétique de l'image mentale : G. S. Marmor

Certains auteurs, dont Kosslyn, ont contesté la pertinence du dessin utilisé par Piaget pour évaluer l'existence d'une image de rotation. Mais le coup le plus dur a été porté aux hypothèses piagétiennes par G. S. Marmor qui utilise dans une visée développementale le paradigme cognitiviste de Shepard.

Rotation mentale chez l'enfant : l'expérience de G. S. Marmor (Mental rotation and number conservation : Are they related ? *Developmental Psychology,* 1977, *13,* p. 320-325). Cette expérience se déroule en deux phases. Dans la première, les enfants, âgés de 4 et 5 ans, sont entraînés à différencier des paires d'images représentant soit des ours pandas où ces ours sont semblables, soit des paires où les ours sont différents, l'un étant l'image en miroir de l'autre (le même entraînement est également effectué avec d'autres stimulus : voir la fig. 30). Dans la seconde phase, des paires d'ours sont présentées à l'enfant. Dans chacune de ces paires, le premier élément est toujours un ours « debout ». Le second élément, qui peut être semblable au premier ou en miroir, est présenté dans cinq orientations possibles (0°, 30°, 60°, 120°, 150°). L'enfant doit appuyer sur l'un des boutons du dispositif si les ours sont semblables, sur l'autre s'ils sont différents. Les résultats montrent, pour les réponses exactes, l'existence d'une fonction linéaire entre les temps de réponse (TR) et l'angle de rotation, ce qui témoigne de l'existence d'une rotation mentale (voir les courbes de la fig. 30). En outre, il n'existe aucune relation entre les résultats à une épreuve de conservation du nombre et l'imagerie ainsi évaluée. Parmi les sujets dont les temps de réaction révèlent qu'ils utilisent l'image mentale, on trouve autant de sujets conservants que de non conservants (donc non opératoires).

Les travaux de Marmor ont suscité de nombreuses reprises critiques chez les partisans de la théorie piagétienne. La plus intéressante est celle de A. Dean, E. Scherzer et S. Chabaud. Les auteurs présentent à des enfants de 5 et 8 ans deux situations expérimentales. La première est strictement celle de Marmor, décrite plus haut, à la différence qu'il s'agit de Mickeys au lieu des ours. Dans la seconde situation, les mêmes enfants doivent ordonner 7 cartes qui représentent les diverses positions d'un Mickey passant de la position debout à la position tête en bas (rotation de 180°). Les enfants de 5 ans, qui présentent la relation linéaire entre l'écart angulaire et le temps de réponse dans l'épreuve de rotation de Marmor, sont incapables d'effectuer la sériation des images qui correspondent aux différentes positions du Mickey en rotation. En revanche, les enfants de 8 ans qui présentent la fonction linéaire sont capables d'effectuer cette sériation (A. Dean, E. Scherzer, S. Chabaud, Sequential ordering in children's representations of rotation movements, *Journal of Experimental Child Psychology,* 1986, *42,* 99-114).

Ces derniers résultats renforceraient ceux de Marmor au sens où ils confirment l'existence d'une capacité précoce de rotation de l'image mentale, en deçà du niveau opératoire de Piaget (4 ans dans l'expérience de Marmor, 5 ans dans celle de Dean).

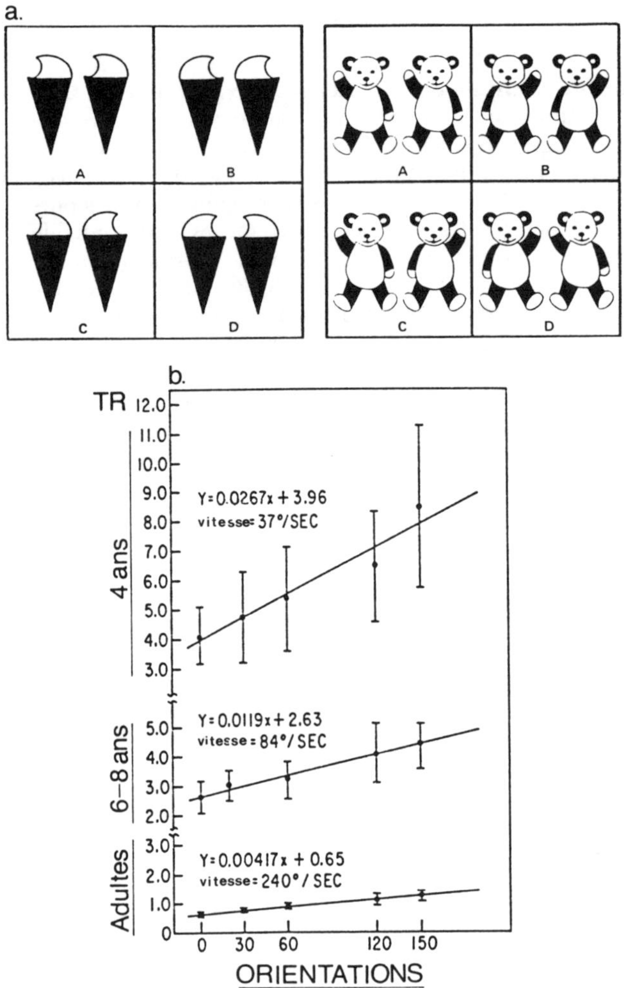

Fig. 30 - Expérience de rotation mentale de G. S. Marmor (1977) : illustration du matériel et résultats (TR = temps de réaction)

Ils conduisent en fait à supposer l'existence de deux processus distincts : un processus de rotation « pur et simple » et un processus de coordination entre la représentation imagée de l'ensemble du mouvement de rotation et les résultats de chaque « pas » de cette rotation. On peut penser que dans le second cas l'image est en quelque sorte « habitée », enrichie par un *calcul.* Le paradigme de Marmor permet l'évaluation d'une image cinétique plus précoce. Les épreuves piagétiennes mettent en évidence l'intégration, avec l'âge, de connaissances analytiques ou « propositionnelles » liées aux progrès des *opérations* de l'intelligence.

Le langage : développement d'un autre format de représentation

Avec le langage apparaît, selon la théorie piagétienne et la sémiologie des significations (voir l'encart 18), une différenciation nette entre signifiants et signifiés. De plus, le système de signes verbaux — qui existe en dehors du sujet — véhicule des significations collectives alors que le jeu symbolique et le dessin de l'enfant introduisent des significations majoritairement individuelles. Ce système de signes, actualisé dans la *parole,* remplit deux fonctions : la *représentation,* c'est-à-dire l'encodage des significations et des connaissances, et *la communication.* Le langage est à la fois un *outil sémiotique* (sens piagétien) et un *format de représentation* comme l'est l'image mentale (sens cognitiviste, voir le chap. II, p. 97). C'est aussi l'instrument d'une relation verbale entre individus, tour à tour locuteurs et auditeurs.

Il est évident que les deux fonctions du langage sont étroitement intriquées au cours du développement : c'est dans l'échange avec l'environnement familial, et plus largement social, que l'enfant acquiert et développe le lexique et la syntaxe de la langue de son milieu culturel. La fonction de communication sera abordée dans la partie de ce chapitre consacrée à la socialisation de l'enfant. Ce qui nous intéresse ici, dans le cadre général de la pensée symbolique, c'est le développement du système de signes verbaux, du format linguistique ou code de représentation.

L'étude du développement du langage repose principalement sur deux méthodes : l'observation du comportement verbal spontané, à partir d'études longitudinales et transversales, et la méthode expérimentale. Celle-ci consiste à provoquer, au moyen de situations diverses, le comportement langagier en complétant, de ce fait, les données de l'observation. Les connaissances ainsi obtenues ont été répertoriées dans des ouvrages devenus classiques. C'est à certains d'entre eux que nous nous référons et principalement à M.-L. Moreau et M. Richelle (1981) et Oléron (1976 et 1979). Leur référence exacte est donnée au cours de l'exposé.

Dans le chapitre précédent nous avons laissé l'enfant de 18 mois-2 ans au stade des premiers mots, des holophrases et des premiers énoncés à deux mots. A partir de là, le développement porte à la fois sur l'extension du lexique et sur son organisation syntaxique dans les phrases.

Le lexique

Le développement du lexique est très rapide. Il passe d'une vingtaine de mots à 2 ans à plus de 2 500 mots à 6 ans. Il reste encore du chemin à faire puisque l'on sait que le vocabulaire d'un adulte cultivé comporte de 20 000 à 40 000 mots ! La progression n'en est pas moins spectaculaire. Elle représente, si elle est répartie également, l'acquisition de 1 à 2 mots par jour pendant quatre ans. On ne connaît pas vraiment les mécanismes de cette progression. L'enfant semble appliquer une règle selon laquelle une étiquette verbale doit être affectée à chaque objet ou événement discret de l'environnement. On retrouve d'ailleurs un processus analogue, un peu plus tardif, dans la construction de la séquence numérique. L'accroissement quantitatif ne rend pas compte à lui seul du développement du langage. Le découpage du réel effectué avec les mots s'affine. Les anomalies disparaissent progressivement : défaut de correspondance entre le mot et l'objet (du point de vue de l'adulte), recouvrement partiel (« tôt » dit pour « bientôt »), sur-généralisation (le terme « papa » attribué à tous les hommes), sous-généralisation (utilisation du mot « table » pour la seule table des repas), etc. A cette évolution correspond aussi un développement des significations liées à l'usage des mots. Les mots sont d'abord compris et utilisés comme des étiquettes attachées, fixées, aux objets. Très vite un certain « jeu » apparaît dans leur usage qui se concrétise progressivement de diverses manières :

accès aux significations déterminées par le contexte intraverbal, acceptation des polysémies (un mot, une expression peuvent avoir plusieurs sens), possibilité de donner des définitions, etc.

L'accès aux significations constituées ou enrichies par des relations intraverbales (significations attachées aux mots abstraits ou qui expriment certaines relations de causalité ou de rapports logiques) est plus tardif que l'accès aux significations référentielles (mots mis en rapport direct avec des référents concrets, objets perceptibles et manipulables). « Papa », « Maman » sont des mots attachés à des référents concrets. En revanche, « père », « mère » doivent être intégrés dans un système intraverbal de parenté. Quant aux polysémies, on sait qu'elles font partie du début de l'acquisition du langage lorsqu'un mot peut avoir des significations multiples. La difficulté qu'elles entraînent est surmontée grâce au contexte. La synonymie ne semble pas poser de grandes difficultés. En atteste le cas des enfants bilingues qui substituent pour désigner un même objet le terme d'une langue à celui de l'autre. En ce qui concerne les définitions, elles paraissent étroitement liées au développement cognitif. La définition « exprime » la signification d'un mot : c'est une prise de distance à l'égard de ce mot. Dans l'ouvrage *Le jugement et le raisonnement chez l'enfant* (Neuchâtel, Delachaux & Niestlé, 1924 ; 4e éd., 1956), les observations, toujours actuelles, de Piaget montrent que la qualité des définitions dépend étroitement du niveau cognitif de l'enfant. Définir un objet implique un recours au genre (ex. la table est un meuble) et aux différences spécifiques (ce pourquoi la table n'est ni une chaise, ni une armoire qui sont cependant aussi des meubles). Cela suppose une organisation conceptuelle dont le niveau détermine celui de la définition.

L'évolution des caractéristiques de la phrase

Cette évolution peut être étudiée selon plusieurs critères. On retiendra ici la longueur de la phrase et l'évolution des syntagmes nominaux et verbaux.

La longueur des énoncés. D'après les études recensées par Oléron (L'acquisition du langage, *in* H. Gratiot-Alphandéry et R. Zazzo (éds.), *Traité de psychologie de l'enfant,* Paris, PUF, 1976, p. 71-208), les premières productions qui comportent deux mots associés se situent entre 21 et 24 mois. L'étude longitudinale de R. Brown effectuée sur trois enfants, Eve, Adam et Sarah, montre pour Adam, le plus « bavard », une évolution qui va de deux morphèmes énoncés à 2 ans, à cinq morphèmes, en moyenne, énoncés à 4 ans et 2 mois (le morphème est la plus petite unité signifiante). Il est évident que la longueur des phrases reflète à la fois l'accroissement en complexité de l'énoncé et l'accroissement de son organisation.

L'accroissement de la complexité. Dans le déroulement d'une phrase classique, orale ou écrite, on distingue aisément le groupe du nom ou *syntagme nominal* et le groupe du verbe ou *syntagme verbal.* Dans la phrase *Le petit garçon pousse le ballon rouge, Le petit garçon* est le syntagme nominal et *pousse le ballon rouge* le syntagme verbal. Il est clair, et cet exemple le montre, que le syntagme verbal peut contenir un ou plusieurs syntagmes nominaux qui sont les compléments du verbe. En linguistique structurale, le syntagme constitue une unité de rang intermédiaire entre la phrase et le morphème. C'est un groupe composé d'au moins deux morphèmes qui se succèdent dans la chaîne verbale et entre lesquels il existe une relation de dépendance. On a défini plus haut le morphème comme la plus petite unité porteuse de sens.

A l'évidence, les premiers énoncés de l'enfant ne reflètent pas la construction canonique. Le développement de la phrase s'effectue à la fois au niveau de l'ordre régissant le groupe du nom et le groupe du verbe, et des mots et formes grammaticales qui relèvent de ces deux groupes.

Instauration d'un ordre à l'intérieur de la phrase

La temporalité d'un énoncé implique de soi un certain ordre de succession des mots qui le composent. Cet ordre relève en grande partie de la syntaxe de la langue du locuteur. Il est difficile de rendre compte, sur le plan psycholinguistique, de ses mécanismes d'acquisition chez l'enfant.

« [...] Diverses spéculations peuvent être développées sur l'ordre des mots. Elles ne sont pas sans incidence sur les hypothèses que l'on peut faire sur la manière dont s'opère l'acquisition du langage chez l'enfant. Dans la mesure où ces règles sont arbitraires, la seule stratégie dont dispose l'enfant est d'assimiler les régularités qu'il observe. Si elles ont quelque fondement ou présentent quelque accord avec les caractéristiques du monde que les énoncés décrivent, la connaissance correspondante devrait fournir une aide pour accéder à la maîtrise de ces règles. Malheureusement, sur ce point il est difficile de formuler autre chose que des hypothèses et quasiment impossible de vérifier celles-ci. Dans le cas d'énoncés exprimant la relation agent-action-patient, si on admet que l'énoncé est de type descriptif et porte sur un événement mettant en jeu des personnages et des actions concrètes (c'est bien ce dont s'occupe le jeune enfant), on induira que le locuteur va d'abord décrire l'agent (puisque celui-ci se déplace, fait quelque chose et par conséquent offre une certaine prégnance perceptive). Ensuite, il n'y a pas lieu d'exclure qu'il va mentionner le patient et en dernier l'action dont on peut considérer qu'elle s'impose moins que les personnages. On aboutit ainsi à un ordre différent de l'ordre canonique [...] De toute façon l'ordre décrit à l'instant est largement spéculatif, car dans certains cas c'est l'action qui, par son intensité voire son étrangeté, apparaît comme l'élément frappant de la scène et dans d'autres le patient, à cause de sa présence physique ou de l'intérêt qu'il suscite. Les descriptions que les enfants donnent des scènes montrent toutes les variantes ; elles dépassent le cadre d'un énoncé constitué par une phrase structuré en sujet, verbe, complément et cette structure apparaît comme dépendant de contraintes formelles, montrant la réalité *sui generis* de la syntaxe, qui s'impose aux contenus les plus divers » (P. Oléron, *L'enfant et l'acquisition du langage,* Paris, PUF, 1979, p. 201-202).

On dispose cependant de faits expérimentaux qui montrent une évolution de l'ordre des mots dans les phrases enfantines. Dans une étude de H. Sinclair et J.-P. Bronckart, on demande à des enfants de construire, par l'intermédiaire d'une action mimée, une interprétation de triplets de mots. Les triplets utilisés comportent deux lexèmes nominaux et un lexème verbal, avec les six combinaisons possibles. Par exemple : fille, garçon, pousser ; fille, pousser, garçon ; pousser, fille, garçon ; etc. (un lexème est, au sens large, une unité assimilable à un mot). Avant 3 ans 6 mois, les enfants sont indifférents à l'ordre et donnent des réponses semblables quel que soit celui-ci. A partir de cet âge, les enfants respectent l'ordre *nom* ⇒ *verbe* ⇒ *nom* lorsqu'il est canonique. Mais c'est seulement à 6 ans qu'ils considèrent le premier nom comme l'agent de l'action et le second comme celui qui la subit (H. Sinclair et J.-P. Bronckart, A linguistical universal ? A study in developmental psycholinguistics, *Journal of Experimental Psychology,* 1972, *14,* 219-227). Cet ordre se construit en même temps que s'accroît l'utilisation dans le langage de l'enfant des règles syntaxiques de la langue de son milieu. On peut considérer séparément de ce point de vue, et pour plus de clarté, ce qui se rattache au syntagme nominal ou groupe du nom et au syntagme verbal ou groupe du verbe.

Le groupe du nom s'étoffe

Le groupe du nom (substantif) comprend dans la plupart des énoncés, même peu complexes, un ou des articles, adjectifs, prépositions, adverbes. Les pronoms peuvent aussi y prendre la place des noms ou substantifs. Le genre (féminin, masculin) et le nombre (singulier, pluriel) des substantifs sont indiqués par les articles indéfinis et définis (un, une, la, le, des, les). L'accord en genre précède l'accord en nombre. Dès 3 ans, l'enfant utilise autant les articles définis que les articles indéfinis avec toutefois une tendance à inverser leur usage exact. Il faut attendre 6 ans pour observer une utilisation correcte des uns et des autres, ce qui nous montre que les *formes* linguistiques sont acquises avant leur condition correcte de fonctionnement. Pour les adjectifs possessifs, il existe souvent une sorte de conflit entre le sexe de l'enfant et l'accord avec le nom.

Tableau IX - Chronologie de l'apparition des constituants non nominaux du syntagme nominal (d'après M. Hurtig et J.-A. Rondal (éds.), **Introduction à la psychologie de l'enfant,** ***Bruxelles, Mardaga, 1981, p. 473)***

	Catégories grammaticales			
	Articles	*Pronoms personnels*	*Pronoms possessifs*	*Prépositions et adverbes*
2 ans		*Moi*		Préposition marquant la possession et le bénéfice *(à, de, pour)*
6 mois	Indéfinis Accord en genre avec	*Je, tu, toi* *Il*		Adverbes de lieu *(dedans, dessus, devant, derrière)*
3 ans	le nom déterminé Définis	*Elle, le, la* *Vous, me, te*	*Mon mien* *Ton tien*	Prépositions de lieu *(à, dans, sur, sous, près de, en) ; avec*
6 mois	Accord en nombre avec le nom déterminé	*Nous, on*	*Son sien*	*(exprimant l'accompagnement)*
4 ans	Les indéfinis tendent	Autres pronoms personnels		*Avec* (expriment l'instrumentation)
6 mois	à être employés en lieu et place des définis			Adverbes de temps *(aujourd'hui, hier, demain, maintenant, tout de suite, d'abord, tout à l'heure,* etc.)
5 ans			*Le mien*	
6 mois			*Le tien*	Préposition de temps *(avant, après, pendant)*
6 ans	Emploi correct des articles		*Le sien* *Le nôtre* *Le vôtre* *Le leur*	

Un petit garçon de 3 ans dit : « Je vais dans *mon* chambre », réalisant l'accord avec sa personne masculine et non avec le substantif féminin. Les pronoms personnels de la 1re et de la 2e personne sont employés plus précocement que ceux de la 3e personne. Les pronoms possessifs apparaissent dès 3 ans, tout d'abord accolés à l'adjectif qui leur correspond : *mon mien, ton tien.* Entre 5 et 6 ans, l'enfant utilise correctement les pronoms possessifs : le tien, le mien, le nôtre. Les prépositions et les adverbes apparaissent précocement dans le langage de l'enfant et particulièrement dans les expressions toutes faites : *dans l'eau, dans la rue, par terre.* Elles n'ont alors pas de mobilité et ne s'associent qu'aux noms qui les accompagnent dans ces expressions. La préposition *à* marquant la possession est précoce et suivie de la préposition *de* dans la même acception : *la poupée à moi, la cuillère de toi.* L'emploi des prépositions et des adverbes ne se fait pas sans confusion : *sur* peut être employé dans le sens de *dans,* de *près de.* Le tableau IX donne un résumé chronologique de l'apparition des constituants non nominaux du syntagme nominal.

Le groupe du verbe se complexifie

Les premières formes verbales observées en français semblent être l'infinitif et l'impératif utilisées d'ailleurs avec une signification proche. L'indicatif présent est employé relativement tôt sans qu'il y ait de décalage notable avec l'infinitif, l'une et l'autre forme étant produites par l'enfant avant 4 ans. En ce qui concerne le futur il semble qu'une forme particulière, dite « futur périphrasique », soit la première utilisée. Elle consiste à combiner les verbes *aller* ou *venir* conjugués à l'indicatif, avec un infinitif : *il va venir, je va manger, je va jouer, bientôt ça va être ma fête.* Le véritable futur simple est plus tardif. Les formes de l'imparfait et du conditionnel ne sont pas utilisées régulièrement avant 5 ans ou 5 ans et demi. Pendant toute cette période d'acquisition des formes verbales, on note de nombreux cas de généralisation incorrecte qui tendent à normaliser les verbes irréguliers : *buver* (pour boire), *batter* (pour battre), *il a ouvri la fenêtre, je voulerai.* Ces erreurs marquent une compréhension nette des flexions puisqu'il s'agit d'appliquer des formes correctes à des verbes que l'enfant ne peut encore connaître en tant qu'irrégulier, cette connaissance étant plus affaire de mémoire, d'expérience, que de compréhension. Entre 5 et 6 ans, l'enfant utilise les mêmes formes verbales que l'adulte. Mais il ne s'en sert pas, comme l'adulte, pour marquer seulement le rapport temporel entre le discours et l'acte exprimé. Pendant longtemps l'enfant utilise davantage les adverbes et conjonctions de temps (pendant que, avant, après, etc.). Jusqu'à 6 ans, les flexions ou terminaisons verbales expriment plutôt les caractéristiques de l'action que son déroulement exact dans le temps. Par exemple, l'action en cours *elle est en train de jouer du piano* et l'action atemporelle *elle joue du piano,* qui veut dire en fait qu'elle sait jouer du piano, ne sont pas différenciées.

Les phrases se diversifient

On a considéré, en simplifiant quelque peu, que le langage remplit deux fonctions : une fonction de signifiant, c'est-à-dire *de représentation des connaissances* que chacun a de l'environnement, et une fonction *d'agissement sur autrui* au sein de la communication.

A la fonction de *représentation* sont attachées les phrases qui demandent ou transmettent les informations, c'est-à-dire des connaissances déclaratives et procédurales, telles qu'elles ont été définies au chapitre II, recodées dans le langage naturel des individus. Ces phrases peuvent être interrogatives : *Où Napoléon est-il mort ?*, affirmatives : *Napoléon est mort à Sainte-Hélène,* ou négatives : *Napoléon n'est pas mort à l'île d'Elbe.* Ces exemples demandent ou transmettent des connaissances déclaratives. Les connaissances procédurales sont requises ou transmises de la même façon : *Comment fait-on une tarte ?, Il faut d'abord prendre de la farine, etc.*

Quant à la fonction *interpersonnelle* du langage, elle correspond à l'emploi de l'impératif, *Mange !, Ne frappe pas ta sœur !,* et à certaines interrogatives : *Pouvez-vous me prêter votre tondeuse ?* Le développement de la production différenciée de ces types de phrases suit des étapes qui elles-mêmes suivent l'évolution de l'emploi des temps du verbe. Avec l'apparition et le développement de plusieurs mots entre 2 et 4 ans, on observe une différenciation des énoncés impératifs et affirmatifs, le *nom sujet* étant supprimé dans les premiers. Les phrases négatives se différencient aussi des affirmatives par l'adjonction des adverbes négatifs *pas* ou *plus* : *pas manger, pas partir.* C'est vers 4 ans que les négations sont incluses dans la phrase. Les phrases interrogatives sont introduites soit par l'intonation, soit en commençant par *Est-ce que... ?,* soit par un pronom ou un adverbe *Quand il part ?,* l'inversion *Quand part-il ?* étant un peu plus tardive. Les phrases passives sont difficiles car elles présentent une sorte de désaccord entre le sujet apparent et l'agent de l'action. Elles n'apparaissent pas avant 6 ou 7 ans et ne sont réellement maîtrisées que vers 9-10 ans.

On touche du doigt ici combien il est difficile de séparer dans le développement la fonction de représentation et la fonction de communication du langage. Le découpage est toujours arbitraire et mutilant. Cela apparaît nettement si on analyse les aspects *pragmatiques* de l'activité langagière chez l'enfant, où il ressort que celui-ci apprend progressivement à « manipuler » les diverses formes linguistiques qu'il maîtrise *pour agir,* à des degrés divers, *sur autrui* (voir, pour une synthèse sur ce sujet, J. Bernicot, *Les actes de langage chez l'enfant*, Paris, PUF, 1992).

Les stratégies d'appropriation et d'utilisation du langage

La référence à l'aspect dynamique de la constitution des connaissances se manifeste pour le langage comme pour d'autres domaines par l'utilisation du terme *stratégie*. Son emploi à propos du jeune enfant qui débute dans le langage apparaît largement métaphorique et quelque peu teinté d'adultocentrisme. Il peut cependant rendre compte du fait que l'enfant, immergé dans le langage de son groupe culturel, n'a pas à l'égard de la langue les mêmes attitudes d'appropriation et d'utilisation que l'adulte. En ce qui concerne les stratégies locales, dans des domaines relativement précis (phrases actives et passives, phrases avec complément de lieu, référence des pronoms), M.-L. Moreau et M. Richelle synthétisent selon le schéma suivant les principales tendances qui guident sa compréhension des messages verbaux :

« [...] 1 / La compréhension favorise tout d'abord l'interprétation conforme à la représentation que l'enfant se fait de l'univers. 2 / Des décodages fondés sur l'ordre relatif des unités s'installent assez rapidement, mais les régularités observées ne correspondent pas nécessairement à celles de l'adulte. 3 / La prise en considération des marques [flexions de l'article et flexions verbales] s'effectue dans un troisième temps et amène un réajustement des stratégies d'ordre » (M.-L. Moreau et M. Richelle, *L'acquisition du langage*, Bruxelles, Mardaga, 1981, p. 84).

Le langage est l'objet d'un long apprentissage. Sans doute l'accroissement du lexique entre 2 et 5 ans est-il remarquablement rapide. Sans doute l'enfant possède-t-il dès 5-6 ans un instrument déjà élaboré de représentation et de communication. Mais les études de psycholinguistique génétique révèlent une maîtrise tardive (entre 9 et 10 ans et plus) des formes passives et des propositions relatives. La maîtrise du langage procède d'un apprentissage complexe où l'école intervient et doit intervenir à bon escient.

Pensée symbolique, représentation et langage

On assiste actuellement à une véritable « explosion » dans l'utilisation du concept de représentation, ce qui lui confère une polysémie surprenante. Dans la perspective de Piaget et dans celle de Wallon, la représentation, dépendante de la fonction symbolique, émerge aux environs de 18 mois et se manifeste par l'imitation différée, le langage et par des conduites typiquement enfantines comme le jeu et le dessin. Mais on sait que la représentation est aussi invoquée pour rendre compte de certaines capacités précoces du nouveau-né, telle l'imitation légèrement différée observée par Meltzoff et Moore et par Vinter (voir le chap. IV). Selon Mounoud et Vinter, la représentation n'intervient pas seulement dans l'évocation d'un objet ou d'un événement absent (position piagétienne) mais aussi dans les activités de reconnaissance et d'identification qui apparaissent bien avant 18 mois (P. Mounoud et A. Vinter, La notion de représentation en psychologie génétique, *Psychologie française,* 1985, *30,* 253-259). Les représentations sont alors définies comme le résultat d'échantillonnages et de mises en relations des propriétés des objets qui fonctionneraient très précocement comme des modèles et des mémoires.

Il est vrai que, dès les années 1960, le psychologue américain J. Bruner, qui fréquente alors assidûment le *Centre International d'Epistémologie génétique* de Genève, distingue, contrairement à Piaget, deux systèmes précoces de représentation, *enactif* et iconique, précédant la représentation symbolique. Bruner définit la représentation *enactive* comme un *pattern d'actions* à valeur de programme qui serait le premier système de traitement de l'information dont dispose l'enfant. Vient ensuite la représentation *iconique* ou imagée, plus flexible, qui apparaît à la fin de la première année et qui reste liée à des aspects superficiels des objets. C'est avec le langage que l'enfant atteint le mode de représentation le plus abstrait, la *représentation symbolique,* et le plus fécond au sens où, selon Bruner, la plupart des innovations qui jalonnent le développement de l'enfant sont transmises par la culture. La croissance cognitive résulte en fait de la mise en œuvre complémentaire des trois modes de représentation qui apparaissent successivement, puis coexistent chez l'enfant comme chez l'adulte (J. Bruner, The course of cognitive growth, *American Psychologist,* 1964, *19,* 1-15).

On peut concevoir comme Bruner une apparition de l'image mentale bien avant 18 mois, coïncidant, par exemple, avec l'angoisse du huitième mois étudiée par Spitz, celle-ci dénotant une « représentation » de la mère (Spitz parle à cet âge de traces mnémoniques). Mais qu'en est-il avant cet âge ? Et même à 8 mois, peut-on parler de représentation au sens où Piaget et Wallon l'utilisent ? Mounoud et Vinter écrivent, au sujet du développement psychologique précoce :

« [...] il pourrait être suggéré que la nécessité d'introduire un concept qui remplisse une fonction analogue à celui de représentation (on pourrait parler de carte cognitive, de modèle interne, de trace mnémonique, de schéma, de plan, etc.) s'impose davantage lorsqu'on doit rendre compte des *changements d'attribution de signification* aux éléments du réel, apparents dans les conduites de l'enfant. D'un point de vue strictement synchronique, il est probablement plus aisé de faire l'économie de ce concept » (réf. citée plus haut, p. 258).

La question reste ouverte. Mais une autre question se pose par ailleurs concernant l'interprétation cognitiviste de la représentation comparée à celle de la perspective piagétienne. On a vu, dans le chapitre II, que le cognitivisme, qui n'est pas développemental, définit la représentation comme *l'organisation des connaissances en mémoire à long terme.* Dans cette organisation, l'image mentale est un format ou code doué de propriétés spécifiques, comme l'est le langage. Tout comme le langage, mais autrement, elle *re-présente* certains types de connaissances (procédurales et déclaratives). Tout comme le langage, elle est « informée », enrichie par des connaissances intégrées de manière plus abstraite (représentation propositionnelle). Cette conception est-elle incompatible avec la perspective piagétienne ? Lors d'une « réponse » à Wallon (ci-dessus, p. 320), Piaget reconnaît la double nature figurative et opérative de la représentation, en privilégiant l'opérativité, c'est-à-dire le *calcul,* et le *calcul logique,* qui « informe » l'image mentale et le langage (les signifiants). Le cognitivisme privilégie, au contraire, les *significations* organisées par le calcul *qui n'est pas toujours logique* au sens piagétien du terme. Les deux positions, loin d'être antinomiques, se révèlent complémentaires.

Une dernière question se pose à propos de la pensée symbolique en relation avec sa manifestation dans le jeu du jeune enfant. Les observations piagétiennes tendraient à montrer qu'elle disparaît avec la petite enfance, lorsque les jeux symboliques sont remplacés par des jeux de règles. La pensée symbolique, dans ce cas, est opposée à une pensée rationnelle qui serait plus adaptée au réel. On se rappelle que Wallon voit aussi dans les mythes des « primitifs » et dans l'usage qu'ils font des masques totémiques, des simulacres et des gestes rituels, un *effort* vers la représentation abstraite. Mais on sait bien maintenant que la pensée rationnelle coexiste chez les peuplades dites « primitives » avec ce qui ressemble au jeu symbolique. Il est évident aussi que, chez l'homme moderne, l'appropriation déformante du réel à ce qui est déjà connu, intégré dans les structures du *moi*, ne disparaît pas avec les premiers jeux de l'enfance. Les rites, l'anthropomorphisme religieux, ne sont-ils pas des « jeux symboliques » réducteurs de l'angoisse devant l'inconnu. Et que dire de l'art dans toutes ses manifestations qui cherche à transcender le réel en lui donnant de nouvelles formes ? La pensée symbolique, au sens où elle intervient dans le jeu de l'enfant, coexiste avec la pensée rationnelle dans l'homme en développement, au plan individuel comme au plan collectif.

Les opérations de l'intelligence et la théorie piagétienne

Le 12 avril 1961, le cosmonaute soviétique Youri Gagarine effectue un vol spatial de une heure quarante-huit minutes à bord du spoutnik *Vostok,* placé sur orbite à 302 km de la terre. Le 21 juillet 1969, un astronaute américain, Neil Armstrong, marche sur la Lune. Depuis 1978, la sonde *Pioneer-Venus 2* effectue un relevé topographique de la surface de la planète Vénus. Ces réalisations spectaculaires et extraordinaires, prises comme exemples parmi d'autres, sont le résultat d'un accroissement considérable des connaissances scientifiques qu'elles contribuent d'ailleurs à élargir encore. Elles témoignent d'une utilisation adaptée et affinée des opérations de l'intelligence humaine. On n'est pas allé sur la Lune seulement à force de taper avec un marteau sur des clous ! Certes, l'intelligence sensori-motrice, la pensée symbolique, la représentation organisée des connaissances ont été nécessaires. Mais il a fallu aussi et surtout conceptualiser, raisonner, déduire, choisir des stratégies, *formaliser, calculer,* c'est-à-dire *opérer* sur des connaissances déjà intégrées.

Les chapitres I et II ont montré que l'étude des opérations cognitives s'inscrit actuellement dans différents cadres d'interprétation : le structuralisme piagétien encore vigoureux, le cognitivisme anglo-saxon et le (ou les) néo-structuralisme(s). Dans le premier cas, l'explication porte sur la construction des structures d'opérations logico-mathématiques sous-jacentes à toute activité intelligente. Dans le deuxième, elle porte sur les modalités d'actualisation, en situation de résolution de problèmes, des connaissances représentées, calculs et symboles. Dans le troisième enfin, une synthèse plus ou moins réussie des deux premières perspectives est tentée. A cela il faut ajouter l'approche qui introduit le point de vue développemental dans certains domaines restreints, en utilisant les paradigmes expérimentaux et (ou) les concepts du cognitivisme classique, habituellement centrés sur les états stables. L'expérience de Marmor au sujet de l'image mentale, rapportée dans le paragraphe précédent, en est, au niveau de la pensée symbolique, un bon exemple. Ce sont les observations et les interprétations que nous apportent ces différentes approches développementales qui sont exposées dans ce qui suit, avec au premier chef l'apport de la théorie opératoire de Piaget.

Le stade piagétien des opérations concrètes

Il s'agit ici, comme on l'a dit à maintes reprises, des opérations logico-mathématiques de l'intelligence. Elles sont dites concrètes dans la mesure où elles portent sur des objets concrets, ou sur leur représentation immédiate, et non sur des hypothèses. Leur préparation et leur mise en place entre 2 et 12-13 ans est une œuvre de longue haleine qui s'effectue au cours de trois phases : des *préconcepts* de la pensée symbolique aux *schèmes intuitifs* et à l'*intelligence opératoire* (voir l'encart 18 du chap. I). L'enfant doit en effet rebâtir, au plan de la représentation, tout ce qui a déjà été acquis au stade précédent sur le plan de l'action, en se heurtant aux difficultés déjà rencontrées. Pour construire l'espace et le temps sensori-moteurs, le schème de l'objet permanent, l'enfant s'est libéré d'un certain *égocentrisme* perceptif et moteur en se situant pratiquement comme un objet parmi d'autres objets (voir l'encart 19). La construction des opérations de l'intelligence nécessite un itinéraire analogue, de l'égocentrisme à l'élaboration de systèmes de relations coordonnées entre les objets, décentrés par rapport au moi, puis décontextualisés par rapport à l'espace et au temps.

ENCART 19

L'égocentrisme selon J. Piaget

L'égocentrisme est la situation d'un sujet qui considère le monde environnant de son seul point de vue. Cette notion, dans la perspective piagétienne, comporte deux aspects indissociables, l'un positif, l'autre limitatif. L'aspect limitatif se réduit à un défaut de décentration, à la difficulté de se détacher de son point de vue propre et de le coordonner avec le point de vue d'autrui, conçu comme différent du sien. Le caractère positif, c'est l'effort systématique de comprendre toute situation en l'assimilant, quitte à la déformer, à ce qui est déjà connu : c'est l'égocentrisme que l'on trouve, par exemple, dans le jeu symbolique.

Les préconcepts et la pensée symbolique

A l'étape de la pensée symbolique, l'enfant ne construit pas encore des concepts, mais des schèmes préconceptuels, ou notions attachées aux premiers signes verbaux. C'est ainsi, écrit Piaget, que « [...] l'enfant de 2-3 ans dira "la" limace ou "les" limaces ainsi que "la" lune ou "les" lunes, sans décider si les limaces rencontrées au cours d'une même promenade, ou les disques vus de temps en temps dans le ciel, sont un seul individu, limace ou lune unique, ou une classe d'individus distincts » (J. Piaget, *La psychologie de l'intelligence,* Paris, A. Colin, 1966, p. 152 (1re éd. 1947)). Dans *La formation du symbole* (réf. déjà citée), Piaget donne un autre exemple significatif, à propos de sa fille Jacqueline âgée de 3 ans 2 mois.

« [...] J. n'arrive pas à comprendre que Lausanne, c'est "toutes ces maisons ensembles" parce qu'elle réserve à la maison de sa grand-mère "Le Crêt" le terme de *la maison de Lausanne*. Par exemple, elle dit d'un lézard qui monte le long du mur : *Il grimpe sur la maison de Lausanne*. Le lendemain, je [Piaget] veux voir si mon explication a été saisie : "Qu'est-ce que c'est que Lausanne ?" — *C'est toutes ces maisons* (montre tout le quartier). Toutes ces maisons c'est *le Crêt* — "Qu'est-ce que c'est que le Crêt ?" — *C'est la maison de grand-maman, c'est Lausanne* » (p. 239-240).

Ainsi, la notation verbale « toutes les maisons » désigne-t-elle à la fois un objet complexe et l'élément représentatif de cet objet. On peut comprendre ici comment le préconcept se tient à mi-chemin de l'individuel et du général et relève à la fois du symbole (exemplaire générique) et de l'image mentale (individu type). Par ailleurs, le raisonnement qui relie ces préconcepts paraît bien utiliser à la fois l'image et le symbole. L'enfant invoque l'existence d'un élément connu pour justifier la raison d'être de l'autre. Il dira, par exemple, que les montagnes sont des cailloux que l'on a plantés et qui ont poussé. C'est un raisonnement par *transduction* qui exprime une indissociation entre le monde intérieur, subjectif, et l'univers physique. On retrouve ici, selon Piaget, les deux aspects de l'égocentrisme enfantin dont relève aussi le jeu symbolique : l'aspect négatif avec une assimilation déformante du réel aux intérêts ou aux connaissances propres ; l'aspect positif qui traduit l'effort de compréhension d'une situation en l'assimilant à ce qui est déjà connu. Le chemin vers la décentration commence avec la pensée intuitive.

La pensée intuitive ou le primat du figuratif

Entre 4 et 7 ans se place l'étape de la pensée intuitive préopératoire. On assiste alors à une coordination progressive des *schèmes représentés*, c'est-à-dire à une conceptualisation croissante. Le terme *intuition* utilisé par Piaget pour caractériser ce type de pensée doit être précisé, dans la mesure où il n'a pas tout à fait le sens qui lui est donné habituellement (assimilation déformante du théoricien ?). Les dictionnaires nous définissent l'intuition comme une connaissance immédiate de la vérité sans le secours du raisonnement. Il est apparent qu'à cet âge *l'enfant affirme tout le temps et ne démontre jamais*. Mais c'est par impossibilité d'un raisonnement « démonstratif », et non par une sorte de court-circuit d'un raisonnement possible, comme dans le sens habituel. L'exemple exposé ci-dessous va le montrer. L'intuition est en fait, dans l'acceptation piagétienne, une pensée imagée qui porte sur des configurations d'ensemble et non plus sur des figures simples, mi-génériques, mi-individuelles, symbolisées par des exemplaires types. Cette pensée intuitive va se transformer en passant de l'intuition simple (4 à 5 ans et demi) à l'intuition articulée (5 ans et demi à 7-8 ans). Voici l'exemple annoncé, qui illustre le passage de l'une à l'autre.

Sur une table sont disposés un tas de jetons rouges et un tas de jetons jaunes. L'expérimentateur aligne six jetons jaunes et demande à l'enfant de placer sur la table autant de jetons rouges. Entre 4 et 5 ans environ, l'enfant construit, en serrant plus ou moins les jetons, une rangée de même longueur que celle de l'expérimentateur. Il s'agit de l'*intuition simple.* Elle implique l'évocation, par l'image, d'une figure statique imitant la perception, suivie de la réalisation de cette configuration spatialement limitée par le premier et le dernier jeton de la rangée-modèle. Vers 5-6 ans en moyenne, l'enfant opère une correspondance terme à terme. Il articule spatialement la configuration en alignant six jetons rouges en regard de chacun des six jaunes. Il s'agit de l'*intuition articulée.* Mais il suffit que l'expérimentateur éloigne le dernier jeton de sa rangée pour que l'enfant renonce à l'équivalence et ajoute un (ou plusieurs) jeton(s) jaune(s) à sa propre rangée (voir la fig. 31).

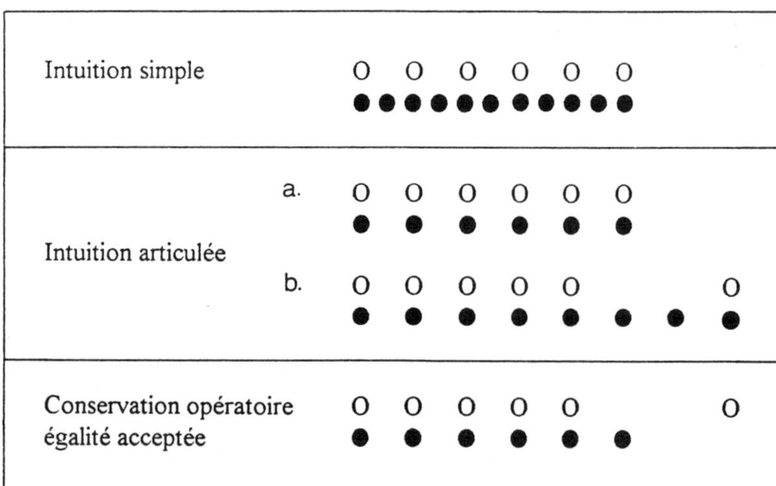

Fig. 31 - Epreuve piagétienne de conservation des jetons (quantité discrète)

On voit donc que le propre de l'intuition simple est d'engendrer des schèmes rigides et irréversibles. L'intuition articulée marque un progrès : le schème est devenu assez souple pour anticiper et construire une correspondance. Mais il reste encore irréversible puisqu'il suffit de déranger une correspondance optique pour que l'enfant ne puisse plus se représenter l'ordre primitif. A partir de 7-8 ans, l'enfant, en revanche, convient de l'équivalence des deux collections quelle que soit la transformation opérée sur la collection témoin. Mais ici nous anticipons : l'étape opératoire est atteinte.

La pensée intuitive, et même articulée, utilise encore, ainsi que tend à le montrer l'exemple précédent, un symbolisme imagé, d'où ses limites. L'enfant ne parvient pas à la réversibilité des opérations de la pensée, faute de pouvoir dépasser la représentation des configurations qui restent statiques en dépit d'une articulation interne. Avec l'intuition articulée se termine l'étape préparatoire des opérations concrètes. Piaget indique que cette première phase qui va de 2 à 7-8 ans est une période de préparation comparable à ce que sont les sous-stades sensori-moteurs I à III ou IV. La seconde phase, qui va être abordée maintenant et qui voit l'achèvement des opérations concrètes, entre 7 et 12-13 ans, correspond aux sous-stades IV ou V et VI de la construction des schèmes sensori-moteurs (voir le chap. IV).

Les opérations concrètes ou le dégel de la pensée intuitive

Vers 7-8 ans les opérations concrètes de l'intelligence naissent « [...] d'une sorte de dégel des structures intuitives et de la mobilité qui anime et coordonne les configurations [représentées] jusque-là rigides à des degrés divers malgré leurs articulations progressives » (Piaget, 1966, p. 166, ouvrage déjà cité). Dans l'épreuve des jetons, qui est une épreuve de conservation des quantités discrètes, l'enfant qui maintient l'équivalence de sa collection, sans ajout malgré la transformation opérée sur la collection témoin, est opératoire, au sens piagétien du terme. L'action d' « avancer un pion » de l'expérimentateur a été corrigée par la représentation de l'action inverse, ce qui annule le déplacement du jeton. L'enfant peut dire « ... c'est pareil, le jeton a changé de place, mais tu peux le remettre comme avant » ou bien « ... c'est pareil, parce que tu n'as rien enlevé ni rien ajouté ». A une phase d'équilibration progressive, de l'intuition simple à l'intuition articulée, succède une phase d'équilibre mobile qui introduit la réversibilité des actions intériorisées, devenues des opérations. C'est ainsi que les opérations sont définies comme des actions intériorisées, réversibles et groupées en structures, dont elles suivent les lois de totalité. Deux modalités de structures d'opérations se construisent alors. Les unes,

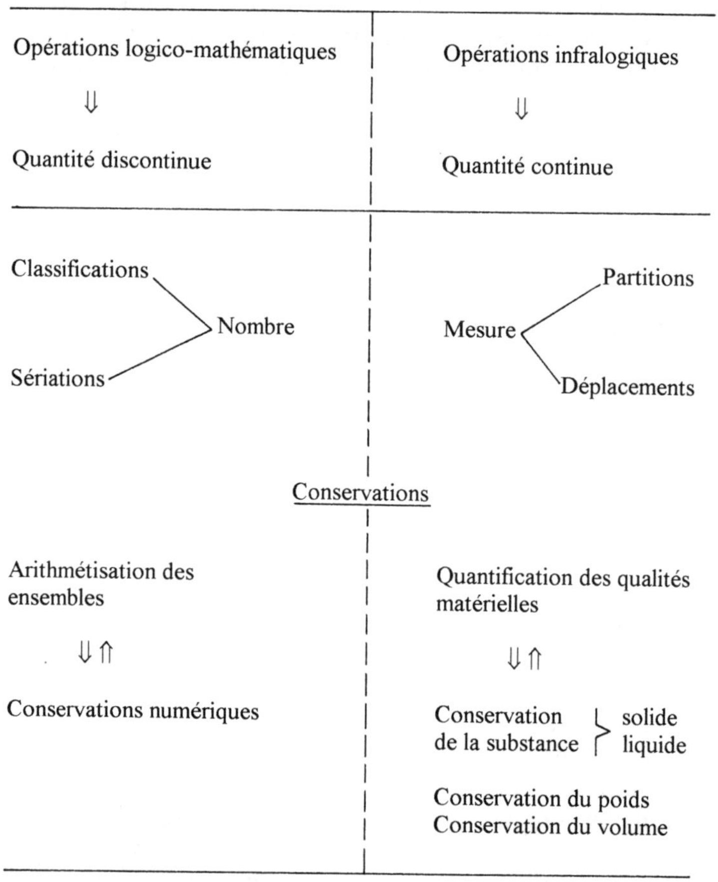

Fig. 32 - Schéma des principales structures d'opérations piagétiennes

dites *logico-mathématiques,* organisent les objets discontinus (ou discrets) et sont fondées sur les différences entre éléments, leurs ressemblances ou leurs équivalences : classification, sériation, nombre. Les autres, dites *infralogiques,* portent sur les « objets » continus : elles concernent principalement ces objets continus particuliers que sont l'espace et le temps et la constitution de l'objet en tant que tel (substance, poids, volume). Elles sont fondées sur les voisinages et les séparations (voir la fig. 32).

Les structures d'opérations concrètes, ou groupements, sont formalisables selon le même modèle que celui du groupe pratique des déplacements évoqué au stade sensori-moteur (voir le chap. I, p. 40 et le chap. IV, p. 246). Ce sont en fait des systèmes de transformations réversibles, cette réversibilité pouvant être une négation (A — A = 0) ou une réciprocité (A correspond à B et réciproquement). Mais une transformation opératoire ne s'effectue que par rapport à un *invariant.* Le schème de l'objet permanent est l'invariant du groupe pratique des déplacements et, au stade qui nous intéresse, la conservation d'invariants en dépit de transformations apparentes est l'un des meilleurs critères de l'opérativité de l'enfant.

Les notions de conservation

La construction d'invariants au sein d'un système de transformations est évaluée à partir *des fameuses épreuves piagétiennes de conservation :* conservation des quantités discontinues, comme dans l'épreuve des jetons décrite ci-dessus, conservation des quantités continues : substance solide et liquide, longueur, poids, volume.

Reprenons en la résumant l'épreuve de conservation de la substance décrite et illustrée dans le chapitre III (p. 172-173). On présente à l'enfant une boulette d'argile (A) en lui demandant d'en confectionner une autre (B) de même grandeur et de même poids. L'identité des deux boulettes étant reconnue, l'expérimentateur transforme en saucisse la boulette B (ou en galette), la boulette témoin A restant sur la table. On demande alors à l'enfant s'il y a encore dans la boulette B la même quantité de matière que dans la boule A.

Les résultats observés permettent de distinguer trois

niveaux de réponse. A un premier niveau (intuition simple), l'enfant répond qu'il y a plus de pâte parce que c'est plus long. A un deuxième niveau (intuition articulée), l'enfant convient de l'invariance de la quantité mais pour certaines transformations seulement : si la saucisse n'est pas trop allongée ; ou bien pour la saucisse ou la galette mais non dans le cas d'un morcellement. Au stade opératoire, au contraire, l'enfant maintient l'invariance de la quantité quelles que soient les transformations apparentes. Les arguments donnés à l'appui de cette invariance sont de trois types : l'argument d'identité (« ... c'est pareil parce qu'on n'a rien ajouté ni rien enlevé »), l'argument de réversibilité par négation (« ... on peut refaire la boulette B pour qu'elle redevienne comme la boulette A ») et l'argument de compensation, le plus élaboré (« ... c'est pareil parce que B est plus long mais plus mince, tandis que A est moins long mais plus gros »).

Un autre exemple est celui de la conservation des liquides. On présente à l'enfant deux verres de même grandeur A et B et on lui demande de mettre autant de liquide en A qu'en B. On présente ensuite un verre C plus étroit et plus haut, ou un verre D plus bas et plus large, ou bien encore plusieurs petits verres (voir la fig. 33). On demande alors à l'enfant, après transvasement de B, si les quantités A et C ou A et D sont équivalentes ou si le total des petits verres équivaut à A. On retrouve les trois

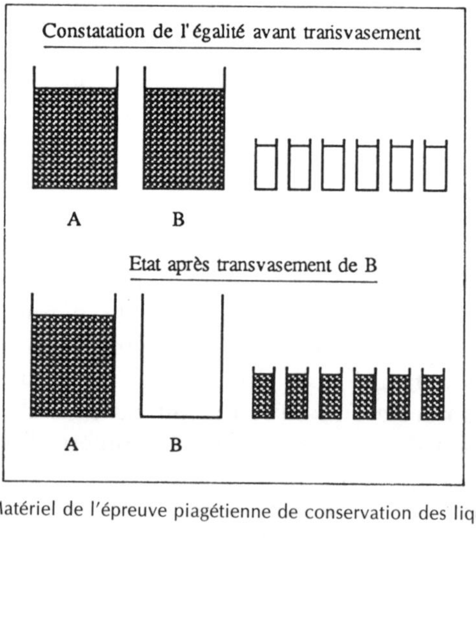

Fig. 33 - Matériel de l'épreuve piagétienne de conservation des liquides

niveaux de réponse observés dans le cas de la substance solide. On les retrouve aussi dans l'épreuve de conservation des longueurs (voir la fig. 34 : l'examen de cette figure permet de reconstituer l'épreuve compte tenu des descriptions données ci-dessus pour la conservation des substances solide et liquide).

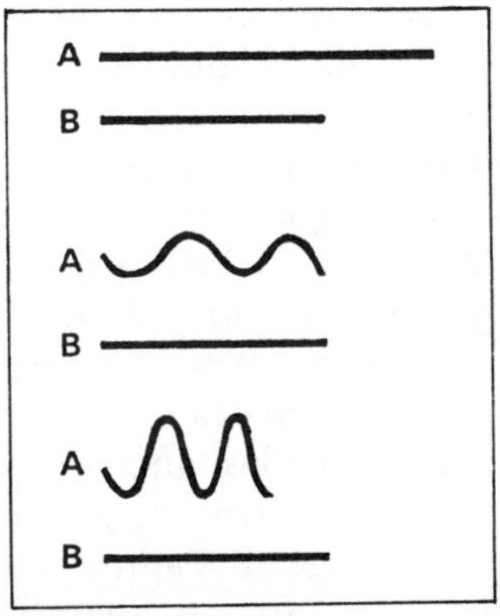

Fig. 34 - Matériel de l'épreuve piagétienne de conservation des longueurs

Quelle que soit l'épreuve de conservation, les réponses correctes révèlent, dans la perspective piagétienne, l'existence d'un système d'opérations comprenant : l'*opération directe* (transformation), l'*opération inverse* (le retour anticipé à la première configuration) et l'*opération identique* ou composition des deux premières opérations qui assure la *réversibilité*. Dans le cas des conservations de la substance et de la longueur, les opérations portent sur des quantités continues et sont donc du type infralogique (voir la fig. 32). Il faut bien noter que le terme infralogique, spécifiquement piagétien, n'est en rien réducteur quant à la logique. Il existe un *pré-opératoire* et un *opératoire* de l'infralogique qui ne se démarque du logico-mathématique que par « l'objet » d'application : le continu au lieu du discontinu.

Classer, sérier, dénombrer

La réalité d'un système d'opérations semble être vérifiée par l'acquisition des conservations et les justifications données par les enfants. Mais ce système peut-il rendre compte de l'acquisition des conduites de classification, de sériation et de dénombrement ? Celles-ci pour peu qu'on y réfléchisse sous-tendent en grande partie tout autant les activités quotidiennes pratiques que les conceptualisations individuelles et collectives les plus poussées. L'activité scientifique, quel que soit son domaine, physique, biologique, psychologique, mathématique, n'est autre qu'un effort pathétique, parce que toujours recommencé, de mise en ordre d'un univers qui nous déborde de toutes parts. Les ouvrages fondamentaux concernant les classifications, les sériations et le nombre sont : *La genèse du nombre chez l'enfant* de Piaget et A. Szeminska (Neuchâtel, Delachaux & Niestlé, 1941) et *La genèse des structures logiques élémentaires* de Inhelder et Piaget (Neuchâtel, Delachaux & Niestlé, 1959). Une référence constante y est faite à la logique et aux mathématiques, et l'on comprend pourquoi si l'on se rappelle les ancrages épistémologique et logico-mathématique de la théorie piagétienne exposés dans le premier chapitre de l'ouvrage. Il s'agit d'opérations fondamentales de l'intelligence qui sous-tendent l'accroissement des connaissances scientifiques et l'étude de leur genèse chez l'enfant doit renseigner sur les mécanismes de cet accroissement.

Les classifications

Inhelder et Piaget se réfèrent à la *logique des classes* (qui renvoie à la logique d'Aristote revue par la logique algébrique de G. Boole) pour analyser les classifications et les mécanismes qui sous-tendent leur développement.

Un système de classes logiques existe pour un sujet quand il peut distinguer et coordonner en compréhension et en extension les classes en présence. La compréhension est l'ensemble des ressemblances et des différences qui existent entre les éléments à classer ; l'extension délimite l'ensemble des éléments auxquels s'appliquent les différences et ressemblances spécifiques. Ainsi, dans le cas de perles en bois, brunes et blanches, 1 / les relations entre les qualités « brune », « blanche » et « en bois » constituent la compréhension des classes de perles en présence, 2 / l'extension définit l'ensemble de toutes les perles en bois, celui des perles brunes et celui des perles blanches, 3 / la coordination de l'extension et de la compréhension établit les rapports de subordination entre les sous-classes de perles brunes et blanches (A et A′) et la classe des perles en bois (B) qui définissent l'*inclusion* selon la formalisation : $A + A' = B \circ B - A' = A$ ($\circ$ = composition).

Le développement des classifications chez l'enfant s'effectuerait selon un processus de différenciation et de coordination simultanées entre compréhension et extension des classes. Et c'est en recherchant l'évolution de ce processus, que Piaget et Inhelder (1959, réf. citée ci-dessus) distinguent, à partir de l'observation d'un grand nombre d'enfants (2 159), trois stades.

1 / Le premier est celui des *collections figurales*. Les plus jeunes enfants âgés de 2 à 4 ans, auxquels on demande de classer soit des formes géométriques, soit des objets quelconques, les disposent selon des relations de convenance ou d'usage (marteau et clou, triangle sur carré pour figurer une maison). La juxtaposition spatiale des éléments réunis selon une compréhension mal définie tient lieu d'extension. 2 / Le deuxième stade apparaît aux environs de 4 ans. Il est caractérisé par la construction de *collections non figurales*. L'enfant rassemble les éléments en petits tas selon les seuls critères de ressemblance et de différence : ces amas sont peu à peu subdivisés en sous-ensembles. Au fur et à mesure de la différenciation des collections et, complémentairement, de la réunion de petites collections en de plus grandes, on conclut à un progrès dans la coordination d'une compréhension et d'une extension bien différenciées. 3 / A la fin du deuxième stade et au cours du troisième, vers 7-8 ans, les collections se différencient et se hiérarchisent parfois très subtilement (tables à double entrée). Il paraît cependant difficile d'affirmer que l'enfant actualise un système d'opérations réversibles d'où la nécessité d'une épreuve critique : *l'épreuve de quantification de l'inclusion*.

L'épreuve de quantification de l'inclusion mérite qu'on s'y attarde parce que sa réussite, selon Inhelder et Piaget, est le critère le plus fin d'une atteinte de la classification logique opératoire, parce qu'aussi elle a été maintes fois reprise. L'exemple classique de cette épreuve est la question suivante posée devant dix marguerites et deux roses (images ou fleurs artificielles) : « ...Y a-t-il plus de marguerites ou plus de fleurs ? » Préalablement à la question, l'expérimentateur demande à l'enfant de nommer les marguerites et les roses en s'assurant qu'il les regroupe sous le vocable générique, fleurs, vocable qu'il utilise et comprend. Trois stades ou niveaux de résolution sont distingués quant aux réponses à cette question.

1 / A un premier stade, l'enfant répond : *Il y a plus de marguerites parce qu'il n'y a que deux roses.* Cette réponse fausse indique, selon Inhelder et Piaget, que l'enfant perd le tout B (les fleurs) lorsqu'il lui soustrait la sous-classe A (les marguerites) pour la lui comparer. Il ne reste plus que les roses auxquelles les marguerites sont alors comparées. 2 / Au deuxième stade, l'enfant donne des réponses exactes et fausses en fonction des situations. Par exemple si l'on présente à un enfant de ce stade, vingt marguerites et deux roses, alors qu'il a répondu correctement devant dix marguerites et deux roses, il dit, dans la majorité des cas : *Cette fois, il y a trop de marguerites, il y a plus de marguerites que de fleurs.* 3 / Au troisième stade, enfin, l'enfant répond correctement quelle que soit la situation, avec une justification appropriée en résistant à la contre-suggestion. Celle-ci consiste à mettre l'accent sur la prégnance de la sous-classe des marguerites (« ... mais il y a beaucoup de marguerites ! ») pour voir si l'enfant maintient sa réponse correcte.

La réussite à l'épreuve de quantification de l'inclusion, critère d'une catégorisation logique des objets, est interprétée à trois niveaux difficilement dissociables : logique, structural et fonctionnel. Au niveau logique, il s'agit comme cela a déjà été expliqué, de la coordination de la compréhension et de l'extension des classes qui garantit l'inclusion des sous-classes dans la classe (nous utilisons le terme « compréhension » selon la terminologie piagétienne ; il est remplacé actuellement par le terme « intension » qui à la même signification). Au niveau structural la réponse correcte *plus de fleurs* (B) *que de marguerites* (A), *parce que les roses* (A') *sont aussi des fleurs,* témoigne d'une organisation cognitive isomorphe au groupement additif des classes : composition des opérations directes $A + A' = B$ et inverse $B — A' = A$, ce qui conduit à l'identique : $A + A' = B \Rightarrow B — A' = A$ (retour au point de départ et annulation). Au niveau fonctionnel, ce sont les mécanismes d'anticipation (méthode ascendante ou réunion de petites collections en un tout qui les inclut) et de rétroaction (méthode descendante ou division d'une collection en sous-collections) qui sous-tendent la structure additive des classes. Du triple jeu de cette construction logique, structurale et fonctionnelle, procède, vers 7-8 ans, la classification opératoire.

Les sériations

Un autre exemple de construction opératoire est donné, par les auteurs piagétiens, avec la sériation. Il s'agit d'une relation d'ordre et plus exactement de la composition des *relations asymétriques transitives*. Le matériel de l'épreuve utilisée comprend dix baguettes de 10,6 à 16 cm de longueur avec des variations de 0,6 cm. Les dix baguettes sont présentées à l'enfant avec la consigne « ... de faire un escalier, en mettant les baguettes en ordre » ou mieux « ... de les ranger de la plus petite à la plus grande » (ou inversement). Trois niveaux de conduites sont observés.

1 / *Petites séries et sériation sans base,* avant 5 ans. A ce niveau on rencontre trois types d'arrangement : *a* / couples de baguettes formés d'une petite et d'une grande ou trios avec une petite, une moyenne et une

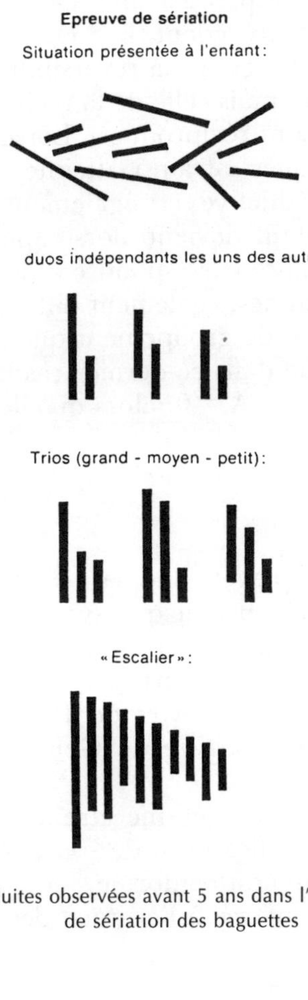

Fig. 35 - Conduites observées avant 5 ans dans l'épreuve piagétienne de sériation des baguettes

grande (couples et trios sont juxtaposés et non coordonnés) ; *b* / construction d'une série plus ou moins correcte pour le sommet des baguettes mais dont la base est inégale ; *c* / séries complètes de quatre ou cinq éléments, sans utilisation correcte des baguettes restantes (voir la fig. 35). 2 / *Réussite par tâtonnements,* vers 5 ans : l'enfant réussit la série en tâtonnant, en corrigeant ses propres erreurs après coup. 3 / *Réussite opératoire,* à partir de 6 ans : l'enfant utilise une méthode systématique, soit en recherchant un extrême (par exemple, rechercher la plus grande, puis la plus grande de celles qui restent, etc.) soit en posant deux baguettes et en positionnant à leur place, par intercalation, la suite des baguettes restantes.

Lorsque la méthode systématique est utilisée, l'enfant est dit *opératoire* dans la mesure où, selon Piaget, un élément quelconque de la série est compris d'avance comme étant simultanément plus grand que le précédent (E > D, C, B, A) et plus petit que le suivant (E < F, G, etc.). La réversibilité ne prend pas ici la forme de la négation, mais celle de la réciprocité (par rapport à l'élément E, D et F sont réciproques). Lorsque la composition des relations asymétriques est ainsi atteinte, la transitivité, qui est une composition déductive, est également atteinte (A < C si A < B et B < C). L'enfant devient alors capable de correspondance sériale : il peut faire correspondre à des bonshommes, de taille différentes, des cannes, également différentes. On retrouve donc la même structure de groupement que dans les classifications à la différence que dans ce dernier cas la réversibilité s'effectue par négation (A — A = 0) alors qu'elle s'effectue ici par réciprocité.

La construction du nombre

Dans la perspective piagétienne, la construction des classifications et des sériations, en tant que systèmes de groupements d'opérations, conduit à la construction du nombre. Des nombreuses recherches rapportées dans *La genèse du nombre chez l'enfant* (réf. déjà citée), et poursuivies de 1959 à 1962 au *Centre international d'épistémologie génétique* de Genève, confortent cette assertion sur plusieurs points.

1 / L'existence d'un parallélisme étroit, aux trois étapes de développement, des classifications, des sériations et du nombre (conservation numérique) est confortée.

2 / Cet indice est renforcé à l'examen des erreurs effectuées

par les sujets qui en sont au stade ou niveau I (pas de correspondance) et II (correspondance terme à terme sans conservation) de la construction du nombre (voir l'épreuve des jetons : fig. 31). Un premier type d'erreur intéressant concerne la relation entre classe et nombre. Si l'on tire, par exemple, deux ensembles égaux, A = A′ = 7, respectivement de deux ensembles inégaux M et N(M > N), l'enfant considère que les A, tirés de M, l'emportent quantitativement sur les A′, tirés de N. On observe donc ici une indifférenciation entre l'*extension* (7 éléments) et la *compréhension* (appartenance des sous-collections aux ensembles d'origine). Or cette indifférenciation est le propre des collections figurales réalisées par les enfants au niveau correspondant du développement des classifications (voir plus haut). Une autre difficulté rencontrée dans la construction du nombre relève du système sous-jacent de sériation. Elle est mise en évidence dans une très belle recherche sur l'origine de la *connexité* de la suite des nombres. Le principe de l'expérience est le suivant : l'expérimentateur fait tomber, un à un le long d'une glissière, une trentaine de cubes, soit N éléments. Il demande ensuite à l'enfant si, entre ce total et zéro, on est certain de passer par l'égalité avec une collection témoin K composée seulement de quelques cubes. Les résultats révèlent qu'avant l'âge de 6 ans l'enfant ne pense pas qu'il soit nécessaire de passer par l'intermédiaire K. De plus, si les enfants acceptent facilement qu'en ajoutant des unités à la collection N de départ on finira par dépasser un nombre N′ > N, ils conviennent difficilement que l'on puisse passer alors par une égalité K′ = N′. On sait que la relation qui régit les éléments d'une série (sériation des baguettes par exemple) est à la fois asymétrique, connexe et transitive. La suite des nombres entiers est bien connexe en tant que série, mais elle l'est aussi, et cela de manière spécifique, parce que chaque entier est séparé de tout autre entier par une unité ou un multiple de 1. La suite des nombres se construit tout d'abord comme une sériation qualitative pré-opératoire. Elle ne se spécifie qu'ensuite par la construction de l'itération (répétition de l'ajout d'une unité).

3 / Si ces données, parmi d'autres, militent en faveur d'une synthèse qui intègre, en les dépassant, les systèmes des classes et des sériations, une analyse très fine de la commutativité, entre-

prise par Gréco sur des enfants âgés de 4;9 à 8;3 ans, révèle une construction laborieuse. L'arithmétisation progressive de la série numérique s'élabore par tranches : de 1 à 7, de 8 à 15 puis de 15 à 30, les tranches non encore arithmétisées conservant longtemps leurs caractéristiques de simple classe ou de simple ordre sérial tant que la synthèse n'est pas généralisée (P. Gréco, Recherches sur quelques formes d'inférences arithmétiques et sur la compréhension de l'itération numérique chez l'enfant, *Structures et significations,* Paris, Editions EHESS, 1991, p. 103-124 (1re éd. 1960)).

4 / Par ailleurs, une autre étude de Gréco (*ibid.,* p. 141-171) met en évidence l'existence, dans la construction du nombre telle qu'elle est évaluée par l'épreuve classique de conservation, d'un niveau intermédiaire entre la correspondance terme à terme et la conservation de la quantité. Il s'agit de la conservation de la « quotité » : le nombre « compté » se conserve avant la quantité. Ce serait, selon Gréco, l'effet du comptage qui introduit un ordre implicite qui fonde le *distinct.* C'est impliquer ici le fonctionnement du sujet et non seulement la structuration interne des conduites.

L'espace et le temps

La figure 32 de ce chapitre illustre les deux types de structure de groupement qui se construisent au stade des opérations concrètes. Les classes, les sériations, le nombre portent sur des objets discrets. Les structurations infralogiques — ni inférieures, ni antérieures — portent sur les quantités continues (voir plus haut la conservation de la substance) et sur ces « objets » continus particuliers que sont l'*espace* et le *temps.*

Dès le stade sensori-moteur, de la naissance à environ 2 ans, l'enfant construit un espace pratique dont les étapes successives ont été décrites par Piaget en termes de géométrie topologique, projective et euclidienne. Les relations topologiques (voisinage, continuité, séparation, ordre, entourage) seraient « vécues » précocement. A partir de 6 mois, la construction de la constance perceptive de la forme et des grandeurs et plus tardivement celle du groupe pratique des déplacements conduisent à la permanence de l'objet (deuxième année). Cette construction attesterait l'existence, sur le plan pratique, de tout une élaboration de l'espace à la fois projective (coordination des points de vue de l'objet) et euclidienne (constance des dimensions attribuées à l'objet). Elle témoignerait également d'une certaine décentration à l'égard de la perception et de l'action immédiates.

A cet espace d'action succède un espace représenté qui s'élabore entre 2 et 11-12 ans selon les mêmes étapes, topologique, projective puis euclidienne. Cette élaboration nécessite également l'abandon d'un certain égocentrisme spatial qui peut être défini comme une double indifférenciation : indifférenciation de l'activité propre et des transformations de l'objet, indifférenciation du point de vue propre et du point de vue d'autrui. L'obligation d'une libération par rapport à l'égocentrisme « primitif » apparaît plus particulièrement dans la construction de l'espace projectif (coordination des perspectives) telle qu'elle a été étudiée par Piaget et Inhelder dans l'épreuve dite « des trois montagnes », qui est à l'origine de nombreuses recherches relatives à la décentration spatiale et sociale.

Le dispositif expérimental est constitué d'une maquette de carton pâte représentant trois montagnes : une montagne verte avec une maison, une montagne brune surmontée d'une croix et une montagne grise avec un sommet enneigé (voir la fig. 36). De sa position l'enfant voit au premier plan, sur sa droite la montagne verte, sur sa gauche la montagne brune et, à l'arrière-plan, la montagne grise au sommet enneigé. Dix tableaux représentent ces mêmes montagnes vues de diverses perspectives qui correspondent aux déplacements d'une poupée que l'on promène çà et là.

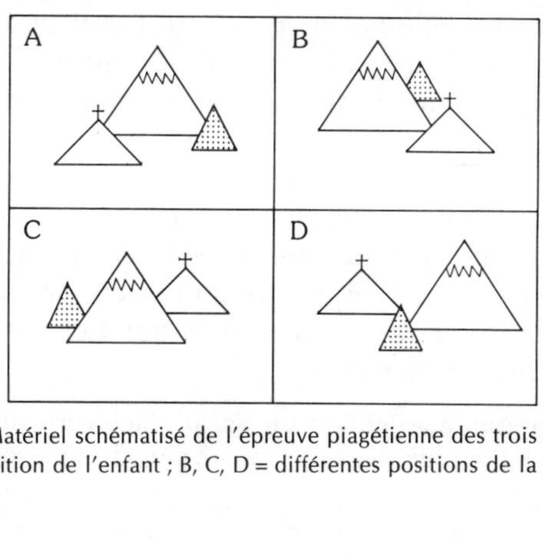

Fig. 36 - Matériel schématisé de l'épreuve piagétienne des trois montagnes
(A = position de l'enfant ; B, C, D = différentes positions de la poupée)

Deux techniques sont utilisées. Dans l'une, on demande à l'enfant de choisir le tableau qui représente la position de la poupée (trois positions B, C et D correspondent au milieu des trois côtés de la maquette, la position A étant celle du milieu du côté placé face à l'enfant). Dans l'autre, l'enfant doit placer la poupée à l'endroit qui correspond à la perspective illustrée par l'un ou l'autre des tableaux.

A partir de l'observation des conduites de 100 enfants âgés de 4 à 12 ans, placés dans l'une et l'autre situations, Piaget et Inhelder distinguent trois stades de développement. Entre 4 et 7 ans, les conduites démontrent une indifférenciation complète ou partielle entre le point de vue propre et celui d'un « autre » représenté par la poupée dans ses diverses positions. Entre 7 et 8 ans, les enfants admettent un autre point de vue que le leur, mais sont incapables de le décrire par défaut de coordination entre les diverses relations impliquées, certaines étant toujours « contaminées » par le point de vue propre. A partir de 8-9 ans, l'enfant découvre que les rapports de déplacement (avant-arrière et gauche-droite) entre les objets se transforment selon les positions de l'observateur ; cette découverte, plus précoce pour le rapport avant-arrière que pour le rapport gauche-droite, conduit à la coordination croissante des deux systèmes de rapport, coordination qui garantit la coordination d'ensemble des points de vue.

En bref, « l'illusion égocentrique », ou centration de la représentation sur le point de vue propre, est très nette au départ. La différenciation des points de vue, qui succède à cette illusion, constitue un progrès considérable mais encore insuffisant. L'enfant ne prend en compte au départ que les rapports entre la position de l'observateur (poupée) et l'un des éléments du tableau. C'est la prise en compte des rapports entre la position de la poupée et l'ensemble des éléments du tableau qui permet la coordination des perspectives : perspective propre et perspective d'autrui.

On retrouve une construction parallèle lorsqu'il s'agit de la notion de temps. Celle-ci, lorsqu'elle est comprise logiquement par l'enfant, repose sur trois types d'opérations : 1 / des opérations d'ordre qui permettent de sérier les événements en fonction de leur succession ; 2 / des opérations de partition et d'emboîtement (voir la fig. 32) qui assurent le découpage des intervalles, ou durées, entre les événements ordonnés et l'emboîtement des durées courtes dans les grandes ; et 3 / des opérations de mesure qui établissent une métrique du temps en prenant une durée comme unité. Voici une expérience qui permet d'observer la construction de ces opérations.

« [...] On présente à l'enfant un bocal placé verticalement au-dessus d'un second et qui se vide dans ce dernier par niveaux successifs réglés au moyen d'un robinet. On présente en outre une série de neuf dessins figurant le contour des deux bocaux (le supérieur sphérique et l'inférieur cylindrique) ainsi que les niveaux du liquide dans ces deux bocaux lors de chaque palier d'écoulement, en priant l'enfant, à titre d'introduction, de contrôler la correspondance entre ces dessins et l'écoulement réel. Cela fait, les épreuves commencent : 1 / On mélange les dessins et on demande à l'enfant de les sérier selon l'ordre des événements : "... Comment était l'eau au commencement ? Puis ensuite... Puis ensuite..., etc." ; 2 / Cette sériation terminée, on coupe les six dessins en douze, on les mélange et on demande, pour un niveau quelconque du haut ou du bas, de trouver le niveau correspondant de l'autre bocal, ce qui oblige à une sériation double en ordre inverse, en haut et en bas » (J. Piaget et B. Inhelder, Les opérations intellectuelles, *in* P. Fraisse et J. Piaget (éd.), *Traité de psychologie expérimentale,* t. VII, 1963, p. 149-150).

A 5 ans, la sériation simple (ordre des images) est construite par 28 % des enfants — dans l'échantillon piagétien — alors que seulement 8 % construisent la sériation inverse. A 7 ans, les pourcentages pour les deux sériations s'élèvent respectivement à 76 % et 56 %. Il faut attendre 9 ans pour que les pourcentages s'égalisent : 96 % et 92 %. Par ailleurs, les successions et les simultanéités ne sont faciles à établir qu'à vitesse constante. La difficulté s'accroît lorsque les vitesses sont différentes.

« [...] L'expérience consistera par exemple à faire courir parallèlement deux bonshommes, partant du même point et s'arrêtant ensemble, soit au même point (vitesses égales : en ce cas la simultanéité du moment d'arrêt ne fait pas de difficulté), soit en des points différents (vitesses inégales : en ce cas la simultanéité des instants d'arrivée est niée jusque vers 6 ans, et l'égalité des durées de trajet jusque vers 7-8 ans) » (*ibid.*, p. 150).

Apports et limites de la théorie piagétienne

La théorie piagétienne est la seule qui décrive, sinon explique, la genèse des structures normatives de l'intelligence humaine, dans une perspective constructiviste qui relie la construction ontogénétique à la genèse scientifique des connaissances logico-mathématiques (voir le chap. I). C'est là son apport essentiel. Et, plus encore peut-être qu'au stade sensori-moteur, le matériau théorique et expérimental proposé par Piaget et ses collaborateurs pour rendre compte de la genèse de ces structures normatives est impressionnant par sa cohérence et son invention méthodologique. L'ingéniosité des dispositifs expérimentaux (nous n'en avons décrit que quelques-uns parmi une multiplicité) qui permettent « de suivre à la trace » la construction des *invariants* est remarquable. A cela s'ajoute la non moins remarquable *méthode clinique* qui débusque les raisonnements sous-jacents aux conduites observées.

Si nul ne conteste l'originalité expérimentale et les observations minutieuses rapportées, c'est l'interprétation piagétienne qui est remise en cause dans la mesure où elle *fait disparaître le sujet psychologique au bénéfice du sujet épistémique* (défini comme ce qui se développe de plus général chez des sujets de même âge). On peut se demander aussi, à juste titre, si les structures logicomathématiques étudiées par Piaget sont les seules à gouverner les opérations intellectuelles de l'enfant et de l'adulte, et si donc l'interprétation en termes de structure d'ensemble, de *groupement,* est suffisante. On peut aussi s'interroger sur la pertinence des épreuves piagétiennes quant à la logique qu'elles sont censées évaluer. Le contrôle des faits semble bien avoir répondu à ces questions. Nous en donnons deux exemples, l'un concernant l'inclusion des classes, l'autre, plus général, concernant la structure de groupement des opérations concrètes.

Contrôle des faits et quantification de l'inclusion : E. M. Markman, C. Voelin

Les réponses correctes à l'épreuve de quantification de l'inclusion sont considérées par Inhelder et Piaget (1959, réf. déjà citée) comme le critère le plus fin de la classification logique opératoire (voir plus haut, l'exemple des fleurs : dix marguerites et deux roses, avec la question : « ... Y a-t-il plus de marguerites ou plus de fleurs ? »). Une psychologue américaine E. Markman s'est demandée si la réponse correcte, *Plus de fleurs,* était le fait d'une déduction logique ou si elle pouvait être liée à une estimation empirique, spatiale ou numérique, des classes à comparer. Elle a mis au point, pour départager le type de traitement effectué, *logique* ou *empirique,* une procédure expérimentale ingénieuse. Des enfants âgés de 7 à 11 ans qui réussissent, pour le moins et avec justification de leur réponse, trois items classiques d'inclusion sont retenus. Trois épreuves leur sont proposées : « Ecran », « Modification » et « Nouveauté ».

Les épreuves modifiées d'inclusion de E. M. Markman (Empirical *versus* logical solutions to part-whole comparisons problem's concerning classes and collections, *Child Development,* 1978, *49,* 168-177). *Epreuve Ecran.* Le matériel comprend six meubles miniatures (quatre lits et deux chaises) disposés devant l'enfant. Après la question classique *qui doit entraîner une réponse correcte,* un écran est interposé entre les meubles et l'enfant. L'expérimentateur dit alors : « ... J'enlève maintenant quelques meubles (hors la vue de l'enfant). Peux-tu me dire, sans regarder, s'il reste plus de meubles ou plus de lits ? » *Epreuve Modification.* Même matériel disposé devant le sujet. Après la réponse correcte à la question classique, on demande à l'enfant : « ... Peux-tu faire quelque chose pour qu'il y ait plus de lits que de meubles ? » *Epreuve Nouveauté.* Matériau verbal. L'épreuve consiste à donner à une sous-classe un nom inconnu de l'enfant : « ... Il existe une fleur très commune qui s'appelle "hif". Toutes les "hifs" sont des fleurs. Y a t-il plus de fleurs ou plus d' "hifs" ? » Quatre items sont proposés pour chacune de ces épreuves. Les résultats montrent qu'il faut attendre l'âge de 11 ans pour qu'elles soient réussies. Ces données très robustes avaient déjà été observées avec des enfants suisses, en 1976, par C. Voelin. Ils ont été retrouvés en 1983, par J. Bideaud et J. Lautrey, dans une expérience où les épreuves de Markman ont été proposées à 100 enfants français.

Il semblerait ainsi que la déduction logique sur laquelle s'appuie la classification dite « opératoire » n'apparaît que vers 11 ans. Auparavant l'enfant traiterait le problème d'inclusion *comme un problème de comparaison de deux collections figurales disjointes* (la collection des A et la collection des B). Ces expériences soulèvent la question du caractère critique de l'épreuve dite « d'inclusion » quant à la logique des classes. Elles soulèvent aussi celle de l'existence d'au moins deux types de catégorisation, l'un fondé sur l'expérience et soumis à des contraintes ou des routines de l'environnement (pour le matériel piagétien classique des fleurs : le schéma ou script *faire des bouquets*), l'autre fondé sur la déduction logique et indépendant du contexte. L'un et l'autre co-existent, et plus précocement sans doute que ne le fait apparaître l'épreuve d'inclusion. Le simple bon sens suffit à démontrer que nous vivons au sein de *collections figurales.* Dans nos appartements, toutes les chaises ou toutes les tables ne sont pas rangées ensemble dans une même pièce : chaque pièce rassemble une *collection* de meubles. Ce n'est que pour des visées bien précises, pratiques ou scientifiques, que les objets sont rangés logiquement, « hors contexte », selon leur seule différence ou ressemblance : pour dresser un inventaire, par exemple, ou pour établir une taxonomie scientifique des animaux, des corps chimiques, etc.

Contrôle des faits et structure d'ensemble

Selon la théorie piagétienne classique, le développement de l'intelligence est conçu comme la construction de structures successives d'opérations qui introduisent dans les conduites, à chacune des trois grandes étapes qu'elles définissent, des changements *qualitatifs*. Mais l'hypothèse d'une structure d'ensemble caractérisant chacun de ces paliers — groupe pratique des déplacements, groupement des opérations concrètes et groupe des opérations formelles (voir le chap. suiv.) — est exigeante. Elle requiert à la fois la *hiérarchisation* des conduites qui relèvent de structures différentes et le *synchronisme* de celles qui relèvent d'une même structure. Or les résultats des nombreuses études qui ont tenté de vérifier ces exigences, à propos des opérations concrètes, montrent que les critères de hiérarchisation et de synchronisme sont loin d'être satisfaits. On peut citer en particulier les travaux déjà anciens mais bien connus du Suédois J. Smedslund en 1964 et de l'Américain J. F. Wohlwill en 1968, dont les données ne vérifient pas le synchronisme d'apparition et de développement des conservations, classifications et sériations. Certains auteurs, tels les psychologues américains J. Flavell et Wohlwill, ont tenté en 1969 d'expliquer cette hétérogénéité en distinguant la compétence, assimilée à la structure d'ensemble, et le fonctionnement du sujet qui en serait partiellement indépendant. Les auteurs piagétiens eux-mêmes remarquent des décalages, dits « horizontaux », dans un même domaine conceptuel. C'est ainsi que Piaget et Inhelder (1959 et 1963, réf. déjà citées) remarquent que la sériation des poids est plus tardive que celle des baguettes et que l'inclusion des classes d'animaux est plus tardive que celle des classes de fleurs ou d'objets géométriques. La raison de ces décalages tient, selon les auteurs piagétiens, à ce que, au stade des opérations concrètes, « [...] les formes logiques ne sont pas encore indépendantes de leur contenu dont elles ne constituent qu'une structuration relative à lui, sans généralisation nécessaire » (Piaget et Inhelder, 1963, p. 139). Une explication plus satisfaisante est celle du genevois J. Montangero pour qui la structuration opératoire ne peut survenir qu'à un certain niveau d'organisation des significations relatives à un concept donné. Les différences diachroniques d'organisation de ces significations, selon les concepts, expliqueraient alors les asynchronies qui ne tendraient pas à la structure mais au contenu (J. Montangero, The various aspects of horizontal decalages, *Archives de psychologie,* 1980, *187,* 259-292). Cependant un écueil réel reste à surmonter : les manifestations de la structure d'ensemble, à l'étape des opérations concrètes, sont évaluées à l'aide des fameuses épreuves piagétiennes *dont on n'est plus sûr qu'elles soient réellement critiques des conduites opératoires logiques.* On a vu plus haut ce qu'il en est pour l'épreuve d'inclusion. Ainsi, de nombreuses questions restent encore ouvertes concernant le développement des structurations logiques de l'intelligence.

Mais quels que soient les points sur lesquels elle achoppe, la théorie de Piaget demeure un cadre de référence pour la psychologie de l'intelligence. Elle soulève aussi l'intérêt d'autres disciplines. L'astrophysicien Hubert Reeves avoue « s'être plongé » dans les œuvres de Piaget pour s'éclairer sur l'origine de la logique, et il décrit avec plaisir l'épreuve de conservation des liquides. Il salue l'originalité féconde de Piaget qui « [...] a reconnu d'emblée que la logique était un processus en devenir » (H. Reeves, *Malicorne,* Paris, Seuil, 1990, p. 49).

Les opérations de l'intelligence : le point de vue néo-structuraliste

Les auteurs néo-structuralistes, qui se réfèrent constamment à la théorie piagétienne, ont évidemment étudié, selon leur perspective propre, la construction des invariants et des structures générales de l'intelligence. On retient ici l'exemple de la catégorisation, notamment l'inclusion des classes, pour illustrer la spécificité de cette approche et la synthèse tentée entre la théorie opératoire et le cognitivisme.

J. Pascual-Leone : invariance et inhibition des schèmes dangereux

On a indiqué dans le chapitre II que Pascual-Leone a récemment précisé sa *Théorie des opérateurs constructifs* par un système modulaire de l'attention mentale.

On rappelle que ce système, illustré dans la figure 2 du chapitre II, comporte quatre modules correspondant à quatre instances psychologiques : 1 / *des schèmes exécutifs* E, ou *structure de contrôle,* qui intègrent, dans une situation-problème donnée, la représentation de la tâche et des consignes ; 2 / *un opérateur d'activation* M qui régit l'*énergie mentale* et dont la fonction est d'augmenter, sous le contrôle de E, l'activation des schèmes figuratifs et opératifs pertinents pour la résolution du problème ; 3 / *un opérateur d'inhibition* I chargé de désactiver les schèmes non pertinents ou « dangereux », en synergie avec M et également sous le contrôle de E ; et 4 / *un opérateur de champ* F (en anglais *field*) indépendant de E et responsable, en liaison avec la structuration automatisée d'expériences antérieures, de l'activation immédiate des schèmes figuratifs et opératifs dont les conditions déclenchantes correspondent aux aspects prégnants de la situation. A noter que l'influence de F peut être favorable à la résolution du problème ou l'entraver : l'application d'un automatisme peut donner lieu à une solution non pertinente. Du point de vue microgénétique, c'est-à-dire au cours de la résolution du problème, F est le premier opérateur ou module à entrer en action, les opérateurs M et I n'étant « déclenchés » par E qu'après la pré-assimilation des données assurée par F.

C'est en référence à ces quatre modules (E, M, I, F) que Pascual-Leone analyse, notamment, les échecs et les réussites à la conservation de la substance (analyse que l'on appliquera ensuite à l'inclusion des classes). Dans cette épreuve, on le rappelle, deux boulettes d'argile identiques sont présentées à l'enfant. L'une d'elles est transformée en saucisse et l'enfant doit convenir de l'égalité de la quantité entre la saucisse et la boulette-témoin (voir l'explication et l'illustration de cette situation aux chap. I et III, p. 41 et p. 173). Pascual-Leone souligne que la stratégie attentionnelle optimale impliquée dans la résolution de l'épreuve de conservation correspond à la stratégie 1 du système modulaire (chap. II, fig. 4), à savoir la stratégie pour « situations-pièges ». Lorsque la fameuse boulette d'argile se métamorphose en saucisse dont la longueur devient incontestablement saillante, il y a, selon l'auteur, activation en mémoire de travail — sous l'action de l'opérateur F — d'un schème quotidien (en anglais *every-day habit*)

« dangereux » du type « ce qui est long contient, en général, plus de substance » (connaissance expériencielle, quasi-automatisée, stockée en mémoire permanente). Pour éviter l'échec à l'épreuve de conservation, il faut donc, sous le contrôle des schèmes exécutifs (E), inhiber le schème « dangereux » (opérateur I) avant d'activer (opérateur M), parmi les schèmes figuratifs « non dangereux », ceux qui sont pertinents (ex. le fait que la saucisse procède de la transformation, sans ajout ni retrait, d'une boulette B identique à la boulette-témoin A), les schèmes « non dangereux » non pertinents étant inhibés par I.

Cette analyse de la tâche peut être appliquée, à peu de variantes près, à la résolution de l'épreuve de quantification de l'inclusion — épreuve-piège également. Il s'agit aussi de comparer deux éléments (la sous-classe A et la classe emboîtante B) dont l'un des deux (A) est perceptivement plus saillant que l'autre (l'extension de A étant supérieure à celle de A′, et B étant à construire mentalement). Le schème « dangereux » susceptible d'être activé sous l'action de l'opérateur F est, ici, celui qui consiste à considérer qu'il y a plus de A que de B, étant donné la prégnance perceptive de A. Il faut donc inhiber ce schème (opérateur I) avant d'activer (opérateur M), parmi les schèmes « non dangereux », ceux qui sont pertinents (ex. « le tout est plus grand que la partie »).

Soulignons que ce type d'analyse, en termes de mécanismes attentionnels et de schèmes « dangereux », a une implication importante quant au problème des critères de logicité, qu'il s'agisse de l'épreuve classique d'inclusion ou d'épreuves modifiées (les épreuves Modification et Ecran évoquées plus haut). L'enfant soumis à ces épreuves peut, en effet, posséder le (ou les) schème(s) pertinent(s) (ici, le « schème d'inclusion »), mais ne pas mettre en œuvre la stratégie attentionnelle requise pour inhiber les schèmes « dangereux » dont l'activation est suscitée par les aspects prégnants du contexte expérimental.

Case : invariance et contrôle exécutif

Les points essentiels de la théorie de Case ont été exposés dans le chapitre II. On rappelle que l'enfant est assimilé par Case à un *problem solver* doté de structures de contrôle.

Ces structures de contrôle exécutif (SCE) comportent trois composantes : la représentation du problème (schèmes figuratifs), l'objectif du problème (schèmes figuratifs dotés d'une charge affective plus élevée) et les stratégies ou schèmes opératifs qui permettent de passer de la représentation à la réalisation de l'objectif. La genèse des SCE est jalonnée par une séquence générale de quatre stades (cf. la fig. 5 du chap. II) différenciés par le type d'unités de base traitées : 1 / sensori-moteur (de la naissance à 18 mois : objets perçus et activités motrices) ; 2 / relationnel (jusqu'à 5 ans : relations entre objets et/ou activités motrices) ; 3 / dimensionnel (de 5 à 9-11 ans : dimensions) ; et 4 / vectoriel (de 11 à 18 ans : rapports entre dimensions). En outre, chacun de ces stades comprend trois sous-stades caractérisés par le nombre de *focus* impliqués dans la composante *objectif* de la SCE : unifocal, bifocal et élaboré. Le processus de transition qui assure le passage d'un stade à l'autre est un processus d'intégration hiérarchique et celui qui assure le passage d'un sous-stade à un autre est soumis à la taille de l'espace de stockage en mémoire de travail, elle-même fonction de l'augmentation de l'efficience opératoire (automatisation des schèmes opératifs). Ce sont les stades 2 et 3, et les sous-stades correspondants, qui concernent l'enfance.

Pour illustrer son modèle, Case analyse notamment des situations de classification d'objets (formes géométriques) de type piagétien (Case, 1985, ouvrage déjà cité au chap. II). Il ne traite pas spécifiquement du problème classique d'inclusion mais envisage une situation proche, celle d'intersection. Devant neuf formes géométriques, dont cinq rectangles (deux noirs et trois blancs) et quatre cercles (deux noirs et deux blancs), l'expérimentateur demande à l'enfant : « ...Y a-t-il plus de noirs ou plus de cercles ? » La résolution de cette épreuve requiert, selon Case, une structure de contrôle exécutif relevant du stade dimensionnel bifocal (7-9 ans), étant donné qu'il s'agit de dimensions (formes, couleur) et que deux *focus* (deux dimensions) sont à intégrer dans la composante « objectif » de la structure de contrôle. On peut voir dans la figure 37 que la tâche est analysée en termes de représentations hiérarchisées : schèmes figuratifs de type « Collection d'objets de différentes sortes », « Différentes quantités de chaque couleur », etc. Ces représentations sont reliées à des objectifs précis et assorties de stratégies spécifiques. Les objectifs correspondent à d'autres schèmes figuratifs : « Comparer la quantité d'objets d'une couleur avec la quantité d'objets d'une forme », « Diviser mentalement les objets en deux sous-collections selon la couleur », etc.

Les stratégies sont définies par des schèmes opératifs de type « *Focus* sur les objets noirs », « *Focus* sur les cercles », « Quantifier chaque sous-collection et comparer ». Cette analyse de l'épreuve d'intersection peut être transposée à la situation classique d'inclusion en substituant aux deux sous-collections deux classes emboîtées : par exemple, les rectangles et les rectangles blancs.

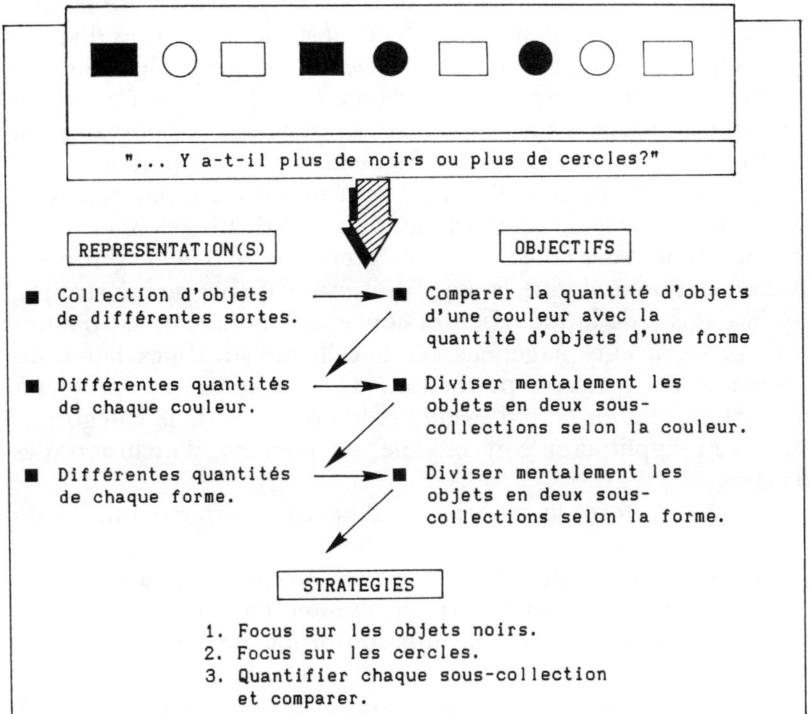

Fig. 37 - Structure de contrôle exécutif et problème d'intersection selon R. Case (*Intellectual development,* New York, Academic Press, 1985)

L'analyse en termes des composantes *représentation, objectif* et *stratégie,* proposée par Case, est intéressante pour l'étude du développement et du fonctionnement cognitifs dans la mesure où elle peut conduire — au-delà des propositions de Case — à envisager, pour une même situation, la possibilité d'une pluralité de stratégies (modalités « concurrentes » de fonctionnement) dépendant de la représentation que le sujet se fait du problème et des objectifs qui y correspondent.

G. Halford : invariance et appariement de symboles

Le modèle de Halford a également été présenté dans le chapitre II. On rappelle qu'il met l'accent sur les structures d'appariement de symboles (en anglais *mapping*) qui gèrent les relations entre le système cognitif, générateur de représentations, et les situations-problèmes rencontrées. Ces systèmes se complexifient à travers une séquence de quatre niveaux de fonctionnement (la fig. 6 du chap. II, p. 118-119). Les structures d'appariement de symboles sont, selon Halford, des outils prédictifs essentiels, dans la mesure où elles constituent des prérequis (le type de représentation symbolique que le sujet doit être capable de construire), qu'il s'agisse de la maîtrise des concepts fondamentaux, notamment les concepts piagétiens, ou de celle des stratégies de résolution que ces concepts permettent. C'est à ce niveau, prédictif, que Halford aborde, par exemple, le problème de la catégorisation, en appliquant son modèle au concept d'inclusion des classes.

Selon Halford, la maîtrise de l'inclusion requiert une structure d'appariement de symboles qui relève du niveau d'appariement de systèmes atteint vers 5 ans (niveau 3 de la fig. 6 du chap. II). Cette structure est représentée dans la figure 38 où apparaissent, d'une part, la situation-problème (fruits/pommes, oranges) et, d'autre part, le « schéma abstrait » d'inclusion (classe surordonnée/sous-classe, sous-classe complémentaire). A partir de cette situation, Halford souligne que l'assignation symbolique, sous-jacente à l'appariement entre la situation-problème et le « schéma abstrait » d'inclusion, ne repose ni sur la similarité des unités ou éléments (fruits, pommes, oranges, classe surordonnée, sous-classes, etc.), ni sur la similarité des relations isolées (relations d'inclusion, relation de complémentarité), mais sur la cohérence du système de classes lui-même. Il s'agit donc bien d'un appariement de systèmes et non d'un appariement d'unités (niveau 1) ou de relations (niveau 2). Quant à l'épreuve piagétienne de quantification de l'inclusion, Halford souligne qu'il s'agit d'une « situation-piège » (induction d'une comparaison entre sous-classes et non entre sous-classe et classe surordonnée), ce qui expliquerait qu'elle n'est réussie qu'à 7-8 ans alors que le modèle des structures d'appariement de symboles prédit une maîtrise de l'inclusion dès 5 ans.

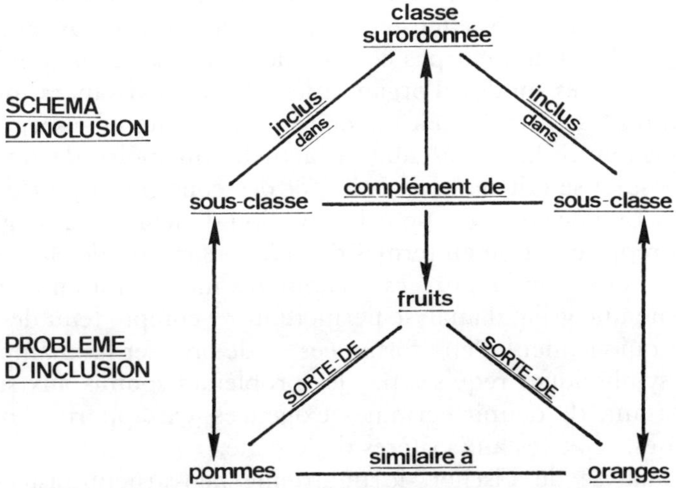

Fig. 38 - Structure d'appariement de symboles et problème d'inclusion selon G. Halford (A structure-mapping approach to cognitive development, *in* A. Demetriou (ed.), *The neo-piagetian theories of cognitive development : toward an integration,* Amsterdam, North Holland, 1988, p. 124)

On remarquera que sur ce dernier point, l'analyse de Halford est compatible avec celle qui a été menée plus haut à partir du modèle de Pascual-Leone, à savoir que l'enfant peut très bien posséder le « schéma d'inclusion » (pour reprendre les termes de Halford) mais ne pas mettre en œuvre la stratégie attentionnelle nécessaire à l'inhibition des schèmes « dangereux » dont l'activation est suscitée par les aspects prégnants du contexte expérimental. D'où, selon cette analyse, l'impuissance de l'épreuve classique d'inclusion à « capturer » la logique évaluée.

Mais là où l'analyse de Halford achoppe, c'est que l'épreuve classique d'inclusion qui, tout piège surmonté, reste considérée par l'auteur comme le critère d'un appariement de systèmes, peut être résolue par un traitement de collections disjointes et non de classes incluses (voir p. 377), c'est-à-dire par deux appariement successifs d'éléments, ou unités, à une collection mentale. Or ce dernier type d'appariement, qui nécessite une capacité de traitement minimale, est maîtrisé, selon le modèle de Halford, dès l'âge de 1 an ! Ceci révèle une limitation importante du modèle. En effet, en dépit de l'accent mis sur les symboles, Halford ne tient pas compte des apports du cognitivisme concernant les modes d'organisation des connaissances (objets structurés, etc.) stockés en mémoire permanente et susceptibles de sous-tendre la représentation actuelle (mémoire de travail) que le sujet se fait de la situation et des consignes avant de les traiter. En l'occurrence, pour la situation d'inclusion, il s'agirait d'une représentation en termes de *collections* et non de classes.

Le modèle de Halford est néanmoins intéressant en ce qu'il présente une grille d'analyse permettant — compte tenu des critiques qui viennent d'être formulées — de préciser les manipulations symboliques requises par les problèmes soumis aux sujets et, partant, de définir certaines exigences (ex. appariement de systèmes) relatives aux critères de logicité.

L'analyse de Fischer, le quatrième néo-structuraliste présenté au chapitre II, se rapproche de très près de celle de Halford. L'épreuve d'inclusion est implicitement retenue comme critère de la maîtrise de systèmes représentationnels (voir la fig. 7 du chap. II). On peut cependant penser que cette épreuve peut être résolue par deux appariements successifs d'objets à une *collection mentale,* assortis d'un simple processus de *mise au point* ou *focusing* (référence à la typologie des processus de généralisation proposée par Fischer et décrite au chap. II, p. 122). Il s'agirait alors de la juxtaposition de deux *skills* spécifiques — celle des deux collections disjointes correspondant à la sous-classe A (les marguerites, par exemple) et à la classe surordonnée B (les fleurs). Mais on reste dans la disjonction fleurs/marguerites, sans qu'il y ait inclusion des marguerites dans les fleurs — sans qu'il y ait *système* au sens de Fischer. Ainsi, comme celui de Halford, le modèle de Fischer nous offre des concepts qui permettent de préciser — en outrepassant les analyses de l'auteur — les processus de catégorisation *empirique.*

Apports et limites du néo-structuralisme

Les modèles néo-structuralistes proposent des concepts et des grilles d'analyse du plus haut intérêt pour l'étude des opérations cognitives et de leur développement. Mais, tout en reprenant à leur compte « le primat du symbolique » introduit par le cognitivisme, ils restent, à cet égard, à un niveau très général. Dans le domaine de la catégorisation, que nous avons donné en exemple, ces modèles ne différencient en rien les représentations *logiquement calculables* des représentations qui ne sont pas normées par le calcul logico-mathématique : les schémas (collections, etc.) et les prototypes. En bref, sans aucunement mésestimer leur apport, on peut dire qu'ils restent à mi-chemin entre la perspective piagétienne et la perspective cognitiviste sans exploiter autant qu'il se pourrait le bénéfice de l'une et de l'autre. L'effort en ce sens est à poursuivre.

Les opérations de l'intelligence : le point de vue fonctionnaliste

La perspective cognitiviste, dont l'historique a été brièvement retracé dans le chapitre II, s'alimente à la source de la métaphore informatique. Elle cherche à créer des modèles de fonctionnement d'un sujet conçu comme un système de codage et de traitement de l'information. Cette conception a influencé fortement la psychologie du développement cognitif de l'enfant.

L'approche cognitiviste développementale : l'exemple des modèles de K. Nelson et de E. Rosch

Le cognitivisme développemental est un courant de recherche qui envisage dans une perspective ontogénétique les problèmes étudiés chez l'adulte par le cognitivisme princeps. Un exemple en a déjà été donné avec les études du développement de l'image mentale. On rappelle la position de Kosslyn qui part du constat selon lequel les adultes utilisent le format imagé de symbolisation lorsque les informations, nécessaires à la résolution des problèmes rencontrés, ne sont pas stockées explicitement sous un format propositionnel ou lorsque leur déduction à partir d'autres informations est impossible ou par trop laborieuse. Par extrapolation rétroactive, l'auteur avance que l'enfant utilise l'image mentale bien davantage que l'adulte faute de connaissances intégrées dans son fichier propositionnel et de capacités suffisantes de déduction. Nous avons vu aussi comment l'expérience de Marmor, qui utilise le paradigme cognitiviste de Shepard, tend à montrer l'existence précoce de l'image mentale de rotation chez l'enfant. Dans le domaine de la catégorisation, K. Nelson propose un modèle de développement très ingénieux et qui complète explicitement la théorie piagétienne sur ce point précis.

Tant en intelligence artificielle qu'en psychologie cognitive, le besoin s'est fait sentir, pour rendre compte plus exactement de l'organisation des connaissances en mémoire (mémoire de l'ordinateur et mémoire du sujet), de considérer des « blocs » d'informations appelés schémas et prototypes.

Les schémas sont construits à partir d'expériences passées avec les objets, les scènes ou événements vécus et ils comportent une série d'attentes quant à l'apparence, à la fonction des choses et à leur ordre d'apparition. Les parties ou unités d'un schéma consistent en une série de variables, ou cases (en anglais *slots*), qui peuvent être remplies, ou particularisées, dans une situation donnée par des valeurs qui ont une plus ou moins grande probabilité d'occurrence. Nous avons tous en mémoire le schéma d'une gare et lorsque nous nous rendons à la gare il est évident que nous nous attendons à y voir des trains et non des avions. Nous avons tous également en mémoire le schéma d'un repas au restaurant, générateur d'attentes particulières suivant le type de restaurant. L'originalité de Nelson est d'avoir cherché à déceler un rapport entre les schémas événementiels ou *scripts* et la formation des catégories conceptuelles (pour un article en langue française de Nelson, voir « Le développement de la représentation sémantique chez l'enfant », *Psychologie française,* 1985, *3-4,* 261-268). A la différence des catégories logiques, les scripts ne sont pas basés sur la similarité entre leurs éléments ni sur l'appartenance inclusive. Il s'agit de structures spatialement et temporellement organisées dont les parties sont connectées sur la base de *contiguïtés* qui ont été expérimentées dans l'espace et le temps. Comment Nelson explique-t-elle le passage des scripts aux catégories logiques ?

Scripts et catégories : le modèle de K. Nelson. Nelson avance — en reprenant une distinction classique en linguistique (introduite par F. de Saussure, 1857-1913) — que les catégories conceptuelles, ou structures *paradigmatiques* abstraites sont *dérivées* des scripts ou structures *syntagmatiques* issues de l'expérience (*contiguïtés* spatio-temporelles). Le mécanisme de cette dérivation est décrit par l'auteur comme le « remplissage » (en anglais *slot-filling*), au cours de l'ontogenèse, des cases vides des scripts. Prenons l'exemple du schéma simplifié du repas d'un jeune enfant. Dans nos cultures, il comporte généralement une entrée, un plat de résistance et un dessert, soit trois cases. Considérons la case « dessert ». Elle peut être remplie à des moments différents par des éléments différents : fruits, gâteaux, yogourts, etc. Au niveau mnémonique, ce remplissage confère à ces éléments une certaine homogénéité selon un attribut commun, fonctionnel ou « positionnel », qui fonde l'appartenance à une même catégorie : c'est la *substituabilité* qui en quelque sorte « signifie » la ressemblance (le même principe explicatif peut être appliqué aux différents concepts élémentaires : vêtements, animaux, meubles, etc.). Nelson distingue alors deux types de catégorie paradigmatique selon le niveau de décontextualisation par rapport aux schémas ou scripts : les catégories « pour remplir des cases vides » (en anglais *slot-filler categories*) et les catégories taxonomiques. Les premières, prédominantes chez le jeune enfant, sont des catégories contextuellement restreintes dont la dérivation est limitée à un schéma ou à un petit nombre de schémas : catégories « les vêtements *pour s'habiller pour sortir* », « les animaux *de la ferme* », etc. Les secondes catégories sont, à l'inverse, décontextualisées car indépendantes des schémas particuliers. Elles sont atteintes lorsqu'il devient évident pour l'enfant que sont réunis, en une même catégorie hiérarchiquement structurée (appartenance inclusive), des éléments provenant d'un nombre étendu de schémas différents : catégories « les vêtements *pour s'habiller pour sortir, pour aller se coucher, pour aller à la plage, pour aller à la neige,* etc. », « les animaux *de la ferme, de la maison, du zoo,* etc. ». Selon Nelson, on rejoint, avec les taxonomies, la classification logique de Piaget.

Le modèle de Nelson est intéressant dans la mesure où il peut rendre compte au niveau fonctionnel de ce qui se passe au niveau structural. On voit la différence avec l'analyse piagétienne qui explique le développement des classifications par l'évolution *logique* qui sous-tend le passage des collections figurales aux collections non figurales et aux classifications opératoires. Nelson précise ce qu'il y a « en dessous », l'infrastructure *en mémoire* : les collections figurales peuvent être considérées comme des schémas ou scripts et les collections non figurales comme des dérivations paradigmatiques des schémas. Dans le cas de Nelson il s'agit du développement qualitatif d'un système de représentations (associé à certains processus : la substitution), dans celui de Piaget du développement d'un système logique d'opérations.

Il existe de nombreux autres modèles cognitivistes développementaux, consacrés chacun à un concept clé du cognitivisme. On peut notamment citer le modèle de J. R. Anderson qui décrit les étapes de transformation des *connaissances déclaratives* en *connaissances procédurales* et le modèle de *règles* de R. Siegler qui spécifie le développement des états de connaissance. Le modèle de Nelson reste néanmoins exemplaire au sens où il ouvre la voie à une synthèse des études du développement des *significations* et du développement des *opérations*.

Toujours dans le domaine de la catégorisation, on doit citer l'approche particulière d'E. Rosch, indépendante des courants cognitiviste et néostructuraliste, et que l'on peut qualifier d'*écologique*. L'objectif de Rosch est de déterminer comment nous structurons l'environnement perceptif. Son apport essentiel est d'avoir souligné que les exemplaires des catégories « naturelles » ne sont pas équivalents quant à leur appartenance catégorielle mais se répartissent au contraire selon un gradient de « représentativité » ou de typicalité. Ainsi, pour une catégorie donnée, certains exemplaires sont peu représentatifs : ils sont dits « atypiques » ou « périphériques » (la mouche est un représentant atypique des animaux). D'autres exemplaires, en revanche, sont très représentatifs : ils sont dits « typiques » (le chien et le chat, dans l'exemple donné). Le représentant le plus typique d'une catégorie est le *prototype* : c'est l'exemplaire qui possède le plus d'attributs en commun avec les autres instances de la catégorie et qui assure la fonction d'exemplaire générique. Du point de vue développemental, le phénomène de typicalité s'observe dès la période prélinguistique (voir l'article en langue française de Rosch « Classification d'objets du monde réel : origines et représentations dans la cognition », *Bulletin de psychologie,* 1976, numéro spécial *La mémoire sémantique,* 242-250). Si la démarche de Rosch semble bien avoir toujours été indépendante du courant cognitiviste, elle l'a inspiré.

Les prototypes (et les schémas) sont devenus les « objets » structurés, ou « compacts » d'informations, qui rendent compte, avec les réseaux, structures de liste et systèmes de production, des modes d'organisation des connaissances en mémoire à long terme dans l'architecture cognitiviste (voir le chap. II).

Stratégies et résolution de problèmes : A. Newell et H. A. Simon, C. Bastien, R. S. Siegler

Les stratégies sont des activités finalisées au moyen desquelles le sujet organise ses connaissances et ses actions pratiques ou virtuelles pour atteindre un but. Lorsque, dans les années 1950, le cognitivisme, en réaction contre le béhaviorisme, s'est intéressé aux processus de résolution de problèmes, l'étude des stratégies s'est évidemment imposée. C'est ainsi que Bruner, déjà cité à propos des types de représentation (*enactive,* iconique et symbolique), publie en 1956 avec ses collaborateurs une étude des stratégies utilisées dans un apprentissage de concepts. Le paradigme expérimental bien connu sous le nom d'*Identification de concepts* consiste à présenter un ensemble de figures géométriques divisées en deux classes, la règle de partition étant ignorée du sujet. Des objets sont ensuite présentés un à un au sujet à qui l'on demande de les affecter à l'une ou l'autre classe en lui indiquant, après chaque placement, l'affectation correcte. Le sujet doit, en fait, retrouver la règle de partition, en sélectionnant une par une les figures. A partir des démarches des sujets et d'une interrogation orale, deux types de stratégie émergent. L'une qui est une stratégie de *focalisation,* en anglais *focusing* (se rappeler le *focusing* dans la théorie de Fischer), consiste à choisir un exemplaire de l'une des partitions, à identifier l'ensemble de ses propriétés, puis à choisir les figures qui permettent de tester chacune de ces propriétés afin de déterminer si elle est retenue ou non dans la règle. L'autre stratégie, appelée *balayage* (en anglais *scanning*), consiste à définir un ensemble d'hypothèses puis à sélectionner les figures jusqu'à ce que toutes les hypothèses soient éliminées, *sauf une.* On se rend compte que la seconde stratégie exige une mise en activité plus importante de la mémoire de travail.

Sous l'influence des travaux en intelligence artificielle, la psychologie cognitiviste anglo-saxonne s'est tournée vers les modèles informatiques de résolution de problèmes, axés sur les aspects procéduraux des activités. L'ouvrage très connu de A. Newell et H. A. Simon, *Human Problem Solving* (Englewood Cliffs, NJ, Prentice Hall, 1972), qui synthétise les travaux antérieurs des auteurs, est très représentatif de la démarche. L'objectif poursuivi est la construction d'un programme général de résolution de problèmes, en anglais le *General Problem Solver* (GPS), aussi indépendant que possible des connaissances du sujet dans un domaine spécifique. Quatre notions fondamentales sont impliquées : 1 / un espace de problème constitué d'états de connaissance, représentant chacun ce que le sujet sait ou suppose lorsqu'il se trouve à une étape donnée de la résolution, 2 / un ensemble d'opérateurs assurant le passage d'un état (entrée) à un autre (sortie), 3 / des procédures de test (comparer un état avec la spécification du problème) et de sélection des opérateurs et des tests.

La résolution du problème consiste à passer d'un état initial à un état final ou état but. Ou le sujet possède un opérateur qui lui permet directement ce passage, ou il ne le possède pas. S'il ne le possède pas, la stratégie va consister à passer de l'état de départ à l'état final par des états intermédiaires. Il s'agit en fait de réduire la différence entre deux états en définissant des situations sous-buts. Les états intermédiaires et les opérateurs qui leur correspondent sont donc déterminés en partant du but (récursivité) alors que l'exécution part de l'état initial. Cette procédure est une *heuristique* (voir dans l'encart 20 la différence entre heuristique et algorithme).

ENCART 20

Algorithme et heuristique

Un *algorithme* est une suite d'opérations, de pas, déterminée à l'avance, qui conduit à la résolution d'une classe de problèmes. Ainsi, dans l'épreuve de sériation des baguettes analysée plus haut, la stratégie de recherche d'un extrême — rechercher la plus grande baguette (ou la plus petite), puis la plus grande (ou la plus petite) de celles qui restent, etc. — est un algorithme. Bien exécuté, l'algorithme conduit, *à coup sûr,* à la résolution.

Une *heuristique* est une procédure qui, sans engendrer dans tous les cas la solution du problème, réussit le plus souvent grâce aux règles judicieuses qu'elle donne sur le choix des opérations à effectuer. La procédure du GPS de Newell et Simon est une heuristique. On peut encore donner comme exemples la recherche d'une *analogie* entre la situation nouvelle et une situation déjà rencontrée, la *reformulation* du problème actuel sous une autre forme, etc.

Mais il est apparu très vite que le GPS, s'il a exercé une influence déterminante sur le cognitivisme princeps, ne rend pas compte de l'activité d'un *sujet réel* dans *des contextes réels*. Dans les situations habituelles de résolution de problèmes, situations de la vie courante ou situations expérimentales, les *connaissances préalables et spécifiques* du sujet jouent un rôle déterminant. Le sujet du GPS est un sujet abstrait dans un contexte également abstrait. D'un point de vue développemental, des chercheurs ont réintroduit le sujet-enfant, en réconciliant le *sujet pragmatique* du cognitivisme et le *sujet épistémique* de Piaget dans un *sujet psychologique*. C'est le cas de C. Bastien et de R. S. Siegler.

L'objectif principal de Bastien est de clarifier la question des décalages de performance observés maintes fois entre tâches équivalentes. L'étude des problèmes où s'observent ces décalages indique que ces problèmes sont interprétés par l'enfant à partir des instruments de traitement dont il dispose, ces instruments étant des schèmes tels qu'ils ont été conceptualisés par Piaget avec leurs propriétés d'invariance fonctionnelle, d'évolution (généralisatrice et qualitative) et de coordination (des schèmes simples aux schèmes complexes). Le second objectif de Bastien est de formaliser ces schèmes ainsi que leur articulation et leur évolution au cours de la résolution de problèmes, articulation et résolution qui constituent les *stratégies*.

Schèmes et stratégies : l'analyse de C. Bastien (C. Bastien, *Schèmes et stratégies dans l'activité cognitive de l'enfant,* Paris, PUF, 1987). Trois types de schèmes sont considérés : les *schèmes-relations,* les *schèmes-modes de réponses* et les *schèmes-parcours.* Trois types de *schèmes-relations* sont isolés : 1 / le schème « être pareil » qui consiste « [...] par une comparaison des éléments d'un couple [par exemple deux figures géométriques] à les considérer comme semblables, c'est-à-dire susceptibles d'être traités de la même façon » (*ibid.,* p. 85), 2 / le schème « faire partie de », 3 / le schème « correspond à ». Les *schèmes modes de réponses* renvoient aux actions qui conduisent à la production des réponses telles que : déplacer (par exemple, dans les expériences pilotées par ordinateur, désigner avec le stylet un objet et une place où l'objet doit être transporté), marquer, générer, lier. Quant aux *schèmes-parcours,* ils sont tributaires de la formalisation des schèmes-relations qui les ont définis comme portant sur des couples d'éléments (un élément pareil à un autre, correspondant à un autre, etc.). Les schèmes-parcours ont pour fonction d'établir, sur les ensembles d'éléments considérés, des parcours tels qu'à chaque « pas » un couple soit construit.

« [...] Le schème-relation détermine alors si ce couple vérifie ou non la relation considérée et dans l'affirmative le schème-mode-de-réponse approprié est mis en œuvre » (*ibid.,* p. 100). L'articulation de ces trois types de schèmes conduit à une stratégie, dite « minimale », de résolution de problèmes, illustrée dans la figure 39.

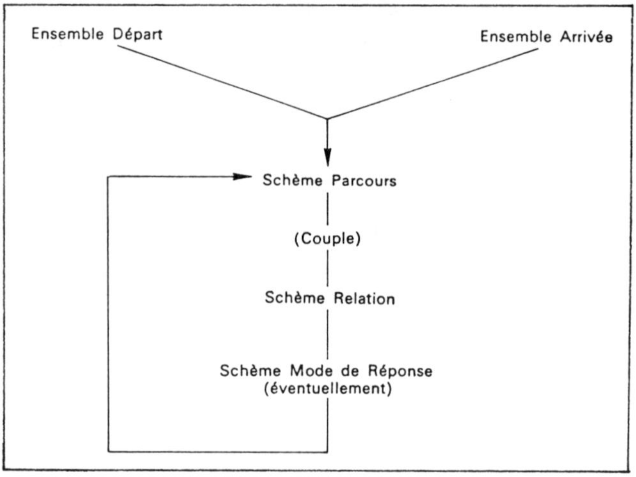

Fig. 39 - Schéma général d'une stratégie minimale de résolution de problèmes selon C. Bastien (1987, p. 84)

La stratégie schématisée dans la figure 38 est dite « minimale » au sens où Bastien pose que toute résolution de problèmes fait intervenir pour le moins l'ensemble des éléments qui la composent. Le schéma montre bien le rôle essentiel des schèmes-parcours si l'on admet qu'à chaque entrée de la boucle (quels que soient les états de départ et d'arrivée successifs) le schème-parcours « évalue » s'il est ou non applicable compte tenu de la modification, en cours de résolution, des états de départ et d'arrivée.

En bref « [...] Le modèle proposé comporte une axiomatique générale qui définit trois types de schèmes, les caractéristiques des situations auxquelles ils sont susceptibles de s'appliquer et enfin la façon dont ils s'articulent pour constituer une « stratégie ». Appliquée à un problème particulier, cette axiomatique générale permet de générer, sous forme de modèle de simulation, l'ensemble des stratégies de traitement possibles qui sont alors confrontées aux résolutions effectivement observées » (*ibid.,* p. 180).

On touche ici une application de l'utilisation de modèles formels et de la simulation informatique (voir le chap. III). A l'aide de cette démarche, Bastien a étudié la résolution, par les enfants, d'exercices scolaires logico-mathématiques, ce qui lui a permis d'apporter certaines réponses à la question des décalages de performance entre tâches équivalentes et à celle de l'évolution des stratégies. C'est ainsi que des variations d'énoncés logiquement équivalents peuvent déterminer des articulations différentes de schèmes et par suite des performances différentes. Voici un exemple donné par Bastien à propos de deux problèmes utilisés par S. Carbonnel *et al.*

Problème 1

G est l'ensemble des gens habitant en France.
H est l'ensemble des gens habitant en France et nés à Paris.
P est l'ensemble des gens habitant Paris.
V = {Paris, Brest, Marseille}.
M. Martin habite Paris.

Questions

1. M. Martin est-il élément de l'ensemble G ?
2. M. Martin est-il élément de l'ensemble H ?
3. M. Martin est-il élément de l'ensemble V ?

Problème 2

A est l'ensemble des gens nés au xxe siècle (après 1900).
B est l'ensemble des gens blonds nés au xxe siècle.
C est l'ensemble des gens nés en 1948.
D = {1960, 1890, 1948}.
Jacques est né en 1948.

Questions

1. Jacques est-il élément de l'ensemble A ?
2. Jacques est-il élément de l'ensemble B ?
3. Jacques est-il élément de l'ensemble D ?

Bien que la même structure d'inclusion des classes soit sous-jacente aux deux problèmes, le second, où un ensemble de nombres (D) est utilisé à la place d'un ensemble de villes (V), suscite davantage de stratégies erronées que le premier. Jacques étant né en 1948 est estimé faussement faire partie de l'ensemble D des nombres-dates. Dans le premier problème, cette stratégie qui consisterait à ranger M. Martin dans l'ensemble des villes V est plus rare (d'après S. Carbonnel *et al.*, Inclusion, appartenance et pensée naturelle, *Cahiers de psychologie,* 1979, *22,* 85-98).

Quant à l'évolution des stratégies, la démarche utilisée permet d'en distinguer deux types : une évolution par réorganisation de schèmes déjà utilisés et une évolution par introduction de nouveaux schèmes. Dans le second cas, il s'agit d'une stratégie dont les composantes sont différentes de celles de la stratégie antérieurement appliquée.

Une autre approche récente des stratégies est celle de Siegler. Comme Bastien, Siegler se démarque des néo-structuralistes qui cherchent à identifier l'unité structurale du raisonnement, à un âge particulier, à partir de tâches dont la plupart sont des variantes des tâches piagétiennes. L'objectif de Siegler est d'étudier le développement de *connaissances spécifiques* dont l'acquisition s'effectue sur une longue durée dans des *contextes familiers* : arithmétique, calcul de l'heure, orthographe. Des travaux réalisés dans ces trois domaines, Siegler tire des conclusions importantes résumées ci-dessous.

Variété et choix de stratégies : l'analyse de R. S. Siegler (Some general conclusions about children's strategy choice procedures, *International Journal of Psychology*, 1987, *22*, 729-749). 1 / A un âge donné, et dans un problème donné, les enfants utilisent une *variété de stratégies.* Cela n'est pas dire que des enfants différents utilisent des stratégies différentes : dans les problèmes d'addition, de calcul de l'heure, d'orthographe, les observations de Siegler démontrent que la majorité des sujets *individuels* utilisent pour le moins trois stratégies au cours de la même session expérimentale. En outre, lorsqu'on présente des problèmes de soustraction identiques, à une semaine d'intervalle, des enfants de 7 et 8 ans utilisent visiblement des stratégies différentes pour 34 % des paires de problèmes proposés. Ainsi, la variabilité des stratégies existe-t-elle pour un même enfant, à propos d'un même problème donné dans un court intervalle de temps, c'est-à-dire dans une situation où les capacités de traitement et les connaissances sont, pour l'essentiel, constantes. 2 / La constatation de la variété des stratégies pose la question *du choix de ces stratégies et de l'évolution de ce choix au cours du développement.* Selon Siegler, le choix effectué par l'enfant n'est pas toujours l'indice de processus *métacognitifs,* c'est-à-dire de l'existence d'une capacité de gestion des outils cognitifs disponibles (la structure de contrôle du cognitivisme). Les connaissances associatives (association au cours de répétitions d'un problème et d'une réponse, correcte ou non) dirigent certains choix. Par ailleurs, d'autres facteurs ont une influence : la difficulté, dans un contexte donné, d'exécuter des stratégies déjà connues, l'influence des problèmes connexes (influence par exemple de l'addition sur la multiplication dans la réponse erronée : $5 \times 3 = 8$), la fréquence de présentation du problème. Les différences individuelles peuvent intervenir aussi au niveau des connaissances préalables et du style cognitif (par exemple, les sujets perfectionnistes opposés à des sujets qui le sont moins).

En bref, les recherches actuelles font apparaître que, dans les situations familières, les enfants mettent en œuvre de *multiples stratégies*. Si certaines sont le propre des jeunes enfants et d'autres celui des enfants plus âgés, quelques-unes sont utilisées à tous les âges. Au niveau individuel, la vitesse et la précision dans l'exécution des stratégies, tout autant que *le choix* parmi les stratégies disponibles, évoluent au cours du développement.

Des structures aux procédures : l'évolution néo-piagétienne, B. Inhelder et G. Cellérier

Dans l'approche néo-piagétienne qui s'est développée à Genève, sous l'impulsion de B. Inhelder (voir le chap. II), l'étude des procédures s'est inscrite tout naturellement à la suite et en complément de celle des structures, objet de la perspective piagétienne classique. Si le terme « procédure » est employé plus souvent que celui de « stratégie », le sens est le même, la procédure étant définie comme une séquence finalisée d'actions. Ce qui diffère de la position cognitiviste, c'est que la structure est toujours présente à l'arrière-plan. L'ouvrage *Le cheminement des découvertes de l'enfant* édité par B. Inhelder et G. Cellérier (Neuchâtel, Delachaux & Niestlé, 1992), et dont voici un extrait, illustre bien cette démarche.

« [...] Les structures sont des liaisons permanentes du système cognitif, engendrant ses possibilités (ouverture) et ses nécessités (fermeture). Dans la psychogenèse, elles sont à la fois l'achèvement d'une construction et une ouverture sur de nouveaux possibles. Elles ont avant tout pour nous le sens d'une structuration dynamique. Leur pertinence psychologique est parfois mise en question car la pensée naturelle ne les thématise pas, mais il est indispensable d'y avoir recours car elles sont des systèmes de transformations structurantes et structurées qui rendent compte de l'élaboration d'inférences devenant peu à peu nécessaires. Les structures relèvent de ce que l'enfant « sait faire » indépendamment de la conscience qu'il en a. Or, dans toute étude génétique, un problème central est de se demander quelles sont les possibilités et les nécessités permettant l'élaboration de connaissances ultérieures. Il ne s'agit certes pas d'employer la structure pour la prédiction de la conduite, mais de mettre en évidence les conditions d'un progrès possible. Nous faisons l'hypothèse que *les structures forment l'ensemble des possibles de départ qui permettent à l'activité procédurale de se dérouler* [souligné par nous] » (p. 33).

On comprend alors que les procédures, ou stratégies, soient interprétées dans un cadre épistémologique différent qu'elles ne le sont habituellement. Un exemple en est donné avec l'étude des activités spontanées d'une petite fille de 4 ans, Katia, à qui l'on demande de ranger comme elle l'entend des animaux-jouets : quatre cygnes blancs, trois poissons rouges et un canard. Si l'on ne retient que les indices structuraux, les réalisations de Katia correspondent aux collections figurales (voir, dans ce chapitre, le développement des classifications selon Piaget et Inhelder). L'analyse fine du déroulement des activités de l'enfant met en évidence une *genèse* : « [...] après de multiples rangements en lignes, alternances et couplages, Katia regroupe tous les objets en trois collections alignées [trois poissons rouges, trois cygnes blancs, le canard et un cygne blanc], puis rapproche ces dernières, qui ne forment plus qu'une rangée continue d'objets, et se met tout à coup à les compter pour donner un sens à la nouvelle collection » (*ibid.*, p. 53). Ainsi, la centration de l'observateur sur les séquences d'actions et sur leur déroulement, remplaçant la seule centration sur les productions finales de l'enfant, permet-elle de saisir le rôle organisateur de l'espace dans la construction d'une activité numérique élémentaire. La nouvelle démarche permet de mieux cerner la réalité psychologique de telle façon que : « [...] L'essentiel du progrès cognitif ne tient pas à l'échec comme tel, mais bien aux modifications opérées en cours de route et aux théories sous-jacentes » (*ibid.*, p. 90). Dans un second temps la démarche doit se poursuivre par l'inférence des représentations qui sous-tendent les procédures.

Métacognition et théories de l'esprit : J. H. Flavell, J. Perner, H. Wimmer

De la même manière que l'on a assisté en psychologie cognitive à l'« explosion » du terme *représentation*, on assiste depuis les années 1970 à l'explosion du préfixe *méta* en psychologie du développement : métacognition, métacommunication, métamémoire, métalangage, etc. A l'origine, on trouve les travaux du psychologue américain Flavell (déjà cité à propos de la discussion sur la structure d'ensemble piagétienne), promoteur de l'étude de la métacognition chez l'enfant. Voyons la définition qu'il en donne.

« [...] Qu'est-ce que la métacognition ? Généralement, la définition qu'on en donne est large et assez vague : c'est la connaissance ou l'activité cognitive qui concerne, ou contrôle, un aspect quelconque d'une activité cognitive (voir Flavell, 1981). On l'appelle métacognition parce que son sens profond est « la cognition de la cognition ». On considère que les habiletés métacognitives jouent un rôle important dans de nombreux types d'activités cognitives, telles la communication orale d'informations, la persuasion orale, la compréhension orale, la compréhension lors de la lecture, l'écriture, l'acquisition du langage, la perception, l'attention, la mémoire, la résolution de problèmes, la cognition sociale, et les diverses formes d'auto-instruction et de contrôle de soi. La métacognition ou les concepts qui lui sont liés (par exemple, les processus d'exécution) ont également fait récemment leur apparition dans le domaine de la psychologie cognitive, de l'intelligence artificielle, des habiletés humaines, de la théorie de l'apprentissage social, des modifications cognitives du comportement, du développement de la personnalité, de la gérontologie et de l'éducation, aussi bien que du développement cognitif de l'enfant. La métacognition et les concepts qui s'y apparentent sont aujourd'hui très en vogue en psychologie et dans les sciences de l'éducation » (J. H. Flavell, Développement métacognitif, *in* J. Bideaud et M. Richelle (éd.), *Psychologie développementale : problèmes et réalités,* Bruxelles, Mardaga, 1985, p. 30).

Dans la métacognition, Flavell distingue les *connaissances métacognitives* et les *expériences métacognitives.* S'agissant des connaissances métacognitives, trois aspects sont répertoriés : les personnes, les tâches et les stratégies. Suivons encore Flavell en ce qui concerne les connaissances métacognitives des personnes.

« [...] La catégorie « personnes » comprend toutes les connaissances et croyances qu'on peut acquérir concernant les êtres humains en tant qu'appareils qui traitent des données cognitives. On peut subdiviser cette catégorie en connaissances et croyances sur les différences cognitives intra-individuelles et interindividuelles et les ressemblances cognitives entre individus, c'est-à-dire les propriétés universelles de la cognition humaine. Voici des exemples des deux premières sous-catégories : vous savez que vous êtes meilleur en psychologie qu'en physique, ou vous croyez que vos parents sont plus sensibles que leurs voisins aux besoins et sentiments d'autrui (croyance qui porte sur les habiletés socio-cognitives d'autrui). C'est la sous-catégorie des universels cognitifs qui est la plus intéressante des trois. Elle renvoie à ce que vous êtes arrivé à connaître ou à croire à propos de l'esprit humain en général, et à propos de l'esprit de n'importe quel individu » (*ibid.,* p. 31-32).

Les connaissances métacognitives des tâches concernent la nature des informations traitées lors de la résolution d'un problème et la nature des exigences de la tâche, ce qui permet à l'individu de disposer, de manière adaptée, des ressources cognitives qui sont les siennes. Quant aux métaconnaissances concernant les stratégies, ce sont celles qui permettent d'effectuer à la fois le choix pertinent parmi les stratégies disponibles et la gestion de la (ou des) stratégie(s) retenue(s) au cours de l'effection de la tâche. Le contrôle, en cours de résolution, est une activité métacognitive importante.

« [...] Par exemple, si on vous demande ce qu'une personne doit faire pour mémoriser un numéro de téléphone, nul doute que vous pourrez lui dire qu'elle devrait essayer de se le répéter (connaissance déclarative concernant le fait que la répétition constitue une stratégie mnémonique). Et, ce qui est plus important du point de vue pratique, si vous devez effectivement mémoriser un numéro de téléphone, probablement vous commencerez automatiquement, c'est une vieille habitude, par le répéter (connaissance procédurale de quand et comment utiliser l'autorépétition comme stratégie mnémonique). Vous connaissez sans doute aussi des stratégies cognitives plus sophistiquées, par exemple vous savez qu'il vous faut passer plus de temps à étudier un matériel plus important ou moins bien appris qu'à étudier un matériel moins important ou mieux appris. On peut distinguer grossièrement les simples stratégies cognitives des stratégies métacognitives. La principale fonction d'une stratégie cognitive est de vous aider à atteindre le but de toute entreprise cognitive dans laquelle vous vous êtes engagé. Par contre, la principale fonction d'une stratégie métacognitive est de vous fournir des informations sur l'entreprise dans laquelle vous êtes engagé ou sur vos progrès » (*ibid.*, p. 33).

Les expériences métacognitives sont définies comme des expériences liées à une activité cognitive. Elles peuvent être aussi bien conscientes — et donc clairement verbalisables — que l'être moins. Flavell donne comme exemple le fait qu'étant en train de lire, vous vous rendez compte tout à coup que vous ne comprenez pas ce que vous lisez. Cela vous conduit alors à un effort d'adaptation : relire le passage, évoquer ce que vous avez déjà compris, demander une aide, etc. Les expériences métacognitives diffèrent des expériences cognitives au sens où les premières concernent une démarche cognitive qui, le plus souvent, est en train de se dérouler.

L'idée d'étudier les connaissances métacognitives de l'enfant a suscité un grand intérêt chez les psychologues. Récemment on a qualifié de *théories de l'esprit* les conceptualisations naïves que l'enfant construit à propos des phénomènes psychologiques qui se produisent chez lui-même et chez autrui. Les résultats de nombreuses recherches indiquent que les théories des jeunes enfants possèdent déjà certains aspects des théories de l'adulte concernant l'esprit. Dès 2-3 ans, on peut déceler l'ébauche d'une connaissance de la perception d'autrui (voir, plus loin, le développement de la coordination des perspectives) ainsi qu'une certaine maîtrise des verbes concernant les croyances et les désirs (avoir besoin de, penser, savoir, vouloir). Il existerait également une distinction précoce entre les objets réels et la représentation mentale de ces objets. Toutefois une différence nette apparaît entre 3 et 4 ans en ce qui concerne les *fausses croyances* et la *distinction entre apparence et réalité.*

Théories de l'esprit et fausses croyances : les expériences de J. Perner et H. Wimmer. On montre à un enfant de 3 ans, Johny, une boîte d'allumettes fermée et on lui demande ce qu'il y a dedans. Sa réponse, évidente, est *Des allumettes.* La boîte ouverte révèle qu'elle contient des bonbons que l'on permet à Johny de goûter. La boîte est refermée et un nouvel enfant, Amy, qui ne sait pas ce que la boîte contient, entre dans la pièce. On dit alors à Johny : « ... A ton avis qu'est-ce qu'Amy pense qu'il y a dans la boîte ? » Johny répond : *Des bonbons.* C'est seulement à partir de 4 ans que les enfants répondent : *Des allumettes* (J. Perner, S. R. Leekam et H. Wimmer, Three-year-old's difficulty with false belief, *British Journal of Developmental Psychology,* 1987, *5,* 125-137).

Une autre situation met en scène deux enfants, John et Mary, et un marchand de glaces qui se tient habituellement dans le parc, ce que John et Mary savent bien. En l'absence de Mary, John est averti que le marchand de glaces se trouve maintenant vers la gare. Mary, quant à elle, assiste à ce déplacement à l'insu de John. Deux questions sont posées : « ... Est-ce que John sait que Mary sait où est le marchand de glaces ? » et « ... Où John pense-t-il que Mary ira acheter une glace ? » A 5 ans, les enfants répondent correctement à la première question : *Non,* mais incorrectement à la seconde : *A la gare.* Ce n'est qu'à 6 ans que les enfants donnent la réponse correcte à cette seconde question : *Dans le parc* (J. Perner et H. Wimmer, « John thinks that Mary thinks that ... » : attribution of second-order beliefs by 5-to 10-year-old children, *Journal of Experimental Child Psychology,* 1985, *39,* 437-471).

Ainsi, dans les situations de « fausses croyances », l'enfant de 3 ans se réfère-t-il à ses propres connaissances pour statuer sur l'état des connaissances des autres. Vers 4-5 ans, il distingue l'état de ses connaissances de celui des connaissances d'autrui. L'enfant deviendrait alors capable d'une représentation de ses propres représentations et de celles d'autrui : c'est le niveau « méta-représentation », c'est-à-dire celui d'une méta-connaissance. On retrouve le même développement en ce qui concerne la distinction apparence/réalité.

Théories de l'esprit et distinction apparence/réalité : l'expérience de J. H. Flavell (J. H. Flavell, E. R. Flavell et F. L. Green, Development of the appearance-reality distinction, *Cognitive Psychology*, 1983, *15*, 95-120). L'expérimentateur présente à l'enfant une éponge qui a l'apparence très réaliste d'une pierre. L'enfant est incité à manipuler l'objet après quoi deux questions lui sont posées : « ... Est-ce que cet objet ressemble à une pierre ou à une éponge ? » (question sur l'apparence) et « ... Cet objet est-il réellement une pierre ou une éponge ? » (question sur la réalité ou « l'essence » de l'objet). Les enfants de 4 et 5 ans répondent correctement à ces questions. A 3 ans les enfants donnent la même réponse aux deux questions : *L'objet ressemble à une pierre et c'est une pierre* (erreur phénoméniste) ou *Il ressemble à une éponge et c'est une éponge* (erreur réaliste). Avant 4 ans, l'apparence n'est donc pas distinguée de la réalité. Après 4 ans, cette distinction est établie.

Tant pour la compréhension des fausses croyances que pour la distinction apparence/réalité, la différence observée entre 3 et 4-5 ans semble traduire un changement qualitatif dans la connaissance qu'ont les enfants du fonctionnement mental. Ils comprennent alors que les choses peuvent apparaître à une personne — soi-même ou autrui — d'une manière différente de ce qu'elles sont en réalité, qu'elles peuvent « se déguiser ». Ils comprennent « [...] que des personnes peuvent se représenter les choses de plus d'une manière et que la représentation mentale qu'une personne a de quelque chose peut différer de celle d'une autre personne et de la réalité » (J. H. Flavell, The development of children's understanding of false belief and the appearence-reality distinction, *International Journal of Psychology*, 1993, *1*). L'enfant passerait ainsi, entre 3 et 4 ans, d'une théorie de l'esprit rudimentaire où les représentations mentales seraient, pour l'essentiel, des copies directes d'une réalité immédiate à une théorie plus élaborée *où l'esprit engendre les représentations mentales*, ce qui lui permettrait d'échapper aux pièges des apparences et de comprendre les fausses croyances.

Dans les deux domaines qui sont particulièrement explorés à propos des théories de l'esprit, fausses croyances et apparence/réalité, on est frappé de la parenté du développement avec, respectivement, la coordination des perspectives spatiales et les conservations. Dans le premier cas, l'enfant doit tout d'abord savoir que l'autre ne sait pas ou ne voit pas ce que lui-même sait ou voit. Il doit ensuite calculer ce que cet autre voit. Dans le second cas, il doit avoir compris que les objets, les choses, peuvent se déguiser tout en restant, pour l'essentiel, ce qu'elles sont — ce qui implique la reconnaissance d'une invariance : invariance d'une ou de plusieurs propriété(s) (cas de l'éponge), invariance de la quantité (conservation). La comparaison précise du développement dans ces domaines devrait permettre de dépasser le niveau relativement descriptif, qui est celui des études actuelles des théories de l'esprit, pour atteindre un niveau réellement explicatif.

Facteurs et mécanismes du développement

Facteurs généraux

Qu'il s'agisse de la perspective piagétienne ou des perspectives néo-structuralistes, le développement cognitif est décrit comme la succession de niveaux d'organisation *hiérarchisés* (stades, étapes, étages, etc., selon les auteurs), chaque niveau *émergeant* à un âge précis. A ces propriétés générales des stades, hiérarchisation et émergence, les néo-structuralistes ajoutent certaines caractéristiques qui leur sont spécifiques et que l'on peut résumer de la manière suivante. 1 / Les étapes décrites ne sont plus uniquement celle du développement de l'intelligence logico-mathématique étudié par Piaget. A dire vrai, Pascual-Leone mis à part, cette intelligence là est « noyée » dans le flot du traitement de l'information. 2 / Pour certains néo-structuralistes, principalement Case et Fischer, il n'existe pas d'homogénéité du développement dans tous les domaines, mais une structuration temporelle propre à chacun d'eux. 3 /Les sous-stades du développement ont un caractère récursif. Par exemple, on retrouve les mêmes sous-stades (unifocal, bifocal, etc.) aux quatre étapes du développement décrites par Case (voir la fig. 3 du chap. II). 4 / Les différences inter- et intra-individuelles sont, pour des auteurs tels Fischer, la règle du développement cognitif.

Mais la description des étapes et de leurs caractéristiques est insuffisante si elle ne s'accompagne pas d'une explication ou pour le moins d'une description des mécanismes de transition. Toutes les théories font appel à des degrés divers à la maturation, à l'exercice et à l'interaction sociale. Piaget et Inhelder, nous l'avons vu dans le chapitre I, ajoutent à ces mécanismes (ou facteurs) qu'ils jugent insuffisants *l'équilibration des structures cognitives,* car « [...] trois facteurs disparates ne font pas une évolution dirigée et à direction aussi simple et régulière que celle de nos trois grandes structures successives » (J. Piaget et B. Inhelder, *La psychologie de l'enfant,* Paris, PUF, 1966, p. 124). On rappelle que ces trois grandes structures sont : le groupe pratique des déplacements (stade sensori-moteur), le groupement des opérations concrètes (stade opératoire concret) et le groupe des opérations formelles (stade opératoire formel). Le *mouvement* du développement est celui d'une rééquilibration constante et finalisée de ces structures de la connaissance, mouvement fléché en direction d'une accommodation optimale gage d'une assimilation elle-même optimale, au sein de l'interaction constante des deux processus. Par ce mécanisme, l'émergence de structures « équilibrées » marque à la fois l'achèvement d'une construction et l'ouverture sur de nouveaux possibles.

Maturation et exercice sont nécessairement invoqués par les auteurs néo-structuralistes pour rendre compte du développement. Ce qui les distingue tient aux points précis du système cognitif sur lesquels jouent ces deux facteurs (voir chap. II et ce chapitre p. 379). On se rappelle que Pascual-Leone voit dans l'équilibration, quatrième facteur piagétien, une disposition active selon laquelle l'organisme procède à des restructurations au moindre coût, de manière à maximiser à la fois sa cohérence interne et sa capacité d'adaptation. Cette disposition, liée étroitement à la maturation et à l'exercice, détermine principalement l'accroissement de l'espace de calcul M, ou puissance de l'opérateur d'activation (en anglais *Mpower*) : les stades ou sous-stades piagétiens, conservés dans la théorie de Pascual-Leone, sont dépendants de M, chaque accroissement de M déterminant le nombre de schèmes activables dans une opération cognitive (voir le tableau I du chap. II). Au rôle principal de M s'ajoutent, nous l'avons vu, celui des schèmes exécutifs E (programme d'effection) et celui des opérateurs I (inhibition) et F (facteur de champ). Dans la mesure où les opérateurs *silencieux* (M, I, F, etc.) sont situés, selon Pascual-Leone, dans le *hardware* (matériel), ils sont très dépendants de la maturation. Les schèmes exécutifs, tout comme les schèmes opératifs et figuratifs, ressortissent au *software* (logiciel) et sont donc à la fois tributaires de l'exercice, des transmissions sociales et de la maturation (l'acquisition des schèmes dépend aussi de M).

Pour Case, le point critique du développement réside dans *l'espace de stockage à court terme* des connaissances. C'est l'accroissement de cet espace, lui-même fonction de l'augmentation de l'efficience opératoire, qui au sein d'un stade assure le passage d'un sous-stade à un autre en permettant l'augmentation de complexité des objectifs du système de contrôle exécutif (voir la fig. 5 du chap. II). Cet accroissement s'effectue sous l'effet conjugué de la maturation et de l'exercice. Sur cette base agissent les processus de traitement de l'information déjà décrits. Quant aux structures intellectuelles centrales, introduites récemment dans le modèle de Case, elles procéderaient, pour une large part, de la transmission culturelle et, plus particulièrement, scolaire.

Pour Fischer, deux mécanismes de développement sont primordiaux : l'élévation du niveau optimal, c'est-à-dire de la limite supérieure de complexité du répertoire de *skills* dont dispose le sujet dans une situation problème donnée, et le développement des *skills,* ou compétences spécifiques, eux-mêmes. Le premier de ces mécanismes est largement déterminé par la maturation biologique, le second par l'interaction entre l'organisme et l'environnement.

Halford invoque l'accroissement avec l'âge des capacités de traitement nécessaires à l'application de structures d'appariement de plus en plus riches en unités symboliques (charge mentale) : d'une unité au niveau d'appariement d'unités à quatre unités, au moins, au niveau d'appariement de systèmes multiples (voir la fig. 6 du chap. II). Cet accroissement est, selon l'auteur, lié à la maturation. A noter que si, pour Case et Fischer, le développement est discontinu, il reste continu, comme dans la théorie piagétienne, dans les perspectives de Pascual-Leone et de Halford.

Apprentissage et développement cognitif

Le poids accordé à l'apprentissage dans le développement, tout autant que la nature des mécanismes impliqués sont étroitement liés aux hypothèses concernant les mécanismes et les facteurs du développement. Mais les hypothèses n'ont aucun intérêt si on ne cherche pas à les valider. D'où l'intérêt des expériences d'apprentissage où sont créées les conditions, concordantes avec les hypothèses testées, d'une microgenèse en laboratoire qui est censée « miniaturiser » le développement naturel (voir à ce sujet, dans le chapitre III consacré aux méthodes, le paragraphe intitulé : *Les expériences d'entraînement : le développement en miniature*). Les différentes modalités d'acquisition postulées par ces différentes théories — et qui sont impliquées dans les expériences d'apprentissage correspondantes — ne doivent pas être considérées comme antagonistes. Le développement cognitif est un cheminement de longue haleine et des plus complexes, et la diversité des points de vue en témoigne d'une certaine façon. On peut concevoir des mécanismes différents agissant soit séparément, soit complémentairement ou en synergie (voir la partie consacrée à l'apprentissage dans le vol. *HC*).

Apprentissage opératoire et apprentissage empirique

Dans la théorie opératoire de Piaget, l'équilibration, moteur du développement, est sous-tendue par des processus d'abstraction. L'abstraction *simple* ou *empirique*, à partir des observables, conduit à la connaissance *physique* de l'environnement. L'*abstraction réfléchissante*, ou abstraction des coordinations d'actions, occupe une place prépondérante dans le processus d'équilibration avec ses deux composantes : le *réfléchissement* ou transposition sur le plan supérieur de ce qui est acquis sur le plan précédent et la *réflexion* ou reconstruction sur le nouveau plan des éléments transposés (voir le chap. I). On conçoit alors que l'apprentissage soit soumis au développement. On conçoit aussi que dans les expériences d'apprentissage piagétiennes deux conditions soient requises.

« [...] Si nous adoptons l'hypothèse que l'accroissement des connaissances, et notamment la formation des notions de quantité physiques, résulte de rencontres entre les schèmes du sujet et les observables du milieu ; si nous admettons d'autre part que ce sont les systèmes d'organisation des schèmes qui se transforment au cours du développement, il convient de sélectionner des sujets pouvant — selon les prétests — être hiérarchisés en fonction de leur niveau d'organisation de schèmes et d'offrir à tous les mêmes chances de rencontre avec les observables expérimentaux. [...] Si, par ailleurs l'apprentissage cognitif consiste, par hypothèse, à favoriser les rencontres entre l'organisation des schèmes du sujet et les observables, il convient d'articuler les procédures expérimentales de façon que les sujets puissent rencontrer tous les aspects pertinents à la solution du problème posé et plus particulièrement ceux qu'ils auraient « naturellement tendance à négliger » (B. Inhelder, H. Sinclair et M. Bovet, *Apprentissage et structures de la connaissance,* Paris, PUF, 1974, p. 63-64).

Mais si la rencontre avec les observables est aménagée la procédure doit rester pour l'essentiel *opératoire.* « [...] Il importe de souligner que dans nos études d'apprentissage les procédures visent essentiellement à la constitution de la forme de la connaissance et insistent donc sur l'aspect abstraction réfléchissante ; par cela elles représentent des « exercices opératoires ». Mais elles concernent toujours l'acquisition de notions particulières dont le contenu joue, dans chaque expérience un rôle bien spécifique » (*ibid.*, p. 20). L'expérience d'apprentissage de l'inclusion rapportée ci-dessous est construite dans ce sens.

Apprentissage opératoire de l'inclusion selon B. Inhelder *et al.* (B. Inhelder, H. Sinclair et M. Bovet, 1974, réf. citée plus haut). Le schéma expérimental est le schéma classique des expériences d'apprentissage décrit au chapitre III (fig. 10). Il comprend : 1 / un prétest d'inclusion (question classique : huit marguerites et deux roses) auquel s'ajoute des épreuves de conservation ; 2 / six séances d'apprentissage (deux par semaine) et 3 / deux post-tests, le second donné cinq semaines après le premier.

L'apprentissage s'effectue à partir de collections de fruits : pommes (P), pêches (E), autres fruits (O). Deux poupées (fille et garçon) servent de support à la présentation. Chaque séance d'entraînement comporte deux phases : l'une où l'enfant manipule les fruits, l'autre purement verbale où il répond à des questions. *Au cours de la première phase,* l'expérimentateur place dans la corbeille de l'une des poupées une collection de deux sortes de fruits, par exemple PPEEEE. L'enfant est alors requis de donner à l'autre poupée « ... plus de pommes mais autant de fruits ». Quatre modèles sont successivement proposés : PPEEEE, PPPPEE, PPOOOO et PPPPOO. Pour les deux premiers la consigne est celle donnée ci-dessus, pour les deux autres elle devient : « ... moins de pommes mais autant de fruits ». Au cours de la seconde phase, l'enfant doit répondre à trois séries de questions : 1 / Devant deux collections différentes, PPPPEE et PPEEEE, « Quelqu'un a-t-il plus de pommes ?... plus de fruits ?... plus de pêches ? ». 2 / Devant deux collections semblables, PPPPEE et PPPPEE, placées devant chacune des poupées : « Le garçon mange toutes ses pommes et la fille mange tous ses fruits ; qui mange le plus ? ». 3 /Devant une seule collection, PPPPEE : « Qu'est-ce que la poupée doit dire pour manger le plus, je vais manger toutes mes pommes ou tous mes fruits ? » et « Dans le panier de la poupée y a-t-il plus de pommes ou plus de fruits ? ». Chaque réponse incorrecte au cours de l'apprentissage donne d'abord lieu à une question de l'expérimentateur : « Tu es sûr ? », puis l'attention de l'enfant est attirée sur son erreur : « Je ne crois pas que les poupées soient contentes, elles veulent avoir la même chose, beaucoup de fruits, ça ne va pas ; il y en a une qui est jalouse, etc. ». Outre les épreuves du prétest, les post-tests comportent des épreuves de généralisation.

Dix-neuf sujets âgés de 5 ans 6 mois à 6 ans 8 mois, qui tous réussissent au prétest la conservation numérique élémentaire, sont soumis à cette expérience. Les résultats observés au deux post-tests sont notables. Au second post-test, douze sujets atteignent l'inclusion « opératoire » avec généralisation à des épreuves différentes et transfert de l'apprentissage aux conservations du poids et du volume. La nature des progrès de même que leur importance se révèlent fonction du niveau initial du développement de l'enfant.

Dans la première phase de l'apprentissage, « ... donner plus de pommes (ou moins de pommes) mais autant de fruits », la juxtaposition explicite de deux schèmes (donner plus/mais autant) conduirait à un *conflit* suivi d'un essai de composition qui réussit ou non. Dans la seconde phase l'enfant est mis plus directement en contact avec les observables. Il est amené d'une manière très habile à constater par l'intermédiaire de deux collections inégales, puis égales (sous-phases 1 et 2 de la seconde phase) à la supériorité quantitative de la classe sur la sous-classe. Les effets remarquables de l'apprentissage pourraient être dus à la conjonction instaurée expérimentalement d'un exercice des schèmes sous-jacents à l'atteinte de la notion et ce qui semble bien être un constat *empirique* suscité.

Des expériences d'apprentissage empirico-didactiques ont par ailleurs été réalisées à propos des notions logiques. Concernant l'inclusion, les apprentissages font intervenir le comptage, la mesure spatiale des collections, l'explication avec ou non correction des erreurs. S'agissant de la conservation du liquide, ils font intervenir le constat de l'identité des quantités et l'explication de la compensation. Toujours dans le cas des conservations, des entraînements sont conçus pour conduire à la compréhension de la notion en masquant les indices perturbateurs. L'enfant apprend alors à reconnaître l'équivalence des quantités en dépit de ses « déguisements » contextuels. Les auteurs piagétiens ont très souvent critiqué ces « manœuvres empiristes » qui selon eux, et selon d'autres auteurs, ne suscitent que de faibles progrès. Il semble pourtant que ce ne soit pas le cas au vu des résultats de S. Engelman, de G. A. Kohnstamm, de E. V. Sullivan et de J. Bideaud, entre autres, qui sont du même ordre, compte tenu des niveaux préalables, que les apprentissages dits « opératoires » (pour une synthèse, voir J. Bideaud, *L'acquisition de la notion d'inclusion,* Paris, Editions du CNRS, 1976 ; *Logique et bricolage chez l'enfant,* Lille, PUL, 1988). La question semble bien être celle de savoir ce qui est exercé dans les entraînements indépendamment de l'appellation empiriste ou opératoire qui leur est conférée.

Il faut bien noter que l'apprentissage opératoire ou logique et l'apprentissage empirique, ou apprentissage des contenus, sont intégrés et conjugués dans la théorie de Pascual-Leone, le seul néo-structuraliste qui donne une explication des mécanismes d'apprentissage (voir à ce sujet le chap. II, p. 109).

Les apprentissages socio-cognitifs

La psychologie sociale du développement cognitif, née dans les années 1970, s'est constituée d'abord comme une approche théorique du développement. Elle a pour objet d'étude la construction sociale des représentations cognitives. Pour ses initiateurs, ce courant de pensée reste d'abord dans une problématique constructiviste piagétienne du développement cognitif, tout en lui apportant une modification majeure. Le modèle explicatif proposé intègre *les variables sociales comme éléments constitutifs,* au même titre que les variables psychologiques, selon un schéma ternaire qui associe le sujet individuel, l'autre (ou les autres) et les objets. Il s'agit d'introduire les mécanismes de médiation par lesquels les facteurs sociaux concourent à la construction même des processus cognitifs (voir par exemple W. Doise et G. Mugny, *Le développement social de l'intelligence,* Paris, InterEditions, 1981). Dans cette perspective, le conflit sociocognitif est considéré comme un mécanisme qui sous-tend le processus de développement des structures cognitives. Voici, à propos de la notion de conservation, un exemple des situations expérimentales utilisées.

Trois groupes d'enfants non conservants sont constitués : 1 / Un groupe formé de couples d'enfants où, dans chaque couple, les enfants commettent des erreurs perceptives inverses. Par exemple, dans le cas où l'expérimentateur verse l'eau du second verre, initialement identique à celle du verre témoin, dans plusieurs petits verres (voir la fig. 33 de ce chapitre), l'un des enfants dit *Il y en a plus parce qu'il y a beaucoup de petits verres* et l'autre *Il y en a moins parce que les verres sont petits.* Ces deux enfants, comme ceux des autres couples, sont mis en situation d'avoir à donner une réponse commune, après concertation, dans une tâche similaire (par exemple, le morcellement de la seconde boulette de pâte dans l'épreuve de la conservation de la substance). 2 / Un groupe d'enfants « semblables » mis en présence d'un modèle de réponse correcte à l'épreuve de conservation (performance d'un enfant conservant par exemple). 3 / Un groupe d'enfants « semblables » qui ne participe à aucune des situations expérimentales. Un post-test individuel est donné à tous les enfants afin de comparer l'effet des situations expérimentales.

Le rôle des interactions entre pairs de même niveau sur l'acquisition d'une notion est largement attesté : le travail à deux permet à chacun des partenaires, sous certaines conditions, de progresser davantage qu'ils ne l'auraient fait en travaillant seuls. Très généralement, la situation de conflit socio-cognitif s'avère plus propice au progrès que celle de modélisation, issue de l'apprentissage socio-cognitif par observation, cette dernière produisant néanmoins des progrès significatifs. Deux mécanismes, conflit et observation, seraient donc susceptibles d'aider à la progression développementale. Des résultats notables ont été obtenus, dans une optique génétique, pour des notions bien étudiées par l'école piagétienne (conservation de l'égalité ou de l'inégalité des longueurs, des quantités continues et discontinues, décentration spatiale, etc.). En bref, cette perspective qui met l'accent sur le conflit cognitif, notion éminemment piagétienne, complète la théorie opératoire en introduisant la dimension sociale qu'elle avait par trop négligée.

L'apprentissage sans erreur

Dans la perspective béhavioriste de Skinner, les phénomènes mentaux sont d'une telle complexité qu'il paraît vain de vouloir les expliquer avant d'avoir mis en évidence les conditions de leur apparition. La technique de conditionnement opérant permet cette mise en évidence en favorisant l'installation de conduites définies préalablement avec précision. Dans une variante de cette méthode, l'apprentissage sans erreur, l'environnement expérimental est organisé de telle manière que seuls les comportements *attentus* émergent. Deux chercheurs belges, C. Botson et M. Deliège, ont conçu un apprentissage sans erreur de la sériation des baguettes. L'objectif est d'organiser le milieu expérimental de telle façon que l'enfant parvienne au comportement de sériation visé. Il est aussi d'explorer les repères que l'enfant peut utiliser, les procédures possibles de réalisation et les difficultés critiques à surmonter.

Procédure d'apprentissage sans erreur de la sériation selon C. Botson et M. Deliège. (*Le développement intellectuel de l'enfant,* II : *Une méthode d'approche : les apprentissages sans erreur,* Andenne, Magermans, 1975). Le principe de l'expérience consiste à « contraindre » l'enfant à reconnaître, devant un ensemble d'objets sériables, que chaque objet a sa taille propre, différente de celle des autres, et que c'est cette taille qui lui imposera sa place dans l'alignement. Pour ce faire, 1 / le critère couleur, davantage prégnant, est juxtaposé au critère taille : chaque objet est d'une taille et d'une couleur différentes ; 2 / une structure perceptive préétablie de sériation est donnée, sous la forme de cases dont les couleurs différentes correspondent à celles des objets à sérier ; 3 / les repères « couleur » et « cadre spatial » sont progressivement estompés de manière à ce que seule la différence de taille soit prise en compte.

Le matériel est constitué de trois jeux différents de huit éléments sériables (chevaux, sulkys, cavaliers) encastrables dans des matrices qui représentent la structure perceptive de sériation. Pour l'exemple des chevaux, les matrices représentent des écuries (voir la fig. 40). Chaque jeu d'objets

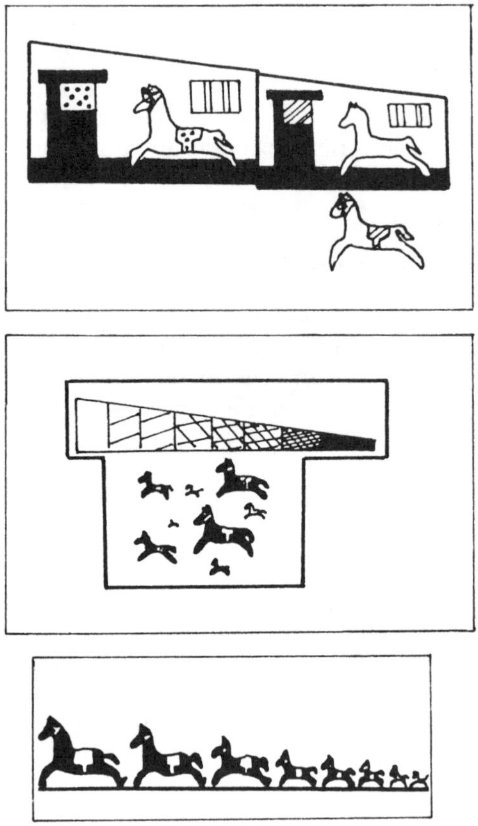

Fig. 40 - Matériel de l'apprentissage sans erreur de la sériation utilisé par C. Botson et M. Deliège (1975)

(et ses matrices) est reproduit en quatre exemplaires, l'aide couleur diminuant du premier au troisième pour disparaître au quatrième. De même l'aide spatiale procurée par les matrices diminue en ce sens que celles-ci vont disparaître pour être remplacées par un cadre trapézoïdal puis par une ligne droite, base de la série. Un dispositif ingénieux permet de renforcer de manière amusante les conduites correctes : chien mécanique qui aboie, chats et souris qui se déplacent. La procédure se déroule en deux phases, la première correspondant à l'utilisation puis à l'estompage de l'aide couleur, la seconde à l'estompage de l'aide spatiale.

Phase 1. Aide couleur puis estompage. a / L'enfant doit encastrer, dans les écuries qui correspondent à leur couleur, les huit chevaux qui lui sont donnés un à un, du plus grand au plus petit. A chaque réussite, ici, comme dans toutes les phases qui suivent, le chien avance et aboie ou la souris devient lumineuse et bondit. *b* / Les chevaux sont retirés de leur écurie, placés dans l'ordre et l'enfant doit les réencastrer. *c* / Les chevaux sont retirés de nouveau et placés cette fois en désordre à proximité des écuries. L'enfant doit encastrer chacun d'eux dans l'écurie qui convient (établissement de la correspondance couleur). Ces trois sous-phases se reproduisent avec les deux autres exemplaires du même matériel à la différence que l'aide couleur est progressivement estompée. Pour le deuxième exemplaire, seules la selle du cheval et la porte de l'écurie sont de même couleur, pour le quatrième exemplaire, l'aide couleur a complètement disparu.

Phase 2. Estompage de l'aide spatiale : encadrement trapézoïdal. A ce stade de l'apprentissage, le repère coloré a disparu, mais l'aide spatiale représentée par les matrices subsiste. *a* / Les écuries sont remplacées par un cadre trapézoïdal. Chaque cheval, en commençant par le plus grand, est disposé en dessous de l'endroit où il doit être placé. L'enfant doit le placer lui-même puis il est renforcé (renforcement ici et dans toutes les phases qui suivent). *b* / et *c* / Ces deux sous-phases sont identiques aux sous-phases *b* et *c* de la phase 1 de l'apprentissage à la seule différence que les écuries sont remplacées par le cadre trapézoïdal.

Phase 3. Estompage de l'aide spatiale : ligne de base. La même procédure est reprise, le cadre trapézoïdal étant remplacé par une ligne de base.

Après l'apprentissage sans erreur de Botson et Deliège, six enfants âgés de 2;7 à 4;2 ans, les seuls pour lesquels le choix du plus grand cheval a été renforcé ainsi que son encastrement, réussissent au post-test une sériation correcte de huit baguettes avec la méthode de choix du plus grand. Les auteurs ne concluent pas que cet apprentissage « simule » le mécanisme du développement de la sériation. Mais les résultats montrent, tout au moins, que le comportement de sériation *n'est pas nécessairement sous-tendu par une structuration logique.*

Nous n'avons exposé dans ce paragraphe que certains types d'apprentissage expérimental. Il en existe évidemment d'autres. Mais les exemples retenus suffisent à faire ressortir, au vu des techniques différentes et des résultats observés, la multiplicité des mécanismes probables du développement cognitif et, partant, la complexité de ce développement.

Langage et développement cognitif

Le rôle imparti au langage dans le développement cognitif dépend étroitement des points de vue théoriques. Nous en retiendrons trois que l'on peut résumer ainsi : primauté du linguistique, primauté du cognitif, indissociabilité du linguistique et du cognitif.

La primauté du linguistique sur le cognitif

Dans son ouvrage *L'acquisition du langage* (Bruxelles, Dessart, 1971), Richelle remarque que « [...] Bien avant Chomsky, plusieurs grands linguistes ont influencé les idées des psychologues sur les relations entre le langage et la pensée. Peu informés d'ontogenèse, ils n'ont guère attaché d'importance à ce qui, dans le développement non verbal, pouvait préparer et conditionner le développement linguistique. Rompant avec une tradition qui faisait du langage un instrument au service de la pensée, ou voyait entre les deux une étroite correspondance, ils ont fait du langage le moule de la pensée » (p. 135).

La conception la plus marquante à cet égard est celle du linguiste américain B. L. Whorf exposée dans son ouvrage *Language, thought and Reality* (Cambridge, MIT Press, 1956). Selon Whorf, la langue ne peut être considérée seulement comme l'instrument de la communication. La langue est la donnée première qui organise nos conceptualisations et détermine notre vision du monde. Il en découle que les caractéristiques des langues différentes influenceront les formes de la pensée. Un des arguments que Whorf donne à l'appui de sa théorie est l'analyse des formes verbales spécifiques des Indiens Hopi : ces formes obéissent à des règles logiques différentes de celles auxquelles nous sommes habitués. *La langue modèle la pensée* et c'est dans les langues qu'il faut chercher, pour une large part, l'origine des différences interculturelles.

On remarquera que, n'étant pas axée sur le développement, la thèse de Whorf n'explicite en rien la manière dont la langue joue un rôle *premier* dans l'organisation conceptuelle. Par ailleurs, la relation entre les aspects linguistiques et culturels est loin d'être vérifiée dans la mesure où de multiples variables extralinguistiques sont difficilement contrôlables. Il faut encore noter qu'à l'intérieur d'une langue une grande diversité apparaît en fonction de l'expérience. Ces constatations conduisent à réévaluer et à relativiser l'intérêt des comparaisons interlinguistiques.

A l'intérieur d'une langue il existe « [...] des *niveaux* de l'expérience du monde différents pour des locuteurs différents [...] Toutes les fois que l'expérience du monde n'est pas la même pour deux groupes de locuteurs en une même langue, on pourrait collecter des faits aussi étonnants que ceux qu'on va chercher dans un autre hémisphère. Là où les petits citadins ne connaissent que les *petits oiseaux,* les paysans différencient et nomment trente passereaux. Là où le Français moyen ne connaît que la neige, le skieur français distingue et nomme, aussi bien que le Lapon ou les Esquimaux les plus polaires, la poudreuse, la folle, etc. » (G. Mounin, *Les problèmes théoriques de la traduction,* Paris, NRF, 1963, p. 193).

Le primat du cognitif

La thèse d'une subordination du langage au développement cognitif a été défendue par Piaget à maintes reprises. On a vu, au début de ce chapitre, dans le paragraphe consacré à la pensée symbolique, que le langage est une manifestation de la fonction symbolique qui lui est *antérieure.* C'est la construction des *symboles individuels* dérivant de l'imitation différée qui conditionne la construction des symboles sociaux spécifiques au langage. Ce point de vue est exposé principalement dans *La formation du symbole chez l'enfant.* C'est toutefois dans l'introduction de *La genèse des structures logiques élémentaires* que la position de Piaget et Inhelder est la plus ferme. Le langage y est considéré comme une condition nécessaire et non suffisante de la construction des structures de l'intelligence.

Trois séries de données étaient, selon Piaget et Inhelder, cette prise de position. Les premières résultent des études conduites sur les sourds-muets par Oléron en 1951 et 1953 : les sourds-muets réussissent les mêmes classifications élémentaires que les enfants normaux. Les autres données concernent l'étude des premiers schèmes verbaux ou préconcepts, et celle des schèmes opératoires liés au langage. L'exemple bien connu de l'utilisation du mot « chat » par les enfants n'implique pas le maniement en compréhension et en extension de la classe des « chats ». En outre, il ne suffit pas que les liaisons d'inclusion soient intégrées dans le langage « tous les chats sont des animaux » pour que leur utilisation verbale suscite l'assimilation immédiate de la notion logique correspondante. En bref, ni le langage, ni la perception ne rendent compte des structurations logiques. C'est dans les schèmes sensori-moteurs qu'il faut rechercher l'origine des conduites *opératoires* de l'intelligence.

Dans *Langage et développement mental,* Oléron (Bruxelles, Dessart, 1972) met en cause fortement la prise de position piagétienne concernant le rôle du langage et la pertinence de l'expression *condition nécessaire et non suffisante.* Ni le langage, ni la perception, ni l'action ne peuvent être considérés à eux seuls comme des conditions nécessaires et suffisantes du développement intellectuel. Et l'argument des sourds-muets n'est guère convaincant dans la mesure où Oléron observe un handicap assez prononcé par rapport aux entendants. Les sourds âgés de 15 ans ont beaucoup de mal à classer selon deux ou trois critères alors que 69 % des enfants entendants, observés par Piaget et Inhelder, opèrent deux changements de critères immédiats (et utilisent donc trois critères). A la décharge de Piaget et de ses collaborateurs, il faut bien dire que les positions concernant le langage ont évolué depuis *La genèse des structures logiques élémentaires.*

Indissociabilité du linguistique et du cognitif

Pour Bruner, l'émergence successive des systèmes de représentation *enactive,* iconique puis symbolique, est essentielle quant au développement mental. Le troisième système, symbolique, met en jeu le langage conçu comme une technique culturelle. Dès l'apparition de ce troisième niveau qui coexiste alors avec les deux autres, il n'est plus possible, selon Bruner, de dissocier le développement du langage et le développement cognitif. Les deux développements ne sont toutefois pas confondus, mais interagissent étroitement et en permanence.

Une position identique, sinon plus forte, est soutenue par Vygotski dans *Pensée et langage* (ouvrage cité au chap. I). Cet auteur voit, dans les deux premières années de l'enfance, une *période prélinguistique de la pensée* où l'expression verbale, à ses débuts, est définie comme étant préintellectuelle. Et c'est, comme pour Bruner, la convergence des deux développements, cognitif et langagier, qui, vers 2-3 ans, fonde la pensée verbale et le langage intellectuel propre à l'espèce humaine. Pensée et langage sont inextricablement mêlés, « [...] la relation de la pensée au mot n'est pas une chose statique, mais un processus, un mouvement perpétuel allant et venant de la pensée au mot et du mot à la pensée » (L. S. Vygotski *in* B. Schneuwly et J.-P. Bronckart (éds.), *Vygotski aujourd'hui,* Neuchâtel, Delachaux & Niestlé, 1985, p. 71). Ce processus s'exerce particulièrement dans la situation de communication avec l'adulte qui fournit à l'enfant les significations nécessaires à la construction des pré-concepts préparatrice à celle des concepts. De nombreuses observations, résumées dans l'ouvrage mentionné plus haut, montrent l'évolution du langage enfantin en situation de résolution de problèmes : de postérieures à l'action (ou parallèles), chez le jeune enfant, les verbalisations deviennent ultérieurement antérieures à l'action dans un objectif de *planification* et de *contrôle*. La *régulation verbale* du comportement a été également étudiée par un autre psychologue soviétique, Luria (cité au chap. I), qui distingue trois étapes dans cette régulation : 1 / le contrôle verbal du comportement moteur est extérieur (autrui) ; 2 / il devient autonome mais limité aux aspects phonétiques et rythmiques du langage ; 3 / le contrôle s'effectue progressivement du langage extérieur au *langage intérieur* (à partir de 5 ans). Les travaux de Vygotski et de Luria ont été diversement commentés et même controversés. Ils n'en constituent pas moins une contribution importante à l'étude des fonctions du langage.

Ce sont les fonctions du langage qu'Oléron met en évidence dans *Langage et développement mental* en distinguant « [...] deux formes d'influences du langage, et donc deux sortes d'effets » (réf. citée plus haut, p. 137). Le premier effet est dit « instrumental » ou direct, le second est dit « d'exercice » ou indirect. Voici l'explication de l'auteur pour le premier effet.

> « [...] Présenter le langage comme un instrument est dire qu'il est un élément *actuel* de la situation. Il intervient dans la situation comme un objet présent, ou un stimulus, ou une constellation de stimuli qui s'ajoute aux objets ou stimuli perçus ou s'y substitue. Ainsi l'outil est-il un objet parmi d'autres, perçu et manipulé comme le peuvent être les autres. Le sujet dit le nom d'un objet, d'une qualité, il énonce une régularité, il se donne un ordre ou un conseil, il fait le plan de son action future, critique son action passée, etc. » (*ibid.*, p. 138).

Quant aux effets d'exercice, qui peuvent se combiner aux effets instrumentaux, ils ne concernent pas les interventions actuelles ou directes du langage, ils en sont la conséquence.

> « [...] L'homme qui utilise une hache ou une fraiseuse n'est pas un homme adjoint à une hache ou une fraiseuse et restant tel qu'il est auparavant, c'est un homme qui, ayant à travailler la matière, l'aborde avec un certain nombre d'attitudes et de dispositions à l'action qu'on ne trouve

pas chez le novice ou le profane [...] Ainsi l'homme qui parle n'est-il pas exactement le même que celui qui ne parle pas. Même si dans une situation donnée, il ne prononce aucun mot et si ce qu'il fait ne résulte pas d'habitudes spécifiques, il reste qu'il n'est pas le même que s'il n'avait pas appris une langue et ne s'était pas exercé à son usage » (*ibid.*, p. 142).

En outre, le langage est présenté par Oléron comme un *circuit long*, opposé aux *circuits courts* qui vont de la perception à l'action, plus naturels et intégrés dans l'expérience, le contexte. Le langage, circuit long et modèle actif de la réalité perçue, permet un dégagement de l'immédiat et l'atteinte d'aspects du réel qui ne sont pas directement ou intégralement donnés. Le rôle déterminant accordé par Oléron au langage se retrouve chez Wallon, comme cela a déjà été dit dans le chapitre I.

La période de l'enfance chez H. Wallon : socialisation et cognition

L'enfance correspond, chez Wallon, à deux étapes principales : le stade du personnalisme et la période de l'âge scolaire. L'auteur évoque aussi, dans certains textes, le *stade projectif* (vers 2 ans) pour désigner une période où l'action stimule l'activité mentale ou la conscience. La connaissance de l'objet passe par l'action que l'enfant exerce sur lui et qui accompagne nécessairement la représentation (voir la fig. 2 du chap. I, et les chap. IV et V).

Le stade du personnalisme

De 2 ans et demi à 6 ans, le stade du *personnalisme* se caractérise par une affirmation du Moi et la construction de l'objectivité. Pendant cette période, le comportement de l'enfant évolue, de l'opposition à l'état de grâce et à l'imitation. C'est au cours de ce stade que, selon Wallon, se constitue la personne dans son autonomie.

A 2 ans, l'enfant est encore incapable de se différencier nettement d'autrui : il semble se confondre avec l'entourage. Dans

Les origines du caractère chez l'enfant (Paris, PUF, 1934), Wallon évoque le *stade des personnalités interchangeables* pour désigner les situations de dispersion qui précèdent l'époque où l'enfant saura distinguer sa personnalité de celle d'autrui. A ce stade, l'enfant reste prisonnier des situations dans l'appréciation et la connaissance des personnes : « [...] sous le signe de situations ou de circonstances analogues, il est tenté de confondre des sujets différents, et inversement de dissocier le même en autant de personnages qu'il l'a vu dans des conditions diverses. Lui-même n'est pas toujours très sûr de sa propre identité, ou du moins il ne parvient pas à lui donner le pas sur ses changements de rapports avec l'entourage » (*ibid.*, p. 278). Les personnalités de l'enfant, qui sont donc liées aux situations, ne se substituent pas les unes aux autres mais peuvent aboutir à une *attitude composite* traduisant la participation simultanée aux différents rôles impliqués dans la situation. La confusion que l'enfant entretient avec l'entourage peut aussi prendre la forme du *transitivisme*. L'enfant attribue aux autres personnalités ce qui lui est propre : dans les activités de jeu, il joue les deux rôles à la fois. Lorsque sa mère est menacée, il se réfugie dans ses bras comme s'il était lui-même menacé.

Quant à la sociabilité, elle prend deux formes au cours de ce stade : la sociabilité *syncrétique* et la sociabilité *différenciée* (jalousie et sympathie) qui est plus tardive. La sociabilité syncrétique désigne les réactions à un partenaire, à un autre enfant, réactions faites de réciprocité et d'opposition. Wallon parle à ce propos du couple *contemplation-parade* et, en cas de conflit, de couple *despotisme-soumission*. Cette première ébauche de sociabilité est étroitement dépendante du regard que se portent mutuellement les enfants. La sociabilité différenciée est plus tardive et commence par la *jalousie*. Elle correspond à un conflit entre deux rôles, entre deux pôles d'une situation. L'enfant se voudrait à la place de l'autre enfant qui, par exemple, est gratifié, et il se sent frustré parce qu'il est incapable de s'associer à ce que l'autre reçoit. Avec l'apparition de la *sympathie*, le conflit est surmonté, ce qui implique le dédoublement entre soi et autrui.

La *crise de personnalité* se situe vers 3 ans et correspond à un brusque retournement dans les manières de l'enfant et dans son rapport avec l'entourage. Cette crise est marquée par un nouveau mouvement d'alternance, un retour de l'enfant sur lui-même. C'est l'âge du « non », du « moi », du « mien » où apparaît avec le besoin de s'affirmer celui d'imposer le point de vue propre. Le *sentiment de prestance*, lié à l'impression d'être regardé, modifie les attitudes. Avant 3 ans, les réactions de prestance sont brutes et indifférenciées. A partir de 3 ans, elles se diversifient avec les situations et les personnes : la *honte* apparaît ici comme une réaction au regard des autres. Le décalage entre la personnalité de l'enfant et celle des autres semble le pousser à utiliser son pouvoir et à le « tester » dans toutes les circonstances favorables. C'est l'époque où l'enfant autoritaire, exigeant, jaloux, recherche l'attention exclusive de tous. En cas d'opposition, la « duplicité », une certaine forme de « calcul », peut apparaître : l'enfant masque ses intentions de façon à obtenir ce qu'il souhaite. Cette « crise » est essentielle à la constitution de l'autonomie et à la différenciation entre soi et les autres : « [...] Il a cessé de confondre avec sa propre existence tout ce qui entre dans le cercle de son existence, de confondre tout ce qui le touche, y compris autrui, avec lui-même, et aussi de confondre le mien avec le moi. L'appropriation d'un objet par lui ou par un autre n'est plus qu'un accident dans l'existence de cet objet » (*ibid.*, p. 291).

Vers 4 ans, l'enfant devient attentif à son comportement et modifie sa réaction au regard des autres. La *timidité*, qui est liée à son souci de l'effet qu'il peut produire sur autrui, apparaît ainsi que l'intérêt porté à son allure et à sa prestance. Les indices de son état civil (nom, âge, résidence) deviennent importants parce qu'ils contribuent à la construction d'une représentation de sa personne. Le besoin d'imitation apparaît aussi à cette époque : l'enfant tente d'imiter les autres pour se substituer à eux, enrichir son moi, dans une situation de rivalité avec l'adulte que l'enfant voudrait évincer.

Le stade du personnalisme se termine par une phase de *grâce* qui contraste avec la période d'opposition qui l'inaugure : l'enfant cherche maintenant à se faire aimer, admirer, et se donne en spectacle à l'entourage. Tout au long de ce stade, se constituent la personnalité de l'enfant et sa capacité à distinguer ce qui lui est propre de ce qui appartient aux autres. La prise de conscience de soi n'est certes pas achevée et la représentation de soi reste dépendante de la *constellation familiale* dans laquelle elle s'inscrit.

Le stade catégoriel

Au stade du personnalisme où l'orientation du développement est *centripète,* tournée vers la construction de la personne, succède un stade d'orientation *centrifuge* où se développe l'intérêt pour les relations objectives extérieures. A l'intérieur de cette période deux sous-stades sont distingués : celui de la pensée précatégorielle de 5-6 à 9 ans et celui de la pensée catégorielle qui débute vers 9 ans.

Wallon qualifie de *syncrétique* la pensée précatégorielle en regroupant sous ce terme tous les aspects de la pensée de l'enfant avant l'avènement des catégories. L'évolution de ce syncrétisme part de la pensée par couple : « [...] Le couple [écrit Wallon] est la structure la plus élémentaire sans laquelle la pensée n'existerait pas. C'est une sorte de molécule intellectuelle où s'enferme l'acte de pensée sous la forme la plus simple et la plus indifférenciée » (*Les origines de la pensée chez l'enfant,* Paris, PUF, 1945, p. 115). Voici un exemple d'un dialogue conduit avec un enfant de 6 ans : « Qu'est-ce que c'est que la pluie ? — *La pluie c'est du vent.* — Alors la pluie et le vent c'est pareil ? — *Non.* — Qu'est-ce que la pluie ? — *La pluie c'est quand il fait du tonnerre.* — Le vent qu'est-ce que c'est ? — *C'est de la pluie.* — Alors c'est la même chose ? — *Non, c'est pas pareil.* — Qu'est-ce qui n'est pas pareil ? — *C'est le vent.* — Qu'est-ce que le vent ? — *C'est du ciel* » (*ibid.,* p. 45). On voit que cette pensée par couple, si tautologique qu'elle paraisse, permet à l'enfant une certaine différenciation sur un tableau confus d'impressions sensorielles.

La régression de la pensée par couple s'accomplit sous l'influence du langage et des transmissions sociales. La dénomination des objets leur confère une individualité stable. La description narrative marque *le passage de l'objet au langage.* Tout d'abord sans liaison, elle introduit rapidement la comparaison qui permet à la fois de rapprocher et de distinguer les objets comparés. Avec la comparaison survient l'analyse des qualités qui sont ainsi détachées globalement puis isolées des objets. La qualité, qui se présente alors comme une valeur en soi, est intégrée dans un ordre qui fournit une mesure commune aux objets présentés : la qualité couleur, forme, poids, etc. Ainsi, commence l'avènement de la fonction catégorielle qui va permettre à l'enfant d'*opérer* sur le réel en le définissant et le classant. Les opérations de la pensée se réalisent à partir des catégories et de leur support constitué par le langage.

Cette évolution, du syncrétisme à la pensée catégorielle, prend place dans un contexte social agissant. La période scolaire qui coïncide avec cette évolution est particulièrement riche en contacts avec l'environnement social. Wallon donne un panorama d'ensemble de ce stade dans *Les étapes de la personnalité chez l'enfant.*

« [...] Avec le stade catégoriel qui va de 6 à 11 ans, le syncrétisme de la personne et celui de l'intelligence vont pouvoir se résoudre en faisant place aux différenciations nécessaires. C'est pourquoi sans doute dans tous les pays cet âge est celui de l'école. Les rapports exigés par la camaraderie et par la discipline sont bien plus variables que dans la famille et doivent pouvoir changer suivant un entourage et des circonstances eux-mêmes changeants. Il (l'enfant) apprendra à se connaître comme une personne *polyvalente* [...] En ajustant ses conduites à des circonstances particulières, loin de se dissiper sans fin, il prendra conscience de ses virtualités ; il aura de lui-même une connaissance plus précise et plus complète.

« Une semblable évolution s'opère dans le domaine de la perception et de la connaissance. Les différents traits des objets ou des situations, au lieu d'être confondus entre eux dans chaque ensemble, sont progressivement identifiés et classés, rendant possibles des comparaisons, des distinctions, des assimilations systématiques et cohérentes. C'est l'avènement de *la pensée catégorielle,* c'est la capacité de varier les classements selon les qualités des choses, de définir leurs différentes propriétés et, suivant l'expression de Piaget, de ne plus confondre leurs "invariants" entre eux » (*in* P. Osterrieth *et al.* (éd.), *Le problème des stades en psychologie de l'enfant,* Paris, PUF, 1956, p. 77).

Le développement social

Il est difficile d'aborder le développement social de l'enfant sans rappeler ce que l'on doit aux pionniers de la psychologie sociale et, au premier chef, à George Herbert Mead.

G. H. Mead (1863-1931) appartient au second courant de la psychologie sociale américaine à ses débuts. D'une étude de la psychologie du fait social qui prend souvent la forme d'une théorie des motivations (premier courant), on passe, avec Mead, à une étude de la socialisation de la personne. Professeur à l'université de Chicago à partir de 1894, le contenu de son enseignement fut rassemblé pieusement par ses étudiants et disciples et publié après sa mort : *Mind, Self and Society* (1934), *On social Psychology* (1964),

Movements of Thought in the nineteenth Century (1972), *The Philosophy of the Act* (1972). Séjournant à Chicago en 1946, Jean Stoetzel (1910-1987), pionnier de la psychologie sociale française, découvre Mead et fait traduire par deux de ses étudiants, G. Thibaut et E. Kaelin, l'ouvrage *Mind, Self and Society,* qui paraît en 1963 sous le titre *L'esprit, le soi et la société* (Paris, PUF, 1963).

Dans la perspective sociale béhavioriste de Mead, l'étude des *conduites* (terme qu'il préfère à celui de comportements) couvre deux champs : celui des actes sociaux observables et celui des expériences personnelles privées. Les combinaisons des réactions aux stimulus externes et internes sont pénétrées de signes et de symboles signifiants. La signification devient la base de la communication : elle imprègne le milieu social auquel les participants réagissent tout en le constituant par leurs actes. L'acte social est l'aboutissement d'un processus de communication que le moi individuel fonde, par l'intériorisation d'un ensemble structuré des rôles nécessairement assumés dans la réalisation des tâches sociales. Le moi qui est un *donné social* se construit au cours de deux stades. Au premier stade, ce moi se constitue par l'intériorisation des attitudes d'autrui à son égard et des rôles qui se jouent lors de situations interactives particulières (les jeux des enfants en sont de bons exemples). Au second stade, s'ajoute l'intégration des attitudes sociales du groupe d'appartenance dans sa totalité. Le moi devient alors une *réflexion individuelle* du comportement social du groupe, c'est-à-dire de l'*Autre généralisé.* Selon Mead, écrit Stoetzel, « [...] l'expression du moi dans la conduite à l'égard des autres est un rôle ; quand nous agissons, nous jouons des rôles, c'est-à-dire que nous agissons comme on attend que nous agissions, ou plutôt comme nous pensons qu'on attend que nous agissions » (J. Stoetzel, *La psychologie sociale,* Paris, Flammarion, 1963, p. 22). On doit encore souligner que tous ces rôles sont médiatisés par le langage. La théorie de Mead est celle d'un *interactionnisme symbolique.*

Que l'on partage ou non la thèse de Mead, il est un fait indéniable : dès avant sa naissance, l'enfant est immergé dans un bain socioculturel dont personne ne peut mettre en doute le rôle déterminant. Le développement s'effectue dans un tissu inextricable d'interactions au sein des groupes dans lesquels l'enfant vit et qui vont, avec l'âge, s'élargir, se diversifier, se complexifier. Il est difficile, sinon impossible, de saisir, dans tous les domaines, les tenants et les aboutissants de la socialisation de l'enfant. Nous en avons déjà abordé certains points avec la théorie de Wallon, le rôle du langage et de l'apprentissage sociocognitif. Nous en aborderons un autre avec le développement de l'affectivité dans la perspective psychanalytique. Dans cette partie du chapitre consacré à l'enfant, où la socialisation est plus précisément ciblée, nous suivrons un fil conducteur emprunté à Mead en nous limitant à quatre domaines : la communication, la prise de rôle, l'intégration des normes et l'interaction entre le social et le cognitif.

Le développement de la communication sociale

Le langage n'est pas seulement un outil sémiotique au sens piagétien du terme, ni un format de représentation tel qu'il est décrit dans l'architecture cognitiviste de la mémoire. Il est aussi l'instrument d'une relation entre plusieurs individus, tour à tour locuteurs et auditeurs-récepteurs. Il est évident que le langage n'est pas le seul « outil » de communication et que la communication ne commence pas, chez l'enfant, avec le langage ; nous l'avons souligné, dans le chapitre IV de cet ouvrage, en décrivant les interactions sociales du bébé avec son environnement. Mais il est difficile d'opposer, et donc de séparer, la communication verbale et la communication non verbale, émotionnelle (voir Wallon) et gestuelle, dans la mesure où toute communication utilise séquentiellement ou simultanément plusieurs canaux. Nous nous attacherons principalement aux fonctions du langage dans la communication. Le linguiste américain d'origine russe R. Jakobson (1896-1982) distingue les fonctions suivantes : la fonction *référentielle* où les échanges portent sur l'environnement, la fonction *conative* où le locuteur cherche à agir sur autrui, et la fonction *phatique* où le langage sert à maintenir la communication. Ces trois fonctions se développent chez l'enfant dans les contextes variés qui sont les siens et qui s'élargissent et se diversifient avec l'âge : famille, école, voisinage, sports, loisirs extra-scolaires, etc. Les études du développement de la communication sont, comme celles du développement cognitif, étroitement dépendantes des positions structuralistes ou fonctionnelles prises par les chercheurs.

Langage égocentrique et langage socialisé dans la perspective piagétienne

C'est dans *Le langage et la pensée chez l'enfant. Etude sur la logique de l'enfant* que Piaget expose ses observations et ses interprétations concernant la communication entre enfants (Neuchâtel, Delachaux & Niestlé, 1923). Cette communication est étudiée à partir de deux situations expérimentales : l'une consiste à recueillir (par écrit) et à analyser les verbalisations spontanées produites à l'école en éliminant *les réponses* parce qu'elles sont *suscitées*, l'autre à provoquer des communications sur des référents (mécanismes, récits) désignés dans des conditions imposées chez des couples d'enfants. L'échantillon est composé d'enfants de 5-6 à 7-8 ans.

L'analyse des propos spontanés indique que 45 % environ des productions verbales sont dénuées de fonction sociale et servent à « [...] accompagner, renforcer ou supplanter l'action » (*ibid.*, p. 23) et qu'elles « [...] n'éveillent aucune réaction adaptée de la part des interlocuteurs occasionnels » (p. 36). Piaget appelle « égocentrique » le langage ainsi impliqué et en propose une définition qui comporte trois aspects. L'enfant, lorsqu'il produit de tels propos, « [...] parle soit pour *lui*, soit pour le plaisir d'associer n'importe qui à son action immédiate. Ce langage est égocentrique d'abord parce qu'*il ne parle que de lui*, mais surtout parce qu'*il ne cherche pas à se placer du point de vue de l'interlocuteur* » (p. 18, passages soulignés par nous).

Trois catégories de productions égocentriques sont répertoriées : les écholalies où l'enfant répète pour le seul plaisir de parler — ce qui constitue vraisemblablement, selon Piaget, un reliquat du gazouillis du bébé — le monologue individuel et le monologue collectif. Dans le monologue individuel, l'enfant parle pour lui comme s'il pensait tout haut. Dans le monologue collectif, chacun associe à autrui son action ou sa pensée momentanée sans souci d'interaction. L'analyse des verbalisations qui portent sur les référents désignés montre que l'enfant, placé en situation d'émetteur, fournit un message assez riche, mais elliptique et mal structuré, que le récepteur comprend mal, surtout dans le cas de récits. Piaget avance que l'émetteur ne fait guère d'efforts d'objectivité pour s'exprimer plus clairement parce qu'il est persuadé que l'interlocuteur comprend d'emblée et même sait d'avance tout ce qu'on lui dit. Quant au récepteur, il se déclare satisfait et pose peu de questions parce qu'il « [...] croit toujours avoir tout compris » (*ibid.*, p. 125).

Le langage égocentrique (monologues individuels et collectifs) caractérise le premier stade des conversations enfantines. Dans un deuxième stade, vers 6 ans, les échanges des enfants se limitent au domaine des objets et des actions sans distanciation à leur égard. La collaboration effective est encore très réduite. Au troisième stade, à partir de 7 ans, les thèmes abordés deviennent indépendants de l'action immédiate *et le langage socialisé véhicule une information adaptée à la fois au contexte et à l'interlocuteur.* Piaget précise que les conduites caractéristiques de ces stades, si elles apparaissent successivement, peuvent coexister à tous les âges. Toutefois la proportion du langage égocentrique diminue fortement avec l'âge.

« [...] Partant d'un état initial durant lequel le langage égocentrique dépasse sans doute les trois quarts du langage total (sans d'ailleurs se confondre jamais avec ce dernier), le langage égocentrique passe entre 3 et 6 ans par un état demi-stationnaire durant lequel il diminue graduellement ; après 7 ans, le langage égocentrique tend à descendre au-dessous du quart du langage réel (*ibid.*, p. 60).

L'utilisation du langage traduit en quelque sorte le niveau du développement cognitif. On retrouve ici la thèse chère à Piaget selon laquelle le langage, qui est un signifiant, ne peut que refléter la capacité opératoire actuelle de l'enfant. Il apparaît nettement que les trois stades de la « conversation enfantine » correspondent aux trois sous-stades : intuition simple, intuition articulée et mise en place des opérations concrètes (voir plus haut le stade piagétien des opérations concrètes). La décentration dans la communication avec autrui, qui implique la réciprocité des échanges, se produit lorsque l'intériorisation des coordinations d'action conduit aux structures d'opérations réversibles. Telle qu'elle est, cette théorie du développement de la communication calquée sur celle du développement cognitif s'est révélée éminemment heuristique au sens où elle a suscité de nombreux travaux. « [...] Elle a constitué [selon J. Beaudichon] un pôle d'attraction majeur pour les recherches ultérieures dont l'attraction a approché la fascination pour certains auteurs » (J. Beaudichon, *La communication sociale chez l'enfant,* Paris, PUF, 1982, p. 36).

Langage égocentrique et langage socialisé : le point de vue de L. Vygotski

Concernant le langage égocentrique, la position de Vygotski se situe exactement à l'opposé de celle de Piaget. Le langage apparaît d'emblée social et sa première fonction, chez l'enfant comme chez l'adulte, est la communication. Bien loin de correspondre à un stade primitif, le langage égocentrique, qui procède par différenciation du langage socialisé, évolue ensuite vers un langage intériorisé dont il devient le révélateur. Cette conception est tout à fait cohérente avec le rôle accordé par Vygotski au langage dans le développement cognitif (voir plus haut). Le cheminement d'une pensée verbalisée extériorisée, égocentrique, puis intériorisée s'effectue à partir de la convergence d'un développement linguistique « préintellectuel » et d'un développement intellectuel « préverbal ». Le langage intériorisé, dérivé du langage égocentrique, sera mis au service de la pensée logique mais il pourra aussi servir de support à la symbolisation individuelle d'où l'égocentrisme n'est pas exclu.

A l'appui de sa thèse, Vygotski cite de nombreuses recherches publiées à Moscou dès 1934 mais qui n'ont été connues qu'avec la traduction anglaise de 1964 déjà citée. Un des arguments de Vygotski repose sur l'étude des verbalisations en situation de résolution de problèmes. Un obstacle survenant au cours de la tâche déclenche des verbalisations égocentriques : c'est le cas d'une situation où l'expérimentateur fait disparaître l'un des crayons de l'enfant qui est en train de réaliser un dessin : « Où est le crayon ? — Il me faut un crayon bleu — Ça ne fait rien, je vais dessiner avec le rouge et je le mouillerai avec de l'eau : il foncera et paraîtra bleu. » Vygotski observe que, chez les jeunes enfants et dans ce genre de situation, le langage égocentrique marque la fin de l'action ou un point crucial de son déroulement. Chez les enfants plus âgés, c'est le cas de l'exemple du crayon, le langage égocentrique prend une fonction de prévision, de planification, de direction de l'action.

Des vérifications précises des thèses de Vygotski ont été effectuées. Les expériences conduites par Beaudichon et ses collaborateurs sont intéressantes à cet égard. Elles tendent à démontrer des variations de la quantité et de l'effet des productions verbales en fonction de l'âge des enfants et de la nature de la tâche. Elle indiquent aussi que les régulations liées à l'intervention du langage sont de deux sortes : *régulations à court terme* associées presque exclusivement à la dénomination du matériel et *régulations à long terme* associées à l'appel aux connaissances antérieures, à la récapitulation, au rappel de l'objectif, etc. (voir, par exemple, J. Beaudichon, J. Rousseau, Rôle du langage dans une situation de résolution de problème, *Bulletin de psychologie,* 1970-1971, *24,* 10-38).

La position de Vygotski, quant au langage égocentrique qu'elle valorise, ne diminue pas son intérêt pour le langage socialisé. Celui-ci prend toute son importance dans l'acquisition des connaissances, lors des échanges entre enfants et adultes.

Des perspectives résolument fonctionnelles : T. Slama-Cazacu, J. Beaudichon

La position piagétienne concernant l'incompétence à communiquer des jeunes enfants a été vivement mise en question par des chercheurs qui se sont astreints à des observations minutieuses, dans des conditions proches de la vie réelle et en utilisant des techniques plus fidèles que l'observation immédiate (magnétophone, caméra). L'utilisation de ces techniques, celle de référents clairs, le souci de n'entraver en rien les relations et interactions éventuelles, sont des conditions qui ont permis d'observer des conduites précoces de communication. Une des premières recherches de ce type a été conduite, à Bucarest, par la psychologue roumaine T. Slama-Cazacu.

Les conduites précoces de communication : les observations de T. Slama-Cazacu (Le dialogue chez les petits enfants. Sa signification et quelques-unes de ses singularités, *Bulletin de psychologie,* 1966, *19,* 688-697). L'étude de Slama-Cazacu porte sur 360 enfants âgés de 1;10 à 6 ans. Les comportements des enfants ont été notés par les observateurs et les verbalisations enregistrées sur bandes magnétiques. Les données recueillies sont intéressantes à plusieurs titres : 1 / La fonction de communication du langage s'exerce très précocement, ce qui va dans le sens de la thèse de Vygotski : le langage, d'emblée social, est l'instrument d'une dynamique interactive, les enfants étant tour à tour locuteurs et auditeurs actifs. 2 / Les formes de la communication se modifient avec l'âge, dans la mesure où elles sont tributaires des connaissances, des objectifs, des motivations qui évoluent aussi. 3 / Les soliloques tiennent une place importante dans les activités verbales de l'enfant. Ils n'en sont pas pour autant le témoignage d'un égocentrisme. Slama-Cazacu les interprète comme les prémices d'un langage intériorisé préparant à une activité sociale ultérieure. Par ailleurs, l'examen attentif des mimiques, des gestes qui les accompagnent, indique que l'enfant les utilise pour exprimer ses connaissances, ses désirs, ses besoins. Les propos nombreux à prédominance affective sont émis dans le même but : attirer l'attention d'autrui, se faire écouter, convaincre, etc. 4 / L'observation met en évidence les caractéristiques des échanges enfantins. Le contenu informatif se révèle très pauvre, l'argumentation apparaît quasi inexistante. La grande mobilité des thèmes abordés entraîne une structuration très lâche des dialogues : phrases interrompues, productions elliptiques. Ces inconvénients sont toutefois palliés par les mimiques, les intonations, les gestes qui précisent le retour constant au contexte.

Si la communication paraît effectivement étroitement « collée » à l'action et à la perception immédiates, cela n'apparaît pas comme un vice traduisant l'incompétence à communiquer. Ce qui ressort fortement, selon Slama-Cazacu, c'est la continuelle nécessité de *parler pour les autres,* d'entrer en relation avec autrui, d'utiliser le langage pour communiquer les pensées propres et même pour coopérer.

Les données qui concernent les conduites spontanées observées en situations proches du milieu naturel sont robustes et stables : la compétence à communiquer par le langage est très précoce. D'autres recherches ont tenté d'évaluer l'efficacité des informations transmises, lors de situations plus complexes, la plupart du temps très sophistiquées. L'une des situations les plus simples consiste à placer deux enfants, dont l'un est émetteur et l'autre récepteur, de part et d'autre d'un écran, ce qui empêche toute transmission non verbale. Devant chacun des enfants est disposée la même série de dessins inhabituels. L'émetteur doit décrire successivement et précisément chacune des représentations imagées de manière à ce que l'autre enfant puisse les identifier parmi celles dont il dispose. Les résultats de ce type d'épreuve indiquent un développement lent, l'efficacité de la transmission n'apparaissant nettement que vers 9-10 ans pour se développer encore par la suite.

Les situations « naturelles » qui, par ailleurs, mettent en évidence la précocité des interactions langagières entre partenaires sont en fait trop « faciles » pour permettre l'évaluation de l'efficacité des échanges. En revanche, les situations utilisées pour tester cette efficacité sont le plus souvent si complexes qu'elles échouent à évaluer les capacités réelles. L'intérêt de la recherche exemplaire de Beaudichon (1982, réf. déjà citée) est d'avoir étudié le développement de la communication référentielle à l'aide d'un matériel de complexité moyenne, susceptible de susciter des types de communication rencontrés couramment, notamment dans le cadre scolaire. L'étude de Beaudichon porte sur 755 enfants de 5 à 13 ans. L'objectif poursuivi est double : 1 / évaluer l'efficacité de la communication en fonction de la complexité des référents (objets, principes, récits), et 2 / étudier les modalités de la communication verbale entre enfants en situation de résolution de problèmes. Pour l'étude du rôle des référents, diverses sortes d'appareillage sont utilisées qui font intervenir divers mécanismes : circulation de fluides dans un circuit contrôlé au moyen de robinets, reconnaissance de produits acides ou basiques, montage d'un objet, etc. Voici l'exemple du premier appareillage cité et de son utilisation.

L'efficacité de la communication référentielle : une expérience de J. Beaudichon (*La communication sociale chez l'enfant*, Paris, PUF, 1982). Le référent est un labyrinthe formé de tubes de verre fixés sur une planchette conduisant soit à une sortie, soit à deux ballons de baudruche (1re situation), soit à deux ballons de verre (2e situation). De l'air, ou de l'eau colorée suivant la situation, circule dans les tubes, la circulation étant dirigée par cinq robinets placés à divers points du labyrinthe. Un gonfleur à air, ou un réservoir à eau, alimente le circuit. Pour résoudre la tâche il faut : 1 / gonfler l'un des ballons de baudruche (ou remplir l'un des ballons de verre) ; 2 / fermer tous les robinets qui ne sont pas situés sur le trajet qui relie la source au point d'arrivée assigné (l'autre ballon). Dans la première condition, l'air étant invisible, tout blocage partiel ou toute fuite dans le circuit est indiscernable : le sujet doit alors se représenter la position de l'air par référence à la position des robinets. Dans la seconde situation, le trajet de l'eau colorée peut être suivi des yeux, ce qui lève la difficulté de référence aux robinets.

La population de l'expérience comprend 112 couples d'enfants répartis selon deux niveaux d'âge, 6-7 ans et 7-8 ans, et selon les deux situations expérimentales (air et eau). La procédure est la suivante : *a* / L'expérimentateur donne toute l'information nécessaire à l'enfant émetteur du couple, en manipulant avec lui le matériel. *b* / La compréhension de l'émetteur quant au mécanisme est évaluée à l'aide de trois épreuves : un questionnaire verbal portant sur l'information reçue, une épreuve d'application pratique (remplir l'un des ballons), et une épreuve de généralisation (remplir l'autre ballon). *c* / Lorsque le critère de compréhension suffisante est atteint par l'émetteur, l'enfant récepteur est introduit. Les deux enfants dialoguent côte à côte sans être autorisés à manipuler le matériel, sauf pour montrer comment s'ouvre un robinet. *d* / Après l'échange enregistré sur bande magnétique, la compréhension du mécanisme par l'enfant récepteur est évaluée avec les trois épreuves qui avaient été proposées à l'enfant émetteur.

Les résultats montrent que, dès 6 ans, la communication adulte-enfant est de bonne qualité, mais pas avant cet âge, les enfants de 5 ans n'ayant pu être conservés au vu de leur incompréhension des informations données. La communication entre enfants est également efficace aux deux niveaux d'âge considérés. Elle présente trois caractéristiques intéressantes. L'analyse du contenu des messages indique qu'une partie seulement de l'information donnée par l'adulte, *et comprise par l'émetteur,* est retransmise au récepteur qui semble juger, à tort ou à raison, que certaines informations sont plus importantes que d'autres. Les récepteurs reconstruisent l'information en en restituant davantage qu'ils en ont reçu. Enfin, la compréhension verbale du mécanisme en cause n'entraîne pas, de soi, la réalisation pratique.

La comparaison des résultats observés sur les deux matériels (labyrinthe à eau et labyrinthe à air) fait ressortir l'efficacité plus grande dans le cas du matériel qui utilise l'eau, matériel plus concret que l'autre en raison de la visibilité de la circulation du fluide qu'il permet. Lorsqu'il s'agit de la résolution de problèmes, les données recueillies mettent en évidence l'existence, dès 5 ans, d'un souci de communication efficace, les différences liées à l'âge étant associées à la complexité du problème à traiter. Qu'il s'agisse de référents dont la complexité varie, de récits, de résolution de problèmes, qu'il s'agisse de l'étude des dialogues enfantins, le trait général qui ressort de l'ensemble de ces recherches est le suivant : la compétence à communiquer en situation contraignante est efficace dès 5-6 ans (elle l'est plus précocement en situation familière) et les différences qui apparaissent avec l'âge dépendent davantage du développement des connaissances que du seul développement de la compétence à communiquer. Cela n'est pas dire que cette compétence n'évolue pas. Elle se développe indubitablement au fil des expériences interactives conjointement avec la prise de rôle et le jeu de rôle.

La prise de rôle

Prise de rôle et décentration : G. H. Mead, R. Selman

La notion de prise de rôle trouve son origine dans la théorie de Mead. S'agissant du développement on peut convenir qu'elle est inséparable, comme c'est d'ailleurs le cas dans la perspective de Mead, de la communication. Il est évident qu'outre le contenu véhiculé par les informations transmises, l'évolution vers une communication efficace exige le développement d'une meilleure connaissance de l'*autre,* récepteur ou émetteur. C'est encore un « contenu », mais un contenu particulier qui renvoie aux connaissances, aux représentations, aux attentes d'autrui. Il s'agit de *prendre un rôle,* et plus encore de jouer à la fois son propre rôle et celui d'autrui.

La prise de rôle relève de la contagion, de l'identification et d'une construction intellectualisée d'autrui. Pour percevoir, anticiper le comportement de l'autre, le sujet doit en assumer le rôle, ce qui est possible grâce à la synthèse de deux ordres d'informations : celles qui proviennent de la connaissance des réactions probables de l'autre, appuyées largement sur les inférences antérieures ; celles qui résultent de la perception immédiate des réactions de l'autre dans la situation donnée. La connaissance des réactions probables permet d'anticiper les comportements d'autrui ; la lecture de ses comportements actuels corrige les anticipations et module les réponses du sujet dans l'interaction sociale.

On peut comprendre que la décentration exigée par la prise de rôle sociale soit très proche de celle exigée par la coordination des perspectives spatiales. Les deux domaines d'étude ont été d'ailleurs souvent réunis dans la même expérience. C'est le cas d'une recherche de R. Selman, relativement ancienne mais intéressante à cet égard.

Décentration spatiale et décentration sociale : une expérience de R. Selman (Talking another's perspective : role taking development in early childhood, *Child Development,* 1971, *42,* 1721-1734). Selman étudie, chez 60 enfants âgés de 4 à 6 ans, l'évolution de la capacité d'adopter la perspective d'autrui. Deux tâches sont administrées, l'une de prise de rôle perceptif, l'autre de prise de rôle social. Dans la première tâche, le matériel est constitué par une petite maison de trois pièces. De l'une des pièces, où se trouve le sujet, on peut voir le contenu des deux autres pièces qui ne communiquent pas entre elles. Dans chacune de ces pièces se trouvent des objets différents. Il s'agit pour le sujet qui voit l'ensemble de tous les objets de dire ce que voit un enfant qui se trouve dans l'une des deux pièces. Dans la seconde tâche, le sujet, après avoir observé la stratégie de jeu d'un adulte, doit explicitement « prendre le rôle » d'un adulte en se conformant à la stratégie observée.

Les résultats permettent d'observer une nette évolution avec l'âge que Selman analyse en proposant quatre niveaux : 1 / L'enfant peut avoir « un certain sens » de l'autre mais ne distingue pas ses perceptions et pensées propres de celles d'autrui. 2 / L'enfant distingue son point de vue de celui d'autrui mais ne postule aucune communauté de pensée entre lui et l'autre. 3 / L'enfant se met à la place d'autrui ou, mieux, prend la place d'autrui en lui attribuant ses propres perceptions et pensées. 4 / L'enfant devient conscient d'une différence entre la perspective d'autrui et la sienne, basée sur des connaissances et des raisonnements distincts des siens propres. Le quatrième niveau n'est atteint qu'à 6 ans.

On doit remarquer que la capacité à prendre le rôle de l'autre, perceptif et social, s'établit à l'âge où, dans la situation de l'éponge/pierre, l'enfant distingue l'apparence et la réalité des choses (voir plus haut : Métacognition et théories de l'esprit). Dans la prise de rôle, l'enfant doit aussi se départir d'une illusion : l'illusion centripète selon laquelle l'autre voit, pense et agit comme lui-même voit, pense et agit. Le chemin est celui de la *décentration*, déjà invoquée au sujet du développement de la communication, condition nécessaire, bien que non suffisante, d'un comportement social adapté.

Il est évident que l'âge auquel peut être observée cette décentration, chez l'enfant, dépend de la nature des tâches proposées. Lorsque celles-ci ne dépassent pas les possibilités cognitives des jeunes enfants, on voit apparaître précocement une prise en compte des sentiments et des émotions d'autrui : 3 ans lorsqu'il s'agit de la joie, 4 ans s'il s'agit de la peur (voir H. Borke, Interpersonal perception of young children. Egocentrism or empathy ?, *Developmental Psychology,* 1971, *5,* 263-269). On rappelle encore que c'est à partir de 4 ans que les enfants se représentent ce que croit autrui dans la situation de la boîte d'allumettes remplie de bonbons (théories de l'esprit).

La capacité de décentration augmente certes avec l'âge,

mais les conduites dites « égocentriques » subsistent toujours, à divers degrés, selon les situations. L'observation des adultes en témoigne.

Les rôles sociaux préétablis

L'environnement culturel sécrète des rôles ou modèles normatifs, composés de l'ensemble des conduites que le groupe culturel attend d'un individu dans une situation donnée. L'enfant doit « entrer » dans certains de ces rôles en répondant aux attentes qu'ils impliquent : rôles reliés au sexe, rôle imparti à l'enfant dans ses rapports avec les adultes au sein de la famille, à l'école, etc. Ces rôles s'apprennent en quelque sorte par imitation ou par identification aux attentes perçues (voir, plus loin, les mécanismes d'identification dans la partie consacrée au développement affectif). Ils évoluent aussi au sein de conflits, facteur d'évolution des interactions complexes où s'opposent et se conjuguent les intérêts de l'individu et les attentes du groupe d'appartenance. On consultera avec bénéfice, à ce propos, le volume *HS* consacré à l'homme en société.

L'intégration des normes morales

Selon Mead, les rôles adoptés par l'enfant sont d'abord restreints, morcelés, liés aux personnes qui sont en interaction avec lui-même au sein de groupes spécifiques. Ces rôles s'organisent ensuite en se définissant par rapport au groupe culturel dans sa totalité, cet *Autre généralisé* dont l'enfant finit par intérioriser les normes.

On retrouve dans la perspective de Piaget, concernant l'intégration des normes sociales, les notions de coopération, d'interaction au sein des groupes, les rôles des pairs et celui de l'adulte. Mais le sujet piagétien est plus agissant que celui de Mead et le poids de sa maturation cognitive est, pour le moins, aussi important que celui des rôles qu'il lui faut assumer.

Le développement du jugement moral selon J. Piaget

L'ouvrage de Piaget *Le jugement moral chez l'enfant*, publié en 1932 (Paris, PUF), est à la source de toutes les études ultérieures dans ce domaine, qui le citent d'ailleurs abondamment. Piaget y étudie le développement de la compréhension, chez l'enfant, des contraintes qui régissent la société dans laquelle il vit. Il y analyse, d'une part, l'acceptation et la compréhension des règles du jeu de billes chez les garçons au cours du développement, d'autre part, les différentes formes de jugement moral et de sentiment de justice qui se développent avec l'âge.

Les règles du jeu de billes

Si l'on veut comprendre quelque chose à la morale de l'enfant, écrit Piaget, il faut commencer par analyser ses conduites et leur évolution avec l'âge dans les jeux qui font intervenir un système de règles complexes, tel le jeu de billes.

Trois étapes sont observées en ce qui concerne, dans ce jeu, la pratique des règles :

1 / Vers 2-3 ans, il n'existe pas de règle coercitive. L'enfant cherche à satisfaire ses intérêts moteurs ou sa fantaisie symbolique. Exemple de Jacques (2;11) : « [...] I. Jacques prend les billes et les fait tomber de haut l'une après l'autre... II. Jacques les arrange à terre dans un creux et dit *Je fais un petit nid...* III. Jacques prend une bille, l'enterre et fait un pâté dessus ; il la déterre et recommence, ainsi de suite... » (*ibid.*, p. 19, éd. 1973).

2 / A partir de 5-6 ans, jusqu'à 9-10 ans, la règle est considérée comme sacrée, intangible, provenant des adultes. Un enfant ne peut inventer une règle. « [...] On demande à Leh (5;6) si on peut modifier la règle pour que les plus jeunes enfants (les petits) puissent gagner : — *Non*, a répondu Leh, *ce serait pas juste.* — Pourquoi ? — *Parce que le Bon Dieu ferait que le coup du petit ne pourrait pas arriver aux marbres* (billes) *et que le coup du grand arriverait* » (*ibid.*, p. 38). « [...] Geo (6 ans) dit que le jeu de billes a commencé *par du monde, par les messieurs de la commune.* — Comment ça ? — *C'est venu dans la tête à ces messieurs et ils ont fait des marbres* (billes). — On peut changer le jeu ? — *Je crois qu'on peut changer mais je ne sais pas comment.* — N'importe comment ? — *Non, il n'y a pas de jeu n'importe comment.* — Pourquoi ? — *Parce que le Bon Dieu leur a pas appris* (aux conseillers municipaux), etc. » (*ibid.*, p. 39).

3 / A partir de 10-11 ans, la règle est considérée comme une loi qui repose sur le consentement mutuel. Il est obligatoire de la respecter si on

veut être loyal. On peut la transgresser si on rallie l'opinion générale. La règle ne provient plus de l'adulte : elle est considérée comme étant inventée et modifiée par les enfants eux-mêmes. Ross (11 ans) — « [...] Pourquoi y a-t-il des règles au jeu de billes ? — *Pour pas toujours se chicaner, il faut prendre des règles et puis il faut jouer comme il faut.* — Comment ça a commencé ces règles ? — *C'est des garçons qui se sont entendus entre eux et qui les ont faites.* — Pourrais-tu inventer encore une nouvelle règle ? — *Peut-être...* (il réfléchit). *On prend trois marbres et on fait tomber de haut un marbre sur celui du milieu.* — On pourrait jouer comme ça ? — *Oh ! oui.* — C'est une règle juste comme les autres ? — *Les gamins pourraient dire que c'est pas très juste parce que c'est de la chance. Pour qu'une règle soit bonne, il faut que ce soit de l'adresse.* — Mais si tout le monde jouait comme ça, ce serait une vraie règle ou pas ? — *Oh ! oui, on jouerait aussi bien avec ça qu'avec les autres règles* » (*ibid.*, p. 45).

Etude des diverses formes de jugement moral

De la règle du jeu, Piaget passe aux règles spécifiquement « morales » prescrites par les adultes. L'investigation est conduite indirectement : les évaluations demandées ne portent pas sur des actes dont les sujets ont été les auteurs, mais sur des récits qui décrivent certaines conduites (maladresses, mensonges, vols, etc.) ou qui font intervenir la notion de justice. On compare, par exemple, les conduites de deux enfants à partir du récit de leur maladresse : l'une sans grande importance matérielle se produit au cours d'un acte mal intentionné, l'autre, toute fortuite, entraîne un dommage matériel plus important.

Les réponses obtenues au moyen de cette technique permettent de distinguer deux attitudes morales au cours du développement. La contrainte et le respect unilatéral de l'enfant à l'égard de l'adulte entraînent jusqu'à 7-8 ans une attitude d'*hétéronomie* (les lois régissant la conduite sont reçues de l'extérieur), ce qui conduit au *réalisme moral* : soumission à l'autorité avec comme conséquence la responsabilité « objective » et la sanction expiatoire (voir l'encart 21). Cette première attitude sera corrigée à partir de 9-10 ans par les conduites de coopération, celles-ci exerçant, dans le domaine de l'intelligence, comme dans celui de la morale, un rôle tout à la fois libérateur et constructif. La coopération « [...] par la comparaison mutuelle des intentions intimes et des règles adoptées par chacun, conduit l'individu à juger objectivement des actes et des consignes d'autrui, y compris des adultes » (*ibid.*, p. 327). L'hétéronomie fait place à la conscience du bien, caractérisée par une certaine autonomie, résultat de l'acceptation des normes de réciprocité. L'obéissance cède le pas à la notion de service mutuel.

ENCART 21

Hétéronomie et réalisme moral selon J. Piaget

La règle qui provient de l'adulte est considérée comme intangible. Les actes sont évalués en fonction des dégâts matériels qu'ils provoquent, sans référence à l'intention (responsabilité « objective »). Le mensonge est d'autant plus grave qu'il est invraisemblable et la sanction des méfaits est considérée comme expiatoire. Voici quelques exemples qui illustrent chacun des trois derniers points.

Evaluation des actes

Récit *a* : Jean casse par mégarde, en ouvrant une porte, quinze tasses qui se trouvaient sur un plateau posé sur une chaise mal placée derrière la porte. Récit *b* : Henri essaie de prendre, sans permission, alors que sa mère est absente, un pot de confiture dans l'armoire ; il accroche une tasse qui se casse. Jusqu'à l'âge de 7-8 ans, c'est Jean qui est considéré comme très coupable car il a cassé quinze tasses alors qu'Henri n'en a cassé qu'une seule.

Mensonges

Récit *a* : Un petit garçon (ou une petite fille) se promène dans la rue et rencontre un gros chien qui lui fait très peur. Alors il rentre à la maison et raconte à sa maman qu'il a vu un chien aussi gros qu'une vache. Récit *b* : Un enfant rentre de l'école et raconte à sa maman que la maîtresse lui a donné de bonnes notes. Mais ce n'était pas vrai. La maîtresse ne lui avait donné aucune note, ni bonne ni mauvaise. Alors sa maman a été très contente et l'a récompensé. Fel (6 ans) répète correctement les deux histoires. Lequel de ces enfants est le plus vilain ? — *La petite fille qui a dit qu'elle a vu un chien aussi gros qu'une vache.* — Pourquoi c'est la plus vilaine ? — *Parce que ça se peut jamais.* — Sa maman l'a crue. — *Non, parce qu'il y en a jamais* (des chiens aussi gros que des vaches). — Pourquoi elle a dit ça ? — *Pour exagérer.* — Et l'autre, pourquoi elle a menti ? — *Parce qu'elle voulait faire croire qu'elle avait un bon carnet.* — Sa maman l'a crue ? — *Oui.* — Laquelle tu punirais le plus si tu étais la maman ? — *Celle du chien parce qu'elle était la plus menteuse et la plus méchante.*

Notions de justice

On raconte à l'enfant un méfait réalisé par un petit garçon et une petite fille en lui demandant de choisir parmi trois sanctions proposées. Exemple : un garçon a cassé un jouet appartenant à son petit frère. Que faut-il faire ? 1/qu'il donne au petit frère l'un de ses propres jouets ; 2/qu'il le répare à ses frais ; 3/qu'on le prive de ses jouets pendant une semaine. Chez les jeunes enfants (6-7 ans), il y a prédominance nette du choix de la sanction expiation : *Qu'on le prive de ses jouets pendant une semaine,* dans l'exemple choisi. La sanction est comprise comme un châtiment ; il faut infliger au coupable une peine assez forte pour lui faire sentir la gravité de sa faute.

Une correspondance s'établit, au cours du développement, entre les opérations cognitives et les attitudes morales. Le réalisme correspond au stade préopératoire. Avec l'avènement des opérations concrètes, la coopération « [...] refoule simultanément la conviction spontanée propre à l'égocentrisme et la confiance aveugle en l'autorité adulte » (*ibid.*, p. 337) : *l'autonomie morale s'affirme*. Dans le domaine intellectuel comme dans celui de la morale, le développement va dans le sens d'une autonomie qui fonde la coopération réelle.

La théorie de L. Kohlberg

Le psychologue américain L. Kohlberg propose une théorie du développement moral qui reprend les hypothèses piagétiennes (voir par exemple : L. Kohlberg, *The Philosophy of Moral. Developmental Stages and the Idea of Justice,* San Francisco, Harper & Row, 1981). L'intériorisation des règles morales est la conséquence d'une série de transformations des attitudes et des conceptions primitives ; ces transformations vont de pair avec le développement cognitif, dans la perception et la hiérarchisation d'un univers social avec lequel ce développement est en continuelle interaction.

Kohlberg tente, avant tout, d'isoler empiriquement les séquences de développement de la pensée morale. Cet objectif est poursuivi à partir de l'étude d'interviews enregistrées de 72 garçons répartis en trois groupes d'âge (10 ans, 13 ans et 16 ans). Les interviews d'une durée de deux heures sont conduites à propos de dix dilemmes moraux dans lesquels l'obéissance aux règles (autorités) entre en conflit avec les besoins individuels réels et justifiés. Chaque enfant doit choisir entre ces deux solutions, selon sa préférence, et doit répondre à des questions concernant ce choix. Voici l'exemple d'un dilemme : « Est-il préférable de sauver la vie d'une personne importante ou de sauver celles d'un nombre important de personnes quelconques ? » L'attention de l'expérimentateur se porte moins sur la réponse en soi que sur les raisons données et sur la manière dont la situation conflictuelle est exposée par l'enfant ou l'adolescent. L'analyse de l'ensemble des réponses permet à Kohlberg d'identifier trois niveaux de développement du jugement moral, chacun d'eux se subdivisant en deux stades, soit six stades pour l'ensemble du développement (voir l'encart 22).

ENCART 22

Stades et niveaux du développement moral selon L. Kohlberg

Niveau I : prémoralité

A ce niveau, l'enfant répond en opposant les étiquettes culturelles « bon et mauvais », « avoir tort et avoir raison », et en les interprétant en termes de leurs conséquences physiques ou hédonistes (récompenses et punitions ou échange de satisfaction). *Stade 1.* Orientation vers la punition et l'obéissance : ce sont les conséquences de l'action qui déterminent sa valeur. L'évitement de la punition et la soumission à l'autorité sont évalués en regard des seuls avantages personnels immédiats. *Stade 2.* Orientation vers un relativisme instrumental : le « droit » est ce qui satisfait l'individu lui-même et occasionnellement les autres. La réciprocité se manifeste en termes d'échanges de satisfaction et non en termes de loyauté, de justice, etc.

Niveau II : moralité conventionnelle

Ce niveau est celui de la conformité conventionnelle au « rôle » qui doit être celui de l'enfant, tel qu'il le perçoit dans les expectations de la famille et des divers groupes sociaux. *Stade 3.* Concordance interpersonnelle ou morale avec l'image « du bon petit garçon et de la bonne petite fille ». La considération de l'intention commence à paraître. *Stade 4.* Orientation vers la « loi » et « l'ordre » : ce stade est marqué par une orientation de la conduite au regard de l'autorité, des règles fixes et de la maintenance d'un ordre social et cela pour le bénéfice propre.

Niveau III : acceptation personnelle des principes moraux

A ce niveau, l'acceptation des principes moraux apparaît comme la manière de partager les droits et les devoirs, dans une perspective d'identification avec le groupe d'appartenance : un effort de définir les valeurs morales, en se distanciant des stéréotypes existants, se fait jour. *Stade 5.* Moralité de contrat et d'acceptation démocratique de la loi : l'acceptation des règles dans une perspective interindividuelle de contrat se développe, ainsi que la relation entre les droits des personnes et le consensus du groupe. Les « standards moraux » sont considérés comme le résultat d'une décision mutuelle. Les lois ne sont pas intangibles et peuvent être changées à partir de considérations rationnelles concernant l'utilité sociale générale. *Stade 6.* Moralité de la prise de conscience individuelle des principes. Dans ce dernier stade, l'orientation se poursuit vers une éthique universelle. Le « droit » est défini à partir d'une décision consciente, en accord avec un choix personnel de principes moraux. Ceux-ci sont de nature abstraite, relevant d'un « idéal social » plutôt que de « réalités sociales ». Les concepts clés sont ceux de justice, de réciprocité, d'égalité et de dignité.

Les données recueillies aux Etats-Unis ainsi que les résultats d'études longitudinales interculturelles (Canada, Mexique, Grande-Bretagne, Turquie, Taiwan) ont conduit Kohlberg et ses collaborateurs à postuler l'existence de *structures morales universelles* dont le développement au cours de l'enfance, de l'adolescence et même de l'âge adulte, aurait les caractéristiques suivantes : 1 / L'ordre de progression du jugement moral est invariant quelle que soit l'appartenance nationale ou culturelle des groupes observés. Les six stades mis en évidence sont logiquement et hiérarchiquement ordonnés tels que les plus élevés sont toujours conceptuellement plus avancés que les précédents. 2 / L'atteinte d'un stade plus élevé apparaît comme un remaniement, une restructuration des éléments du niveau antérieur, et non comme un processus additif de développement, fonction de l'éducation verbale, de la punition ou de l'identification culturelle. 3 / Il existe une relation étroite entre le développement du jugement moral et le développement cognitif, tel qu'il est décrit dans la perspective piagétienne. L'atteinte des stades de la pensée logico-mathématique serait une condition nécessaire et non suffisante à l'atteinte de certains paliers du développement moral. Ainsi, le niveau bien consolidé des opérations concrètes serait nécessaire à l'émergence du stade 2 de Kohlberg et le fonctionnement des opérations formelles à celle du stade 5.

Critiques et orientations

Les théories de Piaget et de Kohlberg ont suscité de nombreux travaux et de vives controverses. L'une des critiques porte sur la spécificité et l'invariance des séquences de développement. Certaines recherches ont montré la persévérance tardive de conduites élémentaires et l'on peut conclure au rôle important, à tout âge, de la crainte de la punition dans l'application personnelle de règles morales. Inversement, la précocité de conduites où interviennent la réciprocité et la prise en compte de l'intentionnalité a été maintes fois constatée. Une autre critique porte sur les méthodes d'évaluation.

La procédure employée habituellement pour évaluer la référence à l'intentionnalité a été mise en cause. Elle consiste en général à proposer deux histoires dans lesquelles varient en sens inverse l'intention et le degré de dommage provoqué (l'exemple des deux mensonges proposés par Piaget). Selon cette procédure, l'enfant doit être capable de comparer simultanément deux couples de variables, l'intention et le dommage, dans chacune des histoires. L. G. Berg-Cross a confronté les résultats observés avec cette méthode piagétienne et une méthode simplifiée où une seule histoire est proposée à l'enfant, à l'issue de laquelle il doit choisir, en expliquant son choix, la punition qui lui semble adéquate sur une échelle à cinq points (cinq images). Les deux méthodes sont appliquées à 153 enfants de 6 ans. Avec la méthode piagétienne, 65 % des réponses sont immatures (référence unique aux conséquences). Avec la méthode simplifiée, 60 % des réponses impliquent des estimations complexes et subtiles où le dommage causé est mis en relation avec l'intention de l'acte. Selon l'auteur, la procédure habituelle qui propose deux histoires met en cause principalement des capacités mnémoniques. L'enfant devant un matériel ambigu est alors contraint à des stratégies simplificatrices, d'où l'apparence de « réalisme moral » observé généralement (L.-G. Berg-Cross, Intentionality, degree of damage and moral judgments, *Child Development,* 1973, *46,* 970-974).

L'universalité des stades soutenue par Kohlberg a été ouvertement critiquée, les données avancées pour justifier cette hypothèse ayant été jugées insuffisantes (voir à ce sujet : W. Kurtiness, E. Grieff, The development of moral thought : review and evaluation of Kohlberg approach, *Psychological Bulletin,* 1974, *81,* 453-470).

Une approche fonctionnelle du développement du jugement moral s'est développée, qui se distingue de l'approche structurale, rationaliste, de Piaget et de Kohlberg sur plusieurs points. L'intérêt se porte davantage sur ce que *fait* l'enfant ou l'adolescent plutôt que sur ce qu'il dit, d'où l'introduction de procédures où le sujet est davantage motivé, impliqué. L'accent est aussi davantage mis sur le rôle des *facteurs contextuels* qui peuvent influencer le jugement et déterminer la conduite. Enfin, les changements qui surviennent avec l'âge sont interprétés en liaison avec l'accroissement des *connaissances* et de l'*expérience.*

Interaction sociale et développement cognitif : tutelle, co-construction et imitation

Le problème des rapports entre le développement social et le développement cognitif a déjà été partiellement abordé plus haut lorsqu'il a été question des apprentissages sociocognitifs. Trois mécanismes semblent impliqués dans les modalités sociales d'acquisition de connaissances : la *tutelle*, la *co-construction* et l'*imitation*. On suivra ici de près la synthèse proposée sur ce point par Beaudichon et al. (J. Beaudichon, M. Verba et F. Winnykamen, Interactions sociales et acquisition de connaissances chez l'enfant, *Revue internationale de psychologie sociale*, 1988, *1*, 129-141).

Le premier mécanisme, la tutelle, renvoie aux théorisations de Vygotski et, notamment, à sa notion de *zone proximale de développement* : le niveau de développement potentiel de l'enfant, correspondant à ce qu'il est capable de faire avec un adulte à un certain moment (voir le chap. I). Il renvoie aussi aux fines analyses de Bruner consignées dans l'ouvrage *Le développement de l'enfant : savoir faire, savoir dire* (Paris, PUF, 1983). La tutelle suppose une asymétrie de compétence des partenaires sociaux en présence, en général des relations de couple, et une différence de but : le but du sujet apprenant (novice) est de faire, celui du tuteur (expert) de faire faire. L'expert met à la disposition du novice les informations, les outils utiles, présentés sous une forme assimilable, c'est-à-dire adaptée aux capacités d'intégration actuelles du sujet, ce qui nécessite une « simplification du réel » ajustée à ses possibilités. A mesure que l'enfant progresse, l'expert s'efface pour laisser l'initiative et le contrôle de la tâche au novice en voie d'acquisition, pour réintervenir dès qu'une difficulté apparaît. L'instauration des interactions de tutelle, leur maintien et leur forme dépendent des représentations que chacun des membres du couple a de l'autre et du progrès de la réalisation. La conduite du novice progresse ainsi vers l'*autocontrôle* et la construction de la compétence, *d'abord interindividuelle, s'intériorise*.

Le deuxième mécanisme, la co-construction, a essentiellement été étudié dans la perspective théorique de Doise et

Mugny (cités plus haut). Contrairement à la tutelle, la co-construction suppose la symétrie des compétences et des relations, ainsi qu'un but partagé. Elle consiste en une mise en commun des apports respectifs des partenaires pour atteindre ce but. Cette mise en commun peut s'opérer sous la forme, soit d'un *conflit* que les individus s'attachent à surmonter, soit d'une *coopération* dans laquelle les apports sont complémentaires. Quoi qu'il en soit, les activités des partenaires se coordonnent dans une réalisation commune qui conduit, chez chacun d'entre eux, à une acquisition réalisée de concert.

Enfin, le troisième mécanisme, l'imitation — processus déjà diversement analysé à différents niveaux de l'ouvrage — renvoie ici à la théorie de l'apprentissage par observation de A. Bandura (*L'apprentissage social*, Bruxelles, Mardaga, 1980) et aux nombreux travaux qu'elle a suscités (voir F. Winnykamen, *Apprendre en imitant ?*, Paris, PUF, 1991). Il s'agit de l'utilisation de l'action d'autrui comme point de départ ou comme guide de l'action orientée vers un but. Le modèle, externe ou intériorisé, constitue une référence à partir de laquelle le sujet évalue et contrôle individuellement ses tentatives. Ce mécanisme de construction interactive des savoirs peut présenter deux variantes. 1 / Le modèle auquel l'enfant se réfère, soit partiellement, soit totalement, n'intervient pas directement dans les activités de celui-ci. Il peut ne pas être conscient du fait d'être observé à fin d'imitation. De ce fait, c'est l'enfant lui-même qui gère son activité pas à pas par rapport aux repères externes qu'il se donne. 2 / Si le modèle est conscient de son rôle et l'accepte, tous les degrés sont possibles entre une construction quasi individuelle et une transformation des processus imitatifs en une interaction de tutelle, par exemple la transmission par démonstration explicitée d'un savoir-faire particulier.

Ces trois mécanismes sociaux d'acquisition sont aujourd'hui reconnus comme nécessairement associés aux facteurs « individuels » de construction qui sous-tendent le développement cognitif. Dans la perspective cognitiviste, les analyses en termes de résolution (individuelle) de problèmes sont actuellement réexaminées sous cet angle.

Le développement affectif

La période de l'enfance, telle que nous l'avons découpée, comprend, à partir de 2-3 ans, le stade phallique, la période du complexe d'Œdipe et, à partir de 5-6 ans, la période de latence. La théorie de Freud a, sur ce point, évolué. Si certains concepts sont déjà présents dès le début de son œuvre, ils n'ont été parfois précisés que tardivement à la suite de réorganisations de la théorie. Il en va ainsi des textes sur le complexe d'Œdipe, le stade phallique et la différence des sexes dont la théorisation apparaît vers 1923.

Dans les exposés qui suivent, le rapport aux faits n'est pas du même ordre que dans les approches précédentes dont la méthode était, à des degrés divers, de type expérimental.

Le stade phallique

Comme on vient de l'indiquer, le concept de *stade phallique* (ou de *phase phallique*) n'apparaît chez Freud qu'en 1923, bien qu'il en ait déjà évoqué certains aspects antérieurement, notamment le primat du phallus. Il estimait toutefois, initialement, que le primat des organes génitaux ne se réalisait qu'imparfaitement dans l'enfance.

« [...] Je ne serais plus satisfait actuellement de la proposition selon laquelle le primat des organes génitaux ne s'effectuerait dans la première enfance que d'une façon très imparfaite ou pas du tout. La vie sexuelle de l'enfant se rapproche de celle de l'adulte dans une bien plus grande mesure et cela ne concerne pas seulement la survenue d'un choix d'objet. Même si on ne parvient pas à une véritable synthèse des pulsions partielles sous le primat des organes génitaux, au faîte du développement de la sexualité infantile, l'intérêt pour les organes génitaux et l'activité génitale acquiert cependant une importance dominante qui ne le cède que peu à celle de la maturité. Le caractère principal de cette « organisation génitale infantile » est en même temps ce qui la différencie de l'organisation génitale définitive de l'adulte. Il réside en ceci que, pour les deux sexes, un seul organe génital, l'organe mâle, joue un rôle » (S. Freud, L'organisation génitale infantile, *La vie sexuelle,* Paris, PUF, 1969, p. 114 (1re éd. 1923)).

Dans une perspective génétique, le stade phallique fait suite au stade anal et se caractérise par une prédominance de la zone génitale et de l'opposition phallique-castré qui prend la place de l'opposition actif-passif du stade précédent (voir le chap. IV). Il apparaît vers 3 ans et s'étend jusqu'à 5 ou 6 ans, du moins dans la description de Freud. Le stade phallique tire son importance du fait que le complexe d'Œdipe, facteur central du développement infantile, y prend place. Plusieurs phénomènes apparaissent à cette époque, témoignant de l'intensité de l'activité sexuelle de l'enfant, qu'il s'agisse de la masturbation, de sa curiosité et de ses théories sexuelles, du primat phallique ou de la découverte de la différence des sexes.

Sexualité et curiosité

Le stade phallique s'organise autour de l'activité de la zone génitale et Freud soutient qu'il existe à cette époque une satisfaction sexuelle que l'enfant va répéter : la *masturbation infantile.* Cette période d'activité sexuelle laisse des traces mnésiques inconscientes qui participent à la genèse de la personnalité et à l'apparition des phénomènes névrotiques.

« [...] Pour plus de clarté, nous distinguerons trois phases de la masturbation infantile. La première de ces phases correspond au temps de l'allaitement, la seconde à la courte période d'épanouissement de l'activité sexuelle vers la quatrième année ; et c'est seulement la troisième période qui correspondra à l'onanisme de la puberté, la seule qui ait jusqu'ici attiré l'attention des observateurs » (S. Freud, *Trois essais sur la théorie de la sexualité,* Paris, Gallimard, 1915, p. 84 (1re éd. 1905)).

La curiosité sexuelle et les théories sexuelles infantiles témoignent, comme la masturbation, de l'intérêt évident de l'enfant pour la sexualité. Cet intérêt concerne principalement la différence des sexes, la naissance, les relations sexuelles entre les parents. La curiosité sexuelle naît sous l'influence de la pulsion et la curiosité intellectuelle elle-même — le désir de savoir — serait, pour une part, dépendante de la sexualité.

« [...] A cette même époque où la vie sexuelle de l'enfant atteint son premier degré d'épanouissement — de la troisième à la cinquième année — on voit apparaître les débuts d'une activité provoquée par la pulsion de rechercher et de savoir. La pulsion de savoir ne peut pas être comptée parmi les composantes pulsionnelles élémentaires de la vie affective et il n'est pas possible de la faire dépendre exclusivement de la sexualité. Son activité correspond, d'une part, à une sublimation de l'action d'emprise et, d'autre part, elle utilise comme énergie le désir de voir. Toutefois, les rapports qu'elle présente avec la vie sexuelle sont très importants ; la psychanalyse nous montre ce besoin de savoir bien plutôt qu'on ne le pense généralement. L'enfant s'attache aux problèmes sexuels avec une intensité imprévue et l'on peut même dire que ce sont là les problèmes éveillant son intelligence » (*ibid.*, p. 90-91).

La relation entre sexualité et curiosité est complexe, ainsi que le montre Freud dans son étude sur Léonard de Vinci en 1910. Dans ce texte, il mentionne les trois destins possibles de la curiosité sexuelle originaire. Dans la première voie, la curiosité peut rester inhibée, le développement de l'intelligence s'arrête alors et laisse l'enfant dans une situation proche de la débilité. Dans la deuxième voie, la curiosité persiste, sous forme d'activité intellectuelle, mais elle ne se détache pas de son objet premier, à savoir la sexualité. La pensée, l'activité intellectuelle, sont alors victimes des interdits et des contraintes qui pèsent sur la sexualité : l'angoisse, la culpabilité, la compulsion, la difficulté à accomplir quelque chose, atteignent la sphère intellectuelle. Dans la troisième voie, la pulsion sublimée (dérivée vers un nouveau but non sexuel) est alors utilisée au service d'intérêts intellectuels, artistiques ou sociaux. La sublimation porte sur les pulsions partielles qui ne sont pas intégrées dans la génitalité. La question de l'activité intellectuelle est ainsi renouvelée par Freud dans la mesure où l'acquisition des compétences dépend pour une part de la sexualité infantile et de ses avatars. La sexualité infantile est ainsi le moteur du développement intellectuel mais aussi de certaines de ses inhibitions. *Cette théorie ne peut être considérée comme une interprétation scientifique de l'évolution de l'intelligence et du raisonnement mais, dans le domaine de la pathologie névrotique, elle possède une réelle pertinence pour l'analyse de certains troubles de la pensée.*

Les théories sexuelles infantiles

Les *théories sexuelles infantiles* témoignent des élaborations intellectuelles de l'enfant en réponse aux questions dérivant de ce qu'il connaît déjà ou pressent de la sexualité. Ces « théories » sont constituées à partir d'éléments contingents, d'intuitions de l'enfant, d'informations données par l'entourage. Mais « [...] l'enfant dans ces recherches sexuelles est toujours solitaire ; c'est pour lui un premier pas en vue de s'orienter dans le monde et il se sentira étranger aux personnes de son entourage qui jusque-là avaient eu sa pleine confiance » (*ibid.*, p. 94). L'enfant interprète les phénomènes à sa façon et bâtit ses propres constructions imaginaires. Mais les théories de cet âge possèdent, selon Freud, des caractéristiques identiques chez tous les enfants : méconnaissance du rôle du sperme, méconnaissance du vagin, primauté phallique, théorie sadique du coït, théorie de la naissance anale. Les conceptions de la fécondation sont tributaires de la méconnaissance du sperme et du vagin, l'enfant reprenant des éléments qui appartiennent au registre oral ou urétral : fécondation orale par le baiser, rôle fécondant de l'urine. Les éléments *prégénitaux* servent donc de matériel pour la constitution des premières théories sexuelles. La conception sadique du coït repose sur une interprétation des rapports en termes de domination du plus fort sur le faible, elle est infiltrée par des fantasmes d'emprise et d'agression, vestiges des stades initiaux. La théorie anale de la naissance — « [...] l'enfant doit être évacué comme un excrément, une selle » (S. Freud, Les théories sexuelles infantiles, *La vie sexuelle,* Paris, PUF, 1969, p. 21 (1re éd. 1908)) — est directement liée à la méconnaissance du vagin et aux fixations du stade anal. Mais l'élément le plus important de ces théories sexuelles demeure l'attribution « [...] à tous les humains, y compris les êtres féminins, d'un pénis » (*ibid.*, p. 19). Ces théories évoluent avec le développement affectif et cognitif mais une partie d'entre elles est refoulée (rejetée dans l'inconscient) à la période œdipienne.

L'existence de théories sexuelles infantiles n'est pas niable mais certains auteurs actuels s'interrogent sur leur fréquence et sur leur contenu. Les informations sexuelles données aux enfants éliminent-elles les conceptions erronées sur lesquelles reposent ces théories spontanées ? On peut en effet imaginer que l'apport de connaissances adaptées devrait conduire à lever les incertitudes. Freud lui-même était partisan d'une information sexuelle.

> « [...] Si les enfants ne reçoivent pas les explications qu'ils ont demandées à leurs aînés, ils continuent en secret à se tourmenter pour ce problème et échafaudent des tentatives de solution dans lesquelles la vérité devinée se mêle de la façon la plus remarquable avec le faux grotesque ; ou bien ils se chuchotent les uns aux autres des informations dans lesquelles, à cause du

sentiment de culpabilité de ces jeunes chercheurs, la vie sexuelle reçoit l'empreinte du terrible et du dégoûtant » (S. Freud, Les explications sexuelles données aux enfants, *La vie sexuelle,* Paris, PUF, 1969, p. 11-12 (1re éd. 1908)).

Il semble que si le contenu des théories sexuelles varie, la question de la sexualité reste toujours un objet de culpabilité, de gêne, d'interprétations, dans la mesure où elle ne se réduit pas à l'anatomie et à la reproduction mais, au contraire, concerne un plaisir socialement codifié, voué à l'intimité. L'enfant jeune, du fait de son développement cognitif et affectif, n'est pas toujours à même d'assumer les informations données et la dimension du plaisir ne se laisse pas réduire à une connaissance scolaire. Aussi existe-t-il toujours des théories sexuelles infantiles qui ne présentent pas forcément tous les caractères mentionnés par Freud mais dont la structure, la finalité et l'évolution sont les mêmes. Il ne suffit pas que l'enfant connaisse « la réalité » pour qu'il abandonne « sa vérité », qui répond à des nécessités internes.

La différenciation entre les sexes

Le *primat du phallus* qui règne à la période phallique nécessite ici, du fait de son importance ultérieure, une analyse particulière. Il consiste en ce que l'enfant pense qu'il n'existe qu'un seul sexe, le sexe masculin. Cette croyance est à l'origine des spécificités de l'Œdipe, de l'opposition *phallique-castré* et de l'évolution différentielle entre garçons et filles. La « préhistoire » du complexe d'Œdipe et du complexe de castration (la différence des sexes est attribuée au retranchement du pénis chez la fille) se situe donc au niveau des mécanismes du stade phallique. La primauté phallique et ses conséquences font partie des conceptions les plus controversées de Freud auquel on a reproché son phallocentrisme, voire sa misogynie, en lui faisant grief, entre autres, d'avoir étendu à la fille ce qui avait été observé chez le garçon. Lacan a, de ce point de vue, tenté de dégager la théorie freudienne de son substrat anatomique en donnant au terme « phallus » un sens différent de celui de pénis et en en faisant le symbole du désir.

La connaissance de la différence entre les sexes n'est pas donnée mais se construit au cours du stade phallique. Ainsi qu'on l'a déjà indiqué, pour Freud, les enfants garçons ou filles vivent, avant la découverte de la différence des sexes, dans la croyance de l'existence d'un seul sexe : le pénis. Le développement du garçon et celui de la fille sont jusqu'alors semblables, mais la découverte de la différence des sexes va les séparer. Dans le schéma freudien, c'est toutefois le modèle du garçon qui est privilégié et généralisé au développement de la fille (voir l'encart 23).

ENCART 23

Différenciation des sexes selon S. Freud

Chez le garçon, la découverte de la différence sexuelle engage un processus particulier : dans un premier temps, il nie la perception (l'existence d'êtres humains non pourvus d'un pénis), puis il reconnaît l'absence de pénis chez la femme mais continue à penser que certaines femmes, dont sa mère (mère phallique), en possèdent un, enfin il finit par reconnaître l'existence effective de cette différence. La découverte de la différence des sexes donne donc une forme de réalité à la crainte d'être privé de l'organe qui procure un plaisir masturbatoire : la femme est fantasmée (représentée imaginairement) comme ayant été l'objet d'une castration. La constatation de la différence sexuelle est essentielle dans l'évolution du complexe d'Œdipe.

Chez la fille, Freud estime — avec peu d'arguments cliniques puisqu'il dit en 1923 que la connaissance de ce phénomène chez la fille lui fait quelque peu défaut — que le processus va être différent. Il imagine que la découverte du pénis chez la fille engage deux attitudes. 1 / Elle souhaite posséder cet organe prometteur de plaisir : c'est la naissance de l'*envie du pénis* qui, pour Freud, est un élément moteur du développement féminin ultérieur. 2 / Elle pense qu'elle possédait auparavant un pénis mais que celui-ci lui a été retiré. Elle va alors tenter de dénier, compenser, réparer ce préjudice. Ce que Freud appelle le *complexe de castration* est donc, chez la fille, présent d'emblée alors qu'il est associé, chez le garçon, au refoulement des désirs œdipiens. Ces éléments constituent le socle sur lequel va apparaître le complexe d'Œdipe, nœud du développement individuel.

« [...] La zone génitale est découverte, d'une façon ou d'une autre, et il ne semble pas justifié d'attribuer aux premières activités qui sont en rapport avec elle un contenu psychique. Le pas suivant dans le stade phallique, dont c'est ainsi le début, n'est pourtant pas de rattacher cet onanisme aux investissements d'objet du complexe d'Œdipe, mais c'est une découverte lourde de conséquences et qui échoit à la petite fille. Elle remarque le grand pénis bien visible d'un frère ou d'un camarade de jeu, le reconnaît tout de suite comme la réplique supérieure de son propre petit organe caché et dès lors elle est victime de l'envie du pénis. Il y a une opposition intéressante entre le comportement d'un sexe et celui de l'autre : dans un cas analogue, quand le petit garçon aperçoit de prime abord la région génitale de la petite fille, il se conduit de manière irrésolue, peu intéressé avant tout ; il ne voit rien ou bien par un déni il atténue sa perception, cherche des informations qui permettent de l'accorder à ce qu'il espère. Ce n'est que plus tard, lorsqu'une menace de castration a pris de l'influence sur lui, que cette observation devient pour lui pleine de satisfaction : s'il se la remémore ou, s'il la répète, il est la proie d'une terrible tempête émotionnelle et se met à croire à la réalité d'une menace dont il riait jusqu'alors. [...] Il en va autrement pour la petite fille. D'emblée, elle a jugé et décidé. Elle a vu cela, ne l'a pas et veut l'avoir » (Quelques conséquences psychiques de la différence anatomique entre les sexes, in *La vie sexuelle,* Paris, PUF, 1969, p. 126-127 (1re éd. 1923)).

Quelles que soient les critiques — et elles n'ont pas manqué — que l'on puisse adresser à Freud, il ne faut pas perdre de vue que sa *reconstruction* de l'enfance provient de peu d'observations d'enfants (le petit Hans) et, surtout, du matériel issu des cures psychanalytiques de sujets adultes névrosés ou normaux. Or le propre de la cure est de permettre (grâce à l'association libre du patient) le recueil d'un matériel dans lequel l'accès aux phénomènes inconscients est facilité. *Ce dont parle Freud c'est donc avant tout des représentations inconscientes, refoulées, et des fantasmes des sujets. Il s'agit d'une reconstruction des positions libidinales infantiles dont la pertinence clinique se vérifie dans la pratique thérapeutique.* Malgré les références anatomiques de Freud, il faut bien considérer que la notion de phallus n'est pas l'exact synonyme de pénis mais qu'elle désigne aussi ce qui symbolise une forme de puissance dont l'origine est plus sociale qu'anatomique.

Pour Freud, la différence entre le développement féminin et masculin provient fondamentalement de la découverte de la différence des sexes qui introduit une asymétrie d'évolution. Les stades précédents, oral et anal, se déroulent de manière identique mais la primauté phallique va donner à la fille et au garçon deux destins différents. Le pénis est, au stade phallique, l'objet de la pulsion et la croyance en sa perte (possible ou « réalisée ») est renforcée par le fait que « [...] l'enfant acquiert la représentation d'un dommage narcissique par perte corporelle à partir de la perte du sein maternel après la tétée », (*ibid.*, p. 115). La question principale demeure de savoir ce que représente ce pénis dans le développement puisqu'il ne se limite pas à être l'objet d'une pulsion partielle.

Le complexe d'Œdipe et sa résolution

Le terme de complexe d'Œdipe désigne, par référence à l'Œdipe-roi de Sophocle, l'ensemble des désirs amoureux et agressifs que l'enfant éprouve à l'égard de ses parents. Dans une lettre à Fliess de 1897, Freud évoque déjà le mythe grec d'Œdipe en soulignant son universalité dans les destins individuels. Mais les principales études sur l'Œdipe datent des années 1920 et la notion occupe, dès lors, une place centrale de l'œuvre freudienne, à la fois comme explication des phénomènes névrotiques et comme facteur de développement.

« [...] On a raison de dire que le complexe d'Œdipe est le complexe nucléaire des névroses, qu'il constitue la partie la plus essentielle du contenu de ces maladies. C'est en lui que la sexualité infantile, qui exercera ultérieurement une influence décisive sur la sexualité de l'adulte, atteint son point culminant. Tout être humain se voit imposer la tâche de maîtriser le complexe d'Œdipe ; s'il faillit à cette tâche, il sera un névrosé. La psychanalyse nous a appris à apprécier de plus en plus l'importance fondamentale du complexe d'Œdipe et nous pouvons dire que ce qui sépare adversaires et partisans de la psychanalyse, c'est l'importance que ces derniers attachent à ce fait » (*ibid.*, p. 179).

La découverte par Freud du complexe d'Œdipe a plusieurs sources mais ce sont principalement les analyses de sujets névrosés, notamment des sujets hystériques, qui ont fourni le matériel fantasmatique permettant de repérer la fréquence des désirs œdipiens. Dans un premier temps, Freud a admis la thèse de la *séduction* ; ses patientes évoquaient dans leur histoire infantile l'existence d'une scène incestueuse réelle ou d'une séduction réelle dont elles auraient été les victimes de la part des parents — du père — ou de substituts parentaux. La névrose provenait donc d'une séduction réelle. Toutefois, devant la fréquence de ces souvenirs Freud en est venu à douter de la réalité de ces scènes de séduction et a considéré que le facteur pathogène général ne résidait pas tant dans les faits réels que dans le fantasme. Les scènes racontées correspondaient à des fantasmes élaborés par les patientes, fantasmes révélant leurs souhaits qu'il faut bien qualifier d'œdipiens. L'analyse des mythes, que ce soit celui d'Œdipe ou celui d'Hamlet, l'analyse de sujets non névrosés, l'observation des enfants ont fourni à l'Œdipe sa dimension générale et aussi culturelle. En outre, certaines études anthropologiques ont tenté de montrer l'universalité du complexe d'Œdipe qui ne se limite pas à l'attachement de l'enfant pour le parent de sexe opposé. L'Œdipe reprend en effet sur le mode individuel ce qui fonde la culture : la loi de prohibition de l'inceste et la loi d'exogamie (les travaux anthropologiques de C. Levi-Strauss). Freud a d'ailleurs engagé la discussion de ces invariants de la culture dans ses œuvres « sociologiques » comme *Totem et tabou* puis *Malaise dans la civilisation.* Des auteurs comme G. Roheim et B. Bettelheim ont poursuivi cette réflexion dans un cadre psychanalytique. La référence à la dimension mythique et à la culture contribue à donner à l'Œdipe sa dimension structurale de moment nécessaire du développement humain, séparant le désir de l'enfant de celui des parents et l'ouvrant à l'espace culturel.

Dans sa formulation classique, et parfois caricaturée, le complexe d'Œdipe désigne l'attachement amoureux, le désir sexuel, de l'enfant pour le parent de sexe opposé et l'hostilité (désir de tuer) pour le parent de même sexe, considéré comme un rival. La menace de castration entraîne le renoncement à ces désirs et leur refoulement (rejet dans l'inconscient). Le déclin du complexe d'Œdipe — son dépassement — inaugure l'entrée dans la période de *latence* mais il est l'objet d'une réactivation à l'adolescence (voir le chap. VI). Il joue un rôle déterminant dans la constitution de la personnalité, dans l'orientation du désir humain, dans l'accès aux interdits (constitution du surmoi), dans la séparation entre le désir de l'enfant et celui des parents et dans l'accès à la culture. Les avatars de sa résolution sont à l'origine des troubles névrotiques comme l'hystérie (hystérie de conversion et hystérie d'angoisse) et la névrose obsessionnelle. En d'autres termes, le complexe d'Œdipe permet l'accession de l'enfant à la *dimension de sujet*. Bien que l'Œdipe garde la même structure, Freud établit une différence entre celui de la fille et celui du garçon puisqu'il existe un primat phallique.

Le complexe d'Œdipe chez le garçon

L'Œdipe du garçon est retenu par Freud comme étant le modèle du complexe d'Œdipe, avec les incertitudes et les *a priori* phallocentriques qu'une telle démarche implique. Freud envisage donc un attachement libidinal de l'enfant à sa mère et, corrélativement, une rivalité avec le père qui représente un gêneur dans la relation avec la mère. Les exemples concrets de cette forme de lien et de rivalité ne manquent pas, mais ils ne sont pas forcément visibles chez tous les enfants. Ce qui compte pour la psychanalyse c'est ce qui se produit dans le psychisme et non les conduites concrètes.

Chez le garçon, ainsi qu'on l'a vu à propos du stade phallique, c'est la découverte de la différence des sexes, la mise en échec du primat du phallus, qui vont entraîner une modification des positions œdipiennes et le déclin du complexe : le complexe de castration inaugure la disparition du complexe d'Œdipe. La constatation de la différence des sexes confronte le garçon à la possibilité de perdre son pénis et vient donner un contenu à l'angoisse qu'il peut ressentir dans sa relation à sa mère et devant certains interdits. Freud estime que la découverte de cette différence des sexes donne une réalité à des « menaces de castration » effectivement formulées à l'enfant. Mais la réalité de ces menaces n'est pas nécessaire à la théorie de la castration. Devant l'angoisse de castration, le garçon serait partagé entre le maintien de son attachement à la mère et le risque de perte du pénis. Ce conflit entre investissement *objectal* (la mère) et investissement *narcissique* (crainte pour le pénis) entraîne un renoncement aux désirs amoureux et hostiles. A la place, apparaît une identification au père (assimilation de ses attributs avec transformation de soi sur son modèle) et une intériorisation (introjection) des idéaux parentaux qui vont constituer le *surmoi*.

Le renoncement s'opère par refoulement des représentations correspondant aux désirs agressifs et sentimentaux qui sont rejetées dans l'inconscient où elles continuent à exercer une pression et tentent de réapparaître. C'est sans doute à ce niveau que se situe la différence entre la pathologie et la normalité. Dans la formulation freudienne, le refoulement est un phénomène pathologique : ce qui est refoulé reste actif et manifeste ultérieurement son influence pathogène. Concernant la normalité, Freud évoque une destruction ou une suppression du complexe d'Œdipe. A l'issue de cette disparition du complexe d'Œdipe, les tendances sexuelles sont *sublimées,* c'est-à-dire dérivées vers un nouveau but non sexuel et sont utilisées dans le cadre de l'investigation intellectuelle.

« [...] Le complexe d'Œdipe offrait à l'enfant deux possibilités de satisfaction, l'une active et l'autre passive. Il pouvait, sur le mode masculin, se mettre à la place du père et, comme lui, avoir commerce avec la mère, auquel cas le père était bientôt ressenti comme un obstacle, ou bien il voulait remplacer la mère et se faire aimer par le père, auquel cas la mère devenait superflue. Quant à savoir en quoi consiste le commerce amoureux apportant satisfaction, l'enfant ne pouvait en avoir que des représentations très imprécises ; mais ce qui était sûr c'est que le pénis jouait un rôle là-dedans comme en témoignaient ses sensations d'organe. Il n'avait pas encore eu l'occasion de douter de l'existence du pénis chez la femme. L'acceptation de la possibilité de la castration, l'idée que la femme est castrée, mettait alors un terme aux deux possibilités de la satisfaction dans le cadre du complexe d'Œdipe. Toutes deux comprenaient, en effet, la perte du pénis : l'une, la masculine, comme conséquence de la punition ; l'autre, la féminine, comme présupposition. Si la satisfaction amoureuse sur le terrain du complexe d'Œdipe doit coûter le pénis, alors on en vient nécessairement au conflit entre l'intérêt narcissique pour cette partie du corps et l'investissement libidinal des objets parentaux. Dans ce conflit, c'est normalement la première de ces forces qui l'emporte ; le moi de l'enfant se détourne du complexe d'Œdipe.

« Dans un autre texte, j'ai expliqué en détail de quelle façon cela se passe. Les investissements d'objets sont abandonnés et remplacés par une identification. L'autorité du père ou des parents, introjectée dans le moi, y forme le noyau du surmoi, lequel emprunte au père la rigueur, perpétue son interdit de l'inceste et ainsi, assure le moi contre le retour de l'investissement libidinal de l'objet. Les tendances libidinales appartenant au complexe d'Œdipe sont en partie désexualisées et sublimées, ce qui vraisemblablement arrive lors de toute transformation en identification, et en partie inhibées quant au but et changées en motions de tendresse. Le procès dans son ensemble a, d'un côté, sauvé l'organe génital, il a détourné de lui le danger de le perdre et, d'un autre côté, il l'a paralysé, il a supprimé son fonctionnement. Avec lui, commence le temps de latence qui vient interrompre le développement sexuel de l'enfant.

« Je ne vois aucune raison de refuser le nom de "refoulement" au fait que le moi se détourne du complexe d'Œdipe bien que des refoulements ultérieurs se produisent la plupart du temps avec le concours du surmoi, lequel n'est ici qu'en formation. Mais le procès que nous avons décrit est plus qu'un refoulement, il équivaut, si les choses s'accomplissent de manière idéale, à une destruction et à une suppression du complexe » (S. Freud, La disparition du complexe d'Œdipe, in *La vie sexuelle*, Paris, PUF, 1969, p. 119-120 (1re éd. 1924)).

Le complexe d'Œdipe chez la fille

Le modèle freudien de l'Œdipe masculin est difficilement applicable à la fille et il a fait, pour de nombreuses raisons, l'objet de critiques justifiées (voir la discussion précédente sur le stade phallique et la différenciation des sexes). Il reste qu'au-delà de la formulation concrète — et volontiers sexiste — de Freud, certains éléments de l'imaginaire masculin et féminin ont été cliniquement perçus par lui, éléments qui requièrent une autre analyse mais qui n'en constituent pas moins un point essentiel des rapports entre les sexes. Il conviendrait aussi de se départir, face au modèle freudien, d'une conception « causaliste » et de considérer que Freud évoque la *cause* (étiologie) des positions psychiques féminines ; il ne saurait être question de s'engager dans un débat entre conceptions sociologiques et psychologiques. Si le texte de Freud laisse souvent l'impression qu'il voit dans la différence anatomique des sexes la raison dernière des représentations féminines (n'a-t-il pas écrit à propos de la femme *l'anatomie c'est le destin*), il est nécessaire de reprendre ses remarques dans une perspective plus descriptive et ordonnatrice de manière à cerner la pertinence de certaines de ses observations. La question de l'*envie du pénis* notamment, qui n'a pas manqué de soulever d'importantes contestations, doit être débarrassée de l'ambiguïté de sa formulation et étudiée à la lumière de ce que peut symboliser la différence des sexes.

La différence entre l'Œdipe masculin et l'Œdipe féminin tient d'abord à ce que le garçon et la fille ne sont pas dans une situation similaire en regard du primat phallique : le garçon a un pénis, la fille n'en a pas. En outre, chez la fille comme chez le garçon, le premier choix d'objet antérieur au stade phallique concerne la mère. Il faut donc imaginer, chez la fille, un premier attachement à la mère suivi d'un attachement au père, changement d'objet qui complique notablement le schéma. Ces deux éléments impliquent, pour la fille, un « parcours » différent de celui du garçon. Si le noyau de l'Œdipe est bien, chez elle, l'attachement amoureux pour le père et l'hostilité contre la mère, les autres phénomènes ne se déroulent pas dans le même ordre que chez le garçon.

Chez la fille, tout débute avec la constatation de la différence des sexes et le complexe de castration qui inaugurent le complexe d'Œdipe : elle se reconnaît comme manquant d'un pénis, comme « châtrée », et l'existence du pénis chez le garçon est enviée. Dans sa relation au père elle va attendre de lui qu'il lui donne un pénis ou un substitut de celui-ci, à savoir l'enfant.

> « [...] Le renoncement au pénis n'est pas supporté sans une tentative de compensation. La fille glisse on devrait dire : le long d'une équation symbolique du pénis à l'enfant, son complexe d'Œdipe culmine dans le désir longtemps retenu de recevoir en cadeau du père un enfant, de mettre au monde un enfant pour lui » (La disparition du complexe d'Œdipe, in *La vie sexuelle,* Paris, PUF, 1969, p. 122 (1re éd. 1924)).

Cette *envie du pénis* présente plusieurs conséquences qui conditionnent les positions psychiques ultérieures. Freud évoque d'abord ce qu'il appelle le *complexe de masculinité* pour désigner une attitude de *déni* de la castration chez la fille. Il mentionne par ailleurs, outre l'équivalence entre pénis et enfant, le relâchement de la relation tendre à la mère en tant qu'objet ; celle-ci serait rendue responsable par la fille de son « infortune » anatomique. L'évolution normale semble plus difficile que chez le garçon et la disparition du complexe d'Œdipe ne serait pas obtenue fréquemment. Son abandon est lent, ses éléments refoulés et ses effets peuvent être longuement différés dans le psychisme. Enfin, le rôle du père est différent chez le garçon et chez la fille : chez le premier il vient s'opposer au désir incestueux alors que chez la fille il est censé permettre de réaliser ce désir.

La différence entre l'Œdipe du garçon et celui de la fille, telle que l'analyse Freud, ne doit pas faire oublier qu'il y a, dans les deux cas, des phénomènes similaires : attachement amoureux à l'un des parents et hostilité à l'égard de l'autre, renoncement à ses désirs, refoulement et identification au parent de même sexe. Ce qui distingue la situation de la fille c'est le rôle inaugural du complexe de castration (qui n'a pas vocation de menace), la difficulté de renoncement aux désirs œdipiens et la persistance de l'*envie du pénis* sous la forme du désir d'avoir un enfant du père. Ce sont sans doute les lacunes de l'analyse du complexe d'Œdipe de la fille qui mettent le mieux en lumière la nécessité d'une conception plus structurale — et moins anatomique — de l'Œdipe dont le mécanisme demeure un modèle permettant de penser la structuration du psychisme.

« [...] Les effets du complexe de castration sont tout différents chez la femme. La femme reconnaît le fait de sa castration et avec cela elle reconnaît aussi la supériorité de l'homme et sa propre infériorité mais elle se révolte aussi contre cet état de chose désagréable. Trois orientations du développement découlent de cette attitude divisée. La première conduit à se détourner d'une façon générale de la sexualité. La petite femme effrayée par la comparaison avec le garçon est insatisfaite de son clitoris ; elle renonce à son activité phallique et avec cela à la sexualité en général comme dans d'autres domaines à une bonne part de sa masculinité. La seconde direction la conduit à ne pas démordre, avec une assurance insolente, de sa masculinité menacée ; l'espoir de recevoir encore une fois un pénis se maintient jusqu'à une période incroyablement tardive, il devient le but de sa vie et le fantasme d'être malgré tout un homme demeure formateur pour de longues périodes de sa vie. Ce "complexe de masculinité" de la femme peut aussi s'achever en un choix d'objet homosexuel manifeste. Ce n'est que la troisième direction de développement, très sinueuse, qui débouche dans l'attitude féminine normale finale qui choisit le père comme objet et trouve ainsi la forme féminine du complexe d'Œdipe. Le complexe d'Œdipe est ainsi chez la femme le résultat final d'un plus long développement ; il n'est pas détruit mais au contraire créé sous l'influence de la castration ; il échappe aux fortes influences hostiles qui ont pour lui, chez l'homme, un effet destructeur et trop fréquemment il arrive même qu'il ne soit pas surmonté du tout par la femme. C'est pourquoi aussi les conséquences culturelles de sa dissolution sont plus minces et de moindre importance. On ne se trompe probablement pas en disant que cette différence dans la relation réciproque du complexe d'Œdipe et du complexe de castration donne au caractère féminin son empreinte comme être social » (S. Freud, Sur la sexualité féminine, in *La vie sexuelle,* Paris, PUF, 1969, p. 143 (1re éd. 1931)). *On ne manquera pas de noter la dimension phallocentrique du propos et de relever le caractère pour le moins excessif de certains jugements sur la femme.*

L'Œdipe positif et l'Œdipe négatif

Freud a distingué un Œdipe *positif* et un Œdipe *négatif* ou inversé. La forme positive consiste en un attachement pour le parent de sexe opposé et une hostilité pour le parent de même sexe, sa disparition entraînant une identification au parent de même sexe (identification à la mère chez la fille et identification au père chez le garçon). L'Œdipe inversé aboutit à une identification au parent de sexe opposé (identification au père chez la fille et identification à la mère chez le garçon). Freud a dépassé cette opposition entre positif et négatif en considérant que, dans sa forme complète, le complexe d'Œdipe comporte les quatre types d'identification.

Le complexe d'Œdipe est donc un phénomène plus riche et plus élaboré que ne le laisserait penser la définition classique. Freud a lui-même suggéré que l'Œdipe regroupe à la fois les formes positive et négative, sans que la présence de la forme négative soit considérée comme pathologique. Bien qu'il n'insiste par sur ce point, il faut noter que l'existence d'un complexe d'Œdipe à deux composantes (positive et négative), constituées chacune d'une double position (amour et hostilité), est susceptible de générer de puissants conflits internes, notamment entre les identifications. Chez les sujets présentant des troubles névrotiques, les conflits entre identifications masculines et féminines sont, quel que soit le sexe biologique, fréquemment retrouvés.

« [...] Dans sa forme simplifiée, le cas de l'enfant mâle se présente ainsi : tout au début, il développe un investissement d'objet à l'égard de la mère, qui prend son point de départ dans le sein maternel et représente le modèle exemplaire d'un choix d'objet selon le type par étayage ; quand au père, le garçon s'en empare par identification. Les deux relations cheminent un certain temps côte à côte jusqu'à ce que les désirs sexuels à l'égard de la mère se renforçant et le père étant perçu comme un obstacle à ces désirs, le complexe d'Œdipe apparaisse. L'identification au père prend alors une tonalité hostile, elle se convertit en désir d'éliminer le père et de le remplacer auprès de la mère. A partir de là, la relation au père est ambivalente ; on dirait que l'ambivalence inhérente dès l'origine à l'identification est devenue manifeste. L'attitude ambivalente à l'égard du père et la tendance objectale uniquement tendre envers la mère représentent chez le garçon le contenu du complexe d'Œdipe simple, positif. Lors de la destruction du complexe d'Œdipe, l'investissement objectal de la mère doit être abandonné. Il peut être remplacé de deux manières, soit par une identification à la mère, soit par un renforcement de l'identification au père. Notre usage est de considérer cette dernière issue comme la plus normale ; elle permet de maintenir dans une certaine mesure la relation tendre à la mère. Du fait de la disparition du complexe d'Œdipe, la masculinité dans le caractère du garçon se trouverait ainsi consolidée. D'une manière tout à fait analogue, la position œdipienne de la petite fille peut aboutir à un renforcement de son identification à la mère (ou à l'instauration de celle-ci) qui établit le caractère féminin de l'enfant » (S. Freud, Le Moi et le Ça, in *Essais de psychanalyse,* Paris, Payot, 1981, p. 244-245 (1re éd. 1923)).

Les effets du complexe d'Œdipe

Le complexe d'Œdipe et le complexe de castration ont des conséquences importantes sur le développement de l'enfant. La résolution du complexe d'Œdipe, sous l'effet de l'angoisse de castration liée aux différents interdits parentaux et à la constatation de la différence des sexes, contribue à orienter le désir du sujet et son mode de fonctionnement psychique qui dépendra de la nature et de l'intensité des refoulements.

L'Œdipe marque l'apogée de la sexualité infantile, et notamment des pulsions partielles, mais sa résolution oriente le désir du sujet vers un objet *total* pris dans une triangulation et non plus seulement dans une relation duelle. Les désirs préœdipiens sont refoulés ainsi que les désirs œdipiens. Ce refoulement *après coup* est capital puisqu'il va « produire » une partie du contenu de l'inconscient, ensemble de représentations qui orienteront la vie consciente du sujet. Le complexe d'Œdipe est aussi constitutif du surmoi, instance d'exigence et de censure pour le moi. Le surmoi, qui est à l'origine, entre autres, de la soumission à la loi, de la conscience morale et des sentiments de culpabilité, se constitue par intériorisation des interdits et des jugements moraux des parents (voir plus haut : L'intégration des normes morales). Freud souligne bien que le surmoi ne repose pas sur une simple identification aux parents *mais sur une identification au surmoi des parents* : « [...] le surmoi de l'enfant ne s'édifie pas, en fait, d'après le modèle des parents mais d'après le surmoi parental ; il se remplit du même contenu, il devient porteur de la tradition, de toutes les valeurs à l'épreuve du temps qui se sont perpétuées de cette manière de génération en génération. » (S. Freud, *Nouvelles conférences d'introduction à la psychanalyse*, Paris, Gallimard, 1984, p. 93 (1re éd. 1933)). Si le surmoi est « l'héritier du complexe d'Œdipe », ce dernier apparaît donc comme étant à l'origine de ce qui fonde, dans l'individu, les catégories morales et sociales.

Les conceptions postfreudiennes

La notion de complexe d'Œdipe a été conservée par la plupart des auteurs postfreudiens. Elle a parfois fait l'objet d'une transformation, comme chez Klein (voir le chap. II), d'une réinterprétation, comme chez Lacan, ou d'une application à l'anthropologie (voir l'encart 24). Certaines thèses qui maintiennent la place centrale de l'Œdipe ont toutefois tenté de se démarquer de la référence freudienne à l'anatomie pour se centrer sur le fantasme.

La thèse lacanienne qui s'appuie sur une position structurale définit le *phallus* comme le *signifiant* (symbole) du désir. Le phallus se distingue donc du pénis : personne ne le possède — garçon ou fille — et il représente ce que le sujet voudrait *avoir*. L'Œdipe, moment structurant de la constitution du sujet, suppose alors la succession de plusieurs positions. 1 / La mère est le personnage principal en tant qu'être de désir, le sujet s'identifie à l'objet du désir de sa mère : pour plaire à la mère, il faut et il suffit, garçon ou fille, « d'être le phallus ». 2 / Le sujet se rend compte que la mère ne se satisfait pas de la situation et il se détache de son identification à l'objet du désir maternel. La persistance du désir de la mère le renvoie à l'existence d'autre chose ; l'énigme est pour l'enfant « que veut la mère ? » Le père, ou plus exactement la dimension paternelle, entre alors en jeu. Cette deuxième position aboutit en fait à introduire un tiers dans la relation entre l'enfant et la mère : il n'est pas tout pour la mère dont le désir est aussi ailleurs. 3 / Le père (en tant qu'instance) est perçu par l'enfant comme détenteur de quelque chose qui constitue l'objet du désir de la mère. Il lui faut donc *avoir* ce qui manque à la mère et qui constitue l'objet de son désir.

La question est ici celle de l'Avoir et non plus de l'Etre. Le mouvement est structurant puisqu'il ouvre le sujet vers l'extérieur et le « libère » de la relation duelle initiale. La reconnaissance de la dimension paternelle, que Lacan nomme « la métaphore paternelle », permet à l'enfant d'accéder à la symbolisation de la Loi dont la fonction du père se trouve culturellement investie. L'Œdipe tire donc toute son importance, non pas d'une situation réelle entre l'enfant et ses parents, mais de sa *structure* : dégagement, pour les deux sexes, d'une relation imaginaire entre l'enfant et sa mère, accession à une dimension tierce qui oriente le désir de l'enfant vers *autre chose,* le confronte à la *castration symbolique* et lui rend possible l'accès à la Loi qui fonde les rapports sociaux.

ENCART 24

Le complexe d'Œdipe est-il universel ?

Freud estime que le complexe d'Œdipe doit se retrouver dans toutes les cultures, même si les structures de parenté varient. La conception freudienne est certes fondée sur la clinique mais elle ne relève pas de l'expérience directe de patients de cultures différentes. Aussi, certains anthropologues ont-ils, en se fondant sur des observations interculturelles précises, contesté le postulat d'universalité. B. Malinowski (cité dans l'introduction de l'ouvrage), l'un des fondateurs du courant fonctionnaliste en ethnologie, soutient que le complexe d'Œdipe n'existe pas chez les Trobriandais (civilisation du Pacifique). Selon l'auteur, le complexe d'Œdipe « classique » étant le produit d'une société patriarcale, il ne peut apparaître dans une société matrilinéaire comme celle des Trobriandais. Il ressort cependant des observations que, dans ce peuple, tout ce qui évoque l'inceste avec la sœur suscite une intense réprobation et que, si les enfants en période décrite par Freud comme œdipienne ne détestent par leur père, l'oncle maternel est pour sa part l'objet d'une grande hostilité. En fait, les manifestations concrètes de l'Œdipe « classique » n'apparaissent pas, mais on retrouve la structure sous une autre forme (transposition à l'oncle maternel). A la suite des travaux de Malinowski, d'autres anthropologues, plus proches de la psychanalyse (G. Roheim, etc.), ont tenté de maintenir la thèse de l'universalité.

La période de latence

Freud et ses disciples ont décrit, après la période œdipienne, une *période de latence* dont la durée est importante puisqu'elle s'étend jusqu'à l'adolescence. Le terme de « latence » a été emprunté par Freud à Fliess et désigne le fait que, durant cette période du développement, l'évolution de la sexualité est limitée, voire arrêtée, avant de reprendre toute son importance à la puberté. La période de latence s'intercale donc entre les deux moments cruciaux du développement de la sexualité : la première enfance et l'adolescence. Bien que cette période ne soit pas aussi cruciale que l'Œdipe et la « puberté affective », il s'y passe néanmoins beaucoup de choses.

Le déclin du complexe d'Œdipe, qui inaugure l'entrée dans la période de latence, implique un renoncement de l'enfant à certains modes d'investissement. La *désexualisation* des relations d'objet est caractéristique de ce moment du développement qui apparaît comme une période au cours de laquelle ce qui est sexuel passe au second plan. Freud évoque à ce propos le *gel des investissements* ou parle d'*arrêt,* de *suspension* (phénomène contemporain du *dégel de la pensée intuitive* décrit, sur le plan intellectuel, par Piaget : voir p. 359). Cette désexualisation se manifeste dans plusieurs registres qu'il s'agisse des sentiments ou des intérêts transformés par un mécanisme de sublimation.

Diverses formes d'*inhibitions sexuelles* se manifestent alors dans les représentations et les comportements. Les sentiments comme le dégoût, la pudeur, les aspirations morales et esthétiques, surgissent et constituent les prémices des forces qui, ultérieurement, limiteront le comportement sexuel. Les désirs sexuels cèdent le pas à ce que Freud nomme le *courant tendre* (tendresse) qui caractérise les relations avec les adultes et les autres enfants. Il précise à ce propos que le refoulement a pour effet de transformer les buts sexuels : « [...] les buts sexuels ainsi formés ont subi une sorte d'adoucissement et se présentent à cette période comme constituant un courant de tendresse dans la vie sexuelle. Seule la psychanalyse peut montrer que derrière cette tendresse, ce respect et cette vénération se cachent les anciennes tendances sexuelles engendrées par les pulsions partielles devenues inutilisables » (*Trois essais sur la théorie de la sexualité,* réf. déjà citée, p. 98, passage ajouté en 1915). De même, certains rituels peuvent apparaître à cette période en remplacement de conduites plus directement liées à la sexualité infantile. Ces changements témoignent d'une modification dans les investissements de l'enfant qui restent dans la continuité du déclin des phénomènes œdipiens, les motions sexuelles étant soumises à des mécanismes comme le refoulement (déjà présent lors de la liquidation de l'Œdipe) et la sublimation (voir l'encart 25).

ENCART 25

La période de latence selon S. Freud : refoulement, sublimation et identification

Trois phénomènes principaux sont présents au cours de la période de latence : le refoulement, la sublimation et l'identification.

1 / Le *refoulement* continue à opérer dans la logique de la liquidation du complexe d'Œdipe et contribue à produire l'*amnésie infantile.* Les souvenirs des périodes préœdipienne et œdipienne sont rejetés dans l'inconscient, du moins ceux qui possèdent une connotation sexuelle : l'enfant « oublie » ses désirs amoureux et agressifs envers ses parents ainsi que ses expériences de plaisir liées aux zones érogènes.

2 / La *sublimation* des pulsions partielles entraîne la formation de constructions désexualisées (désir de savoir, intérêts culturels, etc.) qui se constituent « [...] aux dépens des tendances sexuelles de l'enfant qui ont continué d'exister dans la période de latence mais qui, en totalité ou en partie, ont été détournées de leur usage propre et appliquées à d'autres fins » (*ibid.,* p. 72). La soif de connaissance des enfants de cet âge, leurs intérêts intellectuels, sont ainsi dépendants de la sublimation, c'est-à-dire d'une transformation apportée à la libido. Freud évoque également la constitution de *formations réactionnelles* qu'il faut distinguer de la sublimation. La sublimation désigne une dérivation de la pulsion lui fixant un but non sexuel sans qu'il y ait pour autant refoulement. La formation réactionnelle correspond, en revanche, à un contre-investissement conscient s'opposant à la poussée de désirs inconscients refoulés : la pudeur, la scrupulosité, l'ordre, etc., sont autant de réactions contre des motions sexuelles prégénitales refoulées au moment de la liquidation du complexe d'Œdipe.

3 / L'*identification* aux parents prend la place des investissements amoureux et agressifs. L'enfant s'approprie certains des traits, attitudes, idéaux et désirs de ses parents. Ces modifications s'associent à un renforcement du surmoi et du moi, ce dernier commençant à acquérir sa capacité de synthèse.

L'apparition de la période de latence étant liée au déclin du complexe d'Œdipe, il en découle que son explication est dépendante de celle donnée à ce déclin. Freud a émis sur ce point plusieurs hypothèses dont la première a été vivement critiquée pour son réductionnisme. Il a d'abord postulé une nécessité quasi biologique à l'apparition de cette période, ce qui paraît contestable. Le déclin du complexe d'Œdipe et l'entrée dans la période de latence seraient des phénomènes déterminés par l'hérédité. Ultérieurement, Freud a développé des hypothèses plus psychologiques en soulignant que le renoncement aux positions œdipiennes est imposé par une « impossibilité interne », c'est-à-dire le décalage entre l'ensemble des désirs œdipiens et la réalité : l'absence de la satisfaction espérée et l'incessante frustration qui en procède conduiraient le petit amoureux à se détourner de son penchant sans espoir. En outre, les interdits parentaux, l'angoisse de castration et le refoulement qui s'ensuit, les facteurs sociaux et culturels qui viennent redoubler l'action du surmoi, contribueraient à provoquer la répression de la sexualité infantile et le gel des investissements, ce qui constitue une hypothèse plus sociologique.

D'autres auteurs ont tenté de préciser la logique de l'apparition de la période de latence en s'éloignant des conceptions biologiques. Ils avancent que le gel des investissements concerne surtout les désirs œdipiens du stade phallique et principalement leurs expressions explicites initiales. Ils estiment que le mouvement œdipien persiste dans son intentionnalité et que l'enfant ne renonce pas vraiment à l'ensemble de ses désirs : il procéderait uniquement à des réaménagements et à des déplacements. La latence est, par ailleurs, une période au cours de laquelle apparaissent des processus d'intégration et de remodelage dans le domaine de la pensée et de l'intelligence du fait de la désexualisation (voir plus haut). Enfin, la latence est l'occasion de ruptures de l'équilibre des investissements objectaux et narcissiques ou de menaces de séparation qui réactivent les potentialités dépressives dont l'issue dépend de la manière dont le sujet a élaboré la position dépressive originaire. Se développent alors des mécanismes de défense plus élaborés que ceux des périodes antérieures.

L'enfant et les structures de la société

La situation sociale de l'enfant varie évidemment beaucoup en fonction de son âge, mais deux constantes caractérisent néanmoins cette période du développement : 1 / la transformation sensible de leur situation dans la famille et 2 / l'existence d'une scolarisation à laquelle seuls quelques enfants, du moins dans nos pays, sont soustraits pour des raisons tenant à la gravité de leur pathologie. Par ailleurs, si la socialisation de l'enfant implique pour lui la prise en compte de l'existence d'une société et de sa place à l'intérieur de celle-ci, elle repose aussi sur certaines institutions qui, à côté de l'école et de la famille, ont pour fonction d'intégrer l'enfant à la société et de faciliter son accès à la culture.

Evolution des relations avec la famille

L'évolution de l'enfant va dans le sens d'une *autonomisation.* Schématiquement, l'enfance se caractérise par une diminution progressive du rôle de la famille qui n'est plus, à partir de l'entrée à l'école, le seul contexte d'éducation, de socialisation et d'épanouissement. A la fin de l'enfance, l'autonomie du sujet à l'extérieur de sa famille reste toutefois restreinte.

Le milieu familial est le premier environnement dans lequel se forment la personnalité et certains modes de comportement. Elle est le lieu le plus précoce des interactions avec un entourage humain, lieu qui confronte l'enfant à deux types de situations : les relations avec les parents ou les adultes et les relations avec les pairs. Ces premières relations contribuent à orienter les réactions futures de l'enfant et sont elles-mêmes dépendantes de la manière dont les membres de la famille envisagent, consciemment et inconsciemment, les interactions familiales. La famille détient et dispense, implicitement ou explicitement, des conceptions éducatives dont on a pu montrer qu'elles varient avec la personnalité, la culture d'origine et le milieu socioprofessionnel des parents.

Le sexe de l'enfant constitue également un élément essentiel sur le plan éducatif. L'éducation familiale n'est pas la même pour les garçons et pour les filles et c'est précisément à partir de l'enfance que les différences prennent toute leur importance. La représentation que les parents se font des rôles masculins et féminins, les habitudes familiales, le poids de la culture, de ses exhortations et de ses interdits, contribuent à définir et prescrire à l'enfant une *identité sexuelle* et des modèles comportementaux adaptés à son sexe biologique. Depuis les années 1970, de nombreuses recherches ont montré que l'éducation des filles est plus contraignante et limitative que celle des garçons.

Outre l'incidence des stratégies éducatives des parents, l'évolution des relations avec la famille au cours de l'enfance est également dépendante de la capacité de l'enfant à accepter les séparations liées aux pratiques sociales et culturelles. Dans certaines sociétés, l'enfant est confronté à des ruptures nécessaires avec une partie ou la totalité de sa famille. Des cérémonies, associées parfois à un marquage corporel (circoncision chez les garçons, excision chez les filles), donnent à cette séparation une dimension sociale. Dans d'autres cultures, c'est à l'adolescence que prennent place ces « blessures symboliques » témoignant, alors, du renoncement à l'enfance. Dans notre société, les institutions intervenant, directement ou indirectement, à l'intérieur de la famille pour s'adresser à l'enfant — et introduisant une forme de rupture dans l'exclusivité familiale — sont nombreuses. L'école n'est que l'institution la plus voyante. La médecine, par la surveillance de la santé de l'enfant, les instances sociales et éducatives, dans le cas de difficultés, jouent un rôle essentiel auprès de la famille et participent à la socialisation de l'enfant. Notre époque se caractérise également par l'existence de média omniprésents dont une part est spécialement destinée aux enfants : émissions télévisées, magazines, littérature enfantine, etc. Les informations ainsi transmises s'adjoignent à celles fournies à l'intérieur de la famille. Cette forme « d'éducation par les média » — dont le contenu est souvent contesté — vient s'interposer entre l'enfant et sa famille, suscitant des représentations parfois considérées par le groupe familial comme négatives. Si la famille s'est numériquement réduite depuis le XIXe siècle, si elle reste néanmoins le principal lieu de formation et d'éducation des enfants, le rôle pris par les institutions et les interventions extérieures s'est accru.

Parmi ces institutions, qui ne se confondent pas avec l'école, il y a notamment celles qui organisent les loisirs de l'enfant en dehors de la famille. Il existe ainsi un ensemble de structures accueillant les enfants en dehors des périodes quotidiennes, hebdomadaires et annuelles de scolarisation. Certaines de ces structures ont un but éducatif particulier qui peut se distinguer de celui de l'école, tel la formation religieuse. L'éducation religieuse dépend généralement des convictions des parents et occupe une place importante dans certaines familles. De ce point de vue, l'enfance est un moment privilégié dans la mesure où elle est souvent une période de préparation préludant une forme d'initiation (la communion dans la religion catholique, par exemple). Ces éléments de socialisation, d'accession à une dimension spirituelle, d'adhésion aux valeurs et aux croyances d'un groupe social, de constitution d'une identité religieuse, ont une influence non négligeable sur certains comportements de l'enfant et sur sa vie ultérieure.

Les autres situations sociales dans lesquelles l'enfant est impliqué en dehors de sa famille ont généralement une visée éducative qui concernent spécifiquement les loisirs et les activités de détente. Il est rare aujourd'hui qu'un enfant réalise toutes ses activités à l'intérieur de la famille. La pratique d'un sport ou d'une activité artistique et les sorties à caractère culturel dans un contexte périscolaire sont désormais fréquentes. De même, les vacances scolaires ne sont pas toujours des vacances familiales : de nombreux enfants sont amenés à passer plusieurs semaines avec des pairs (voire avec des enfants plus jeunes), des adolescents et des adultes, autres que leurs frères et sœurs et leurs parents, dans le cadre de centres de vacances.

La scolarisation

Dans la plupart des pays, il existe une date d'entrée à l'école primaire (elle est fixée à 6 ans en France et l'enseignement obligatoire a une durée de dix ans). La plupart des enfants fréquentent néanmoins l'école, dite « maternelle », dès l'âge de 3 ou 4 ans (voir l'encart 26).

ENCART 26

La loi, l'école et l'enfant

La plupart des pays codifient les fonctions sociales de l'école. Ainsi, en France, la loi d'orientation sur l'éducation du 10 juillet 1989 précise que : « Tout enfant doit pouvoir être accueilli, à l'âge de 3 ans, dans une école maternelle ou une classe enfantine le plus près possible de son domicile, si sa famille en fait la demande. » Le texte stipule également que « [...] l'éducation est la première priorité nationale » et reconnaît à chacun le droit à l'éducation « [...] afin de développer sa personnalité, d'élever son niveau de formation initiale et continue, de s'insérer dans la vie sociale et professionnelle, d'exercer sa citoyenneté ». Le système scolaire a ainsi de multiples objectifs : psychologique, social, professionnel, culturel et civique. Ces objectifs sont, pour une part, aussi ceux de la famille, notamment en ce qui concerne la personnalité et l'insertion sociale. Il existe donc une parenté entre le système scolaire et système familial, parenté pouvant susciter autant une collaboration qu'une opposition, voire une rivalité. La formation indirecte de la famille par le système scolaire (l'enfant servant d'initiateur à ses parents) n'est pas mentionnée dans la loi, mais elle n'est nullement exclue de certaines pratiques pédagogiques ou, pour le moins, des souhaits de certains enseignants.

La collaboration entre la famille et le système scolaire est évidemment nécessaire, même si elle n'est pas forcément symétrique. Il faut d'abord qu'existe une cohérence dans l'action éducative, l'enfant ne pouvant supporter très longtemps sans dommage une situation d'opposition entre ce qui lui est dit à la maison et ce qui lui est enseigné à l'école. L'existence d'incitations, d'interprétations, de significations contradictoires confronterait l'enfant à un ensemble de paradoxes susceptible de le placer, compte tenu de son niveau de développement, dans une situation sans issue. Si le système scolaire tente aujourd'hui de respecter certaines croyances ou pratiques familiales, il reste que, le plus souvent, c'est à la famille de renforcer son effort de collaboration avec l'école qui représente la société. Une cohérence des conceptions avec le système scolaire permet au système familial de jouer un rôle de soutien et de complément de l'activité éducative. Cette complémentarité semble ne pas poser de problèmes insurmontables sauf dans certaines situations liées à des contextes sociaux ou politiques particuliers : familles qui possèdent, et souhaitent maintenir, d'autres normes que celles de la société dans laquelle elles vivent ; institutions scolaires qui imposent un dogme et tendent à opposer parents et enfants (régimes totalitaires) ;

familles dont un membre présente une pathologie que l'école n'accepte pas ou ne reconnaît pas (une pathologie cognitive, par exemple).

L'école représente en elle-même une situation sociale à laquelle l'enfant doit s'adapter. Si l'école maternelle confronte le jeune enfant à la séparation familiale et à l'existence d'autres enfants en nombre important, la vie quotidienne y est généralement peu contraignante. En revanche, à l'école primaire l'enfant doit faire face à des exigences nouvelles (discipline plus stricte, apprentissages complexes comme la lecture et l'écriture, rythmes scolaires éprouvants, etc.) qui lui imposent de nombreux efforts et des renoncements parfois douloureux. La « vie de classe » le soumet à des phénomènes inconnus dans la vie familiale : la relation à l'enseignant se double d'une implication dans des mécanismes sociaux tels l'influence d'un leader, l'exclusion du bouc émissaire, etc., d'où la nécessité de savoir répondre à l'agressivité, à la séduction, à l'abandon ou au rejet. Même si l'enfant vit dans une famille nombreuse, même si, au dehors, il appartient à des groupes divers, même si sa fréquentation de l'école maternelle l'a préparé à de telles situations, il lui faut encore et toujours apprendre à découvrir les meilleurs moyens d'interagir avec les autres.

S'adressant obligatoirement à tous les enfants, l'école rencontre des situations dans lesquelles certains d'entre eux n'arrivent pas à s'intégrer au fonctionnement scolaire en général ou présentent des difficultés spécifiques. Des intervenants et des structures (les Groupements d'aide psychopédagogique, par exemple) ont pour fonction, à l'intérieur du système scolaire, de répondre à ces problèmes. Les *psychologues scolaires* assurent la prévention des difficultés, réalisent des examens cliniques et psychométriques, procèdent au suivi psychologique (par entretien avec l'enfant en difficulté et éventuellement l'enseignant ou les parents), aident à l'intégration des jeunes handicapés et participent à l'organisation de la vie des écoles (mise en œuvre de projets pédagogiques, liaison avec des organismes et instances extérieurs à l'école, etc.). Les psychologues scolaires ont également pour mission de concevoir, d'appliquer et d'évaluer de nouvelles mesures d'aide individuelles ou collectives.

Comme au cours des deux premières années de la vie (voir le

chap. IV), l'enfant, sa protection, sa santé, son éducation, sont l'objet d'un intérêt attentif de la part de l'Etat par le biais de différentes institutions. L'autorité familiale est certes maintenue mais elle est « sous surveillance », les manquements entraînant l'intervention de différentes instances. L'institution scolaire et les structures qui l'entourent, dans lesquelles l'enfant passe une partie importante de son temps, contribuent à organiser le développement, qu'il s'agisse de ses aspects cognitifs (rôle de l'enseignement scolaire), de la personnalité et de l'affectivité (rapports avec les adultes et les pairs à l'intérieur et à l'extérieur de l'école), de la motricité (jeux et sports) ou de la culture. Ceci explique que les comparaisons interculturelles du développement de l'enfant fassent ressortir la scolarisation comme facteur essentiel de variation.

L'enfance, plage tranquille

Entre le premier âge et sa ruée vers la préhension, la marche, la représentation, le langage, et les turbulences de l'adolescence, l'enfance apparaît comme une vaste plage tranquille. Dans nos civilisations occidentales, et dans des conditions normales, l'enfance est en effet une longue étape protégée par la famille, l'école et les diverses institutions sociales. Ce que le bébé a déjà acquis et géré, dans un raccourci d'une précipitation effarante, est conforté, exploité, transformé. L'enfance est le lieu de la construction, certes déjà amorcée mais poursuivie avec plus de force, des outils de la pensée rationnelle et des structures de la socialisation et de l'affectivité. Elle est généralement, malgré les contraintes éducatives, le temps de l'amour inconditionnel des parents, le temps aussi de l'amitié qui n'est pas alors un vain mot et qui parfois perdure jusqu'à l'âge adulte. Elle est le temps des découvertes palpitantes et émerveillées.

En dépit des frustrations qu'elle recèle du fait de sa dépendance, elle reste le plus souvent une étape heureuse dont l'adolescent doit faire le deuil et dont l'adulte garde la nostalgie. Les poètes y retournent comme à une source vive. Ecoutons Baudelaire dans *Les Fleurs du mal.*

Mais le vert paradis des amours enfantines,
Les courses, les chansons, les baisers, les bouquets,
Les violons vibrant derrière les collines,
Avec les brocs de vin, le soir, dans les bosquets,
Mais le vert paradis des amours enfantines,

L'innocent paradis, plein de plaisirs furtifs,
Est-il déjà plus loin que l'Inde ou que la Chine ?
Peut-on le rappeler avec des cris plaintifs,
Et l'animer encor d'une voix argentine,
L'innocent paradis plein de plaisirs furtifs ?

Le regret de l'enfance disparue est aussi celui de tous les possibles qui ne se sont pas exprimés. L'enfance est un réservoir de potentialités. Et c'est à l'environnement social, éducatif et culturel, c'est à la recherche théorique et pratique, de travailler à une meilleure connaissance de ces possibles qui sont l'avenir de l'Homme en Développement.

VI - L'adolescent

Si l'on a pu écrire, dans l'Introduction de cet ouvrage, qu'après l'évolution historique des regards posés sur l'enfance, le XXe siècle apparaissait comme *celui de l'enfant,* on peut tout aussi bien écrire que, dans sa seconde moitié — et plus particulièrement depuis la fin des années 1960 — ce siècle est devenu *celui de l'adolescent.* Le prolongement de plus en plus tardif de cette période de la vie, et l'intérêt extrême qui lui est porté, révèlent un fait de société nouveau que caractérise bien le titre d'un ouvrage du psychanalyste T. Anatrella : *Interminables adolescences. Les 12/30 ans* (Paris, Editions du Cerf, 1988). Les conditions économiques nouvelles, et les modes de vie qu'elles suscitent, ont fait de l'adolescence, temps de préparation et de formation, et d'un troisième âge précoce, temps long de « retraite », des périodes de vie d'une durée comparable à celle de la vie adulte active (voir l'Introduction). Mais, en dépit de son allongement et de la fascination qu'elle exerce sur les adultes, et qui se traduit par une sorte de « juvénilisation » de la société (rester jeune, s'habiller jeune, « faire » jeune, etc.), l'adolescence reste un *passage.* « [...] Si l'avenir de l'homme c'est l'enfant [écrit Anatrella], l'adolescence n'est pas son destin, mais un passage fondateur dont il faudra bien faire le deuil pour vivre psychologiquement et socialement » (*ibid.,* p. 18).

Fondateur, ce passage l'est par la nature et l'ampleur des transformations qui se manifestent alors. Si elles s'opèrent en continuité avec l'étape antérieure, elles n'en sont pas moins si spectaculaires, si « nouvelles » qu'elles conditionnent réellement l'avenir. La nouveauté implique la possibilité d'évolutions variées en fonction des influences qui, au temps de l'adolescence, sont plus diverses qu'auparavant. Si l'on suit H. Lehalle, on peut avancer que « [...] l'adolescence correspond à une nouvelle chance ou à une nouvelle incertitude sur le plan de la genèse » qui peut déboucher sur une reconstruction interne cohérente ou sur des difficultés majeures (H. Lehalle, *Psychologie des adolescents,* Paris, PUF, 1983, p. 11).

Comme cela s'est produit chez le bébé et l'enfant, les transformations qui surviennent affectent tous les aspects de la personne : physiologiques, cognitifs, affectifs et sociaux. Mais à la différence de l'enfance qui reste, de plusieurs points de vue, une période longue de latence, les transformations sont ici rapides, spectaculaires, avec des conséquences immédiates et visibles sur les comportements.

La puberté physiologique

Adolescence vient du verbe latin *adolescere* qui signifie *croître.* Puberté dérive du nom latin *puber* qui signifie *poil.* Ainsi l'étymologie des termes appliqués à cette étape du développement, renvoie-t-elle d'emblée à l'apparence physique et à la maturation sexuelle. La puberté marque le début de l'adolescence. Elle en est le coup d'envoi.

La croissance de la taille est spectaculaire à cette étape du développement, et plus chez les garçons que chez les filles. Les courbes, *a* et *b*, de la figure 26 du chapitre V montrent bien les différences entre les sexes. Mais concernant la vitesse de croissance, il faut remarquer, avec Lehalle, que la courbe donne la vitesse moyenne maximale. Si l'on considère la croissance sur un an, six mois avant le pic et six mois après, l'augmentation se situe habituellement entre 6 et 11 cm pour les filles et 7 et 12 cm pour les garçons. Cette croissance possède certaines caractéristiques. La taille doit la plus grande partie de son développement à l'allongement des membres inférieurs avant la puberté et, après la puberté, à celui du tronc. L'accroissement continue jusqu'à la disparition des cartilages de croissance : lorsqu'ils se soudent aux épiphyses des os longs, l'augmentation de la taille est bloquée (voir l'encart 27).

ENCART 27

Ostéogenèse et croissance

L'ostéogenèse, ou ossification, s'effectue à partir des cartilages. Les épiphyses, ou extrémités des os longs, s'ossifient à partir de noyaux (points d'ossification que l'on voit apparaître sur les radios à un endroit et à un âge déterminés). Les diaphyses, ou parties moyennes des os longs, s'allongent par l'intermédiaire du cartilage de croissance, situé entre la diaphyse de l'os et les épiphyses. La croissance de l'os s'arrête lorsque l'ossification et la fermeture du cartilage (soudure aux épiphyses) sont définitives.

La croissance en épaisseur de l'os s'effectue sous l'action de la multiplication et de la minéralisation des fibroplastes de la couche cellulaire sous-périostée. Les hormones sexuelles jouent un rôle très important dans la croissance en longueur de l'os.

A noter que d'après les observations de J. M. Tanner (1962), il existerait une corrélation de .80 entre la taille à l'âge adulte et la taille acquise avant le pic de croissance. Ainsi, la variabilité de la taille adulte serait-elle liée aux différences individuelles qui apparaissent au moment de la vitesse de croissance la plus forte. La croissance physique est dépendante étroitement de la maturation sexuelle. C'est au début de l'adolescence qu'apparaissent avec cette maturation les caractères sexuels secondaires qui accentuent les différences entre filles et garçons.

Chez les garçons, la puberté se manifeste dès la onzième année avec l'augmentation du volume des testicules dont certaines cellules internes commencent à sécréter l'hormone masculinisante, la testostérone. La toison pubienne se dessine vers 12 ans et c'est vers 13-14 ans qu'apparaissent, dans le sperme, les premiers spermatozoïdes. Les signes de l'effet de la testostérone s'extériorisent. La voix mue, la pilosité faciale se développe et le cartilage thyroïde ou *pomme d'Adam* se dessine fortement. Un autre signe révélateur est l'augmentation notable de la masse musculaire. Celle-ci occupe vers 16 ans 44 % du poids corporel alors qu'elle n'en occupait que 27 % à l'âge de 8 ans.

Chez les filles, et dans la culture occidentale, c'est entre 10 et

12-13 ans qu'apparaissent les premières règles. Les premiers cycles sont généralement anovulatoire. Ce n'est que plusieurs mois après que se déclenche la double fonction hormonale de l'ovaire avec production séquentielle, au cours des cycles, des deux hormones féminisantes, oestrogène puis progestérone. C'est vers 11 ans que débute le soulèvement mammaire qui change la silhouette de la jeune fille. On a vu que la croissance staturale était plus précoce chez les filles que chez les garçons. Quant au développement musculaire il est, chez elles, moins accentué.

Les âges moyens que nous venons de donner ne rendent pas compte des variations observées dans l'apparition de la puberté. Les variations interindividuelles sont importantes. Chez les filles, l'apparition des premières règles est considérée comme normale entre 10 et 16 ans. Chez les garçons, la normalité du premier développement des testicules se situe entre 9 ans 6 mois et 13 ans 5 mois (âges mentionnés par Lehalle, réf. déjà citée, p. 45). Il n'est pas étonnant alors, comme le remarque Lehalle, de trouver, entre 13 et 15-16 ans, des adolescents, filles ou garçons, qui débutent seulement leur maturation sexuelle et leur croissance physique et d'autres pour lesquels elles sont quasi achevées. Les facteurs d'environnement culturels, socioéconomiques, sont généralement invoqués pour expliquer cette variabilité, et particulièrement la nutrition. A noter que le sport intensif peut être un facteur de retard. Pour des informations plus précises concernant les transformations physiologiques à l'adolescence, le lecteur pourra consulter avec intérêt le volume *HB* de la collection.

La « puberté cognitive »

Aux transformations qui affectent spectaculairement le corps et son apparence, s'associent des transformations aussi déterminantes des capacités intellectuelles. L'étude de ces transformations est restée essentiellement centrée sur l'approche piagétienne des opérations formelles, pour la conforter ou la mettre en question.

Le stade formel dans la perspective piagétienne

A partir de 11-12 ans, âge des premières manifestations de la puberté physiologique, se dessine la dernière phase de construction des opérations de l'intelligence, le palier d'équilibre étant atteint vers 14-15 ans. Le signe marquant de cet avènement est l'apparition du raisonnement hypothético-déductif. L'enfant n'est plus astreint à raisonner seulement sur les objets, leurs relations (classes et séries), leur dénombrement et leur représentation immédiate, comme c'était le cas au stade des opérations concrètes. Il peut opérer des déductions à partir d'hypothèses énoncées verbalement. Alors que jusque-là le possible était considéré comme un cas particulier du réel, *c'est maintenant le réel qui devient un cas particulier du possible.*

Ce raisonnement hypothético-déductif, aspect fonctionnel, apparent, du développement, est sous-tendu par deux structurations nouvelles : *la combinatoire et le groupe INRC* ou groupe des deux réversibilités. Celles-ci n'apparaissent pas *ex nihilo.* Elles s'appuient sur les groupements des opérations concrètes dont elles décuplent la puissance en les complétant. La combinatoire est une classification des classifications (voir ci-dessous). Et le groupe INRC réunit, dans une seule structure, les deux réversibilités présentes dans les opérations concrètes, mais « séparées » : la réversibilité par négation inhérente aux classifications et la réversibilité par réciprocité inhérente aux sériations (voir, dans le chapitre précédent, la partie consacrée aux opérations concrètes). Les observations et interprétations piagétiennes concernant l'étape formelle sont exposées principalement dans l'ouvrage célèbre de Inhelder et Piaget : *De la logique de l'enfant à la logique de l'adolescent* (Paris, PUF, 1955).

Les opérations combinatoires

Les opérations combinatoires libèrent les relations d'ordre et les classifications de leurs attaches concrètes et intuitives : elles les décontextualisent, la forme se détachant du contenu spatio-temporel. Deux formes complémentaires d'opérations combinatoires sont distinguées : la combinatoire des objets et la combinatoire des jugements ou propositions.

Les objets et la combinatoire

En ce qui concerne les combinaisons d'objets on peut, par exemple, présenter à l'enfant des jetons de couleurs différentes en leur demandant de les combiner deux par deux, trois par trois, etc. Soit, par exemple, cinq couleurs désignées par les chiffres *1, 2, 3, 4, 5*. La combinatoire systématique procède de la manière suivante : *1-2, 1-3, 1-4, 1-5, 2-3, 2-4, 2-5, 3-4,* etc. (voir la formule des opérations combinatoires dans le tableau X). La réalisation méthodique de toutes les associations possibles est atteinte vers 12 ans. Avant cet âge, l'enfant ne réussit que quelques combinaisons par tâtonnement.

Tableau X - Les opérations combinatoires et leurs formules

Les opérations combinatoires recouvrent les *arrangements,* les *permutations* et les *combinaisons.*

Arrangements. Les arrangements de p objets n à n (p et n = nombres naturels, $n \leq p$) sont les suites de n de p objets. Une suite est par définition ordonnée et l'on distingue des arrangements avec ou sans répétition.

> Combien peut-on effectuer d'arrangements 3 à 3 (n à n) de 5 objets (p) ? (on tient compte de l'ordre)
>
> $A_p = p!/(p - n)!$, soit : $5!/(5 - 3)! = 60$

Permutations. Les permutations de p objets sont les arrangements de ces p objets n à n sans répétition (cas particuliers $p = n$ des arrangements sans répétition).

> Combien peut-on effectuer de permutations de 3 objets ? (ici $n = p$ et on tient compte de l'ordre)
>
> $P_p = p! = 3! = 6$

Combinaisons. Les combinaisons de p objets n à n sont les sous-ensembles à n éléments de l'ensemble des p objets (l'ordre ne jouant aucun rôle dans la définition des sous-ensembles, par opposition aux suites).

> Combien peut-on effectuer de combinaisons 3 à 3 (n à n) parmi 5 objets (p) ? (ici on ne tient pas compte de l'ordre)
>
> $C_p = p!/(p - n)!\ n! = 5!/2!\ 3! = 10$

Un autre exemple de la combinatoire des objets, et de son atteinte, est donné dans le chapitre VII de l'ouvrage *De la logique de l'enfant à la logique de l'adolescent,* à propos de la situation appelée « combinaison des corps chimiques ».

On présente à l'enfant quatre flacons identiques, contenant des liquides perceptivement identiques (incolores et inodores), et que l'on numérote *1, 2, 3, 4* pour la clarté de l'explication. Le flacon *1* contient de l'acide sulfurique dilué, le flacon *2* de l'eau, le flacon *3* de l'eau oxygénée et le flacon *4* du thiosulfate. S'ajoute à ces quatre flacons une bouteille compte-gouttes, *g,* qui contient de l'iodure de potassium. L'eau oxygénée oxyde l'iodure de potassium en milieu acide si bien que le mélange $1 + 3 + g$ donne un liquide de couleur jaune. L'eau du flacon *2* est neutre. Quant au thiosulfate, *4,* il décolore le mélange $1 + 3 + g$. L'expérimentateur présente deux verres au sujet, l'un contenant $1 + 3$, l'autre contenant *2.* Après avoir versé quelques gouttes de *g* dans chacun des deux verres, il fait constater à l'enfant la différence du résultat : $1 + 3 + g$ = jaune, $1 + 3$ = incolore. La consigne consiste alors à demander de refaire la couleur jaune en utilisant à volonté les quatre flacons *1, 2, 3, 4* et le verre compte-gouttes, *g.*

L'observation des conduites d'enfants âgés de 5 à 13 ans révèle trois stades de résolution de ce problème. Le stade préopératoire (stade I) est celui des associations empiriques et des explications précausales : les enfants associent au hasard les éléments pris deux par deux. A partir de 7-8 ans, au deuxième stade, deux niveaux sont distingués. Au premier (sous-stade II A), les enfants associent l'élément *g* avec tous les autres, mais sans combinaison, comme le montre l'exemple suivant.

« [...] I. M. (7;6) commence par $4 \times g$, $2 \times g$, $3 \times g$ *et* $1 \times g$. Mais comme rien ne vient, il rajoute des gouttes à $3 \times g$, puis à toute la série. Après quoi (ce qui est nouveau) il mélange les quatre ensemble mais dans l'ordre $3 \times 2 \times 1 \times 4$ en mettant chaque fois les gouttes. *C'est pas venu. C'est reparti* (il y a eu la couleur après $3 \times 2 \times 1 \times g$ et la couleur a disparu avec *4)* — Qu'est-ce qui l'a fait repartir ? — *Parce que j'ai trop mis d'eau* (= du liquide des quatre bouteilles) — On va enlever cette bouteille (*4*). Recommence (Il fait le mélange total sans comprendre la suggestion d'exclusion), *C'est pas revenu parce que j'en ai trop mis...* » (*ibid.,* p. 100).

Au second niveau du deuxième stade (sous-stade II B), on observe un début des combinaisons *n* à *n* mais avec tâtonnements empiriques sans découverte du système.

« [...] Alb. (10;4) commence par $1 \times 2 \times 3 \times 4 \times g$, puis change l'ordre : $3 \times 1 \times 4 \times 2 \times g$. *C'est différent parce que je suis allé en suivant et maintenant pas.* (Il met $2 \times 4 \times 1 \times 3 \times g$). *Rien donné* (il fait encore quelques permutations au hasard puis abandonne) — C'est nécessaire de les prendre toutes ? *Non, on peut en prendre deux ou trois, si on veut.* (Il essaie sans système et tombe juste). *Ça change* » (*ibid.*, p. 103).

Au troisième stade, on assiste à la formation des combinaisons systématiques *n* à *n* (sous-stade III A) avec équilibration du système (sous-stade III B).

« [...] Eng. (14;6) commence par *2* × *g*, *1* × *g*, *3* × *g* et *4* × *g* : *Non, ça ne devient plus jaune. Alors il faut mélanger.* Il passe aux six combinaisons deux à deux et tombe en dernier lieu sur *1* × *3* × *g* : *Cette fois, je crois que ça joue.* — Pourquoi ? — *C'est 1 et 3 et de l'eau* — Tu penses que c'est de l'eau ? — *Oui, pas de différence d'odeur. Je crois que c'est de l'eau.* — Tu peux le montrer ? — ... (Il remplace *g* par de l'eau : *1* × *3* × eau). *Non, ce n'est pas de l'eau. C'est un produit chimique : ça travaille avec 1 et 3 et alors ça devient un liquide jaune* (il passe à des combinaisons trois à trois en commençant par remplacer *g* par *2* et par *4*, soit *1* × *3* × *2* et *1* × *3* × *4*). *Non, ces deux produits ne sont pas la même chose que ces gouttes : ils ne peuvent pas faire de la couleur avec 1* et *3* (il essaie alors *1* × *3* × *g* × *2*). *Ça reste pareil avec 2. Je peux essayer tout de suite avec 4 (1 × 3 × g × 4). Ça redevient blanc : 4 c'est le contraire de g parce que 4 fait partir la couleur alors que g la fait venir.* — Crois-tu qu'il y a de l'eau dans les bouteilles ? *Je vais essayer* (il remplace systématiquement *1* et *3* par de l'eau : d'où *1* × *g* × *eau* et *3* × *g* × *eau*, ayant déjà essayé *1* × *3* × *eau*). *Non, ça veut dire que 3 n'est pas de l'eau et que 1 n'est pas de l'eau.* (Il remarque que le verre *1* × *3* × *g* × *2* est resté plus clair que *1* × *3* × *g*). *Je pense que 2 ça doit être de l'eau. Peut-être 4 aussi ?* (Il refait *1* × *3* × *g* × *4*). *Alors ce n'est pas de l'eau : je ne me rappelais plus que ça devenait blanc : 4 est un produit qui fait revenir blanc* » (*ibid.*, p. 108).

La logique des propositions

Le dernier exemple donné, celui de Eng., indique, vers 14 ans, une généralisation de la combinatoire. Cette généralisation témoigne de l'utilisation implicite des opérations propositionnelles. La logique propositionnelle, ou calcul des propositions, est une partie fondamentale de la logique moderne. Elle étudie les propriétés générales des propositions et opérateurs propositionnels sans référence au contenu de ces propositions dont elle ne considère que leur valeur de vérité. Soient deux propositions *p* et *q* qui peuvent être vraies : *p*, *q*, ou fausses : non-*p*, non-*q*. La combinatoire de ces quatre propositions donne les seize opérations réalisables.

Tableau XI - Les seize expressions de la logique binaire des propositions : calcul et notation

∅	classe vide négation complète	$p.q \vee p.$non-q	affirmation de p : $p^{(q)}$
		$p.q \vee$ non-$p.q$	affirmation de q : $q^{(p)}$
$p.q$	conjonction		
		$p.q \vee$ non-$p.$non-q	équivalence : $p \equiv q$
$p.$non-q	non conditionnelle		
		$p.$non-$q \vee$ non-$p.q$	disjonction exclusive : p w q
non-$p.q$	conditionnelle inverse		
		$p.$non-$q \vee$ non-$p.$non-q	affirmation de non-q : non-$q^{(p)}$
non-$p.$non-q	négation conjointe		
		non-$p.q \vee$ non-$p.$non-q	affirmation de non-p : non-$p^{(q)}$

$p.q \vee p.$non-$q \vee$ non-$p.$ q	disjonction non exclusive : $p \vee q$
$p.q \vee p.$non-$q \vee$ non-$p.$non-q	conditonnelle inverse : $q \supset p$
$p.q \vee$ non-$p.q \vee$ non-$p.$non-q	conditionnelle : $p \supset q$ (implication)
$p.$non-$q \vee$ non-$p.q \vee$ non-$p.$non-q	incompatibilité $p \mid q$
$p.q \vee p.$non-$q \vee$ non-$p.q \vee$ non-$p.$non-q	affirmaton complète : p^* ou tautologie

On conçoit que l'avènement d'une structure logique isomorphe à celle des propositions puisse permettre une extension considérable de la pensée opératoire par rapport à la pensée concrète. Mais il faut bien noter que les seize opérations propositionnelles binaires n'apparaissent pas explicitement dans le raisonnement de l'adolescent. Inhelder et Piaget se livrent à une *traduction* du raisonnement spontané des sujets dans les termes de cette logique. Un exemple, emprunté à J. Witiver, aide à mieux comprendre le décryptage auquel se livrent les auteurs piagétiens. L'objectif de Witiver, qui est pédagogique, est de créer une situation comportementale explicite qui puisse rendre compte de la logique propositionnelle en en facilitant le maniement (J. Witiver, Sémantisme et logique opératoire : ébauche d'une didactique de la logique piagétienne, *Bulletin de psychologie,* 1976-1977, *327,* 409-417).

« [...] Etait-il possible pour faciliter le passage à la formalisation, de partir d'un système comportemental suffisamment articulé pour rendre compte de la logique binaire des propositions ? La réponse est : oui, mais l'adéquation entre ce système comportemental et la logique binaire s'est faite par approximations successives. Et ce serait un autre problème que de comprendre les processus qui ont permis l'établissement de cet isomorphisme. D'autant plus que ce dernier passera par l'intermédiaire d'un troisième système structural, le langage-langue !

La situation comportementale

Il s'agit d'un père perplexe et de ses deux fils, que nous appellerons **Pierre** et **Quasimodo** afin que **Pierre** puisse se formaliser par p et **Quasimodo** par q. La perplexité du père est due au désir qu'il a d'avoir des cigarettes (il n'en a plus et il est immobilisé par un plâtre), au degré de confiance-défiance qu'il a envers ses fils et à l'attitude de ces derniers quant à la tâche. Etant entendu que le père ne peut se déplacer, celui-ci doit envisager un certain nombre de solutions pour résoudre le problème.

Ebauche de formalisation

P signifiera non pas simplement « **Pierre** », mais « **Pierre** ira chercher des cigarettes » ; non-p signifiera « **Pierre** n'ira pas chercher des cigarettes » ; q signifiera « **Quasimodo** ira chercher des cigarettes » ; non-q signifiera « **Quasimodo** n'ira pas chercher des cigarettes ».

Situations-solutions

A / *Le père est autoritaire et les enfants obéissants.*

— Pierre et Quasimodo iront ensemble chercher des cigarettes	$p.q$
— Pierre ira seul chercher des cigarettes	$p.\text{non-}q$
— Quasimodo ira seul chercher des cigarettes	$\text{non-}p.q$

B / *Le père est libéral, mais limite les choix.*

— Les enfants iront ensemble ou Pierre ira tout seul (le choix des enfants sera fonction de leurs relations mais la logique se contente de formuler les possibles)	$p.q \vee p.\text{non-}q = p^{(q)}$
— Les enfants iront ensemble ou Quasimodo ira tout seul (même remarque que ci-dessus)	$p.q \vee \text{non-}p.q = q^{(p)}$
— Pierre ou Quasimodo ira seul	$p.\text{non-}q \vee \text{non-}p.q = p \text{ w } q$

C / *Le père est libéral.*

— Les enfants iront ensemble ou l'un ou l'autre, etc. » (*ibid.* p. 408).	$p.q \vee p.\text{non-}q \vee \text{non-}p.q = p \vee q$

Witiver donne ensuite les situations-solutions où la tâche peut ne pas être remplie qui épuisent les neuf expressions restantes, la dernière étant la classe vide (ø) qui, psychologiquement, correspond à la situation avant le désir des cigarettes.

C'est un travail de ce genre qu'effectuent Inhelder et Piaget à partir du raisonnement spontané des sujets, tel qu'il apparaît dans les verbalisations émises au cours des tâches proposées. Ces tâches, nombreuses et ingénieuses, impliquent, pour être réussies, la dissociation de facteurs, la construction d'hypothèses et l'exclusion des hypothèses non pertinentes. L'enfant et le préadolescent sont incités, par exemple, à déterminer ce qui fait varier la fréquence d'oscillation d'un pendule : le poids, la longueur du fil, la hauteur de la chute ou bien l'élan initial ? Ou alors ils doivent discerner ce qui fait varier la flexibilité de tiges fixées à un dispositif qui permet d'observer « que ça plie plus ou moins ». Qu'est-ce qui rend la tige plus flexible : la longueur, la matière, l'épaisseur ou la forme de la section ? Dans une autre situation bien connue, les sujets doivent trouver la règle de l'équilibre des fléaux d'une balance en fonction de deux facteurs : poids et distance des poids à l'axe.

Le dispositif est une balance dont les fléaux sont percés de trous à des distances régulières (1, 2, 3, etc.) du pivot, trous auxquels on peut accrocher des poids dans l'ordre croissant (A, B, C, etc.).

Stade I

I A / Indifférenciation entre l'action propre et le processus extérieur (4;6 à 5;6 ans). Les sujets de ce niveau ne parviennent pas à assurer l'équilibre par une simple distribution du poids. Mic. (4;6) rétablit l'équilibre avec la main et s'attend à ce que la balance conserve le résultat de son intervention.

I B / Articulation des intuitions dans la direction de la compensation du poids (5;6 à 7-8 ans). Mal. (5;8) constate que les bras ne sont pas horizontaux et dit qu'il faut ajouter un autre poids *du côté où ça monte* (intuition de la régulation par le poids).

Stade II

II A / Opérations concrètes sur le poids et les distances mais sans coordination systématique entre eux. On assiste à l'égalisation et à l'additivité exacte des poids, d'une part, et à la symétrie et l'additivité exacte des distances, d'autre part. Mais la coordination poids-distances ne donne lieu qu'à des régulations intuitives.

II B / Correspondance inverse des poids et des distances. Ici, le sujet, en présence de deux poids inégaux cherche l'équilibre par un déplacement orienté, avec l'hypothèse que le même objet *pèsera plus* en s'éloignant de l'axe et *moins* en s'en rapprochant. Il effectue ainsi une double sériation avec correspondance bi-univoque inverse.

Poids A < B < C < D
↕ ↕
Distances L1 > L2 > L3 > L4

L'opération nouvelle permet un certain nombre d'inférences :
Plus lourd × même distance = plus grande force
Moins lourd × même distance = moins grande force
Même poids × plus loin (de l'axe) = plus grande force
Même poids × moins loin = moins grande force.

Mais elle ne permet pas encore de déterminer le résultat de : Plus lourd × plus loin, Moins lourd × moins loin et Plus lourd × moins loin.

Stade III

Découverte de la règle (à partir de 13 ans). En voici un exemple : Tis (13;8) découvre la proportion 1 à 2 et dessine les hauteurs : *Si je remplaçais ce poids* (une unité) *par celui-là* (deux unités), *ça ne monterait* (à l'extrémité) *que la moitié...* (Le chemin en hauteur) *est beaucoup plus long quand c'est au bout de la balance que quand c'est au milieu* (d'un bras). — Il y a aussi compensation ? *Oui, entre la force et la hauteur.* — Comment mesurer ? *C'est plus commode la hauteur, mais au fond, ça revient au même* (que la distance horizontale). C'est la découverte de la compensation du poids par la distance, c'est-à-dire de la règle $P/P' = L/L'$.

Dans une autre situation encore, souvent citée, et dite de « l'aimantation invisible », il s'agit « [...]de déterminer pourquoi une barre de métal fixée à un disque en rotation s'arrête devant un couple de boîtes à l'exclusion d'une série d'autres boîtes possibles, le couple en question contenant des aimants dissimulés dans de la cire » (Inhelder et Piaget, réf. déjà citée, p. 84).

Deux différences importantes opposent, dans ces épreuves, les conduites de l'enfant à celles de l'adolescent. L'enfant entre immédiatement en action, tâtonne, émet une hypothèse qu'il vérifie en classant ou en sériant certains facteurs, c'est-à-dire en utilisant les *opérations concrètes* dont il dispose. L'adolescent se livre à quelques essais, réfléchit et dresse la liste des hypothèses possibles qu'il vérifie en faisant varier un facteur à la fois, toutes choses restant égales par ailleurs. La démarche du préadolescent, *Tis,* qui découvre la règle de l'équilibre de la balance (ci-dessus) est analogue à celle d'un autre préadolescent, *Gou,* qui découvre, dans la situation de l'aimantation invisible, pourquoi la barre du disque s'arrête à un endroit donné, devant deux boîtes. A propos du protocole de *Gou,* Inhelder et Piaget effectuent l'une de leur plus célèbre « traduction ». Voici ce protocole (*ibid.*, p. 91).

Gou doit découvrir la raison de l'arrêt de la barre du disque devant deux boîtes, à l'exclusion d'autres boîtes de différents poids, de différentes couleurs et à diverses distances du disque. « [...] Gou (14;11) : *Peut-être que ça descend et ici c'est plus lourd* (le poids ferait pencher le plan, d'où la direction de l'arrêt vers le bas) *ou peut-être qu'il y a un aimant* (il met un cahier sous la planche pour faire horizontal et constate que le résultat est le même). — Qu'est-ce que cela prouve ? *Il y a un aimant* (il pèse les boîtes). *Il y en a qui sont plus ou moins lourdes. Je pense que c'est plutôt le contenu en substance.* — Que faire pour prouver que ce n'est pas le poids ? Il ôte les losanges (les plus lourdes). *Puisque j'ai changé les positions, si cela retombe à la même place, le poids n'a aucun rôle. Mais je vais plutôt ôter les étoiles : on verra si cela s'arrête sur les autres qui sont plus lourdes* (expérience). *Ce n'est pas le poids. Ce n'est pas une preuve rigoureuse, parce que ça ne vient pas en perpendiculaire* (des boîtes à losange). *Le poids pourrait avoir une influence seulement s'il fait pencher. Alors je mets deux boîtes l'une sur l'autre et si ça s'arrête pas c'est que le poids n'a pas d'importance.* (Expérience négative.) *Voilà* — Et la couleur ? *Non, on a vu en changeant les boîtes de place. La substance qui est dans la boîte a une influence, mais c'est surtout le rapprochement des boîtes : ces boîtes n'agissent que si elles sont près* (il éloigne la moitié des boîtes). *Ça tombe juste entre les ronds rapprochés et les étoiles éloignées. Les deux choses ont de l'influence et c'est la résultante des deux forces* (expériences en éloignant successivement l'étoile). *On dirait plutôt la distance* (nouvel essai). *Ça semble se confirmer mais ce n'est pas tout à fait sûr. A moins que ça ne soient les points cardinaux* (il enlève les étoiles). *Non, ce n'est pas ça. Les étoiles ont de l'influence : c'est forcément dans le contenu. Si ça n'est pas un aimant, je ne vois pas ce que ça peut être. Il faut mettre du fer sur les autres boîtes : si l'aimant est là* (disque), *ça viendra sur ces boîtes. S'il est dans les boîtes* (étoiles) *il y a du fer sous le disque* (il enlève les boîtes à étoiles). *Je crois bien que c'est les boîtes.* »

L'analyse de ce protocole fait apparaître, selon Inhelder et Piaget, les seize opérations binaires : « [...] 1 / La *disjonction* $(p \vee q) = (p \,.\, \text{non-}q) \vee (\text{non-}p.q) \vee (p \,.\, q)$: c'est ou la distance ou le contenu (ou tous les deux). 2 / *Son inverse, la négation conjointe* $(\text{non-}p \,.\, \text{non-}q)$: en changeant la position des boîtes on vérifie que ce n'est ni le poids ni la couleur. 3 / *La conjonction* $(p \,.\, q)$: le contenu et la distance ont de l'influence tous les deux. 4 / *Son inverse,* l'incompatibilité $(p/q) = (p \,.\, \text{non-}q) \vee (\text{non-}p \,.\, q) \vee (\text{non-}p \,.\, \text{non-}q)$: l'action de l'aimant est incompatible avec l'éloignement car on n'observe que l'arrêt sans éloignement, l'éloignement sans l'arrêt ou ni l'un ni l'autre.

5 / L'implication $(p \supset q) = (p.q) \vee (\text{non-}p.q) \vee (\text{non-}p.\text{non-}q)$: si l'aimant est fixé au disque il s'arrêtera devant les boîtes portant du fer. 6 / *Son inverse* (p.non-q): l'absence d'arrêt prouve la non-implication. 7 / *L'implication converse* $(q \supset p) = (p.q) \vee (p.\text{non-}q) \vee (\text{non-}p.\text{non-}q)$: si l'aimant est dans la boîte, il arrêtera le disque. 8 / *Son inverse* (non-$p.q$) intervient en 1 /, 4 / 9 /, etc. 9 / *L'équivalence* $(p = q) = (p.q) \vee (\text{non-}p.\text{non-}q)$: affirmer l'influence du poids équivaut à affirmer que l'arrêt du disque est dû à une inclinaison, etc. » (*ibid.*, p. 92).

On remarquera que *Gou* a émis comme hypothèse initiale qu'il pouvait s'agir d'un aimant, ce qui suppose une connaissance préalable qui peut ne pas être le fait d'un enfant plus jeune.

Le groupe INRC ou groupe des deux réversibilités

Avec la combinatoire, la seconde structure formelle qui sous-tend le raisonnement hypothético-déductif, est le groupe INRC où N et R indiquent les deux réversibilités, par inversion, N, et par réciprocité, R, où I représente la transformation nulle ou « identique » et C, la corrélative, inverse de la réciprocité. Ce groupe d'opérations, comme cela a déjà été dit plus haut, constitue la synthèse finale des « groupements » opératoires concrets. On trouve en effet la réversibilité par inversion dans les groupements de classes ($A + A' = B \Rightarrow B - A' = A$), la réversibilité par réciprocité dans les groupements de relations (si a est la différence entre A et B dans la relation $A < B$, alors $a - a = 0$, c'est-à-dire $A = A$; dans le cas des classes $A - A = 0$). Mais aucune structure de l'étape concrète ne compose ces deux réversibilités. Or, remarquent Piaget et Inhelder, les opérations propositionnelles issues de la combinatoire comportent chacune une inverse. L'implication $p \supset q$ [si l'aimant est fixé au disque (p), il s'arrêtera devant les boîtes portant du fer (q)] a pour inverse la non conditionnelle p.non-q (l'absence d'arrêt du disque prouverait la non-implication). Et l'implication $p \supset q$ a pour réciproque l'implication converse $q \supset p$ (si l'aimant est dans la boîte, il arrêtera le disque). Si $p \supset q$ et $q \supset p$ sont des propositions vraies, on a l'équivalence ou bi-conditionnelle $p \equiv q$. Par ailleurs, l'inverse de $q \supset p$ est non-$p.q$ (si le disque ne s'arrête pas, l'aimant n'est pas dans la boîte) qui est la corrélative de $p \supset q$ et la réciproque de p.non-q. « [...] Bref, on a NR = C, NC = R, RC = N et NRC = I, c'est-à-dire un groupe des quatre transformations [le groupe de Klein] appliqué aux opérations propositionnelles. Et l'on voit par le fait même comment un tel système général constitue la synthèse finale des systèmes partiels ou « groupements » construits au cours du stade des opérations concrètes, puisqu'il réunit en une même organisation totale les inversions et les réciprocités jusque-là séparées » (J. Piaget, B. Inhelder, Les opérations intellectuelles, *in* P. Fraisse et J. Piaget (éd.), *Traité de psychologie expérimentale, VII,* 1963, p. 157).

Cette nouvelle structuration des opérations de l'intelligence sous-tend le raisonnement qui conduit à la performance correcte dans toutes les situations qui exigent la coordination des inverses et des réciproques. Le problème amusant et souvent cité de l'escargot sur sa planchette en est un bon exemple (voir la fig. 41). Soit un escargot (en l'occurrence une coquille vide) placé sur une planchette posée sur une table, et un point de référence sur cette même table. L'escargot sur sa planchette peut effectuer un parcours dans un sens, I, ou dans le sens annule le premier parcours. Mais l'expérimentateur peut avan-

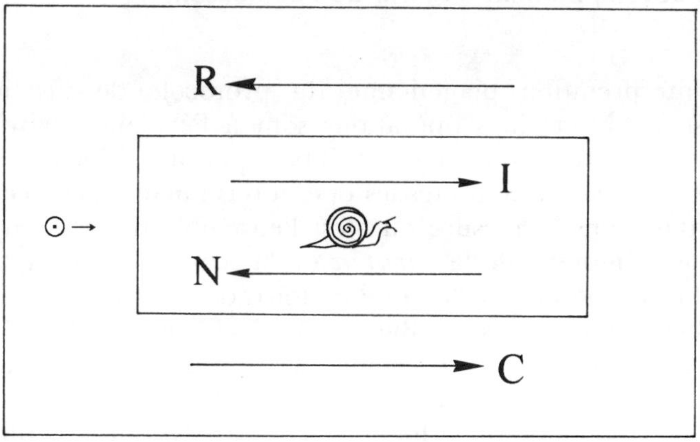

I = opération directe ou identique spéciale
N = négation, R = réciproque,
C = corrélative, ⊙ = point de référence

Fig. 41 - Pensée formelle et problème de l'escargot

cer la planchette dans le sens contraire de I : I n'est plus annulé par N mais par ce mouvement réciproque, R (par rapport au point de référence fixé sur la table). L'inverse de R est C, opération corrélative de I, puisque les parcours I et C se cumulent. Au stade des opérations concrètes, l'enfant est capable de raisonner sur chacun de ces systèmes : parcours de l'escargot sur la planchette, I et N, et parcours de la planchette sur la table, C et R. C'est seulement vers 11-12 ans qu'il peut, par rapport à un point de référence, coordonner les deux systèmes.

Ainsi, ce sont les deux structures formelles, combinatoire et groupe des deux réversibilités, qui permettent le raisonnement hypothético-déductif. Elles assurent aux opérations de l'intelligence une puissance inégalée jusque-là en structurant les possibles dont le réel devient un cas particulier.

Les opérations formelles rendent-elles vraiment compte du développement cognitif de l'adolescent ?

L'interprétation piagétienne du protocole de *Gou* a été contestée. Si certaines opérations sont à l'évidence exprimées dans les propos du jeune garçon, il peut paraître difficile d'y discerner l'utilisation de toutes les opérations binaires. Or, ceci est important dans la mesure où c'est l'ensemble des seize opérations qui témoigne de la *fermeture* de la structure par l'application du groupe INRC à la combinatoire des propositions. Trois chercheurs américains, T. Bynum, J. Q. Thomas et L. J. Weitz (deux logiciens et un psychologue) se sont interrogés sur la pertinence de la correspondance entre les expressions de *Gou* et le système symbolique de la logique. Leur analyse précise du protocole tend à montrer que huit des seize opérations ne sont pas utilisées. De plus, l'observation de la résolution de tâches logiques par des étudiants révèle que ceux-ci n'utilisent que quelques-unes des plus communes des opérations binaires (conjonction, disjonction, inversion) et jamais les autres (T. Bynum, J. Q. Thomas et L. J. Weitz, Truth-functional logic in formal operational thinking : Inhelder and Piaget's evidence, *Developmental Psychology,* 1972, *7,* 129-132).

Dans son ouvrage *Le raisonnement* (Paris, PUF, 1977), Oléron reprend la discussion. Dans la situation de l'aimantation invisible, le modèle physique du problème fait intervenir la causalité. Or la causalité se révèle hétérogène au modèle logique qui l'exclut. Voici l'un des deux exemples donnés :

> « [...] la quatrième opération (l'incompatibilité) [...] ne traduit pas la situation expérimentale. Elle est vraie, en effet, quand on a à la fois, comme il a été mentionné : p.non-q, non-p.q, et non-p.non-q. Traduisons par référence à la barre de fer par p : « être éloignée de l'aimant », par q : « être arrêtée ». On a bien p et non-q (« être éloignée et ne pas être arrêtée »), non-p et q (« ne pas être éloignée et être arrêtée »), mais on ne peut avoir non-p et non-q (« ne pas être éloignée et ne pas être arrêtée »). En effet, quand la barre de fer n'est pas éloignée elle est proche (de l'aimant) et l'expérience montre qu'elle est arrêtée » (p. 42).

Dans un article de 1991, T. Bond et I. Jackson s'élèvent contre les remarques de Bynum *et al.* (T. Bond, I. Jackson, The Gou Protocol revisited. A Piagetian contextualisation of critique, *Archives de psychologie,* 1991, *59,* 31-53). Les critiques traduisent, selon Bond et Jackson, une incompréhension complète des fondements épistémologiques de la démarche piagétienne et de la méthode utilisée. A aucun moment Inhelder et Piaget n'écrivent que le protocole de *Gou* constitue l'argument définitif de leur théorie. Il n'est avancé à aucun moment que *Gou* fasse un usage direct des 16 propositions. Il s'agit de l'analyse structurale des données d'une interrogation clinique qui permet l'exploration des possibles : « [...] on voit qu'il n'est pas exagéré de prêter à un sujet du niveau III B, comme *Gou,* la possibilité de jouer tour à tour sur les seize opérations binaires » (B. Inhelder et J. Piaget, 1955, p. 93, cités par Bond et Jackson, *ibid.,* p. 37). Certes, il peut persister des désaccords quant à l'interprétation exacte du protocole de *Gou.* Mais si l'on met à part deux opérations — la négation complète et l'affirmation complète — toutes les autres peuvent être évaluées et l'ont été au moyen de tests de l'étape formelle, à condition toutefois d'aller au-delà de 14-15 ans. Si l'on tient compte du contexte épistémologique, si l'on admet l'intérêt de la méthode structurale et si, de plus, on ne va pas au-delà des propos de Inhelder et Piaget, alors l'analyse piagétienne du protocole de *Gou* peut rester convaincante.

Force est de constater qu'il existe une variabilité extrême du pourcentage de réussites aux épreuves formelles. S'agissant de la proportionnalité impliquée dans de nombreux problèmes, tel par exemple celui de la balance, des variations importantes apparaissent en fonction du matériel utilisé. Le mode de présentation des tâches influence aussi considérablement les résultats. C'est ainsi qu'avec un aménagement de la consigne, dans l'épreuve de combinatoire des pions, A. Henriques-Christofides et A. Moreau observent l'utilisation systématique d'une combinatoire dès 7 ans (A. Henriques-Christofides, A. Moreau, Quelques données nouvelles sur les opérations combinatoires de la pensée formelle, *Cahier de psychologie,* 1974, *17,* 35-64). Les auteurs procèdent à une analyse critique de la situation expérimentale de l'expérience « combinaison des corps chimiques » (présentée plus haut) qu'ils trouvent par trop compliquée. Ils avancent l'hypothèse qu'outre la complexité de la tâche, le risque d'une distorsion quant à la compréhension de la consigne est très élevé. Pour annuler ce risque une démarche d'explicitation est mise en œuvre dans l'épreuve de combinatoire des pions. Celle-ci est proposée en trois étapes :

1 / Au cours de la première étape, l'enfant est placé devant cinq tas de jetons de couleurs différentes (bleus, rouges, jaunes, verts et blancs). L'expérimentateur lui demande de nommer les couleurs puis explique la notion de couple (« deux copains », « des copains qui vont deux par deux »). Il s'agit alors de former avec les pions « des couples de copains qui vont deux par deux » en leur expliquant que lorsqu'on a fait une fois un couple, cela suffit. 2 / Lorsque les différents aspects de la consigne ont été compris, le jeu commence sérieusement, c'est la deuxième étape : « faire tous les couples possibles » en soulignant que ce n'est pas facile et « ... qu'il y a peut-être un truc pour ne pas faire de fautes ». 3 / La troisième étape se greffe sur la deuxième. Elle consiste à étudier si les enfants qui ont fait des arrangements peuvent passer aux combinaisons et inversement (voir la définition des arrangements permutations et combinaisons dans le tableau X).

Les conduites observées à la deuxième étape indiquent qu'à partir de 7 ans tous les enfants font des arrangements (9 sujets sur 10 à 7 ans). Les combinaisons apparaissent à 9 ans. A la troisième étape, cinq des neuf sujets de 7 ans qui avaient réalisé des arrangements effectuent des combinaisons en retirant chacun des couples en trop (retirer l'un des couples dans la séquence : bleu-rouge, rouge-bleu, par exemple). A 8 et 9 ans, tous les sujets qui avaient effectué des arrangements passent aux combinaisons, certains d'entre eux en recommençant la tâche avec une procédure systématique.

Au vu de la précocité observée de certaines opérations combinatoires, les auteurs concluent : « [...] L'alternative qui se pose est la suivante : faut-il accepter que la pensée formelle se manifeste beaucoup plus tôt dans certains contextes limités ou faut-il remettre en question l'un des critères établis par Piaget pour définir cette pensée formelle ? C'est plutôt à la première hypothèse que nous adhérons, bien qu'elle remette partiellement en question l'existence de stades généraux du développement et oblige donc à reprendre sur certains points le vaste problème de l'équilibration des structures cognitives » (*ibid.*, p. 64). Mais les transformations opérées par les auteurs sont-elles innocentes du point de vue des opérations concernées ? En réduisant la difficulté simplifie-t-on la tâche ou bien change-t-on de tâche — et donc de structure sous-jacente ? Lisons Gréco :

« [...] Considérons les permutations et commençons avec trois objets A, B, C. Une méthode pour générer, de proche en proche, les six permutations consiste à permuter successivement les deux premiers termes, puis les deux derniers, puis de nouveau les deux premiers et ainsi de suite. Et l'on a : (AB) C — B(AC) — B(CA) — C(BA) — (CA) B — A (CB). Point final. L'algèbre parlera de généralisateurs ... Fort bien. Trouvez maintenant vous-même les générateurs des vingt-quatre permutations de quatre objets. On vous autorise quelques répétitions (mais périodiques). Si vous avez trouvé, écrivez-moi : vous avez gagné. Mais vous devez aussi dire comment vous avez trouvé, et en quoi l'algorithme est une extension du précédent, si c'en est une. En revanche, avec deux objets, vous n'avez pas à vous creuser la tête : (AB) et (BA) sont, semble-t-il, fournies par l'évidence la plus triviale. Allez donc croire qu'il existe une et une seule structure cognitive pour les permutations de n éléments, un seul schème qu'il suffit d' « instancier », comme ferait une machine pour $n = 2$, $n = 3$, $n = 4$, etc. » (Préface, *in* J. Bideaud, *Logique et bricolage chez l'enfant,* Lille, PUL, 1988, p. 9).

Le problème n'est pas tant celui de statuer sur les capacités précoces évaluées lors de tâches simplifiées, il serait plutôt d'expliquer le caractère tardif, maintes fois constaté, de l'accès aux opérations formelles. L'étape formelle ouvre des possibles : « [...] tous les sujets normaux atteignent le stade de la pensée formelle, sinon entre 11-12 ans et 14-15 ans, en tout cas vers 15-20 ans. Cependant, ce type de pensée se révélera dans les différentes activités des individus suivant leurs aptitudes et leur spécialisation professionnelle » (J. Piaget, *L'évolution intellectuelle entre l'adolescence et l'âge adulte,* Milan, Fonème, 1970, p. 149-156).

D'autres approches

Alors que la théorie piagétienne privilégie les structures d'opérations du sujet, le calcul, la perspective cognitiviste met l'accent sur les représentations et le fonctionnement (voir le chap. II). Comme cela a été le cas pour le bébé et pour l'enfant, deux voies de recherche se sont ouvertes : la récusation du structuralisme piagétien et la tentative de synthèse.

La récusation de la structure d'ensemble des opérations formelles : les modèles mentaux de P. N. Johnson-Laird

Le psychologue britannique Johnson-Laird rejette l'hypothèse selon laquelle un système logique constitué de règles formelles serait un préalable nécessaire à la conduite d'un raisonnement déductif. Celui-ci résulterait bien plutôt de l'utilisation de *modèles mentaux* dont la nature et le fonctionnement sont explicités à propos de syllogismes (voir pour une publication en langue française : P. N. Johnson-Laird, Modèles mentaux en sciences cognitives, *Bulletin de Psychologie,* 1988, *383,* 60-88). Soit l'exemple d'un syllogisme dont voici les deux prémisses : « Tous les artistes sont des apiculteurs ; quelques apiculteurs sont des chimistes. » La conclusion qui peut être tirée de ces prémisses résulterait d'un processus de résolution à quatre étapes : 1 / l'interprétation sémantique des prémisses, 2 / la combinaison heuristique initiale des représentations ainsi générées, 3 / la formulation d'une conclusion correspondant aux représentations combinées, et 4 / l'utilisation d'un test qui porte sur la représentation initiale à laquelle sont confrontés d'autres modèles de représentation. La figure 42 présente, pour les deux prémisses données en exemple, les combinaisons heuristiques possibles. Celles-ci conduisent toutes à des conclusions contradictoires, les prémisses ne permettant, dans ce cas, aucune conclusion valide.

En bref, au moyen d'une heuristique basée sur la signification des prémisses, le sujet construit un modèle mental qui lui permet une première conclusion. Celle-ci est confrontée à des modèles alternatifs susceptibles de la réfuter, le processus s'arrêtant lorsque l' « invention » de modèles alternatifs est épuisée. A aucun moment la théorie de Johnson-Laird ne postule le recours à des

Première combinaison heuristique			
Tous les A sont B	*a*	*a*	
	↓	↓	
Quelques B sont C	*b*	*b*	(*b*)
	↓	↓	
Conclusion : tous les A sont C	*c*	*c*	(*c*)
Deuxième combinaison heuristique			
Tous les A sont B	*a*	*a*	
	↓	↓	
Quelques B sont C	*b*	*b*	(*b*)
	↓		
Conclusion : quelques A sont C	*c*	(*c*)	
Troisième combinaison heuristique			
Tous les A sont B	*a*	*a*	
	↓	↓	
Quelques B sont C	*b*	*b*	(*b*)
Conclusion : aucun A n'est C			(*c*)

Fig. 42 - Symbolisation des modèles mentaux selon P. N. Johnson-Laird

règles formelles d'inférence, ce qui évite, comme l'avance l'auteur avec un humour quelque peu désinvolte, le redoutable problème de leur acquisition. En fait les processus sous-jacents aux quatre étapes ne sont pas différents de ceux qui sont impliqués dans n'importe quelle tâche de compréhension et de généralisation. En diffère seulement, toujours selon l'auteur, le processus qui permet au sujet de formuler une conclusion, jugée valide, dont la valeur est informative par rapport aux prémisses. Johnson-Laird suggère cependant que s'il y a des règles d'inférence à un moment donné elles sont psychologiquement secondaires, étant la conséquence de la manipulation de modèles mentaux. Les résultats de deux expériences conduites sur des enfants de 6 à 9 ans, à qui l'on présente divers types de syllogisme, confortent ces hypothèses. Ils indiqueraient que c'est la capacité de rechercher des « modèles alternatifs » qui se développerait avec l'âge et non la connaissance de règles d'inférences.

En fait, dans ce cas précis des syllogismes, la recherche de modèles alternatifs exige un raisonnement hypothético-déductif. Selon Piaget, ce raisonnement ne devient possible qu'au niveau des structures opératoires formelles (combinatoire et groupe INRC) où formes et contenus sont dissociés et il constituerait l'aspect fonctionnel de cette nouvelle structuration. Dans la théorie de Johnson-Laird, ce raisonnement hypothético-déductif, qui existerait indépendamment de toute structuration logique préalable, permet au sujet, à partir des significations des prémisses, de construire des modèles symboliques de résolution. A la limite, c'est la manipulation mentale de ces modèles qui « produirait » un système de règles d'inférence dont la forme n'est pas explicitée.

Mais le fonctionnement de ces modèles exclut-il toute capacité d'inférence préalable ? Selon M. D. S. Braine et B. Rumain (1983), une approche en termes de schémas d'inférence peut tout aussi bien rendre compte des réponses et des erreurs des sujets que les modèles mentaux de Johnson-Laird. Le recours au schéma d'inférence expliquerait la réussite dans les problèmes aisés, tel le syllogisme « Tous les hommes sont mortels, Socrate est un homme, donc Socrate est mortel », où ces schémas peuvent être appliqués à l'aide d'un raisonnement direct. Dans les problèmes difficiles, où le schéma d'inférence ne s'applique qu'après un raisonnement indirect, le sujet malhabile dans ce type de raisonnement pourrait avoir recours à des heuristiques non logiques. L'une d'elles serait la reconstruction de l'une ou des deux prémisses, selon le modèle mental de Johnson-Laird, reconstruction analogique qui reformulerait le problème de manière à ce que le schéma s'y applique directement. Toujours selon Braine et Rumain, les schémas seraient des éléments d'un répertoire d'inférences correspondant à une compétence logique acquise précocement à partir du langage. Une autre compétence, plus tardive, serait celle qui sous-tend les stratégies de raisonnement déductif où le raisonnement utilisé doit être indirect. Dans ce dernier, les adultes mêmes n'utiliseraient que peu d'algorithmes mais plutôt des heuristiques analogiques, telles celles impliquées dans les modèles mentaux de Johnson-Laird.

Fonctionnement et structure : les règles de résolution de R. S. Siegler et le problème de la balance

Les travaux de Siegler sont de ceux qui illustrent la tentative de synthèse entre le structuralisme piagétien et l'approche cognitiviste de traitement de l'information.

L'hypothèse d'une structure d'ensemble caractérisant chacun des stades de développement requiert à la fois la hiérarchisation des conduites qui relèvent d'une structure différente et le synchronisme de celles qui relèvent d'une même structure. Or ces exigences de hiérarchisation et de synchronisme ne sont pas satisfaites par la réalité des faits expérimentaux. Le propos de Siegler est de pallier les insuffisances de la théorie piagétienne en rendant compte des anomalies rencontrées à l'aide d'une nouvelle stratégie de recherche expérimentale : l'approche en termes d'évaluation de règles. Le développement cognitif pourrait être caractérisé, pour une grande part, par l'acquisition de règles de fonctionnement de plus en plus puissantes.

Dans cette perspective d'ajustement du modèle piagétien, deux spécifications sont préalables. Il n'est pas prédit de nécessaire similarité de raisonnement à propos des différents domaines de développement. En outre, les données de base qui doivent révéler l'état de connaissance actuel de l'enfant sont constituées par des *patterns* non verbaux de réponses correctes et erronées. Un moyen puissant de valider l'hypothèse de la progression de règles sera de créer expérimentalement des problèmes qui permettent d'établir des modèles distincts de réponses correctes et d'erreurs, dépendants de la règle que le sujet utilise. D'où la nécessité de construire d'abord des modèles de règles, puis des situations-problèmes susceptibles de valider l'utilisation de l'une ou l'autre règle. Les situations-problèmes sont en fait celles utilisées par Inhelder et Piaget pour évaluer les opérations formelles et en particulier celle de l'équilibre de la balance (voir plus haut) que nous retenons ici (R. S. Siegler, Development sequences within and between concepts, *Monograph of the Society for Research in Child Development*, 1981, *46*, 1-74).

Quel que soit le problème considéré, quatre modèles de règles où états de connaissance sont précisés. Voici leur explicitation pour la situation de l'équilibre de la balance. *Règle I :* L'enfant considère une seule dimension, le poids ou la distance. *Règle II :* La seconde dimension est prise en compte à condition que la première soit maintenue constante (par exemple, la distance est considérée lorsqu'il y a égalité des poids). *Règle III :* Les deux dimensions sont considérées simultanément si la variation de l'une n'est pas l'inverse de la variation de l'autre. *Règle IV :* Les produits croisés des valeurs des deux dimensions de chaque côté de la balance sont comparés (il s'agit alors de l'état achevé des connaissances pour ce problème). Six types de problème sont construits, hiérarchisés de telle façon qu'ils puissent révéler laquelle des quatre règles décrit réellement le niveau de connaissance actuel du sujet. La figure 43 présente les six types de problème et les prédictions qu'ils permettent quant aux règles de solution.

TYPE DE PROBLEME	REGLES I	II	III	IV	PREDICTIONS DEVELOPPEMENTALES
Equilibre 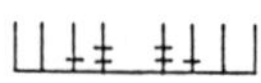	100	100	100	100	Pas de différence, tous les enfants au niveau optimal.
Poids 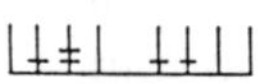	100	100	100	100	Pas de différence, tous les enfants au niveau optimal.
Distance 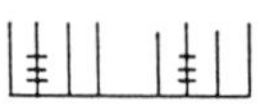	0 (Devrait dire "équilibre")	100	100	100	Progrès important avec l'âge.
Conflit-poids 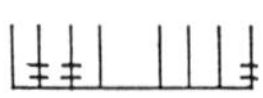	100	100	33 (Réponse au hasard)	100	Déclin avec l'âge, possible réapparition dans les groupes plus âgés.
Conflit-distance 	0 (Devrait dire "penche à droite")	0 (Devrait dire "penche à droite")	33 (Réponse au hasard)	100	Progrès avec l'âge.
Conflit-équilibre 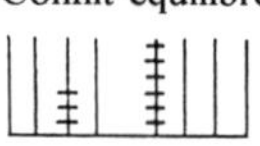	0 (Devrait dire "penche à droite")	0 (Devrait dire "penche à droite")	33 (Réponse au hasard)	100	Progrès avec l'âge.

Fig. 43 - L'équilibre de la balance : types de problème et prédictions (d'après R. S. Siegler, Three aspects of cognitive development, *Cognitive Psychology,* 1981, *8,* p. 486)

Les problèmes sont présentés à quatre groupes de sujets : 5-6 ans, 9-10 ans, 13-14 ans et 16-17 ans. Les résultats indiquent que sur 120 patterns de réponses, 107 concordent avec les prévisions. L'évolution avec l'âge est également conforme aux prédictions. Si les problèmes qui correspondent aux règles I et II sont résolus par l'ensemble des sujets, seulement 20 % des adolescents de 16-17 ans résolvent ceux qui correspondent à la règle IV, ce qui va dans le sens, bien que plus tardivement, des observations piagétiennes. Par ailleurs, si l'on considère l'ensemble des problèmes formels donnés (balance, probabilités, problème des ombres, etc.), il apparaît que l'utilisation d'une même règle ne s'effectue pas au même moment pour chacune des tâches.

Des hypothèses concernant la raison des décalages inter et intra-concepts sont inférées à partir de l'étude fine des patterns de réussites et d'erreurs. Il peut s'agir, soit d'un écart temporel dans l'accès à la règle, soit, la règle étant disponible, d'une incapacité à coder les informations pertinentes. Les règles, qui font état de l'organisation actuelle des connaissances, ne s'appliqueraient qu'à un certain niveau d'élaboration du système de significations, l'évolution des deux systèmes (règles et significations) n'étant pas synchrone. Il y aurait ainsi disjonction temporelle entre l'acquisition des règles et le développement des capacités de codage nécessaires à leur utilisation fonctionnelle. *The rules assessment approach* constitue, selon l'auteur, une méthode d'étude du développement cognitif susceptible de nous en donner la meilleure représentation possible.

Ces conclusions peuvent être discutées. Les règles, qui émergent dans le modèle développemental de Siegler, ne révèlent pas l'état actuel des connaissances, mais le résultat d'une interaction entre les variables de la tâche et l'exercice d'opérations mentales d'un plus haut niveau que celui des règles. L'enfant possède une structure cognitive qui inclut l'organisation des connaissances en même temps que les modalités et les limitations des processus de traitement. C'est l'interaction entre cet appareil cognitif et la structure des tâches qui « produit » les patterns de réponses interprétés comme le résultat de l'utilisation de règles. Celles-ci sont, en fait, le véhicule pour le sujet, ou les indicateurs pour le chercheur, de ce qui, dans la structuration cognitive actuelle du sujet, est mobilisé pour la résolution du problème présenté. Ainsi, les règles ne reflètent-elles qu'une part limitée du réseau des connaissances impliqué dans le problème.

En bref, le modèle de Siegler ne fait que reculer la question de la structure sous-jacente et de sa nature. Mais l'accent mis sur le fonctionnement, concrétisé par l'étude précise des patterns de réponses (réussites et erreurs), décrit et précise l'interface de l'organisation actuelle des connaissances du sujet et de la structure de la tâche. Un autre intérêt réside dans l'introduction des systèmes de significations qui guident l'actualisation des processus de traitement représentés par les règles (voir au chap. V la nouvelle approche de Siegler à propos du choix de stratégies).

Et les néo-structuralistes ?

On rappelle que les modèles néo-structuralistes ont été présentés dans le chapitre II.

Pascual-Leone s'est peu attardé sur le développement cognitif à l'adolescence. On sait que, dans sa théorie, la variable « développement cognitif » est conceptualisée comme une construction quantitative dépendant de la puissance M de traitement. Les stades sont conservés. Les trois sous-stades de l'étape formelle (préformel, formel 1 et formel 2) se distinguent par le degré de puissance de M, de $k = 5$ à $k = 7$, k représentant le maximum de schèmes que le sujet peut activer dans une opération mentale. La maturation rapide à l'adolescence est marquée par un accroissement des ressources médiatisées par les opérateurs silencieux M et I (I = inhibition). La caractéristique de cette étape réside dans une accumulation de *potentialités*. L'étape formelle serait la dernière phase d'un développement *quantitatif*, la puissance des opérateurs silencieux décroissant ensuite et l'évolution ultérieure devenant davantage qualitative. Dans la théorie de Case, le stade des opérations formelles est celui de l'émergence des *opérations vectorielles*. Les changements qui s'effectuent au cours de ce stade reposent sur les mêmes mécanismes que dans les stades précédents. Au départ c'est la coordination de deux types d'opérations dimensionnelles (stade précédent), utilisées auparavant dans différents contextes, qui fait émerger la structure abstraite formelle. Ensuite, c'est l'augmentation des objectifs des systèmes de contrôle exécutif qui assure la progression, du sous-stade unifocal au sous-stade de coordination élaborée (voir la fig. 5 du chap. II). Contrairement à ce que démontrent de nombreuses recherches, il semblerait que la progression intra-stade soit approximativement la même dans des domaines variés. Pour Halford, le développement cognitif, à l'adolescence, correspond au quatrième niveau de fonctionnement qui est celui de l'*appariement de systèmes multiples* (voir la fig. 6 du chap. II). L'appariement porte sur des relations ternaires et/ou des opérations binaires. Dans la théorie de Fischer c'est l'étage *abstrait* qui rend compte du développement à l'adolescence. Le changement commence au premier niveau de cet étage avec la capacité d'abstraction de systèmes de représentation : par exemple, abstraire à partir des différentes conservations la *notion* de conservation. La capacité d'abstraction s'accroît avec l'appariement des systèmes d'abstraction suivi de la construction de systèmes de systèmes d'abstraction. On doit remarquer qu'en ce qui concerne l'adolescence, les théories néostructuralistes sont plus descriptives qu'explicatives.

La « puberté sociale et affective »

Socialisation, affectivité et cognition

Selon Wallon, l'adolescence est un stade centripète qui succède à l'étape centrifuge de la pensée catégorielle. Le changement, qui auparavant était extérieur à l'enfant et qu'il cherchait à dominer par la construction d'opérations intellectuelles, est ressenti par l'adolescent à l'intérieur de lui-même, d'où le retour vers le soi corporel et psychique. C'est dans ce retour aux sources que va s'opérer la prise de conscience de soi qui va rassembler dans l'unité du moi, non seulement ses relations avec autrui, mais ses relations avec lui-même dans le temps. D'où les interrogations sur l'existence, la mort, la place de chacun dans la société, etc. Wallon souligne l'intérêt de ce stade où tous les facteurs de développement se rencontrent : « [...] L'intérêt psychologique de l'adolescence n'est pas seulement d'ajouter un tableau descriptif à ceux de l'enfance. Mieux que tout autre, elle permettra peut-être de séparer à la manière d'un prisme les composantes physiologiques et sociales de la personne, d'en reconnaître les influences réciproques et les structures combinées » (La vie mentale de l'enfance à la vieillesse, *Encyclopédie française,* t. VIII, Paris, Larousse, 1938, p. 285).

A l'adolescence, plus qu'à aucune autre étape du développement, socialisation, affectivité et cognition sont inséparables. Les cas d'adolescents exceptionnels examinés par H. Gruber et J. Vonèche en témoignent (H. Gruber et J. Vonèche, Réflexion sur les opérations formelles, *Archives de psychologie,* 1976, *171,* 45-55).

Les adolescents dont il est question sont devenus des créateurs : Karl Marx, fondateur du communisme, le psychologue américain William James (voir l'ouvrage *HM*), Charles Darwin (voir l'introduction), le physicien Niels Bohr, Sigmund Freud et Jean Piaget. Certaines constantes apparaissent à l'adolescence de toutes ces vies : liberté de pensée, préoccupations philosophiques et métaphysiques, désir d'être utile, conscience de la toute-puissance de la connaissance, souci de méthode dans l'acquisition de cette connaissance. Ces observations conduisent Gruber et Vonèche à proposer trois indicateurs de la maturation cognitive avancée. Le premier correspond à l'adoption d'un point de vue personnel sur les personnes, les événements et sur l'environnement en général. Il s'agit de l'aspect cognitif de l'adaptation au milieu. Le deuxième indicateur, d'ordre affectif, correspond à une attitude de retrait par rapport à l'activité directe sur le milieu, avec le refus d'intégration au sein d'activités auxquelles l'adolescent n'adhère pas. Enfin, le troisième indicateur renvoie à la formation d'un « code d'honneur personnel », source de règles de vie qui relèvent de la raison pratique. Ces indicateurs témoignent du désir de conforter l'identité et d'affirmer la différence.

Au sujet du premier indicateur, Gruber et Vonèche livrent les observations suivantes.

« [...] Le premier indicateur sera révélé surtout par la construction d'un système du monde. L'un de nous, observant une classe de 40 rhétoriciens belges (de 16 à 21 ans, classe terminale du lycée classique grécolatin) a constaté que 30 d'entre eux avaient écrit au cours des deux années terminales du secondaire (poésie et rhétorique) un système explicite de leurs idées. Sur ces 30, 10 avaient mis au point un système théologique (réconciliation foi et science), 12 s'étaient attachés à un système métaphysique, 4 montraient l'impossibilité de toute métaphysique et 4 se préoccupaient de la construction de systèmes épistémologiques. Les 10 rhétoriciens qui n'avaient rien élaboré sur le plan philosophique se divisaient de la manière suivante : 7 avaient écrit des romans, des drames, des nouvelles ou des essais littéraires appartenant au genre du *Bildungsroman* et 3 avaient, en toute simplicité, créé des sciences ou des technologies nouvelles dont ils attendaient le plus grand bien pour l'humanité.

« Dans une classe équivalente des Etats-Unis, les résultats furent entièrement différents. Sur 40 sujets, 4 seulement reconnurent avoir élaboré un système du monde plus ou moins explicite. Mais la très forte majorité de la classe se posait des questions morales fondamentales par rapport à la guerre du Viêt-Nam qui faisait alors rage. Cette préoccupation morale s'accompagnait d'une volonté affirmée de moratoire, de temps de réflexion hors du système scolaire. Enfin, chez 32 sujets de cette classe, le rôle joué dans leur vie par des recherches de détail : collections, classifications, fouilles archéologiques, élevage d'animaux, observations d'oiseaux, etc., était crucial » (*ibid*, p. 52-53).

Le temps de réflexion hors du système scolaire, le doute à l'égard de la guerre du Viêt-Nam observés chez les adolescents américains ressortissent au deuxième indicateur. Retrait et refus se sont manifestés peut-être encore plus fortement chez les jeunes Français, et dans certains pays avoisinants, lors des troubles de Mai 1968. Des phénomènes collectifs de ce genre réapparaissent régulièrement dans la vie sociale des adolescents lorsque des propositions de loi sont déposées qui, à tort ou à raison, leur paraissent une atteinte possible à leur autonomie, à leur code d'honneur et à la liberté de leur avenir. On a vu des lycéens descendre dans la rue à Paris en novembre 1986 (l'un des slogans était alors *Mai en Novembre*)...

Tout cela nous fait toucher du doigt l'intrication extrême, à l'adolescence, entre les opérations cognitives et le contexte social et affectif dans lequel elles émergent et s'appliquent avec une pertinence accrue. C'est ainsi que sur la puberté physiologique, et en relation avec la cognition, se greffent ce que nous avons appelé les « pubertés » sociale et affective.

Affectivité et restructurations sexuelles

La psychanalyse ne s'est que tardivement intéressée à l'adolescence. Freud a certes évoqué les transformations de la puberté dans les *Trois essais sur la théorie de la sexualité* (1905), mais jusqu'aux années 1970 les travaux sur l'adolescence sont restés rares. Ce retard a été rattrapé ces dernières années, tout un courant de la psychanalyse se consacrant à préciser les phénomènes psychiques de l'adolescence. Si la théorie freudienne laisse une large place à la biologie et à ses effets psychiques, les psychanalystes actuels décrivent plus spécifiquement les phénomènes psychologiques.

S. Freud et les *transformations de la puberté*

La période de l'adolescence signe la fin de la période de latence et constitue le deuxième moment du choix d'objet, le premier moment étant celui de la période œdipienne. Les transformations biologiques de la puberté sont à l'origine de l'évolution libidinale de l'adolescence qui se caractérise par la découverte de l'objet sexuel, le primat de la génitalité et la différenciation des sexes. L'excitation sexuelle, les manifestations pulsionnelles sont donc apparemment déterminantes dans les changements de l'adolescence, du moins selon Freud. En outre, l'appareil psychique qui doit faire face aux nouvelles motions pulsionnelles est l'héritier de l'organisation œdipienne et des choix libidinaux infantiles. L'adolescence correspond donc aussi à une réactivation de la problématique œdipienne ce qui contribue à faire réapparaître les conflits et leurs impasses. La résolution du complexe d'Œdipe, les différentes fixations contribuent à orienter certains investissements de l'adolescence.

« [...] Avec le commencement de la puberté apparaissent des transformations qui amèneront la vie sexuelle infantile à sa forme définitive et normale. La pulsion sexuelle était jusqu'ici essentiellement auto-érotique ; elle va maintenant découvrir l'objet sexuel. Elle provenait des pulsions partielles et de zones érogènes qui, indépendamment les unes des autres, recherchaient comme unique but de la sexualité un certain plaisir. Maintenant, un but sexuel nouveau est donné, à la réalisation duquel toutes les pulsions partielles coopèrent, tandis que les zones érogènes se subordonnent au primat de la zone génitale. Le nouveau but sexuel déterminant pour les deux sexes des fonctions très différentes, les évolutions sexuelles respectives divergent fortement. Celle de l'homme est la plus logique, la plus facile à interpréter, tandis que chez la femme se produit une espèce de régression. Le caractère normal de la vie sexuelle est assuré par la conjonction, vers l'objet et le but sexuels, de deux courants : celui de la tendresse et celui de la sexualité. [Le premier de ces courants comprend en soi ce qui a subsisté de la première floraison de la sexualité infantile] (ajouté en 1920). Il se produit quelque chose de comparable au percement d'un tunnel entrepris par les deux côtés » (S. Freud, *Trois essais sur la théorie de la sexualité,* Paris, Gallimard, 1987, p. 109-110 (1re éd. 1905)).

Les nouveaux choix d'objet

La seconde manifestation du *choix sexuel* suppose, selon Freud, le renoncement aux objets infantiles et l'apparition d'un nouveau courant, *sensuel,* alors que la phase de latence était placée sous l'égide du courant *tendre.* Ce choix d'objet doit être considéré comme définitif, mais il convient de distinguer le choix d'objet concret (choix d'une personne réelle comme objet d'amour) et le choix d'objet en tant que processus psychique qui correspond à la constitution d'une catégorie. Le choix d'objet pubertaire, considéré comme un processus psychique, correspond à la définition d'un type d'objet, qualitativement différent de ceux de l'enfance, type d'objet dont dépendent les choix concrets de l'individu dans sa vie amoureuse. Freud mentionne que le choix de l'objet de l'adolescent se réalise d'abord sous une forme représentative, fantasmatique, dimension qui domine la vie sexuelle à ce moment. Rappelons que le fantasme désigne un scénario imaginaire où le sujet est présent et qui figure, de façon plus ou moins déformée par les processus défensifs, l'accomplissement d'un désir et, en dernier ressort, d'un désir inconscient — la vie sexuelle concrète étant entièrement sous-tendue par l'activité fantasmatique. Dans le cas de l'adolescent, cette activité est le seul mode de rapport à l'objet. La *masturbation,* liée aux fantasmes, constitue toutefois une activité sexuelle effective à l'adolescence et peut entraîner des sentiments de culpabilité dont les effets pèsent sur le fonctionnement psychique. Certains auteurs, comme M. Laufer, souligne que la masturbation est une activité nécessaire à l'adolescent en ce qu'elle lui permet d'éprouver des sensations sexuelles et d'avoir des fantasmes correspondant à sa maturité génitale.

La reviviscence du complexe d'Œdipe

La découverte d'un nouvel objet d'amour concret suppose une articulation de plusieurs phénomènes : résolution des conflits œdipiens, choix d'objet fantasmatique dépendant paradoxalement des choix œdipiens et choix d'objet sexuel. Le choix d'objet à l'adolescence *est nécessairement dépendant de la résolution de la situation œdipienne.*

« [...] A partir de cette époque (la puberté), l'individu se trouve devant une grande tâche qui consiste à se détacher de ses parents... la tâche du fils consiste à détacher de sa mère ses désirs libidineux pour les reporter sur un objet réel étranger, à se réconcilier avec le père s'il lui a gardé une certaine hostilité ou à s'émanciper de sa tyrannie lorsque, par réaction contre sa révolte infantile, il est devenu son esclave soumis » (S. Freud, *Introduction à la psychanalyse,* Paris, Payot, 1931, (1re éd. 1916-1917)).

L'adolescence suppose donc une réactivation du complexe d'Œdipe et un nouveau désinvestissement. Les fantasmes incestueux qui réapparaissent sont rejetés et dépassés en même temps que l'enfant tente de se soustraire psychologiquement à l'autorité de ses parents, action pour laquelle Freud emploie le terme de *travail psychologique,* notion que certains auteurs reprendront pour parler du *travail d'adolescence* et désigner un processus intrapsychique, un ensemble de mécanismes articulés, aboutissant à une élaboration et à une transformation positive du sujet, c'est-à-dire à une acceptation des changements et à un renoncement à l'enfance. Au cours de ces phases de développement de l'adolescence peuvent apparaître des arrêts, des fixations, qui limitent l'évolution et conditionnent les comportements ultérieurs. C'est ainsi que certains adolescents ne peuvent se soustraire à l'autorité parentale ou se dégager d'une affectivité trop forte à l'égard de leurs parents restant prisonniers de cet attachement exclusif.

Si Freud a affirmé, en 1905, l'existence d'une rupture entre les objets œdipiens et les objets de l'adolescence, l'évolution de sa théorie l'a ensuite amené à considérer une forme de continuité entre le choix d'objet de l'enfance et celui de l'adolescence. L'objet nouveau auquel a accès l'adolescent n'est donc pas sans rapport avec les objets antérieurs. Freud indique à cet égard que « [...] Trouver l'objet sexuel n'est, en somme, que le retrouver » (1987, réf. citée plus haut, p. 129). Les objets œdipiens restent les modèles des choix ultérieurs qui ne se confondent pas totalement avec eux, mais le choix adolescent concret correspondra à un choix d'objet hétérosexuel.

L'unification des pulsions

Les pulsions partielles s'unifient sous le primat de la génitalité : la pulsion sexuelle vise maintenant un objet total. Les zones érogènes et les pulsions partielles, au lieu de se satisfaire isolément, jouent dès lors un rôle important dans les prémices de l'acte sexuel et aboutissent au *plaisir préliminaire* par opposition au *plaisir terminal* correspondant à l'orgasme. Ce plaisir terminal est un événement nouveau n'existant pas avant la puberté alors que le plaisir préliminaire, simple satisfaction des zones érogènes, existait dans l'enfance. De ce point de vue, la période de l'adolescence apporte la découverte d'une nouvelle forme de plaisir, réorganisant les formes antérieures, les ordonnant en fonction d'une nouvelle expérience qui les dépasse. La *différence des sexes* est connue de l'enfant depuis la phase phallique (voir le chap. V), mais c'est à l'adolescence qu'elle prend sa signification, notamment dans le choix d'objet, l'opposition masculin-féminin se superposant aux autres oppositions (actif-passif et phallique-châtré) de la période prégénitale.

L'élaboration à l'adolescence

La période de l'adolescence implique aussi une forme de réécriture du passé infantile et une transformation des souvenirs en fonction des nécessités actuelles. Bien qu'on ne puisse parler ici d'amnésie infantile comme dans la période infantile, cette activité contribue à modifier les souvenirs de l'enfance. Freud évoque d'ailleurs ce problème en soulignant les relations entre l'amour objectal de l'adolescent et son soubassement auto-érotique infantile.

« [...] On doit se rappeler que "les souvenirs d'enfance" des hommes ne sont fixés qu'à un âge plus avancé (le plus souvent à l'époque de la puberté), et qu'ils subissent alors un processus de remaniement compliqué, tout à fait analogue à celui de la formation des légendes d'un peuple sur ses origines. On peut reconnaître clairement que l'adolescent cherche à effacer, par des fantasmes concernant sa première jeunesse, le souvenir de son activité auto-érotique. Il y arrive en élevant au niveau de l'amour objectal les traces laissées par l'auto-érotisme, tout comme le fait le véritable historien qui tâche d'envisager le passé à la lumière du présent » (S. Freud, Remarques sur un cas de névrose obsessionnelle : l'Homme aux rats, in *Cinq psychanalyses,* Paris, PUF, 1954, p. 233 (1re éd. 1909)).

Trois points ressortent, pour l'essentiel, de la position freudienne : 1 / à l'adolescence, les transformations de la puberté entraînent une réactivation des pulsions que l'appareil psychique doit réussir à contenir ; 2 / cette réactivation pulsionnelle implique la reviviscence des conflits œdipiens et des investissements prégénitaux qui étaient restés silencieux pendant la phase de latence ; et 3 / la nouvelle élaboration de ces éléments concourt à la découverte, par l'adolescent, d'un nouvel objet génital qui est préfiguré par les objets œdipiens dont il est l'héritier, mais qui s'en distingue nettement.

Les conceptions postfreudiennes

Les conceptions plus récentes de l'adolescence « découpent », à partir du modèle freudien, un ensemble de thèmes spécifiques qui concernent : la crise d'adolescence, l'identité et le processus d'individuation, l'image du corps et les mécanismes de défense. Ces thèmes, relatifs aux opérateurs du travail d'adolescence, se retrouvent chez la plupart des auteurs, même si les termes et les problématiques diffèrent.

Les stades de l'adolescence

Les psychanalystes se sont peu préoccupés de distinguer des stades précis à l'intérieur de l'adolescence qui est considérée comme un processus global mais supposant, toutefois, une succession de phénomènes. P. Blos (*Les adolescents,* Paris, Payot, 1962) décrit cinq phases à l'intérieur de l'adolescence : 1 / la *préadolescence* ou le réveil des motions pulsionnelles sous l'effet de la puberté biologique ; il n'existe pas encore de transformation du but pulsionnel et d'apparition d'un nouveau choix d'objet ; 2 / la *première adolescence* ou phase de désinvestissement des objets œdipiens avec une modification de l'équilibre interne de l'appareil psychique pouvant entraîner une menace pour le mode de fonctionnement psychique ; 3 / l'*adolescence,* au sens strict, correspondant à la découverte de l'objet hétérosexuel et au réveil de la problématique œdipienne ; selon Blos, une phase « narcissique » permet le désinvestissement des relations avec les parents et l'investissement d'un nouvel objet ; 4 / la *fin de l'adolescence* ou phase de consolidation des fonctions du moi avec une structuration de la représentation du soi, dont Blos estime qu'il est l'héritier de l'adolescence ; enfin, 5 / la *postadolescence* qui correspond à l'entrée dans la vie adulte.

Ce découpage, pour commode qu'il soit, est néanmoins schématique et normatif. L'adolescence doit plutôt être représentée comme une succession de positions psychiques caractérisées par une économie, un travail psychique, des mécanismes de défense et des modifications de l'identité. P. Gutton (*Le pubertaire,* Paris, PUF, 1991) a récemment distingué, de manière plus conforme à la psychanalyse, deux processus : le *pubertaire* et l'*adolescens.* Le *pubertaire* désigne la sexualisation des opérations psychiques, alors que l'*adolescens* correspond à une génitalisation des représentations incestueuses et à leur idéalisation. L'*adolescens* est donc un « travail élaboratif ».

La crise de l'adolescence

La notion de « crise » d'adolescence a été avancée par des auteurs non psychanalystes. Elle a ensuite été reprise par les psychanalystes (E. Erikson, A. Freud, M. Laufer, E. Kestemberg) qui ont tenté de lui apporter une interprétation. La « crise » doit être conçue selon deux versants : interne et externe. Le versant externe est le plus aisé à percevoir et concerne traditionnellement les conflits des adolescents avec les autres générations, les instances parentales ou sociales, et les différentes manifestations de malaise et d'incertitude (registres corporel, identitaire, sexuel, etc.). Pour les psychanalystes, ces manifestations sont subordonnées à une crise interne dont Freud a défini les aspects principaux : la crise est économique (modification des investissements, accroissement des exigences pulsionnelles, nouvelle répartition entre libido objectale et narcissique, etc.), topique (lutte contre le retour du refoulé et la sexualisation), identitaire (rapports avec les idéaux du moi, modification des représentations de soi). Certains auteurs parlent à ce propos de *conflit de développement* pour désigner la réorganisation psychique qu'est l'adolescence, avec ses interrogations sur la bisexualité et sur l'identité, ses modifications des identifications, ses phénomènes d'idéalisation.

Mais cette « crise d'adolescence » n'est pas toujours apparente. Il existe des crises qui se déroulent silencieusement et qui ne se manifestent pas extérieurement. Les crises « silencieuses » ne sont pas forcément plus favorables pour le développement, surtout lorsqu'elles dénotent une absence de remaniement interne, évoquant une sorte de prolongement de la phase de latence à l'aspect curieusement a-conflictuel, comme si les changements de la puberté n'étaient pas perçus. Certains psychanalystes accordent en effet à la crise effective une fonction structurante. Kestemberg, notamment, se réfère à la notion d'« organisateur » de Spitz (voir les chap. II et IV) pour définir la crise d'adolescence comme un quatrième organisateur. Dans ce contexte, la crise possède un pouvoir maturant et structurant, alors que son absence peut être de mauvais pronostic. Le même type de position concernant l'adolescence a été soutenue par Anna Freud, qui considère qu'il est nécessaire de dépasser la surestimation des parents et la dépendance envers eux pour que le moi et le surmoi se développent. L'aspect spectaculaire, et parfois déconcertant, de certaines manifestations des adolescents peut donc dépendre d'une nécessité interne possédant un caractère positif.

La résolution de la crise permet l'élaboration de défenses nouvelles et d'un investissement de soi ainsi que l'apparition d'activités autonomes du moi. *Mais surtout cette résolution entraîne une forme de renoncement au mode de fonctionnement antérieur (infantile) et, pourrait-on dire, à l'enfance.*

Certains auteurs estiment que le terme « crise » n'est pas vraiment pertinent pour décrire ce qui se passe chez l'adolescent, dans la mesure où il ne permet pas toujours de distinguer clairement entre le phénomène interne et les manifestations extérieures, et ne met l'accent que sur les aspects les plus bruyants et non pas — ce serait là l'objet de la psychanalyse — sur le travail interne qui concourt à la production de l'identité et des investissements du sujet. Selon ce point de vue, la crise ne serait qu'une manifestation secondaire du processus d'adolescence qui devrait être analysé à partir de phénomènes plus discrets n'apparaissant pas dans le comportement mais dans le fantasme et sa verbalisation.

L'identité

La question de l'*identité* chez l'adolescent a été posée de plusieurs manières ; troubles de l'identité antérieure à la puberté, acceptation des changements de l'image du corps, processus d'identification, capacité à élaborer l'identité personnelle et sexuelle définitive, etc. C'est à P. Blos (*Les adolescents, essai de psychanalyse,* trad. franç. P. Truffet et F. Gantheret, Paris, Stock, 1967) qu'il revient d'avoir tenté, à partir du modèle de Mahler (voir les chap. II et IV), de définir l'adolescence comme un *deuxième processus d'individuation.* Elle apparaît en effet comme un processus aboutissant à se dégager de la dépendance familiale et des relations d'objet infantiles pour se séparer définitivement des parents (matériellement et surtout psychiquement). L'individuation, que Mahler situait avant l'Œdipe, ne saurait donc être acquise qu'à la suite du processus d'adolescence.

La question de l'identité a également été posée en relation avec la notion de *rupture* : pour Kestemberg, l'adolescence est caractérisée par le rejet des identifications antérieures qui va de pair avec le rejet des objets parentaux. Celui-ci s'accompagne en effet d'un rejet de soi en tant qu'être sexué et, corrélativement, des identifications au parent de même sexe et surtout au parent de sexe opposé. Cette situation suscite une impression d'étrangeté, une angoisse portant sur la cohésion de la personne et de l'identité. Une telle remise en cause pousse l'adolescent à multiplier les relations objectales qui vont servir de socle aux intériorisations et identifications ultérieures.

Pour certains auteurs, tel Blos, la question de l'identité sexuelle est spécifique de l'adolescence. L'identité de genre (masculin ou féminin) est établie dans les premières années de la vie, mais l'*identité sexuelle* n'apparaît qu'avec la puberté. Or la question de l'identité sexuelle recoupe celle des identifications œdipiennes (identifications au parent de sexe opposé), et certains changements de l'adolescence sont parfois difficiles à assumer lorsqu'ils impliquent un conflit des identifications ou bien lorsque le sujet n'a été aucunement préparé psychiquement à ses modifications corporelles. L'identité sexuelle est donc affirmée à l'adolescence à la suite d'une élaboration intérieure qui va d'autant moins de soi que les notions d'*homme* et de *femme* sont saturées de significations sociales et psychologiques *et contraignent les sujets à des rôles qu'il ne sont pas forcément en mesure d'assumer.* Dans le domaine de la pathologie, les névroses (l'hystérie notamment), mais aussi l'anorexie mentale, attestent de ces difficultés, pour certains sujets, à construire l'identité sexuelle.

Les mécanismes de défense

Les conflits auxquels sont soumis les adolescents suscitent des mécanismes de défense permettant de lutter contre les phénomènes pulsionnels et les angoisses qu'ils suscitent. Plusieurs de ces mécanismes (déplacement, condensation, etc.) ne sont pas spécifiques puisqu'ils apparaissent dans d'autres situations. En revanche, certains mécanismes sont préférentiellement utilisés à l'adolescence. Anna Freud considère qu'il existe deux types de défenses : les premières portent sur le lien avec l'objet infantile, les secondes sur la pulsion. Les défenses contre le lien à l'objet infantile correspondent à des *déplacements* de la libido (transfert des investissements parentaux sur d'autres objets), des *renversements de l'affect* (les sentiments sont inversés : par exemple, l'affection devient l'hostilité), un *retrait de la libido dans le soi* (investissement de la libido sur la personne propre sous la forme de fantasmes d'omnipotence ou de grandeur) et à la *régression* (retour vers des identifications aux objets primaires). Les défenses contre les pulsions sont l'*ascétisme* (contrôle des pulsions par inhibition de toute satisfaction y compris des besoins biologiques comme la faim, le sommeil, etc.) et l'*intransigeance* (adoption de principes stricts, moraux ou esthétiques, sans concession possible ni évolution vers d'autres attitudes). La pertinence de la description d'A. Freud est toutefois limitée par la confusion entre les mécanismes de défense intrapsychiques et les comportements concrets eux-mêmes révélateurs d'opérations psychiques non définies. On notera par ailleurs que certains des mécanismes décrits (ascétisme, régression, retournement de la libido sur le soi) sont proches de ceux que l'on retrouve dans la pathologie, ce qui témoigne de l'importance des remaniements psychiques au cours du processus d'adolescence.

Certains auteurs ont aussi souligné l'importance du clivage, de l'intellectualisation, de la mise en acte, de l'idéalisation qui semblent être au centre du dispositif défensif à l'adolescence. L'*intellectualisation* est un mécanisme permettant de fournir aux affects, aux conflits, aux fantasmes et aux représentations, une forme élaborée, abstraite, discursive. A. Freud considère que ce mécanisme, assez caractéristique de l'adolescence, est un moyen de maîtrise des pulsions : le « vécu affectif » est mis à distance. Il n'est ni reconnu ni exprimé comme tel, mais dissimulé sous des formules et des intérêts désexualisés et abstraits.

Le *clivage*, que nous avons déjà rencontré dans les conceptions de Melanie Klein (voir les chap. II et IV), consiste en une scission de l'objet ou du moi qui maintient une coexistence simultanée entre deux attitudes opposées, sans qu'il y ait pour autant compromis entre elles comme c'est le cas dans le refoulement. Le clivage, mécanisme archaïque, se manifeste le plus souvent sous la forme du passage d'une attitude à son opposé, de choix extrêmes, manichéens, dans les relations, et il s'associe généralement avec le *déni* c'est-à-dire le refus de reconnaître la réalité d'une perception. L'action de ces mécanismes de défense est repérable dans les comportements contradictoires de certains adolescents, leurs brusques changements, mais aussi leurs positions radicales excluant tous compromis ou leur absence de prise de conscience de leurs sentiments ou de leurs souhaits, pourtant perceptibles de l'extérieur. En certaines occasions, des mécanismes plus radicaux encore viennent redoubler les effets du clivage : l'*identification projective* (adhésion sans critique et avec perte d'identité à des systèmes de valeurs radicaux), la *projection* (aboutissant au sentiment de vivre dans un monde extérieur dangereux et menaçant), l'*idéalisation primitive* (choix d'objets inaccessibles ou idéal du moi mégalomaniaque).

Le recours à l'*agir* (appelé aussi *mise en acte* ou *passage à l'acte* ou encore *acting*) est parfois présenté comme un mode de défense fréquent à l'adolescence : ce qui ne peut être élaboré psychiquement, représenté, symbolisé, ou exprimé verbalement, s'exprime alors par le biais d'actes. Ceux-ci ont une fonction de libération des affects réprimés ou inacceptables par le moi et de libération de la souffrance psychique. Ils sont aussi parfois considérés comme des tentatives de *rupture agie* venant à la place d'une impossible autonomie psychique. Certains actes appartenant au registre de la pathologie (addictions comme la boulimie, la toxicomanie, les différentes formes d'alcoolisation, les tentatives de suicide, l'hétéro-agressivité, etc.) peuvent, pour quelques sujets, posséder cette signification.

L'*idéalisation*, qui est l'un des mécanismes de défense les plus présents à l'adolescence, prend ici un sens plus large que celui qu'il possède chez l'enfant. L'idéalisation consiste en une surestimation d'un objet servant de défense contre les pulsions destructrices et, pour M. Klein, elle est liée à un clivage entre un bon objet idéalisé et un mauvais objet possédant des traits persécuteurs. Toutefois, dans le contexte de l'adolescence, l'idéalisation est aussi inséparable de la notion d'*idéal du moi* qui désigne une partie du moi dont la fonction est analogue à celle du surmoi mais dans le registre de l'exhortation, du modèle, de l'obligation, alors que le surmoi est une instance interdictrice. Plusieurs auteurs comme (Blos, Laufer, Kestemberg, etc.) ont souligné soit l'avènement de l'idéal du moi à l'adolescence (Blos), soit sa profonde modification (Laufer). Or l'idéal du moi est une *instance* qui provient d'une idéalisation du moi (dimension narcissique) et des identifications aux idéaux parentaux. Cette instance, imposant un *idéal* au sujet, est extrêmement contraignante, « déprimante », puisqu'elle le confronte à un décalage (l'idéal n'est jamais atteint) et présente chez quelques sujets un aspect mégalomaniaque ; elle est par ailleurs le dépositaire de la toute-puissance infantile. Mais l'idéalisation, bien que contraignante ou produisant une représentation excessive de soi ou de l'objet, est hautement nécessaire au développement de l'adolescent auquel elle permet de se donner des objets d'investissements et des modèles qui peuvent être source de gratification et de soutien.

Les différents mécanismes de défense présents chez l'adolescent, même s'ils possèdent une fonction protectrice contre l'apparition des manifestations pulsionnelles et de l'angoisse, peuvent comporter des effets négatifs. Ils ne sont pas toujours structurants pour le moi et peuvent limiter son fonctionnement, voire posséder des effets pathologiques en inhibant certaines manifestations. Leur mise en échec, leur insuffisance entraînent cependant le surgissement de phénomènes pathologiques graves qui modifient profondément l'organisation du moi.

Le travail de deuil à l'adolescence

Si l'adolescence implique la construction d'une personnalité à partir de l'apparition de la puberté, elle peut aussi être pensée en termes de renoncement, d'abandon, de perte de l'enfance. C'est en ce sens que certains auteurs ont parlé de l'adolescence comme d'un « travail de deuil ». Conformément à la pensée psychanalytique, il faut entendre par là un ensemble de réaménagements psychiques réalisés avec douleur, mais aboutissant à l'acceptation de la réalité de la perte ou, plus exactement, de la séparation d'avec certains éléments du passé. L'adolescent doit renoncer à l'enfant, formule banale qui désigne le fait que tout adolescent reste attaché pendant un temps à des modes de satisfaction, des relations d'objet infantiles, qu'il lui coûte d'abandonner.

La plupart des auteurs, dont A. Freud, ont insisté sur les pertes objectales à l'adolescence, pertes qui concernent principalement les « objets infantiles ». Mais le renoncement doit aussi s'opérer sur certaines images de soi et sur les positions infantiles elles-mêmes. Le renoncement ne concerne pas seulement les investissements objectaux, mais aussi certains investissements narcissiques. Les pertes d'objets sont de deux ordres. Elles concernent d'abord l' « objet primitif », c'est-à-dire l'objet maternel originaire auquel le sujet reste attaché malgré son évolution. L'objet primitif dont il est alors question n'est pas un objet partiel, mais bien la première ébauche d'un objet autonome, c'est-à-dire total et séparé du sujet. Cet objet est encore investi pendant la période œdipienne et la latence. Ce n'est qu'à l'adolescence qu'est opérée la séparation définitive avec lui, séparation qui correspond à une seconde phase de « séparation-individuation » (après celle décrite sous une autre forme et antérieurement par M. Mahler). Mais la perte porte aussi sur les objets œdipiens auxquels l'adolescent demeure attaché et auxquels il doit renoncer. Ces objets doivent être désinvestis pour que le sujet puisse se tourner vers des objets nouveaux. Ce désinvestissement, ce *travail de deuil* peuvent être à l'origine de la douleur que ressent l'adolescent et de certaines manifestations d'allure dépressives liées au renoncement. Il y aurait ainsi deux phases successives dans le travail du deuil. La première correspondrait au deuil de l'objet maternel et de sa fonction de refuge, alors que la seconde, plus tardive, concernerait surtout les objets œdipiens.

La perte objectale n'est qu'un des aspects du travail de

deuil opéré par l'adolescent. Celui-ci doit aussi renoncer à certaines de ses illusions, à certaines images de lui, voire aux situations infantiles et à ce qu'elles pouvaient apporter. Ce renoncement au passé, à ses illusions, et à une partie de soi-même, est certainement beaucoup plus difficile que le renoncement aux objets. Le travail de deuil concerne cette fois des représentations narcissiquement investies, ce qui complique les restructurations que le sujet doit opérer, les rend plus douloureuses et peut occasionnellement impliquer des réactions de type pathologique : épisode dépressif, anorexie mentale essentielle, passages à l'acte.

L'adolescence : remise en cause et réorganisation

L'adolescence est un long processus qui remet totalement en cause le fonctionnement de l'homme en développement. Elle correspond à une nouvelle définition des limites entre le sujet et son environnement (entre l'espace psychique interne et le monde extérieur), associée à la difficulté d'imaginer le processus de changement et les transformations dans lesquels il est impliqué. Les psychanalystes admettent généralement que cette remise en cause constitue une possibilité de réorganisation et de dépassement-résolution de conflits antérieurs. Mais, dans le même mouvement, l'adolescence est un moment où, sous l'effet des pressions internes et des défaillances de l'organisation psychique, un mode de fonctionnement marqué peut apparaître de manière transitoire ou définitive : même si le phénomène est statistiquement faible, l'adolescence doit être considérée comme une période favorable à l'apparition de traits pathologiques.

L'adolescence est une suite de bouleversements aboutissant à la constitution d'une identité établie. Au terme de ces bouleversements, on assiste à une atténuation des incertitudes quant à l'avenir et à une diminution des transgressions. De même, une nouvelle attitude à l'égard des parents se fait jour : réduction des conflits et de la dépendance, relations de coopération, etc. La capacité à construire et à reconstruire l'autonomie propre, à affronter les conflits réels et imaginaires, marque la fin de l'adolescence.

L'adolescent et les structures de la société

L'adolescent est un sujet social spécifique à plusieurs égards. Il se caractérise notamment par l'appartenance à des groupes sociaux autonomes (ne dépendants pas des parents), par l'accès à des rôles nouveaux et par des activités de consommation qui définissent un marché de « clients potentiels ». Ce qui différencie l'adolescent de l'enfant, c'est bien sa relative autonomie, ses possibilités d'agir en dehors du contrôle des parents. Il convient cependant de garder présente à l'esprit l'idée que l'adolescence, comme l'enfance, recouvre une période d'une durée de sept ou huit ans (voire plus) et que les comportements sociaux d'un sujet de 13 ans ne sont pas comparables systématiquement à ceux d'un sujet de 18 ans, date de la majorité légale en France.

L'intégration sociale de l'adolescent et ses droits

Notre société, notre culture, notre époque ont produit la réalité sociale « adolescence ». Cette réalité est en effet partiellement ignorée des siècles précédents et des autres civilisations. L'allongement de la vie, de la scolarité, certaines nécessités économiques sont, pour une part, responsables de la définition actuelle de l'adolescence et de son importance culturelle. Cependant, à toutes les époques et dans toutes les sociétés, des pratiques sociales, des rituels, des cérémonies permettent, au moment de la puberté, de marquer le passage de l'enfance à l'âge adulte. Curieusement, c'est dans notre société que ce passage social est le moins marqué, l'adolescence se prolongeant particulièrement longtemps.

Les travaux des anthropologues ont révélé différentes formes de passage, se situant à la puberté, entre le monde de l'enfance et l'âge adulte. Il existe ainsi dans chaque société des cérémonies possédant une fonction *initiatique,* c'est-à-dire introduisant symboliquement l'enfant parmi les adultes. L'enfant *initié* est considéré comme pouvant bénéficier des droits, mais aussi des devoirs des adultes. Ces cérémonies correspondent donc à un passage attesté socialement, reconnu par le sujet et par le groupe social. Dans certains cas, les cérémonies comprennent des marquages corporels réels (tatouages, mutilations, etc.) ; le corps de l'enfant, sa peau sont ainsi le lieu de signes témoignant qu'il a subi l'initiation et qu'il est passé par le rituel obligatoire (voir l'encart 28).

ENCART 28

Marques de passage et rituels initiatiques, lors de la puberté, dans une société de l'Australie Centrale, d'après G. Roheim

L'initiation commence par une période de retraite qui sépare l'adolescent de son entourage.

1. Le garçon doit endurer des souffrances.
2. L'accent porte sur la séparation d'avec la mère.
3. On montre à l'adolescent certaines choses qu'il n'avait pas le droit de voir auparavant.
4. L'adolescent doit accepter des restrictions et des tabous.
5. L'adolescent reçoit des objets pourvus d'une valeur symbolique (magique).
6. Sont accomplis des rites de réintégration (rites d'agrégation) et la retraite se termine.
7. On donne à l'adolescent une épouse : sa vie sexuelle est officiellement reconnue (*Psychanalyse et anthropologie,* Paris, Gallimard, 1967).

Notre société ne possède pas de cérémonies initiatiques revêtant une telle signification. Pourtant on peut retrouver en certaines occasions des comportements qui rappellent ces rituels d'initiation, sans pour autant avoir la même fonction d'intégration sociale et de passage à l'âge adulte. Il existe encore des institutions ou des coutumes qui possèdent, secondairement, une fonction initiatique d'agrégation pour les sujets, même si tel n'est pas leur rôle principal. On peut donner en exemple : le rôle du service militaire et le « bizutage » dans certaines écoles. Dans le domaine de la pathologie, certaines *conduites ordaliques* (conduites gratuites dans lesquelles le sujet s'affronte sans préparation à un danger, et laisse au destin le soin de trancher entre la vie et la mort : roulette russe, conduites de risque), certaines épreuves d'entrée dans des groupes (initiation), ou certains actes agressifs (délinquance) semblent posséder une fonction de restauration de l'identité ou d'intégration sociale. Ce but n'est toutefois pas atteint et ces conduites témoignent avant tout des difficultés identificatoires et de la désinsertion sociale.

L'adolescent, lorsqu'il n'est pas majeur, dépend de son représentant légal. Il y a toutefois eu une évolution historique de l'autorité parentale et de l'intervention de la société dans les rapports entre familles et adolescents. Le Droit actuel reconnaît, pour certaines situations, l'autonomie de l'adolescent et sa relative indépendance de l'autorité parentale. Trois types de décisions sont distingués : les décisions qui requièrent le consentement de l'adolescent, celles qui nécessitent l'adhésion des parents ou des substituts et celles que l'adolescent peut prendre seul. Le mariage, l'adoption, le prélèvement d'organe, l'interruption volontaire de grossesse nécessitent l'accord du parent et du mineur (moins de 18 ans en France), qui est donc considéré comme apte à décider sous réserve d'une acceptation parentale — il est impossible, pour les parents, de lui imposer la décision. Le changement de nationalité, l'engagement dans l'armée, l'adhésion à un syndicat peuvent être demandés par le mineur mais supposent un consentement du représentant légal. En revanche, pour la demande de contraception, la reconnaissance d'un enfant naturel, la renonciation à la nationalité française et certaines actions en justice, le mineur peut agir seul sans consentement parental. Bien que les textes ne concernent pas seulement l'adolescent, on notera qu'une part d'autonomie, principalement utilisable à partir de l'adolescence, lui est acquise ce qui n'était pas le cas dans les siècles précédents. La contrepartie de cette situation se manifeste dans l'existence d'une responsabilité pénale de l'adolescent à partir de 13 ans, les parents pouvant, en cas de faute de l'adolescent et dans certaines circonstances, se dégager de leur responsabilité en prouvant qu'ils n'ont pas fait d'erreur d'éducation ou de surveillance.

La socialisation et les groupes

Il est classique de dire que le statut social « adolescent » entraîne des situations contradictoires liées aux attentes et exigences des adultes : la limitation de ses activités, au nom de l'inaptitude à la prise de décision et de la proximité avec l'enfance, s'oppose à la nécessité de faire preuve d'autonomie et de responsabilité. Les difficultés proviennent aussi des changements de rôles liés à l'adolescence, changements qui peuvent être de deux ordres : transformations internes au rôle lui-même et interventions de nouveaux rôles sociaux. Les conflits de rôle, la discontinuité de certains rôles, leur incongruité (jouer un rôle qui ne correspond pas aux motivations) sont à l'origine de nombreuses difficultés dans la socialisation.

Il existe de multiples observations, tant en psychologie sociale qu'en psychologie du développement, soulignant le rôle formateur des groupes dans la vie des adolescents et l'importance des relations entre pairs (voir vol. *HS*). L'école, les groupes professionnels, mais surtout les groupes constitués autour des loisirs, des activités sportives, les bandes, etc. représentent les différents lieux de socialisation extérieurs à la famille. L'adolescent qui cherche à se dégager de la tutelle parentale trouve dans les différents groupes de camarades un milieu privilégié pour son développement social et affectif. C'est d'ailleurs à l'intérieur de ceux-ci que se nouent le plus souvent les relations sentimentales et (ou) sexuelles.

La nécessité pour l'adolescent d'être en groupe répond aussi à des déterminants psychologiques : identification des membres entre eux, externalisation dans le groupe des différentes composantes de l'adolescent, relais des idéaux du moi, protection et différence contre un extérieur jugé menaçant, etc. L'intégration dans ces groupes n'est pas forcément opposée à l'intégration familiale, même si les comportements extérieurs le laissent penser. Il semble au contraire que le recours à l'avis des parents pour la plupart des problèmes rencontrés soit plus fréquent que le recours aux jugements des camarades, à l'exception toutefois des situations sentimentales.

La scolarité, obligatoire jusqu'à 16 ans, prend une bonne partie du temps de l'adolescent. Cette scolarité et ce qui l'entoure (trajets, activités périscolaires, loisirs) constituent un contexte des plus importants dans lequel l'acquisition d'un savoir et d'une formation n'est pas le seul élément impliqué. L'institution scolaire représente le creuset dans lequel s'achève le développement cognitif, mais aussi l'évolution psychomotrice et la transformation des possibilités relationnelles et affectives. Par ailleurs, l'école est le lieu de conflits, de frustrations ou de gratifications inhérentes aux rapports d'autorité, à la réussite et à l'investissement de ce domaine par les parents. L'interruption précoce des études ou la difficulté à abandonner les études peuvent témoigner de ces conflits et de leur importance.

Les relations avec les pairs : amitié, amour et sexualité

Les relations amicales entre pairs se modifient au cours de l'adolescence. Au début (de 11 à 13 ans), elles apparaissent liées à l'existence d'activités communes, plus qu'aux possibilités d'interaction ; l'identification, le partage fondent la relation. Ensuite (de 14 à 16 ans), la confiance réciproque fonde l'amitié qui dépend ainsi d'une relation spéculaire (double de soi-même) et possède une connotation passionnée. A la fin de l'adolescence (après 17 ans), les relations deviennent moins passionnelles et les adolescents acceptent et reconnaissent les différences individuelles qui peuvent devenir source d'enrichissement. Les relations avec les pairs semblent donc s'établir préférentiellement sur la base de l'*intimité*, c'est-à-dire d'une situation affectivement intense de partage réciproque. Mais cette intimité repose aussi, surtout au début de l'adolescence, sur l'existence de traits communs entre le sujet et les pairs investis positivement. Le besoin de retrouver chez les autres des traits que l'on perçoit chez soi — ou que l'on aimerait posséder (besoin d'identification réciproque) constitue un des ressorts de ces relations d'intimité. Il semble cependant que la *complémentarité* devienne un élément plus fréquemment recherché à mesure de l'évolution dans l'adolescence, ce qui serait peut-être à rapprocher de l'opposition réalisée par la psychanalyse entre relation narcissique (recherche du semblable) et relation objectale (recherche de la différence).

Mais l'originalité de l'adolescence réside sans doute plus spécifiquement dans la naissance du sentiment amoureux et la possibilité d'accomplissement de la sexualité génitale. L'évolution de la société semble, du moins dans certains pays, admettre l'existence de relations sexuelles à l'adolescence, et donne aux individus les moyens de réaliser leur sexualité en maîtrisant le risque de grossesse. D'autres risques liés à la sexualité sont maintenant apparus : le sida, qui conjugue l'amour et la mort, en est l'exemple le plus tragique. Les enquêtes montrent que les comportements sexuels vont plus dans le sens de l'utilisation de moyens de prévention que vers une limitation des rapports sexuels. L'existence et la mise à disposition de moyens contraceptifs efficaces, leur prescription, la reconnaissance sociale de la possibilité d'avoir des rapports sexuels, l'existence d'une information sexuelle largement diffusée laissent penser à certains chercheurs qu'il pourrait y avoir une « déculpabilisation » des relations sexuelles à l'adolescence. S'il est vrai que les choses ont changé depuis l'époque victorienne, il est nécessaire de rappeler que les appartenances culturelles, religieuses, sociales des familles introduisent de notables différences entre les adolescents et que, d'un point de vue psychanalytique, la réalisation sexuelle — à l'adolescence comme à l'âge adulte — n'est pas automatiquement indemne de culpabilité du fait de son apparente acceptation sociale. Même si les relations sexuelles, et plus généralement la liberté sexuelle, ne font plus l'objet d'un rejet systématique, elles ne sont pas nécessairement acceptées par tout un chacun.

La question des première relations amoureuses peut être distinguée de celle des rapports sexuels effectifs. En effet, les relations d'attachement (relations objectales pour les psychanalystes) ne supposent pas nécessairement l'existence de rapports sexuels, de même que la présence de ceux-ci ne suffit pas pour fonder un attachement. La notion d'*amour* désigne une forme de *lien,* d'*attachement* qui, à l'adolescence, semble en grande partie recouper ce que l'on retrouve à l'âge adulte. La littérature puis le cinéma ont montré de multiples situations d' « amours adolescentes » en soulignant tantôt leur aspect passionné, exclusif, tantôt leur dimension enfantine (persistance de traits de l'enfance avec une sexualité adulte), tantôt encore leur persistance à l'âge adulte et la force des liens tissés à l'adolescence, tantôt enfin l'impossibilité de maintenir ce lien à l'âge adulte, la raison devant l'emporter sur l'attachement supposé irréaliste de l'adolescence. Au delà de ces stéréotypes, dont la pertinence est assez limitée, on devra noter que les relations amoureuses des adolescents s'associent à une intense activité imaginaire (fantasmatique) dans laquelle la personne aimée, dont l'adolescent est extraordinairement dépendant, paraît à la fois idéalisée et absorbée dans une relation exclusive (la différence avec les amours adultes n'est certes pas évidente). En quelques occasions toutefois, les relations amoureuses restent prisonnières des rapports avec les images et les personnages parentaux, l'objet aimé étant inconsciemment choisi à partir de traits rappelant les parents (âge, fonction, statut, attitudes).

Les adolescents constituent sans conteste un groupe social différencié dont les membres possèdent en commun de nombreux traits par-delà les différences culturelles et sociales. Certains auteurs ont évoqué la possibilité d'une *subculture* de la jeunesse à partir d'invariants descriptifs comme le langage, les valeurs, les loisirs, les attitudes, l'habillement, voire les habitudes alimentaires et les goûts musicaux. Même si de nombreuses différences se font jour dans les groupes de jeunes, chacun de ces groupes participe de la même nécessité de se distinguer du reste de la société, ce qui pourrait être l'un des traits communs de cette *subculture.* Il reste que la société des adultes, l'économie — et en certaines occasions le pouvoir politique ou idéologique — jouent un rôle non négligeable dans la production des éléments considérés « typiques » des adolescents. Leurs souhaits sont orientés vers certains buts ou objets, et de plus leurs propres créations à vocation de rupture et d'originalité sont reproduites systématiquement à des fins de consommation. En ce sens, les « portraits psychologiques » des adolescents sont étroitement dépendants des cultures et des moments historiques même si, au-delà des différences, on peut retrouver les mêmes invariants psychologiques.

VII - L'adulte et la personne âgée

La population humaine vieillit et de mieux en mieux. On a vu, dans l'Introduction de l'ouvrage, que l'espérance de vie à la naissance, qui était respectivement de 23,8 et 25,8 années pour les hommes et les femmes dans les années 1740-1749, est passée à 72,4 et 80,9 en 1990. On ne peut que s'en réjouir et tout porte à croire que l'espérance de vie moyenne augmentera encore. Selon les prévisions, elle atteindra 81 ans au XXIe siècle, avec une population de plus de 65 ans numériquement égale à celle des moins de 14 ans. Si l'allongement de la formation des jeunes se poursuit, accompagné d'une autonomie financière de plus en plus tardive, il est réaliste de prévoir une société répartie en trois tranches, de durées *grosso modo* égales, avec une tranche active et productrice, celle des adultes âgés de 30 à 60-65 ans. L'état actuel des choses tout comme le pronostic posent certains problèmes qui exigent la prévision et la planification d'aménagements socioculturels à court et à long termes. Ces problèmes exigent tout aussi nécessairement une meilleure connaissance des transformations qui atteignent sur tous les plans, intellectuel, affectif et social, la personne adulte et la personne âgée. C'est là le domaine spécifique de la psychologie du développement « vie entière ».

Biologiquement, le vieillissement doit être situé dans une double perspective : celle de l'espèce et celle de l'individu (pour un exposé détaillé sur ce point, voir vol. *HB*). Vieillir est une aventure banale : nul n'y échappe. Mais c'est aussi un processus fortement « personnalisé » en fonction des événements, des rencontres de tous genres et des contextes physiologiques et sociaux. Les transformations observées et vécues sont le résultat de la poursuite d'un équilibre toujours instable entre gains et pertes, jusqu'à l'ultime déséquilibre de la mort. Ce passage de Ph. van den Bosch De Agular est bien significatif à cet égard :

> « [...] Les cellules du corps, issues de la lignée germinale, sont l'expression temporaire, le temps de vie, du capital génétique de l'espèce chez un individu. C'est la dynamique de ces populations cellulaires qui déterminera le niveau fonctionnel de l'organisme et le déroulement de sa vie, qui s'écarte ainsi largement du carcan horloger du temps social. La période de développement est celle où la production et le renouvellement sont supérieurs aux pertes cellulaires, ce qui conduit l'organisme à la pleine expression de ses potentialités, y compris la fonction de reproduction. De dépositaire du capital génétique de l'espèce, il devient l'agent de sa transmission. A partir de cet état d'équilibre, sa survie est réglée par la dynamique des réparations et des renouvellements, au niveau des constituants cellulaires, des cellules, des tissus et des organes. Tant que les réparations et les renouvellements sont suffisants pour compenser les dégradations, les fonctions sont satisfaites et l'équilibre est respecté. Si la compensation devient déficitaire, l'involution fonctionnelle s'installe, non pas comme le seul résultat d'une usure, mais aussi comme un épuisement des capacités de réactivité cellulaire. Les stratégies de conservation du vivant, mises en place au cours de l'évolution, trouvent alors leurs limites, et les équilibres dynamiques de l'organisme s'effondrent. C'est dans cette rupture d'équilibre que s'inscrit le vieillissement, image en miroir du développement, épuisement du potentiel génétique confronté au temps de vie. Mais le processus est loin d'être uniforme et les fonctions vitales s'inscrivent dans des cadres temporels différents. Chaque population cellulaire, chaque organe jouit de sa dynamique propre. Nous perdons la possibilité de former des cellules nerveuses peu après la naissance, des cellules immunitaires compétentes après la puberté et des ovules après la ménopause. La vieillesse commence-t-elle à l'âge de 3, 14 ou 45 ans ? Il n'y a pas un vieillissement mais des vieillissements qui s'exercent à différents niveaux, où interviennent les actions du génome, des facteurs cellulaires et des influences externes. La vie n'est plus un long fleuve tranquille où le courant régulier décrit ses méandres mais une suite de cascades où *le courant chute et rebondit* [souligné par nous] » (Les potentialités biologiques, *in* A. Gommers et Ph. van den Bosch De Agular (éds.), *Pour une vieillesse autonome,* Bruxelles, Mardaga, 1992, p. 24-25).

Ce chapitre est consacré à la description, au-delà du niveau biologique, de quelques unes de ces « cascades ». Trois parties le constituent. La première traite des transformations cognitives qui affectent la personne adulte et la personne âgée. Les deux autres exposent l'évolution des expériences affectives et sociales, chez l'adulte dans la deuxième partie, chez la personne âgée dans la troisième. Le parti qui est pris ici est résolument réaliste et constructif : « chutes et rebondissements... ». Car ce qui paraît tragique, ce n'est pas tellement la vieillesse en soi qui est inéluctable et qui nous concerne tous, c'est la manière uniquement négative dont on persiste à la considérer dans notre société moderne.

Les transformations intellectuelles avec l'âge

Jusqu'au début des années 1970, les psychologues ont en général calqué l'étude des transformations cognitives, au cours du vieillissement, sur les conceptions biologiques du développement, avec l'âge chronologique comme variable indépendante principale et la probabilité de décès et le taux de mortalité comme variable dépendante primordiale. Trois faits importants ont conduit à reconsidérer cette perspective. Premièrement, des observations précises ont révélé que certains processus cognitifs ne se détériorent pas inéluctablement avec l'âge : la capacité de stockage des informations en est un bon exemple. Deuxièmement, il est apparu graduellement que les différences qui apparaissent en fonction de l'âge ne sont pas obligatoirement liées à des changements. L'involution observée dans les études transversales peut relever aussi d'autres facteurs que l'âge chronologique en soi, tels le niveau social, le niveau des apprentissages antérieurs et le défaut d'exercice — variables qui, outre l'âge, peuvent différencier dans une population donnée les plus jeunes des moins jeunes et des plus âgés. Troisièmement, tout un ensemble de données empiriques indiquent qu'une récupération notable des capacités est possible jusqu'à un âge avancé et que de nouvelles capacités peuvent émerger après des entraînements appropriés.

Ainsi, l'intelligence de l'adulte et de la personne âgée ne serait ni monolithique, ni canalisée dans une trajectoire fixe. Au contraire elle apparaît, dans ses manifestations, comme étant multidimensionnelle, multidirectionnelle, avec une forte variabilité interindividuelle et une variabilité intra-individuelle de sa plasticité. Tout suggère qu'il n'existe pas de régularité dans le développement de l'intelligence et dans ses transformations durant l'âge adulte et la vieillesse. Les transformations apparaissent comme la combinaison, à des degrés divers et variables, de processus de déclin et de processus de développement : les chutes et les rebonds soulignés plus haut. C'est dans cette perspective que se situe ce que l'on peut appeler l'école de P. B. Baltes, chercheur allemand, cité par de nombreux auteurs, qui inscrit résolument ses travaux dans la perspective de développement « vie entière » et qui est l'éditeur d'une série de volumes *Life-Span Development and Behavior* remarquables (New York, Academic Press). C'est principalement au volume 6 de cette série, publié en 1984, que nous nous référons dans la suite du chapitre avant de présenter une étude expérimentale de l'évolution de la mémoire avec l'âge.

Les propositions réalistes de P. B. Baltes

Les conceptions de Baltes et de ses collaborateurs sont exposées dans diverses publications sous forme de propositions (principalement dans Baltes *et al.*, New perspectives on the development of intelligence in adulthood, *in* P. B. Baltes et O. G. Brim (éd.), *Life Span and Behavior,* New York, Academic Press, 1984, p. 34-103). Nous les reprenons et les commentons ici parce qu'elles couvrent les traits essentiels des transformations cognitives qui surviennent avec l'âge ; pour la raison aussi que leurs implications sont des plus intéressantes pour une psychologie du développement « vie entière » et pour la psychologie de « l'homme tout court ». Les deux premières propositions dérivent des nombreuses recherches conduites dans les années 1970-1980 sur l'évolution de la cognition chez les adultes et les personnes âgées.

Proposition 1. Un trait central de l'intelligence de l'adulte et de la personne âgée paraît être la constance et la stabilité de son potentiel intellectuel général et de sa capacité de fonctionnement dans un « régime moyen ».

Le niveau moyen de fonctionnement est défini comme celui qui est activé lorsque les tâches n'exigent pas le niveau maximum de ressources, ce qui semble bien le cas de la plupart des tests d'intelligence (se rappeler la distinction entre niveaux optimal et fonctionnel ou suboptimal dans le modèle néo-structuraliste de Fischer, voir le chap. II). A ce niveau, il ne semble pas exister de changements notables dans l'intelligence générale de l'adulte jusqu'à 60-70 ans. Cette proposition est corroborée par deux séries de faits : ceux qui concernent les effets de cohorte et ceux qui concernent les effets d'entraînement. Le concept de cohorte a déjà été évoqué dans l'Introduction de l'ouvrage et au chapitre III : certaines tranches d'âge ont été soumises à des conditions particulières, éducatives, politiques (guerres), sociales, ce qui n'autorise pas à les comparer, sans plus, à d'autres tranches d'âge ou à des tranches d'âges différents. Or des données concordantes montrent, qu'aux mêmes âges, les variations liées à cet effet de cohorte sont de la même ampleur que les variations observées entre l'âge adulte et la vieillesse, dans l'étude longitudinale d'une même cohorte. En outre, le taux faible de changement observé dans les études longitudinales des mêmes cohortes conforte encore la proposition : aux Etats-Unis, il semble qu'aucun changement du potentiel intellectuel général ne survienne chez la majorité des individus jusqu'à 70-80 ans. Une autre série de faits concerne la plasticité intellectuelle qui subsiste puisque, jusqu'à un âge avancé, certaines performances cognitives peuvent être améliorées par un entraînement approprié. Il est évident qu'il s'agit ici de sujets dont le vieillissement a été « normal » sans atteintes de pathologies dégénératives des centres nerveux.

Proposition 2. Si le déclin existe dans le fonctionnement intellectuel, il se manifeste principalement dans les tâches qui exigent le maximum des ressources et un haut niveau de performance.

Deux types de recherches tendent à vérifier cette hypothèse. (1) Les recherches qui révèlent une différenciation des changements, au cours de l'âge adulte, dans les différentes classes de capacité. Deux caractéristiques de l'intelligence sont plus particulièrement touchées : la fluidité et la rapidité d'exécution (tâches psychomotrices). (2) Les recherches dans lesquelles « on teste les limites ». Ces recherches utilisent des tâches qui requièrent un effort soutenu, de multiples opérations, un changement de la séquence d'opérations. Un effet négatif de l'âge peut apparaître dans ce type de tâche à partir de 50-60 ans. Cet effet tient moins à l'âge en soi, qu'au défaut de pratique, c'est tout au moins l'argument avancé par certains chercheurs.

Proposition 3. Il existe des possibilités de changements intellectuels positifs chez l'adulte et la personne âgée.

Cette proposition est la contrepartie de la deuxième. Dans la mesure où — tout au moins pendant un temps relativement long — pertes et gains tendent à s'équilibrer, des changements positifs surviennent, associés à l'accumulation des expériences et aux habiletés acquises et entretenues dans certains domaines spécifiques. Les résultats de recherches conduites dans une perspective structuraliste révèlent en outre, qu'avec l'âge, une *transformation structurelle* des processus cognitifs peut se produire. C'est ainsi qu'il n'existe pas — ou très peu — de différences en fonction de l'âge dans les tâches axées sur la mémoire globale et sur les idées clés d'un texte plutôt que sur les détails (voir plus loin). Certaines composantes de la métacognition, telles que « savoir que l'on sait faire cela » et transmettre ce savoir, aussi bien que « savoir que l'on ne peut pas ou plus faire cela et chercher des compensations », sont fonctionnelles et s'affinent jusqu'à un âge avancé.

Deux autres propositions de Baltes s'inscrivent dans une perspective générale de la psychologie du développement « vie entière ».

Proposition 4. Avec l'âge, les objectifs de la plupart des individus sont moins orientés vers l'efficacité que ceux des jeunes adultes.

Cela est un fait d'observation et pose de sérieux problèmes d'évaluation. Lorsqu'un déficit des performances est observé, il peut tenir au fait que l'évaluation classique du fonctionnement cognitif n'est plus adéquate mais biaisée en raison des critères sous-jacents introduits pour l'évaluation des jeunes adultes, dans un contexte qui leur est propre. Cette constatation doit conduire à rechercher et à construire les situations de résolution de problèmes qui rendent compte réellement de la vie intellectuelle des adultes en développement.

Proposition 5. Un des traits les plus caractéristiques du développement de l'adulte et de la personne âgée paraît bien être la « spécialisation sur les caractéristiques individuelles ».

On assiste en effet, avec l'âge, à un accroissement de l'*individualisation,* et de la *différenciation interindividuelle des trajectoires de vie.* Des corrélations significatives entre l'individualité (et non l'individualisme) et l'âge sont observées. Avec l'âge, la communauté des caractéristiques ne se développe pas. Au contraire, l'âge venant, il semble que la diversité, l'individualité, le caractère unique des personnes, s'accroissent. Il n'est pas étonnant alors que de fortes différences individuelles soient observées dans les transformations cognitives, positives ou négatives qui surviennent.

Les trois autres propositions de Baltes s'inscrivent dans un contexte de psychologie du développement élargi à la sociologie et à la biologie. *La sixième proposition qui relève de la sociologie, conceptualise le développement « vie entière » comme l'adaptation continuelle au système social et à ses changements (évolution des prises de rôle et des statuts sociaux).* Cette vue implique que les individus des milieux intellectuellement favorisés, qui continuent à participer, tout au moins en partie, à la vie active, conservent un potentiel intellectuel exercé, ce qui explique le maintien de leur performance. *La septième proposition souligne que, du point de vue biologique, le trait central du vieillissement normal est un processus d'accroissement de la vulnérabilité et de réduction des capacités d'adaptation aux variations de l'environnement.* Il s'agit là en fait des réductions des réserves biologiques sous-jacentes au fonctionnement intellectuel maximum et optimal. Enfin, *la dernière et huitième proposition souligne que le statut biologique individuel n'est pas fixe, à l'une ou l'autre étape du vieillissement.* Il conserve toujours une certaine plasticité et peut être modifié. Deux implications découlent de ce fait. 1 / En ce qui concerne l'adulte et la personne âgée, il n'existe pas de connaissance définie des limites fixes et constantes imposées par les conditions biologiques à la nature de l'intelligence au cours du vieillissement. 2 / Si avec l'âge peut apparaître un déclin au niveau général du potentiel intellectuel maximum, une « réanimation » peut être poursuivie si elle est ciblée sur les dimensions intellectuelles qui ne sont pas atteintes par le vieillissement intellectuel biologique.

Les propositions qui viennent d'être commentées méritent l'attention pour plusieurs raisons. Elles se situent dans une perspective à la fois réaliste et optimiste, pour autant qu'une attitude optimiste puisse être prise à l'égard du vieillissement : celle d'un équilibre dynamique, sans cesse modifié, entre pertes et gains. Dans la mesure où elles sont étayées par de nombreuses données expérimentales, elles conduisent à préciser la nature des transformations liées à l'âge et suggèrent, de ce fait, la mise en œuvre de méthodes d'évaluation mieux adaptées. Les tests pour enfant sont, on le sait, différents de ceux proposés aux jeunes adultes. Pourquoi n'en serait-il pas de même pour les tests destinés à l'évaluation des étapes du vieillissement ? Les facteurs pragmatiques de l'intelligence semblent alors prendre le pas sur les facteurs plus abstraits sans qu'en souffre pour cela l'intelligence générale dans son fonctionnement « moyen ». La *réalisation* et la *formalisation* postulées par Reuchlin (voir le chap. II, p. 102) interagissent probablement d'une autre manière que chez l'adulte jeune et cela mériterait d'être regardé de plus près. Un autre point doit être encore souligné. Il concerne le rôle important du contexte social qui contribue à accentuer les différences individuelles et le caractère « unique » de la personne qui avance en âge.

D'autres propositions : vieillissement, entropie et structures dissipatives

Le système « pertes-gains » n'est certes pas propre aux transformations qui surviennent chez l'adulte et la personne âgée. Il sous-tend aussi le développement de l'enfant et de l'adolescent. Mais les pertes dans l'enfance sont en quelque sorte le produit des gains. Par exemple, la perte de nombreux réflexes archaïques, quelques mois après la naissance, est le « produit » de la mise en fonctionnement de centres nerveux complexes assurant un comportement contrôlé. Au contraire, au cours du vieillissement, les pertes précèdent et semblent « produire » des gains compensatoires jusqu'à un certain point. Il est toutefois difficile d'admettre que les pertes liées à la sénescence entraînent de soi des gains : cela reviendrait à confondre paradoxalement vieillissement et développement. Les « rebonds » sont en relation avec les « chutes » lorsqu'ils résultent d'une prise de conscience plus ou moins aiguë qui entraîne des activités compensatoires, elles-mêmes plus ou moins explicitées. Ces remarques conduisent à moduler les positions de Baltes sans que soit contestée la dynamique du scénario « pertes-gains ».

Dans une perspective qui prend comme modèle les lois de la thermodynamique (partie de la physique qui traite des relations entre les phénomènes mécaniques et caloriques), certains auteurs ont conceptualisé les transformations liées à l'âge comme celles d'un système évoluant vers un maximum d'*entropie,* c'est-à-dire de désordre, jusqu'au désordre final qui est la mort. Cette tendance peut être contrebalancée par la libération, l' « exportation » d'une partie de l'entropie vers l'environnement et l'injection, l' « importation » d'une certaine organisation dans le système. En bref, il s'agit de rétablir l'ordre par l'accroissement d'information, au sens très général du terme.

Plus récemment, l'accent a été mis sur l'augmentation avec l'âge des fluctuations de l'organisme (physiologiques, psychologiques, sociales), celui-ci étant conçu comme un système vivant ouvert. Le concept de *structure dissipative* développé par le physicien I. Prigogine pour rendre compte de la thermodynamique des systèmes « loins de l'équilibre » est un concept *nomade* auquel un bel avenir semble promis. La théorie de Prigogine postule qu'une fluctuation d'un système peut devenir si puissante qu'elle le déstabilise. A ce point critique, il est impossible de prévoir la direction du changement : le chaos (entropie maximale) ou une organisation nouvelle, la fameuse *structure dissipative.* Au cœur de la théorie de Prigogine se trouve l'hypothèse d'un principe d'ordre impliqué dans l'entropie même. Appliqué au vieillissement, cela signifie que de nouvelles organisations peuvent surgir à la suite de fluctuations importantes. Un nouveau régime s'instaure — une structure dissipative — créée et maintenue par un processus producteur d'*entropie dissipative.*

Cette conception du vieillissement n'est pas éloignée du système pertes-gains de Baltes. Dans les deux cas l'objectif est d'expliquer, de tenter de comprendre, à la fois l'irréversibilité de l'involution et la possibilité de restructurations. L'effort a quelque chose de pathétique. La pièce est jouée d'avance : en dépit des rebonds, la chute l'emportera. Mais la pièce peut être jouée plus ou moins bien et il est sûrement important de jouer jusqu'à la fin le jeu des rebonds. D'où la nécessité des compensations provoquées et des structures sociales qui les encouragent et les permettent.

Un domaine fragile : la mémoire

Le déclin du fonctionnement de la mémoire est généralement mis au premier plan dans la description des effets de l'âge. Cela est dû à certains de ses aspects spectaculaires : oubli des événements récents, des actes nécessaires (tels fermer les portes ou fermer le gaz), répétitions, « radotages », etc. Cela est dû aussi au fait que ces pertes sont accompagnées d'une prise de conscience angoissée, voire douloureuse, de la part des personnes âgées. Pour ces raisons, tant les psychologues que les gérontologues ont tenté de dresser l'inventaire des modalités du fonctionnement mnésique de l'adulte et de la personne âgée ainsi que celui des moyens de compensation possibles. Le vieillissement peut affecter la mémoire à court terme (ou mémoire de travail) et la mémoire à long terme, la première étant souvent plus fragile que la seconde, d'où le plus grand nombre de recherches la concernant.

Les effets de l'âge sur la mémoire à court terme et à long terme : E. W. Simon, R. A. Dixon

On a vu au chapitre II que la mémoire de travail, mémoire à court terme, est un système à capacité limitée destiné au stockage temporaire des informations nécessaires à la réalisation d'une tâche. Elle intervient dans de très nombreuses situations de la vie quotidienne : suite d'actions à effectuer dans un certain ordre pour un but précis, stockage des informations nécessaires à la poursuite d'une conversation, etc. Les effets du vieillissement de cette mémoire ont été étudiés principalement à partir de tâches où l'on compare les performances d'adultes jeunes (25 à 35-40 ans), d'adultes moyens (40 à 65-70 ans) et de personnes âgées (à partir de 70 ans) lors du rappel d'éléments d'un texte (mots, concepts) qui vient d'être lu. D'une manière générale ces études montrent chez l'adulte et les personnes âgées un rôle important du contexte et de ses variations.

A part quelques exceptions, les performances des jeunes adultes sont, de manière constante, supérieures à celles des adultes plus âgés dans des tâches de rappel de listes de nombres ou de mots préalablement mémorisés. Cependant, lorsque le rappel s'effectue non plus sur des mots mais sur la « substance » d'un texte significatif, les différences sont moins claires. D'autres facteurs que la capacité de rappel interagissent qui tiennent soit aux caractéristiques de la tâche, soit aux caractéristiques des sujets. Trois expériences sont résumées ci-dessous qui mettent en évidence ces interactions.

Objectifs de la tâche et performance de mémorisation : une expérience de E. W. Simon *et al.* (Orienting task effects on text recall in adulthood, *Journal of Gerontology,* 1982, *31,* p. 575-580). Une histoire d'environ 500 mots est proposée aux trois types de population définis ci-dessus (adultes jeunes, adultes « moyens » et personnes âgées) dans quatre conditions expérimentales : 1 / une condition *syntaxique* dans laquelle les sujets ont à entourer d'un cercle les fautes d'orthographe et de grammaire ; 2 / une condition dite de *contenu* dans laquelle les sujets ont à noter l'histoire sur une échelle de cinq points en fonction de son organisation et de son intérêt relativement à la vie réelle ; 3 / une condition de *jugement* dans laquelle les sujets donnent leur avis sur les comportements de la famille impliquée dans l'histoire ; et 4 / une condition *intention* dans laquelle les sujets sont avertis de ce qu'ils auront à raconter ensuite, de mémoire, l'histoire lue. Après l'une ou l'autre de ces situations, les sujets doivent écrire ce qu'ils se rappellent de l'histoire. De meilleures performances de rappel sont attendues dans les situations 2, 3 (appel aux significations) et 4 (objectif de mémorisation) que dans la situation 1 (erreurs d'orthographe et de grammaire). Les résultats sont présentés dans la figure 43 où sont indiqués les pourcentages de propositions du texte rappelées en fonction de l'âge et de la condition expérimentale. Il apparaît que l'âge n'introduit pas de différence significative dans les performances des tâches 1 et 4. Dans les tâches 2 et 3, les performances des jeunes adultes sont de loin supérieures à celles des deux autres groupes d'âge. Porter un jugement de valeur sur le texte ou donner son avis sur les personnages sont des activités qui agissent comme « distracteurs » chez les sujets plus âgés alors qu'elles augmentent l'efficience des plus jeunes.

Il est notable que, dans cette expérience, le rappel à court terme d'une histoire mémorisée *intentionnellement* n'involue pas avec l'âge, les performances se révélant du même ordre dans les

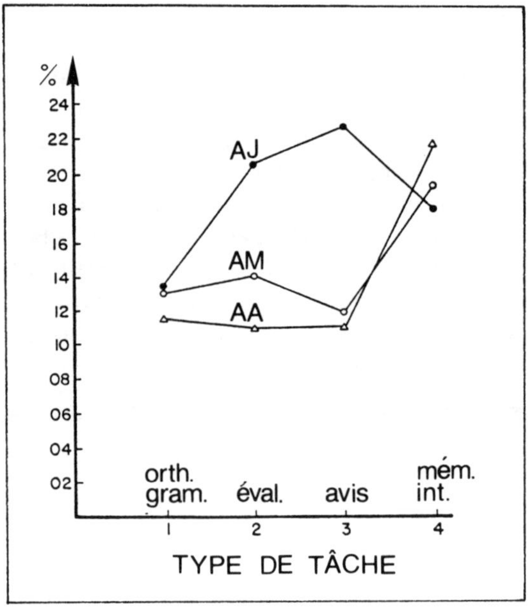

Fig. 43 - Pourcentage de propositions rappelées en fonction des conditions expérimentales : syntaxique (orth., gram.), contenu (éval.), jugement (avis), intention (mém. int.), et de l'âge : adultes jeunes (AJ), « moyens » (AM) et âgés (AA), d'après E. W. Simon *et al.* (1982)

trois groupes. On sait, en revanche, que lorsqu'il s'agit de listes de mots ou de nombres, les performances des jeunes sont meilleures. La signification d'un texte ne semble avoir d'effet que lorsque l'attention est mobilisée pour un objectif précis de mémorisation.

Si les caractéristiques de la tâche (matériel à mémoriser, présentation verbale ou écrite du rappel, etc.) ont un effet certain sur les modalités mnésiques des personnes âgées, c'est également le cas, et peut-être encore plus fortement, des caractéristiques des sujets. Le niveau scolaire, le niveau du vocabulaire jouent un rôle important. L'expérience résumée ci-dessous tend à le démontrer.

Structure de la tâche et caractéristiques des sujets : une expérience de R. A. Dixon *et al.* (Verbal ability and text structure effects on adults age difference in text recall, *Journal of Verbal Learning and Verbal Behavior,* 1984, 23, 569-578). Six textes sont présentés aux trois types de population étudiés précédemment. Trois de ces textes contiennent relativement peu de concepts alors que les concepts sont relativement nombreux dans les trois autres. Dans l'un et l'autre de ces cas, les concepts sont ou non rattachés à l'information principale et lorsqu'ils le sont, celle-ci est reprise dans les propositions subordonnées et cela plus fréquemment dans les textes où les concepts sont moins nombreux. Après la lecture orale de chaque texte, les sujets doivent rappeler oralement son contenu. Les résultats révèlent une triple interaction entre l'âge, le nombre de concepts et le niveau des informations impliquées (information principale ou détails). Les jeunes adultes rappellent les idées principales quelle que soit la structure de la tâche mais rappellent plus de détails dans les textes où les concepts sont plus nombreux. Les adultes « moyens » rappellent plus facilement les idées principales dans les textes conceptuellement pauvres mais, comme les plus jeunes, davantage de détails dans les textes conceptuellement riches. Les adultes âgés présentent des difficultés de mémorisation, qu'il s'agisse des idées principales ou des détails et cela quelle que soit la structure du texte. Les résultats changent cependant lorsqu'on fait intervenir le niveau verbal évalué dans les trois populations au moyen d'un test de vocabulaire. La figure 44 indique la moyenne des propositions rappelées en fonction de l'âge, du niveau des propositions (1 = idée principale ; 2, 3, 4 = quantité croissante de détails), et en fonction du niveau de vocabulaire (courbes A = bas niveau ; courbes B = haut niveau). Lorsque, dans les trois populations, le niveau de vocabulaire est peu élevé (A) des différences liées à l'âge apparaissent quant aux idées principales des textes

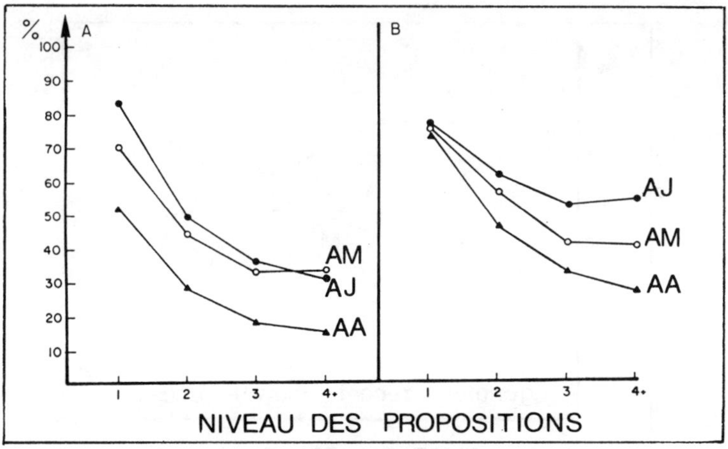

Fig. 44 - Moyenne de propositions rappelées en fonction de leur niveau
(1 = idée principale ; 2, 3, 4 = quantité croissante de détails),
de l'âges, (adultes jeunes (AJ), « moyens » (AM), âgés (AA)) et de l'habileté verbale
(courbes A = bas niveau ; courbes B = haut niveau), d'après R. A. Dixon *et al.* (1984)

(niveau 1). En ce qui concerne les détails (niveaux 2, 3 et 4) les jeunes adultes et les adultes « moyens » montrent des performances identiques supérieures à celles des adultes âgés. Lorsque le niveau de vocabulaire est élevé (B), aucune différence n'est observée en ce qui concerne les idées principales, en revanche les plus jeunes rappellent plus de détails.

Ces résultats suggèrent que, chez les adultes dont le vocabulaire est pauvre, des différences surgissent au niveau de l'identification et de l'organisation structurale d'un texte, ce qui entraîne un encodage défectueux des informations tel celui que l'on retrouve chez les adultes dans les situations de listes sans signification.

Les connaissances stockées en mémoire à long terme ont, elles aussi, une incidence sur la mémoire à court terme. Elles fournissent des repères et facilitent l'encodage, d'où un meilleur rappel des informations. Les résultats d'une expérience de D. F. Hultsch et R. A. Dixon sont intéressants à cet égard.

Connaissances préalables et mémorisation : une expérience de D. F. Hultsch et R. A. Dixon (The role of pre-experimental knowledge in text processing in adulthood, *Experimental Aging Research,* 1983, *9,* p. 17-22). On demande à des adultes de différents âges de lire et de rappeler des sketches biographiques de personnalités de cinéma (acteurs de différentes générations) choisies selon le degré de connaissance qu'en ont les trois populations. Les résultats illustrés par la figure 45 indiquent que le

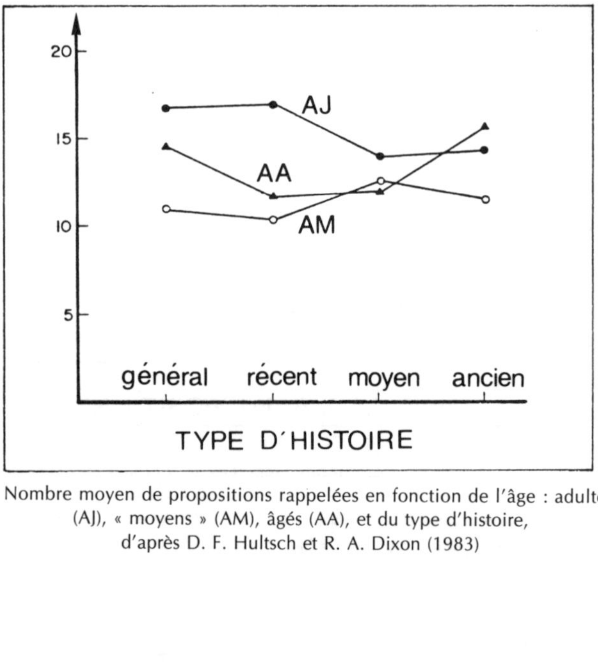

Fig. 45 - Nombre moyen de propositions rappelées en fonction de l'âge : adultes jeunes (AJ), « moyens » (AM), âgés (AA), et du type d'histoire, d'après D. F. Hultsch et R. A. Dixon (1983)

degré des connaissances relatives aux acteurs influencent fortement les performances de rappel. Dans les biographies « jeunes », les jeunes adultes rappellent plus d'informations que les autres adultes. Dans le cas des « vieilles » histoires ce sont les sujets plus âgés qui ont les meilleures performances. Dans les biographies qui suscitent un intérêt général partagé par tous, l'âge réintroduit la variation habituelle.

Mémoire et attention : J. Pascual-Leone

L'une des causes du déficit mnémonique, observé avec le vieillissement, paraît être la difficulté de maintenir une attention satisfaisante, tant à l'encodage des informations qu'à leur rappel. La théorie néo-structuraliste de Pascual-Leone — déjà mentionnée et « utilisée » au cours de l'ouvrage — explique ce déficit par l'affaiblissement des opérateurs silencieux M (énergie mentale, calcul) et I (inhibition). On renvoie le lecteur à la figure 4 du chapitre II qui illustre le système modulaire de l'attention mentale, point fort de la théorie. Rappelons simplement ici qu'il comporte, outre les opérateurs M et I déjà cités, l'opérateur de champ F qui minimise la complexité informationnelle à l'entrée du système cognitif et maximalise à la sortie les connexions entre schèmes (cohérence de la réponse), et les schèmes exécutifs E qui intègrent la représentation de la tâche et des consignes.

Une mémorisation efficace exige un certain niveau de vigilance et l'inhibition des schèmes non pertinents, voire « dangereux ». Ces processus relèvent de la capacité de traitement de l'information et des ressources dont le sujet dispose à cet égard. Ces ressources dépendent de l'intégrité des structures de base du *hardware* : ici, les opérateurs silencieux M, I et F. Mais elles dépendent aussi de l'expérience de l'individu, des connaissances accumulées, de l'exercice, de la motivation, c'est-à-dire du *système subjectif* dont les schèmes exécutifs font partie. D'où la possibilité de compensations qualitatives étroitement liées à l'histoire individuelle et aux stimulations de l'environnement. A noter que la motivation (relations entre schèmes affectifs et exécutifs) joue vraisemblablement un rôle plus important dans les tâches complexes (qu'il s'agisse des situations de laboratoire ou des situations vécues) que dans les tâches simples où le niveau de vigilance requis est peu élevé.

Dans la perspective de Pascual-Leone, c'est le déclin des

opérateurs M et I, responsables de l'*effort mental,* qui explique en majeure partie les déficits de tous ordres observés, aussi bien dans le domaine de la mémoire que dans celui des interactions sociales. Les sujets sont alors contraints d'évoluer à travers une série d'étapes où le *qualitatif* l'emporte sur le *quantitatif,* cette évolution étant étroitement dépendante des acquis antérieurs et du niveau « épistémologique » et « métaphysique » de l'individu.

L'apprentissage chez l'adulte et la personne âgée

Les études transversales indiquent généralement un déclin, avec l'âge, de la capacité d'apprentissage. La première étude de ce genre est celle de Thorndike (auteur cité dans l'Introduction de l'ouvrage) réalisée en 1928. Elle révèle que le taux d'apprentissage culmine à 22 ans et décline ensuite de 1% par an jusqu'à 50 ans. La *Bellevue Intelligence Scale,* construite spécialement pour les adultes par Wechsler en 1935 (voir le chap. III), indique le même pic à 22 ans suivi du même déclin continu. Ainsi, l'intelligence et la faculté d'apprentissage croîtraient-elles jusqu'au début de la vie adulte pour diminuer ensuite. Certaines études longitudinales nous donnent cependant un tableau plus encourageant ! W. Owens eut l'idée, en 1950, de faire passer à un échantillon d'hommes, âgés de 50 ans, le test auquel ils avaient été soumis à leur entrée, à 18 ans, au *Iowas State College.* Onze ans après ce deuxième examen, les sujets, âgés cette fois de 61 ans, repassent à nouveau le test. Les résultats de l'étude sont les suivants : meilleures performances à 50 ans qu'à 18 ans, maintien à 61 ans du niveau global atteint à 50 ans mais déclin en mathématiques (W. Owens, *Life history correlates of age changing in ability,* Lafayette, Indiana, Purdue University, 1963). D'autres études longitudinales, telle celle de C. Eisdorfer (The WAIS Performance of the Aged : A Retest Evaluation, *Journal of Gerontology,* 1963, 18, 169-172), confirment ces données relativement aux adultes de 50 ans et plus.

Les différences observées entre les études transversales et les études longitudinales ont vraisemblablement pour cause la variation des tests utilisés. On peut en général remarquer qu'ils sont plus « conceptuels » dans les études longitudinales. La rapidité de réaction diminue sans aucun doute avec l'âge, mais pas forcément l'intensité de cette réaction, ce qui explique que les adultes plus âgés soient avantagés par les épreuves où la réflexion intervient. On retrouve ici la question des *modalités d'évaluation* des capacités de l'adulte et de la personne âgée.

Concernant les adultes encore relativement jeunes, il est admis que les difficultés d'apprentissage n'existent pas ou sont aisément résolues (sauf en cas de pathologie cognitive spécifique). En témoigne la *formation continue* qui est de nos jours intégrée dans le contexte de l'adaptation du travail aux exigences économiques et technologiques croissantes. A l'issue d'une longue histoire, qui commence en France avec l'Education populaire et les Maisons de la culture, la loi de 1971 oblige les entreprises à consacrer à la formation de leur personnel une fraction de leur masse salariale, ce qui a entraîné la création d'organismes spécialisés de formateurs. Dès 1973, une nouvelle politique tend à développer l'intervention des établissements scolaires et universitaires dans la formation continue. L'objectif est de donner une seconde chance à ceux qui, pour des raisons diverses, ne sont plus suffisamment adaptés au milieu du travail. Du point de vue économique, la formation continue s'est révélée un investissement rentable, ce qui milite en faveur des capacités d'apprentissage des adultes. Ces capacités de formation semblent se maintenir chez les sujets plus âgés, ou du moins dans une frange sans doute privilégiée du point de vue des acquis cognitifs et sociaux. En témoignent les universités interâges qui fleurissent à Paris et en province.

Ces faits soulignent le rôle des contraintes du contexte (formation continue), des niveaux de connaissance antérieurs et des motivations qui leur sont liées, non seulement dans le maintien d'un niveau d'intégrité cognitive, mais aussi dans la possibilité d'un développement continu.

Les expériences affectives et sociales de l'adulte

Dans le domaine de l'affectivité et de la vie sociale, l'âge adulte connaît des modifications libidinales, des crises (crise parentale, crise du milieu de la vie) et divers événements au pouvoir maturant, mais parfois aussi destructeur.

Le mode de fonctionnement psychique à l'âge adulte

L'âge adulte se caractérise par la stabilité du caractère et par des possibilités d'adaptation aux situations nouvelles. Plutôt que de parler de développement ou d'évolution, les conceptions psychanalytiques s'intéressent au mode de fonctionnement psychique qui se manifeste à travers le caractère, la résolution des conflits et les possibilités de sublimation.

Le caractère

L'objet d'étude princeps de la psychanalyse est l'adulte dont les comportements sont expliqués par le développement infantile. L'âge adulte est ainsi analysé à partir des modifications de l'économie libidinale liées au choix d'objet et à la réalisation sexuelle ; il l'est aussi à partir de la mise en place de mécanismes de défense. Les modifications de l'économie libidinale dépendent étroitement du sort réservé aux investissements infantiles et à leurs transformations sous l'effet de l'Œdipe et de l'adolescence. Dans ce contexte, l'intérêt de la psychanalyse se porte essentiellement sur la *formation du caractère* et sur la nature des mécanismes qui la sous-tendent. L'hypothèse principale est que le caractère est formé à partir de réaménagements des positions infantiles œdipiennes et pré-œdipiennes. Toutefois, l'hypothèse d'une fixation à l'un des stades du développement infantile (stade oral ou stade anal, par exemple) n'est pas suffisante pour rendre compte de la formation du caractère.

A l'âge adulte, les organisations pré-œdipiennes remaniées par la période de l'adolescence sont marquées par le refoulement et perdent leur hégémonie tout en restant présentes à titre de composantes de la vie sexuelle. « [...] L'aboutissement du développement est constitué par la vie sexuelle dite normale de l'adulte, dans laquelle l'acquisition de plaisir est entrée au service de la fonction de reproduction et où les pulsions partielles, sous le primat d'une zone érogène unique, ont formé une organisation solide permettant d'atteindre le but sexuel dans un objet sexuel étranger » (S. Freud, *Trois essais sur la théorie de la sexualité,* Paris, Gallimard, 1915, p. 127-128). S'y ajoute « [...] tout ce qui subsiste de chaque phase précédente et acquiert une représentation permanente dans l'économie de la libido et dans le caractère de l'individu » (S. Freud, 1933, *Nouvelles conférences d'introduction à la psychanalyse,* Paris, Gallimard, 1984, p. 135). Oralité et analité, pour ne citer que les phénomènes les plus anciens, persistent en partie à l'âge adulte, mais la charge sexuelle qui leur était affectée dans l'enfance fait, elle, l'objet d'un déplacement et d'un refoulement.

Les investissements infantiles pré-œdipiens (oralité, analité, sphère phallique) ont pour les psychanalystes différents destins qui concernent directement l'âge adulte. A côté du refoulement intervenant à la période œdipienne, et qui constitue le facteur le plus déterminant du développement et du choix d'objet caractéristique de l'âge adulte, Freud mentionne cinq possibilités concernant le destin des formations antérieures à l'Œdipe : subsistance à l'écart du refoulement, sublimation, transposition en attributs de caractère, accueil auprès de la nouvelle structuration de la sexualité, transposition sur le modèle de l'équivalence « excrément-pénis-enfant ».

Si l'on suivait la voie d'une psychologie normative, on pourrait penser que plus on s'éloigne de l'enfance, moins les éléments pré-œdipiens ont d'importance. Mais comme une part de ces manifestations est refoulée, il faut concevoir qu'elles sont toujours présentes et actives puisque, précisément, *le temps n'a pas de prise sur elles,* l'inconscient étant atemporel. Leur présence inaperçue à l'âge adulte implique l'existence de mécanismes défensifs qui s'opposent à leur retour, mécanismes étroitement dépendants des avatars de l'histoire du sujet. La question est de savoir comment ces manifestations peuvent réapparaître ou devenir prévalentes à certaines époques de l'existence, notamment dans les traits de caractère et les comportements qu'ils suscitent. Le caractère est toujours le produit d'un équilibre entre les effets du refoulement et l'utilisation d'une partie des motions sexuelles infantiles inconciliables avec la sexualité de l'adulte.

Sexualité et sublimation

Si la vie de l'adulte est soumise à la réapparition de conflits anciens non résolus, elle est aussi traversée par deux oppositions principales dont l'issue détermine l'existence du sujet : opposition entre l'investissement objectal et l'investissement narcissique, opposition entre la réalisation sexuelle et la sublimation.

La succession des événements de l'existence remanie l'organisation interne du sujet : les nombreuses atteintes à l'image de soi, les transformations corporelles, les échecs, les frustrations, etc., constituent des atteintes narcissiques, des remises en cause de l'estime de soi, auxquelles l'appareil psychique doit faire face. Selon l'organisation du sujet, ces atteintes peuvent nécessiter d'importants contre-investissements portant eux-mêmes atteinte aux relations objectales : ruptures d'équilibre préjudiciables à l'investissement de soi comme à celui des objets aimés.

La vie sexuelle de l'adulte n'est plus autant limitée par les interdits ou les contradictions internes que celles de l'enfant et de l'adolescent. Bien que la génitalité ne représente qu'une partie de l'existence de tout individu, la satisfaction sexuelle au sens large et le plaisir qui lui est lié, constituent, pour les psychanalystes, l'axe dominant de la vie affective. Qu'il s'agisse de séduction, de réussite sociale, de quête de prestige ou plus banalement d'acquisition, il est difficile de distinguer ce qui appartient au registre du sexuel et ce qui en est distinct. Les envies et souhaits concrets des individus, surtout dans ce qui, de près ou de loin, a trait à la sphère relationnelle et à l'affectivité, sont surdéterminés par des désirs inconscients dont la nature est sexuelle. Toutefois, une part seulement de ces désirs peut aboutir à une réalisation, le reste des investissements sexuels faisant l'objet d'une limitation ou d'une transformation. C'est précisément ce « reste » qui présente un intérêt pour l'étude de l'âge adulte. En effet, les mécanismes de défense contre la pulsion sexuelle, tels le refoulement, le déplacement, la condensation, sont toujours utilisés et ils limitent le fonctionnement de l'appareil psychique en soustrayant des représentations et des affects. Le sujet, qui dispose d'une riche palette de mécanismes de défense permettant de faire face à l'angoisse suscitée par la réactivation des conflits, par les atteintes au narcissisme ou les difficultés dans la réalité, ne reste cependant pas toujours en position défensive et restrictive, pas plus que la réalisation sexuelle effective ne constitue son seul moteur. Le fonctionnement psychique suppose d'autres sorts pour les motions sexuelles que la réalisation ou le refoulement. Elles peuvent être *sublimées*.

La sublimation permet une satisfaction de la pulsion sexuelle sans qu'il y ait pour autant refoulement. Elle correspond à l'utilisation de l'énergie libidinale à des fins de création (réalisations artistiques, etc.) mais aussi à des fins sociales, impliquant que le lien social puisse se fonder sur une énergie sublimée. La sublimation sous-tend une grande part de la vie du sujet adulte, hors la sexualité, qu'il s'agisse de son investissement professionnel, de ses distractions ou de son intérêt pour les groupes sociaux. En termes freudiens, on peut dire que l'un des enjeux de l'âge adulte consiste à limiter certaines satisfactions sexuelles au profit d'activités sublimatoires. Une telle répartition de la libido n'est toutefois pas l'apanage de cette époque de la vie puisque dans l'enfance, mais aussi à l'adolescence, les activités intellectuelles et les liens sociaux se sont édifiés par dérivation de la pulsion sexuelle vers des buts non sexuels. L'adulte est cependant, de ce point de vue, dans une situation un peu différente de celles de l'enfant et de l'adolescent : selon la logique psychanalytique, le choix d'objet étant opéré, une partie de la libido peut être sublimée, celle qui émane des pulsions partielles et qui ne peut trouver place dans la génitalité adulte. Ainsi, une part des manifestations sexuelles pré-œdipiennes, qu'il est impossible d'intégrer à la sexualité adulte, est dérivée vers des buts non sexuels et socialement acceptés, voire valorisés. La vie harmonieuse de l'adulte suppose qu'il puisse trouver un équilibre entre la satisfaction sexuelle et les activités sublimatoires, équilibre qui peut être remis en cause sous l'influence de changements externes (liés à l'objet et aux limites apportées aux réalisations sexuelles et sublimatoires) ou internes. Cette découverte d'un équilibre, toujours menacé, ne s'accomplit pas d'emblée, mais constitue un cheminement qui doit être conçu *comme un processus de développement de l'âge adulte*. En outre, l'approche de la vieillesse et les difficultés qu'elle peut entraîner exigent une évolution de l'organisation psychique dans le sens d'un travail d'acceptation des changements.

Les crises et les transformations

Plusieurs crises sont susceptibles de jalonner la vie adulte. Elles apparaissent lors d'événements marquants (maternité/paternité, perte des parents, etc.), à l'occasion de situations difficiles (telle l'adolescence des enfants) et à certains moments clés (le milieu de la vie, par exemple). Nous analyserons ici les transformations liées à la maternité et à la paternité, la crise parentale qui survient au cours de l'éducation des enfants et la crise dite « du milieu de la vie ».

Maternité et paternité

Le fait de devenir mère ou père change les relations que le sujet entretient avec lui-même et avec les autres. Ces changements sont autant d'origine individuelle qu'induit par la société, la situation de grossesse, de maternité et de paternité faisant l'objet d'une codification sociale qui implique droits et devoirs. On sait en outre, depuis les études des anthropologues — notamment celles de M. Mead (citée dans l'Introduction de l'ouvrage) — combien la femme subit de contraintes culturelles dans son attitude envers la maternité.

Le concept de *maternalité* a été introduit par P.-C. Racamier (*De psychanalyse en psychiatrie : études psychopathologiques,* Paris, Payot, 1979) pour désigner l'ensemble des phénomènes affectifs qui concernent la grossesse et la maternité. Cet auteur met l'accent sur les transformations de l'image du corps pendant la grossesse, transformations vécues de manière ambivalente. Elles sont parfois accompagnées de sentiments de dépréciation, majorés lorsque la grossesse se déroule dans des conditions psychologiquement difficiles. La situation de grossesse, puis de maternité, provoque une réactivation des conflits infantiles, au premier rang desquels il faut citer l'identification à sa propre mère et la stabilité des identifications. L'enfant apparaît comme une partie de soi extériorisée dont la mère doit reconnaître et assurer l'autonomie tout en remplissant un rôle d'environnement positif (contenant) et en le protégeant contre les angoisses. Cette position de la mère suppose une transformation des investissements narcissiques dont une partie est investie sur l'enfant : celui-ci devient alors, pour la mère, plus important qu'elle-même.

Si le père ne connaît pas de modifications physiologiques liées à la paternité, il n'en développe pas moins de nouveaux comportements. Certains auteurs ont décrit de véritables attitudes de « couvade » chez les hommes pendant la grossesse de leur partenaire.

Mais l'accession à la paternité se manifeste surtout dans l'imaginaire et le symbole. Assumer le rôle de père suppose que le sujet puisse lui-même se situer par rapport à l'interdit (à la loi), à la filiation, et puisse admettre d'incarner une position qui n'est pas toujours gratifiante. La fonction paternelle permet, selon les psychanalystes, d'introduire une séparation, un tiers, dans la relation duelle mère-enfant, introduction qui s'appuie non seulement sur la capacité du père à se faire reconnaître de l'enfant et de la mère, mais aussi sur la formulation d'interdits culturels qu'il ne fait que relayer. Cette fonction de « triangulation » n'implique toutefois pas que le père se réfugie dans un rôle strict totalement différent de celui de la mère. Le phénomène des « pères maternants » (c'est-à-dire assumant une partie des soins et des actes traditionnellement dévolus à la mère) montre bien que la fonction paternelle — qui est de l'ordre du symbole — ne peut être confondue avec les comportements concrets socialement attendus. Sur le plan de l'organisation psychique, la fonction paternelle implique une modification profonde qui peut être considérée comme une « crise » au sens de moment d'élaboration de nouvelles possibilités.

La crise parentale

La notion de *crise parentale,* introduite par D. Marcelli et A. Braconnier (*Psychopathologie de l'adolescent,* Paris, Masson, 1984), désigne la situation interne propre aux parents lors de la confrontation avec l'adolescence de leurs enfants. Les psychanalystes insistent sur les phénomènes imaginaires suscités par cette relation avec l'adolescence et évoquent le réveil de pulsions œdipiennes et incestueuses, de la jalousie, et la transformation de la sexualité parentale.

L'apparition de l'adolescence des enfants implique un remaniement relationnel complet de la part des parents. De la traditionnelle relation parents-enfants, on passe graduellement à un rapport entre adultes, rapport qui conserve toutefois la dimension de filiation et d'écart des générations. Les parents doivent alors renoncer à la projection sur l'enfant de leurs propres désirs infantiles ainsi qu'à la toute-puissance parentale. Ils sont en outre confrontés à l'irruption de la sexualité chez leur enfant, irruption qui peut rappeler leur propre développement et provoquer une réapparition de la problématique œdipienne. Cette crise parentale, qui comporte d'ailleurs des aspects très concrets comme le sentiment d'être impuissant, incompris de l'adolescent, de ne pas arriver à communiquer avec lui, et aussi d'être victime d'ingratitude ou d'être laissé seul devant les difficultés par l'autre parent, s'accompagne d'un riche contenu fantasmatique. Plusieurs types de réactions peuvent survenir chez les parents : le travail de deuil, le désir de maîtrise, la remémoration de leur propre adolescence, l'apparition d'une fantasmatique incestueuse contre laquelle ils doivent se défendre.

La notion de travail de deuil, employée ici dans un sens très large, désigne le renoncement que les parents doivent opérer et qui porte principalement sur les projets qu'ils nourrissaient pour leur enfant. Ces projets étaient dépendants des idéaux du Moi qui sont ainsi remis en cause. Les parents doivent également renoncer à la place qu'ils occupaient auprès de l'enfant : confident, protecteur, aide, etc. En outre, l'apparition de la génitalité les contraint à se détacher de la représentation traditionnelle de l'enfant. Ce travail de deuil est parfois très difficile à accomplir et peut amener les parents à nier les changements en cours chez leur enfant et à en ignorer les conséquences.

La crise parentale présente toutefois des aspects positifs. Elle permet aux investissements parentaux de se dégager de la relation avec l'enfant et de rompre un lien qui pouvait parfois être aliénant (parents entièrement dépendants affectivement de leur enfant). Elle rend aussi possible, par la réapparition chez les parents de phénomènes œdipiens, une nouvelle élaboration des conflits et des défenses.

La crise du milieu de la vie

La *crise du milieu de la vie,* aussi appelée *crise de la maturité,* apparaît entre 45 et 55 ans lorsque le sujet s'aperçoit que le temps a passé incroyablement vite, qu'il ne reste devant lui qu'une durée très brève (constatation fondée ou non) et qu'il doit maintenant renoncer à ce qu'il pensait réaliser un jour, renoncement particulièrement douloureux : la perte de ce qu'on possède est amère, mais la perte de ce que l'on pensait obtenir un jour l'est plus encore. La vie se réordonne alors en fonction de la durée temporelle restante plutôt qu'en fonction du temps écoulé. Il s'ensuit un certain nombre de conséquences psychologiques qui traduisent des modifications importantes du fonctionnement psychique, des contenus de pensée et des investissements.

L'angoisse du temps qui passe, les craintes concernant la vieillesse — relatives notamment aux transformations physiques et à la diminution des possibilités sexuelles — sont des phénomènes douloureux contre lesquels le sujet doit édifier de nouvelles défenses qui limitent le fonctionnement psychique. Cette situation peut d'ailleurs induire des comportements possédant parfois une connotation pathologique : manifestations dépressives, préoccupations corporelles à la limite de l'hypocondrie (certitude injustifiée d'être atteint d'une maladie) ou de la nosophobie (peur des maladies), conduites sexuelles inhabituelles caractérisées par la recherche de nombreux partenaires, de partenaires très jeunes (le « démon de midi ») ou par des conduites perverses. Il n'est pas impossible que, dans ces moments-là , réapparaissent certains conflits œdipiens et que le retour du refoulé vienne mettre en péril les modes de fonctionnement antérieurs.

Les sujets ont aussi tendance à faire le bilan de leur existence, à revenir sur les échecs, à amoindrir les réussites et, parfois, à ressentir la vanité, l'inanité de leur existence passée, de ses ambitions et de ses joies. Le sentiment d'inutilité, l'absence de projets pour l'avenir peuvent s'accompagner de réactions compensatoires inverses : développement d'une hyperactivité, recherche de relations de maîtrise qui limitent le sentiment d'impuissance. Cette situation peut s'accompagner d'une transformation de l'identité, le sujet renoncant à certains de ses comportements et de ses modes d'être pour assumer d'autres rôles. La modification du regard que les autres portent sur lui, associée aux changements relationnels conduisent à une transformation dans la perception de l'identité.

Cette crise du milieu de la vie n'est ni systématique ni nécessairement pathologique. Elle peut intervenir plus tardivement. Elle peut également être directement liée à des circonstances contingentes comme les événements externes (notamment la perte des parents et le travail de deuil qui en découle) ou les changements physiologiques (ménopause, andropause, maladie somatique, etc.). Il apparaît simplement que son apparition et son évolution sont associées à la survenue d'un faisceau de situations plus fréquent au milieu de la vie : deuils, conflits avec les enfants devenus adolescents, départ des enfants devenus jeunes adultes, etc. Si elle comporte des aspects douloureux, qui viennent d'être analysés, la crise du milieu de la vie est aussi un facteur maturant. Elle permet une réorientation des buts existentiels, des investissements, et correspond à un « travail » d'acceptation des changements sociaux et biologiques qui préludent l'entrée dans la vieillesse. C'est d'ailleurs à ce moment que les deux conflits que nous avons évoqués précédemment (oppositions entre investissement objectal et investissement narcissique, entre sexualité et sublimation) se manifestent le plus clairement, et il dépend de la bonne résolution de cette crise que la sublimation prenne le pas sur les mécanismes de défense et que les atteintes narcissiques n'entraînent pas de désinvestissements objectaux majeurs.

Il apparaît donc, à l'évidence, que l'âge adulte ne peut être considéré comme une période sans modifications, mais celles-ci n'ont pas le caractère progressif et linéaire que l'on retrouve dans l'enfance et à l'adolescence. L'adulte n'est pas seulement un être stable capable d'adaptation, utilisant un potentiel acquis au cours du développement infantile. Il existe *un développement du sujet adulte*, caractérisé, d'une part, par la capacité de « tirer des leçons de l'expérience affective », c'est-à-dire par les réaménagements progressifs de l'organisation psychique sous l'effet des événements, et, d'autre part, par la possibilité de faire face aux difficultés de l'avenir, notamment au vieillissement.

Les modifications affectives et sociales chez la personne âgée

L'étendue de la notion de vieillissement conduit à ce que soient considérés dans « la même rubrique » des sujets proches de la mort et des sujets très peu différents de ceux qui appartiennent à l'âge adulte « moyen ». Parler du vieillissement implique donc, d'une part, que l'on étudie les réactions psychologiques aux phénomènes biologiques et sociologiques, et, d'autre part, que l'on distingue deux extrêmes dans le vieillissement : une situation proche de celle de l'adulte, décrit dans le point précédent, mais dans laquelle commencent à apparaître quelques modifications, principalement sous l'effet des changements sociaux (approche de la retraite ou retraite effective, etc.) et, à l'autre extrême, une situation d'atteinte physique et d'approche de la mort dans laquelle la maladie, la claustration, voire la perte des facultés, jouent un rôle prépondérant. Il va sans dire que les phénomènes psychologiques observés sont totalement différents dans ces deux cas.

La modification des rôles sociaux

Le statut social des personnes âgées est profondément marqué, dans nos sociétés, par les contraintes du travail et de la retraite comme cessation totale d'*activité* rémunérée. Dans ce contexte, le sujet âgé est brutalement privé de son statut social et des satisfactions qui lui sont liées. De surcroît, la position sociale des sujets âgés n'est guère enviable et la reconnaissance dont ils font l'objet de la part de la société est faible. Il circule actuellement de nombreux stéréotypes au sujet de la vieillesse qui enferment le sujet âgé dans une situation psychologique difficile. On admet généralement qu'un retraité doit avoir un comportement passif, que la dépendance est une conséquence inéluctable de la vieillesse et que le recours aux institutions est une réponse adaptée à l'incapacité provoquée par les maladies physiques et les atteintes intellectuelles. Ces idées reçues, qui sont parfois aussi celles des personnes âgées elles-mêmes, contribuent à orienter les attitudes à l'égard de la vieillesse et à renforcer la dépendance au détriment de l'autonomie. Même si les divers spécialistes de la vieillesse tentent de remettre en cause cette façon de considérer le sujet âgé et, au contraire, de favoriser la persistance ou la reconquête de l'autonomie, le poids des conceptions « naïves » est particulièrement lourd.

Si la « mise à la retraite » représente une difficulté pour certains sujets, la reprise d'une *autre forme d'activité* doit toujours être encouragée. Plusieurs études ont montré que les sujets âgés qui souffrent le plus de la retraite sont ceux qui ont investi massivement dans leur travail et pour lesquels, en dehors de la profession, il n'existait aucune source d'auto-estimation et de satisfaction. Toutefois, pour la plupart des sujets, la retraite ne pose que quelques problèmes d'adaptation transitoires. R. C. Atchley a bien souligné que la retraite suppose une préparation et le passage du rôle de travailleur, assujetti à des normes et des règles objectives, à celui de retraité qui ne comporte que ses normes propres. Le sujet doit donc édifier ses propres règles (le plus souvent sans qu'il y ait eu de préparation), la mise à la retraite supprimant les exigences externes et le laissant momentanément désorienté, angoissé, parfois déprimé, toujours incertain.

De nombreuses recherches ont été réalisées pour préciser les difficultés d'ordre physique et psychologique qui accompagnent la retraite. Les résultats sont très contradictoires du fait des différences entre les échantillons et les buts implicites de ces travaux. Certains auteurs, comme J. Zalusky, considèrent que la retraite anticipée (dans les milieux ouvriers) est bénéfique, alors que d'autres, comme D. L. Ellison, estiment qu'il existe une grande proximité, chez les ouvriers, entre le rôle de retraité et celui de malade : le contexte social qui entoure la retraite constituerait un facteur précipitant l'apparition de la maladie. La prudence impose que l'on soit réservé dans l'utilisation de ces résultats qui portent sur des situations où interviennent de nombreuses variables incontrôlables par les psychologues (variables relatives à la santé de l'individu et à la nature des dangers encourus dans certaines professions). On peut toutefois retenir que, chez certains sujets, la mise à la retraite est particulièrement mal vécue et qu'elle s'accompagne parfois de manifestations somatiques pathologiques — il convient naturellement de ne pas réduire toutes les affections intervenant après 65 ans aux effets de la retraite ! Cette réalité ne concerne pas tous les individus et n'est pas spécifique d'une situation sociale déterminée. La plupart des auteurs s'accordent cependant pour distinguer les effets d'une retraite souhaitée et volontaire de ceux d'une retraite forcée. La retraite obligatoire entraînerait souvent plus de difficulté que la retraite volontaire qui doit tout de même faire l'objet d'une préparation.

La question de la retraite peut également être posée en d'autres termes en évoquant ce que le sujet est susceptible *d'obtenir* par cette situation nouvelle. La plus grande liberté ne se limite pas à un sentiment, mais doit se concrétiser par l'usage qui peut en être fait. Or, de ce point de vue, les retraités ne sont égaux ni socialement ni culturellement. Les loisirs, dont on pense que le « Troisième âge » est un consommateur, ne sont ni accessibles à tous ni forcément souhaités par tous. On estime généralement que cinq objectifs peuvent être associés aux loisirs : détente, divertissement, épanouissement, créativité, transcendance sensuelle. Il apparaît que ces objectifs s'amenuisent avec l'âge, à l'exception de la détente (solitude, repos, sommeil) qui constitue plutôt une « non-activité », parfois teintée d'ennui. L'inactivité étant une des difficultés principales de la retraite, l'absence de loisirs semble relativement préjudiciable. Mais les problèmes financiers, la santé, la perte d'intérêt, voire l'insécurité, les habitudes antérieures, peuvent en limiter l'accès.

Il ressort, pour l'essentiel, des travaux consacrés au vieillissement une indication pratique : le maintien d'une activité chez les sujets âgés est nécessaire et bénéfique, mais n'est pas forcément facile à réaliser. L'ensemble des observations oriente l'activité des psychologues 1 / vers la production de techniques permettant aux sujets âgés de « gérer leur vieillissement », et 2 / vers l'optimisation des compétences, d'autant plus importante que l'expérience acquise par le sujet peut être profitable aux autres (d'où la possibilité d'une reconnaissance sociale). Il convient donc de tenter d'opérer le maintien du savoir et du savoir-faire. La restitution et le maintien des compétences *en société,* fondés sur d'autres supports que ceux de l'activité professionnelle, assurent à la personne âgée la conservation d'une image positive d'elle-même. Des formes de stimulation, voire de rééducation de la mémoire et du langage, lui permettent également de conserver, autant que faire se peut, la disposition de ses fonctions intellectuelles.

Les modifications du caractère et de la personnalité

Le caractère et la subjectivité

On estime généralement, sans qu'une telle affirmation soit réellement prouvée, que l'âge modifie les traits de caractère dont l'agencement deviendrait moins harmonieux. Le vieillard est considéré comme susceptible de devenir avare, méfiant, hypocondriaque, égoïste, perdant son intérêt pour ce qui l'entoure et pour les choses nouvelles. De même certains auteurs avancent que la pensée créatrice diminue ainsi que la faculté d'apprendre (voir plus haut). Cependant, à partir des années 1970, l'école de Bonn a remis en cause la théorie du déficit en insistant sur le fait que les facultés liées à l'activité verbale, celles dont dépendent le raisonnement et l'actualisation des connaissances, ne sont pas atteintes. L'intelligence *cristallisée* (ou, selon J. Cattell, la faculté d'appliquer avec succès les connaissances et habitudes acquises) augmenterait même chez certains sujets. Il est possible d'appliquer à l'affectivité la même analyse et de ne pas considérer le vieillissement uniquement comme un phénomène pathologique. Certains auteurs, tels E. Erickson et B. L. Neugarten, ont ainsi montré que les sujets âgés tolèrent mieux qu'auparavant certains aspects de leur personnalité et font preuve d'une augmentation de la réflexion et de l'attention envers leur monde intérieur : la capacité de « détachement » constitue, de ce point de vue, l'une des issues favorables de la crise de la sénescence.

Plusieurs éléments positifs peuvent être relevés au cours du vieillissement. Le bilan que la personne âgée fait de sa vie peut constituer une source de satisfaction. Pour qu'il soit positif, il est toutefois nécessaire qu'il représente une source de gratification narcissique susceptible de protéger le sujet contre les frustrations que, maintenant, la réalité lui impose. L'estime de soi, souvent mise en péril au cours de la vieillesse, peut être malgré tout maintenue par l'expérience de *l'existence* montrant au sujet qu'il possède une « réelle valeur ». Il reste que le décalage entre ce qui correspond au passé et ce qui est vécu ici et maintenant n'est pas toujours facile à supporter pour ceux qui se vivent comme des *has been* (qui ont été) et mesurent à chaque événement la différence entre le passé et le présent. R. N. Butler évoque, par ailleurs, le *sens de l'immédiat* qui peut être une source de plaisir et suppose de nouveaux rapports de la personne avec le temps et l'environnement. Cette modification du rapport à la durée, à l'instant, constitue souvent une mutation profonde du mode de pensée.

La personnalité antérieure joue évidemment un rôle indéniable dans la vieillesse et plusieurs études ont décrit les possibilités d'adaptation de formes de personnalité typiques. S. Reichard *et al.* ont ainsi défini cinq types de personnalité. Trois d'entre eux sont considérés comme bien adaptés : *mature, pantouflard* et *blindé.* Les sujets matures sont constructifs dans leurs interactions avec autrui, acceptent bien leur Soi actuel et leur Soi passé et n'ont pas de traits névrotiques. Les sujets « pantouflards » s'acceptent également, mais sont passifs et considèrent la situation de vieillesse comme dégagée de toute responsabilité ; ils sont aussi particulièrement dépendants des autres. Enfin, les sujets « blindés », bien qu'adaptés à la situation, sont rigides et utilisent constamment des mécanismes de défense pour maintenir leur adaptation. Les personnalités mal adaptées sont, quant à elles, de type *mécontent* ou *autophobique.* Elles se caractérisent par l'amertume, l'agressivité et la dépression. L'opposition entre mécontents et autophobiques réside dans leur relation à la punition : les premiers sont extra-punitifs (punition des autres) alors que les seconds sont intra-punitifs (se punissent eux-mêmes).

Les *expériences subjectives* des sujets âgés sont aussi particulièrement importantes dans leur évolution. Ces expériences reposent sur les constats qu'ils font à propos d'eux-mêmes, concernant notamment les différentes atteintes de l'âge : altération des fonctions corporelles, atteinte des fonctions psychiques, changement de la situation sociale, temps qui passe et approche de la mort. Plus le vieillissement avance, plus les atteintes deviennent visibles, ce qui contraint les sujets à des modifications internes, à une forme de « travail » psychique, permettant le renoncement aux capacités et aux images perdues, l'accession à une nouvelle façon d'être.

L'évolution libidinale

On attribue généralement au sujet âgé des traits de caractères, des comportements, des propos, mettant en scène la disparition ou la réduction du génital et la présence de manifestations orales et anales : gourmandise, investissement des fonctions excrémentielles, etc. Ces manifestations tirent leur importance psychique, non pas de leur existence de fait, mais de la place qu'elles viennent occuper dans une nouvelle organisation. La relation entre le vieillissement et les éléments pré-œdipiens n'a cependant pas valeur de généralité (elle ne définit pas un « destin obligatoire ») et est même parfois teintée de préjugés bien inquiétants quant à la représentation du sujet âgé, assimilant le vieillissement à une pathologie fatale

Les travaux psychanalytiques classiques ont mis en évidence une relation entre analité, oralité et vieillissement. Ils accréditent l'idée d'un retour de ces deux composantes, comme si le temps était producteur de leur nouvelle importance. L'hypothèse traditionnelle connaît plusieurs variantes, mais elle fait le plus souvent appel à la régression liée à une carence objectale ou à une diminution de la libido — l'âge entraînant une diminution quantitative de la libido génitale. Cette conception est proche de la pensée de Freud qui souligne, en 1913, que le stade sadique-anal peut souvent prendre la suite de la phase génitale une fois accomplie la fonction des organes génitaux. Il reste que cette théorie, causaliste et mécaniste, de l'inversion systématique établit un lien univoque entre la quantité de libido génitale disparue et la quantité de libido orale ou anale réapparue. La nécessité de cette régression temporelle, mais peut-être aussi formelle, est assez énigmatique puisqu'elle suppose un désinvestissement objectal chez le sujet âgé et confond génitalité et sexualité. Elle préjuge des phénomènes au lieu d'en rendre compte et reste étroitement dépendante d'une conception quasi biologique et, pour le moins, normative.

La particularité du vieillissement est d'imposer à tous les sujets une forme de travail qui suppose la reviviscence des phénomènes œdipiens et la mise en question de l'idéal ainsi que de l'étayage. L'essence du sujet, au sens psychanalytique, est en effet d'être *ce qui ne vieillit pas, ce qui constate le vieillissement et ses conséquences.* Le sujet est donc dans une position où il est comme séparé des objets et de lui-même (son corps) : la disparition des objets, les limites imposées par le réel et les modifications corporelles liées au vieillissement le confrontent à un nécessaire réaménagement et à des modifications de son économie psychique. Ce qui bouge avec le temps c'est précisément ce qui est extérieur au sujet, ce qui est narcissiquement investi ainsi que les modalités du renoncement.

On parle d'un « travail de deuil » à propos du vieillissement mais ce travail ne porte pas uniquement sur les objets, au sens courant du terme, il porte aussi sur ce qui est narcissiquement investi, à savoir certaines représentations appartenant au moi. S'il y a travail de deuil, il s'agit bien du deuil d'une partie de soi, ce qui ne se réalise pas sans difficulté. Cette situation délicate impose une reprise constante du rapport à soi-même qui apparaît très nettement dans le discours des sujets âgés. Cette reprise, exécutée en détail, ne va pas sans remettre en cause la relation au double imaginaire, à soi comme objet idéalisé, mais aussi aux objets œdipiens. *C'est ce travail, dont l'accomplissement effectif demeure problématique, qui peut constituer l'un des éléments permettant d'interpréter les possibles surgissements de l'oralité et de l'analité.* Comment et à quoi renoncer ?, telle semble être la question à laquelle l'épreuve du temps soumet les personnes âgés.

A mesure que l'âge avance, la possibilité d'assumer des situations de plus en plus douloureuses dépend de l'organisation psychique antérieure, mais aussi des soutiens sociaux que reçoit le sujet ainsi que de sa capacité à conserver un but dans l'existence. Le « travail de renoncement » qui caractérise une partie de la vieillesse suppose une stabilité de l'organisation du moi permettant de limiter les phénomènes de nostalgie ou, dans certains cas, les manifestations dépressives.

Il n'y a pas *un* vieillissement

Il n'y a pas *un* vieillissement mais *des* vieillissements. Les différences individuelles qui s'accentuent à l'âge adulte deviennent encore plus apparentes au temps de la vieillesse. On rencontre des vieillards heureux et relativement actifs, et d'autres cruellement diminués. Mais hors les pathologies plus ou moins sévères, le vieillissement n'est pas un état dans lequel on tombe d'un seul coup, à une certaine date du calendrier. Nous vieillissons parce que nous vivons. Vieillir, c'est vivre encore, c'est vivre *sans arrêt.* Les exemples abondent d'hommes et de femmes qui vivent avec créativité jusqu'au terme ultime. *Le Bain turc,* la splendide toile du peintre Dominique Ingres, a été exécutée alors qu'il avait 81 ans. Un autre peintre, Jean-Baptiste Corot, avait 71 ans bien sonnés lorsqu'il peignit la *Cathédrale de Sens*. Le musicien autrichien Franz Joseph Haydn composa ses *Saisons* à un âge avancé. Plus près de nous dans le temps, l'homme d'Etat Winston Churchill découvrit sur le tard la peinture et s'y adonna avec délices et passion jusqu'à la fin de sa vie. La comédienne Denise Grey a joué sur scène jusqu'à 90 ans et avec bonheur. On découvre aussi le courage de ces hommes et de ces femmes qui transcendent à force d'ardeur les problèmes de l'âge. Auguste Renoir, encore un peintre, atteint d'arthrite rhumatoïde se faisait attacher ses pinceaux par des bandelettes et continua à peindre. Le dramaturge et poète Paul Claudel s'écriait, avec humour et en forçant un peu : *Quatre-vingts ans, plus d'yeux, plus d'oreilles, plus de dents, plus de jambes, plus de souffle, et c'est étonnant comme on s'en passe.*

Nous n'avons pas évoqué beaucoup de femmes dans ce bref raccourci, mais elles sont là, avec leur espérance de vie qui actuellement s'élève à 80 ans, pour témoigner d'une vitalité à toute épreuve.

Garder le goût de la découverte, découverte de l'autre et des autres, découverte du monde qui nous entoure et de ses merveilles, par les voyages lorsque c'est possible, par la lecture qui l'est toujours si la vue ne fait pas défaut, conserver une image positive de soi en dépit des atteintes de l'âge, tels sont les plus sûrs moyens que les gérontologues préconisent pour rester insérés dans le tissu social et dans la vie tout court. Ce qui est réconfortant, c'est que nous n'épuisons jamais, quelles que soient nos compétences, ce que nous avons encore à apprendre. Croire qu'il existe en chacun de nous un potentiel inexploité qui à tout âge peut s'actualiser, c'est rester *en développement* et rester associé à cet *Autre généralisé,* dont parle Georges Herbert Mead, qui est aussi l'*Homme en Développement.*

Pour conclure

En abordant l'*Homme en développement* nous ne nous cachions pas la hardiesse de l'entreprise. Sans aucunement prétendre à l'exhaustivité, nous espérons cependant avoir atteint l'objectif poursuivi : livrer des connaissances de base tout en montrant l'évolution des points de vue théoriques et méthodologiques. L'accent a été mis de ce fait, et par la force des choses, sur la relativité des savoirs.

Le développement apparaît, au fil des chapitres, comme extrêmement complexe même si les besoins de l'analyse et de la présentation ont contraint à des découpages arbitraires et à des choix souvent mutilants et non moins arbitraires. Cognition, affectivité et socialisation se développent simultanément dans une interrelation étroite avec l'environnement culturel. Cela est évident dès le début de la vie où le développement du bébé nécessite la mise en jeu de toutes les composantes de sa personne. C'est encore vrai chez le sujet âgé qui doit exercer cette simultanéité de l'intelligence et des affects pour résister, autant que faire se peut, à l'effet du temps et même le compenser.

Si complexes que soient le domaine et l'entreprise, on ne peut qu'être fasciné par le chemin parcouru au XXe siècle, au regard de l'historique retracé dans l'Introduction. En se gardant de tout triomphalisme, les avancées sont certaines. Il n'est que de voir la considération qui leur est accordée par les sciences dites « dures ». Les références, citées dans l'ouvrage, que l'astrophysicien Hubert Reeves fait aux études de Piaget sur la conservation en sont un exemple. On sait en outre que le devenir, dont le problème est bien sûr aussi ancien que la pensée spéculative elle-même, est aujourd'hui plus que jamais au centre des questions scientifiques et épistémologiques. En physique, l'idéal des systèmes simples aux fluctuations réversibles est dépassé et le défi de l'irréversibilité, destructrice et créatrice, est relevé par des savants tel Ilya Prigogine. Dans les neurosciences, la perspective de Jean-Pierre Changeux spécifie la flèche du temps par un constructivisme neuronal sous-jacent aux objets de pensée. D'autres exemples pourraient être cités, telle la découverte du rayonnement résiduel qui a récemment transformé la cosmologie en cosmogenèse...

En dépit de ces acquis et de l'actualité indiscutable du concept de développement, celui-ci est, ainsi qu'on l'a souligné dans l'avant-propos, quelque peu battu en brèche ou effacé par les psychologues qui ne s'intéressent qu'aux états stables. Se limiter à ces états c'est figer la vie psychologique à l'image de coupes histologiques placées sous l'œil du microscope, si électronique soit-il. Or le bébé, l'enfant, l'adolescent et l'adulte « bougent » à longueur de temps — le vieillard aussi pour peu qu'on ne l'euthanasie pas socialement — et le devenir des systèmes qu'ils constituent ne se réduit jamais à la répétition constante de l'identique. La réversibilité, qui assure la mobilité de l'intelligence, est toujours locale.

Soulignons enfin que notre exposé s'est limité à certains aspects de l'évolution de l'homme au cours de sa vie alors que cette évolution s'inscrit avant tout dans celle de l'humanité. Une étude complète du développement devrait intégrer les avancées de la science qui prolongent au niveau collectif les opérations cognitives individuelles, de l'art qui exalte la pensée symbolique et de l'éthique qui régit les interactions sociales et prémunit l'homme contre les déviations et les outrances du savoir.

LECTURES CONSEILLÉES

Pour plus d'informations sur les différentes problématiques traitées dans ce manuel, le lecteur tirera profit de la lecture complémentaire des ouvrages et articles sélectionnés ci-dessous. Il trouvera aussi, à la suite de ces lectures conseillées pour chacun des chapitres, les quelques références expérimentales qui n'ont pas été données dans le texte.

INTRODUCTION

REGARDS SUR L'HOMME EN DÉVELOPPEMENT

Ajuriaguerra J. de, L'enfant dans l'histoire. Problèmes psychologiques, *La Psychiatrie de l'enfant,* 1979, *22,* 101-126.

Ariès P., *L'enfant et la vie familiale sous l'Ancien Régime,* Paris, Seuil, 1973.

Danset A., *Eléments de psychologie du développement. Introduction et aspects cognitifs,* Paris, Armand Colin, 1983.

Etienne R., La conscience médicale antique et la vie des enfants, *Annales de démographie historique,* Paris, Mouton, « Enfants et sociétés », 1973, 15-46.

CHAPITRES I ET II

LES THÉORIES CLASSIQUES DU DÉVELOPPEMENT ET L'ÉVOLUTION DES POINTS DE VUE

LA THÉORIE DE JEAN PIAGET

Piaget J., *La psychologie de l'intelligence,* Paris, Armand Colin, 1947.

Piaget J. et Inhelder B., *La psychologie de l'enfant* (coll. « Que sais-je ? »), Paris, PUF, 1966.

Droz R. et Rahmy M., *Lire Piaget,* Bruxelles, Mardaga, 1978.

Ducret J.-J., *Jean Piaget. Biographie et parcours intellectuel,* Neuchâtel, Delachaux & Niestlé, 1990.

LA THÉORIE DE SIGMUND FREUD ET LES CONCEPTS DE BASE DE LA PSYCHANALYSE

Anzieu D., *L'auto-analyse de Freud et la découverte de la psychanalyse,* Paris, PUF, 1988 (3e éd. complètement refondue).

Brusset B., *Le développement libidinal,* Paris, PUF, 1992.

Freud S., *Trois essais sur la théorie de la sexualité,* Paris, Gallimard, 1987 (1re éd. 1905).

— *Œuvres complètes,* Paris, PUF, 1988 (1re éd., 1915).

Ellenberger H. F., *A la découverte de l'inconscient,* Paris, Simep Editions, 1981.

Geissmann C., Geissmann P. *Histoire de la psychanalyse de l'enfant* (coll. « Paidos »), 1992, Paris, Bayard.

Laplanche J. et Pontalis J.-B., *Vocabulaire de la psychanalyse,* Paris, PUF, 1967.

LA THÉORIE DE HENRI WALLON

Wallon H., *La vie mentale,* Paris, Editions Sociales, 1982 (1re éd. 1938).
— *L'évolution psychologique de l'enfant,* Paris, Armand Colin, 1974 (1re éd. 1941).
— *De l'acte à la pensée,* Paris, Flammarion, 1970 (1re éd. 1942).
Jalley E., *Wallon, lecteur de Freud et de Piaget,* Paris, Editions Sociales, 1981.

LA THÉORIE DE LEV VYGOTSKI

Vygotski L. S., *Pensée et langage,* Paris, Editions Sociales, 1984.
Schneuwly B. et Bronckart J.-P. (éds), *Vygotski aujourd'hui,* Neuchâtel, Delachaux & Niestlé, 1985.

LE BÉHAVIORISME

Richelle M., *Le conditionnement opérant,* Neuchâtel, Delachaux & Niestlé, 1966.
— *Skinner ou le péril béhavioriste,* Bruxelles, Mardaga, 1978.
Tilquin A., *Le béhaviorisme, origine et développement de la psychologie de réaction en Amérique,* Paris, Vrin, 1950.

LE NÉO-STRUCTURALISME

Bideaud J. et Houdé O., *Cognition et développement. Boîte à outils théoriques,* Berne, Peter Lang, 1991.
Demetriou A. (ed.), *The neo-Piagetian theories of cognitive development : Toward an integration,* Amsterdam, North-Holland, 1988.
Ribaupierre A. de, Un modèle néo-piagétien du développement : la théorie des opérateurs constructifs de Pascual-Leone, *Cahiers de psychologie cognitive,* 1983, *3,* 327-356.

RÉFÉRENCE NON CITÉE DANS LE TEXTE

Piaget J., Les modèles abstraits sont-ils opposés aux modèles psychophysiologiques dans l'explication en psychologie ? Esquisse de biographie, *Bulletin de psychologie,* 1959, *1-2,* 8-13.

CHAPITRE III

LES MÉTHODES D'ÉTUDE DU DÉVELOPPEMENT

Brunet O. et Lézine I., *Le développement psychologique de la première enfance,* Paris, PUF, 1951.
Fraisse P. et Piaget J. (éds.), *Traité de psychologie expérimentale,* I : *Histoire et méthodes,* Paris, PUF, 1963.
Gillièron C., *La construction du réel chez le psychologue,* Berne, Peter Lang, 1985.
Gréco P., Epistémologie de la psychologie, *in* J. Piaget (éd.), *Logique et connaissance scientifique,* Paris, Gallimard, 1967.
Kuhn T. S., *La structure des révolutions scientifiques,* Paris, Flammarion, 1972.
Michiels-Philippe M.-P. (éd.), *L'observation,* Neuchâtel, Delachaux & Niestlé, 1984.
Popper K., *La logique de la découverte scientifique,* Paris, Payot, 1978.
Prévost C.-M., *La psychologie clinique,* Paris, PUF, 1991.
Reuchlin M., *La psychologie différentielle,* Paris, PUF, 1990 (concernant les tests).
Revault d'Allonnes C. (éd.), *La démarche clinique en sciences humaines : documents, méthodes, problèmes,* Paris, Dunod, 1989.
Robert M. (éd.), *Fondements et étapes de la recherche scientifique en psychologie,* Paris, Maloine, 1982.
Rossi J.-P. (éd.), *La méthode expérimentale en psychologie,* Paris, Dunod, 1989.

Outre la contribution de Rossi, lire dans cet ouvrage :

Pêcheux M.-G. et Lécuyer R., *Les méthodes d'étude du nourrisson.*

Tourrette C., *La méthode longitudinale en psychologie développementale.*

Zazzo R., *Manuel pour l'examen psychologique de l'enfant,* Neuchâtel, Delachaux & Niestlé, 1969.

RÉFÉRENCES NON CITÉES DANS LE TEXTE

Fantz R. L., Pattern vision in young infants, *Psychological Record,* 1958, *58,* 43-47.

Siqueland E. et Delucia C. A., Visual reinforcement of non nutritive sucking in human infants, *Science,* 1969, *165,* 1144-1146.

Spelke E. S., Preferential looking methods as tools for the study of cognition in infancy, *in* G. Gottlieb et N. Krasnegor (eds.), *Measurement of audition and vision in infancy,* New York, Ablex, 1986.

CHAPITRE IV

LE BÉBÉ DE ZÉRO A DEUX ANS

L'ANCRAGE PHYLOGÉNÉTIQUE

Vauclair J., *L'intelligence de l'animal,* Paris, Seuil, 1992.

LA NAISSANCE ET LES RÉFLEXES DU NOUVEAU-NÉ, LA POSTURE, LA MARCHE ET LA PRÉHENSION

Dufoyer J.-P., *La naissance et le développement de la personnalité dans la première année de vie,* Paris, PUF, 1991.

Koupernik C. et Dailly R., *Développement neuro-psychique du nourrisson,* Paris, PUF, 1976.

LE STADE SENSORI-MOTEUR SELON J. PIAGET

Piaget J., *La naissance de l'intelligence chez l'enfant,* Neuchâtel, Delachaux & Niestlé, 1936.

— *La construction du réel chez l'enfant,* Neuchâtel, Delachaux & Niestlé, 1937.

— *La formation du symbole chez l'enfant,* Neuchâtel, Delachaux & Niestlé, 1945 (voir aussi, pour une synthèse, les ouvrages de Dufoyer et Koupernik et Dailly, cités ci-dessus).

DONNÉES RÉCENTES SUR LES COMPÉTENCES COGNITIVES PRÉCOCES ET SUR LE PRÉLANGAGE

Bruner J., *Le développement de l'enfant. Savoir faire, savoir dire,* Paris, PUF, 1983.

De Boysson-Bardies B., *Comment la parole vient aux enfants,* Paris, Odile Jacob, 1996.

De Schonen S. (éd.), *Le développement dans la première année,* Paris, PUF, 1983.

Jouen F. et Hénocq A. (éds.), *Du nouveau-né au nourrisson,* Paris, PUF, 1990.

Lécuyer R., *Bébés astronomes, bébés psychologues,* Bruxelles, Mardaga, 1989.

Lécuyer R., Streti S. et Pêcheux M.-G., *Le développement cognitif du nourrisson,* Paris, Nathan, 1996.

Poutas V. et Jouen F. (éds.), *Les comportements du bébé : expression de son savoir ?,* Bruxelles, Mardaga, 1993.

Streri A., *Voir, atteindre, toucher,* Paris, PUF, 1991.

LES ASPECTS PSYCHANALYTIQUES

Gutton P., *Le bébé du psychanalyse,* Paris, Paidos/Le Centurion, 1983.

Klein M., *Essais de psychanalyse,* Paris, Payot, 1968.

Klein M., Heimann P., Isaacs S., Rivière J., *Développements de la psychanalyse*, Paris, PUF, 1966.
Mazet P., Stoléru S., *Psychopathologie du nourrisson et du jeune enfant*, Paris, Masson, 1988.
Pinol-Douriez M., *Bébé agi-bébé actif. L'émergence du symbole dans l'économie interactionnelle*, Paris, PUF, 1984.
Sameroff A. J., Emde R. N. (1993), *Les troubles des relations précoces selon l'approche développementale*, Paris, PUF, 1993.
Winnicott D., *De la pédiatrie à la psychanalyse*, Paris, Payot, 1974.
Winnicott D. W., *Processus de maturation chez l'enfant*, Paris, Payot, 1978.

POUR UNE RÉFLEXION CRITIQUE SUR LA « BÉBOLOGIE »

Bradley B. S., *Des regards sur l'enfance*, Paris, Eshel, 1991.

RÉFÉRENCES NON CITÉES DANS LE TEXTE

Bornstein M. H., Infant into adult : unity to diversity in the development of visual categorization, *in* J. Melher et R. Fox (eds.), *Neonate cognition : beyond the blooming buzzing confusion*, Hillsdale, Lawrence Erlbaum Associate, 1985.
Bremner J. G., Spatial errors made by infants : Inadequate spatial cues or evidence of egocentrism ?, *British Journal of Psychology*, 1978, *69*, 77-84.
Bushnell I. W., Sai F. et Mullin J. T., Neonatal recognition of the mother's face, *British Journal of Developmental Psychology*, *7*, 3-15, 1989.
Eimas P. D., Speach perception in early infancy, *in* L. B. Cohen et P. Salapatek (eds.), *Infant perception : from sensation to cognition*, New York, Academic Press, 1975.
Fagan J., The origin of facial pattern recognition, *in* M. Bornstein et W. Kessen (eds.), *Psychological development from infancy*, Hillsdale, Lawrence Erlbaum, 1979.
Gallistel C. R., *The organization of learning*, Cambridge, MIT, 1990.
Harris P. L., Infant cognition, *in* M. M. Haith et J. J. Campos (eds.), *Handbook of child psychology*, vol. 1, New York, Wiley, 1983.
Lécuyer R. et Poirier C., Categorization of geometric figures in the 5 and 3 month old infant, *Archives de Psychologie*, 1992.
Meltzoff A. N. et Borton R. W., Intermodal matching by human neonates, *Nature*, 1979, *282*, 403-404.

CHAPITRE V

L'ENFANT

LA PENSÉE SYMBOLIQUE

Denis M., *Les images mentales*, Paris, PUF, 1979.
— *Images et cognition*, Paris, PUF, 1989.
Gardner H., *Gribouillages et dessins d'enfants. Leur signification*, Bruxelles, Mardaga, 1988.
Moreau M.-L. et Richelle M., *L'acquisition du langage*, Bruxelles, Mardaga, 1981.
Oléron P., *Langage et développement mental*, Bruxelles, Dessart, 1972.
— L'acquisition du langage, *in* H. Gratiot-Alphandéry et R. Zazzo (éds.), *Traité de psychologie de l'enfant*, Paris, PUF, 1976.
— *L'enfant et l'acquisition du langage*, Paris, PUF, 1979.
Osterrieth P., L'étude du dessin enfantin, *in* H. Gratiot-Alphandéry et R. Zazzo (éds.), *Traité de psychologie de l'enfant*, Paris, PUF, 1976.
Piaget J., *Le langage et la pensée chez l'enfant*, Neuchâtel, Delachaux & Niestlé, 1923.
— *La formation du symbole chez l'enfant*, Neuchâtel, Delachaux & Niestlé, 1945.

Piaget J. et Inhelder B., Les images mentales, *in* P. Fraisse et J. Piaget (éds.), *Traité de psychologie expérimentale,* VII : *L'intelligence,* Paris, PUF, 1963.
— *L'image mentale,* Paris, PUF, 1966.

LES OPÉRATIONS DE L'INTELLIGENCE

Bastien C., *Schèmes et stratégies dans l'activité cognitive de l'enfant,* Paris, PUF, 1987.
Bideaud J., *Logique et bricolage chez l'enfant,* Lille, PUL, 1988.
Bideaud J. et Houdé O., Le développement des catégorisations : « capture » logique ou « capture » écologique des propriétés des objets ?, *L'Année psychologique,* 1989, *89,* 87-123.
Bideaud J., Meljac Cl. et Fischer J.-P. (éds.), *Les chemins du nombre,* Lille, PUL, 1991.
Fayol M., *L'enfant et le nombre,* Neuchâtel, Delachaux & Niestlé, 1990.
Flavell J.-H., Développement métacognitif, *in* J. Bideaud et M. Richelle (éds.), *Psychologie développementale. Problèmes et réalités,* Bruxelles, Mardaga, 1985.
Gillièron C., Le rôle de la situation et de l'objet expérimental dans l'interprétation des conduites logiques. Les décalages et la sériation, *Archives de Psychologie,* 1976, *44,* Monographie n° 3.
Houdé O., *Catégorisation et développement cognitif,* Paris, PUF, 1992.
— *Rationalité, développement et inhibition,* Paris, PUF, 1995.
Houdé O. et Miéville D., *Pensée logico-mathématique : nouveaux objets interdisciplinaires,* Paris, PUF, 1993.
Inhelder B. et Cellérier G. (éds.), *Le cheminement des découvertes de l'enfant,* Neuchâtel, Delachaux & Niestlé, 1992.
Lautrey J. (éd.), *Universel et différentiel en psychologie,* Paris, PUF, 1995.
Melot A.-M., Métacognition et théories de l'esprit, *International Journal of Psychology,* 1993, 28 (5).
Mounoud P., *Structuration de l'instrument chez l'enfant,* Neuchâtel, Delachaux & Niestlé, 1970.
Netchine-Grynberg G. (éd.), *Développement et fonctionnement cognitifs chez l'enfant,* Paris, PUF, 1990.
Oléron P., *L'intelligence de l'homme,* Paris, Armand Colin, 1989.
Piaget J. et Inhelder B., *Le développement des quantités physiques chez l'enfant,* Neuchâtel, Delachaux & Niestlé, 1941.
— *La genèse des structures logiques élémentaires,* Neuchâtel, Delachaux & Niestlé, 1959.
— Les opérations intellectuelles, *in* P. Fraisse et J. Piaget (éds.), *Traité de psychologie expérimentale,* VII : *L'intelligence,* Paris, PUF, 1963.
Piaget J., Inhelder B. et Szeminska A. *La représentation de l'espace chez l'enfant,* Paris, PUF, 1948.
Piaget J. et Szeminska A. *La genèse du nombre chez l'enfant,* Neuchâtel, Delachaux & Niestlé, 1941.
Reuchlin M., Lautrey J., Marendaz C., Ohlman T. (éds.), *Cognition. L'universel et l'individuel,* Paris, PUF, 1990.

LE DÉVELOPPEMENT SOCIAL

Beaudichon J., *La communication sociale chez l'enfant,* Paris, PUF, 1982.
Beaudichon J. et Bideaud J., De l'utilité des notions d'égocentrisme, de décentration et de prise de rôle dans certains aspects du développement, *L'Année psychologique,* 1979, *79,* 589-622.
Bernicot J., *Les actes de langage chez l'enfant,* Paris, PUF, 1992.
Bideaud J., Développement moral et développement cognitif, *Bulletin de Psychologie,* 1980, *345,* 589-602.
Bruner J., 1983 (réf. citée plus haut).
Lautrey J., *Classe sociale, milieu familial, intelligence,* Paris, PUF, 1980.
Piaget J., *Le jugement moral chez l'enfant,* Paris, Alcan, 1932.
Vandeplas-Holper C., *Education et développement social de l'enfant,* Paris, PUF, 1979.

Vygotski, 1984 (réf. citée plus haut).
Winnykamen F., *Apprendre en imitant ?*, Paris, PUF, 1991.

LE DÉVELOPPEMENT AFFECTIF

Freud S., *La vie sexuelle*, Paris, PUF, 1969.
Freud S., *Trois essais sur la théorie de la sexualité*, Paris, Gallimard, 1987 (1re éd. 1905).
Smirnoff V., *La psychanalyse de l'enfant*, Paris, PUF.

Concernant les auteurs néo-freudiens, voir les références données dans le texte.

RÉFÉRENCE NON CITÉE DANS LE TEXTE

Braine M. D. S. et Rumain B., Logical reasoning, *in* P. H. Mussen (ed.), *Handbook of Psychology*, vol. 3 : J. H. Flavell et E. M. Markman (vol. eds.), *Cognitive Development*, New York, Wiley, 1983.

CHAPITRE VI ET VII

L'ADOLESCENT, L'ADULTE ET LA PERSONNE AGÉE

L'ADOLESCENT

Anatrella T., *Interminables adolescences : les 12/30*, Paris, Editions du Cerf, 1988 (pour la réalité actuelle de l'adolescence).
Gutton P. (1991), *Le pubertaire*, Paris, PUF, 1991.
Inhelder B. et Piaget J., *De la logique de l'enfant à la logique de l'adolescent*, Paris, PUF, 1955.
Johnson-Laird P. N., Modèles mentaux en sciences cognitives, *Bulletin de Psychologie*, 1988, *383*, 60-88.
Lehalle H., *Psychologie des adolescents*, Paris, PUF, 1991.
Marcelli D., Braconnier D., *Psychopathologie de l'adolescent*, Paris, Masson, 1991.
Oléron P., *Le raisonnement*, Paris, PUF, 1989.

RÉFÉRENCE NON CITÉE DANS LE TEXTE

Tanner J. M., *Growth at adolescence*, Oxford, Blackwell Scientific Publication, 1962 (2e éd.).

L'ADULTE ET LA PERSONNE AGÉE

Bianchi H., *Le Moi et le temps ; psychanalyse du temps et du vieillissement*, Paris, Dunod, 1987.
Birren J. E., Schaie K. W., *Handbook of the Psychology of aging*, San Diego, Academic Press, 1990 (3e éd.)
Gommers A., Van den Bosch De Aguilar Ph. (éd.), *Pour une vieillesse autonome*, Bruxelles, Mardaga, 1992.
Guez D. (éd.), *Mémoire et vieillissement : approche méthodologique*, Paris, Doin, 1989.
Knowles M., *L'apprenant adulte*, Paris, Editions de l'Organisation, 1990.
Millet L., *La crise du milieu de la vie*, Paris, Masson, 1991.
Pequignot H., *Vieillesse de demain*, Paris, Vrin, 1986.
Vandenplas-Holper C., *Le développement psychologique à l'âge adulte et pendant la vieillesse*, Paris, PUF, 1998.

POUR UNE APPROCHE INTERCULTURELLE DU DÉVELOPPEMENT

Brill B. et Lehalle H., *Le développement psychologique est-il universel ? Approches interculturelles*, Paris, PUF, 1988.

Index des noms propres

Imprimé en France
Imprimerie des Presses Universitaires de France
73, avenue Ronsard, 41100 Vendôme
Septembre 2001 — N° 48 470